프로세스 마이닝

비즈니스 프 ... 검사 및 향상

Wil van der Aalst 지음
송민석 · 정재윤 · 배혜림 · 배준수 · 배성문 · 김동수 · 조남욱 · 최상현 옮김

Process Mining

Discovery, Conformance and
Enhancement of Business Processes

Springer 청문각

윌 반 더 알스트
(Wil van der Aalst)

프로세스 마이닝
(Process Mining)

비즈니스 프로세스 도출, 적합도 검사 및 향상
(Discovery, Conformance and Enhancement of Business Processes)

Springer

심부름보다 과학이 더 중요하다는 것을 이해해주는 Karin에게 감사합니다.

ProM에 기여한 모든 사람들께 감사 말씀 드립니다. 이들의 노력의 결실은 같은 목표를 공유하는 것이 "논문을 한 편 더 쓰는 노력[1]" 보다 의미가 있음을 보여 줍니다.

Gerry Straatman-Beelen (1932-2010)를 기억하며

[1] cashing in the next publon의 의역, publon = 가장 작은 출판 가능한 단위

저자 서문

프로세스 마이닝은 다양한 응용 영역에서 프로세스를 향상시키는 새로운 방법을 제공한다. 이 새로운 기술에는 두 가지 주요 동인이 있다. 첫째, 점점 더 많은 사건들이 기록되고, 프로세스 이력에 대한 자세한 정보를 제공한다. 이런 이벤트 데이터의 존재에도 불구하고, 대부분의 조직에서는 문제를 사실이 아닌 허구에 기반을 두고 진단한다. 둘째, BPM(Business Process Management) 및 BI(Business Intelligence) 소프트웨어 공급 업체는 기적을 약속했다. BPM 및 BI 기술은 많은 주목을 받았지만, 학계, 컨설턴트 및 소프트웨어 공급 업체의 기대에 부응하지 못했다.

프로세스 마이닝은 사실에 기반한 통찰력을 제공하고 프로세스 개선을 지원을 위한 포괄적인 도구 세트를 제공하는 새로운 분야이다. 이 새로운 분야는 프로세스 모델 중심의 접근 방식과 데이터 마이닝을 기반으로 한다. 그러나 프로세스 마이닝은 기존 접근 방식을 합친 것보다 훨씬 크다. 예를 들어, 기존 데이터 마이닝 기술은 너무 데이터 중심적이어서 조직의 종단 간 프로세스에 대한 포괄적인 이해를 제공하지 못한다. BI 도구는 명확한 비즈니스 프로세스 통찰력보다는 단순한 대시 보드 및 보고에 중점을 둔다. BPM 제품군은 이상적인 프로세스를 모델링하는 전문가에게 크게 의존하며 이해 관계자가 있는 그대로 프로세스를 이해하는 데 도움이 되지 않는다.

본서는 다양한 프로세스 마이닝 기술을 제공하여 조직에서 실제 비즈니스 프로세스를 발견하도록 도움을 준다. 프로세스 마이닝은 프로세스 도출에만 국한되지 않는다. 이벤트 데이터와 프로세스 모델을 긴밀하게 결합함으로써 적합도를 검사하고, 편차를 감지하고, 지연을 예측하고, 의사 결정을 지원하고, 프로세스 재설계 추천하는 것이 가능하다. 프로세스 마이닝은 정적인 프로세스 모델에 생명을 불어 넣고, 오늘날의 대량 데이터를 프로세스 컨텍스트에 집어 넣습니다. 따라서 프로세스 개선(예: 6 시그마, TQM, CPI 및 CPM) 및 준수(SOX, BAM 등)와 관련된 경영 활동에도 프로세스 마이닝을 활용할 수 있다.

프로세스 마이닝은 지난 10년 간 발전하였다[8, 19]. 그러나 그 뿌리는 약 반세기 전으로 거슬러 올라간다. 예를 들어, Anil Nerode는 1958년 예제 추적에서 유한상태머신을 합성하는 접근 방식을 제시했으며[101], Carl Adam Petri는 1962년에 동시성을 적절히 표현한 최초의 모델링 언어를 소개했으며[103], Mark Gold는 1967년 학습 능력의 다양한 개념을 체계적으로 탐색하였다[67]. 데이터 마이닝이 90년대에 유행하기 시작했을 때 프로세스에는 거의 관심을 기울이지 않았다. 더욱이, 최근에야 종단간 프로세스 도출이 가능하도록 이벤트 로그가 풍부해졌다. 2003년 프로세스 마이닝에 대한 첫 연구 이후[8], 프로세스 마이닝 분야에 많은 발전이 있었다. 프로세스 마이닝 기술은 성숙해지고, 다양한 도구가 지원된다. 또한 처음에는 프로세스 도출에 주안점을 두었지만, 프로세스 마이닝의 스펙트럼은 현저하게 확대되었다. 예를 들어, 적합성 검사, 다양한 관점의 프로세스 마이닝, 운영 지원은 프로세스 마이닝 주요 도구의 하나인 ProM의 핵심 부분이 되었다.

본서는 프로세스 마이닝에 대한 첫 번째 책이다. 따라서 예상 독자층이 상당히 넓을 것이다. 이 책은 프로세스 마이닝 기술에 대한 포괄적인 개요를 제공하여, 실무자, 학생 및 학자들에게 주제를 소개한다. 또한 프로세스 마이닝을 처음 접하는 독자가 이해할 수 있도록 쉽게 쓰려고 노력했지만, 그렇다고 중요한 개념을 엄격한 방식으로 설명하는 것을 피하지는 않았다. 이 책은 프로세스 발견에서 운영 지원에 이르기까지 전체 프로세스 마이닝 스펙트럼을 다루는 것을 목표로 한다. 따라서 BPM 또는 BI를 일상적으로 다루는 사람들을 위한 참고서 역할도 가능하다.

독자는 기술의 적용 가능성, (오픈 소스) 프로세스 마이닝 소프트웨어의 가용성, 오늘날의 정보 시스템에서 제공하는 풍부한 이벤트 데이터로 인해 프로세스 마이닝을 지금 당장 시작할 수 있다. 본서를 읽는 것을 즐기고, 당장 사용할 수 있는 놀라운 프로세스 마이닝 기술을 사용해 보기를 진심으로 바란다.

2010년 12월, 슐라이덴에서 *윌 반 더 알스트 (Wil van der Aalst)*

감사의 글

많은 사람들과 조직이 이 책에 설명된 기술과 툴의 개발에 기여했습니다. 따라서 그 분들의 지지와 노력, 그리고 공헌에 대해서 감사의 메세지를 남기는 것이 중요할 것 같습니다.

시작은 1999년에 Ton Weijter과 함께 쓴 "도출에 의한 프로세스 디자인: 수행으로 부터의 워크플로우 지식 수집"에서 비롯 되었습니다. 저는 아인트호벤 공대에 (TU/e: Eindhoven University of Technology)의 교수로 당시, 볼더에 있는 콜로라도 대학(University of Colorado)에 방문 중이었습니다. 그러나 아인트호벤 공대의 BETA Research School은 본인이 합류한 아인트호벤의 새로운 연구 그룹의 동료들과 협력할 것을 장려하였습니다. Ton과의 대화 후에 우리가 그의 기계 학습 지식과 저의 워크플로우 관리, 페트리넷 지식을 융합할 수 있을 것이라는 생각이 분명해졌습니다. 프로세스 마이닝(당시 워크 플로우 마이닝이라고 함)은 우리의 지식을 결합할 수 있는 분명한 주제였습니다. 이것이 성공적인 협력의 시작이었습니다. Ton에게 감사의 말을 전합니다.

그 이후로 많은 박사 과정 학생들이 이 분야의 연구를 수행했습니다: Laura Maruster, Ana Karla Alves de Medeiros, Boudewijn van Dongen, Minseok Song, Christian Günther, Anne Rozinat, Carmen Bratosin, R.P. Jagadeesh Chandra (JC) Bose, Ronny Mans, Maja Pesic, Joyce Nakatumba, Helen Schonenberg, Arya Adriansyah, Joos Buijs. 이들의 노력에 매우 감사 드립니다.

Ana Karla Alves de Medeiros은 본인의 지도를 받은 이 분야의 첫 번째 학생입니다. Ana Karla Alves는 매우 훌륭한 학생이었습니다. 유전자적 프로세스 마이닝에 대한 그녀의 논문은 ASML 2007 Promotion Prize를 받고, KWAN Best research school에 의해 최우수 논문으로 선정되었습니다. 또한 Boudewijn van Dongen은 ProM의 개발에 처음부터 관여했습니다. 석사 학생으로 이미 EMiT이라는 프로세스 마이닝 툴을 개발하였는데, 이 툴은 ProM의 전처리를 위한 툴 이었습니다. Boudewijn은 결국 뛰어난 박사 과정 학생으로, 프로세스 마이닝의 다양한 기법을 개발하였습니다. Eric Verbeek은 워크플로우 검증으로 박사학위를 받았습니다. 그러나 오랜 기간 동안 프로세스 마이닝 연구를 하고 ProM의 개발에 참여하였습니다. 많은 사람들이 Eric과 같은 전문 프로그래머의 중요성을 대해서 간과하지만, 지속적인 툴의 개발은 과학의 발전에 중요한 요소라고 생각합니다. Boudewijn과 Eric은 아인트호벤 공대의 프로세스 마이닝 연구의 핵심이었던 ProM의 개발에 원동력이었습니다. 게다가 다른 사람을 돕는 데에도 적극적이었습니다. Boudewijn과 Eric에게 감사의 말을 전합니다.

Christian Günther와 Anne Rozinat은 2005년에 팀에 합류했습니다. 그들의 기여는 프로세스 마이닝의 범위를 확장하고 목표 수준을 높이는 데 결정적이었습니다. Christian은 ProM의 UI를 개선하며 성능을 크게 향상 시켰습니다. 더욱이, 그의 퍼지 마이닝은 스파게티 프로세스를 다루는 것을 용이하게 했습니다. Anne는 ProM에 적합성 검사 및 다양한 관점의 프로세스 마이닝을 추가하여 프로세스 마이닝의 스펙트럼을 확장했습니다. 이런 노력을 바탕으로 이들이 프로세스 마이닝 회사인 Fluxicon을 설립한 것은 대단한 일입니다. ProM을 개발하는 데 중요한 또 다른 사람은 Peter van den Brand입니다. 그는 초기 프레임 워크를 디자인하고, ProM 6 아키텍처 개발에 중요한 역할을 했습니다. 또한 ProM에 대한 경험을 토대로 Futura Process Intelligence라는 프로세스 마이닝 회사를 설립했습니다. Peter, Christian, Anne와 같은 사람들과 일할 수 있었던 것은 매우 좋은 경험이었습니다. 연구 결과를 상용화 하는 것은 중요합니다. Fluxicon과 Futura Process Intelligence가 계속 성공할 수 있기를 진심으로 바랍니다 (단지 미래의 스포츠카 때문만은 아닙니다...).

많은 학교에서 ProM과 프로세스 마이닝 연구에 기여를 하고 있습니다. 참여했던 학교는 다음과 같습니다: Technical University of Lisbon, Katholieke Universiteit Leuven, Universitat Politècnica de Catalunya, Universität Paderborn, University of Rostock, Humboldt-Universität zu Berlin, University of Calabria, Queensland University of Technology, Tsinghua University, Universität Innsbruck, Ulsan National Institute of Science and Technology, Università di Bologna, Zhejiang University, Vienna University of Technology, Universität Ulm, Open University, Jilin University, University of Padua, and University of Nancy. 우리는 이들의 노력에 감사드립니다. 또한 프로세스 마이닝의 확산에 도움을 주는 IEEE Task Force on Process Mining의 멤버들께 감사 드립니다. 또한 아인트호벤 공대의 프로세스 마이닝 연구를 지원하는 모든 기관들에게 감사 드립니다: NWO, STW, EU, IOP, LOIS, BETA, SIKS, Stichting EIT Informatica Onderwijs, Pallas Athena, IBM, LaQuSo, Philips Healthcare, ESI, Jacquard, Nuffic, BPM Usergroup, WWTF. 특별히 다양한 프로젝트를 통해 프로세스 마아닝 연구 주제에 대한 협력을 지원하는 Pallas Athena에 감사 드립니다. 100개 이상의 기관이 이벤트 로그를 제공하고 프로세스 마이닝 기법 개발에 도움을 주었습니다. 이 중에 특별히 AMC hospital, Philips Healthcare, ASML, Ricoh, Vestia, Catharina hospital, Thales, Océ, Rijkswaterstaat, Heusden, Harderwijk, Deloitte, 그리고 SUPER, ACSI, PoSecCo, and CoSeLoG projects에 참여한 모든 기관을 언급하고 싶습니다. 데이터 사용과 연구 결과에 대한 피드백으로 큰 도움을 주신 것에 깊은 감사 드립니다.

ProM과 프로세스 마이닝의 발전에 도움을 준 모든 사람들을 열거하는 것은 불가능합니다. 그럼에도 불구하고 위에서 언급한 분들 외에 다음과 같은 분들께 감사의 말씀을 전하고 싶습니다: Piet Bakker, Huub de Beer, Tobias Blickle, Andrea Burattin, Riet van Buul, Toon Calders, Jorge Cardoso, Josep Carmona, Alina Chipaila, Francisco Curbera, Marlon Dumas, Schahram Dustdar, Paul Eertink, Dyon Egberts, Dirk Fahland, Diogo Ferreira, Walid Gaaloul,

Stijn Goedertier, Adela Grando, Gianluigi Greco, Dolf Grünbauer, Antonella Guzzo, Kees van Hee, Joachim Herbst, Arthur ter Hofstede, John Hoogland, Ivo de Jong, Ivan Khodyrev, Thom Langerwerf, Massimiliano de Leoni, Jiafei Li, Ine van der Ligt, Zheng Liu, Niels Lohmann, Peter Hornix, Fabrizio Maggi, Jan Mendling, Frits Minderhoud, Arnold Moleman, Marco Montali, Michael zur Muehlen, Jorge Munoz-Gama, Mariska Netjes, Andriy Nikolov, Mykola Pechenizkiy, Carlos Pedrinaci, Viara Popova, Silvana Quaglini, Manfred Reichert, Hajo Reijers, Remmert Remmerts de Vries, Stefanie Rinderle-Ma, Marcello La Rosa, Michael Rosemann, Vladimir Rubin, Stefania Rusu, Eduardo Portela Santos, Natalia Sidorova, Alessandro Sperduti, Christian Stahl, Keith Swenson, Nikola Trcka, Kenny van Uden, Irene Vanderfeesten, George Varvaressos, Marc Verdonk, Sicco Verwer, Jan Vogelaar, Hans Vrins, Jianmin Wang, Teun Wagemakers, Barbara Weber, Lijie Wen, Jan Martijn van der Werf, Mathias Weske, Michael Westergaard, Moe Wynn, Bart Ydo, Marco Zapletal. 이 책의 초기 버전을 읽어주는 모든 분들께 감사 드립니다. (특히 Christian, Eric, Ton의 자세한 커맨트에 감사 드립니다.)

이 책을 출판해 주신 Springer-Verlag에 감사 드립니다. Ralf Gerstner는 이 책을 쓰도록 용기를 주었고, 훌륭하게 많은 일들을 처리해 주었습니다. Ralf, 감사합니다!

이 책의 95% 이상이 아름다운 독일의 슐라이덴(Schleiden)에서 쓰여졌습니다. 안식년임에도 불구하고 마무리 해야 할 많은 일들이 있었습니다. 인터넷이 되지 않는 슐라이덴에 매주 방문을 통해 이 책을 3달 만에 마무리 할 수 있었습니다. Serafin 커피가 각 장에 대한 교정 작업에 큰 도움이 되었고, 다른 작업들은 슐라이덴의 아름다운 풍경 때문에 가능했습니다.

항상 그랬듯이, 감사의 글의 마무리는 저의 가장 소중한 사람들인 저의 가족 Karin, Anne, Willem, Sjaak, Loes에게 하려고 합니다. 이들은 종종 어려운 일을 저의 도움 없이 해결해야 했습니다. 이들의 지속적인 지원 없이, 이 책을 제 시간 내에 쓰는 것은 불가능했습니다.

윌 반 더 알스트 (Wil van der Aalst)

한국어판 서문

2011년도에 처음으로 영어 버전의 프로세스 마이닝 책이 나온 후에 프로세스 마이닝에 대한 관심이 높아졌습니다. 프로세스 마이닝은 데이터 사이언스의 중요한 부분이 될 수 있습니다. 많은 기관들이 빅데이터에 대해서 이야기 하고 있지만, 그들이 가진 많은 이벤트 데이터에서 가치를 만드는 것에 어려움을 겪고 있습니다. 따라서, 스프링거 출판사의 "프로세스 마이닝: 비즈니스 프로세스 도출, 적합도 검사 및 향상" 서적에 대한 번역서가 나오고 서문을 쓰게 되어 매우 기쁩니다. 이 번역서를 통해 한국에서 프로세스 마이닝 활용이 더욱 활성화 되기를 희망합니다.

번역에 힘쓰신 분들에 대한 감사 인사 전에, 프로세스 마이닝 분야의 최근 트렌드를 설명하도록 하겠습니다. 약 10년 전에 데이터 사이언스 (데이터 마이닝, 기계 학습, 통계, 데이터베이스, 보안 등) 분야와 프로세스 사이언스 (비즈니스 프로세스 관리, 운용 과학, 생산 관리, 정형 방법론, 시뮬레이션 등) 분야의 구분이 있었습니다. 프로세스 마이닝은 이벤트 데이터의 프로세스 중심 분석을 가능하게 하고 BPM, WFM, CRM, ERP, CEP, (린) 6 시그마 등이 적용되는 환경에서 적용할 수 있어 이 두 분야의 갭을 가까이 하는 데 도움이 됩니다. 프로세스 마이닝은 미래 데이터 과학자를 위한 중요한 경쟁력이 될 것입니다. 프로세스 마이닝에 대한 지식이 없다면, 데이터 과학자는 조직의 실제 프로세스 도출, 규정 준수 분석, 병목점 도출 및 프로세스 개선 등에 어려움을 겪을 것입니다. 차세대 프로세스 분석가, 관리자, 회계 감사관은 이 기술의 도움이 필요할 것입니다.

프로세스 마이닝에 대한 관심은 Coursera에 MOOC로 제공되는 프로세스 마이닝 과정 (https://www.coursera.org/learn/process-mining)에 잘 나타나고 있습니다. 지난 2년동안 10만 명 이상의 사람들이 프로세스 마이닝 과정을 수강하였습니다. "프로세스 마이닝: 실전 데이터 사이언스 (Process Mining: Data Science in Action)" 과정의 수강생들은 이벤트 데이터 분석의 마법에 빠져들었습니다. 과정을 완료한 수강생들은 실제 프로세스의 자동 도출, 순응도 체크, 성과 분석을 배웠습니다. 또한 과정에서 제공하는 소프트웨어와 실제 데이터를 활용해 수강생들은 다양한 분석 실습을 해 볼 수 있습니다.

프로세스 마이닝에 대한 관심은 프로세스 마이닝 오픈소스 소프트웨어인 ProM과 다수의 상용 소프트웨어가 출시되는 것에서도 볼 수 있습니다. 학계에서는 ProM이 프로세스 마이닝을 위한 표준 소프트웨어로 자리 매김 했습니다. 현재 약 25개의 소프트웨어 회사에서 프로세스 마이닝이 가능한 솔루션을 제공하고 있습니다. 예를 들어 Disco (Fluxicon), Celonis Process Mining, ProcessGold Enterprise Platform, Minit, myInvenio, Signavio Process Intelligence, QPR ProcessAnalyzer, LANA Process Mining, Rialto Process, Icris Process Mining Factory, Worksoft Analyze & Process Mining for SAP, SNP Business Process Analysis, webMethods Process Performance Manager, Perceptive Process Mining, 퍼즐 데이터의 ProDiscovery 등이 있습니다. 이렇게 소프트웨어가 활발히 개발되고 적용되는 것은 프로세스 마이닝 분야의 빠른 성장을 보여 준다고 생각합니다. 모든 소프트웨어는 이 책에 기술한 이론적인 바탕 위에 개발이 되었습니다. 상용 제품들은 처음에는 프로세스 모델의 도출에 초첨을 맞추었고, 지금은 순응도 분석이나 보다 발전된 형태의 분석을 포함하고 있습니다. 데이터 처리 능력 관점에서도 놀랄 만한 진전이 있었습니다. 하나의 데스크탑 컴퓨터에서도 수백 만개의 이벤트 데이터의 처리가 가능합니다. 맵리듀스 같은 빅데이터 기술도 프로세스 마이닝 관점에서 적용이 되고 있습니다.

한국에도 활발하게 활동하는 비즈니스 프로세스 관리와 프로세스 마이닝 커뮤니티가 있습니다. 이번에 번역본의 출간하게 되어 매우 기쁘게 생각하고, 번역을 담당해 주신 분들께 감사의 말씀을 드립니다. 우선, 번역팀을 이끌어 주신 포스텍의 송민석 교수님께 감사의 말씀을 드립니다. 송민석 교수님은 2003년도 박사 학위 연구 중에 아인트호벤 공대를 방문하였습니다. 이 시기가 프로세스 마이닝 연구가 시작되는 시기였습니다. 포스텍에서 박사 학위 후에 아인트호벤으로 돌아와 박사후 연구원으로 3년간 같이 연구를 하였습니다. 송민석 교수님과 함께 사회 연결망 분석, 조직 마이닝, 자취 클러스터링, 운영 지원 등에 대한 연구를 수행하였고, 이 연구 결과는 ProM에 주요 기능으로 제공되고 있습니다. 이 기법들에 대한 자세한 내용은 본서의 본문에 자세히 설명하고 있습니다. 같이 번역에 참여해 주신 정재윤 교수님(경희대학교), 배혜림 교수님(부산대학교), 배준수 교수님(전북대학교), 배성문 교수님(경상대학교), 김동수 교수님(숭실대학교), 조남욱 교수님(서울과학기술대학교), 최상현 교수님(충북대학교)께도 이렇게 훌륭한 일을 함께 해 주신 데 대해서 깊은 감사의 말씀을 드립니다.

이 책을 즐겁게 읽고 일상에서 프로세스 마이닝을 활용하는 데 있어 많은 도움이 되기 바랍니다!

2017년 2월, 아인트호벤에서 *윌 반 더 알스트 (Wil van der Aalst)*

차 례

제 V 편 결론 321

장 1
서론

요 약 정보시스템은 시간이 지날수록 운영 프로세스와 점점 더 밀접하게 연계되고 있다. 그 결과로 오늘날의 정보시스템에는 대용량의 이벤트 데이터가 기록되고 있지만, 기업들은 이러한 데이터로부터 의미 있는 정보를 찾고 가치를 창출하는 데 큰 어려움을 겪고 있다. *프로세스 마이닝(Process Mining)*의 목표는 데이터를 분석하여 프로세스와 관련된 다양한 정보를 추출하는 것이다. 예를 들어 정보시스템에 기록되어 있는 이벤트 데이터를 분석하여 프로세스 모델을 *자동으로 도출*할 수 있다. 본 장에서는 프로세스 마이닝의 중요성을 이해하기 위해, 이벤트 데이터의 급격한 증가에 대해 알아보고, 이것이 기존 비즈니스 프로세스 관리 방법의 한계와 어떻게 연결되는지 설명한다. 또한, 간단한 예제를 사용하여 프로세스 마이닝의 기본적인 개념을 설명하고, 마지막으로 프로세스 마이닝이 사베인스-옥슬리법(SOX)이나 6 시그마와 같은 경영 기법 구현에 어떻게 활용될 수 있는지에 대해 설명한다.

제 1.1 절 데이터 폭발

무어의 법칙(Moore's law)은 정보시스템과 컴퓨터 기반 시스템의 성능이 급격하게 발전하는 상황을 잘 설명한다. 인텔(Intel)의 공동설립자인 고든 무어(Gorden Moore)는 1965년에 반도체 집적회로의 집적도가 매년 두 배씩 증가할 것이라고 예견하였다. 그가 예측한 속도보다는 다소 느리지만, 지난 50년 동안 실제로 집적도는 기하급수적으로 증가하였다. 예를 들어, 집적회로 내의 트랜지스터 수는 2년 주기로 두 배씩 증가했고, 이와 동시에, 디스크 용량, 단위 비용당 컴퓨터 성능, 달러당 픽셀의 수 등이 비슷한 속도로 증가하였다. 이처럼 놀라운 기술적 성장과 함께, 컴퓨터화된 장치나 인터넷에 있는 정보에 더 많이 의존하고 있는데, 2010년 5월 IDC의 디지털 유니버스(Digital Universe) 보고서는 이러한 데이터의 급격한 팽창을 잘 설명하고 있다[79]. 그 내용을 살펴보면, 디지털 정보(예, PC, 디지털 카메라, 서버, 센서 등의 정보)의 양이 이미 1 제타바이트를 초과하였고, 2010년에는 디지털 유니버스의 데이터가 35 제타바이트까지 증가할 것이라고 예측하였다. IDC 보고서에 따르면, 35 제타바이트는 "정보를 DVD에 담아 쌓았을 때 지구에서 화성까지 거리의 절반에 해당하는 양"이라고 설명하고 있다. 이런 현상을 *데이터 폭발(Data Explosion)*이라고 부른다.

Bit에서 Zettabyte까지

"비트(bit)"는 정보를 기록할 수 있는 최소 단위이다. 1 비트는 1(on) 또는 0(off)의 두 가지 값을 가질 수 있다. "바이트(byte)"는 8 비트로 구성되며, $2^8 = 256$개의 값을 가질 수 있다. 더 큰 데이터 단위는 1,000 단위로 설명한다. 1 킬로바이트(KB: Kilobyte)는 1,000 bytes이고, 1 메가바이트(MB: Megabyte)는 1,000 KB, 1 기가바이트(GB: Gigabyte)는 1,000 MB, 1 테라바이트(TB: Terabyte)는 1,000 GB, 1 페타바이트(PT: Petabyte)는 1,000 TB, 1 엑사바이트(EB: Exabyte)는 1,000 PB, 1 제타바이트(ZB: Zettabyte)는 1,000 EB이다. 즉, 1 제타바이트는 10^{21} = 1,000,000,000,000,000,000,000 바이트이다. 이 단위들은 이진 접두사(binary prefix)가 아니라, SI 접두사(SI prefix)라고 하는 접두사 단위의 국제표준체계(International System of Units)를 사용하였다. 만약 이진 접두사로 표현하면, 1 킬로바이트는 $2^{10} = 1024$ 바이트, 1 메가바이트는 $2^{20} = 1,048,576$ 바이트, 1 제타바이트는 $2^{70} \approx 1.18 \times 10^{21}$ 바이트로 계산된다.

디지털 세계에서 저장되는 데이터의 대부분은 비정형이어서, 다수의 기업들이 많은 양의 데이터를 다루는 데 어려움을 겪고 있다. 오늘날 기업이 직면한 가장 중요한 문제 중 하나가 정보시스템에 저장된 데이터로부터 유용한 정보와 가치를 찾아내는 것이다.

최근 정보시스템의 중요성이 강조되는 이유는 그 안에 방대한 양의 데이터가 있기 때문 뿐 아니라, 디지털 세계와 물리적 세계가 점차 밀접하게 연계되면서 정보시스템이 비즈니스 프로세스의 수행에 중추적인 역할을 하기 때문이다. 예를 들어, "은행의 상태"는 은행의 정보시스템에 저장된 데이터에 의해 결정된다. 돈은 지배적인 디지털 엔터티가 되어버렸다. 인터넷을 통해 항공권을 예약하는 경우, 고객은 항공사, 여행사, 은행, 중개자 등 많은 기관과 정보를 교환한다. (고객은 이렇게 많은 기관과 정보를 교환하고 있다는 사실을 인지하지 못하는 경우가 많다.) 예약이 성공하면 고객은 e-티켓을 발급받는데, e-티켓은 기본적으로 디지털 세계와 물리적 세계를 연결하는 숫자라고 볼 수 있다. 제조기업의 경우, SAP와 같은 ERP 시스템에 특정 제품의 재고가 없다고 표시되면, 실제로 재고가 있더라도 제품을 판매하거나 운송할 수 없다. RFID (Radio Frequency Identification), GPS (Global Positioning System), 센서 네트워크(Sensor Networks)와 같은 기술은 디지털 세계와 물리적 세계를 더 잘 연계할 수 있도록 도와준다. RFID 태그를 이용하면 개별 단위의 제품을 추적하여 조회할 수 있다. 또한 점점 더 많은 기기들이 모니터링 되고 있는데, 필립스 헬스케어(Philips Healthcare)의 경우, 전 세계에 판매된 X-ray와 CT 스캐너와 같은 의료 장비를 모니터링하고 있다. 필립스는 이를 통해 고객의 요구를 이해하고, 실제 사용 환경을 고려하여 시스템을 테스트하며, 문제를 예측하고, 원격으로 서비스를 제공하며, 반복적으로 발생하는 문제점을 파악한다. 애플(Apple) 앱스토어의 성공을 살펴보면, 위치 인식 기술과 인터넷을 결합하여 디지털 세계와 물리적 세계를 정교하게 연결하고 있는 것을 알 수 있다.

조직의 프로세스와 밀접하게 연계된 디지털 세계의 성장은 *이벤트(event)*를 기록하고 분석하는 것을 가능하게 한다. 이벤트란 ATM에서의 현금인출, 의사의 X-ray 기계 조정, 운전면허 발급 신청, 세금 신고서 제출, 여행자의 e-티켓 수령에 이르기까지 매우 다양하다. 이런 *이벤트 데이터를 의미 있게 활용*하는 것이 중요하다. 예를 들면, 이벤트 데이터 분석을 통해 통찰력을 얻고, 업무 프로세스의 병목을 찾아내며, 앞으로 닥칠 문제를 예측하고, 정책을 위반한 경우를 기록하고, 대응 방안을 제안하며, 프로세스를 간소화할 수 있다. 이러한 모든 분석이 프로세스 마이닝을 통해 가능하다!

제 1.2 절 모델링의 한계

프로세스 마이닝, 즉, 이벤트 로그로부터 가치 있는 프로세스 관련 정보를 도출함으로써 기존의 *비즈니스 프로세스 관리(BPM: Business Process Management)* 기법들을 보완할 수 있다. BPM은 *정보기술과 경영과학의 지식을 결합하여 이를 비즈니스 프로세스 운영에 적용*하는 분야이다[2, 128]. BPM은 생산성 증대와 비용 절감의 가능성을 제공하며 큰 주목을 받아왔다. BPM은 *워크플로우 관리(WFM: Workflow Management)*의 확장이라고 볼 수 있다. WFM은 주로 비즈니스 프로세스의 자동화에 초점을 두고 있는 반면에[10, 80, 85], BPM은 프로세스 자동화와 프로세스 분석에서 프로세스 관리와 업무 조직화에 이르기까지 더 넓은 영역에 걸쳐 있다. 한편으로 BPM은 비즈니스 프로세스 운영을 개선하는 것으로 목표로 하는데, 이를 위해서 반드시 새로운 기술의 도입이 필요하지는 않다. 예를 들어, 비즈니스 프로세스를 모델링하고 시뮬레이션으로 프로세스를 분석함으로써, 비용을 줄이는 동시에 서비스 수준을 개선하는 방안을 탐색할 수 있다. 다른 한편으로 BPM은 종종 소프트웨어를 통해 프로세스 운영을 관리, 통제, 지원하였고, 이것은 WFM의 초기 관심사였다. 전통적인 WFM 기술은 인간적 요소나 경영적 지원을 많이 고려하지 않은 채, 다소 기계적인 방법으로 비즈니스 프로세스를 자동화하고자 하였다.

*프로세스 인지 정보시스템(PAISs: Process-Aware Information Systems)*은 전통적인 WFM 시스템을 포함하고, 유연한 형태의 업무를 지원하거나 특정 업무를 지원하는 정보시스템까지 모두 포함한다[58]. 예를 들어, 대규모 ERP 시스템(예, SAP, Oracle), 고객 관계 관리(CRM: Customer Relationship Management) 시스템, 규칙 기반 시스템, 콜센터 소프트웨어, 고성능 미들웨어(예, WebSphere) 등은 항상 워크플로우 엔진을 통하여 프로세스를 통제하는 것은 아니지만 PAIS로 볼 수 있다. 대신에, 이러한 시스템들은 일반적으로 명확한 프로세스의 개념이 있고, 프로세스의 수행을 지원한다. 또한, 어떤 비즈니스 프로세스에서는 일부 단계를 수행하는 데 데이터베이스 시스템이나 이메일 프로그램을 이용하기도 한다. 그러나 이러한 소프트웨어는 프로세스의 개념을 지원하지 않기 때문에, 소프트웨어가 활용되는 프로세스의 관리나 조율에 적극적으로 활용될 수 없다. 어떤 이들은 시스템이 지원하고 있는 프로세스를 "이해"하는 시스템들을 일컬어 비즈니스 프로세스 관리 시스템(BPMS: BPM System) 또는 간단히 프로세스 관리 시스템(PMS: Process Management System)이라고 표현한다. 이 책에서

는 전형적인 워크플로우 기술보다 더 넓은 영역을 다룬다는 점을 강조하기 위하여 PAIS라는 용어를 사용한다.

BPM과 PAIS는 *프로세스 모델*에 매우 의존적이라는 면에서 공통점이 있다. 운영적 비즈니스 프로세스를 모델링하는 여러 가지 표기법(예, 페트리넷(Petri net), BPMN, UML, EPCs)이 있는데, 다음 장에서 자세히 설명한다. 표기법들은 작업(또는 하위 프로세스)을 기본으로 하고, 작업의 순서를 인과적 의존성(causal dependencies)을 고려하여 모델링한다는 공통점이 있다. 또한, 프로세스 모델은 시간적 특성, 의사 결정을 위한 데이터의 생성과 활용, 업무 수행자와 프로세스와의 상호 관계(예, 역할, 자원 할당 규칙, 우선순위)를 표현할 수도 있다.

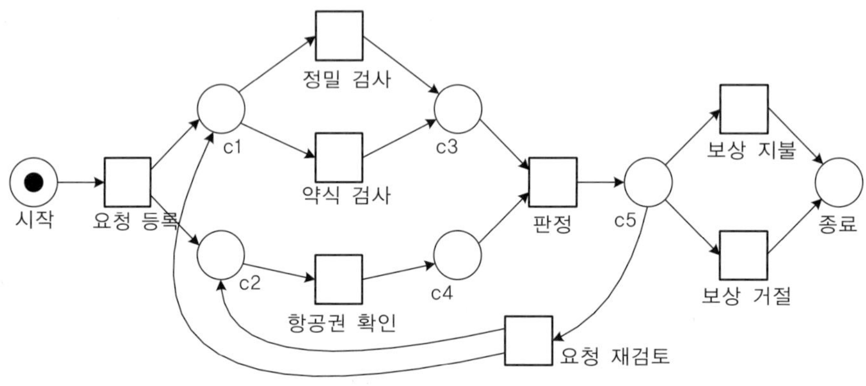

그림 1.1 보상 요청 처리를 위한 페트리넷 모델

그림 1.1은 *페트리넷*으로 표현된 프로세스 모델을 보여준다[52]. 이 모델은 항공사에서 보상 요청을 처리하는 과정을 표현하고 있다. 고객은 다양한 이유(예, 비행 연기나 취소)로 인한 보상을 요청할 수 있다. 그림 1.1과 같이 프로세스는 고객의 보상 요청 등록으로 시작되며, 이 작업은 *요청 등록* 트랜지션(transition)으로 표현된다. 각 *트랜지션*은 사각형으로 표시한다. 트랜지션은 프로세스가 가질 수 있는 상태를 모델링하는 *플레이스(place)*들과 연결된다. 각 플레이스는 원으로 표현된다. 여기에 프로세스의 현 상태를 나타내는 *토큰(token)*이 검은색 점으로 표시된다. 페트리넷에서 하나의 트랜지션은 이 트랜지션에 연결된 모든 입력 플레이스에 토큰이 있을 때, 그 트랜지션은 *활성화(enabled)*되어 있다고 하고, 이 트랜지션에 해당하는 작업은 수행될 수 있다. *요청 등록* 트랜지션은 하나의 입력 플레이스(*시작*)에 연결되어 있고, 고객의 요청이 오면, *시작* 플레이스에 토큰을 하나 부여함으로써 보상 요청이 있음을 표현한다. 그러면, *요청 등록* 작업이 활성화되어 실행될 수 있다. 업무가 수행되면, 페트리넷에서는 이를 *점화(firing)*라고 부른다. 트랜지션이 점화되면, 트랜지션은 자신의 모든 입력 플레이스로부터 토큰 하나씩을 소모하고, 자신의 모든 출력 플레이스에 토큰을 하나씩 생성한다. 예를 들어, *요청 등록* 트랜지션이 점화되면, 입력 플레이스인 *시작* 플레이스에서 토큰을 소모한 후에 출력 플레이스인 *c1*과 *c2*에 토큰을 하나씩 생성한다. 페트리넷에서 플레이스에 토큰이 배치된 상태를 *마킹(marking)*이라고 한다. 그림 1.1은 *시작* 플레이스에 토큰 하나가

배치된 초기 마킹 상태이다. *요청 등록* 트랜지션이 점화된 후에는 토큰이 *c1*과 *c2*에 하나씩 배치된 마킹이 되고, 이 상태에서는 세 개의 트랜지션이 활성화된다. *c1*에 토큰이 있으므로 *정밀 검사*와 *약식 검사* 트랜지션도 수행 가능한 상태가 된다. 그러나 *정밀 검사*가 수행되면 *c1*의 토큰을 소모하므로 *약식 검사*의 수행은 불가능해 진다. 마찬가지로, *약식 검사*가 수행되면, *정밀 검사*를 수행할 수 없다. 즉, 두 작업 중 하나만 수행될 수 있는 선택적 관계가 존재한다. 의심스럽거나 복잡한 요청에서는 *정밀 검사*를 수행하고, 단순한 요청은 *약식 검사*가 수행된다. 또한 *c2*에 토큰이 있으므로 *항공권 확인* 트랜지션의 수행이 가능하다. 이 트랜지션은 고객의 요청에 대해 관리자가 고객의 항공권을 확인하는 작업을 나타낸다. 예를 들어, *항공권 확인*을 통해 고객이 항공사에서 정상적으로 발급한 항공권을 보유하고 있는지 검토할 수 있다. *항공권 확인*이 수행되는 것은 다른 트랜지션의 수행과는 무관하다. 즉, *항공권 확인*이 *정밀 검사*나 *약식 검사*와 병렬로 수행될 수 있다. *판정* 트랜지션은 두 개의 입력 플레이스(*c3*, *c4*)에 토큰이 있으면 수행 가능하다. 즉, 정밀 또는 약식 검사가 완료되고(*c3*에 토큰이 존재), 항공권이 확인되면(*c4*에 토큰이 존재) *판정*을 수행할 수 있다. 즉, *판정*을 수행하기 전에 프로세스가 동기화[1] 된다. *판정* 트랜지션은 토큰 두 개를 소모하고 *c5*에 토큰 하나를 생성한다. 세 개의 트랜지션이 *c5*를 입력 플레이스로 가지고 있으므로, 판정 결과로 세 가지가 가능하다. 요청된 보상을 지불하거나(*보상 지불* 트랜지션 점화), 요청을 거절하거나(*보상 거절* 트랜지션 점화), 다시 한 번 재검토할 수도 있다(*요청 재검토* 트랜지션 점화). 세 번째 경우에는 *c1*과 *c2*를 마킹한 상태로 되돌아간다. 즉, *요청 재검토* 트랜지션은 *c5*에서 토큰을 소모하고 출력 플레이스 두 개에 각각 토큰을 생성한다. 이 상태는 *요청 등록*이 수행된 경우와 동일하다. 프로세스의 중간 부분은 여러 차례 반복 수행이 가능하며, 보상을 처리하거나 보상 요청을 거절하면 프로세스가 종료된다.

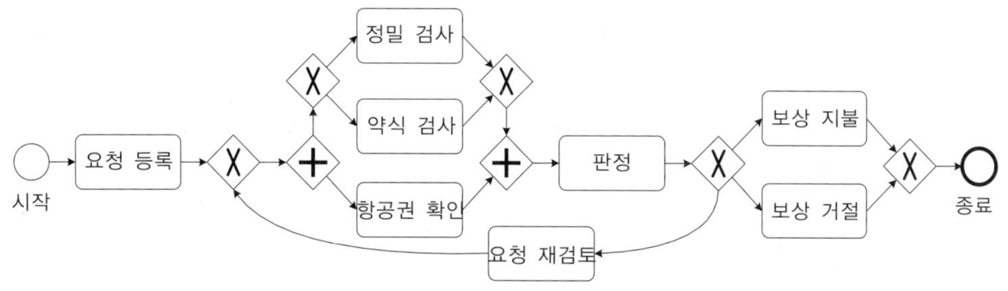

그림 1.2 동일한 프로세스의 BPMN 다이어그램

그림 1.1은 페트리넷으로 표현된 프로세스이다. 페트리넷 이외에도 프로세스 모델을 표현하는 다양한 표기법이 있다. 그림 1.2는 동일한 프로세스를 BPMN 다이어그램으로 표현하고 있다[102, 128]. *BPMN(Business Process Modeling Notation)*은 프로세스의 흐름을 모델링하는 데 있어, 플레이스 대신에 명시적인 *게이트웨이(gateway)*를 사용한다. "×" 표시의 마름모는 XOR 분기와 합류 게이트웨이를 나타내고, "+" 표시의 마름모는 AND 분기와 합류

[1] 앞에 위치한 병렬 작업이 모두 수행되어, 토큰이 필요한 플레이스들에 위치하는 것을 기다림.

게이트웨이를 나타낸다. 그림에서 *요청* 등록 작업 바로 뒤에 있는 마름모는 XOR 합류 게이트웨이이다. 이 게이트웨이는 요청을 재검토하기로 결정했을 때, 앞으로 되돌아와서 진행할 수 있도록 표현하기 위하여 사용되었다. XOR 합류 게이트웨이 다음에는 AND 분할 게이트웨이가 있어, (약식/정밀) 검사 작업과 항공권 확인 작업을 병렬로 수행할 수 있도록 모델링하고 있다. BPMN 다이어그램의 다른 부분은 앞서 설명한 페트리넷과 동일하게 수행된다.

그림 1.1과 1.2는 단지 *프로세스의 흐름(control-flow)*만 보여준다. 즉, 앞서 언급한 바와 같이 프로세스 내에서 작업의 순서만을 표현하고 있다. 프로세스의 흐름은 비즈니스 프로세스의 한 관점일 뿐이고, 대부분의 모델링 언어들은 여러 가지 다른 측면의 모델링을 위한 표기법을 제공한다. 예를 들면, 조직 및 자원 측면(예, 의사결정은 중간 관리자가 수행), 데이터 측면(예, 1백만 유로 이상의 보상을 청구하지 않은 경우, 반복 수행을 4회 하기 전에 의사결정을 내림), 시간 측면(예, 2주가 경과하면, 해당 청구의 우선 순위를 높임) 등이 있다. 이 책에서 다양한 프로세스 모델링 언어 간의 차이를 모두 설명할 수는 없고, 자세한 것은 *워크플로우 패턴(Workflow Patterns Initiative)*[14, 131]을 참고하기 바란다.

프로세스 모델의 목적은 무엇인가

- **통찰력(insight)**: 모델링 과정에서 담당자가 다양한 각도에서 프로세스를 볼 수 있는 계기가 된다.
- **토의(discussion)**: 프로세스 이해당사자들(stakeholders)의 체계적인 토의를 위하여 사용된다.
- **문서화(documentation)**: 관련 인증(예, ISO 9000) 획득과 담당자 교육을 위해 프로세스를 문서화하는 데 사용된다.
- **검증(verification)**: 프로세스 모델의 분석을 통해 향후 발생할 수 있는 시스템이나 처리 과정에서의 오류를 찾을 수 있다. (예, 교착상태(deadlocks) 가능성)
- **성과 분석(performance analysis)**: 프로세스 시뮬레이션과 같은 기법을 활용하여, 응답 시간, 서비스 수준 등에 영향을 주는 요인을 분석할 수 있다.
- **애니메이션(animation)**: 프로세스 모델을 이용하여 다양한 시나리오에 대한 애니메이션을 할 수 있고, 이를 통해 얻은 피드백을 프로세스 디자이너에게 제공할 수 있다.
- **명세화(specification)**: PAIS 구현 전에 프로세스 모델을 설계하고, 작성된 모델은 개발자와 최종 사용자/관리자 사이의 프로세스 명세 계약서로 사용할 수 있다.
- **형상관리(configuration)**: 프로세스 모델은 시스템의 형상을 관리하는 데 사용될 수 있다.

당연히, 큰 조직일수록 프로세스 모델의 중요성은 더 커진다. 프로세스 모델을 재설계하고 신규 정보시스템을 도입할 때, 프로세스 모델은 다양한 목적으로 사용될 수 있다. 일반적으로 프로세스 모델은 (a) *비정형(informal) 모델*과 (b) *정형(formal) 모델*("실행 가능" 모델이라고도 불림)이 있다. 비정형 모델은 토의나 문서화에 사용되는 반면에, 정형 모델은 프로세스 분석이나 실행(프로세스의 실제 수행)에 사용된다. 비정형 모델로는 상위 수준의 프로세스를 보여주기 위한 "파워포인트 다이어그램"을 들 수 있고, 정형 모델로는 프로세스를 수행할 수 있도록 만들어진 실행 가능한 프로그램 코드가 있다. 비정형 모델은 전형적으로 불확실하거나 애매모호한 경우가 있을 수 있으며, 정형 모델은 다소 지엽적인 관점에 있거나 너무 상세하게 기술이 되어 있어서 관련자들이 이해하기 힘든 경우가 있다. 두 가지 형태의 모델 사이에 상호 연계가 부족하다는 점에 대해 BPM 연구에서 널리 논의되어 왔다[2, 7, 58, 75, 78, 99, 128]. 여기에서는 다른 관점의 문제를 언급하고자 하는데, 정형/비정형에 상관없이 모델과 현실이 적절하게 연계되고 있는지에 대하여 살펴볼 필요가 있다. 워크플로우 관리 시스템의 환경을 설정하는 데 사용되는 프로세스 모델은 엄격한 분석을 필요로 하고, 실제로 작업자에게 업무를 할당하고, 프로세스를 관리하는 기준이 되기 때문에, 보통 현실과 잘 연계되어 있다. 하지만, 실제 프로세스와 관련이 없는 부분도 많이 존재한다. 수작업으로 작성된 대부분의 비정형 모델의 경우도 현실과 일치하지 않고, 사람의 머릿속에 있는 이상적인 내용을 보여 주는 경우가 많다.

모델과 실제 상황과의 연계에 주의를 기울이지 않는다면 모델의 가치는 한정적일 수 밖에 없다. 가치가 한정적이면 관련자들은 모델을 신뢰할 수 없게 되고, 그러면 프로세스 모델은 한낱 "종이 호랑이" 신세가 된다. 예를 들어, 현재의 프로세스를 이해하고 개선하기 위해, 현 프로세스의 이상적인 모습을 가정한 프로세스 모델을 만들어 시뮬레이션하는 것은 실제 프로세스를 이해하는 데 아무런 도움이 되지 않는다. 이상적인 모델에 기반을 두면 현실이 반영되지 않은 바람직하지 못한 재설계 안이 도출될 수 있다. 또한 현실과 동떨어진 프로세스 모델을 바탕으로 신규 시스템 구현 프로젝트를 시작하는 것도 문제가 될 수 있다. 이상적인 모델에 기반하여 구현된 시스템은 최종 사용자가 이해할 수 없고, 수용하기 어려운 경우가 있다. 이에 대한 좋은 예가 대부분의 *참조 모델(reference model)*들의 품질이 한정적이라는 것이다. SAP[48]와 같은 대규모 기업 시스템에서도 참조 모델을 사용하고, 네덜란드 지방정부의 핵심 프로세스를 기술한 NVVB(Nederlandse Vereniging Voor Burgerzaken) 모델과 같이 특수한 부분에서도 프로세스를 문서화하기 위하여 참조 모델을 사용한다. 참조 모델을 사용하는 목적은 "모범 사례(best practice)"를 다양한 조직에서 공유하고자 함이다. 불행히도 이러한 참조 모델은 개선 필요성이 많다. 예를 들어, SAP 참조 모델은 SAP에서 실제 지원되는 프로세스와 관련된 부분이 극히 소수이며, SAP 모델의 20% 이상이 심각한 결함(교착상태(deadlock), 라이브락(livelock) 등)을 포함하고 있다[95]. 이러한 모델은 현실과 연계되어 있지 못하므로, 최종 사용자에게 주는 효용은 한정적이다.

(a) 프로세스 모델에 관심이 있고, (b) 이벤트 데이터가 충분하며, 또한 (c) 수작업으로 작성해 모델의 한계가 있는 상황에서, 이벤트 데이터를 프로세스 모델과 연계하여 분석하는 것은 큰 의미가 있다. 이러한 방식으로 현실 세계의 실제 프로세스를 도출하고 기존 프로세스 모델을 평가하고 개선할 수 있기 때문이다. 이것이 프로세스 마이닝이 지향하는 목표이다.

제 1.3 절 프로세스 마이닝

프로세스 마이닝에 대한 이해를 돕기 위해 그림 1.3의 *BPM 라이프사이클*을 설명하고, 프로세스 마이닝의 위치를 살펴본다. BPM 라이프사이클은 하나의 비즈니스 프로세스를 관리하는 여러 단계를 보여준다. *설계(design)* 단계에서는 프로세스를 설계한다. 설계된 모델은 *구성/구현(configuration/implementation)* 단계에서 실행 시스템으로 변환된다. 모델이 이미 실행 가능한 형식이고 WFM 또는 BPM 시스템이 이미 운영되고 있다면, 이 단계는 매우 빠르게 진행될 수 있다. 그러나 모델이 비정형적이고 기존 소프트웨어를 통해 코드로 구현하는 경우라면, 이 단계는 상당한 시간이 걸릴 것이다. 시스템이 설계된 프로세스를 지원할 수 있게 되면, *실행/모니터링(enactment/monitoring)* 단계가 시작된다. 이 단계에서는 프로세스가 실행됨과 동시에, 어떤 변경이 필요한지 확인하는 관리적인 모니터링이 진행된다. 이러한 변경 중 일부는 *조정(adjustment)* 단계에서 처리된다. 이 단계에서는 프로세스를 재설계하거나, 새로운 소프트웨어를 만들지 않고 미리 정의된 제어 방법을 통해 프로세스를 조정하거나 변경한다. *진단/요구분석(diagnosis/requirements)* 단계는 프로세스를 평가하고, 주변 환경의 변화(예, 정책, 법률, 경쟁 상황의 변화)로 인해 새롭게 대두된 요구 사항을 파악한다. 프로세스의 성능 저하(예, 서비스 수준 미충족)나 주변 환경의 변화로 인한 새로운 요구 사항을 바탕으로 *재설계(redesign)* 단계부터 새로운 BPM 라이프사이클의 순환이 시작될 수 있다.

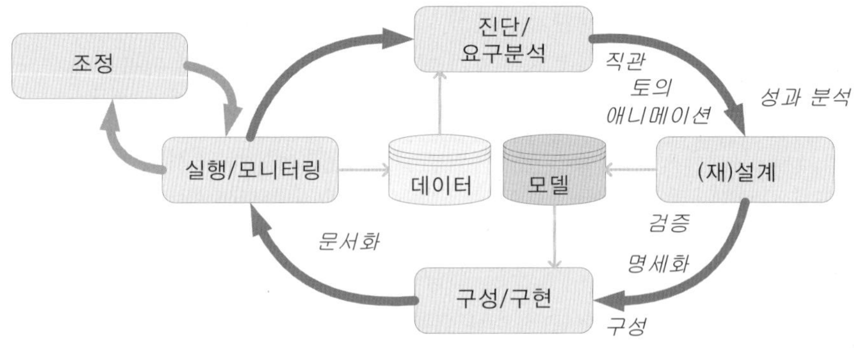

그림 1.3 프로세스 모델의 다양한 사용을 보여주는 BPM 라이프사이클

그림 1.3과 같이 (재)설계 및 구성/구현 단계에서 프로세스 모델이 지배적인 역할을 수행하는 반면에, 실행/모니터링 및 진단/요구분석 단계에서는 데이터가 중요한 역할을 한다. 또한 이 그림은 (1.2절에서 기술한 바와 같이) 프로세스 모델이 활용될 수 있는 다양한 방법을 보여준다. 최근까지, 프로세스를 수행하는 과정에서 생성된 데이터를 실제 프로세스 설계에 연계하는 시도가 거의 없었다. 대부분의 조직에서 진단/요구분석 단계에서 체계적이고 지속적인 방식의 지원을 제공하지 못하고 있다. 단지 심각한 문제나 중요한 외부 변화가 있을 때만 새로운 라이프사이클을 시작하였고, 기존 프로세스에 관한 사실 정보를 재설계 단계에서의 의사 결정에 적극적으로 활용하지 않았다. 프로세스 마이닝은 BPM 라이프사이클을 보다 잘 관리할 수 있는 가능성을 제공한다. 정보시스템에 기록된 데이터는 실제 프로세스에 대해 보다

정확하게 이해할 수 있도록 하고, 차이점 분석 등을 통해 프로세스 모델의 품질을 지속적으로 개선할 수 있게 도움을 줄 수 있다.

프로세스 마이닝은 기계 학습 및 데이터 마이닝과 프로세스 모델링 및 분석 사이에 있는 비교적 새로운 연구 분야이다. 프로세스 마이닝의 기본 개념은 정보시스템에 저장되어 있는 이벤트 로그로부터 지식을 추출하여 (머릿속으로 가정하지 않은) 실제 프로세스를 도출하고, 관찰하며, 개선하는 것이다.

그림 1.4에서 볼 수 있듯이 프로세스 마이닝은 현실 세계의 프로세스와 이를 지원하는 정보시스템을 통해 나온 이벤트 로그와 프로세스 모델을 연결하고 있다. 1.1절에서 설명한 바와 같이 디지털 세계와 물리적 세계는 점점 더 연계되고 있다. 전통적인 WFM 시스템(예, Staffware, COSA), BPM 시스템(예, Pallas Athena의 BPM|one, Pegasystems의 SmartBPM, FileNet, Global 360, Lombardi Software의 Teamwork), ERP 시스템(예, SAP Business Suite, Oracle E-Business Suite, Microsoft Dynamics NAV), PDM 시스템(예, Windchill), CRM 시스템(예, Microsoft Dynamics CRM, SalesForce), 미들웨어(예, IBM의 WebSphere, Cordys Business Operations Platform), 병원정보시스템(예, Chipsoft, Siemens Soarian)은 수행된 작업에 대한 상세한 정보를 제공한다. 이러한 데이터는 그림 1.4의 *이벤트 로그*와 같은 형태로 볼 수 있다. 앞에서 제시한 모든 PAIS는 이러한 이벤트 로그를 직접적으로 제공한다. 그러나 대부분의 정보시스템은 비구조적인 형태로 정보를 제공한다. 예를 들어, 이벤트 데이터를 여러 테이블에 나누어 저장하거나, 메시지를 교환하는 하위 시스템으로부터 이벤트 정보를 취합한다. 이 경우, 이벤트 데이터가 존재하지만 추출하는 데 많은 노력이 필요할 수 있다. 데이터 추출은 프로세스 마이닝을 위한 필수적인 부분이다.

작업(Activity; 프로세스를 구성하는 명확하게 정의된 하나의 단계)과 특정 *케이스*(Case; 프로세스 인스턴스)에 관련되어 있는 이벤트를 순차적으로 기록하는 것이 가능하다고 가정하자. 예를 들어, 그림 1.1의 보상 요청 처리 프로세스를 살펴보면, 여기에서 특정 케이스는 고객의 개별적인 보상 요청이고, 각 케이스별로 이벤트의 *자취(trace)*가 하나씩 기록될 수 있다. 예를 들어 ⟨*요청 등록*, *약식 검사*, *항공권 확인*, *판정*, *요청 재검토*, *항공권 확인*, *정밀 검사*, *판정*, *보상 처리*⟩가 하나의 자취가 될 수 있다. 예제에서 작업의 이름을 이벤트의 이름으로 사용하였는데, 두 번 발생한 *판정* 이벤트는 서로 다른 시점(자취의 넷째와 여덟째)에 발생하였고, 다른 결과를 가져왔다. 또한 이 이벤트가 다른 사람에 의해서 수행되었을 수도 있다. 따라서 같은 작업에서 파생된 두 개의 *판정* 이벤트를 명확히 구별하는 것이 필요하다. 이를 위해 대부분의 이벤트 로그는 작업을 시작하거나 수행한 사람/장치 등의 *자원*(resource) 정보, 이벤트가 발생한 시간에 대한 기록인 *타임스탬프*(timestamp), 고객의 주문량과 같은 이벤트 관련 *데이터*(data element)와 같은 추가적인 정보를 저장하고 분석에 활용한다.

프로세스 마이닝은 그림 1.4의 세 가지 방식으로 이벤트 로그를 분석할 수 있다.

프로세스 마이닝의 첫 번째 유형은 *도출*(discovery)이다. 이 기법은 프로세스에 대한 사전 정보 없이 이벤트 로그에서 프로세스와 관련된 다양한 모델을 생성한다. 예를 들어 제5장에서 설명하는 α-알고리즘이 프로세스 모델 도출 기법의 한 가지이다[23]. 이 알고리즘은 이벤트 로그를 이용해서 로그에 기록된 흐름을 설명할 수 있는 페트리넷 모델을 생성한다. 예를 들어,

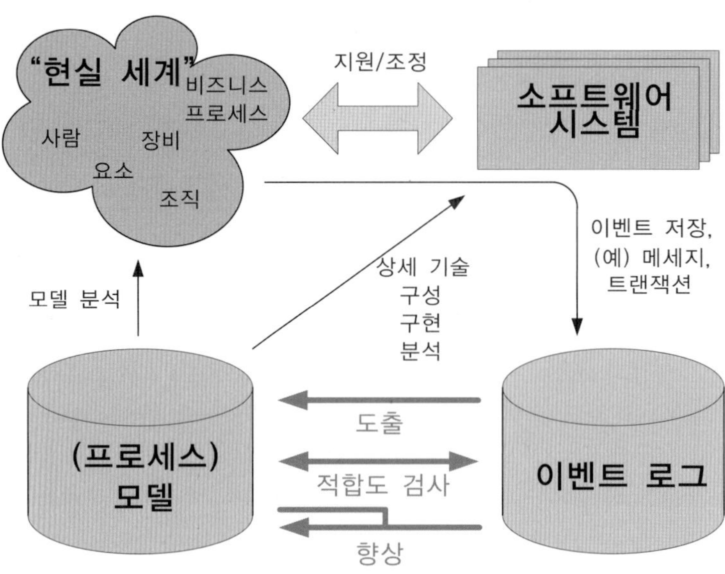

그림 1.4 프로세스 마이닝의 세 가지 주요 형태: *도출(discovery)*, *적합도 검사(conformance checking)*, *향상(enhancement)*

프로세스의 수행 기록이 충분히 많이 주어지면, α-알고리즘은 추가적인 정보 없이 그림 1.1과 같은 페트리넷 모델을 자동으로 도출할 수 있다. 만약 이벤트 로그에 업무 수행 자원에 대한 정보가 기록되어 있으면, 사람들이 조직에서 함께 업무를 처리하는 방식을 보여주는 소셜 네트워크와 같은 자원 관련 모델을 도출할 수 있다.

프로세스 마이닝의 두 번째 유형은 *적합도 검사*(conformance checking)이다. 적합도 검사에서는 프로세스 모델과 이벤트 로그를 비교한다. 적합도 검사는 로그에 기록된 현실이 모델에 부합하는지, 또는 반대로 모델이 현실에 부합하는지 확인하는 데 사용할 수 있다. 예를 들어, 백만 유로 이상의 주문에는 검사를 두 차례 실시할 것을 지시한 프로세스 모델이 있을 때, 이벤트 로그를 분석하면 이러한 규칙이 제대로 지켜지고 있는지를 확인할 수 있다. 다른 예로 회계 부정 등을 방지하기 위해 적용되는, 소위 "네 개의 눈 원칙(four eyes principle)"을 확인할 수 있다. 이 원칙은 특정 작업들은 한 사람이 수행하면 안되고, 반드시 2명 이상이 나눠서 수행한다는 규칙이다. 이렇게 규칙을 담고 있는 모델과 이벤트 로그를 비교함으로써 잠재적인 부정 사례를 발견할 수 있다. 즉, 적합도 검사를 통해 모델과 이벤트 로그의 차이점을 찾아내고, 차이의 심각성을 측정할 수 있다. [110]에서 적합도 검사 알고리즘의 한 가지 방법을 제시하고 있다. 이 방법을 통해, 그림 1.1과 같은 모델과 해당 이벤트 로그의 차이를 정량화하여 진단할 수 있다.

프로세스 마이닝의 세 번째 유형은 *향상*(enhancement)이다. 이 기법은 이벤트 로그에 기록된 실제 프로세스 관련 정보를 이용하여 기존의 프로세스 모델을 확장하거나 개선하는 것이다. 적합도 검사는 모델과 현실 사이의 차이를 보는데 반하여, 향상은 현실을 바탕으로 이미 알고 있는 모델을 변경하거나 확장하는 프로세스 마이닝 기법이다. 향상의 기법에는 수

선(repair)과 *확장*(extension)이 있다. 수선은 현실을 더 잘 반영하기 위해 모델을 변경하는 것이다. 예를 들어, 프로세스 모델에는 두 작업을 순서대로 수행하도록 모델링되어 있지만, 실제로는 두 작업이 임의의 순서로 수행된 경우, 이를 반영하도록 모델을 수선할 수 있다. 확장은 프로세스 모델을 로그와 상호 연결시켜 프로세스 모델에 새로운 측면을 추가하는 것이다. 예를 들어, 성과 정보를 이용하여 프로세스 모델을 확장시킬 수 있는데, 그림 1.1의 "보상 요청" 프로세스의 경우, 이벤트 로그에 기록된 타임스탬프를 사용하여, 병목점, 서비스 수준, 처리 시간 및 발생 횟수 등을 보여주도록 프로세스 모델을 확장할 수 있다. 마찬가지 방법으로, 자원, 의사결정 규칙, 품질 척도 등에 관한 정보를 포함할 수도 있다.

앞에서 지적한 대로 그림 1.1과 1.2과 같은 프로세스 모델은 프로세스 흐름만을 보여준다. 그러나 이 모델을 확장하여 조직, 케이스 등의 추가적인 관점도 볼 수 있다. 또한 프로세스 마이닝의 세 가지 유형인 도출, 적합도 검사, 향상 기법은 단지 프로세스 흐름에만 국한되지 않는다. 예를 들면, 조직 관점에서 이벤트 로그를 활용하여 소셜 네트워크를 도출하고 조직 모델의 유효성을 확인할 수 있다. 즉, 프로세스 마이닝의 세 가지 유형과 다양한 관점의 조합을 통한 분석이 가능하다.

이 책에서 다음과 같은 **관점**을 다룰 것이다.

- **프로세스 흐름 관점**(control-flow perspective)은 제어 흐름, 즉 작업의 순서에 초점을 맞춘다. 이 관점의 분석 목표는 페트리넷이나 그 밖의 다른 표기법(예, EPC, BPMN, UML AD)으로 표현될 수 있는 프로세스 모델에서 가능한 실행 경로를 모두 찾아 특성을 파악하는 것이다.
- **조직 관점**(organizational perspective)은 로그에 담긴 자원에 관한 정보에 초점을 맞춘다. 즉 어떤 수행자(예, 사람, 시스템, 역할, 부서)가 업무 수행에 관련되어 있고, 어떻게 관계를 맺고 있는지를 관찰한다. 이 관점의 분석 목표는 역할과 조직 단위의 측면에서 사람들을 분류하여 조직을 구조화하거나 소셜 네트워크를 도출하는 것이다.
- **케이스 관점**(case perspective)은 케이스의 속성에 초점을 맞춘다. 하나의 케이스는 프로세스 모델상의 경로나 작업 수행자에 의해 구분될 수 있다. 또한 케이스의 데이터 값에 의해서 구분될 수도 있는데, 예를 들어 재고 관리 프로세스의 경우, 공급자 또는 주문 제품번호를 바탕으로 케이스의 구분이 가능하다.
- **시간 관점**(time perspective)은 이벤트의 발생 시간 및 발생 횟수와 관련이 있다. 이벤트가 시간 정보를 포함한 경우 병목 현상 도출, 서비스 수준 측정, 자원 활용도(utilization) 측정, 작업의 남은 시간 처리 예측 등 다양한 분석이 가능하다.

위에서 제시된 관점들은 서로 중복될 수도 있고, 네 개의 관점이 모든 관점을 다 포함하고 있지 않지만, 적어도 프로세스 마이닝에서는 유용하게 사용된다.

지금까지 주어진 대부분의 예들은 프로세스 마이닝이 *오프라인*으로 수행된다고 가정하였다. 즉, 사후에 프로세스를 더 잘 이해하고, 개선하기 위해서 분석하였다. 그러나 많은 프로세스 마이닝 기법들이 *온라인* 환경을 지원하고 있다. 이를 *운영 지원*(operational support)이라고 한다. 이를 통해 업무 수행 중 모델과 이벤트의 차이가 발생하는 순간 부적합하다는 것을 탐지할 수 있다. 또한 현재 진행 중인 작업에 대해 종료 시간을 예측할 수 있다. 진행되고 있는 케이스와 유사한 케이스의 과거 실행 기록을 바탕으로 남은 수행 시간을 예측하는 것이다. 이것은 프로세스 마이닝의 스펙트럼이 프로세스 도출에 한정되지 않고, 넓다는 것을 보여준다. 오늘날의 프로세스 마이닝 기법들은 그림 1.3에서 제시된 BPM 라이프사이클을 모두 지원할 수 있다. 즉, 프로세스 마이닝은 설계 및 진단/요구 분석 단계 뿐만 아니라 실행/모니터링 및 조정 단계에서도 활용될 수 있다.

제 1.4 절 예제 로그 분석

이 장에서는 표 1.1에 제시된 예제 이벤트 로그의 분석을 통해 프로세스 마이닝의 몇 가지 기본 개념을 소개한다. 표 1.1은 보상 요청 처리 프로세스에서 발생 가능한 이벤트 로그의 예를 보여준다. 각 행은 하나의 이벤트를 의미하며, 이벤트들은 케이스로 묶일 수 있다. Case 1은 다섯 개의 이벤트를 포함한다. Case 1의 첫 번째 이벤트는 2010년 12월 30일에 Pete에 의해 수행된 *요청* 등록 작업이다. 이 이벤트의 고유 ID는 35654423이다. 이 ID는 단순히 이벤트 식별 용도로만 사용되는데, 예를 들어, 첫 번째 케이스의 요청 등록 작업과 두 번째 케이스의 요청 등록 작업은 이름은 같지만 고유 ID를 통해 구별될 수 있다(35654423와 35654483). 또한, 표에서는 각 이벤트에 대한 날짜와 타임스탬프를 볼 수 있다. 표 1.1에 표시된 시간은 완료 시간으로 해석한다. 특정 이벤트 로그에서 활동(activity)이란 더 이상 나눌 수 없는 단위로 간주되는데, 이 표에는 활동의 수행 기간이 나타나 있지 않기 때문이다. 경우에 따라서 이벤트 로그는 시간 정보를 여러 가지 방식으로 제공하는데, 이벤트의 날짜와 부분적인 순서만 보여줄 수도 있고, 각 작업이 언제 시작하였고, 언제 종료하였는지, 언제 자원을 할당하였는지에 대한 상세한 정보를 포함할 수도 있다. 자원에 대한 정보도 마찬가지이다. 표 1.1에서 각 이벤트는 한 명의 업무 수행자와 연결되어 있다. 경우에 따라서는 이 정보가 누락되어 있을 수도 있고, 담당자에 대한 매우 자세한 정보, 예를 들어 담당자의 역할이나 데이터의 접근 권한까지 저장할 수도 있다. 표 1.1에는 이벤트에 관련된 비용 정보도 보여 주는데, 이는 이벤트 관련 데이터에 대한 하나의 예가 된다. 더 다양한 정보를 포함할 수도 있는데, 예를 들어, 제시된 예제 프로세스의 경우, 검사나 항공권 확인 결과에 대한 데이터나 요청한 보상금의 액수에 대한 데이터를 포함할 수 있고, 이런 정보가 포함되면 보다 다양하게 분석할 수 있다. 한 가지 주의할 점은 데이터가 각 이벤트에 묶여서 저장될 수도 있고, 케이스에 묶여서 저장될 수도 있다는 것이다. 즉 예제에서 보상금 액수가 케이스의 속성으로 저장될 수도 있고, *요청* 등록 이벤트의 속성으로 저장될 수도 있다.

표 1.1은 이벤트 로그의 전형적인 정보를 보여준다. 사용된 프로세스 마이닝 기법과 질문에 따라, 이 정보 중 일부가 활용된다. 프로세스 마이닝을 위한 최소 요구 사항은 모든 이벤트의 케이스 및 작업 정보를 식별할 수 있으며, 케이스 내에서 이벤트의 발생 순서를 식별할 수 있다

표 1.1 이벤트 로그의 일부분: 각 행은 이벤트 하나에 해당

케이스ID	이벤트ID	속성				
		타임스탬프	작업	자원	비용	...
	35654423	30-12-2010:11.02	요청 등록	Pete	50	...
1	35654424	31-12-2010:10.06	정밀 검사	Sue	400	...
	35654425	05-01-2011:15.12	항공권 확인	Mike	100	...
	35654426	06-01-2011:11.18	판정	Sara	200	...
	35654427	07-01-2011:14.24	보상 거절	Pete	200	...
	35654483	30-12-2010:11.32	요청 등록	Mike	50	...
2	35654485	30-12-2010:12.12	항공권 확인	Mike	100	...
	35654487	30-12-2010:14.16	약식 검사	Pete	400	...
	35654488	05-01-2011:11.22	판정	Sara	200	...
	35654489	08-01-2011:12.05	보상 처리	Ellen	200	...
	35654521	30-12-2010:14.32	요청 등록	Pete	50	...
3	35654522	30-12-2010:15.06	약식 검사	Mike	400	...
	35654524	30-12-2010:16.34	항공권 확인	Ellen	100	...
	35654525	06-01-2011:09.18	판정	Sara	200	...
	35654526	06-01-2011:12.18	요청 재검	Sara	200	...
	35654527	06-01-2011:13.06	정밀 검사	Sean	400	...
	35654530	08-01-2011:11.43	항공권 확인	Pete	100	...
	35654531	09-01-2011:09.55	판정	Sara	200	...
	35654533	15-01-2011:10.45	보상 처리	Ellen	200	...
	35654641	06-01-2011:15.02	요청 등록	Pete	50	...
4	35654643	07-01-2011:12.06	항공권 확인	Mike	100	...
	35654644	08-01-2011:14.43	정밀 검사	Sean	400	...
	35654645	09-01-2011:12.02	판정	Sara	200	...
	35654647	12-01-2011:15.44	보상 거절	Ellen	200	...
	35654711	06-01-2011:09.02	요청 등록	Ellen	50	...
5	35654712	07-01-2011:10.16	약식 검사	Mike	400	...
	35654714	08-01-2011:11.22	항공권 확인	Pete	100	...
	35654715	10-01-2011:13.28	판정	Sara	200	...
	35654716	11-01-2011:16.18	요청 재검	Sara	200	...
	35654718	14-01-2011:14.33	항공권 확인	Ellen	100	...
	35654719	16-01-2011:15.50	약식 검사	Mike	400	...
	35654720	19-01-2011:11.18	판정	Sara	200	...
	35654721	20-01-2011:12.48	요청 재검	Sara	200	...
	35654722	21-01-2011:09.06	약식 검사	Sue	400	...
	35654724	21-01-2011:11.34	항공권 확인	Pete	100	...
	35654725	23-01-2011:13.12	판정	Sara	200	...
	35654726	24-01-2011:14.56	보상 거절	Mike	200	...

표 1.1 (계속)

케이스ID	이벤트ID	속성				
		타임스탬프	작업	자원	비용	...
6	35654871	06-01-2011:15.02	요청 등록	Mike	50	...
	35654873	06-01-2011:16.06	약식 검사	Ellen	400	...
	35654874	07-01-2011:16.22	항공권 확인	Mike	100	...
	35654875	07-01-2011:16.52	판정	Sara	200	...
	35654877	16-01-2011:11.47	보상 처리	Mike	200	...
...	...	...	...	...	...	...

는 것이다[2]. 따라서, 표 1.1에서 "케이스 ID"와 "작업" 열은 프로세스 마이닝을 위한 최소한의 정보이다. 이 두 열의 정보를 추출하여, 표 1.2에 표시된 것과 같이 축약된 형태로 기술할 수 있다. 이 표에서 각 케이스는 *자취*(trace)의 수행 순서에 따라 정렬된 작업들로 표현된다. 간결하게 기술하기 위하여 모든 작업의 이름은 알파벳 기호로 변환하여 표시하였다. 예를 들어, a는 *요청* 등록 작업을 의미한다.

표 1.2 표 1.1의 이벤트 로그의 축약된 표현: a = *요청 등록*, b = *정밀 검사*, c = *약식 검사*, d = *항공권 확인*, e = *판정*, f = *요청 재검*, g = *보상 처리*, h = *보상 거절*

케이스 ID	자취
1	$\langle a,b,d,e,h\rangle$
2	$\langle a,d,c,e,g\rangle$
3	$\langle a,c,d,e,f,b,d,e,g\rangle$
4	$\langle a,d,b,e,h\rangle$
5	$\langle a,c,d,e,f,d,c,e,f,c,d,e,h\rangle$
6	$\langle a,c,d,e,g\rangle$
...	...

프로세스 도출을 위한 프로세스 마이닝 알고리즘은 표 1.2과 같은 정보로부터 프로세스 모델을 찾아준다. 예를 들어, α-알고리즘[23]은 표 1.2의 데이터에서 그림 1.5와 같은 페트리넷 모델을 도출한다. 도출된 모델로부터 표 1.2에 있는 여섯 개의 케이스의 자취가 나올 수 있음을 쉽게 확인할 수 있다. 예를 들어, 첫 번째 케이스인 $\langle a,b,d,e,h\rangle$가 도출된 모델로 설명이 가능한지 리플레이(replay)하면, 그림 1.5의 최초 마킹 상태에서 토큰이 *시작* 플레이스에 있으므로 a는 실행 가능 상태이다. 작업 a가 실행되면, 토큰이 *c1*과 *c2*로 옮겨진다. 이에 의해 b가 실행 가능하게 되고, b가 실행되면 *c2*와 *c3*에 토큰이 위치한다. 그러면 $\langle a,b\rangle$가 실행되고 $\langle d,e,h\rangle$

[2] 시간 정보가 없어도, 이벤트의 순서 정보만 있으면 프로세스 마이닝을 시작할 수 있다.

가 남는다. 그 다음 작업인 *d*가 실행되면, *c3*와 *c4*에 토큰이 위치하여 *e*가 실행 가능하도록 마킹된다. *e*가 실행되면, *c5*에 토큰 하나가 배치되어 마지막 작업인 *h*가 실행 가능해진다. *h*가 실행되면, 최종적으로 종료 플레이스에 토큰이 도달하게 되며 케이스가 종료된다. 마찬가지 방식으로 표 1.2의 나머지 자취 또한 도출된 모델로 설명이 가능한 것을 쉽게 확인할 수 있다.

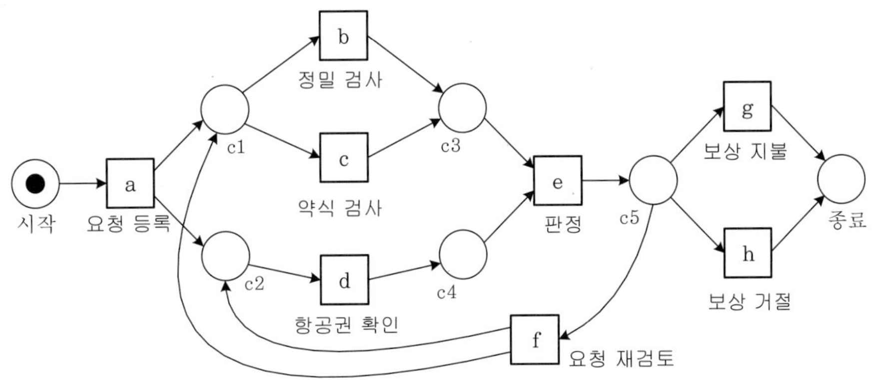

그림 1.5 α-알고리즘[23]을 이용하여 전체 자취로부터 도출한 프로세스 모델. 자취 $\{\langle a,b,d,e,h\rangle, \langle a,d,c,e,g\rangle, \langle a,c,d,e,f,b,d,e,g\rangle, \langle a,d,b,e,h\rangle, \langle a,c,d,e,f,d,c,e,f,c,d,e,h\rangle, \langle a,c,d,e,g\rangle\}$로부터 도출한 예시

그림 1.5의 페트리넷은 표 1.2에 존재하지 않는 자취를 만들 수도 있다. 예를 들어, 자취 $\langle a,d,c,e,f,b,d,e,g\rangle$, $\langle a,c,d,e,f,c,d,e,f,c,d,e,f,c,d,e,f,b,d,e,g\rangle$도 발생 가능하다. 이는 바람직한 결과이다. 프로세스 도출의 목표가 이벤트 로그에 기록된 *일부 자취*를 설명할 수 있는 프로세스 모델을 도출하는 것이 *아니기* 때문이다. 프로세스 마이닝은 이벤트 로그에 포함된 패턴을 일반화시킬 필요가 있다. 현재 분석 로그 데이터에는 포함되어 있지 않지만, 나올 가능성이 있는 패턴도 설명할 수 있는 모델을 찾아야 하기 때문이다. 따라서 프로세스 마이닝의 도전 과제 중 하나는 "과대적합(overfitting)"(모델이 너무 구체적이어서 "우연히 관찰된 행위" 만을 반영하는 경우)과 "과소적합(underfitting)"(모델이 너무 일반적이어서 관찰된 행위와 무관한 행위들도 반영하는 경우) 사이에서 균형을 맞추는 것이다.

이벤트 로그와 모델을 비교하면, "과대적합"과 "과소적합" 사이의 적절한 균형이 존재하는 것을 볼 수 있다. 제시된 사례들은 모두 *a*로 시작하여, *g*나 *h*로 종료한다. *e*는 항상 *b*, *c*, *d* 다음에 나타난다. 또한, *e* 다음에는 *f*, *g*, 또는 *h*가 발생한다. *b* 또는 *c* 그리고 *d*, *e*가 반복적으로 실행되는 것은 반복이 존재한다는 것을 의미한다. 이러한 특징들은 그림 1.5의 네트워크에 적절히 반영되어 있다.

만약 전체 케이스 중 첫 번째와 두 번째 케이스에 해당하는 두 개의 자취, 즉 $\langle a,b,d,e,h\rangle$와 $\langle a,d,b,e,h\rangle$만을 포함하는 이벤트 로그를 사용하면, α-알고리즘은 이로부터 그림 1.6과 같은 페트리넷을 도출한다. 이 모델에서 *b*와 *d*는 병렬로 모델링되어 순서와 상관없이 실행될 수 있어, 두 가지 흐름이 가능하며, 이 흐름은 주어진 이벤트 로그의 자취와 일치한다. 일반적으로 크고 복잡한 모델에서 동시성(concurrency)을 도출해 내는 것은 중요하다. 동시성을 모델링할

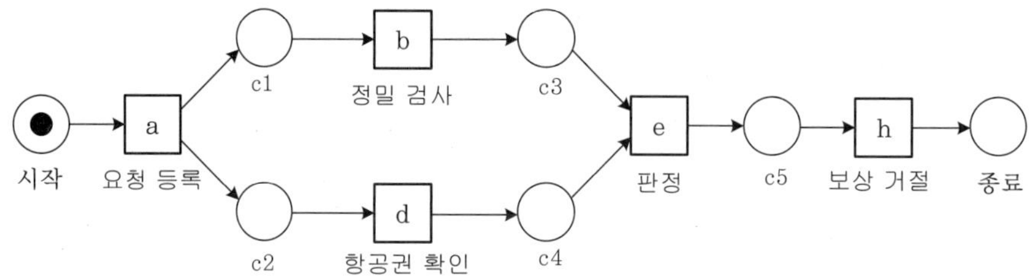

그림 1.6 α-알고리즘을 이용하여 사례 1과 사례 4로부터 도출한 프로세스 모델. 즉, 자취 $\{\langle a,b,d,e,h\rangle, \langle a,d,b,e,h\rangle\}$로부터 도출한 예시

수 없는 경우에는 동일 작업이 중복되는 거대한 “스파게티”와 같은 모델이 생성되는 경우가 많다.[3]

α-알고리즘은 여러 가지 프로세스 도출 알고리즘 중 하나이다. 이벤트 로그 분석을 위해서는 “과대적합”과 “과소적합”을 균형을 맞추고, “불완전성(incompleteness)”이나 “노이즈(noise)”를 처리하기 위한 더 발전된 알고리즘이 필요하다. 이벤트 로그에서 불완전성이란 발생 가능한 형태가 너무 다양해서 로그에는 그 중 일부만이 포함되어 있는 경우를 의미하고, 노이즈란 모델에 포함되어서는 안 되는 예외적이고 빈도가 낮은 패턴이 로그에 포함된 경우를 의미한다. 이 책에서는 이런 상황을 고려할 수 있는 다양한 프로세스 마이닝 알고리즘을 설명하고, 독자는 필요에 따라서 이 중 하나를 선택하여 사용할 수 있을 것이다. 이 장에서 페트리넷을 사용하여 프로세스 모델을 표현하는데, 페트리넷이 간단할 뿐 아니라 모호하지 않고 명확한 의미를 제공하기 때문이다. 프로세스 마이닝 기법으로 도출된 모델의 형태가 사용자가 원하는 형태의 프로세스 표기법과 상이할 수 있는데, 이들 사이의 변환이 가능하다. 예를 들면, 그림 1.5의 페트리넷 모델은 그림 1.2의 BPMN 모델로 자동으로 변환할 수 있다.

표 1.3 또 다른 이벤트 로그 : 사례 7, 8, 10은 그림 1.5에서는 발생할 수 없음

케이스 ID	자취
1	$\langle a,b,d,e,h\rangle$
2	$\langle a,d,c,e,g\rangle$
3	$\langle a,c,d,e,f,b,d,e,g\rangle$
4	$\langle a,d,b,e,h\rangle$
5	$\langle a,c,d,e,f,d,c,e,f,c,d,e,h\rangle$
6	$\langle a,c,d,e,g\rangle$
7	$\langle \mathbf{a},\mathbf{b},\mathbf{e},\mathbf{g}\rangle$
8	$\langle \mathbf{a},\mathbf{b},\mathbf{d},\mathbf{e}\rangle$
9	$\langle a,d,c,e,f,d,c,e,f,b,d,e,h\rangle$
10	$\langle \mathbf{a},\mathbf{c},\mathbf{d},\mathbf{e},\mathbf{f},\mathbf{b},\mathbf{d},\mathbf{g}\rangle$

[3] 이해하기 어려운 모델을 스파게티 모델이라고 하는 이유는 그림 12.1과 12.10을 참고한다.

1.3절에서 설명한 바와 같이, 프로세스 마이닝은 프로세스 모델 도출만을 의미하지 않으며, 이벤트 로그를 사용하여 적합도를 확인하거나 기존의 모델을 향상시킬 수도 있다. 또 한편으로, 다양한 관점의 프로세스 분석도 가능하다. 표 1.3의 이벤트 로그를 살펴보면, 처음 여섯 개의 케이스는 그림 1.5에 있는 모델로 설명되지만, $\langle a,b,e,g\rangle$로 표현된 케이스7은 모델을 따르지 않음을 쉽게 확인할 수 있다. 모델에서는 e 이전에 d를 먼저 수행해야 하지만, 이 케이스에서는 d가 수행되지 않았다. 이는 판정과 보상 처리 이전에 항공권 확인을 하지 않았음을 의미한다. 이와 같은 불일치를 찾는 것이 적합도 검사의 목적이다[110]. 나머지 이벤트 로그에 적합도를 검사해보면 케이스8과 케이스10이 모델을 따르지 않는다는 것을 확인할 수 있다. 케이스9는 처음 6개의 케이스에서 볼 수 없는 경우지만, 모델로 설명이 가능하다. 케이스8의 $\langle a,b,d,e\rangle$는 최종 작업(*보상 거절* 또는 *보상 처리*)을 수행하지 않았다는 문제가 있다. 케이스10의 $\langle a,c,d,e,f,b,d,g\rangle$는 최종 판정을 하지 않고 보상 처리를 수행하였다는 문제가 있다. 여기서 주의할 점은 적합도를 두 가지 측면에서 바라볼 수 있다는 것이다. 첫째는 모델이 실제 패턴을 반영하지 못함("모델이 잘못됨")을 보는 것이고, 둘째는 실제 패턴이 바람직한 모델에서 벗어나 있음("이벤트 로그가 잘못됨")을 보는 것이다. 첫 번째 관점은 모델을 *설명적*으로(descriptive) 바라보는 것으로, 모델이 현실을 반영하고 미래를 예측하는 데 활용된다. 반면에 두 번째 관점은 모델을 *규범적*으로(normative) 바라보는 것으로, 모델을 프로세스 수행에 영향을 주고 통제하는 데 활용한다.

표 1.1에 제시된 이벤트 로그는 자원, 타임스탬프, 비용에 관한 정보도 포함하고 있다. 이러한 정보는 프로세스 흐름 이외의 다른 관점의 모델을 도출하고 적합도를 확인하며, 추가적인 정보를 통해 모델을 확장하는 데 활용된다. 예를 들어, 업무 수행사 사이의 상호작용 패턴에 기반하여 소셜 네트워크(Social Network)를 도출할 수 있다. 소셜 네트워크는 "업무 전달(handover of work)" 지표를 기반으로 도출할 수 있는데, 이 지표는 담당자 x가 수행한 업무 다음에 담당자 y가 수행한 업무가 자주 나타날수록, x와 y 두 사람 간의 관계가 크다고 본다[18].

그림 1.7은 프로세스 흐름 중심의 모델을 1.3절에서 언급한 세 가지 주요 관점으로 확장하는 방법을 도식화하고 있다. 표 1.1에서 제시한 이벤트 로그를 분석하면, *판정*과 *요청 재검토* 작업을 수행하는 사람이 Sara뿐임을 알 수 있다. 이는 "관리자"가 존재하여 Sara가 혼자서 이 역할을 수행하고 있음을 보여준다. *정밀 검사* 작업은 Sue와 Sean에 의해서만 수행되며, 이들이 이 작업의 "전문가"임을 알 수 있다. 나머지 작업은 Pete, Mike, Ellen에 의해 수행되는데, 이는 그림 1.7에서 나타난 "보조원"임을 의미한다. 조직 관점의 프로세스 마이닝 기법은 이벤트 로그에서 조직 구조를 도출하는 데, 업무 수행자의 역할을 찾고 각 작업에 적당한 역할을 연계해준다[118]. 이벤트 로그에 있는 업무 수행자 정보를 이용하여, 프로세스 모델에 조직 관점을 추가할 수 있듯이, 타임스탬프와 빈도에 관한 정보에서 성과 정보를 도출하여 프로세스 모델에 추가할 수 있다. 그림 1.7은 검사(b, c)와 실제 판정(e) 사이에 소요된 시간을 측정할 수 있음을 보여준다. 만약에 이 시간이 유난히 오래 걸린다면, 프로세스 마이닝을 통해 문제를 확인하고 원인을 찾을 수 있다. 케이스와 연관된 정보가 이벤트 로그에 포함되어 있다면, 프로

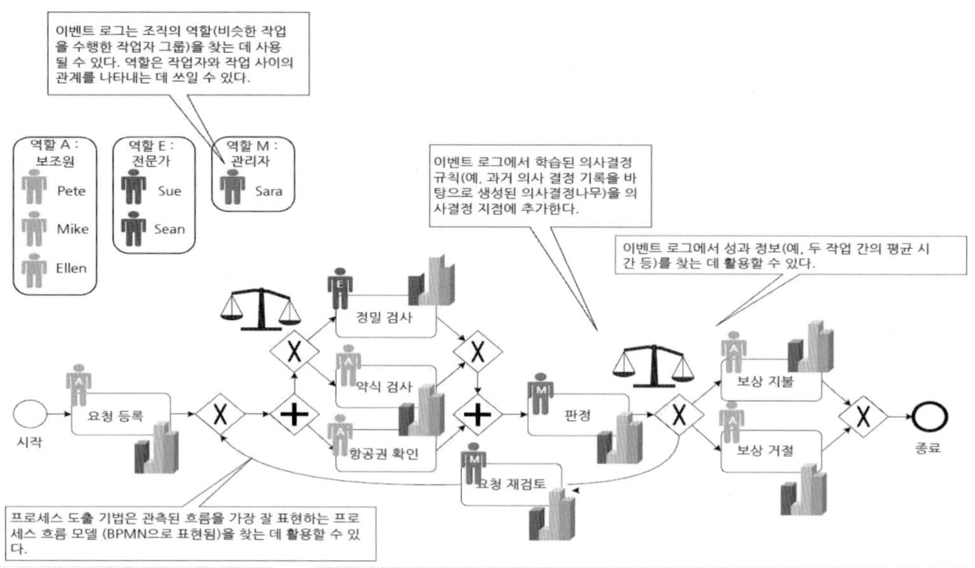

그림 1.7 추가적인 관점으로 확장한 프로세스 모델: 조직 관점("조직의 역할은 무엇이고, 누가 특정 업무를 수행하는가?"), 사례 관점("사례의 어떤 특성이 특정 결정에 영향을 미치는가?"), 시간 관점("프로세스의 어느 부분이 병목인가?")

세스의 의사 결정 요인을 분석하는 데 활용할 수 있다. 예를 들어, 의사 결정 요인을 분석하여 €800 이상의 보상 요청이 자주 거절되는 경향이 있음을 발견할 수도 있을 것이다.

프로세스 마이닝을 통해 다양한 관점을 서로 연관시킬 수 있고, 이를 통해 놀라운 통찰력을 얻을 수도 있다. 예를 들어, "Sean이 검사하는 케이스가 자주 거절되는 경향이 있음", "조사 이후에 항공권 확인하는 케이스들이 훨씬 더 많은 시간이 걸리는 경향이 있음", "€500 이하의 케이스는 반복 작업 없이 완료되는 경향이 있음" 등을 알아낼 수 있을 것이다. 이러한 관점들은 적합도 검사에도 관련 지을 수 있는데, 예를 들어, 리소스와 케이스 관점의 연결을 통해 "Pete가 요청을 잘못 처리한 경우가 상대적으로 많다"는 경향성을 찾을 수도 있을 것이다 (8.3.3절 참고).

제 1.5 절 모형화, 실제화, 리플레이

프로세스 마이닝의 핵심 중 하나는 이벤트 로그 형태로 수집된 "현실"과 프로세스 모델 사이에 강한 연결 고리를 찾는 것이다. 데이비드 하렐(David Harel)이 라이브 시퀀스 차트(Live Sequence Charts)[75]에서 사용한 용어에서 영감을 얻어 *모형화*(Play-in), *실제화*(Play-out), *리플레이*(Replay)라는 세 가지 용어를 사용하여 현실과 모델 간의 관계를 살펴본다. 그림 1.8은 이 세 가지 개념을 보여준다.

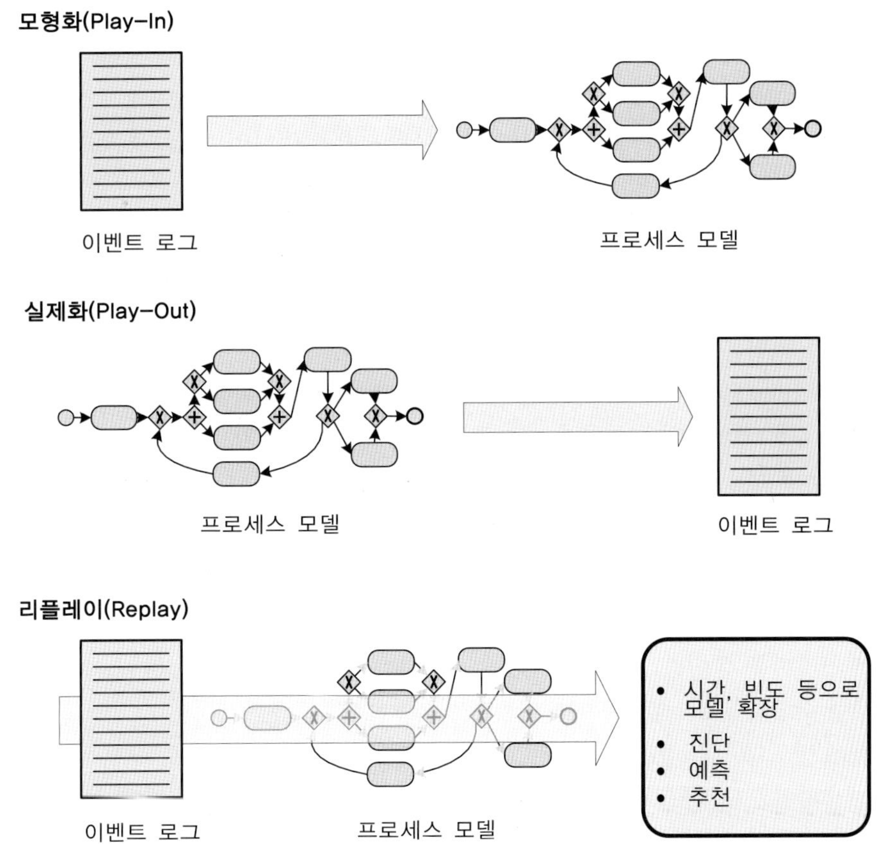

그림 1.8 이벤트 로그(또는 예제 행위를 포함하는 소스)와 프로세스 모델을 연결하는 세 가지 방법: *모형화*(Play-In), *실제화*(Play-Out), *리플레이*(Replay)

모형화(Play-in)는 실제 일어났던 현상으로부터 모델을 구축하는 것을 목표로 한다. 모형화는 종종 *추론*을 의미하는데, α-알고리즘을 비롯한 여러 프로세스 도출 기법은 모형화 기법의 예이다. 모형화를 통해 표 1.2과 같은 이벤트 로그가 주어지면 그림 1.5와 같은 페트리넷을 자동으로 도출할 수 있다. 대부분의 데이터 마이닝 기법들이 모형화 방식을 사용하며, 주어진 데이터를 바탕으로 모델을 학습시킨다. 데이터 마이닝의 전형적인 예로 의사결정나무("술을 다섯 잔 이상 마시고 담배를 56개피 이상 피우는 사람들은 일찍 사망한다")나 연관 규칙("기저귀와 맥주를 함께 구매한다") 등이 있는데, 전통적인 데이터 마이닝에서 프로세스 모델은 관심의 대상이 아니었다. 일반적인 데이터 마이닝 기법들은 프로세스 모델을 모형화하는 데 사용될 수 없었고, 최근에 개발된 프로세스 마이닝 기법들을 통해 이벤트 로그에서 프로세스 모델을 도출하는 것이 가능해졌다.

실제화(Play-out)는 프로세스 모델의 전통적인 활용 방식과 유사하다. 예를 들어 페트리넷이 주어지면 이로부터 프로세스 흐름 패턴을 생성해볼 수 있다. 그림 1.5의 페트리넷에 "토큰 게임"을 반복해보면 표 1.2에 있는 자취들을 생성할 수 있다. "실제화"는 비즈니스 프로세스

의 수행과 분석에 사용될 수 있다. 워크플로우 엔진은 모델에서 허용된 "동작"만을 실행함으로써 케이스들을 제어하는 "실제화 엔진"으로 볼 수 있다. 즉, 실제화는 실행 가능한 모델을 사용하여 프로세스를 수행하는 데 사용할 수 있다. 시뮬레이션 엔진은 프로세스 분석을 하기 위한 "실제화 엔진"으로 볼 수 있다. 시뮬레이션의 주요 아이디어는 모델을 반복적으로 실행하면서 통계 데이터 및 신뢰 구간을 수집하는 것이다. 시뮬레이션 엔진은 워크플로우 엔진과 유사하지만, 시뮬레이션은 모델링된 가상의 환경에서 상호 작용하는 반면에, 워크플로우는 실제 환경에서 직원, 고객 등과 상호작용한다는 큰 차이점이 있다. 이밖에 모델 검토(model checking)[43] 라고도 하는 전수 상태-공간 분석(exhaustive state-space analysis)을 이용한 전통적인 검증 기법들도 실제화 기법의 하나로 볼 수 있다.

리플레이(Replay)는 *이벤트 로그와 프로세스 모델*이 동시에 필요한데, 프로세스 모델 위에 이벤트 로그에 나타난 업무 흐름을 보여준다. 앞서 설명한 바와 같이, 그림 1.5의 페트리넷 상에서 $\langle a,b,d,e,h \rangle$를 리플레이해 볼 수 있다. 자취에 보이는 작업의 순서대로 페트리넷 상의 관련된 트랜지션을 점화하면서 "토큰 게임"을 할 수 있다. 이벤트 로그의 리플레이는 다음과 같은 다양한 목적에 이용될 수 있다:

- *적합도 검사*: 로그를 리플레이함으로써, 이벤트 로그와 모델 사이의 차이를 발견하고 차이를 정량화할 수 있다. 예를 들어, 그림 1.5의 페트리넷 상에서 자취 $\langle a,b,e,h \rangle$를 리플레이해보면 수행되었어야 할 d가 실행되지 않았음을 알 수 있다.
- *모델에 빈도와 시간 정보 추가*: 로그를 리플레이해보면 모델 중 어떤 부분이 자주 수행되었는지 확인할 수 있다. 또한 리플레이 통하여 병목 공정을 찾을 수도 있다. 예를 들어, 자취 $\langle a^8,b^9,d^{20},e^{21},h^{21} \rangle$를 살펴보자. 여기서 위 첨자는 타임스탬프를 나타낸다. 그림 1.5상에서 자취를 리플레이하면, 시점 20에서 e가 실행 가능 상태가 되었고, 시점 21에서 실행되었음을 알 수 있다. d는 시점 8에서 실행 가능하였으나 시점 20이 되어서 실행되었고, d가 끝날 때까지 e는 시작이 지연되었다.
- *예측 모형 구축*: 이벤트 로그를 리플레이함으로써 예측 모형을 구축할 수 있다. 즉, 모델의 다양한 상태에 따라 예측값을 찾을 수 있다. 예를 들어, 많은 케이스를 리플레이하여 학습시킨 예측 모형에 따라 e가 실행 가능하게 된 후 종료할 때까지 예측 시간이 8시간임을 보여줄 수 있다.
- *운영 지원*: 리플레이는 과거의 이벤트 데이터에 국한되는 것이 아니라, 현재 진행 중인 케이스의 자취를 활용할 수도 있다. 예를 들어, 수행 중인 케이스의 일탈 여부를 확인하는 데 활용할 수 있다. 현재 진행 중인 케이스 $\langle a^8,e^{11} \rangle$가 있다면, 그림 1.5에 나타난 모델에 적합하지 않으므로 케이스 종료 전에 경고가 발생할 수 있다. 마찬가지로 진행 중인 케이스의 잔여 종료시간 예측이나 거절 가능성 예측도 가능하다. 예를 들어 "케이스 $\langle a^8,b^9 \rangle$는 예상되는 잔여 종료시간이 3.5일이고, 거절 가능성은 40%이다"와 같은 예측이 가능하다. 이러한 예측은 케이스 진행에 있어, 적절한 후속 작업을 추천하는 데에도 활용될 수 있다.

프로세스 모델의 희망선(Desire lines in process models)
희망선(사회적 흔적(social trail)이라고도 함)은 사람이나 동물의 발자국에 의한 침식으로 나타나는 경로이다. 경로의 침식 폭과 양은 경로가 얼마나 자주 이용되고 있는지를 나타낸다. 일반적으로 희망선은 두 점 간의 최단 경로나 가장 편리한 경로를 따른다. 또, 희망선이 나타나면 더 많은 사람들이 그것을 이용하여 침식이 더욱 심화된다. 드와이트 아이젠하워(Dwight Eisenhower)는 이런 새로운 집단 행동을 잘 활용한 사람으로 자주 언급된다. 미국의 34대 대통령이 되기 전에 그는 컬럼비아 대학의 총장이었다. 그는 대학 캠퍼스 건물 사이에 인도 설치 공사를 하기 전에, 건물들 사이에 풀이 자라도록 하였다. 얼마 지나지 않아 희망선이 자연스럽게 드러났다. 사람들의 발자국에 의해 잔디가 거의 헤진 곳을 따라 인도를 만들었다. 동일한 맥락에서 리플레이는 프로세스의 희망선을 보여주는 데 사용할 수 있다. 프로세스 모델에서 가장 많이 수행된 경로는 밝은 색이나 두꺼운 선으로 강조해 보여줄 수 있다(ProM의 퍼지 마이너[72] 참고). 비즈니스 프로세스를 더 잘 관리하기 위하여 희망선을 어떻게 이용할 것인가는 흥미로운 주제이다. 과거의 이력 정보에서 도출된 예측/추천 모델을 바탕으로 한 운영 지원을 통해 성공적인 프로세스 수행을 이끌고, 최적의 "인도"를 찾을 수 있을 것이다.

제 1.6 절 최근 동향

프로세스 마이닝은 *비즈니스 프로세스 관리*(BPM)라는 광범위한 영역에 있는 강력한 도구 중 하나로 볼 수 있다. 앞서 언급한 바와 같이 BPM은 정보 기술 지식과 경영 과학 지식을 결합하여 비즈니스 프로세스를 개선하는 것을 목표로 한다. 프로세스 마이닝은 또한 *비즈니스 인텔리전스*(BI: Business Intelligence)라는 범주 내에 있다고도 볼 수 있다. BI에 대한 명확한 정의를 찾기 어려운데, 일반적으로 BI는 의사결정을 지원하는 데 활용할 수 있는 실천 가능한 정보를 제공하는 모든 것이라는 매우 포괄적인 개념으로 볼 수 있다. 소프트웨어 공급 업체나 컨설턴트들은 BI를 특정 도구나 방법론에 치우쳐서 정의하는 경향이 있다. 프로세스 마이닝은 새로운 BI 기술의 집합이라고 할 수 있다. 대부분의 기존 BI 도구는 실제로 인텔리전트 하지 않으며 프로세스 마이닝의 기능을 전혀 제공하지 못하고 있다. 기존 BI의 주요 기능은 대시보드와 스코어카드를 보여주는 간단한 시각화 기술과 결합된 질의 처리 및 리포트 생성이다. 일부 시스템은 *데이터 마이닝* 또는 *OLAP*(Online Analytical Processing) 기능을 제공한다. OLAP는 다양한 각도에서 다차원 데이터를 보여주는 데 사용되는데, 고차원적인 보고서를 작성하기 위해 데이터를 집계하고 통합하는 데 사용할 수 있으며, 상세한 정보를 확인할 수 있도록 데이터 드릴 다운(drill down) 등의 기능을 지원한다. 고급 BI 도구에서 제공하는 전형적인 데이터 마이닝 기능으로는 유사한 개체들을 발견하는 *군집화*(clustering), 개체의 특수한 속성을 예측하는 규칙을 발견하는 *분류*(classification), 최소 오류로 데이터를 모델링하는 함수를 구축하는 *회귀분석*(regression), 그리고 (속성 간의 관계를 찾아내는) *연관*

규칙 학습(association rule learning) 등이 있다. 이런 기법에 대한 자세한 설명 및 프로세스 마이닝과의 연관성은 제3장에서 설명한다.

비즈니스 작업 모니터링(BAM: Business Activity Monitoring)은 비즈니스 프로세스의 실시간 모니터링을 의미하는 개념이다. BAM은 종종 *복합 이벤트 처리*(CEP: Complex Event Processing)와 연관되어 있다. CEP는 이벤트들의 흐름에서 특정 패턴이 나타날 때 즉각적으로 반응하는 것을 목표로 한다. 예를 들어, 미리 정의된 이벤트 결합을 감지하여 경고를 생성해줄 수 있다. *기업 성과 관리*(CPM: Corporate Performance Management)는 프로세스나 조직의 성과를 측정하기 위한 개념이다. 일반적으로 CPM은 재무적 성과에 초점을 맞추고 있다. 최근에 점점 더 많은 소프트웨어 공급 업체들이 고급 BI 기능을 의미하는 "애널리틱스(analytics)"라는 용어를 사용하기 시작하였다. *시각적 분석*(Visual analytics)은 대용량 데이터의 분석에 초점을 맞추고 있으며, 인간의 우수한 인지 능력을 바탕으로 패턴과 동향을 시각적으로 파악한다. *예측 분석*(Predictive analytics)은 과거 데이터를 사용하여 미래를 예측한다. 프로세스 마이닝도 이러한 고급 분석 기능을 제공하는 것을 지향하고 있으며, 일부 프로세스 마이닝 기법은 시각화를 통한 인간의 해석에 기반한다. 또한 제9장에서 설명하듯이, 프로세스 마이닝은 과거 데이터를 분석하는 데 국한되지 않고, 온라인 환경에서 예측 및 추천 기능을 제공하는 등의 운영 지원도 포함하고 있다.

프로세스 마이닝은 *지속적인 프로세스 개선*(CPI: Continuous Process Improvement), *전사적 품질 관리*(TQM: Total Quality Management) 및 *6시그마*와 같은 경영 기법과도 관련이 있다. 이러한 기법들은 프로세스가 개선될 수 있는지 확인하기 위해 프로세스를 "상세히 들여다본다"는 공통점을 가지고 있다. 단언컨대 프로세스 마이닝은 프로세스의 다양한 차이와 비효율을 분석하는 데 도움이 된다.

"6시그마"란 무엇인가

오늘날 "6시그마"라는 용어는 프로세스의 품질을 향상시킬 수 있는 도구, 기법, 방법의 광범위한 집합을 의미한다[105]. 6시그마 방법론을 사용하는 전형적인 프로세스 개선 프로젝트는 소위 *DMAIC*으로 불리는 다음의 다섯 단계로 구성된 접근법을 따른다. (a) *정의*(Define): 문제를 정의하고 목표를 설정한다. (b) *측정*(Measure): 핵심성과지표를 측정하고 데이터를 수집한다. (c) *분석*(Analyze): 데이터를 분석하여 인과(cause-and-effect) 관계를 조사하고 확인한다. (d) *개선*(Improve): 분석 결과에 기반하여 현재의 프로세스를 개선한다. (e) *통제*(Control): 목표에서 벗어나는 편차를 최소화하기 위해 프로세스를 제어한다. 6시그마는 본래 1980년대 초반에 모토로라에서 개발되어 많은 다른 기업들에 의해 확장되었다. "6시그마"라는 용어는 결함을 최소화하기 위해 모토로라가 설정한 초기 목표를 의미한다. "6시그마"에서 시그마(σ)는 정규분포의 표준편차를 의미한다. 정규분포는 관측값의 68.3%가 평균으로부터 1σ 이내에 존재한다. 즉, 평균값 μ와 표준편차 σ를 가진 정규분포에서 임의로 추출한 값이 $[\mu-\sigma, \mu+\sigma]$에 존재할 확률이 0.683이다. 동일한 정규분포에서, 임의 추출된 값의 95.45%가 평균에서 2σ 이내의 구간, 즉 $[\mu-2\sigma, \mu+2\sigma]$에 존재하고, 99.73%가 평균에서 3σ 이내의 구간,

즉 $[\mu-3\sigma, \mu+3\sigma]$에 존재한다. 제조 분야의 전통적인 품질 패러다임에서, 프로세스의 자연적인 변동($[\mu-3\sigma, \mu+3\sigma]$)이 공학적인 오차 허용 범위 안에 들어오면 프로세스가 관리되고 있다고('capable') 했다. 즉 공학적 허용 오차 안에서 표준편차의 세 배까지 변동이 나타나며, 백만 개의 사례 중 평균적으로 2,700개가 $[\mu-3\sigma, \mu+3\sigma]$ 외부에 존재하여 결함으로 나타났다. 6시그마는 평균에서 6σ 이내의 구간($[\mu-3\sigma, \mu+3\sigma]$)이 공학적 허용 오차 안에 들어오는 매우 미세한 표준편차를 가지는 프로세스를 만드는 것을 목표로 한다. 문헌에서는 오랜 기간 동안의 변동성과 품질 저하를 고려하기 위해 종종 1.5 시그마 변화를 고려한다[105].

품질 수준	백만 개당 결함의 개수(DPMD)	합격 비율
1시그마	690,000 DPMO	31%
2시그마	308,000 DPMO	69.2%
3시그마	66,800 DPMO	93.32%
4시그마	6,210 DPMO	99.379%
5시그마	230 DPMO	99.977%
6시그마	3.4 DPMO	99.9997%

"1시그마로 운영되는" 프로세스는 백만 건의 사례 중 불량 사례가 690,000건 이하로 발생한다. 즉, 적어도 사례의 31%는 제대로 처리된다. "6시그마로 운영되는" 프로세스는 백만 건의 사례 중 단지 3.4개가 불량 케이스가 된다. 즉, 평균적으로 99.9997%의 케이스가 제대로 처리된다.

BI 도구나 6시그마와 같은 관리 기법들은 주로 수행시간 단축이나 결함 감소 등 운영 상의 성능을 개선하는 데 주로 목적을 두는 반면, 조직은 *기업 지배 구조*, *리스크*, *규정 준수*에 더 많이 중점을 두고 있다. Enron, Tyco, Adelphia, Peregrine, WorldCom에 영향을 미친 주요 기업의 회계 부정 사건은 엄격한 감사 수행에 대한 더 많은 관심을 불러 일으켰다. 2002년 *사베인-옥슬리법*(SOX: Sarbanes-Oxley Act)과 2004년 *바젤 II 협약*(Basel II Accord) 등의 규정은 이러한 부정을 막기 위하여 제정되었다. 최근의 금융 위기는 조직이 "이러한 규정 내에서" 운영되는지 확인하는 검증의 중요성을 대두시켰다. 프로세스 마이닝 기법은 더욱 엄격하게 규정 준수 여부를 확인하고 조직의 핵심 프로세스에 대한 정보의 유효성과 신뢰성을 확인하는 데 활용할 수 있다.

BPM, BI, OLAP, BAM, CEP, CPM, CPI, TQM, SOX 등 이 장에서 언급된 다양한 약어들은 비즈니스 컨설턴트나 소프트웨어 공급 업체에서 사용하는 유행어 중 일부에 불과할 수 있다. "(비즈니스) 프로세스 지능화"와 같은 용어도 마찬가지이다. 이러한 용어에서 찾을 수 있는 흐름은 이제 시스템에 존재하는 데이터를 실질적으로 활용한다는 것이다. 데이터는 *프로세스를 추론*하거나 *프로세스 진행 과정에서의 의사 결정*에 사용할 수 있다. 또한, 위에 제시한 개념들은 실제 프로세스에 관한 *통찰력*을 얻고, 프로세스를 *개선*하며, *준수*(compliant) 여부를 확인하는 명백한 요구가 있음을 보여준다. 불행히도 "유행어의 두꺼운 장막(thick layer of buzzwords)" 뒤에 숨어 있는 대부분의 컨설턴트 및 소프트웨어 공급 업체는 이런 요구에 대한 해결책을 제공할 수 없었다. 이 책은 이러한 문제에 대한 명확하고 새로운 관점의 솔루션을 제공하는 것을 목표로 한다. 비약적으로 발전한 프로세스 마이닝을 통해, 사실에 기반한 단순하고 통합적인 비즈니스 프로세스 분석의 가능성을 보여준다. 또한 *ProM*(`www.processmining.org`)과 같은 프로세스 마이닝 툴을 활용하여 여기서 설명하는 기법과 분석의 통찰력을 독자들도 직접 경험해 볼 수 있도록 도와준다.

제 1.7 절 개요

프로세스 마이닝은 데이터 마이닝 및 비즈니스 프로세스 모델링/분석 사이에 중요한 연결고리를 제공한다. 프로세스 마이닝 연구는 1999년에 TU/e(아인트호벤 공대)에서 시작되었다. 당시에는 가용한 이벤트 데이터가 거의 없었고, 초기의 프로세스 마이닝 기법들은 너무나 초보적인 수준이어서 실무에 사용할 수 없었다. 지난 10년이 지나면서 이벤트 데이터를 쉽게 확보할 수 있게 되었고, 프로세스 마이닝 기법도 성숙하였다. 또한, 프로세스 마이닝 알고리즘들이 다양한 학계와 상용 시스템에서 구현되었다. 이제는 프로세스 마이닝을 활발히 연구하는 연구 그룹도 생겨났고, BPM 연구의 중요 토픽 중 하나가 되었다. 뿐만 아니라, 프로세스 마이닝에 대하여 기업의 관심도 높아져, 점차 많은 소프트웨어 공급 업체가 자신의 툴에 프로세스 마이닝 기능을 추가하기 시작했다. 오픈소스 프로세스 마이닝 도구인 ProM은 세계적으로 널리 사용되고 있으며 실무자, 학생, 연구자들이 손쉽게 프로세스 마이닝을 시작할 수 있도록 도움을 주고 있다. 이러한 발전이 이 책을 집필한 주요 동기가 되었다. 데이터 마이닝, 비즈니스 인텔리전스, 프로세스 리엔지니어링, 그리고 BPM에 관한 많은 서적이 있음에도 불구하고, 지금껏 프로세스 마이닝에 관한 책은 없었다.

이 책은 프로세스 마이닝에 관하여 포괄적으로 소개하는 것을 목표로 한다. 비즈니스 프로세스 분석가, 비즈니스 컨설턴트, 프로세스 관리자, 대학원생, 그리고 BPM 연구자를 대상으로 출판되었다. 또한, 불필요한 세부 사항에 치중하지 않고, 프로세스 마이닝의 본질을 완벽히 이해하는 데 필요한 이론과 기술적 이슈에 대한 설명은 충분히 하려고 노력했다. 아인슈타인이 말한 "모든 것은 가능한 간단하게 만들되, 이보다 더 간단해서는 안된다(Everything should be made as simple as possible, but not one bit simpler)."에 충실하려고 했다.

그림 1.9는 이 책의 구성을 보여준다. *I부*는 책을 읽는 데 필요한 기초 지식을 제공한다. *2장*에서는 다양한 프로세스 모델링 언어를 소개하고 모델 기반의 분석 기법을 소개한다. *3장*에서는 의사결정나무나 연관규칙 학습과 같은 데이터 마이닝 기법을 소개한다. 프로세스 마이닝은 이 두 장에서 설명하는 기초 지식을 연결한다고 볼 수 있다.

*II부*는 프로세스 흐름 도출에 대해 설명한다. *4장*에서는 프로세스 마이닝에 필요한 입력 데이터를 설명한다. 이 장은 이질적 데이터 소스로부터 이벤트 로그를 추출하는 데 관련된 다양한 입력 형식과 이슈에 대해 논의한다. *5장*에서는 프로세스 도출 방법을 이해하고 한계를 파악하기 위해 α-알고리즘의 각 단계에 대해 상세하게 설명한다. 알고리즘의 설명을

그림 1.9 본서의 구성

통해 기본적인 개념을 소개하고, 이와 함께 프로세스 마이닝의 다양한 이슈와 보다 발전된 알고리즘에 대한 필요성 등을 설명한다. *6장*에서는 고급 프로세스 도출 접근법을 소개한다. 이를 통하여 독자들은 현재의 연구 현황을 이해할 수 있고, 향후에 분석을 위한 적절한 기법을 선택할 수 있다.

*III부*는 프로세스 흐름 도출 이외의 다양한 주제를 다룬다. *7장*에서는 이벤트 로그와 프로세스 모델을 비교하고 연결하는 적합도 검사 기법을 소개한다. 적합도를 정량적으로 측정하고 그 차이를 진단하는 방법을 제시한다. *8장*에서는 조직 관점, 케이스 관점, 시간적 관점과 같은 다양한 관점에 초점을 맞춘다. *9장*에서는 프로세스 마이닝이 실시간 프로세스의 운영 지원에 사용되는 방법을 설명한다. 즉, 케이스가 실행되는 동안 위반을 감지하고, 예측을 수행하며, 추천을 제공하는 방법을 설명한다.

*IV부*는 프로세스 마이닝을 실전에서 성공적으로 적용하는 방법을 설명한다. *10장*은 다양한 프로세스 마이닝 도구에 대하여 소개한다. *11장*과 *12장*은 프로세스의 두 가지 유형인

"라자냐 프로세스"와 "스파게티 프로세스"분석을 살펴본다. 라자냐 프로세스는 잘 구조화된 비교적 간단한 프로세스이다. 따라서, 프로세스를 도출하는 것은 그렇게 흥미롭지 않을 수 있다. III부에서 소개된 기법들이 라자냐 프로세스에 적용하기에 가장 적합하다. 적합도 검사, 세부적인 성과 분석, 운영 지원 등의 프로세스 마이닝 기법들이 유용할 수 있다. *11장*에서는 다양한 실제 예제를 통해 프로세스 마이닝이 "라자냐 프로세스" 분석에 적용될 수 있음을 설명한다. 스파게티 프로세스는 상대적으로 정형화가 덜 된 프로세스로, 이 경우 프로세스 마이닝의 가치는 프로세스를 더 잘 제어하기 위한 통찰력을 얻고 아이디어를 찾는 데 있다. 예측과 같은 고급 기법들은 스파게티 프로세스에 적합하지 않을 수 있다. *12장*에서 정형화되지 않은 환경에서 프로세스 마이닝을 적용하는 방법을 설명한다.

*V부*에서는 다시 돌아와서 앞서 설명한 내용을 되돌아본다. *13장*에서는 프로세스 모델링을 지도제작과 비교한다. BPM 시스템을 TomTom, Garmin, Navigon 등의 기업에서 제공하는 네비게이션 시스템과 비교함으로써 프로세스 마이닝에 관한 보다 넓은 비전을 제공한다. 이 장의 목적은 프로세스 관리의 새로운 관점을 제공하고, 기존 정보시스템의 한계를 살펴보는 것이다. *14장*에서는 프로세스 마이닝을 통한 프로세스 개선의 기회를 요약하며 책을 마무리한다. 또한 프로세스 마이닝의 중요한 도전 과제에 대해 설명하고, 이 책에 제시된 내용을 적용할 수 있는 구체적인 지침을 제공한다.

제 I 편

준비

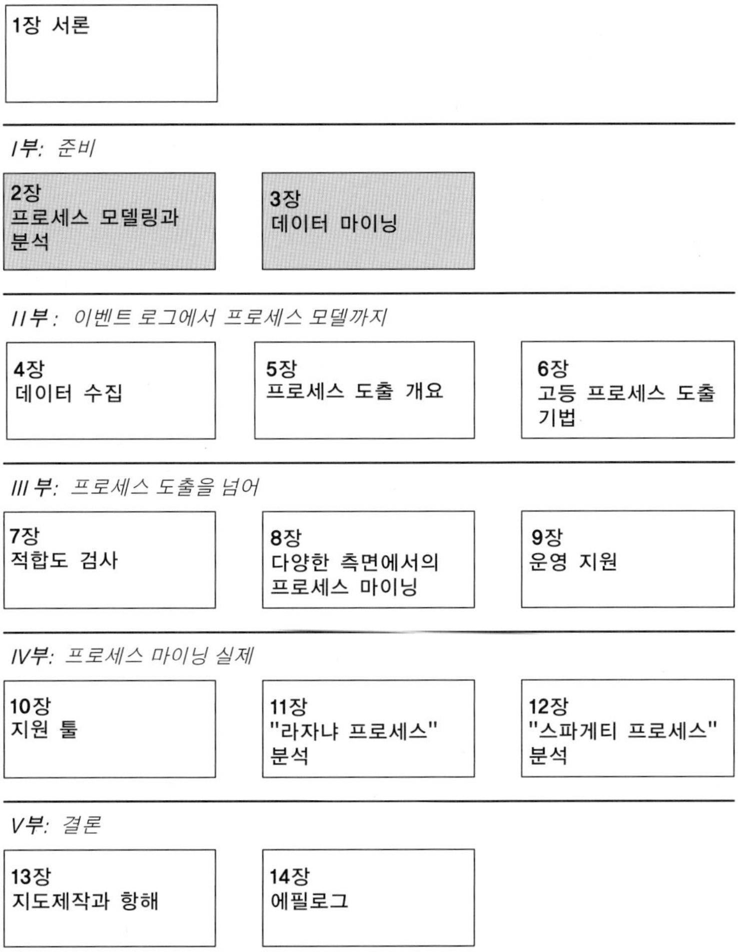

1장 서론

I부: 준비

2장 프로세스 모델링과 분석

3장 데이터 마이닝

II부: 이벤트 로그에서 프로세스 모델까지

4장 데이터 수집

5장 프로세스 도출 개요

6장 고등 프로세스 도출 기법

III부: 프로세스 도출을 넘어

7장 적합도 검사

8장 다양한 측면에서의 프로세스 마이닝

9장 운영 지원

IV부: 프로세스 마이닝 실제

10장 지원 툴

11장 "라자냐 프로세스" 분석

12장 "스파게티 프로세스" 분석

V부: 결론

13장 지도제작과 항해

14장 에필로그

프로세스 마이닝은 데이터 마이닝과 프로세스 모델링 간의 연결 고리를 제공한다. 제2장에서는 다양한 프로세스 모델링 및 분석에 대해서 설명하고, 제3장에서는 주요 데이터 마이닝 기법을 설명한다.

장 2
프로세스 모델링과 분석

요 약 최근에 프로세스 모델을 표기하는 방법이 많이 등장하는 것을 볼 수 있는데, 이를 통해 프로세스 모델링의 중요성이 높아지고 있음을 알 수 있다. 프로세스 관련 논의 사항들을 구조화하고 절차들을 문서화하기 위한 목적으로 형식에 크게 얽매이지 않는 프로세스 모델을 사용할 수 있다. 하지만 높은 BPM 성숙도 수준을 유지하는 조직은 업무 프로세스를 분석하고 수행하기 위한 보다 정교한 프로세스 모델을 사용할 수 있다. 오늘날 대부분의 프로세스 모델은 조직내 존재하는 프로세스 데이터에 대한 분석에 기반하지 않고, 수작업으로 만들어지고 있다. 본 장에서는 이런 고전적인 접근법의 한계를 검토하고 프로세스 마이닝의 필요성을 강조한다. 또한 본 장에서 소개하는 프로세스 모델 표기법과 분석 기법들은 이 책을 이해하는 데 기본적인 배경 지식이 될 것이다.

제 2.1 절 모델링 기술

산업혁명 이후, 기술 혁신, 조직의 개선, 정보 기술의 사용으로 생산성이 증대되었는다. 애덤 스미스(Adam Smith, 1723-1790)는 분업의 장점을 보여주었으며, 프레드릭 테일러(Frederick Taylor, 1856-1915)는 과학적 관리의 첫 번째 원칙을 도입하고, 헨리 포드(Henry Ford, 1863-1947)는 T 모델("Black T-Fords")의 대량 생산을 위한 생산라인을 도입했다. 1950년대에는 컴퓨터 및 디지털 통신 인프라가 비즈니스 프로세스에 영향을 주어, 업무 조직의 극적인 변화를 이끌어 내고 새로운 형태의 비즈니스 활동을 가능케 했다. 오늘날 컴퓨팅과 통신의 혁신은 거의 모든 비즈니스 프로세스 변화의 주요한 동인이다. 이에 비즈니스 프로세스는 여러 조직에 걸쳐 더 복잡해지고 정보시스템에 크게 의존하게 되었고, 이에 따라 프로세스 모델링은 무엇보다 중요해지고 있다. 프로세스 모델은 통찰력을 제공하고, 절차를 문서화함으로써 복잡성을 관리할 수 있게 지원한다. 한편 정보시스템은 명확한 절차에 따라 구성되고 구동해야 하며, 필요한 상호 작용에 대한 공통의 합의가 있어야 여러 조직에 걸친 프로세스가 제대로 수행될 수 있다. 그 결과, 이를 지원할 수 있는 프로세스 모델이 오늘날 많은 조직에서 널리 활용되고 있다.

운영 관리(Operations Management), 특히 운영 연구(Operation Research)는 *경영 과학*(Management Science)에서 모델링을 많이 하는 분야로 선형 프로그래밍(Linear Programming), 프로젝트 계획(Project Planning), 대기 행렬 모델(Queueing Models), 마르코프 체인(Markov chains) 등의 다양한 수학적 모델이 사용된다. 예를 들어, 창고의 위치를 결정하기 위해 선형 프로그래밍을 사용하고, 서버의 용량은 대기 행렬 모델을 바탕으로 산정하며, 컨테이너 터미널에서의 최적 경로는 정수계획법(Integer Programming)을 활용할 수 있다. 모델은 *프로세스에 관한 추론*(재설계)과 *프로세스 내에서* 의사 결정(계획/운영)을 하기 위해 사용된다. 일반적으로 운영 관리에 사용되는 모델은 특정 분석을 위한 목적으로 특화되어 있어, 이와 관련된 질문에 대한 해답을 찾는 데 사용된다. 이와는 대조적으로 BPM의 프로세스 모델은 *다양한 목적*으로 활용된다. 예를 들어, BPMN으로 표현된 프로세스 모델은 각 부서의 역할에 대해 논의하고, 규정 준수 여부를 분석하고, 시뮬레이션을 이용한 성과 예측, WFM 시스템 설정 등에 사용될 수 있다. 이런 차이에도 불구하고, BPM 및 운영 관리는 좋은 모델을 만드는 것이 "과학" 보다 "기술"에 가깝다는 공통점이 있다. 즉, 모델을 만드는 것은 어렵고, 오류가 발생하기 쉬운 작업이다. 일반적으로 범하는 오류는 다음과 같다:

- **모델은 현실 그대로가 아닌 이상화된 상태로 보여준다.** 프로세스를 모델링할 때 프로세스 디자이너는 "일반적인" 또는 "바람직한" 흐름에 집중하는 경향이 있다. 예를 들어, 모델이 대표성을 가지고 있다고 하지만, 전체 케이스의 80%만을 설명할 수 있다. 이는 포함되지 않은 20%의 케이스가 80%의 문제를 야기할 수 있기 때문에 배재한 것이 아니라, 모델을 너무 단순화하였기 때문에 그런 것인데, 이에는 여러 가지 이유가 있을 수 있다. 예를 들어, 프로세스 디자이너와 관리자가 이러한 문제들이 발생하는 것을 인지하지 못할 수도 있으며, 사람들의 인식은 조직에서의 역할에 따라 편향될 수도 있다. 수작업을 통해 그려진 모델은 주관적이며, 이해를 목적으로 너무 단순하게 표현되는 경향이 있다.
- **인간의 행동을 충분하게 포착할 수 없다.** 간단한 수학 모델은 기계 또는 조립 라인에서 일하는 사람들을 모델링하기에는 충분할 수도 있지만, 다양한 프로세스에 관여하며 복잡한 우선 순위에 따라 일하는 사람들을 모델링하기에는 충분치 않다[4, 15]. 다양한 프로세스에 참여하고 있는 사람은 다수의 프로세스에 관심을 분산시키게 되고, 그렇기 때문에 하나의 프로세스를 분리하여 모델링할 수 없다. 또한 사람은 일정한 속도로 작업하지 않는다. 이는 작업량과 작업효율을 나타내는 *여키스-도슨(Yerkes–Dodson)의 법칙*에서도 볼 수 있는데, 대부분의 사람들이 한가한 경우에 업무의 수행 시간이 길어지고 효과적으로 일하는 시간이 줄어 드는 것을 쉽게 볼 수 있다[4]. 그럼에도 불구하고 대부분의 시뮬레이션 모델은 고정된 확률 분포에서 서비스 시간을 발생시키고, 고정된 자원 가용 시간대를 가정하여 시뮬레이션을 수행하고 있다.
- **모델의 추상화 수준이 맞지 않다.** 입력 데이터와 질문에 따라 적절한 추상화 수준이 선택되어야 한다. 모델이 너무 추상적이면 적절한 질문에 대해 답변할 수 없는 경우가 있고, 모델이 너무 자세하면 모델에 명시된 입력을 실제에서는 받지 못할 수도 있고, 모델이 너무 복잡하면 모델을 이해하기 어려울 수 있다. 예를 들어, 수천 개의 자동차 부품을 가지고 있는 창고에서 서로 다른 재고 관리 정책을 비교하기 위해 시뮬레이션 모델을 만드는 것은

흥미로울 수 있는데, 이 모델에서 전체 부품 수에 대한 정보만 확인할 수 있고 개개 부품을 식별할 수 없으면, 모델의 유용성이 떨어질 수 있다. 일반적으로 기존 모델의 추상화 수준을 변경하는 것은 매우 많은 시간이 소요된다. 또한 불행하게도 우리가 직면한 많은 질문에 답하기 위해서는 서로 다른 레벨의 추상화 수준의 모델이 필요하다.

위에 설명한 것은 수작업으로 모델을 만들 때 조직이 직면하는 문제의 일부에 불과하다. 오직 경험이 풍부한 디자이너와 분석가만이 좋은 예측력을 바탕으로 (재)구현 또는 재설계에 좋은 출발점으로 사용할 수 있는 모델을 만들 수 있다. 불충분한 모델은 잘못된 결론을 이끌 수 있다. 따라서, 이벤트 데이터의 활용이 필요하다. 프로세스 마이닝은 *사실*에 기반한 모델 추출을 가능하게 한다. 게다가 단순히 하나의 프로세스 모델을 만드는 것이 아니라 *다양한 추상화 레벨로 여러 관점의 모델*을 만들 수 있다. 예를 들어, 간략한 모델(80%의 케이스를 설명하는 모델)을 통해 가장 빈번히 일어나는 흐름을 파악할 수도 있고, 모든 케이스를 모두 다 설명할 수 있는 "100% 모델"을 도출하여 전체 흐름을 파악할 수 있다. 이와 유사하게, 서로 다른 관점에 따라 다양한 추상화 정도를 적용할 수 있다. 프로세스 마이닝은 또한 사람들은 "기계"처럼 일하지 않는다는 것을 보여주기도 하고, 발생하는 모든 비능률적인 현상을 보여줄 수도 있고, 당면한 문제나 다양한 업무 부담을 해결하기 위해 작업자들이 유연성을 발휘하는 것을 가시화할 수도 있다.

제 2.2 절 프로세스 모델

좋은 프로세스 모델을 만드는 것은 결코 쉽지 않지만 매우 중요하다. 프로세스 마이닝은 단시간에 보다 나은 모델을 만들 수 있도록 도와준다. α-알고리즘과 같은 프로세스 발견 알고리즘을 통해 자동적으로 프로세스 모델을 생성할 수 있다. 제1장에서 언급했듯이 때로는 표기법의 과다 사용이 새로운 "바벨 탑"을 만들 수 있기에, 이 장에서는 모든 기존 프로세스 모델링 표기법을 살펴보지는 않고, 이 책에서 사용하는 대표적인 표기법들을 소개한다. 여기서 강조하고 싶은 것은 프로세스 마이닝의 결과가 다양한 표기법으로 비교적 쉽게 자동 전환할 수 있다는 것이다. 예를 들면, α-알고리즘은 페트리넷을 사용했는데, 이 모델은 BPMN 모델, BPEL 모델, 또는 UML 액티비티 모델로 쉽게 변환할 수 있다. 더 자세한 것은 *워크플로우 패턴(Workflow Patterns Initiative)*을 참고하기 바란다[14, 131].

이 장에서는 프로세스 흐름 관점에 초점을 맞추었다. *작업 이름*의 집합$\mathscr{A}$가 있다고 가정하고, 프로세스 모델은 *어떤 작업*들이 *어떤 순서*로 실행되는지를 결정하는 것이다. 작업들은 순차적으로 실행될 수도 있고, 선택적으로 수행되거나 동시에 수행될 수 있으며, 같은 작업이 반복하여 수행될 수도 있다.

2.2.1 트랜지션 시스템

가장 기본적인 프로세스 모델링 표기법은 *트랜지션 시스템*이다. 트랜지션 시스템은 *상태(State)*와 *트랜지션(Transition)*으로 구성되어 있다. 그림 2.1은 7개의 상태로 구성된 트랜지션 시스템을 보여준다. 이 모델은 1.2절에서 설명한 항공사의 보상 요청을 처리하는 프로세스 모델이다. 상태는 검은색 원으로 표시되는데, 그림에서는 하나의 초기 상태 *s1*와 하나의 마지막 상태 *s7*이 있다. 각 상태는 고유의 표지(label)이 있는데, 표지은 단지 식별자일 뿐 의미를 갖지 않는다. 트랜지션은 아크(arc)로 표시되며, 각각의 트랜지션은 두 상태를 연결하고 관련 작업의 이름이 표시된다. 그림에 *항공권 확인* 작업이 두 번 나타난 것에서 볼 수 있듯이, 동일 작업이 여러 개의 아크에 나타날 수 있다.

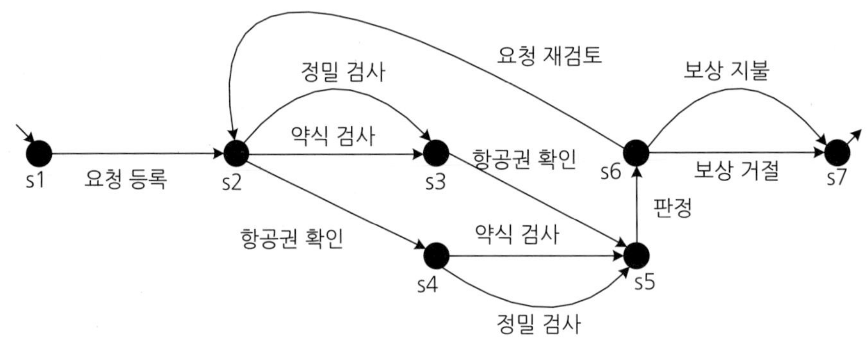

그림 2.1 한 개의 초기 상태와 한 개의 마지막 상태를 가지는 트랜지션 시스템

Definition 2.1 (트랜지션 시스템(Transition system)). *트랜지션 시스템은* $TS = (S, A, T)$로 정의된다. 여기서 S는 *상태*의 집합, $A \subseteq \mathscr{A}$는 *작업*의 집합, $T \subseteq S \times A \times S$는 *트랜지션*의 집합이다. $S^{start} \subseteq S$는 *초기(initial) 상태* (또는 "시작" 상태)의 집합, $S^{end} \subseteq S$는 *최종(final) 상태* (또는 "수락(accept)" 상태)의 집합이다.

S^{start}와 S^{end}의 집합은 내재적으로 정의된다. 원칙적으로 상태 집합 S는 무한하나, 대부분의 실제 상황에서 상태 공간은 유한하다. 이 경우 트랜지션 시스템은 유한상태머신(FSM: Finite-State Machine) 혹은 유한상태오토머턴(Finite-State Automaton)이라 한다.

그림 2.1의 트랜지션 시스템은 다음과 같이 될 수 있다. $S = \{s1, s2, s3, s4, s5, s6, s7\}$, $S^{start} = \{s1\}$, $S^{end} = \{s7\}$, $A = \{$ *요청 등록*, *정밀 검사*, *약식 검사*, *항공권 확인*, *판정*, *요청 재검토*, *보상 거절*, *보상 지불*$\}$, 그리고 $T = \{(s1,$*요청 등록*$,s2), (s2,$*약식 검사*$,s3), (s2,$*정밀 검사*$,s3), (s2,$*항공권 확인*$,s4), (s3,$*항공권 확인*$,s5), (s4,$*약식 검사*$,s5), (s4,$*정밀 검사*$,s5), (s5,$*판정*$,s6), (s6,$*요청 재검토*$,s2), (s6,$*보상 지불*$,s7), (s6,$*보상 거절*$,s7)\}$.

하나의 트랜지션 시스템이 주어지면, 시스템의 흐름을 추론할 수 있다. 트랜지션은 초기 상태 중 하나에서 시작된다. 이 상태에서 시작한 그래프 상의 모든 경로가 실행 가능한 *작업의*

순서가 된다. 예를 들어, 그림 2.1의 *요청 등록*, *정밀 검사*, *항공권 확인*으로 흘러간 경로는 *s*1에서 시작해 *s*5에 도달한 여러 가지 경로 중 하나의 예가 될 수 있다. 이 트랜지션 시스템에는 무수히 많은 실행 경로가 있다. 그 경로가 최종 상태 중의 하나에 도달하면 *성공적으로 종료*된다. 하지만 밖으로 나가는 트랜지션이 없는 최종 상태 이외의 상태에 도달하여 더 이상 진행할 수 없으면 *교착상태*(deadlock)에 빠진다. 교착상태가 없는 것이 항상 성공적인 종료를 보장하지는 않는다. 트랜지션 시스템에서 *라이브락*(livelock)이 가능한다. 즉, 일부 트랜지션들은 여전히 활성화되어 있지만, 최종 상태 중 하나에 도달하는 것은 불가능할 수 있다.

실행의 개념을 담고 있는 프로세스 모델은 트랜지션 시스템에 매핑될 수 있다. 즉 트랜지션 시스템에 정의된 많은 개념들이 페트리넷, BPMN, UML 액티비티 다이어그램과 같은 상위 레벨 언어로 쉽게 변환될 수 있다. 여기서 "언제 두 프로세스가 흐름 관점에서 동일한가?" 하는 문제를 생각해 볼 수 있다. [64]에서 언급하고 있듯이, "동일하다"에 대한 다양한 개념을 정의할 수 있는데, 두 개의 프로세스의 실행 순서가 같다면 동일한 것으로 판단하는 *자취 동질성*(trace equivalence), 이를 더 세분화하여 선택의 순간을 고려하는 *분기 상호 유사성*(branching bisimilarity) 등이 있다. 프로세스 모델이 실행 개념을 담고 있는 언어 중 하나로 표현이 되어 있으면, 트랜지션 시스템에서 이야기하는 "동일하다"는 개념을 적용할 수 있다 (5.3절 참고).

트랜지션 시스템은 간단하지만, 병렬 관계를 간단히 표현하는 데에는 문제가 있다. n개의 병렬 작업이 있는 경우(n개의 작업이 수행되어야 다음 작업으로 넘어갈 수 있는데, 여기서 작업의 순서는 중요하지 않음), 실행 경로는 $n!$개가 가능한데, 이를 표현하기 위해서 트랜지션 시스템에는 2^n개의 상태와 $n \times 2^{n-1}$개의 트랜지션이 필요하다. 이것은 상태 급증 문세(state explosion problem)의 잘 알려진 예인데[120], 10개의 병렬 작업이 있으면 가능한 실행 경로는 $10! = 3,628,800$이고, 도달 가능한 상태의 수는 $2^{10} = 1,024$이며, 트랜지션의 수는 $10 \times 2^{10-1} = 5,120$이다. 이를 페트리넷으로 표현하면, 10개의 병행 작업을 모델링하는데 10개의 트랜지션과 10개의 플레이스(place)가 필요하다. 비즈니스 프로세스의 동시성을 감안할 때, 프로세스 마이닝 결과를 보여주기 위해서는 페트리넷과 같은 표현력이 풍부한 모델이 필요하다.

2.2.2 페트리넷

페트리넷은 병렬 상황을 모델링 지원하기 위한 프로세스 모델링 언어로, 가장 역사가 깊고 많은 연구가 이루어졌다. 페트리넷은 그래픽 표기법이며, 직관적이고 간단하며, 실행 가능하고, 분석을 위해 다양한 분석 기법을 활용할 수 있다[22, 81, 107]. 그림 2.2는 서론에서 보여준 페트리넷의 예에 다양한 구성 요소를 표시하였다. 페트리넷은 *플레이스*와 *트랜지션*으로 구성된 이분 그래프(bipartite graph)이다. 네트워크 구조는 정적이지만 점화 규칙(firing rule)에 의해, 토큰은 네트워크를 동적으로 흘러갈 수 있다. 페트리넷의 상태는 플레이스에 위치한 토큰(token)의 상태에 따라서 결정되는데, 이것을 마킹(marking)이라고 한다. 그림 2.2에서 보여지는 초기 마킹에는 한 개의 토큰이 있는데, 토큰이 *시작* 플레이스에 위치하고 있다.

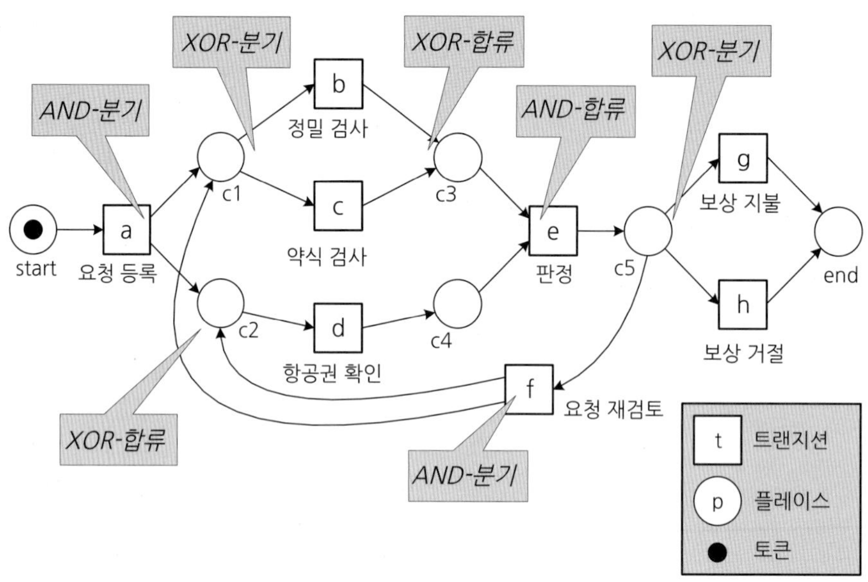

그림 2.2 마킹된 페트리넷

Definition 2.2 (페트리넷(Petri net)). *페트리넷*은 $N = (P,T,F)$이다. 여기서 P는 유한한 *플레이스*의 집합, T는 유한한 *트랜지션*의 집합으로 $P \cap T = \emptyset$이다. 또한 $F \subseteq (P \times T) \cup (T \times P)$ 인데, 즉 F는 *흐름 관계*(flow relation)로 알려진 화살표의 집합이다. *마킹된* 페트리넷은 (N,M)의 쌍으로, N은 페트리넷이고($N = (P,T,F)$), M은 페트리넷의 마킹을 나타내는 P의 *다중 집합*(multi set)이다($M \in \mathbb{B}(P)$). 마킹된 모든 페트리넷의 집합은 $\mathcal{N}$으로 표시한다.

그림 2.2에서 보여지는 페트리넷은 다음과 같이 형식화할 수 있다: $P = \{start, c1, c2, c3, c4, c5, end\}$, $T = \{a,b,c,d,e,f,g,h\}$, 그리고 $F = \{(start,a),(a,c1),(a,c2),(c1,b),(c1,c),(c2,d),(b,c3),(c,c3),(d,c4),(c3,e),(c4,e),(e,c5),(c5,f),(f,c1),(f,c2),(c5,g),(c5,h),(g,end),(h,end)\}$.

다중 집합(Multi-sets)

마킹은 토큰의 다중 집합이다. 그러나 다중 집합이 단순히 마킹을 표시하는 데만 쓰이는 것이 아니라 이벤트 로그에서 여러 번 발생하는 동일한 자취(trace)의 모델에도 사용하기 때문에, 여기서 기본적인 다중 집합의 표기법을 설명한다.

백(bag)이라고도 알려진 다중 집합은 각 원소들이 여러 번 나타날 수 있는 집합이다. 예를 들어, $[a,b^2,c^3,d^2,e]$는 9개 원소가 있는 다중 집합으로, 1개의 a, 2개의 b, 3개의 c, 2개의 d, 1개의 e가 있다. $[a,b,b,c^3,d,d,e]$, $[e,d^2,c^3,b^2,a]$, $[a,b^2,c^3,d^2,e]$는 모두 같은

집합으로 원소의 순서는 중요하지 않고, 구성 원소의 개수가 중요하다. 이를 형식화하면, $\mathbb{B}(D) = D \to \mathbb{N}$으로 $\mathbb{B}(D)$는 유한한 범주 D의 다중 집합의 집합이다. 즉, $\mathbb{B}(D)$의 원소 $X \in \mathbb{B}(D)$는 다중 집합이고, 범주 D의 원소인 $d(d \in D)$에 대해 $X(d)$는 다중 집합 X에 포함된 원소 번주d의 개수를 나타낸다. 예를 들어, $X = [a, b^2, c^3]$이면 $X(b) = 2$이고, $X(e) = 0$이다.

두 개의 다중 집합의 합집합 $(X \uplus Y)$, 차집합 $(X \setminus Y)$, 다중 집합의 원소 $(x \in X)$, 부분집합 $(X \leq Y)$도 가능하다. (예, $[a, b^2, c^3, d] \uplus [c^3, d, e^2, f^3] = [a, b^2, c^6, d^2, e^2, f^3]$, $[a, b] \leq [a, b^3, c]$) 게다가, 일반 집합을 모든 요소가 정확히 한 번 발생하는 다중 집합이라고 생각하고, 다중 집합과 일반 집합 사이의 연산을 적용할 수 있다. (예, $[a, b^2] \uplus \{b, c\} = [a, b^3, c]$)

범주가 다른 다중 집합 사이의 연산도 가능한다. 즉, X와 T가 다른 범주 위에 정의된 다중 집합일 경우라도, 필요한 범주의 확장을 통해 $X \uplus Y, X \setminus Y, X \leq Y$ 연산이 가능하다.

그림 2.2의 마킹은 $[start]$로 한 개의 토큰을 가진 다중 집합이다. *점화 규칙*을 통해 마킹된 페트리넷의 동적 흐름이 정의된다. 각 입력 플레이스에 토큰이 포함되어 있으면 트랜지션이 *활성화*된다. 트랜지션이 *점화*되면 각 입력 플레이스에서 하나의 토큰을 소모하여, 각 출력 플레이스에 하나의 토큰을 만든다. 즉, $[start]$에서 트랜지션 a가 여전히 트랜지션 a의 점화는 $[c1, c2]$의 마킹을 만든다. 한 개의 토큰이 소모되고, 두 개의 토큰이 생성된다. 마킹 $[c1, c2]$에서 트랜지션 a는 더 이상 활성화되지 않는나. 그러나 트렌지선 b, c, d는 점화 가능하다. 마킹 $[c1, c1]$에서 b가 점화되면 마킹 $[c2, c3]$이 된다. 여기서 d는 여전히 활성화되어 있고, b, c는 더 이상 실행 가능하지 않다. 트랜지션 f에 의한 반복 구조 때문에 시작에서부터($[start]$) 종료까지($[end]$) 무한하게 많은 점화 순서가 존재한다. 초기에 시작 플레이스에 5개의 토큰이 있다고 가정하면($[start^5]$), a가 점화되면 그 결과로 $[start^4, c1, c2]$의 마킹이 나온다. 여기서 a는 여전히 활성화되어 있어, a가 다시 점화되면 그 결과로 $[start^3, c1^2, c2^2]$가 마킹된다. 트랜지션 s는 5번 점화할 수 있고, 이렇게 되면 $[c1^5, c2^5]$이 된다. a가 처음 실행된 후에는 b, c, d도 활성화되어 동시에 수행될 수 있다는 것을 참고하기 바란다.

점화 규칙을 형식화하여 정의하기 위해, 입출력 플레이스와 트랜지션의 표기법을 소개한다. 페트리넷 $N = (P, T, F)$에서 $P \cup T$의 원소는 노드라고 한다. 만약 노드 x부터 노드 y까지 화살표가 있으면(즉, $(x, y) \in F$), x는 y의 입력 노드이고, 만약 $(y, x) \in F$이면, 노드 x는 노드 y의 출력 노드이다. 임의의 노드 $x \in P \cup T$에 대해 $\bullet x = \{y \mid (y, x) \in F\}$이고, $x\bullet = \{y \mid (x, y) \in F\}$이다. 예를 들어 그림 2.2에서는 $\bullet c1 = \{a, f\}$이고, $c1\bullet = \{b, c\}$이다.

Definition 2.3 (점화 규칙(Firing rule)). 마킹된 페트리넷 (N, M)을 $N = (P, T, F)$, $M \in \mathbb{B}(P)$라 하자. $(N, M)[t\rangle$로 정의된 트랜지션 $t \in T$가 활성화될 필요충분조건은 $\bullet t \leq M$이다. *점화 규칙* $_[_\rangle_ \subseteq \mathcal{N} \times T \times \mathcal{N}$은 $(N, M) \in \mathcal{N}$, $t \in T$에서, $(N, M)[t\rangle \Rightarrow (N, M)\,[t\rangle\,(N, (M \setminus \bullet t) \uplus t\bullet)$을 만족하는 최소한의 관계이다.

$(N,M)[t\rangle$은 t가 마킹 M으로부터 활성화되었다는 것을 의미한다. 예를 들어, 그림 2.2에서 $(N,[start])[a\rangle$이다. $(N,M)[t\rangle(N,M')$는 활성화된 트랜지션을 점화하면 마킹 M'이 된다는 것을 의미한다. 예를 들면, $(N,[start])[a\rangle(N,[c1,c2])$이고, $(N,[c3,c4])[e\rangle(N,[c5])$이다.

$N=(P,T,F)$인 (N,M_0)을 마킹된 페트리넷이라 하자. 순서 $\sigma \in T^*$를 (N,M_0)의 *점화 순서*라고 할 수 있는 필요충분조건은 임의의 자연수 $n \in \mathbb{N}$에 대해, $\sigma = \langle t_1 \dots t_n\rangle$이고, $0 \le i < n$인 모든 i에 대해 $(N,M_i)[t_{i+1}\rangle$과 $(N,M_i)[t_{i+1}\rangle(N,M_{i+1})$을 만족하는 마킹 $M_1,\dots,M_n$과 트랜지션 $t_1,\dots,t_n \in T$가 존재하는 것이다.[1]

그림 2.2에서 (N,M_0)를 마킹된 페트리넷이라 하자. 즉 $M_0=[start]$이다. $\langle\ \rangle$는 (N,M_0)의 점화 순서이고, 비어있는 순서 $\sigma=\langle\ \rangle$는 (N,M_0)에서 활성화되어 있다. 순서 $\sigma=\langle a,b\rangle$가 또한 활성화되어 있고, σ를 점화하면, $[c2,c3]$에 도달한다. 또 다른 가능한 점화 순서는 $\sigma=\langle a,c,d,e,f,b,d,e,g\rangle$이다. 하나의 마킹 M은 초기 마킹 M_0로부터 도달 가능한 충분 조건은 점화를 통해 M_0로부터 M으로 가는 가능한 트랜지션의 순서가 존재하는 것이다. (N,M_0)에서 도달 가능한 마킹의 집합은 $[N,M_0\rangle$로 표시된다. 그림 2.2에 있는 마킹된 페트리넷은 7개의 도달 가능한 마킹이 있다.

그림 2.2에서 트랜지션은 하나의 알파벳 문자에 의해 표시되는데, 해당 트랜지션이 나타내는 작업에는 작업명을 나타내는 표지(label)가 있다. 지금까지, 이 표지를 언급하지 않았다.

Definition 2.4 (표지 페트리넷(Labeled Petri net)). *표지 페트리넷*은 Definition 2.2에서 정의된 페트리넷(P,T,F)의 튜플(tuple) $N=(P,T,F,A,l)$이고, $A \subseteq \mathscr{A}$은 *작업 표지*(activity labels, 예. 작업 이름)의 집합이고, $l \in T \to A$는 *표지 함수*(labeling function)이다.

원칙적으로 다수의 트랜지션이 동일한 표지를 가질 수 있다. 하나의 트랜지션 표지는 *관찰할 수 있는 행동*으로 생각할 수 있다. 때로는 트랜지션이 관찰이 불가능한 것으로 표현하고 싶을 수 있다. 이를 위해 표지 τ를 사용한다. $l(t)=\tau$인 트랜지션 t는 관측되지 않는다. 이러한 트랜지션은 종종 *암묵*(silent) 또는 *투명*(invisible)하다고 이야기한다. 어느 페트리넷이든 표지 페트리넷으로 쉽게 변환할 수 있는데, 트랜지션 $t \in T$에 대해 $A=T$, $l(t)=t$를 취하면 된다. 이러한 변환이 항상 가능한 것은 아닌데, 예를 들면 일부 트랜지션의 표지가 같은 경우가 이에 해당한다. 아래와 같이 마킹된 (표지) 페트리넷을 트랜지션 시스템으로 변환하는 것도 가능하다.

Definition 2.5 (도달가능성 그래프(Reachability graph)). $N=(P,T,F,A,l)$를 포함한 (N,M_0)를 마킹된 표지 페트리넷이라 하자. (N,M_0)는 트랜지션 시스템 $TS=(S,A',T')$이고, $S=[N,M_0\rangle$, $S^{Start}=\{M_0\}$, $A'=A$, $T'=\{(M,l(t),M') \in S\times A\times S \mid \exists_{t\in T}\ (N,M)[t\rangle(N,M')\}$이다. TS는 종종 *도달가능성 그래프* (N,M_0)라고 한다.

그림 2.3은 그림 2.2의 마킹된 표지 페트리넷으로부터 생성된 트랜지션 시스템을 보여준다. 상태는 도달 가능한 마킹으로, 즉, 토큰의 다중 집합이다. $S^{Start}=\{[start]\}$는 페트리넷의 초기

---

[1] X^*는 X의 요소(element)를 포함하는 집합이다. 즉, 어떤 $n \in \mathbb{N}$과 $x_1,x_2,\dots,x_n \in X$에 대해, $\langle x_1,x_2,\dots,x_n\rangle \in X^*$이다 (4.2절 참고).

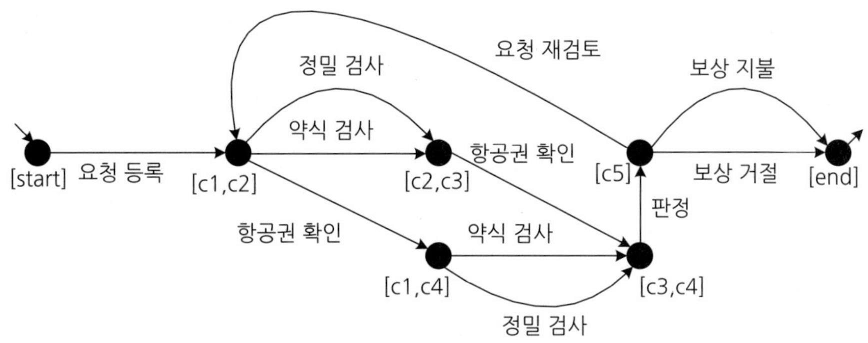

그림 2.3 그림 2.2에 있는 마킹된 페트리넷으로 그린 도달가능성 그래프

마킹을 포함한 개체이다. 페트리넷은 마지막 마킹 S^{End}의 집합을 명시적으로 정의하지 않는다. 그러나 그림에는 $S^{End} = \{[end]\}$가 명확하다. 나중에, 성공적인 종료로부터 교착상태와 무한반복을 구별하는 것이 종종 유용하다는 것을 살펴볼 것이다.

"트랜지션"이 다양한 형태로 표현되는 것에 주의해야 한다. 페트리넷에서는 "사각형"으로, 트랜지션 시스템에서는 "아크"로 사용된다. 페트리넷에서의 하나의 트랜지션은 트랜지션 시스템에서 다수의 트랜지션과 연관될 수 있다.

그림 2.2의 페트리넷과 그림 2.3의 트랜지션 시스템은 크기가 유사하다. 만약 모델이 다수의 병렬 작업 수행을 포함하거나 같은 플레이스에 다수의 토큰이 머물 수 있으면, 트랜지션 시스템은 페트리넷보다 매우 커진다.

사실, 마킹된 페트리넷은 무한한 도달 가능 상태를 가질 수 있다. 그림 2.4(a)의 마킹된 페트리넷은 하나의 플레이스와 하나의 상태만 있지만, 이와 관련된 트랜지션 시스템에서는 무한개의 상태를 가진다: $S = \{[p^k] \mid k \in \mathbb{N}\}$. 이 예에서, 트랜지션 t는 입력 플레이스가 없어 계속 활성화될 수 있다. 따라서 p에 어떤 수의 토큰도 넣을 수 있다. 그림 2.4(b)의 페트리넷은 2개의 아크를 가지고 있는데, 오직 하나의 도달 가능한 상태 $[p]$를 갖는다. 그림 2.4(c)의 페트리넷은 병렬 작업의 효과를 보여준다. 여기서 나오는 트랜지션 시스템은 $6^5 = 7,776$개의 상태와 32,400개의 트랜지션을 갖는다.

현대 컴퓨터는 수 백만개의 상태를 갖는 도달가능성 그래프를 쉽게 계산하고 분석할 수 있다. 만약 도달가능성 그래프가 무한이면, 상태 공간의 과한예측(over-approximation)의 한 종류로 표시되는 *커버가능성 그래프(coverability graph)*로 재분류할 수 있다[107]. (가능한 경우) 도달가능성 그래프나 커버가능성 그래프를 만듦으로써, 프로세스 모델의 행태에 대한 다양한 질문에 대답할 수 있다. 게다가, 전용 분석 기법을 활용하면 상태 공간의 구축 없이 특정 질문에 대한 답을 구할 수 있는데, 예를 들면, 페트리넷의 선형대수 표기 사용 등이 있다. 이는 이 책의 범위를 벗어나 따로 설명하지 않는다. 여기서는 마킹된 페트리넷의 맥락에서 전형적으로 살펴보는 일반적인 속성만 설명한다.

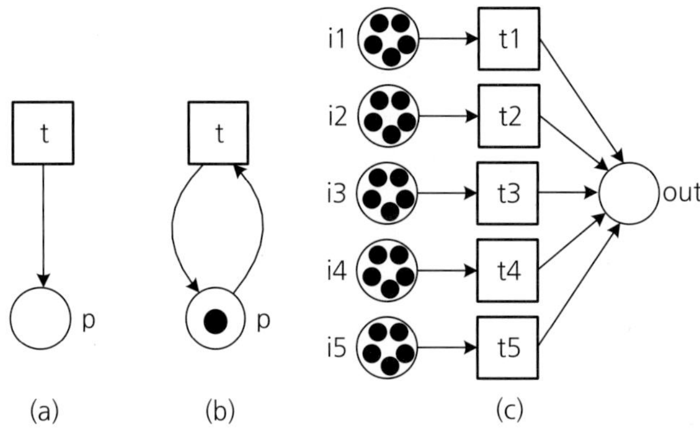

그림 2.4 세 가지의 페트리넷: (a) 무한한 상태 공간을 가진 페트리넷, (b) 단 하나의 도달 가능한 마킹을 보이는 페트리넷, (c) 7,776개의 도달 가능한 마킹을 가지는 페트리넷

- 마킹된 페트리넷(N, M_0)은 k개 이상의 토큰을 갖는 플레이스가 없으면 *k-제한*(k-bounded)이라고 한다. 즉, 어떤 $p \in P$와 $M \in [N, M_0\rangle$에 대해 $M(p) \leq k$이다. 그림 2.4(c)의 마킹된 페트리넷은 도달 가능한 모든 7,776개의 마킹에서 25개를 초과하는 토큰을 갖지 못해서, 25-제한이다. 마지막 마킹 플레이스 *out*이 25개의 토큰을 갖기 때문에 24-제한이 아니다.
- 페트리넷이 1-제한이면 페트리넷이 *안전*(safe)하다고 이야기한다. 그림 2.2의 마킹된 페트리넷은 도달 가능한 7개의 플레이스에서 다수의 토큰을 가질 수 없어 안전하다.
- 마킹된 페트리넷이 k-제한을 만족하는 $k \in \mathbb{N}$가 있으면, 페트리넷은 *제한*(bounded)되었다고 이야기한다. 그림 2.4(a)는 제한되지 않은(unbound) 페트리넷이고, 그림 2.4(b)와 (c)의 페트리넷은 제한되었다.
- 마킹된 페트리넷(N, M_0)이 모든 도달 가능한 마킹에서 적어도 하나의 트랜지션이 활성화되면, 페트리넷은 *무교착상태*(deadlock free)라고 이야기한다. 즉, 모든 $M \in [N, M_0\rangle$에 대해 $(N, M)[t\rangle$인 트랜지션 $t \in T$가 존재한다. 그림 2.4(c)의 경우, 마킹 $[out^{25}]$에서 어떤 트랜지션도 활성화되지 않기 때문에 무교착상태 네트워크가 아니다. 그림 2.4의 다른 두 페트리넷은 무교착상태이다.
- 마킹된 페트리넷(N, M_0)에서 만약 모든 도달 가능 마킹에서 t를 활성화할 수 있으면 트랜지션 $t \in T$은 *라이브*(live)하다. 즉, 어떤 $M \in [N, M_0\rangle$에 대해, $(N, M')[t\rangle$인 마킹 $M' \in [N, M\rangle$이 있다. 만약 모든 트랜지션이 라이브하면, 마킹된 페트리넷은 라이브하다. 무교착상태 페트리넷이 반드시 라이브일 필요는 없다. 예를 들어, 그림 2.4(b)와 (c)의 페트리넷을 합치면 도출된 페트리넷은 무교착상태이지만 라이브는 아니다.

페트리넷은 탄탄한 이론적 기반을 가지고 있고, 병렬 수행을 잘 표현할 수 있다. 게다가, 강력한 분석 기법과 다양한 도구들이 존재한다[107]. 물론 이 간결한 모델은 데이터와 시간 관련 측면을 표현하는 데에는 어려움이 있다.

그래서 다양한 종류의 상위 레벨 페트리넷이 제안되었다. *유색 페트리넷*(CPN: Colored Petri nets)은 데이터와 시간 관련된 측면에 대한 문제를 해결하기 위해서 가장 널리 사용되는 페트리넷 기반의 표현법이다[22, 81]. CPN에서 토큰은 데이터 값과 타임스탬프를 갖는다. 종종 "컬러(color)"로 불리는 데이터 값은 토큰에 의해 모델링 된 개체의 속성을 설명한다. 타임스탬프는 토큰이 소비될 수 있는 가장 빠른 시간을 나타낸다. 두 개 트랜지션은 생성된 토큰의 지연을 할당할 수 있다. 이 방법으로 대기 및 서비스 시간을 모델링할 수 있다. CPN은 계층적일 수 있다. 트랜지션은 하부 프로세스로 분해할 수 있다. 이를 통해 거대한 모델을 구조화할 수 있다. CPN툴은 CPNs의 모델링과 분석을 지원하기 위한 툴셋을 제공한다 (`www.cpntools.org`).

2.2.3 워크플로우넷

페트리넷으로 비즈니스 프로세스를 모델링할 때, 페트리넷의 한 종류인 *워크플로우넷*(WF-nets)이 자주 사용된다[1, 11]. WF-net은 프로세스가 시작하는 소스(source) 플레이스와 프로세스가 끝나는 싱크(sink) 플레이스가 있는 페트리넷이다. 또한, 모든 노드들은 소스에서 싱크로 이어지는 경로 위에 있다.

Definition 2.6 (워크플로우넷(WF-nets)). $N = (P,T,F,A,l)$은 하나의 (표지(labeled)) 페트리넷이고, $\bar{t}$는 $P \cup T$에 속하지 않는 새로운 식별자라고 하자. N은 다음의 조건을 만족하면 *워크플로우넷* (WF-net)이 된다. (a) P는 $\bullet i = \emptyset$를 만족하는 하나의 입력 플레이스 i (소스 플레이스)기 있고, (b) P는 $o \bullet = \emptyset$를 만족하는 하나의 출력 플레이스 o (싱크 플레이스)가 있고, (c) $\bar{N} = (P, T \cup \{\bar{t}\}, F \cup \{(o,\bar{t}),(\bar{t},i)\}, A \cup \{\tau\}, l \cup \{(\bar{t},\tau)\})$이 단단하게 연결되어 있다. 즉, $\bar{N}$에 있는 어떤 두 개의 노드 사이에 방향 경로(directed path)가 있다.

$\bar{N}$은 단락넷(short-circuited net)이다[1]. 하나의 싱크 플레이스 o는 하나의 소스 플레이스 i에 연결되어 있다. 예를 들어, 그림 2.2는 $i = start$이고 $o = end$인 WF-net이다. 그림 2.4의 세 개의 페트리넷은 모두 WF-net이 아니다.

왜 WF-net은 비즈니스 프로세스 모델링과 특별한 관련성을 가질까? 그 이유는 BPM에서 프로세스 모델은 *케이스의 라이프사이클*을 수천 번 설명하기 때문이다. 케이스의 예로 보험 청구, 작업 응용프로그램, 고객의 주문, 보충 주문, 신용카드 신청 등을 들 수 있다. 프로세스 모델은 케이스마다 한 번 인스턴스화된다. 이러한 프로세스 인스턴스는 잘 정의된 시작("케이스 만들기")과 종료("케이스 완료") 사이에 사전에 정의된 절차에 따라 실시된다. 하나의 모델은 여러 번 인스턴스화될 수 있다. 예를 들어, 보험 청구 처리과정은 수천 번 혹은 수백만 번 실행될 수 있고 이러한 인스턴스들이 동일한 WF-net의 복사본으로 보여질 수 있다. 즉 다른 케이스의 토큰은 서로 섞이지 않는다.

WF-net은 프로세스 마이닝을 위한 하나의 자연스러운 표현법이다. WF-net의 점화 순서와 이벤트 로그에서 발견되는 자취 사이에는 분명한 연관 관계가 있다. 사람들은 사례로부터 모델을 만들 수 있다. 예를 들어, 고객의 물건 구입 패턴을 찾는 장바구니 분석에서, 제품을 구입하는 많은 고객의 사례에서 모델을 만들 수 있다. 마찬가지로, 프로세스 도출은 여러 프로세스 인스턴스에서 기록된 작업 순서가 필요하다. 이런 순서들은 지금까지 알지 못했던

WF-net의 점화 순서로 볼 수 있고, 이런 WF-net에 초점을 맞춘다. 예를 들어, 이전 장에서 테이블1.2에 있는 자취의 집합에서 α-알고리즘을 사용하여 그림 1.5에 있는 WF-net을 도출했다. 여기서 각 자취는 시작부터 끝까지 수행되는 하나의 케이스에 대응된다.

모든 WF-net이 항상 올바른 프로세스를 표현하는 것은 아니다. 예를 들어, WF-net으로 표시된 프로세스가 교착 상태가 될 수도 있고, 모델에 한번도 실행될 수 없는 작업을 포함할 수도 있으면, 라이브락이나 프로세스 종료 후에 남아 있는 불용 작업이 생길 수 있다. 따라서, 다음과 같이 건전성(soundness)을 정의한다[1, 11]:

Definition 2.7 (건전성(Soundness)). $N = (P,T,F,A,l)$은 입력 플레이스 i와 출력 플레이스 o를 가진 WF-net이라고 하자. N이 *건전하기*(sound)위한 필요충분조건은 다음과 같다:

- *안정성*(safeness): $(N,[i])$는 안전하다. 즉, 플레이스는 동시에 여러 개의 토큰을 가질 수 없다;
- *적절한 완료*(proper completion): 임의의 마킹 $M \in [N,[i]\rangle$에서, $o \in M$이 $M = [o]$를 의미한다;
- *완료 옵션*(option to complete): 임의의 마킹 $M \in [N,[i]\rangle$에서, $[o] \in [N,M\rangle$이다;
- *불용 부분의 부재*(absence of dead parts): $(N,[i])$이 불용한(dead) 트랜지션을 포함하지 않는다 (즉, 어떤 $t \in T$에서, t를 활성화 시키는 점화 순서가 있다).

완료 옵션이 적절한 완료를 의미한다는 것을 주목해야 한다. 그림 2.2에 나타난 WF-net은 건전하다. 건전성은 표준 페트리넷 분석 기법을 통해 확인할 수 있다. 사실, 건전성은 Definition 2.6에 소개한 단락넷 $\bar{N}$의 생존성(liveness)과 안전성(safeness)에 대응되고[1], 따라서 이를 위한 효율적인 알고리즘과 툴을 사용할 수 있다. WF-net의 분석에 특화된 기능을 가진 툴의 예로 Woflan이 있다[121]. 이 기능은 10.2절에서 소개하는 프로세스 마이닝 툴인 ProM에도 포함되어 있다.

2.2.4 YAWL

*YAWL*은 워크플로우 모델링 *언어*이며 오픈소스 기반의 워크플로우 *시스템*이다[78]. YAWL은 "Yet Another Workflow Language" 약자이다. YAWL 언어의 개발은 앞서 설명한 *워크플로우 패턴*에 영향을 받았다[14, 131]. 기존의 프로세스 모델링 표기법과 워크플로우 언어에 의해 사용되는 구성 요소에 대한 체계적인 분석을 바탕으로, 방대한 양의 패턴을 도출하였다. 도출된 패턴은 모든 워크플로우 관점을 고려하여, 프로세스 흐름 패턴, 데이터 패턴, 리소스 패턴, 변화 패턴, 예외 패턴 등을 포함한다. YAWL의 목적은 언어를 단순하게 유지하면서 다양한 패턴에 대한 직접적인 지원을 제공하는 것이다. 이것은 가장 중요한 워크플로우 패턴들에 대한 구현에서 볼 수 있다. 시간이 지나면서, YAWL 언어와 YAWL 시스템은 점점 동일시 되고 있고, 산업계와 학계 모두의 관심을 받고, 현재 가장 널리 사용하는 워크플로우 시스템 중의 하나가 되었다.

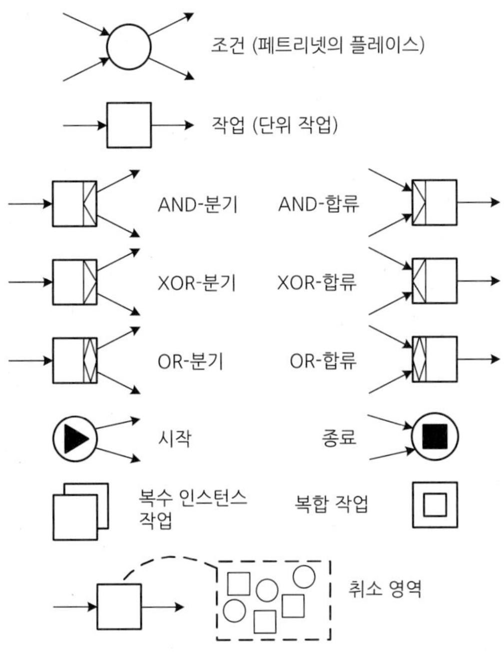

그림 2.5 YAWL 구성 요소

여기서는 프로세스 흐름 관점만 살펴본다. 그림 2.5는 주요 구성 요소를 보여준다. 각 프로세스는 WF-nets과 같은 하나의 시작과 종료 조건이 있다. YAWL에서의 활동(activity)은 작업(task)이라 한다. YAWL의 조건은 페트리넷의 플레이스와 대응된다. 또한, 조건 없이 두 작업을 바로 연결하는 것도 가능하다. 작업은 그 종류에 따라서 잘 정의된 분기와 합류를 가질 수 있다. *AND-합류(join)*와 *AND-분기(split)* 작업의 동작은 페트리넷의 트랜지션과 같다. 즉, 각각의 입력 아크를 통해 한 개의 토큰을 소모하고, 출력 아크를 통해 토큰을 생성한다. *XOR-분기*는 출력 아크 중 하나를 선택한다. 그 선택은 데이터 조건에 대한 평가를 기반으로 한다. 단지 하나의 토큰이 생성되어 선택된 아크로 보내진다. *XOR-합류*는 모든 입력 토큰에 대해 한번씩 활성화 되고, 동기화가 필요 없다. *OR-분기*는 하나 또는 그 이상의 출력 아크를 선택한다. 이 선택 또한 데이터 조건에 대한 평가에 기반한다. 예를 들어 OR-분기에서 3개의 출력 아크 중 2개를 선택할 수 있다. *OR-합류*의 의미는 더 중요하다. OR-합류는 최소한 한 개의 입력 토큰을 요구할 뿐만 아니라, OR-합류로 진행 중인 토큰들을 동기화 한다. 입력 아크에 들어오는 토큰이 있으면, OR-합류는 대기하게 된다. YAWL은 *취소 영역*도 지원한다. 작업은 복수 개의 조건, 작업, 아크로 구성된 취소 영역을 가질 수 있다. 작업이 완료되면 이 영역에 있는 모든 토큰은 제거된다. 작업의 출력 조건을 위한 토큰들은 취소 영역을 비운 뒤에 생성됨에 주의하기 바란다. YAWL의 취소 영역은 병렬 지점에서 작업의 중지와 워크플로우의 일부를 초기화하기 위한 강력한 구성 메카니즘을 제공한다. YAWL 모델의 작업은 *단위 작업*(atomic)일 수도 있고 *복합 작업*(composite)일 수도 있다. 복합 작업은 다른 YALW 모델을 연결하고 있다. 이 방법을 통해 모델을 계층적으로 처리할 수 있다. 단위 작업과 복합 작업은 병렬로 여러 번 인스턴스화 될 수 있다. 예를 들면, 고객 주문할 때, 일부 작업은 모든 주문 라인에 대해 실행해야 한다. 이러한 주문 라인은 순서와 상관없이 처리될 수 있어, 반복 구조 보다는 병렬 인스턴스화가 적합하다. 그림 2.5는 다중 인스턴스 작업과 앞서 언급된 모든 구성 요소들의 아이콘을 보여준다.

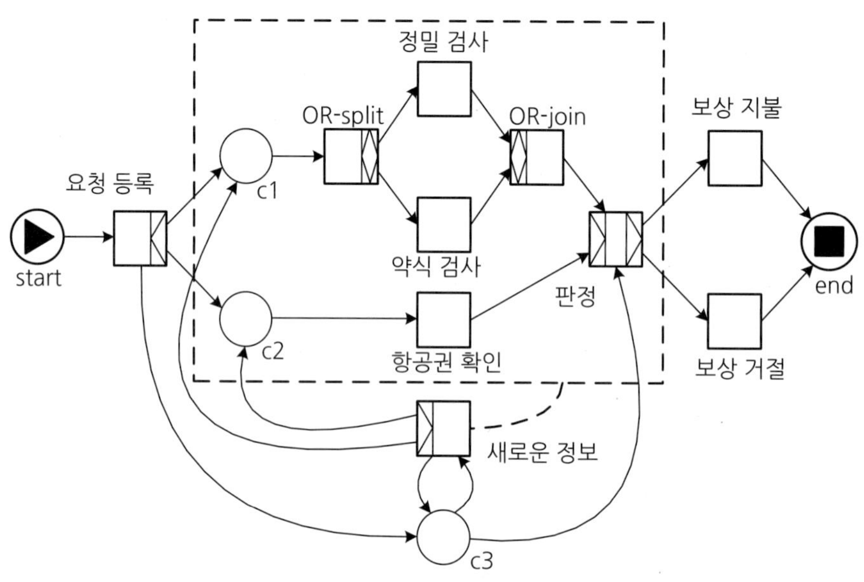

그림 2.6 YAWL 표기법을 사용한 프로세스 모델

그림 2.6은 항공사의 보상 요청 처리에 대한 YAWL 모델을 보여준다. YAWL의 특징의 일부를 보여주기 위해, 1.2절에서 설명한 프로세스를 몇 가지 복잡한 행동을 포함하여 확장하였다. 새로운 모델에서 두 종류의 검사가 실행 가능하다. OR-분기와 OR-병합을 사용함으로써, *약식 검사*와 *정밀 검사*를 실행할 수 있다. 모델은 또한 취소 영역으로 확장될 수 있다(그림 2.6의 점선 박스 참고). *c3*에 토큰이 있는 동안, *새로운 정보* 작업이 실행될 수 있다. 이 경우, 취소 영역의 모든 토큰은 제거된다. 즉, *티켓 확인*과 *약식/정밀 검사*는 중단된다. *새로운 정보* 작업은 모든 토큰이 어디에 있는지 알 필요가 없고, 이 작업에 의해서 리셋되면 새로운 상태는 $[c1, c2, c3]$이 된다. XOR/OR-분기 같은 YAWL에서의 명시적 선택은 데이터 조건에 따라 결정된다. 그림 2.2의 페트리넷에서 모든 조건은 비결정적(non-deterministic)이다. YAWL 모델에서는 확인과 검사의 결과를 바탕으로 흐름이 결정된다. 즉, *결정* XOR-분기는 이전 작업들에서 생성된 데이터에 기반한다. 앞서 언급한 바와 같이, YALW 언어와 시스템은 모든 연관된 관점(리소스, 데이터 예외, 등)을 포함한다. 예를 들어, 관리자가 의사 결정하는 것을 표현할 수도 있고, 하나의 요청에 대해 한 사람이 두 번의 검사를 허용하지 않는 것을 모델링할 수도 있다[78].

2.2.5 BPMN

BPMN(Business Process Modeling Notation)은 비즈니스 프로세스를 모델링하기 위해 가장 많이 사용되는 언어 중 하나이다. BPMN은 많은 툴 벤더에 의해 지원을 받고 있고, OMG에 의해서 표준화되었다[102]. 그림 2.7은 1.2절에서 소개한 BPMN 모델을 보여준다.

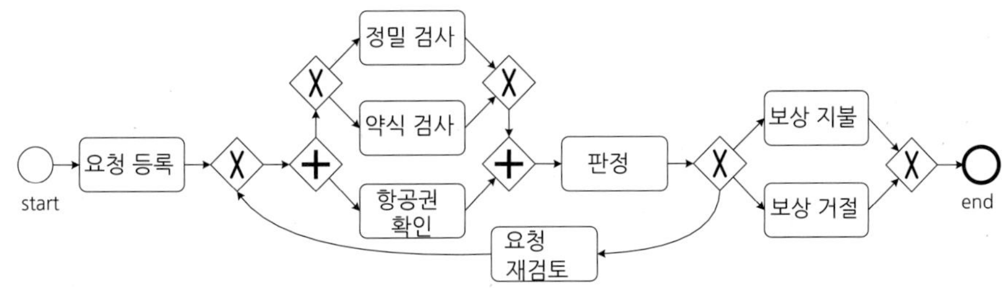

그림 2.7 BPMN 표기법을 사용한 프로세스 모델

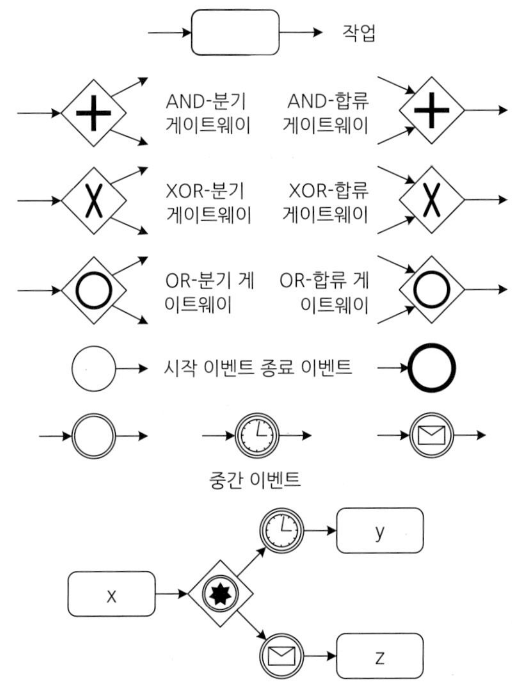

그림 2.8 BPMN 표기법

그림 2.8은 BPMN의 구성 요소 중 일부를 보여준다. 단위 활동(atomic activity)은 작업(task)이라 한다. YAWL과 같이 작업들은 계층화될 수 있다. YAWL에 대한 설명으로 대부분의 구성 요소는 쉽게 이해할 수 있을 것이다. 주목할 만한 차이점은 경로 논리(routing logic)가 작업이

아니라 별도의 *게이트웨이*에 표현되는 것이다. 그림 2.8은 AND, XOR, OR의 타입에 대해 분기와 합류 게이트웨이를 보여준다. 분기는 데이터의 조건에 기반한다. *이벤트*는 페트리넷의 플레이스와 유사하다. 그러나 페트리넷의 플레이스와 BPMN의 이벤트의 의미는 상당히 다르다. 작업들 사이에 이벤트를 넣을 필요가 없고, 이벤트는 다수의 입력/출력 아크를 가질 수 없다. *시작 이벤트*는 하나의 출력 아크를 가지고, *중간 이벤트*는 한 개의 입력 아크와 한 개의 출력 아크를 갖고, *종료 이벤트*는 한 개의 입력 아크를 갖는다. YAWL이나 페트리넷과 달리 BPMN은 다수의 입력/출력 아크를 갖는 이벤트를 가질 수 없고, 분기와 합류는 게이트 웨이를 사용한다. *지연 선택*(defered choice)이라 불리는 워크플로우 패턴을 모델링 하기 위해, 그림 2.8에 보이는 이벤트 기반 XOR 게이트 웨이를 사용한다. 작업 *x*가 실행된 후 두 개의 이벤트 사이에서 경쟁이 있다. 하나의 이벤트는 시간이 지남에 따라 시작되고, 다른 이벤트는 외부 메시지에 의해 시작된다. 먼저 발생하는 이벤트가 다음 작업을 결정한다. 외부 메시지가 시간이 지나기 전에 도착한다면 작업 *z*가 수행되고, 외부 메시지가 도착하기 전에 시간이 지나면 작업 *y*가 수행된다. 이 구조는 YAWL에서 두 개의 출력 아크를 갖는 조건으로 쉽게 모델링할 수 있다.

그림 2.8은 BPMN에서 제공하는 표기법에 대한 극히 일부를 보여준다. 대부분의 벤더는 그들의 제품에서 BPMN의 일부만을 지원한다. 뿐만 아니라 사용자들도 BPMN의 일부 구성요소만을 사용한다. 50개 이상의 기호들을 제공해 주는데도 불구하고 실제 모델에서 사용하는 BPMN의 기호의 종류는 평균 10개 미만이다[99].

2.2.6 EPCs

EPCs(Event-driven Process Chains)는 비즈니스 프로세스를 모델링하는 전형적인 표기법을 제공한다[115]. 이 표기법은 ARIS와 SAP R/3와 같은 제품에서 지원된다. 기본적으로 EPC는 전용 그래픽 표기법을 사용하여 BPMN과 YAWL의 일부를 지원한다.

그림 2.9는 EPC 표기 요소의 개요를 보여준다. *기능*(function)은 작업을 뜻하고, 하나의 입력 아크와 하나의 출력 아크를 가지고 있다. 따라서 분기 및 합류는 *연결자*(connectors)를 사용해서만 모델링할 수 있다. 이것은 BPMN의 게이트웨이와 비슷하다. AND, XOR, OR 분기와 합류가 지원되며, BPMN과 같이 세 가지 종류의 *이벤트*가 있다(시작, 중간, 최종). 경로 연결에서 *이벤트*와 *기능*은 서로 교차한다. 즉, 이벤트와 이벤트, 혹은 기능과 기능을 연결할 수 없다.

그림 2.10은 보상 요청 처리 프로세스의 하나의 변형을 보여준다. 두 가지의 OR 연결자로 인해, 하나 혹은 두 가지 검사를 할 수 있다.

EPC는 OR 분기와 병합을 허용하는 최초의 표기법 중 하나였다. 그러나 EPC를 개발하고 전파한 사람들은 명확한 의미나 참조 구현을 제공하지 않았다[7]. 따라서 다양한 제안과 구현에 대한 활발한 논의를 불러 일으켰다. 예를 들어, 그림 2.11에 보이는 "악순환(vicious circle)"이 있다. 그림에서 두 개의 토큰은 이 프로세스의 상태를 보여주는데, 이벤트 *e*1과 *e*2에 토

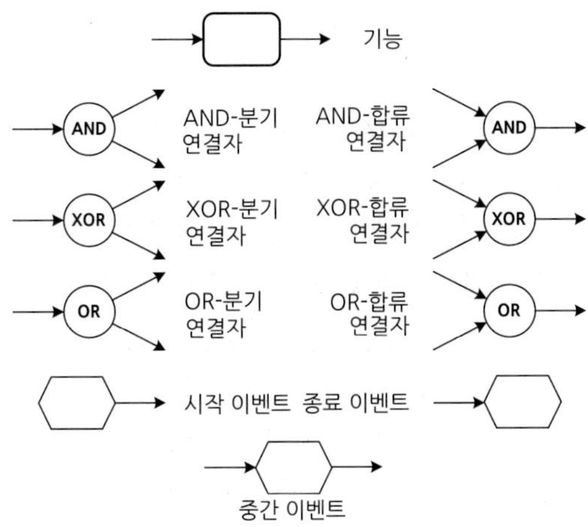

그림 2.9 EPC 표기법

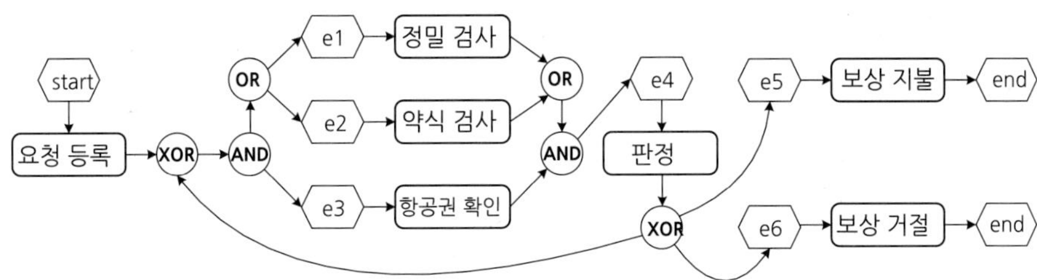

그림 2.10 EPC 표기법을 사용한 프로세스 모델

큰이 있다. 여기서 두 OR-합류가 상호 의존적이어서 다음에 어떻게 진행되는지 불분명하다.

e1 아래에 있는 OR-합류가 막혀있는가 그렇지 않은가? 이 OR-합류가 불가능하면 대칭인 *e2* 다음의 OR-합류도 불가하고, 전체 EPC는 교착상태에 있다. 이것은 잘못된 것으로 보이는데, 왜냐하면 만일 이 EPC가 교착상태이면, OR-합류는 그 이후의 추가적인 토큰을 절대 받지 않을 것이며, 그로 인해 토큰도 첫째 플레이스에서 대기하지 않는다. *e1* 뒤에 있는 OR-합류가 가능하다고 가정하면, 대칭으로 다른 OR-합류도 가능하며, *f1*과 *f2*가 실행되고 토큰은 두 개의 AND-분기를 통해 양쪽의 OR-합류로 흘러갈 것이다. 그러나 이것은 OR-합류가 이전에 불가했다는 것을 의미한다. 그러므로, 모든 가능한 결정이 잘못되었다는 *모순*이 있다.

악순환의 패러독스는 높은 수준의 구성 요소들이 모든 종류의 미세한 의미의 문제를 야기하는 것을 보여준다. 이러한 문제들과 다양한 표기법에도 불구하고, 다양한 언어의 핵심 구성 요소는 매우 비슷하다.

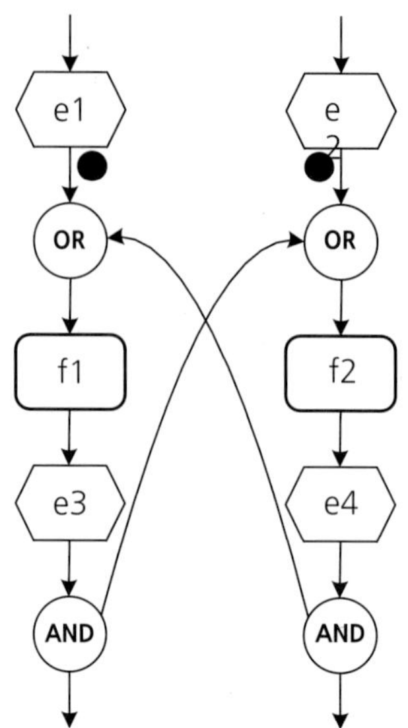

그림 2.11 EPC 표기법을 사용해 표현한 “악순환(vicious circle)”

2.2.7 인과관계넷

이제까지 논의한 표기법들은 플레이스(페트리넷), 조건(YAWL), 연결자와 이벤트(EPC), 게이트웨이와 이벤트(BPMN) 등의 모델 구성 요소를 통해 작업(즉, 트랜지션, 작업, 기능)을 연결한다. 이러한 구성 요소들은 작업을 연결하지만 이벤트 로그에는 어떤 표시도 남기지 않는다. 즉 이런 연결은 행동의 분석을 통해 유추한다. 로그는 플레이스, 조건, 연결자, 게이트웨이 및 이벤트에 대한 구체적인 정보를 제공하지 않기 때문에, 몇몇의 마이닝 알고리즘은 이런 연결 요소가 없이 작업의 연결로 구성된 표현을 사용한다[25, 72, 94, 123, 124].

인과관계넷(C-net)은 프로세스 마이닝에 특화된 표현법이다. C-net은 노드는 작업을 나타내고 아크는 인과 관계를 나타내는 그래프이다. 각 작업은 가능한 *입력 묶음(binding)* 집합과 가능한 *출력 묶음* 집합을 갖는다. 예를 들어, 그림 2.12의 C-net에서, 작업 a는 시작 작업이기 때문에 입력 묶음이 없다. 여기에 두 가지 출력 묶음이 있다: $\{b,d\}$, $\{c,d\}$. 이것은 a가 b와 d, 또는 c와 d의 뒤를 따르는 것을 의미한다. 작업 e는 두 가지의 입력 묶음 ($\{b,d\}$, $\{c,d\}$)과 세 가지의 출력 묶음이 있다($\{g\}$, $\{h\}$, $\{f\}$). 따라서, e는 b와 d, 또는 c와 d에 의해 시작되고, g, h, 또는 f로 넘어간다. 작업 z는 두 개의 입력 묶음과 한 개의 출력 묶음(비어있는 묶음)을 가진 종료 작업이다. 이 작업은 하나의 종료점을 위해 추가되었다. 모든 실행은 시작 작업 a로 시작해서 종료 작업 z로 끝난다. 뒤에 설명하겠지만, 그림 2.12에 있는 C-net과, 그림 2.2의 페트리넷은 자취 동질(trace equivalent)이다. 즉, 두 모델은 동일한 경로의 집합을 만든다. 그러나 C-net에는 플레이스가 없고, 경로 논리는 가능한 입력과 출력 묶음에 의해 표현된다.

Definition 2.8 (인과관계넷(Causal net)). 하나의 *인과관계넷*(C-net)은 튜플 $C = (A, a_i, a_o, D, I, O)$로 구성되고,

- $A \subseteq \mathscr{A}$는 *작업*의 유한 집합이다.
- $a_i \in A$는 *시작 작업*이다.
- $a_o \in A$는 *종료 작업*이다.
- $D \subseteq A \times A$는 *의존 관계*이고
- $AS = \{X \subseteq \mathscr{P}(A) \mid X = \{\emptyset\} \vee \emptyset \notin X\}$[2]
- $I \in A \to AS$은 각 작업의 가능한 *입력 묶음*의 집합을 정의한다.
- $O \in A \to AS$ 은 각 작업의 가능한 *출력 묶음*의 집합을 정의한다.

다음을 만족한다.

- $D = \{(a_1, a_2) \in A \times A \mid a_1 \in \bigcup_{as \in I(a_2)} as\}$;
- $D = \{(a_1, a_2) \in A \times A \mid a_2 \in \bigcup_{as \in O(a_1)} as\}$;
- $\{a_i\} = \{a \in A \mid I(a) = \{\emptyset\}\}$;
- $\{a_o\} = \{a \in A \mid O(a) = \{\emptyset\}\}$;
- 그래프(A, D)의 모든 작업은 a_i에서 a_o로 가는 경로상에 있다.

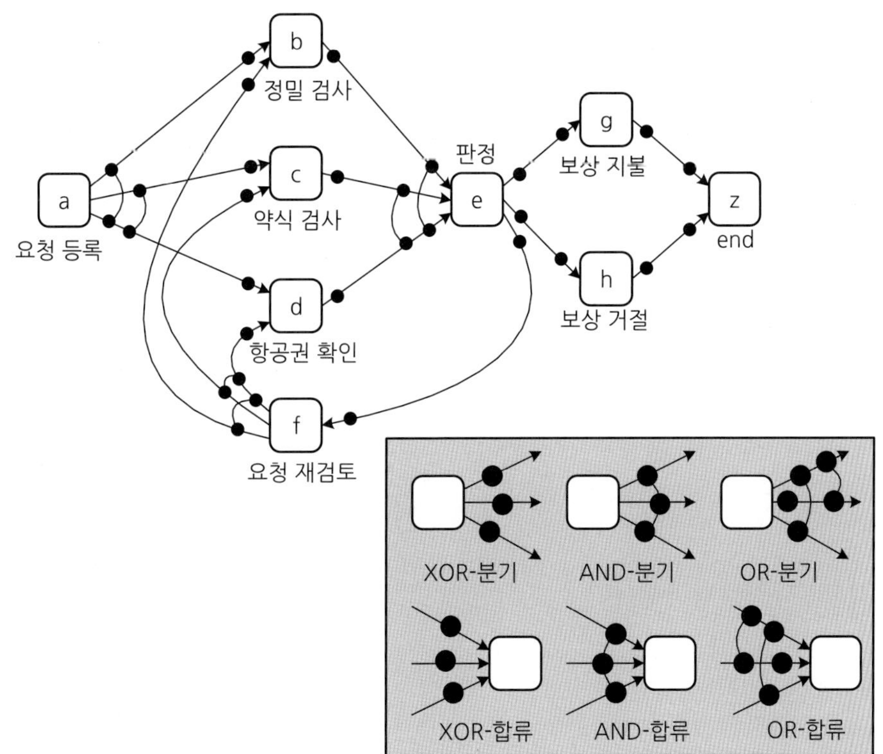

그림 2.12 인과관계넷(Causal net) C_1

[2] $\mathscr{P}(A) = \{A' \mid A' \subseteq A\}$은 A의 멱집합(powerset)이다. 따라서, AS의 원소는 작업의 *집합의 집합*이다.

그림 2.12의 C-net은 다음과 같이 설명할 수 있다. $A = \{a,b,c,d,e,f,g,h,z\}$는 작업의 집합들이다. $a = a_i$는 유일한 시작 작업이고, $z = a_o$는 유일한 종료 작업이다. 그림 2.12의 아크는 의존 관계 $D = \{(a,b),(a,c),(a,d),(b,e),\ldots,(g,z),(h,z)\}$를 시각화한다. 함수 I와 O는 일련의 가능한 입출력 묶음의 집합을 보여준다. $I(a) = \{\emptyset\}$는 a의 가능한 입력 묶음이다. 즉, 유일한 입력 묶음은 작업의 공집합인 것이다. $O(a) = \{\{b,d\},\{c,d\}\}$는 a의 가능한 출력 묶음의 집합이다. 즉, 작업 a는 b와 d 또는 c와 d가 뒤에 온다. $I(b) = \{\{a\},\{f\}\}$, $O(b) = \{\{e\}\}, \ldots,$ $I(z) = \{\{g\},\{h\}\}$, $O(z) = \{\emptyset\}$. AS의 어떠한 구성 원소도 작업의 집합의 집합이라는 것에 주의한다; 예, $\{\{b,d\},\{c,d\}\} \in AS$. 만약 구성 원소의 하나가 공집합이라면, 다른 구성 원소가 없다. 즉, 어떤 $X \in AS$: $X = \{\emptyset\}$ 또는 $\emptyset \notin X$이다. 이것은 유일한 시작 작업 a_i만 가능한 입력 묶음으로 비어있는 묶음을 가질 수 있다는 것을 의미한다. 마찬가지로 유일한 종료 작업 a_o(만) 가능한 출력 묶음으로 비어있는 묶음을 가질 수 있다.

*작업 묶음*은 작업 a, 입력 묶음 as^I, 출력 묶음 as^O를 포함하는 튜플 (a,as^I,as^O)이다. 예를 들어, 그림 2.12의 $(e,\{b,d\},\{f\})$는 작업 b와 d가 선행되고, 작업 f가 뒤에 있는 작업 e를 표시한다.

Definition 2.9 (묶음(Binding)). $C = (A,a_i,a_o,D,I,O)$를 하나의 C-net이라고 하자. $B = \{(a,as^I, as^O) \in A \times \mathscr{P}(A) \times \mathscr{P}(A) \mid as^I \in I(a) \wedge as^O \in O(a)\}$는 *작업 묶음*의 집합이다. *묶음 순서* σ는 작업 묶음들의 순서이다, 즉, $\sigma \in B^*$.

그림 2.12에 나온 C-net의 가능한 바인딩 순서는 $\langle(a,\emptyset,\{b,d\})$, $(b,\{a\},\{e\})$, $(d,\{a\},\{e\})$, $(e,\{b,d\},\{g\})$, $(g,\{e\},\{z\})$, $(z,\{g\},\emptyset)\rangle$이다.

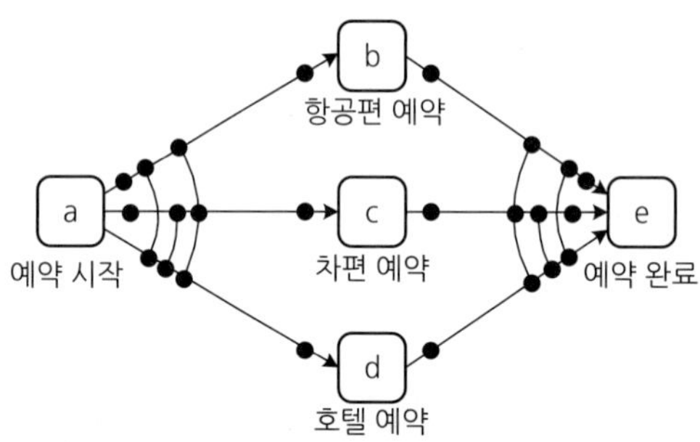

그림 2.13 인과관계넷(Causal net) C_2

그림 2.13은 여행 예약에 대한 C-net 모델링의 다른 예시이다. 작업 a (*예약 시작*) 후, 가능한 작업은 세 가지가 있다: b (*항공편 예약*), c (*차편 예약*), 그리고 d (*호텔 예약*). 작업 e (*예약 완료*)의 완료와 동시에 프로세스는 끝난다. $O(a) = I(e) = \{\{b\},\{c\},\{b,d\},\{c,d\},\{b,c,d\}\}$, $I(a) = O(e) = \{\emptyset\}, I(b) = I(c) = I(d) = \{\{a\}\}$, 그리고 $O(b) = O(c) = O(d) = \{\{e\}\}$. 그림 2.12에 나오는 C-net에 대한 하나의 가능한 묶음 순서는 $\langle(a,\emptyset,\{b,d\}),(d,\{a\},\{e\}),(b,\{a\},\{e\}),(e,\{b,d\},\emptyset)\rangle$로, 이는 호텔과 항공편을 예약하는 시나리오이다. 그림 2.13은 호텔만 예약을 하던지, 비행기와 차만 예약하는 것은 허용하지 않는 것을 유의하기 바란다.

선행 작업과 후행 작업이 항상 묶음에 "동의"할 경우에 묶음의 순서는 *타당*하다. 선행 작업 x와 후행 작업 y는 다음과 같은 "패턴"이 필요하다: $\langle \ldots, (x, \{\ldots\}, \{y, \ldots\}), \ldots, (y, \{x, \ldots\}, \{\ldots\}), \ldots \rangle$. 즉, 출력 묶음에 y가 있는 작업 x는 작업 y의 발생이 후행되어야 하고, 입력 묶음에 x가 있는 작업 y는 작업 x의 발생이 선행된다. 올바른 순서의 개념을 공식화하기 위해, 먼저 *상태*의 개념을 정의한다.

Definition 2.10 (상태(State)). $C = (A, a_i, a_o, D, I, O)$를 C-net이라고 하자. $S = \mathbb{B}(A \times A)$는 C에 대한 *상태 공간*이다. $s \in S$는 하나의 *상태*이다. 즉, 계류 중인 *의무*들의 다중 집합이다. 함수 $\psi \in B^* \to S$는 다음과 같이 귀납적으로 정의된다: 모든 묶음 순서 $\sigma \oplus (a, as^I, as^O) \in B^*$.[3]에 대해, $\psi(\langle\rangle) = [\,]$이고 $\psi(\sigma \oplus (a, as^I, as^O)) = (\psi(\sigma) \setminus (as^I \times \{a\})) \uplus (\{a\} \times as^O)$이다. $\psi(\sigma)$는 묶음 순서 σ의 수행 뒤에 오는 상태이다.

그림 2.12의 C-net C_1을 살펴보자. 처음에는 계류되어 있는 "의무"가 없다. 즉, 어떤 출력 묶음도 대응되는 입력 묶음이 없으면 수행되지 않는다. 만약 작업 묶음$(a, \emptyset, \{b, d\})$이 발생한다면, $\psi(\langle (a, \emptyset, \{b, d\}) \rangle) = \psi(\langle\rangle) \setminus (\emptyset \times \{a\}) \uplus (\{a\} \times \{b, d\}) = [\,] \setminus [\,] \uplus [(a, b), (a, d)] = [(a, b), (a, d)]$이 된다. 상태$[(a, b), (a, d)]$는 a와 관련된 입력 묶음을 바탕으로 b와 d를 모두 실행할 의무를 의미한다. 입력 묶음은 보류 중인 의무를 제거하고, 출력 묶음은 새로운 의무를 만든다.

타당한 순서(valid sequence)는 (a) 시작 작업 a_i로 시작하고, (b) 종료 작업 a_o로 끝나며, (c) 단지 계류 중인 의무만 제거하고, (d) 계류 중인 의무 없이 종료한다. 그림 2.13의 C-net C_2에 대한 타당한 순서는 $\sigma = \langle (a, \emptyset, \{b, d\}), (d, \{a\}, \{e\}), (b, \{a\}, \{e\}), (e, \{b, d\}, \emptyset) \rangle$이다:

$$
\begin{aligned}
\psi(\langle\rangle) &= [\,] \\
\psi(\langle (a, \emptyset, \{b, d\}) \rangle) &= [(a, b), (a, d)] \\
\psi(\langle (a, \emptyset, \{b, d\}), (d, \{a\}, \{e\}) \rangle) &= [(a, b), (d, e)] \\
\psi(\langle (a, \emptyset, \{b, d\}), (d, \{a\}, \{e\}), (b, \{a\}, \{e\}) \rangle) &= [(b, e), (d, e)] \\
\psi(\langle (a, \emptyset, \{b, d\}), (d, \{a\}, \{e\}), (b, \{a\}, \{e\}), (e, \{b, d\}, \emptyset) \rangle) &= [\,]
\end{aligned}
$$

순서 σ는 시작 작업 a로 시작하며, 종료 작업 e로 종료되고 계류 중인 의무만 제거하고 (즉, 모든 입력 묶음에 대해 이보다 앞선 출력 묶음이 있다), 계류 중인 의무 없이 종료된다: $\psi(\sigma) = [\,]$.

Definition 2.11 (유효성(Valid)). $C = (A, a_i, a_o, D, I, O)$를 C-net, $\sigma = \langle (a_1, as_1^I, as_1^O), (a_2, as_2^I, as_2^O), \ldots, (a_n, as_n^I, as_n^O) \rangle \in B^*$를 묶음 순서라고 하자. σ가 C의 *유효한 순서*이기 위한 필요충분조건은:

- $a_1 = a_i$, $a_n = a_o$, 그리고 $a_k \in A \setminus \{a_i, a_o\}$ for $1 < k < n$;

[3] $\sigma_1 \oplus \sigma_2$는 두 순서의 접합(concatenation)이다. 예, $\langle a, b, c \rangle \oplus \langle d, e \rangle = \langle a, b, c, d, e \rangle$. 순서와 원소의 접합도 가능하다. 예, $\langle a, b, c \rangle \oplus d = \langle a, b, c, d \rangle$. X^*은 X의 원로를 포함하는 모든 순서의 집합이고, $\langle\rangle$는 비어있는 순서임을 상기하자. 순서에 대한 자세한 표현법은 4.2절 참고.

- $\psi(\sigma) = [\,]$;
- 모든 접두어(prefix)에 대해 $\langle(a_1, as_1^I, as_1^O), (a_2, as_2^I, as_2^O), \ldots, (a_k, as_k^I, as_k^O)\rangle = \sigma' \oplus (a_k, as_k^I, as_k^O$ $) \in \mathit{pref}(\sigma)$: $(as_k^I \times \{a_k\}) \leq \psi(\sigma')$.

$V(C)$는 C에 대한 모든 유효한 순서의 집합이다.

첫째 조건은 유효한 순서는 a_i로 시작되고 a_o로 종료된다(a_i와 a_o는 순서의 중간에 나타나지 않는다). 둘째 조건은 종료 후에는 계류 중인 의무가 없다(토큰이 넷에 남아있지 않다는 조건으로 생각할 수 있다). 마지막 조건은 σ의 비어있지 않는 모든 선행 활동들을 고려하는 것이다: $\langle(a_1, as_1^I, as_1^O), (a_2, as_2^I, as_2^O), \ldots, (a_k, as_k^I, as_k^O)\rangle$. 선행되어야 할 마지막 활동 묶음(즉, (a_k, as_k^I, as_k^O))에서, 계류 중인 의무들을 제거한다. 즉 $(as_k^I \times \{a_k\}) \leq \psi(\sigma')$이다. 여기서 $as_k^I \times \{a_k\}$는 제거해야 될 의무들이고, $\psi(\sigma')$는 k번째 묶음의 출현 전에 나타나는 계류된 의무들이다(생산되지 않은 토큰을 소비할 수 없는 제약 조건의 하나로 생각할 수 있다).

그림 2.13은 12개의 유효한 순서를 포함하고 있다: 단지 b만 수행이 되었고($\langle(a, \emptyset, \{b\})$, $(b, \{a\}, \{e\})$, $(e, \{b\}, \emptyset)\rangle$), ($a$와 e없이) c만 수행이 되었고, b와 d가 수행이 되었고(두 개의 가능성이 있음), c와 d가 수행이 되었고(두 개의 가능성이 있음), 그리고 b, c, d가 수행되었다($3! = 6$개의 가능성). 그림 2.12의 C-net은 f를 포함하기에 무한히 많은 유효한 순서의 구성을 갖는다. 예를 들면, $\langle(a, \emptyset, \{c, d\})$, $(c, \{a\}, \{e\})$, $(d, \{a\}, \{e\})$, $(e, \{c, d\}, \{f\})$, $(f, \{e\}, \{c, d\})$, $(c, \{f\}, \{e\})$, $(d, \{f\}, \{e\})$, $(e, \{c, d\}, \{g\})$, $(g, \{e\}, \{z\})$, $(z, \{g\}, \emptyset)\rangle$이다.

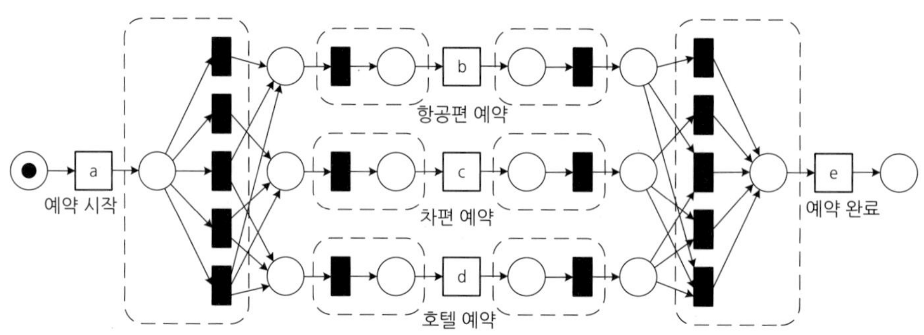

그림 2.14 C-net이 암묵 트랜지션을 포함하는 WF-net으로 변환됨: WF-net의 모든 "건전한 흐름"이 그림 2.13의 C-net의 유효한 순서와 일치함

C-net의 의미에 대해 단지 유효한 순서를 고려해야 한다. 즉, "잘못된 순서"는 C-net에 포함되지 않는다. 이것은 C-net이 BPMN, 페트리넷, EPCs, YAWL 에서 제공하는 "토큰-게임과 비슷한 의미"로 사용되지 않는다는 것을 의미한다. C-net의 의미는 좀더 선언적이어서, 지역적인 점화 규칙이 아니라 전반적인 순서를 정의한다. 이를 그림 2.14의 WF-net으로 설명한다. 이 WF-net은 그림 2.13의 C-net C_2의 의미를 모델링하는 것을 목적으로 했다. 입력과 출력 묶음은 *암묵 트랜지션*에 의해 모델링된다. 이들은 그림 2.14에서 표지없는 검은 직사각형으로 그려진다. WF-net은 다수의 잘못된 순서를 허용한다는 것에 주목하자. 예를 들어, b, c, d는 활성화가 가능하다. b가 점화된 후에, e가 c와 d의 수행 없이 점화 가능하다. 점화 순서는

유효한 순서와 부합하지 않는데, 이는 마지막 작업인 e의 수행 후에도 미결의 작업들이 있기 때문이다. 그러나 만일 소스 플레이스에서 하나의 토큰으로 시작해서 싱크 플레이스에 하나의 토큰으로 종료가 된 WF-net의 점화 순서를 보면, 이는 $V(C_2)$의 유효한 순서에 일대일로 매치된다.

그림 2.12의 C-net과 그림 2.2에 나온 WF-net은 자취 동질성이 있다. 이 비교에서 WF-net에서는 모든 가능한 점화 순서를 C-net에서는 단지 유효한 순서만을 고려하는 것을 기억하자.

교착상태, 라이브락, 그리고 그밖의 오류를 피하기 위해 WF-nets에서 건전성의 개념을 정의하였다(Definition 2.7). C-net에서도 이와 유사한 개념을 정의할 수 있다.

Definition 2.12 (C-nets 건전성(Soundness of C-nets)). C-net $C = (A, a_i, a_o, D, I, O)$은 다음 두 조건을 만족하면 *건전하다.* 만약 (a) 모든 $a \in A$와 $as^I \in I(a)$에 대해 $(a, as^I, as^O) \in \sigma$을 만족하는 $\sigma \in V(C)$와 $as^O \subseteq A$가 존재하고, (b) 모든 $a \in A$와 $as^O \in O(a)$에 대해 $(a, as^I, as^O) \in \sigma$를 만족하는 $\sigma \in V(C)$와 $as^I \subseteq A$가 존재한다.

C-net의 의미는 "적절한 완료"와 "완료할 수 있는 선택권"을 강요하기 때문에, 단지 유효한 순서가 있는 것을 확인하여, C-net의 모든 부분이 이에 따라 활성화될 수 있도록 한다. 그림 2.12와 그림 2.13의 C-net C_1과 C_2는 건전하다. 그림 2.15의 두 가지 C-net은 건전하지 않다. 그림 2.15 (a)는 a의 출력 묶음과 e의 입력 묶음이 일치하지 않기 때문에 유효한 순서가 없다. 묶음 순서 $\sigma = \langle(a, \emptyset, \{b\}), (b, \{a\}, \{e\})\rangle$를 예를 들어 생각해보자. 순서 σ는 $\psi(\sigma) = [(b, e)]$와 $\{b\} \notin I(e)$이므로 유효한 순서로 확장할 수 없다. 즉, e의 입력 묶음은 항공편 만의 예약을 허용하지 않는데, a의 출력 묶음은 이를 허용한다. 그림 2.15(b)는 유효한 순서도 있다. 예, $\langle(a, \emptyset, \{c\}), (c, \{a\}, \{e\}), (e, \{c\}, \emptyset)\rangle$. 그러나 모든 묶음이 하나 또는 그 이상의 유효한 순서를 보이는 것은 아니다. 예를 들어, 출력 묶음 $\{b\} \in O(a)$은 어떤 유효한 순서도 나타나지 않는다. 즉, 비행만을 선택한 후 순서는 제대로 완료되지 않는다. 입력 묶음 $\{c, d\} \in I(e)$ 또한 어떠한 유효한 순서에도 나타나지 않는다, 즉, C-net은 자동차와 호텔을 예약할 수 있게 제안하고 있지만, 앞쪽에는 이에 해당하는 유효한 순서가 없다.

그림 2.16은 건전한 C-net의 예를 보여주는데, 이 C-net의 유효한 묶음 순서 중 하나는 $(a, \emptyset, \{b\}), (b, \{a\}, \{b, c\}), (b, \{b\}, \{c, d\}), (c, \{b\}, \{d\}), (c, \{b\}, \{d\}), (d, \{b, c\}, \{d\}), (d, \{c, d\}, \{e\}), (e, \{d\}, \emptyset)\rangle$이다, 즉, 순서 $\langle a, b, b, c, c, d, d, e\rangle$. 이 순서는 모든 묶음을 포함할 수 있다. 따라서 C-net은 건전하다. 다른 유효한 순서의 예는 $\langle a, b, c, d, e\rangle$, $\langle a, b, c, b, c, d, d, e\rangle$, $\langle a, b, b, b, c, c, c, d, d, d, e\rangle$.이다. 그림 2.16은 C-net의 표현력을 보여준다. 이 C-net의 유효한 순서를 정확하게 재현하는 건전한 WF-net이 없다는 것에 주목하자. 만일 그림 2.16의 C-net을 대상으로 그림 2.14에 나온 것처럼 구성하면, 유효한 순서를 시뮬레이션할 수 있는 WF-net을 얻을 수 있다. 그러나 이 WF-net은 타당하지 않은 순서도 허용하게 되고, 타당한 순서의 집합과 일치하는 점화 순서를 가진 모델로 변경하는 것은 불가능하다.

C-net은 다른 모든 종류의 추가적인 모델 요소들(플레이스, 조건, 이벤트, 게이트웨이 등)는 없지만 (특히) 프로세스 마이닝에 적합한 선언적인 특징과 표현력을 가지고 있다. 다수의 프로세스 도출과 적합성 검사 방법에서 이와 비슷한 표현법을 사용하고 있다[25, 72, 94, 123, 124].

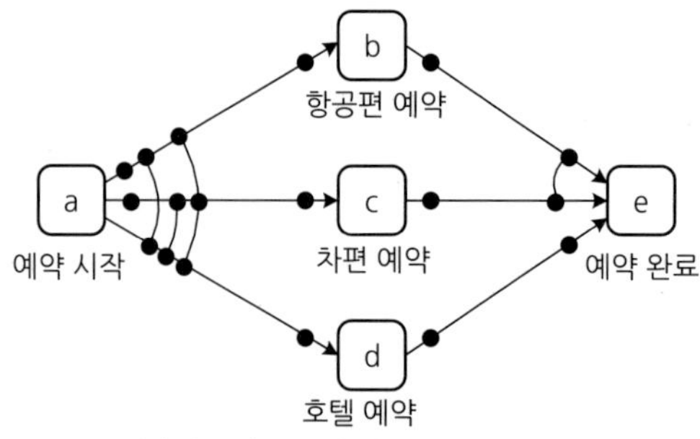

(a) 유효한 순서가 없어 건전하지 못함

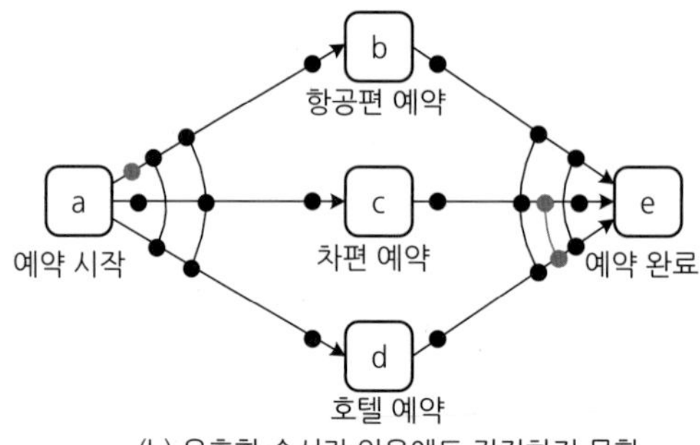

(b) 유효한 순서가 있음에도 건전하지 못함

그림 2.15 두 개의 C-nets은 건전하지 않다. 첫째 넷은 어떤 유효한 순서를 허락하지 않는다($V(C) = \emptyset$). 둘째 넷은 유효한 순서를 가지고 있지만, 실현 가능하지 않은 입/출력 묶음도 보여주고 있다

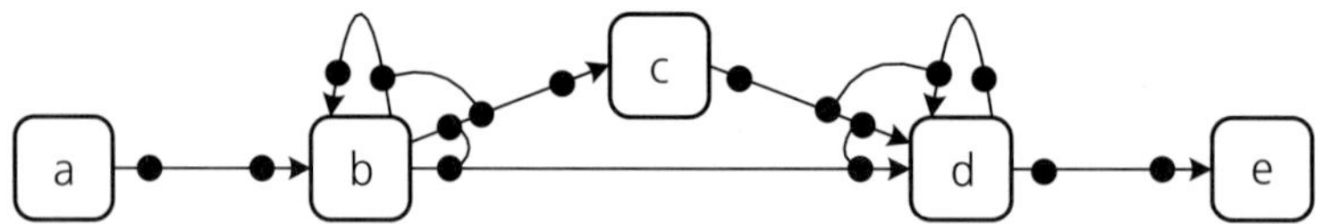

그림 2.16 대응하는 WF-net이 없는 건전한 C-net

제6장에서 더 진보한 프로세스 마이닝 알고리즘에 관하여 설명하면서 이에 대해 더 자세히 논한다.

제 2.3 절 모델 기반 프로세스 분석

1.2절에서 모델을 만드는 다양한 이유를 살펴보았다. 그림 1.3은 BPM 라이프사이클에서 이런 모델의 활용을 도식화하는데, 분석 과정에 프로세스 모델을 사용하는 기존의 접근법은 이벤트 데이터를 무시하는 것을 보여주었다. 다음 장에서 프로세스와 그 모델을 분석할 때 이벤트 데이터를 활용하는 방법을 설명한다. 그 전에 모델 기반 분석의 대표적인 접근방법을

간단하게 요약한다: *검증*(verification)과 *성과 분석*. 검증은 시스템이나 프로세스의 정확성을 분석하고, 성과 분석은 흐름 시간, 대기시간, 이용, 서비스 레벨에 중점을 둔다.

2.3.1 검증

2.2.3절에서 WF-net의 건전성에 대한 개념을 소개했다. 이것은 검증 기법들을 통해 확인할 수 있는 정확성 기준이다. 예를 들어, 그림 2.17의 WF-net에서 *항공권 확인*이 *정밀 검사*의 종료가 아니라 *약식 검사*의 종료를 기다리는 것을 표현하기 위해 모델이 확장되었다. 이 종속성을 모델링하기 위해 플레이스 *c6*이 추가되는데, 따라서 모델링 오류가 발생했다. Definition 2.7의 조건 중 "완료 옵션" 조건을 만족하지 못한다. 점화 순서 $\langle a,b \rangle$를 수행하면서 마킹 $[c2,c3]$에 도착하는데, 여기서 종료 마킹 $[end]$에 더 이상 도달하지 못한다. 참고로 $[c2,c3]$는 불용(dead) 마킹이다. 예를 들면 *c6*가 비어있기 때문에 *d*는 활성화되지 않는다.

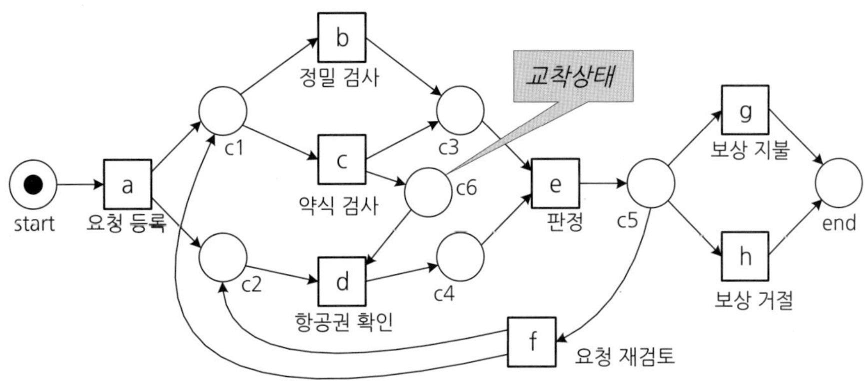

그림 2.17 건전하지 않은 WF-net

Definition 2.12는 C-net에 대한 건전성의 개념을 정의한다. 건전성의 개념은 YAWL, EPC, BPMN 같은 다른 언어에도 적용할 수 있다. 트랜지션 시스템을 정의할 때 허용할 수 있는 최종 상태의 집합으로서 S^{end}가 언급되었다. 따라서, 다음과 같이 안전성을 정의할 수 있다: 트랜지션 시스템이 어떤 가능한 상태에서 S^{end}에 있는 상태에 도달할 수 있으면 시스템은 건전하다. 페트리넷에서도 생존성(liveness)과 유계성(boundedness) 같은 일반적인 속성을 정의한다. 이러한 속성 중 일부는 상태 공간을 구축하지 않고도 분석할 수 있다. 예를 들면, 자유선택(free-choice) 페트리넷, 즉 분기와 동기화가 분리될 수 있는 프로세스에서, 활성과 유계성은 연관된 접속 행렬(incidence matrix)의 계수(rank) 분석을 통해 확인할 수 있다[51]. 따라서 건정성은 자유선택 WF-net에 다항 시간(polynomial time)안에 확인할 수 있다. 불변자(invariants)는 종종 유계성 또는 특정 마킹의 도달불가성(unreachability)을 보이는 데 사용될 수 있다. 그러나 대부분의 더욱 흥미있는 검증에 대한 질문은 상태 공간 전체 혹은 일부의 탐색이 필요하다.

건전성은 일반적인 속성이다. 가끔은 "티켓은 모두 거절된 요청에 대해 검사되었다"와 같이 구체적인 속성에 대한 조사가 필요하다. 이러한 특성은 *시간 논리(temporal logic)*로 표현될 수 있다[43, 86]. *LTL(Linear Temporal Logic)*은 시간 논리의 하나의 예로 고전적인 논리 연산자에 다음과 같은 시간 연산자가 추가된다: 항상(always,$\Box$), 결국(eventually, $\Diamond$), 언제까지(until, $\sqcup$), 유연한 언제까지(weak until, W), 다음 번(next, $\bigcirc$)을 포함한다. $\Diamond h \Rightarrow \Diamond d$은 h(*보상 거절*)가 실행되는 모든 케이스에 대해 d(*항공권 확인*)가 수행된다는 것을 의미한다. 또 다른 예는 $\Box(f \Rightarrow \Diamond e)$는 f의 발생 뒤에 e가 뒤따른다는 것을 나타낸다. *모델 검사* 기법은 이런 속성을 확인하는 데 사용할 수 있다[43].

다른 검증 작업은 두 모델의 비교이다. 예를 들어, 프로세스 요구 사항의 구현을 그 프로세스의 높은 수준의 사양서와 비교할 수 있다. 앞서 언급했듯이, 동질성에 대해 여러 가지 개념이 존재한다(자취 동질성, 분기 상호 유사성 등)[64]. 또한, 하나의 모델은 다른 모델의 모든 경로를 갈 수 있지만 반대는 불가능한 다양한 시뮬레이션의 개념도 있다(5.3절 참고).

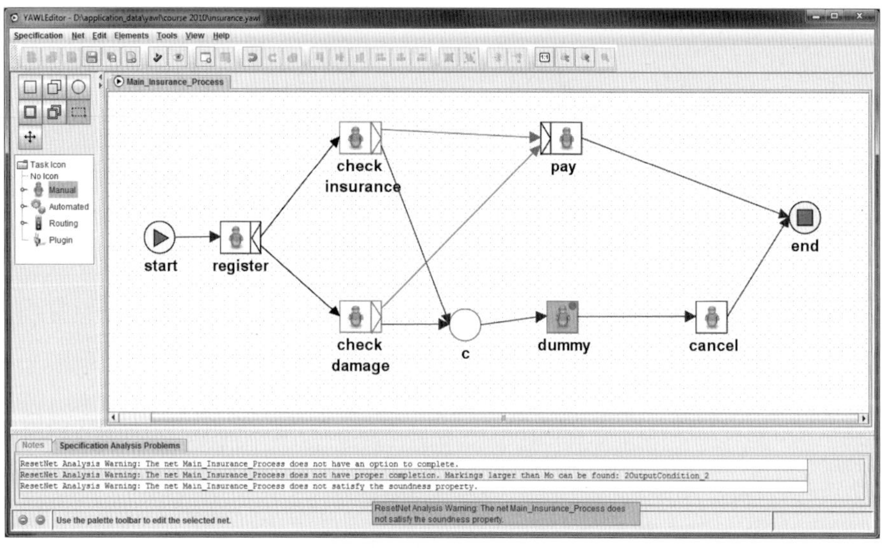

그림 2.18 올바르지 못한 YAWL 모델: *dummy*의 취소 영역이 *check insurance*, *check damage*, 조건*c*, 그리고 *pay*의 두 개의 내재화된 입력 조건이다. 따라서, 취소 후에 토큰은 *register*의 출력 아크 중 하나에 남을 수 있다

프로세스 모델을 검증하는 다양한 도구가 있다. 전형적인 예로 건전성 검증에 특화된 Woflan이 있다[121]. YAWL과 같은 워크플로우 시스템도 검증과 관련된 기능을 제공한다. 예를 들어, 그림 2.18은 그려진 모델을 분석하는 YAWL의 편집기를 보여준다. 그림에서 프로세스는 *register* 작업으로 시작한다. 그 후, 두 가지 검사가 병렬로 이루어진다: *check insurance*와 *check damage*. 이 작업들은 XOR-분기로 검사 결과에 따라, 결과 아크 중 하나가 선택된다. 만약 두 검사가 모두 정상이면, *pay* 작업이 수행된다. 만약 두 작업 중 하나라도 문제가 나타나면 *dummy* 작업이 수행된다. *dummy* 작업은 취소 영역을 가지는데, 이 영역은 *check insurance*, *check damage*, 조건*c*, 그리고 *pay*의 두 개의 내재화된 입력 조건으로 구성된다. 이

영역의 목적은 모든 토큰을 제거한 후에 청구를 취소하고, 케이스를 종료하는 것이다. 그러나 YWAL의 검증 보고서에 문제가 있다. YAWL의 모델은 정확하지 않은데, 왜냐하면 *register* 의 내재 출력 조건 중 하나에서 대기하는 토큰이 있을 수 있기 때문이다. 즉, *register*과 *check insurance* 또는 *register*와 *check damage*을 연결하는 아크에 토큰이 있을 수 있다. 그 결과 모델은 교착 상태가 되거나 토큰을 남겨 두고 진행할 수 있다. 이 두 내재 조건이 *dummy* 작업의 취소 영역에 포함되면, YAWL의 검증은 어떤 문제도 찾을 수 없을 것이고, 모델은 교착상태와 다른 이상이 없게 된다.

2.3.2 성과 분석

프로세스나 조직의 성과는 여러 가지 방법으로 정의할 수 있다. 일반적으로 성과는 세 가지 관점으로 나눠진다: *시간*, *비용*, *품질*. 이 각각의 관점에 대해 서로 다른 *핵심 성과 지표*(KPIs: Key Performance Indicator)를 정의할 수 있다. *시간 관점*에서 보면 다음과 같은 성과 지표를 도출할 수 있다:

- *리드 타임*(흐름 시간이라고도 함)은 케이스의 생성에서 종료까지의 총 시간이다. WF-net의 측면에서, 이것은 소스 플레이스 i에서 싱크 플레이스 o까지 가는데 걸리는 시간이다. 모든 케이스에 대한 평균 리드 타임도 측정할 수 있다. 분산의 정도도 중요할 수 있다, 즉, 모든 경우가 2주 정도 걸리는 것과 만약 몇몇은 몇 시간만 걸리는 반면에 나머지는 한 달이 넘게 걸리는 것은 차이가 있다. *서비스 수준*은 임계치보다 낮은 리드 타임을 갖는 케이스의 비율(예, 2주 안에 처리되는 케이스들의 비율)이다.
- *서비스 시간*은 하나의 케이스에서 실제로 작업된 시간이다. 각 작업에 대해 서비스 시간(예, 의사 결정 작업하는데 필요한 평균 시간이 35분이다)을 측정할 수 있고, 하나의 케이스 전체에서도 계산할 수 있다. 케이스에 병렬 작업이 있는 경우에 전체 서비스 시간(즉, 다양한 작업에 소요되는 시간을 합)은 리드 타임보다 클 수 있다. 그러나 일반적으로는 서비스 시간은 리드 타임보다 작다(몇 분 vs. 몇 주).
- *대기 시간*은 하나의 케이스에서 자원이 가용할 때까지 대기하는 시간이다. 이 시간은 각 작업에 따라 또는 케이스에 대해 측정할 수 있다. 예를 들면, 판매 담당자에게 얘기하길 원하는 고객의 대기 시간, 환자가 무릎 수술을 받기 전에 대기하는 시간 등이 있다. 또한 대기 시간의 평균이나 분산에 관심이 있을 수 있다. 서비스 수준에 초점을 두는 것도 가능한데, 초기 진단 후 3주 이내에 무릎 수술하는 환자의 비율 등이 예가 될 수 있다.
- *동기화 시간*은 활동이 아직 완전히 활성화되지 않고 외부 트리거 또는 다른 병렬 분기에 대해 대기하는 시간이다. 대기 시간과 달리, 작업은 아직 활성화되어 있지 않는다. 즉, 케이스가 자원이 아니라 동기화를 위해 기다리고 있다. 예를 들어 그림 2.2의 WF-net에서 마킹 $[c2, c3]$에 있는 케이스를 가정하면, 작업 e는 *항공권 확인*이 완료되기를 기다리고 있다. 조건$c4$에 있는 토큰의 도착 시간과 조건$c3$에있는 토큰의 도착 시간 사이의 차이가 동기화 시간이다.

성과 지표는 *비용 관점*에서 정의할 수도 있다. ABC (Activity Based Costing), 시간 기반 ABC (Time-Driven ABC), RCA (Resource Consumption Accounting) [44] 등과 같은 서로 다른 모델이 사용 가능하다. 작업을 실행하는 비용은 고정되어 있거나, 활용되는 자원의 종류 및 활용 정도, 작업의 시간에 따라 가변적일 수 있다. 자원 비용은 자원의 활용에 따라 달라질 수 있다. 대부분의 프로세스에서 핵심 성과 지표는 주어진 기간 동안 자원의 *평균 활용률(utilization)*이다. 예를 들면, 병원의 수술실은 지난 2개월 동안 85%의 시간 동안 사용되었다. 다양한 비용 모델에 대한 자세한 논의는 하지 않도록 한다.

*품질 차원*은 고객이 제공받은 "제품" 이나 "서비스"에 초점을 맞춘다. 비용처럼 여러 가지 방법으로 측정 가능하다. 한 예는 설문조사를 통한 고객만족도 측정이다. 다른 예로 케이스당 민원의 평균 건수나 제품 결함 건수 등이 될 수 있다.

검증은 모델화된 프로세스의 논리적 정확성에 초점을 맞추는데, 성과 분석은 시간, 비용, 품질 측면에서 프로세스의 개선을 목표로 한다. 운영 관리 측면에서 많은 분석 기법이 개발되었다. 이러한 기법 중 일부는 특정 성과 지표가 주어진 모델을 "최적화"한다. 예를 들어 정수계획법이나 마르코프 결정 모형(Markov decision problem)은 최적의 방법을 찾는 데 쓰일 수 있다. 이 장에서 기술된 프로세스 모델에서는 시뮬레이션, 대기 행렬 모델, 또는 마르코프 모델을 이용한 "what if" 분석이 가장 적합하다. 분석 모델은 일반적으로 많은 가정을 필요로 하며 특정한 질문에 대한 답만 할 수 있는 경우가 많아, *시뮬레이션*이 유용할 수 있다. 대부분의 BPM 도구들은 시뮬레이션 기능을 제공한다. 그림 2.19는 보험금 청구 처리 프로세스에 대한 BPM|one의 시뮬레이션 화면이다. BPM|one은 시뮬레이션의 실행을 애니메이션화 할 수 있고, 시간과 비용에 관련된 모든 종류의 KPI를 계산할 수 있다(예, 리드 타임, 서비스 시간, 대기 시간, 이용률, 작업 비용).

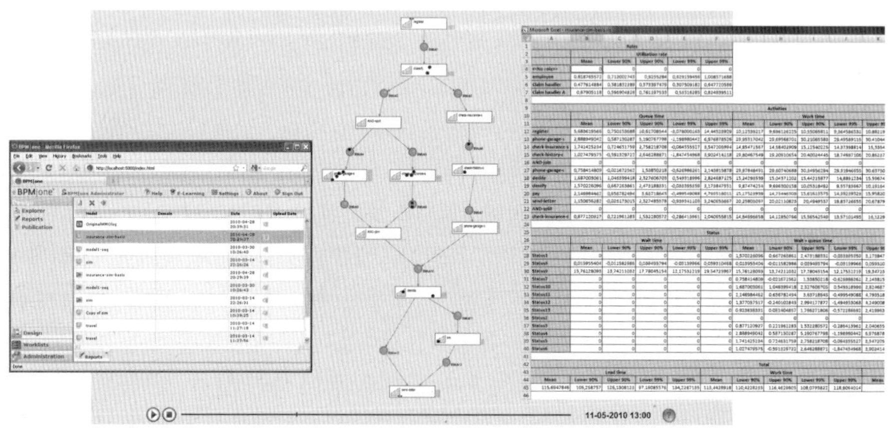

그림 2.19 Pallas Athena의 BPM|one을 사용한 시뮬레이션: 모델을 만드는 프로세스는 애니메이션화되며, 시뮬레이션화된 프로세스의 모든 종류의 KPI는 계산되어 스프레드시트에 저장된다

많은 조직들이 몇몇 단계에서 비즈니스 프로세스를 분석하는 데 시뮬레이션을 사용하려고 했지만, 단지 일부만 구조화되고 효과적인 방법으로 시뮬레이션을 활용하고 있다. 이것은

교육 부족과 기존 툴의 한계가 원인이 될 수 있다. 그러나 이보다 더 근본적인 문제가 있다. 첫째, 시뮬레이션 모델은 지나치게 *단순화*하는 경향이 있다. 특히, 자원 행동(behavior)을 다소 단순한(naïve) 방법으로 모델링한다. 사람들은 일정한 속도로 일하지 않고, 많은 프로세스에 관심을 두게 된다. 이것은 프로세스의 성능에 극적인 효과를 가져올 수 있고, 따라서 이러한 측면은 간과되어서는 안 된다[4, 15]. 둘째, 사용 가능한 *다양한 가공물(artifact)들이 시뮬레이션을 위해 사용되지 않는다.* 현대 조직은 로그에 이벤트를 저장하고, 일부는 BPM/WFM 시스템에 저장된 정밀한 프로세스 모델이 있을 수 있다. 또한 많은 경우 정보시스템의 상태는 이 시스템에서 지원하는 비즈니스 프로세스의 상태를 정확하게 반영하고 있다. 제1장에서 논의 했듯이, 프로세스들과 정보시스템은 밀접하게 결합되고 있다. 그럼에도 불구하고 이러한 정보는 시뮬레이션이 거의 사용되지 않고, 이 정보를 시뮬레이션에 반영하기 위해서는 많은 수작업이 필요하다. 다행히도 프로세스 마이닝은 정보 추출에 도움을 줄 수 있고, 이 정보는 성과 개선을 위해 쓰일 수 있다(8.6절 참고). 셋째, 시뮬레이션의 초점은 주로 "디자인"에 있으나 관리자는 *"운영적 의사 결정"*을 위한 시뮬레이션에 관심이 있다. 즉, 관리자는 추상적인 미래의 문제보다 구체적인 현재의 문제를 해결하고자 한다. 다행스럽게도 *단기(short-term) 시뮬레이션*은 "현시점"과 관련된 질문에 대한 답을 제공할 수 있다[4]. 기본적인 아이디어는 현재 상태값으로 시뮬레이션의 실행을 시작하고, 일시적인(transient) 특성에 초점을 두는 것이다. 이를 통해 미래 시간으로 "빨리감기" 버튼이 제공될 수 있다.

2.3.3 모델 기반 분석의 한계

검증과 성과 분석에 있어 높은 품질의 모델이 매우 중요하다. 모델과 현실 사이에 공통점이 거의 없을 때 모델 기반의 분석은 의미가 없다. 예를 들어, 프로세스 모델은 내부적으로 일관적이고 요구되는 성질을 모두 만족시킬 수 있다. 그러나 만일 모델이 현실의 이상적인 모습을 그린 것이라면, 현실에 나타나는 다양한 상황을 담을 수 없어 쓸모가 없다. 비슷한 주장이 시뮬레이션 모델에도 해당된다. 시뮬레이션에서 의미있는 개선이 예측된다고 하더라도, 모델이 결함이 있는 가정을 기반으로 했다면, 현실에서는 맞지 않을 수 있다. 이러한 문제는 손으로 만든 *모델과 현실 사이의 차이*에 기인한다. 프로세스 마이닝은 모델과 실제 이벤트 데이터의 직접적인 연결을 통해 이러한 문제들을 해결하는 것을 목표로 한다. 또한 *이 책에서 논의된 도출 기법들은 같은 현상을 서로 다른 시각과 추상화 수준으로 볼 수 있게 도와준다.*

장 3
데이터 마이닝

요 약 프로세스 마이닝은 (a) 프로세스 모델링 및 분석(제2장 참고)과 (b) 데이터 마이닝의 두 가지 개념을 중심으로 설명할 수 있다. 이 장에서는 데이터 마이닝의 기본적인 접근법과 주요 기법에 대해 살펴본다. 이 책에서 데이터 마이닝을 다루는 이유는 다음과 같다. 첫 번째로 프로세스 마이닝 기법 자체가 전통적인 데이터 마이닝 기법에 기반하고 있기 때문이다. 예를 들어, 도출과 향상과 관련된 접근법은 데이터에 초점을 맞춘다. 두 번째로 데이터 마이닝 영역에서 나온 아이디어가 프로세스 마이닝 연구 결과의 평가에 활용되기 때문이다. 예를 들면, 도출된 또는 향상된 프로세스 모델을 평가하는데 데이터 마이닝에서 활용하는 다양한 기법을 적용할 수 있다. 물론 프로세스 흐름의 도출(control-flow discovery)과 적합도 검사 등 프로세스 마이닝 고유 영역에 대해서는 데이터 마이닝의 기법들이 필요치 않을 수도 있다. 그러나 데이터 마이닝에 대한 기본적인 이해가 프로세스 마이닝의 이해에 도움이 되는 것은 분명하다.

제 3.1 절　데이터 마이닝 기법의 분류

데이터 마이닝은 “기존에 생각하지 못했던(unsuspected) 상관관계를 발견하고, 데이터 소유자에게 유용하고 이해하기 쉬운 방법으로 데이터를 정리하기 위한 (대용량) 데이터 분석”이라고 정의한다[74]. 데이터 마이닝에서는 테이블 형태의 입력자료를 기반으로 규칙, 군집, 트리 구조(tree structure), 그래프, 패턴 등을 추출한다. 데이터 마이닝은 제1장에서 설명한 “디지털 세상(digital universe)”의 확산에 따라 더욱 중요해지고 있다. 초창기 데이터 마이닝은 엄밀한 통계적 기반이 없이 단순 데이터 처리를 통해 결론을 이끌어 낸다는 부정적인 인식이 있었으나, 최근에는 엄밀한 과학적 방법론과 수많은 응용 사례에 힘입어 하나의 독립적인 영역으로 인정받고 있다[28, 38, 74, 96, 130].

3.1.1 데이터 집합: 인스턴스와 변수

데이터 마이닝에 대해 설명하기 위해 예제에서 제시된 세 개의 데이터 집합을 살펴보자. 표 3.1은 최근 사망자 860명의 데이터 중 일부를 나타낸다. 행(row)은 각 개인을 나타내고 열(column)은 개인의 특성을 나타낸다. 데이터에는 개인별 사망나이와 음주 여부, 흡연 여부 및 체중이 명시되어 있다. 주어진 데이터를 토대로 다음과 같은 문제를 생각해 볼 수 있다:

- 흡연 여부와 음주 여부가 체중에 끼치는 영향은 어느 정도인가?
- 담배를 피는 사람이 음주도 하는가?
- 사람의 기대 수명에 가장 큰 영향을 끼치는 요인은 무엇인가?
- 유사한 생활 습관을 가진 사람들끼리 그룹을 만들 수 있는가?

표 3.1 데이터 집합 1: 음주/흡연 여부, 체중이 수명에 미치는 영향을 연구하기 위해 최근 사망한 860명 자료를 수집

음주 여부	흡연 여부	체중	사망나이
yes	yes	120	44
no	no	70	96
yes	no	72	88
yes	yes	55	52
no	yes	94	56
no	no	62	93
…	…	…	…

또 다른 데이터를 살펴보자. 표 3.2는 학부생 420명의 데이터를 요약한 표이다. 학생들은 제각기 다른 과목을 수강할 수 있다. 표를 살펴보면 각 과목별 최고점을 파악할 수 있는데, 예를 들면 선형대수학에서는 9점이 최고점이고, 논리학 과목에서는 8점이 최고점이다. 과목별 점수는 1점에서 10점 사이이며, 5점 이하의 점수는 낙제로 간주된다. "-" 표시는 해당 과목을 수강하지 않았다는 것을 의미한다. 주어진 표를 통해 학생별 과목 선택현황을 알 수 있다. 맨 오른쪽 두 개의 열은 전체적인 성적을 표시한다. *등록기간*은 입학 후 등록한 기간을 표시하고, *결과*는 최종 결과를 세 가지(우등졸업, 졸업, 낙제)로 구분하여 나타낸다. 주어진 데이터를 토대로 아래와 같은 문제를 생각해 볼 수 있다:

- 과목별로 성적의 상관관계가 있는가?
- 우등 졸업생들이 주로 수강한 과목은 무엇인가?
- 학생들의 졸업을 늦어지게 하는 과목은 무엇인가?
- 학생들이 자퇴하는 이유는 무엇인가?
- 비슷한 학습 행태를 보이는 학생들의 그룹을 파악할 수 있는가?

표 3.2 데이터 집합 2: 개별 과목 성적과 전체 성적 간의 상관관계를 연구하기 위해 수집된 420명의 학부생 데이터

선형 대수학	논리학	프로그램	경영과학	워크 플로우	…	등록기간	결과
9	8	8	9	9	…	36	우등졸업
7	6	-	8	8	…	42	졸업
-	-	5	4	6	…	54	낙제
8	6	6	6	5	…	38	졸업
6	7	6	-	8	…	39	졸업
9	9	9	9	8	…	38	우등졸업
5	5	-	6	6	…	52	낙제
…	…	…	…	…	…	…	…

마지막으로 셋째 데이터를 살펴보자. 표 3.3은 카페에서 발생한 240건의 주문에 대한 정보를 나타낸다. 셋째 데이터의 각 열은 상품을 나타내는데, 예를 들면 첫째 고객(첫째 행)은 카푸치노 1잔과 머핀 1개를 주문했음을 알 수 있다. 이러한 종류의 데이터를 이용하여 분석하는 방법론을 *장바구니 분석(market basket analysis)*이라고 한다. 장바구니 분석에서는 슈퍼마켓 등에서 함께 구매하는 상품의 조합 등을 연구하게 되는데 아래와 같은 주제를 생각해 볼 수 있다:

- 고객들이 주로 함께 구매하는 제품군은 어떤 것인가?
- 고객들은 어떤 경우에 특정 제품을 구매하는가?
- 특정한 고객 그룹을 정의하는 것이 가능한가?
- 보다 높은 마진을 올리기 위해서는 어떤 프로모션이 필요한가?

표 3.3 데이터 집합 3: 카페에서 수집한 고객 240명의 구매건수

카푸치노	라떼	에스프레소	아메리카노	리스트레또	홍차	머핀	베이글
1	0	0	0	0	0	1	0
0	2	0	0	0	0	1	1
0	0	1	0	0	0	0	0
1	0	0	0	0	0	0	0
0	0	0	0	0	1	2	0
0	0	0	1	1	0	0	0
…	…	…	…	…	…	…	…

지금까지 데이터 마이닝에서 입력 자료로 쓰이는 전형적인 *데이터 집합* 세 가지를 살펴 보았다. 이러한 데이터를 데이터 마이닝에서는 *샘플(sample)* 또는 *테이블*(표)이라고 한다. 데이터의 행은 주로 *인스턴스(instance)*라고 하나, *개인(individual)*, *개체(entity)*, *케이스(case)*,

객체(object), *레코드(record)* 등으로 활용 사례에 따라 다르게 지칭된다. 데이터 테이블의 각 열은 *변수(variable)*라고 하나, 경우에 따라서는 *속성(attribute)*, *특징(feature)*, *데이터 요소(data element)* 등으로 쓰이기도 한다. 첫째 데이터 집합(표 3.1)은 *음주 여부*, *흡연 여부*, *체중*, *사망나이*의 4개 변수를 포함하고 있다.

변수는 크게 *범주형(categorical)*과 *수치형(numerical)*으로 구분된다. 범주형 변수는 변수의 값이 주어진 몇 가지 값 가운데 하나를 갖는 형태의 변수를 의미하는데, 대표적인 범주형 변수로는 참/거짓 중 하나를 취하는 이진형(boolean) 변수가 있다. 한편, 나이, 몸무게 등과 같이 연속적인 수치를 가지는 변수를 수치형 변수라고 하는데, 수치형 변수는 일반적으로 정렬(ordering)이 가능하다. 범주형 변수는 순위를 매길 수 있는 *서열형(ordinal)* 과 그렇지 않은 *명목형(nominal)*으로 나뉜다. 명목형 변수는 이진형 변수(참/거짓), 색깔(빨강/노랑/파랑 등), EU 국가(독일/이탈리아 등) 등과 같이 논리적으로 순서를 매길 수 없는 변수를 의미한다. 서열형 변수는 범주형 가운데 변수의 정렬이 가능한 변수를 의미한다. 표 3.2의 맨 마지막 열에서 학위의 *결과*를 나타내는 변수는 "우등졸업", "졸업", "낙제" 순으로 순서를 정하는 것이 가능하므로 서열형 변수로 볼 수 있다.

데이터를 데이터 마이닝에 더 적합하게 만들기 위해 대부분의 경우 데이터 전처리 과정을 거친다. 만약 데이터에 불필요한 열이 지나치게 많다면 이러한 열을 삭제함으로써 데이터 처리시간을 줄일 수 있다. 오류가 있는 데이터 역시 데이터 마이닝 기법을 적용하기에 앞서 삭제하는 것이 필요하다. 하지만 데이터 값 자체가 없거나 잘못된 형식의 데이터가 입력된 경우에는 주의가 필요하다. 오류일 수도 있지만 데이터 생성 과정 자체가 원인일 수도 있기 때문이다. 표 3.2의 경우, 특정 교과목의 성적이 없는 경우("-"로 표시)가 있는데, 이러한 누락치는 오류라기보다 오히려 중요한 정보를 담고 있다고 볼 수 있다. 따라서 표 3.2를 분석할 때, 성적이 없는 값을 "0"점으로 처리하는 방법과 성적이 있는 경우(1에서 10점 사이)에는 "yes", 없는 경우에는 "no"로 치환하여 분석하는 방법을 생각해 볼 수 있다.

본 장에서 예제로 제시한 세 가지 종류의 데이터 집합과 제1장의 표 1.1에서 제시된 이벤트 로그를 비교하면 프로세스 마이닝에 비해 데이터 마이닝 기법 적용 시에 입력 자료의 형식에 대한 제약이 적다는 것을 알 수 있다. 가령, 표 1.1의 이벤트 로그 자료에는 두 개의 개념이 포함되어 있으나(즉, 이벤트와 케이스), 데이터 마이닝 자료에는 하나의 개념이 존재한다. 또한 프로세스 마이닝 데이터의 이벤트는 대개 시간순으로 정렬되어 있으나 데이터 마이닝의 경우 행의 순서가 특별한 의미가 없는 경우가 많다. 이벤트 로그 데이터를 데이터 마이닝하기 위해 단순한 데이터로 변환하는 경우가 있다. 이를 *특성 추출(feature extraction)*이라고 한다. 이 책의 후반부에서는 특성 추출 분석을 도출된 프로세스 모델을 분석하거나 프로세스 도출(process discovery)을 용이하게 하기 위해 케이스를 군집화하는 과정 등에서 다양하게 활용할 계획이다.

다음 절에서는 데이터 마이닝 기법을 *지도 학습(supervised learning)*과 *비지도 학습(unsupervised learning)*이라는 두 개의 범주로 나누어서 설명한다 .

3.1.2 지도 학습: 분류와 회귀분석

지도 학습 기법은 데이터의 형식이 *응답변수(response variable)* 값을 알 수 있도록 *표시(labeled)*되어 있다는 것을 전제로 한다. 예를 들면, 표 3.2에서 우등졸업, 졸업, 낙제라고 표시된 학위의 최종 결과 값이 응답변수가 될 수 있다. 응답변수에 영향을 주는 변수를 *예측변수(predictor variable)*라고 하는데, 응답변수는 *종속변수*로 예측변수는 *독립변수*로 불리기도 한다. 지도 학습 기법에서는 독립변수를 이용해 종속변수를 예측하고자 하는 데 목적이 있다. 표 3.2에서 학생들의 성적을 토대로 학위의 최종 결과를 예측하는 모델이 지도 학습 기법의 적용 사례가 될 수 있다.

지도 학습 기법은 응답변수의 형태의 따라 분류와 회귀분석으로 구분되는데, *분류(classification)*는 범주형 응답변수를, *회귀분석(regression)*은 수치형 응답변수를 전제로 한다.

*분류*는 *예측변수*를 이용하여 인스턴스들을 분류하는 것이 목적이다. 표 3.1에서 흡연자와 비흡연자 그룹을 구별해 내는 것이 분류 기법의 적용 예이다. 분류 기법의 적용을 통해 비흡연자와 흡연자의 주요한 차이점(예를 들면, 흡연자들이 음주를 많이 하고 일찍 죽는다)이 무엇인지를 밝혀낼 수 있다. 3.2절에서는 *의사결정나무(decision tree)*를 이용해 분류 기법을 적용하는 방법을 살펴 본다.

반면, *회귀분석*에서는 *수치형* 반응변수를 이용하여 데이터를 예측하는 함수를 도출한다. 표 3.1에서 $사망나이 = 124 - 0.8 \times 체중$ 이라는 회귀식을 도출했다고 가정한다면 100 kg의 몸무게를 가진 사람의 기대 수명은 44세에 불과한 반면, 50 kg인 사람은 기대 수명이 84세라는 것을 알 수 있다. 또한, 표 3.2에서는 워크플로우 시스템 교과목의 성적이 선형대수 교과목과 논리 교과목의 성적에 상당히 의존하고 있다는 사실을 발견할 수 있는데 이를 수식을 나타내면 다음과 같다: $워크플로우 = 0.6 + 0.8 \times 선형대수학 + 0.2 \times 논리$ 즉, 선형대수학과 논리학 교과목의 성적만으로도 학생들의 워크플로우 교과목 성적을 예측할 수 있다. 마지막으로, 표 3.3에서도 회귀분석을 적용할 수 있는데, 음료수의 구매 횟수를 이용하여 베이글 주문 양을 예측할 수 있을 것이다.

회귀분석 중 가장 널리 사용되는 것은 *선형회귀분석(linear regression)*이다. 선형회귀 모형에서는 응답변수 y와 예측변수 $x_1, x_2, \ldots, x_n$이 주어질 때, 데이터 집합을 토대로 $\hat{y} = f(x_1, x_2, \ldots, x_n) = a_0 + \sum_{i=1}^{n} a_i x_i$을 도출한다. 오차는 $|y - \hat{y}|$으로 표현되는데, 가장 일반적으로 사용되는 오차는 최소자승오차(minimum squared error)로, m개의 인스턴스가 주어졌을 때 $\sum_{j=1}^{m}(y_j - \hat{y}_j)^2$를 만족하는 함수 f를 찾는 것이 목표이다. 선형회귀분석 외에도 좀 더 *일반적인 회귀 모형*이나 *신경망(neural network)*등이 활용되기도 하나 이는 이 책의 범위를 벗어난다. 자세한 내용은 [74]을 참고하기 바란다.

앞서 언급한 대로, 분류 기법은 범주형 데이터를 기반으로 한다. 때로는 분류기법을 활용하기 위해 수치형 데이터를 범주형으로 변환할 수도 있다. 예를 들면, 표 3.1의 수명 데이터는 수치형 데이터이지만 70세 이상을 “old”로, 70세 미만을 “young”으로 변환한 후 범주형 데이터로도 쓸 수 있다. 이러한 변환 후에는 의사결정나무를 구축하여 “70세 이전에 사망한 사람(young)”과 “70세 이후에 사망한 사람(old)”의 두 개의 그룹으로 분류할 수도 있다. 표 3.3의 경우도 범주형으로 변환할 수 있는데, 가령 0보다 큰 숫자는 "참" 값으로, 0은 "거짓"으로 변환할 수 있다. 변환 후에 *머핀*을 응답변수로 하여 분류 기법을 적용할 수 있다. 이를 통해, 예를 들어 홍차를 많이 마시는 사람이 머핀을 먹는다와 같은 규칙을 찾을 수 있다.

3.1.3 비지도 학습: 군집화와 패턴 도출

비지도 학습에서는 데이터의 형태가 응답변수와 예측변수로 구분되어 있지 않은 경우가 일반적이다. 이 장에서는 비지도 학습의 대표적인 두 가지 기법인 *군집화(Clustering)*와 *패턴 도출 (Pattern Discovery)*을 살펴본다.

군집화 알고리즘은 데이터 내에서 유사한 인스턴스들의 그룹을 찾아준다. 앞장에서 설명한 분류와 군집화의 차이점은, 분류의 경우 응답변수에 초점을 맞추어 인스턴스의 그룹을 찾는 반면, 군집화는 응답변수에 상관없이 비슷한 개체끼리 묶는다. 예를 들어, 비슷한 학생의 그룹을 찾거나(표 3.2) 고객의 그룹을 찾는 데(표 3.3) 활용할 수 있다. 널리 알려진 군집화 기법으로는 *k-means 군집화*와 *병합형 계층 군집화(agglomerative hierarchical clustering)* 등이 있다. 자세한 설명은 3.3절을 참고하기 바란다.

데이터로부터 패턴을 도출하기 위해서 여러 가지 기법이 존재한다. 대표적인 것이 *X*와 *Y*가 서로 다른 변수의 값일 때 *IF X THEN Y*규칙을 이용하는 것이다. 예를 들어, 표 3.1의 데이터를 통해 다음과 같은 패턴을 추출할 수 있다. 가령 "흡연하지 않고 사망나이가 70세 이상인 사람은 음주를 한다"는 패턴을 추출할 수 있다(*IF 흡연* $=$ *no AND age* ≥ 70 *THEN 음주* $=$ *yes*). 표 3.2에서는 "논리학 교과목의 성적이 6점 이하이고 등록기간이 50 이상인 학생은 낙제한다"는 패턴의 추출이 가능한다(*IF 논리학* ≤ 6 *AND 등록기간* > 50 *THEN result* $=$ *낙제*). 이러한 패턴(IF-THEN 규칙)을 추출하기 위해서 많이 사용되는 기법은 *연관규칙 마이닝(association rule mining)* 기법인데 이는 3.4절에서 자세히 다룬다.

의사결정나무는 IF-THEN 규칙으로 쉽게 변환할 수 있다. 하지만 의사결정나무를 만들기 위해서는 반응변수가 필요하기 때문에 의사결정나무로부터 추출된 규칙은 예측변수들이 어떻게 반응변수에 영향을 끼치는지만 설명이 가능하다. 반면, 비학습 지도 기법을 이용한 연관규칙(association rule)은 반응변수에 대한 제약이 없기 때문에 좀 더 다양한 규칙을 발견할 수 있다.

데이터 마이닝의 결과는 데이터의 *해석*에 활용될 수도 있고 향후 *예측*에 활용될 수도 있다. 즉, 의사결정나무, 연관규칙, 회귀함수 등의 기법을 이용하면 우리가 가지고 있는 데이터에 대해 미처 몰랐던 정보를 얻을 수 있다. 또한 우리가 가지고 있는 데이터를 이용해서 향후 일어날 일을 예측할 수 도 있다.

이 장에서는 데이터 마이닝의 기법에 대해 좀 더 자세히 설명한다. 이 장의 끝부분에서는 데이터 마이닝 결과의 품질 측정에 대해 논한다.

제 3.2 절 의사결정나무

의사결정나무는 예측변수를 이용하여 데이터 인스턴스를 분류하는 지도 학습 기법이다. 의사결정나무에서는 하나의 범주형 반응변수를 속성에 따라 트리 형태로 분류해 낸다. 그림 3.1, 3.2, 3.3은 이전 절의 데이터 집합에서 추출해 낸 의사결정나무이다. 의사결정나무의 단말노드(leaf node)은 반응변수의 값을 나타낸다. 중간노드들은 예측변수들이 차지하는데, 의사결정나무에서는 이러한 중간노드들을 속성*(attribute)*이라고 한다. 의사결정나무의 루트노드(root node)는 전체 데이터 집합을 나타내며, 데이터는 중간노드를 거치면서 속성에 따라 두 개 이상의 부분 집합으로 나누어진다.

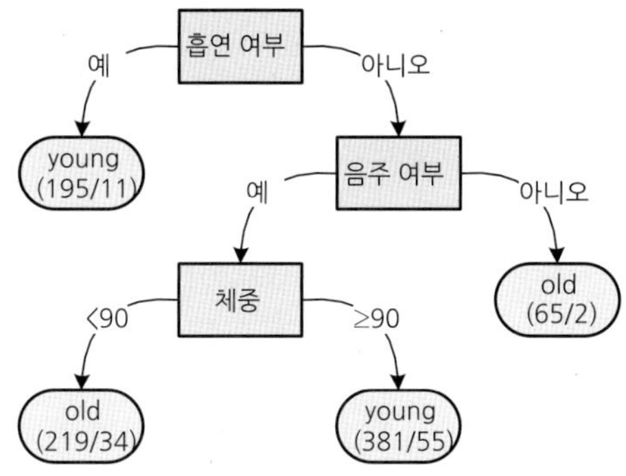

그림 3.1 표 3.1로부터 생성된 의사결정나무

그림 3.1을 살펴보면 루트노드는 전체 데이터 집합(860명)을 나타내고, 흡연 여부에 따라 담배를 피는 그룹(195명)과 그렇지 않은 그룹(860 – 195 = 665명)으로 나누어진다. 담배를 피는 그룹은 더 이상 나누어지지 않고 70세 이전에 사망("young")한 것으로 구분된다. 즉, 주어진 데이터의 경우 대상자가 흡연한다는 사실만으로도 기대수명이 70세 이하라는 사실을 추출할 수 있다. 비흡연자 그룹(665명)은 음주 여부에 따라 다시 한 번 나누어지는데, 비흡연자이고 음주하지 않는 그룹(65명)은 대체로 70세 이상 산다는 것을 알 수 있다. 흡연자 그룹은 체중에 따라 다시 한번 나누어진다. 의사결정나무의 분류가 100% 정확하지 않을 수 있다. 의사결정나무에는 두 개의 숫자가 있는데, 단말노드의 첫째 숫자는 분류된 사람수를 나타내고 둘째 숫자는 분류된 사람 가운데 잘못 분류된 사람을 표시한다. 예를 들면 첫째 분류에서 흡연자 195명의 수명을 70세 이하로 하였지만, 그 중 11명은 70세 이상 생존하였기 때문에 잘못 분류된 사람들이다.

다른 두 의사결정나무도 이와 같은 방법으로 설명이 가능하다. 의사결정나무의 분류는 매 단계 두 개로 갈라지는 것이 일반적이나 그림 3.2의 루트노드처럼 세 개 또는 그 이상의 분류도 가능하다. 한 번 분류에 사용된 속성이 다시 한 번 사용될 수도 있으나, 같은 경로에서는 사용되지 않는다. 예를 들면, 그림 3.2의 의사결정나무에서는 선형대수학 과목의 속성이 트리에서 두 번 나타나지만, 서로 다른 경로에 위치한다는 것을 알 수 있다. 앞서 언급한 바와

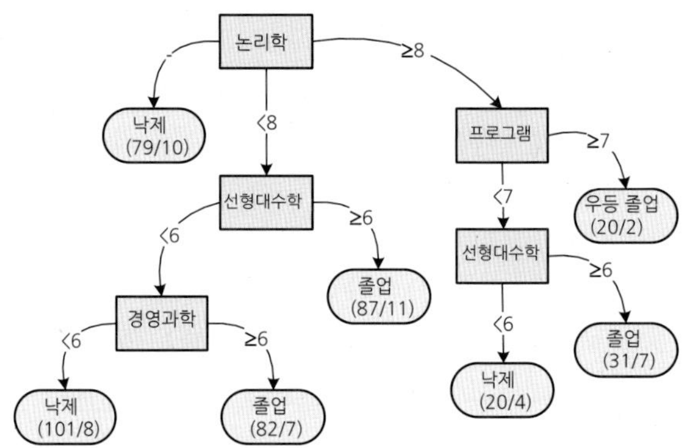

그림 3.2 표 3.2로부터 생성된 의사결정나무

같이, 결측치를 취급하는 방법은 여러 가지가 있는데, 의사결정나무 생성 시 결측치는 0점으로 처리되었다(그림 3.2의 루트노드에서 맨 왼쪽 분기는 논리학 과목의 성적이 없는 학생들이다).

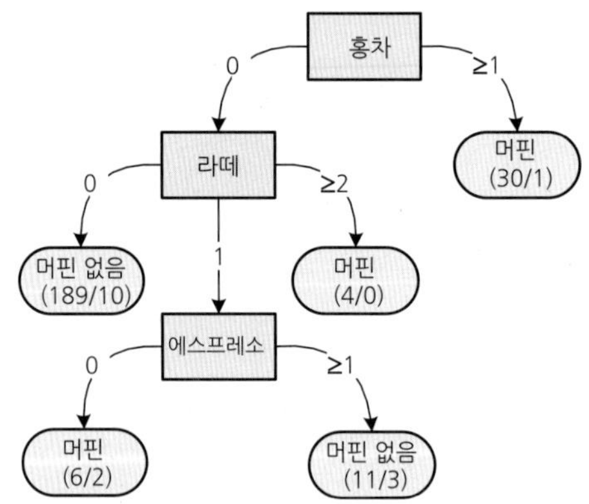

그림 3.3 표 3.3으로부터 생성된 의사결정나무. *머핀* 속성을 이진형 변수로 변환한 후 생성

의사결정나무를 구축하는 방법은 여러 가지가 존재한다. 일반적인 알고리즘은 아래와 같이 재귀적인(recursive) 알고리즘 형태를 취하며, 이 경우 트리는 하향식 방식으로 구축된다.

1. 모든 인스턴스를 포함하는 루트노드 r을 생성한다. $X := \{r\}$은 순회(traverse)할 노드의 집합이다.
2. 만약 $X = \emptyset$이면, 루트노드 r로 돌아가 알고리즘을 끝낸다.
3. x($x \in X$)를 선택하여 집합 X에서 삭제한다. 즉 $X := X \setminus \{x\}$. 분기 전에 노드 x의 스코어 $s^{old}(x)$를 계산한다. 예를 들어 스코어는 엔트로피를 이용할 수 있다.
4. 분기가 가능한지 여부를 판단한다. 분기가 불가능하면 2단계로 돌아간다.

5. 모든 속성값($a \in A$)에 대해, 분기가 속성값에 미치는 영향력을 계산한 다음, 가장 영향력이 높은 속성을 택한다. 즉, $s_a^{new}(x) - s^{old}(x)$차이를 최대화한다. 수치형 속성의 경우 분기시 필요한 분기값(cut value)을 정한다(예, 그림 3.2)의 < 8와 ≥ 8).
6. 만약 분기로 인해 스코어가 충분히 향상된다면, 자식노드의 집합 Y를 생성하고, Y를 X에 넣고(즉, $X := X \cup Y$), x를 Y의 자식노드에 포함시킨다.
7. 집합 Y에 분기에 따라 인스턴스를 포함시키고 2단계로 돌아간다.

위에 제시된 알고리즘은 일반적인 알고리즘을 대략적으로 서술한 것이다. 실제로 의사결정나무를 생성하기 위해서는 좀 더 정교한 알고리즘이 필요하다. 예를 들어, 스코어가 충분히 향상되지 않을 때 노드 생성을 중단할 수도 있고 미리 정해진 단계만큼만 생성할 수도 있다. 노드 분기 시 이용되는 속성 선택 방법도 엔트로피, 지니(Gini) 지수 등 여러 가지가 존재한다. 수치형 속성의 경우 분기된 자식노드들이 속성값을 모두 나열하는 것은 불가능하기 때문에 분기값(cut value)이 필요하다. 예를 들면, 표 3.3에서 라떼의 구매건수를 분기에 이용한다면 가능한 모든 값(0,1,2,3....)을 나열해야 하는데 이는 불가능하다. 하지만 분기값을 사용하면 이 문제의 해결이 가능하다. 그림 3.2에서 보듯이 라떼노드는 3개의 자식노드{0}, {1}, {2,3,....}로 분리될 수 있다.

의사결정나무 생성은 전체 인스턴스를 작은 부분 집합들로 분리해 나가는 과정인데 이 과정에서 *인스턴스의 집합을 부분 집합으로 분리함으로써 부분 집합 내의 다양성(variation)이 점차 줄어든다*는 사실을 인식할 필요가 있다. 즉, 이질적이었던 전체 집합이 작은 부분 집합으로 분리됨에 따라 부뷴 집합 내의 동질성이 증가한다는 뜻이다. 이러한 개념은 *엔트로피(entropy)*를 이용해 설명할 수 있다.

엔트로피: 불확실성

엔트로피는 정보공학에서 유래된 개념으로 불확실성을 측정하기 위해 사용된다. 만약 특정집합이 여러 원소를 가지고 있고 각각이 모두 서로 다르다면 다양성(variation)이 최대화되며 모든 원소를 표시하기 위해서 많은 정보량이 필요하다. 따라서 불확실성(엔트로피)이 높아진다. 반대로 특정 집합의 원소가 모두 같다면 필요한 정보량은 최소화된다. 예를 들면 두 집합 모두 5개의 원소를 가지고 있다고 하지만, 다중집합 $[a,b,c,d,e]$의 엔트로피는 다중집합 $[a^5]$보다 훨씬 높다.

다중집합 X가 n개의 원소를 갖고, $v_1, v_2, \ldots, v_k$의 k개의 값이 있다. 즉, X는 $V = \{v_1, v_2, \ldots, v_k\}$의 다중집합이고 $|X| = n$이다. X에서 v_i값을 c_i번 갖는다. 즉, $X = [(v_1)^{c_1}, (v_2)^{c_2}, \ldots, (v_k)^{c_k}]$이다. V의 원소 중 결측치는 제거되므로, 모든 i에 $c_i \geq 1$이다. p_i는 v_i값을 갖는 원소의 비율로 $p_i = c_i/n$이다. 집합 X의 엔트로피는 다음과 같이 정의된다:

$$E = -\sum_{i=1}^{k} p_i \log_2 p_i$$

만약 집합 X의 원소가 모두 같다면 $k = 1, p_1 = 1$이 성립되고 엔트로피 $E = -\log_2 1 = 0$이 된다. 즉, 모든 원소가 같으므로 원소의 정보를 기록하는데 드는 정보량은 최소화된다. 만약 집합 X의 n개 원소가 모두 다르다면 $k = n$, $p_i = 1/k$이 성립한다. 예를 들어, 집합 X의 원소가 4개의 다른 값을 취한다면, $k = 4$, $p_i = 1/4$이 되므로 $E = \log_2 4 = 2$가 된다. 즉, 집합 X를 인코딩하는데 2비트(bit)가 필요하다는 뜻이다. 집합 X의 원소가 16개의 다른 값을 취한다면 $E = \log_2 16 = 4$이다.

각 원소값의 비율을 뜻하는 p_i를 확률로도 생각해 볼 수 있다. $V = \{a,b,c,d\}$ 값으로 만들 수 있는 임의의 문자열(예를 들면 *bacaabadabaacada*...)이 있다고 가정하자. a가 문자열에서 차지하는 비율이 $p_1 = 0.5$라고 하자. 마찬가지로 b,c,d의 확률은 각각 $p_2 = 0.25$, $p_3 = 0.125$, $p_4 = 0.125$라고 하면, $E = -((0.5 \log_2 0.5) + (0.25 \log_2 0.25) + (0.125 \log_2 0.125) + (0.125 \log_2 0.125)) = -((0.5 \times -1) + (0.25 \times -2) + (0.125 \times -3) + (0.125 \times -3)) = 0.5 + 0.5 + 0.375 + 0.375 = 1.75$이다. 이는 주어진 문자열을 인코딩하는데 1.75비트가 필요하다는 뜻이다. 가령 $a = 0$, $b = 11$, $c = 100$, $d = 111$과 같이 인코딩되면 a는 1비트, b는 2비트, c와 d는 3비트가 소요되며, 상대적 빈도를 감안하면 평균적으로 1.75비트가 소요된다. 한편 $p_1 = p_2 = p_3 = p_4 = 0.25$이면 $E = \log_2 4 = 2$이고 따라서 2비트가 소요된다. 이 경우 $a = 00$, $b = 01$, $c = 10$, $d = 11$과 같은 방법으로 인코딩이 가능하다.

만약 위의 예제에서 확률분포가 한쪽으로 더 쏠린다면 엔트로피를 더 줄일 수 있다. 가령 $p_1 = 0.9$로 압도적으로 높고 $p_2 = 0.1$, $p_3 = 0.05$, $p_4 = 0.05$라고 하면 엔트로피는 0.901188로 낮아지며 이는 인코딩에 소요되는 비트량이 더 줄어든다는 뜻이다.

엔트로피 개념을 도입하여 의사결정나무를 설명해보자. 그림 3.4는 표 3.1로부터 의사결정나무를 생성하는 과정을 나타낸다. 먼저 전체 860개의 인스턴스를 각각 “old”와 “young”이라고 명명하고, 속성 가운데 *체중*은 일단 고려대상에서 제외하였다. 첫째 단계에서는 당연히 모든 인스턴스가 루트노드에 속하게 된다. 루트노드에 속하는 860명의 데이터 가운데 대다수의 사람(546명)이 70세 이전에 사망하였으므로 루트노드의 이름을 “young” 이라고 명명하자. 따라서 루트노드에 속하는 860명 중 실제로는 수명이 70세 이상인 사람도 314명이므로 루트노드는 314개의 오분류를 포함하고 있다. 루트노드의 엔트로피를 계산하면 다음과 같다: $E = -(((546/860) \log_2(546/860)) + ((314/860) \log_2(314/860))) = 0.946848$. 이는 집합 내 두 개의 원소가 있는 경우 엔트로피의 최대치가 1이므로 엔트로피의 최대치에 가깝다고 할 수 있다.

다음 단계에서 *흡연 여부*에 따라 분기를 하면 엔트로피가 얼마나 줄어드는지 살펴본다. 기존의 루트노드가 흡연 여부에 따라 두 개의 자식노드로 나누어지는데 발생되는 두 개의 자식노드가 모두 70 이전 사망자가 많기 때문에 young이라고 하자. 그림 3.4의 왼쪽 자식노드를 살펴보면, 흡연자 195명 중에 184명이 70세 이전에 사망한다. 따라서 이 노드의 엔트로피는 다음과 같이 줄어든다: $E = -(((184/195) \log_2(184/195)) + ((11/195) \log_2(11/195))) = 0.313027$. 이는 노드의 다양성이 현저히 줄었기 때문이다. 하지만 오른쪽 노드는 이질성이 높다. 665명의 비흡연자 가운데 절반가량(362명)이 70세 이전에 사망했으므로 아직까지 엔트로피가 높다: $E = -(((362/665) \log_2(362/665)) + ((303/665) \log_2(303/665))) = 0.994314$. 하지만 분기를

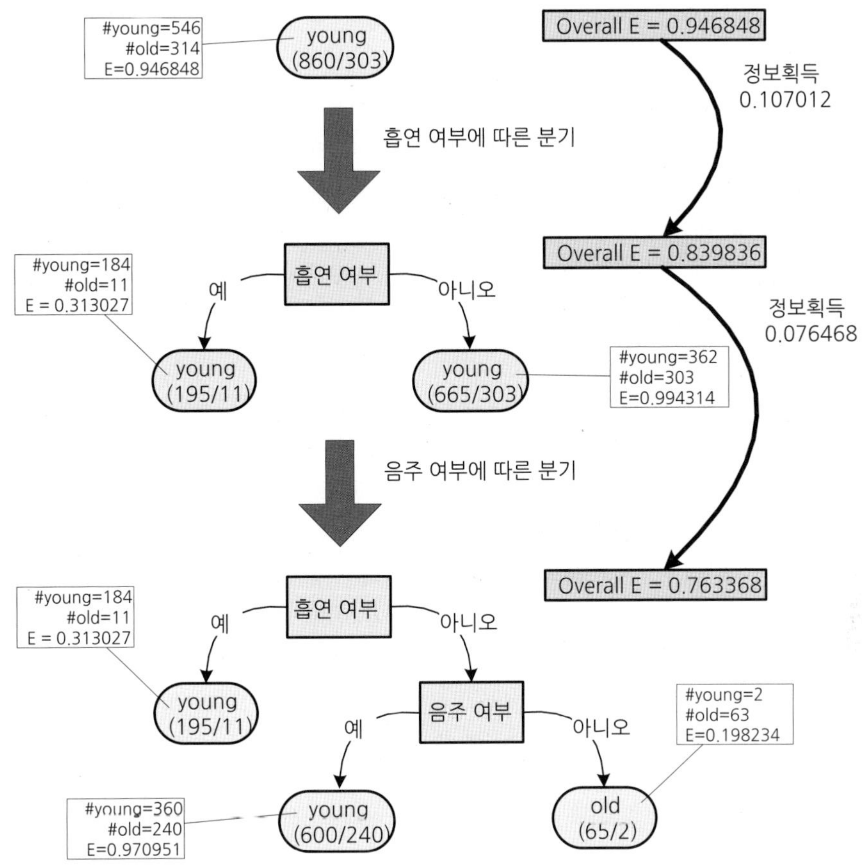

그림 3.4 엔트로피에 기반한 정보획득을 이용해 의사결정나무를 생성하는 과정

함으로써 전체적인 엔트로피는 낮아진다. 전체적인 엔트로피는 두 개의 엔트로피 값을 가중 평균으로 계산할 수 있다: $E = (195/860) \times 0.313027 + (665/860) \times 0.994314 = 0.839836$.

첫째 분기를 통해 얻을 수 있는 *정보획득(information gain)*은 분기 전의 엔트로피(0.946848)에서 분기 후의 엔트로피(0.839836)를 빼면 구할 수 있다. 따라서 첫째 분기의 정보획득은 0.107012이다. 의사결정나무의 원리는 *정보획득을 최대화*하는 분기를 찾는 데 있다. 정보획득을 최대화한다는 말은 결국 전체 엔트로피를 최소화한다는 말과 같다.

다음으로 비흡연자 노드를 *음주 여부*에 따라 다시 한 번 분기하면, 맨 오른쪽 자식노드는 비흡연자이면서 음주하지 않는 사람들을 나타내고 총 65명 중 63명이 70세 이상 생존하여 매우 낮은 엔트로피 값을 갖는다($E = 0.198234$). 따라서 2명의 예외적인 경우를 제외하면 대체로 흡연과 음주하지 않는 그룹이 오래 생존한다는 결론을 도출할 수 있다. 비흡연자이면서 음주하는 경우는 아직까지도 엔트로피가 높지만(E=0.979051), 전체적인 엔트로피는 0.763368로 낮아졌으며, 이 경우 정보획득은 0.076468이다. 일반적으로 분기할수록 엔트로피는 낮아지기 때문에 *체중*을 이용하여 비흡연자이면서 음주하는 그룹을 다시 분기할 수 있으나 이로 인해 얻을 수 있는 정보획득이 미미하여 예제에서 제외하였다.

극단적인 경우에 각각의 단말노드에는 모두 같은 속성을 가진 동일한 인스턴스가 속하며 엔트로피는 0으로 수렴한다. 하지만 이렇게 만들어진 의사결정나무가 유용하지 않으면 예측력이 떨어질 수도 있다. 예를 들어서, 우리가 가지고 있는 데이터에 머핀을 6개나 주문하는 고객이 없다고 해서 앞으로 그런 고객이 발생하지 않는다는 보장은 없다. 의사결정나무가 지나치게 복잡하고 세분화되어 있는 경우를 "과대적합(overfitting)"이라고 한다(3.6절 참고). 과대적합이 발생한 의사결정나무는 지나치게 복잡하여 사용하기도 어렵고 과거에 발생하지 않은 사례의 예측력이 떨어지기 때문에 의사결정나무의 분기를 언제 중단하는지가 중요하다.

엔트로피는 노드의 다양성을 측정하는 여러 지표 가운데 대표적인 방법론이다. 엔트로피 외에도 *Gini 지수*가 데이터 집합의 "불순도(impurity)"를 측정하는 데 많이 활용된다. Gini 지수는 $G = 1 - \sum_{i=1}^{k}(p_i)^2$와 같이 정의되며 0에서 1의 값을 가진다. 0은 불순도가 최소화된 상태이며 1은 불순도의 최대치를 나타낸다. 엔트로피와 마찬가지로 Gini 지수를 이용해 의사결정나무를 생성할 수도 있는데, 이 경우 G값을 최소화하는 방향으로 분기한다. 의사결정나무에 대한 더 자세한 내용은 [28, 38, 74, 130]을 참조하기 바란다.

의사결정나무는 프로세스 도출(process discovery)과는 직접적인 상관은 없으나 프로세스 마이닝 기법과 결합해서 사용할 수 있다는 점에서 중요하다. 예를 들면, 프로세스 도출 기법 중 하나인 α-알고리즘에서 프로세스 의사결정 지점(예, 제2장에서 논의한 XOR/OR-분기)에서 활용될 수 있다. 이 경우 프로세스의 경로가 응답변수가 되고 의사결정 시점이나 의사결정 시점 직전까지 알려진 데이터가 속성이 된다.

제 3.3 절 *k*-Means 군집화

*군집화(clustering)*는 주어진 데이터를 의미 군집(cluster)으로 묶는 과정이다. 일반적으로 군집 내의 데이터는 서로 유사한 반면 다른 군집에 속하는 데이터와는 서로 상이하다. 군집화 기법은 레이블이 없는(unlabled) 데이터를 이용하기 때문에 비지도 학습기법이다. 이 책에서는 여러 가지 알고리즘 가운데[28, 38, 74, 96, 130], 가장 대표적인 *k-means* 군집화 기법에 대해 알아본다.

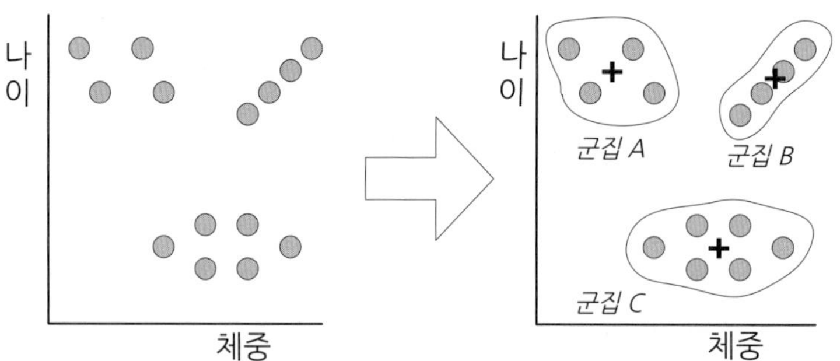

그림 3.5 *k*-means 군집화를 통해 3개의 군집으로 분류

군집화의 기본적인 개념을 그림 3.5를 이용하여 설명한다. 표 3.1로부터 수명과 체중에 관한 데이터를 가지고 2차원 평면에 표시하면 그림 3.5의 왼쪽 그림과 같이 각 개인이 하나의 점으로 나타난다. *k*-meas 군집화 기법을 적용해 오른쪽과 같이 세 개의 *군집(cluster)*을 도출했다고 하자. 이 경우 같은 군집에 속해있는 인스턴스끼리는 서로 가깝고 다른 클러스터에 속한 인스턴스들과는 멀리 떨어져 있는 것이 일반적이다. 각 군집은 *군집중심(centeroid; 무게중심)*을 갖는데 그림에서는 **+**가 무게중심을 나타낸다. 무게중심은 군집 내 인스턴스들의 좌표값을 평균해서 구할 수 있다. 실제로는 그림 3.5와 같은 2차원 데이터보다 더 많은 차원의 데이터가 분석에 사용되지만 편의상 2차원 데이터를 이용하여 설명한다.

k-means 군집화나 병합형 계층 군집화(agglomerative hierarchical clustering) 기법은 *거리 개념*을 사용하기 때문에 거리기반(distance-based) 알고리즘이라고 한다. 일반적으로 거리기반 알고리즘은 n개의 변수로 구성된 인스턴스들을 n차원 벡터로 간주하고 인스턴스 간의 유클리디안 거리를 측정하는 방법을 사용한다. 먼저 거리 계산을 위해서는 서열형이나 이진형 데이터를 수치형으로 변환한다. 이진형 데이터의 경우 *참=1*, *거짓=0*로 변환하고 서열형인 경우 *우등졸업=2*, *졸업=1*, *낙제=0*와 같은 방식으로 변환할 수 있다. 수치형으로 변환할 때 주의할 점은 변수의 크기 조정이다. 만약 거리변수는 10미터에서 1,000,000까지 범위를 갖고 효용변수는 0.2에서 0.8을 나타낸다고 하면 거리변수의 스케일이 효용변수보다 크기 때문에 거리변수가 훨씬 중요하게 취급된다. 따라서 이러한 경우에는 정규화(normalization) 과정이 필요하다.

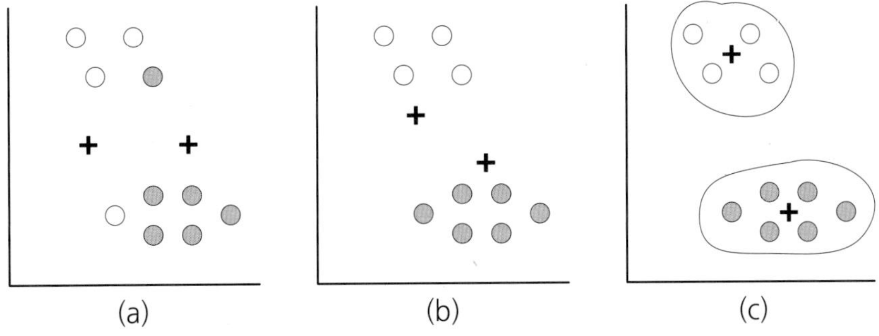

그림 3.6 *k*-means 군집화 과정

$k = 2$이고 10개의 인스턴스를 가지는 간단한 예제를 가지고 *k*-means 군집화의 기본적인 개념을 그림 3.6을 통해 설명해보자. 초기 단계에서는 그림 3.6(a)와 같이 두 개의 무게중심(**+**)을 2차원 평면에 임의로 배치한다. 두 개의 무게중심에서 각 인스턴스와의 거리를 계산한 다음 가장 가까운 무게중심으로 인스턴스의 군집을 정한다. 그림 3.6(a)에서 색깔이 없는 인스턴스들은 왼쪽 그룹에 속하고 색깔이 칠해진 인스턴스들은 오른쪽 그룹에 속한다. 그 다음 각 군집의 실제 중심을 그림 3.6(b)와 같이 구한다. 초기 군집에서 무게중심이 조금 이동한 것을 알 수 있다. 그 다음 새로 구한 두 개의 무게중심에서 각각 가장 근접한 인스턴스들로 군집을 그림 3.6(b)와 같이 재구성한다. 새롭게 구성된 군집의 실제 중심을 다시 계산한 다음

중심에서 가까운 인스턴스로 군집화하는 과정을 반복하면서 결과적으로 그림 3.6(c)와 같은 군집을 구성할 수 있다.

도출된 군집의 질(quality)은 각 군집의 무게중심에서 군집 내 인스턴스까지 평균거리로 측정할 수 있다. *k*-means 군집화 알고리즘은 휴리스틱(heuristic) 알고리즘이기 때문에 도출된 군집이 항상 최소평균거리를 보장하지는 않는다. 또한 초기해의 질에 따라 최종해의 질이 좌우되기 때문에 여러 가지 다른 초기해를 시도해 보는 것이 필요하다.

지금까지 다양한 *k*-means 군집화 알고리즘이 개발되어 왔으나[28, 38, 74, 96, 130], *k*-means 군집화 알고리즘을 활용하기 위해서는 군집의 개수 *k*를 처음부터 결정해야하는 어려움이 있다. 여기서 주의할 점은 *k*를 증가시키면 시킬수록 무게중심과 군집내 인스턴스 간의 평균거리가 줄어든다는 점이다. 극단적으로 *k*가 인스턴스 수 만큼 많다면 평균거리는 0 이나 효용성이 없다. 따라서 실제 적용 시에는 적은 수의 *k*로 시작해서 *k*를 점차 늘려가면서 군집의 변화여부를 살피는 것이 좋다.

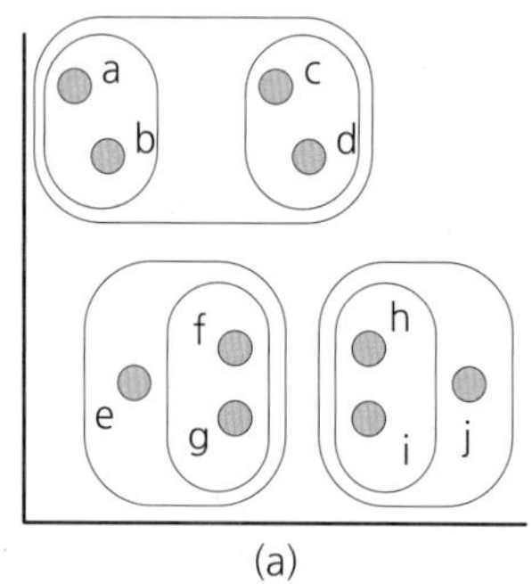

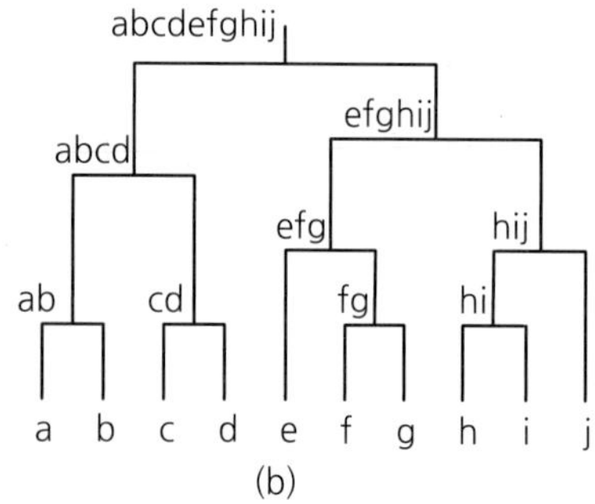

그림 3.7 병합형 계층 군집화: (a) 군집 (b) 덴드로그램

k-means 군집화 외에 널리 쓰이는 기법은 *병합형 계층 군집화(AHC: agglomerative hierarchical clustering)*이다. 병합형 계층 군집화(이하 AHC) 기법에서는 *k*-means 군집화와는 달리 생성되는 군집의 수가 정해져 있지 않는, 상향식(bottom-up) 기법이다. 그림 3.7을 이용해서 설명하면 다음과 같다. 먼저 모든 인스턴스를 각각 단일 군집으로 간주한 다음 서로 가장 가까운 인스턴스끼리 묶어서 하나의 새로운 군집을 형성한다. 예를 들면, *a*와 *b*가 서로 가장 가까운 개체이므로 *ab*를 하나의 새로운 군집으로 만든다. 인스턴스에서 시작해서 가까운 군집끼리 계속 묶어가면 결국 모든 인스턴스가 하나의 군집에 속하게 된다. 그림 3.7(a)에는 생성된 모든 군집이 나타난다. AHC 기법은 이름에서 나타나는 바와 같이 계층적인 성격을 갖고 있다. 따라서 그림 3.7(b)와 같이 *덴드로그램(dendrogram)*으로도 표현할 수 있다.

덴드로그램을 수평으로 자르면 군집이 생성된다. 그림 3.8(b)를 살펴보자. 점선으로 표시된 수평선으로 덴드로그램을 자르면 그림 3.8(a)와 같이 군집이 형성된다. 만약 수평선을 맨 아래까지 내리면 각 인스턴스가 하나의 군집을 형성하게 되며 맨 위에서 자르면 전체 인스턴스를 포함하는 단일 군집이 형성된다.

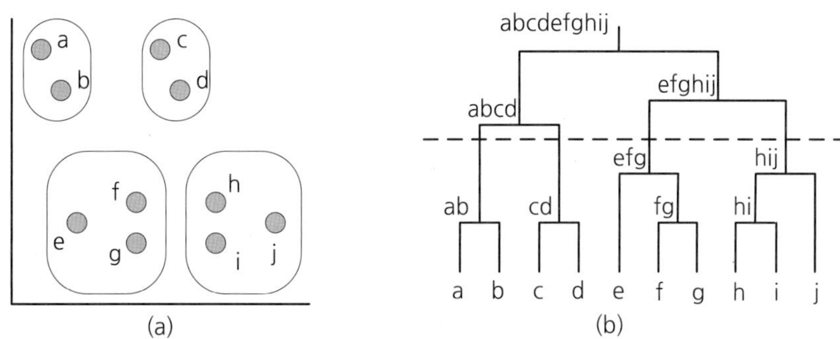

그림 3.8 덴드로그램의 수평선에 따라 클러스터링 결과 생성

프로세스 마이닝의 관점에서 살펴보면 군집화 기법은 제1장에서 설명한 프로세스 도출과 간접적으로 연관되어 있지만, 전처리 단계에서 활용할 수 있다는 점에서 중요하다[36, 68, 93]. 전체 프로세스가 방대하고 복잡한 경우 유사한 케이스별로 묶어서 군집별 프로세스 모델을 구축함으로써 프로세스 마이닝에 도움을 줄 수 있다.

제 3.4 절 연관규칙 학습

의사결정나무는 주요 응답변수에 대한 예측을 수행하여 "흡연자이고 음주자인 사람은 70세 이전에 사망한다"와 같은 규칙을 도출해 낸다. 반면 *연관규칙 학습*은 데이터로부터 규칙을 도출하지만 특정 응답변수에 초점을 맞추지는 않는다는 점에서 의사결정나무와 차이가 있다. 연관규칙 학습의 목적은 X를 선행사건(ancedent), Y를 결과(consequent)라고 할 때 "*IF X THEN Y*" 와 같은 형식의 규칙을 찾아내는 것이다. "*IF X THEN Y*" 규칙은 $X \Rightarrow Y$와 같이 표시한다. X,Y는 공집합이 아닌 항목 집합을 의미한다. 앞 절에서 사용한 예제를 이용하여 연관규칙 학습에서 구할 수 있는 규칙을 찾아보자. 표 3.1에서는 "*IF 흡연 여부* $=$ *no AND 수명* ≥ 70 *THEN 음주 여부* $=$ *yes*"와 같은 규칙을 생성할 수 있고, 표 3.2에서는 "*IF 논리학* ≤ 6 *AND 등록기간* > 50 *THEN 결과* $=$ *낙제*"과 같은 규칙을 생성할 수 있다. 연관규칙 학습 활용 시에는 범주형 데이터를 주로 사용하지만 수치형 데이터도 적절히 변환하면 활용 가능하다.

연관규칙 $X \Rightarrow Y$을 학습하기 위해 다음의 세 가지 지표가 주로 사용된다: *지지도(support)*, *신뢰도(confidence)*, *리프트(lift)*. N_X는 집합 X에 해당하는 인스턴스의 개수를, N_Y는 Y에 해당하는 인스턴스의 개수를 각각 나타내고, $N_{X \wedge Y}$는 X와 Y의 교집합에 해당되는 인스턴스의 수를 나타낸다고 하자. $X \Rightarrow Y$에서 지지도는 다음과 같이 정의된다.

$$지지도(X \Rightarrow Y) = N_{X \wedge Y}/N$$

지지도는 전체 규칙의 적용가능성을 나타낸다. 지지도는 도출된 규칙이 데이터 집합에 얼마나 자주 적용할 수 있는지를 나타내기 때문에 지지도가 높은 규칙일수록 유용하게 쓸 수 있다. $X \Rightarrow Y$에서 신뢰도는 다음과 같이 정의된다.

$$신뢰도(X \Rightarrow Y) = N_{X \wedge Y}/N_X$$

신뢰도는 X에 속하면 Y에도 얼마나 속하는지를 나타내는데, 1에 가까울수록 규칙의 신뢰성이 높다고 할 수 있으며 신뢰성이 높은 규칙이 낮은 규칙보다 더 유용하다. $X \Rightarrow Y$에서 리프트는 다음과 같이 정의된다.

$$리프트(X \Rightarrow Y) = \frac{N_{X \wedge Y}/N}{(N_X/N)\ (N_Y/N)} = \frac{N_{X \wedge Y}\ N}{N_X\ N_Y}$$

만약 X와 Y가 상호 독립적이라면 리프트 값은 1을 가진다. $리프트(X \Rightarrow Y) > 1$은 X와 Y가 양의 상관관계를 가진다는 뜻이며, $리프트(X \Rightarrow Y) < 1$은 음의 상관관계를 뜻한다. 예를 들면, $리프트(X \Rightarrow Y) = 5$이면, X, Y가 서로 독립적인 경우(리프트=1)에 비해 X, Y가 함께 발생할 확률이 5배 정도 높다는 뜻이다. 일반적으로 리프트 값이 높은 경우 좀더 흥미로운 규칙이 생성된다. 대개 지지도나 신뢰도가 더 중요시되며 리프트는 추가적으로 필요한 경우에 사용하는 것이 일반적이다.

이제 흔히 *장바구니 분석*이라고 알려진 연관규칙 학습기법에 대해 알아본다. 장바구니분석에서는 이진형(binary)변수를 전제로 한다. 예를 들면, 표 3.1의 흡연과 음주 여부를 나타내는 두 열의 데이터를 다음과 같이 항목집단(item set)으로 나타낼 수 있다: $[\{음주, 흡연\}, \{\ \}, \{음주\}, \{음주, 흡연\}, \{흡연\}, \{\ \}, \ldots]$. 표 3.3에서도 주문량은 무시하고 주문 여부만 가지고 다음과 같은 항목 집합 형식으로 변환할 수 있다: $[\{카푸치노, 머핀\}, \{라떼, 머핀, 베이글\}, \{에스프레소\}, \{카푸치노\}, \{홍차, 머핀\}, \{아메리카노, 리스트레또\}, \ldots]$. 이름에서도 알 수 있듯이 장바구니 분석은 표 3.3과 같은 소비자의 구매 데이터를 체계적으로 분석하는 과정이다. 장바구니 분석에서는 항목집단을 이용해서 연관규칙 $X \Rightarrow Y$를 생성한다. 표 3.3의 자료는 240명의 고객 자료이며, $N_{홍차} = 50$ (240명 중 50명이 홍차를 1잔 이상 주문했다는 뜻), $N_{라떼} = 40$, $N_{머핀} = 40$, $N_{홍차 \wedge 라떼} = 20$, $N_{홍차 \wedge 라떼 \wedge 머핀} = 15$라고 하자. 홍차와 라떼를 주문한 고객은 머핀도 주문한다는 규칙($홍차 \wedge 라떼 \Rightarrow 머핀$, 즉 $X = 홍차 \wedge 라떼$와 $Y = 머핀$)을 도출하고자 하면 다음과 같이 지지도, 신뢰도, 리프트를 구할 수 있다:

$$지지도(X \Rightarrow Y) = N_{X \wedge Y}/N = N_{홍차 \wedge 라떼 \wedge 머핀}/N = 15/240 = 0.0625$$

$$신뢰도(X \Rightarrow Y) = N_{X \wedge Y}/N_X = N_{홍차 \wedge 라떼 \wedge 머핀}/N_{홍차 \wedge 라떼} = 15/20 = 0.75$$

$$리프트(X \Rightarrow Y) = \frac{N_{X \wedge Y}\ N}{N_X\ N_Y} = \frac{N_{홍차 \wedge 라떼 \wedge 머핀}\ N}{N_{홍차 \wedge 라떼}\ N_{머핀}} = \frac{15 \times 240}{20 \times 40} = 4.5$$

즉, $홍차 \wedge 라떼 \Rightarrow 머핀$의 지지도는 0.0625이고, 신뢰도는 0.75이며, 리프트는 4.5이다.

또 다른 규칙을 도출하면 다음과 같다. 만약 $N_{홍차 \wedge 머핀} = 25$라고 하면, $홍차 \Rightarrow 머핀$ 규칙의 지지도는 0.104167, 신뢰도는 0.5, 리프트는 3이 도출된다. 따라서 "$홍차 \Rightarrow 머핀$" 규칙은 앞서 도출된 "*홍차* $\wedge$ *라떼* $\Rightarrow$ *머핀*" 규칙에 비해 지지도는 더 좋으나 신뢰도와 리프트 값이 낮게 나타남을 알 수 있다.

만약에 $N_{라떼\wedge 머핀} = 35$이라면, 이것은 *홍차* $\Rightarrow$ *라떼* $\wedge$ *머핀*의 지지도는 0.0625, 신뢰도는 0.3, 리프트는 2.057이다. 이것은 *홍차* $\wedge$ *라떼* $\Rightarrow$ *머핀*에 대해 낮은 성능을 보이는 데, 지지도는 같지만, 신뢰도와 리프트가 매우 낮다.

연관규칙을 체계적으로 *생성*하기 위해서는 *minsup*과 *minconf*에 대한 정의가 필요하다. *minsup*은 규칙 $X \Rightarrow Y$가 갖는 최소한의 지지도를 의미하고(즉, $support(X \Rightarrow Y) \geq minsup$), *minconf*는 최소한의 신뢰도를 의미한다(즉, $confidence(X \Rightarrow Y) \geq minconf$). 다음은 연관규칙을 생성하기 위한 일반적인 알고리즘이다. 사용자가 *minsup*과 *minconf*의 기준치를 정해야 함에 유의하자.

1. $N_Z/N \geq minsup$이고 $|Z| \geq 2$을 만족하는 항목 집합 Z를 모두 구한다.
2. 항목 집합 Z에서 다음을 만족하는 부분 집합의 쌍 (X,Y)에 대해: *신뢰도*$(X \Rightarrow Y) \geq minconf$이면 규칙 $X \Rightarrow Y$를 유지하고, $confidence(X \Rightarrow Y) < minconf$이면 규칙을 버린다.
3. 찾은 규칙 출력.

위와 같은 간단한 알고리즘은 두 가지 문제가 있다. 첫째 문제는 아이템 집합 Z를 모두 구하는 첫째 단계의 계산 시간이 너무 많이 소요된다는 것이다. 즉, m개의 변수가 주어질 때, $2^m - m - 1$개의 대안이 존재한다. 가령 $m = 100$ 이라면,

$$1,267,650,600,228,229,401,496,703,205,275$$

개의 대안이 존재한다! 둘째 문제는 별로 중요하지도 않은 룰이 많이 생성될 가능성이 있다는 것이다. 예를 들면, *홍차* $\wedge$ *라떼* $\Rightarrow$ *머핀* 규칙이 이미 도출되었으면 비록 *minsup*과 *minconf* 기준을 충족시킨다고 하더라고 *홍차* $\Rightarrow$ *라떼* $\wedge$ *머핀* 규칙은 굳이 필요 없다. 따라서 계산 시간을 줄이고 좀 더 효과적인 규칙을 생성하기 위해 많은 기법들이 개발되었다. 아래에 소개한 *Apriori 알고리즘*은 이 중 가장 대표적인 알고리즘이다.

Apriori 알고리즘

Agrawal과 Srikant[27]에 의해 개발된 Apriori 알고리즘은 전산학에서 가장 많이 알려진 알고리즘 중 하나이다. Apriori 알고리즘에서는 아래에 소개하는 두 개의 개념을 이용함으로써 연관규칙을 좀 더 빠르게 생성할 수 있다.

1. 만약 어떤 항목집단이 *빈번(frequent)*하면, 그 항목집단의 부분 집합 역시 빈번하다. 이를 수식으로 나타내면 다음과 같다: X, Y: 만약 $Y \subseteq X$이고 $N_X/N \geq minsup$이면, $N_Y/N \geq minsup$이다.
2. 만약 어떤 k에 대해 I_k가 집합원 개수(cardinality) k인 모든 항목 집합의 집합이고 어떤 l에 대해 $I_l = \emptyset$이면, 모든 $k \geq l$에 대해 $I_k = \emptyset$이다.

위의 두 가지 성질을 이용하면 빈번 항목집단을 도출하는 데 소요되는 계산 시간을 대폭 절감할 수 있다. 가령 항목집단 $\{a,b\}$가 빈번하지 않는다면, a와 b를 포함하는 다른 모든 집합을 고려대상에서 제외할 수 있다. Apriori 알고리즘은 아래와 같다:

1. I_1을 생성한다. I_1은 한 개의 원소를 갖고 있으면서 지지도가 *minsup* 이상인 빈번 항목집단이다.
2. $k := 1$
3. 만약 $I_k = \emptyset$이면, $\bigcup_{i=1}^{k} I_i$를 출력하고 끝낸다. 만약 $I_k \neq \emptyset$이면, 다음 단계로 넘어간다.
4. I_k로부터 C_{k+1}를 생성한다. C_{k+1}은 $k+1$개의 원소를 가진 빈번 항목집단의 후보이다. $|A \cap B| = k$이고 $|A \cup B| = k+1$인 I_k안의 A와 B에 대한 항목집단의 합집합의 원소를 고려한다.
5. 후보가 되는 각 빈번 항목집단 $c \in C_{k+1}$ 가운데 k개의 원소를 갖고 있는 모든 부분 집합 c를 검사하여, 어떤 부분 집합이라도 I_k에 속하지 않으면 c를 C_{k+1}에서 삭제한다.
6. 앞 단계에서 축소한 C_{k+1}의 모든 항목 집합 c에 대해, 실제 빈번한지 확인한다. c가 빈번하는 것이 맞다면 c를 I_{k+1}에 포함시키고 아니면 c를 버린다.
7. $k := k+1$, 3단계로 돌아간다.

이와 같이 Apriori 알고리즘은 I_{k+1}단계에서 제외되지 않은 I_{k+1} 단계의 후보만 고려함으로써 탐색에 드는 시간을 획기적으로 줄일 수 있다.

연관규칙 학습은 프로세스 도출과 관련이 있다. 앞 절에서 α-알고리즘이 이벤트 로그의 패턴이나 부분 프로세스를 찾는 데 활용되는 것을 언급하였다. 연관규칙 학습도 마찬가지로 이벤트 로그의 패턴을 찾는 데 활용될 수 있으나 순서 개념이 없고 전체 프로세스 모델을 구축하는 데는 활용될 수 없다는 점에 한계가 있다.

제 3.5 절 순서 및 에피소드 마이닝

Apriori 알고리즘은 빈번 항목 집합의 부분 집합 또한 빈번하다는 단조성 성질(monotonicity property)을 활용한다. 패턴이나 규칙의 도출 문제에서 비슷한 단조성 성질을 가지고 있고, 따라서 효율적인 알고리즘 구현이 가능한다. 가장 대표적인 것이 *순서패턴(sequence pattern) 마이닝*이다. 본 장에서는 순서 마이닝을 먼저 설명하고, *빈번한 에피소드 도출 방법*과 프로세스 마이닝과 관련있는 몇 가지 데이터 마이닝 기법을 설명한다.

3.5.1 순서 마이닝

Apriori 알고리즘의 특징 중 하나는 순서를 고려하지 않는다는 것이다. 순서 마이닝은 Apriori 알고리즘의 단점을 극복하여 항목 집합의 순서를 분석한다. 순서 마이닝의 개념은 Srikant와 Agrawal에 의해 처음 제시되었다[119]. 순서 마이닝의 개념을 간략하게 설명하기 위해, 표 3.4의 데이터를 살펴보자. 표의 행은 고객의 주문을 표시한다. 예를 들어 Wil은 2011년 1월 2일 9시 2분에 카푸치노를 주문했고, 하루 뒤에는 에스프레소와 머핀을 주문했다는 것을 알 수 있다. 따라서 고객을 중심으로 주문의 순서(sequence)가 발생하며, 주문데이터에는 순서 정보(sequence number), 주문 시각(timestamp), 항목 집합 등이 포함된다. 첫째 고객의 주문 정보를 간단하게 표현하면 다음과 같다: ⟨{*카푸치노*}, {*에스프레소, 머핀*}, {*아메리카노, 카푸치노*}, {*에스프레소, 머핀*}, {*카푸치노*}, {*아메리카노, 카푸치노*}⟩. 고객 주문 정보로부터 빈번하는 패턴을 찾아내는 것이 순서 마이닝의 목적이다. 패턴이 빈번하다는 것은 특정한 패턴이 고객의 순서 데이터에서 상당한 비중을 차지한다는 뜻이다. 가령 Wil의 주문 패턴이 ⟨{*카푸치노*}, {*에스프레소, 머핀*}, {*카푸치노*}⟩이라면 오늘 카푸치노를 주문한 경우 다음 날에는 에스프레소와 머핀을 주문할 확률이 높다는 것을 뜻한다.

표 3.4 순서 마이닝에 쓰이는 데이터 집합의 예시: 각각의 행이 하나의 주문을 나타낸다

고객	순서	주문 시각	아이템
	1	02 01-2011:09.02	{*카푸치노*}
Wil	2	03-01-2011:10.06	{*에스프레소, 머핀*}
	3	05-01-2011:15.12	{*아메리카노, 카푸치노*}
	4	06-01-2011:11.18	{*에스프레소, 머핀*}
	5	07-01-2011:14.24	{*카푸치노*}
	6	07-01-2011:14.24	{*아메리카노, 카푸치노*}
	1	30-12-2010:11.32	{*홍차*}
Mary	2	30-12-2010:12.12	{*카푸치노*}
	3	30-12-2010:14.16	{*에스프레소, 머핀*}
	4	05-01-2011:11.22	{*베이글, 홍차*}
	1	30-12-2010:14.32	{*카푸치노*}
Bill	2	30-12-2010:15.06	{*카푸치노*}
	3	30-12-2010:16.34	{*베이글, 에스프레소, 머핀*}
	4	06-01-2011:09.18	{*리스트레또*}
	5	06-01-2011:12.18	{*카푸치노*}
...	...	...	...

하나의 순서 $\langle a_1, a_2, \ldots, a_n \rangle$가 다른 순서 $\langle b_1, b_2, \ldots, b_m \rangle$의 *부분순서(subsequence)*가 되려면 다음을 만족하는 정수 $i_1 < i_2 < \ldots < i_n$이 존재해야 한다: $a_1 \subseteq b_{i_1}, a_2 \subseteq b_{i_2}, \ldots, a_n \subseteq b_{i_n}$. 예를

들면, 순서 $\langle\{x\},\{x,y\},\{y\}\rangle$는 $\langle\{z\},\{x\},\{z\},\{x,y,z\}, \{y,z\},\{z\}\rangle$의 부분순서이다. 왜냐하면 $\{x\} \subseteq \{x\}$, $\{x,y\} \subseteq \{x,y,z\}$, $\{y\} \subseteq \{y,z\}$ 의 관계가 성립하기 때문이다. 연관분석에서와 마찬가지로, 주어진 순서의 *지지도*를 구할 수 있다. 순서 s의 지지도는 전체 순서의 집합에서 s가 부분순서로 속하는 원소의 비율로 구할 수 있다. 순서 s의 지지도가 일정 수준(*minsup*)이상 될 때 순서 마이닝에서는 순서가 *빈번하다*고 한다. 표 3.4의 주문데이터를 이용해서 지지도의 개념을 설명해보자. 우선 표의 데이터가 3명의 고객(Wil, Mary, Bill)의 주문만으로 이루어졌다고 하고, $\langle\{$*홍차*$\},\{$*베이글, 홍차*$\}\rangle$라는 순서의 지지도를 계산하면 1/3이 나온다. 왜냐하면 이 순서는 Wil 순서의 부분 집합일 뿐 다른 고객 순서의 부분 집합은 아니기 때문이다. 반면 $\langle\{$*에스프레소*$\},\{$*카푸치노*$\}\rangle$의 지지도는 2/3인데 이 순서는 Wil과 Bill 순서의 부분 집합이기 때문이다. $\langle\{$*카푸치노*$\},\{$*에스프레소, 머핀*$\}\rangle$은 모든 고객 순서의 부분 집합이므로 지지도는 $3/3 = 1$이다.

이론적으로 가능한 패턴의 가짓수는 무한히 많기 때문에 효과적인 생성 기법이 필요하다. Apriori 알고리즘과 같이 단조성 성질이 이용될 수 있다: 어떤 순서가 빈번하다면 그 순서의 부분순서도 빈번하다. 이 성질을 잘 이용한다면 효율적으로 패턴을 생성할 수 있다. X가 패턴이고 Y가 X 순서의 확장(extension)이라고 하면, 빈번한 순서는 $X \Rightarrow Y$ 형태의 규칙을 생성하는데 활용될 수 있다. 예를 들면, $X = \langle\{$*카푸치노*$\},\{$*에스프레소*$\}\rangle$이고 $Y = \langle\{$*카푸치노*$\},\{$*에스프레소*$\},\{$*라떼, 머핀*$\}\rangle$이며 X와 Y의 지지도는 각각 0.05, 0.04라고 하면 $X \Rightarrow Y$의 신뢰도는 $0.04/0.05 = 0.8$이 된다. 이는 카푸치노를 주문하고 다음에 에스프레소를 주문한 고객의 80%정도는 그 다음에 라떼와 머핀을 주문한다는 뜻이다.

여기 소개한 기법 외에도 분류법(taxonomy), 슬라이딩 윈도(sliding window), 시간 제약(time constraint) 등을 추가한 다양한 기법이 개발되었다. 자세한 알고리즘은 [119]를 참고하기 바란다. 실제 적용에서는, 아이템 집합의 일대일 매칭이 더 이상 필요하지 않도록 엄격한 부분 순서 요구 사항을 완화하는 것이 중요하다.

3.5.2 에피소드 마이닝

Apriori 개념은 *빈번한 에피소드 찾기*에도 활용될 수 있다[87]. 여기서 얼마나 자주 *에피소드*가 나타나는지 보기 위해 슬라이딩 윈도(sliding window)가 사용된다. 에피소드는 부분 순서(partial order)로 정의되는데, 목적은 빈번하게 발생하는 에피소드를 찾는 것이다.

에피소드 마이닝의 입력데이터는 그림 3.9와 같은 형태를 갖는다. 그림 3.9에서는 단위 시간으로 구분된 시간을 따라 시각 10부터 37 사이에 발생된 이벤트(에피소드)들을 표시한다. 각 이벤트는 이벤트 타입과 발생시각 정보를 갖는다. 예를 들면, a타입의 이벤트는 12 시각에 발생했고, c타입의 이벤트는 13 시각에 발생했음을 알 수 있다. 그림 3.9에는 슬라이딩 윈도 개념이 포함되어 있다. 그림 아래쪽의 굵은 선들은 10에서 37 사이에 발생 가능한, 길이가 5인 모든 타임윈도(time window) 32개이다. 타임윈도는 1 단위시각의 시간차를 가지며 서로 겹치면서 시간의 진행방향으로 배치된다. 타임윈도의 길이 5는 사용자가 정하는 매개변수이다. 어떤 에피소드의 발생 순서가 타임윈도에 "포함되어(embedded)" 있으면 그 에피소드는 해당 타임윈도에서 발생했다고 볼 수 있다.

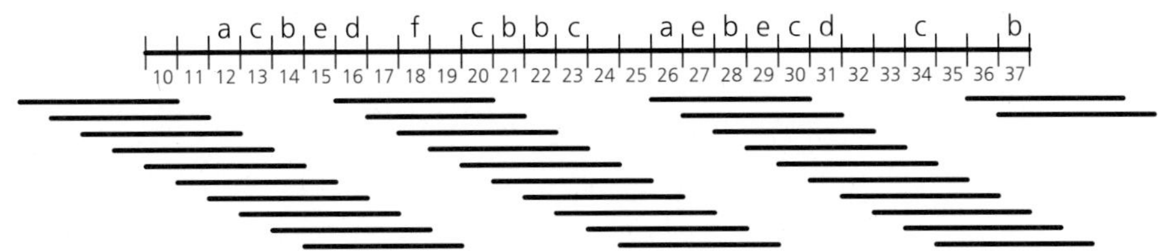

그림 3.9 이벤트의 시간적 배열과 연관된 타임윈도

그림 3.10에서 주어진 세 개의 에피소드 예제를 살펴보자. 에피소드는 방향성이 있는(directed) 비순환(acyclic) 그래프의 형태로 나타낼 수 있다. 에피소드 *E*1의 경우 *a* 다음에 *b*와 *c*가 발생하고, *b* 다음에는 *d*, *c* 다음에도 *d*가 발생한다는 것을 알 수 있다. *E*2는 *E*1과는 달리 순서에 관계 없이 *b*, *c*가 각각 1회 이상 발생하는 것으로 정의된다. *E*3는 *a* 다음에 *b*와 *c*가 발생하고, *b* 다음에는 *c*와 *d*가 각각 발생하며, *c* 다음에 *d*가 발생하는 것으로 정의된다. *E*3를 묘사한 셋째 그래프에는 두 개의 중복적인 연결선(arc)이 존재한다: *a*에서 *c*와 *b*에서 *d*는 중복적인 선이다. 이 두 개의 선을 삭제해도 앞에서 정의한 *E*3 에피소드의 이벤트 패턴은 같기 때문에 이 연결선을 중복적이라고 볼 수 있다. 순서 관계를 만족하며 이벤트를 에피소드의 노드에 연결할 수 있을 때, 타임윈도 안에 에피소드가 *발생했다*고 이야기한다. 에피소드는 단지 이벤트의 최소 집합을 정의한다. 즉 타임윈도 안에 여러 종류의 추가적인 이벤트가 있을 수 있는데, 중요한 것은 여기에 에피소드가 포함되었는지를 확인하는 것이다.

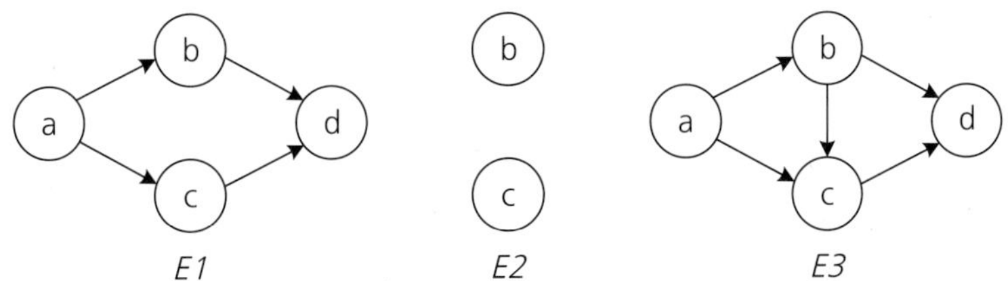

그림 3.10 세 개의 에피소드

에피소드가 "타임윈도에서 발생"한다는 것의 의미를 그림 3.11의 예제를 이용해서 설명해보자. 그림 3.11은 그림 3.9와 같은 시간대에 발생한 이벤트 데이터를 가지고 있기 때문에 길이가 5인 타임윈도의 수도 역시 32개이다. 우선 *E*1을 살펴보면 32개의 윈도 가운데 12에서 시작하는 윈도 1개만이 *E*1을 포함하고 있다는 것을 알 수 있다. 12에서 시작하는 윈도가 포함하는 이벤트는 $\langle a, c, b, e, d \rangle$인데 이 패턴이 *E*1을 만족시킨다. 모든 요구 조건을 만족하는데, *a* 다음에 *b*, *b* 다음에 *d*, *a* 다음에 *c*, *c* 다음에 *d*가 온다.

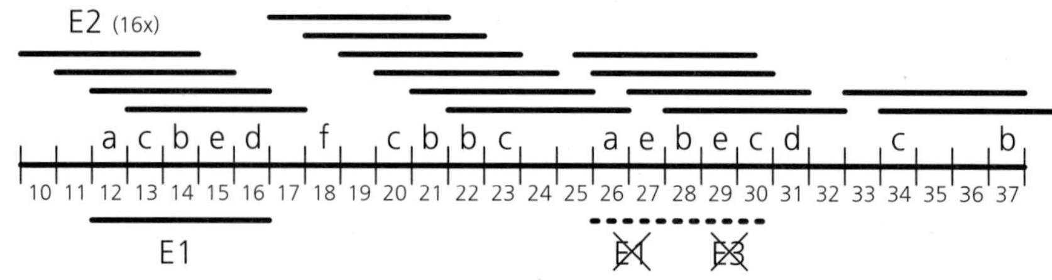

그림 3.11 에피소드 *E*1과 *E*2가 포함된 타임윈도

다음으로 *E*2를 살펴보자. *E*2는 순서에 관계없이 *b*,*c*가 각각 1회 이상 발생하면 된다. 그림 3.11의 위쪽에 표시된 16개의 윈도는 모두 *E*2가 포함된 윈도이다. 반면 *E*3가 윈도에 포함되기 위해서는 $\langle a,b,c,d\rangle$이벤트를 포함하는 길이 5의 타임윈도가 존재해야 하는데 그림 3.11에는 존재하지 않는다. 만약 윈도의 길이가 6으로 늘어난다면 *E*3를 포괄하는 윈도가 26시점에 1개 존재함을 알 수 있다. 여기서 $\langle a,e,b,e,c,d\rangle$를 볼 수 있다.

에피소드의 지지도는 전체 윈도 가운데 해당 에피소드가 포함된 윈도의 비율로 측정한다. 따라서 *E*1의 지지도는 1/32, *E*2의 지지도는 16/32 = 0.5, *E*3의 지지도는 0이다. 순서마이닝이나 연관분석과 마찬가지도 에피소드 마이닝에서도 최소 지지도의 임계값(threshold)을 정하고 빈번 여부를 결정할 수 있다. 가령 위의 예제에서 임계값이 0.2라면 *E*2는 빈번하다고 할 수 있으나 *E*1과 *E*3는 그렇지 않다.

에피소드 마이닝의 목적도 결국 빈번한 에피소드를 찾아내는 것인데, 주어진 데이터에서 가능한 조합으로 이루어진 후보 에피소드들은 무수히 많다. 하지만, Apriori 알고리즘 처럼, 나쁜 후보들을 빨리 제거하기 위해 단조성 성질을 활용할 수 있다. 이 성질을 설명하기 위해, 먼저 *하위 에피소드(subepisode)*의 개념을 정의할 필요가 있다. 앞의 예에서, *E*1의 에피소드 그래프는 *E*3 그래프의 하위 그래프라고 볼 수 있기 때문에 *E*1은 *E*3의 하위 에피소드이다. 이렇게 하위 에피소드를 정의하면 하나의 에피소드가 빈번하며 그 에피소드의 하위 에피소드도 모두 빈번한다는 단조성 성질에 의해 탐색 과정의 속도를 올릴 수 있다.

도출된 빈번 에피소드는 *X*가 *Y*의 하위 에피소드라고 할 때 $X \Rightarrow Y$ 형태의 규칙 생성에 활용할 수 있다. 앞의 예제에서 *E*1⇒*E*3 규칙이 생성가능하나 이 규칙의 경우 신뢰도가 0/1 = 0이므로 좋은 규칙은 아니다. 반면 *E*2⇒*E*1 규칙은 신뢰도가 1/16이므로 임계값을 어떻게 정하느냐에 따라서 활용가능성이 있다.

에피소드 마이닝이나 순서 마이닝은 연관분석에서 파생된 영역이다. 이러한 기법들은 이벤트의 순서를 분석한다는 측면에서 프로세스 도출과 밀접하게 연관되지만, 차이점 또한 많다. 우선 데이터 분석의 범위가 다르다. 데이터 마이닝은 전체보다 부분적인 패턴에 치중하기 때문에 전체적인 프로세스 모델을 생성하기는 어렵다. 또한 데이터 마이닝은 빈번하는 패턴 자체에 집중하기 때문에 프로세스 모델 생성과는 차이가 있다. 예를 들어, 그림 3.10의 타임윈도 $\langle a,b,d,c,d\rangle$는 *E*1 에피소드에 포함되지만 *d*가 두 번 발생하기 때문에 프로세스 모델로 보기는 어려울 뿐만 아니라 에피소드나 순서는 프로세스 모델에 필수적인 *분기나 반복 수행*을

모델링할 수 없다. 마지막으로, 에피소드 마이닝이나 순서 마이닝은 *병렬 수행(concurrency)을 다룰 수 없다*는 한계점이 존재한다.

3.5.3 기타 기법

데이터 마이닝 영역에서는 순차적으로 일어나는 이벤트를 분석하기 위해 다양한 기법이 개발되었다. 예를 들어, 텍스트 마이닝을 통해 단어나 철자의 빈도, 순서를 분석하고, 생물정보학(bio-informatics)에서는 DNA를 분석한다. 이외에도 음성인식, 웹분석 등 다양한 활용영역이 있다. 이를 위해 개발된 다양한 기법 가운데, 인공신경망(artificial neural network) 기법과 은닉 마르코프 모델(hidden Markov model; 이하 HMM)을 소개한다[28, 96].

인공신경망은 학습하는 능력을 가진 인간의 두뇌를 모방하고자 하는 기법이다. 인공신경망은 인간의 두뇌가 뉴런의 연결로 구성된다는 점에 착안하여 뉴런처럼 연결된 노드 그룹들로 구성된다. 인공신경망은 학습과정이 필요한데 학습방법에는 지도 학습, 비지도 학습, 강화학습(reinforcement learning) 등이 존재한다[28, 96]. 인공신경망은 병렬컴퓨팅을 활용할 수 있다는 점과 이미지 인식, 음성 인식 등 소위 잘 정의되지 않은(ill-defined) 문제에 활용 가능하다는 장점이 있다. 반면, 인공신경망의 산출물인 복수 계층(multi layer) 개념을 이해하기가 어렵기 때문에 제2장에서 언급한 WF-net이나 BPMN모델 등의 프로세스 모델 관점에서의 결과물을 얻기가 어렵다.

HMM은 일반적인 마르코프 모델을 확장한 기법인데 상태(state)와 전이 확률(transition probability)을 가진다는 점에서 일반적인 마르코프 모델과 유사하나, 특정 상태에 도달했을 때만 결과값의 관측이 가능하며 그렇지 않을 때의 상태는 은닉(hidden)된다는 점이 다르다. 그림 3.12를 살펴보면 일반적인 마르코프 체인과는 다르게 각 상태별로 가능한 경우의 수와 확률이 존재함을 알 수 있다. HMM에서는 다음과 같은 문제에 대한 해결방안을 모색한다[28]:

- 결과값(obervation)의 순서를 이용해서, 상태 전이 확률을 계산하는 문제
- 결과값(obervation)의 순서와 HMM이 주어질 때, 숨겨진 경로를 찾는 문제
- 결과값(obervation)의 순서가 주어졌을 때, 주어진 순서를 생성해낼 확률이 가장 높은 HMM을 찾는 문제

마지막 문제는 프로세스 마이닝과 관련이 있으나, 가장 어려운 문제이기도 하다. 이 문제에 대해 잘 알려진 해결책은 Expectation-Maximization (EM) 알고리즘으로 알려진, Baum-Welch 알고리즘인데[28], 이는 상태의 개수를 고정한 다음 기댓값을 최대화하기 위해 반복적으로 문제를 풀어나가는 방식이다. HMM이 프로세스 마이닝과 관련성이 높고 다양한 영역에 응용할 수 있지만 몇 가지 문제점이 있다. 우선 문제를 반복적으로 푸는 과정에서 계산 부하가 지나치게 많다는 점이다. 그리고 상태의 개수를 미리 정하고 문제를 풀어야 하기 때문에 사용자가 어떻게 개수를 정하느냐가 중요하다. 또한 결과값으로 나온 HMM이 지나치게 복잡하여 이해하기 어려운 측면도 있다. 은닉 마르코프 모델은 제2장에서 설명한 기호들에 비해 보다 낮은 수준의 추상화를 제공한다.

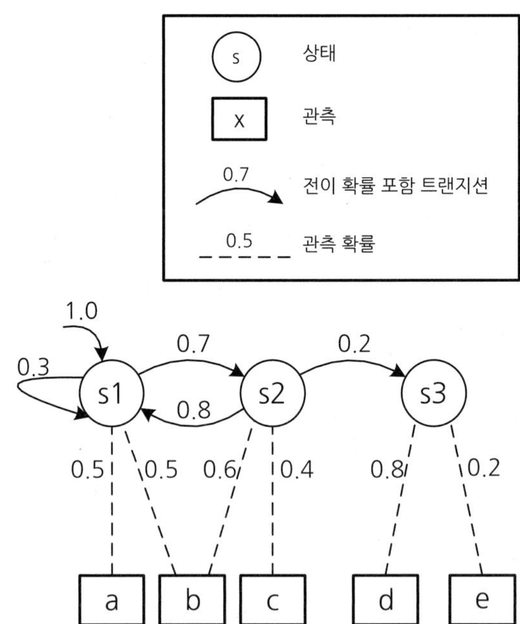

그림 3.12 HMM(Hidden Markov Model) 예시: 3개의 상태(state)와 상태 간의 전이 확률을 연결선으로 나타낸다. 예를 들어, $s2$상태에서 $s3$상태로 전이할 확률이 0.2이고, $s1$ 상태로 전이할 확률이 0.8이다. HMM에서는 특정 결과를 관측하기 위해서는 특정 상태에 도달해야만 한다. 예를 들어, $s2$에서는 b값을 관측할 확률이 0.6이고 c값을 관측할 확률이 0.4이다. 가능한 관측 순서는 $\langle a,b,c,d \rangle$, $\langle a,b,b,c \rangle$, $\langle a,b,c,b,b,a,c,e \rangle$이다. 관측된 순서 $\langle a,b,c,d \rangle$에 대해 숨겨진 순서는 $\langle s1,s2,s2,s3 \rangle$인 것이 명확하다. 다른 2개의 관측 순서에 대해 다수의 숨겨진 순서가 가능하다.

제 3.6 절 데이터 마이닝 결과의 평가

지금까지 프로세스 마이닝과 연관성이 높은 데이터 마이닝 기법을 살펴보았다. 몇몇 기법들은 프로세스 마이닝에 활용될 수도 있으나, 프로세스 도출, 일치성 검증, 프로세스 개선 등 핵심적인 프로세스 마이닝 작업에 직접 적용하기는 무리가 있다. 하지만 데이터 마이닝을 공부함으로써 데이터 마이닝 영역에서 축적된 여러 가지 기법을 활용한다는 측면에서 의의가 있다. 특히 프로세스 마이닝의 결과를 분석하는 작업은 데이터 마이닝 영역의 다양한 검증기법을 활용하는 것이 도움이 된다. 본 절에서는 데이터 마이닝 영역에서 활용되는 유효성 검증(validation) 및 평가(evaluation) 기법을 살펴본다. 먼저 의사결정나무와 같은 분류 결과의 질을 평가하는 방법에 대해 설명하고, 유효성 검증 방법 중 하나인 k-fold 교차 검증법(k-fold cross-validation)에 대해 알아본다. 마지막으로 오캄의 면도날(Occam's Razor)에 대해 알아본다.

3.6.1 분류 성능 측정

3.2절에서 의사결정나무를 생성하는 방법을 설명했다. 의사결정나무를 생성하기 위해서는 분기속성, 종료조건, 분기값 등을 결정해야 한다. 생성된 의사결정나무의 성능을 측정하기 위해서는 도출된 분류가 신뢰성이 있는지와 다른 기법에 비해 비교우위가 있는지를 고려해야 한다. 성능 측정을 위해 쓰는 데이터는 *이미 발생한* 데이터이고 우리가 원하는 것은 *미래에 발생할* 사건에 대한 예측이라는 문제가 있지만, 여기서는 설명을 간단히 하기 위해 일단 일어난 사건에 대한 분류 성능 측정방법에 대해 설명한다.

*N*개의 인스턴스로 구성된 데이터 집합을 이용해서 의사결정나무를 생성했다고 하면 각 데이터의 실제치와 예측치를 알 수 있는데, 실제 클래스와 예측 클래스를 구분하여 시각화한 것을 *혼동 행렬(confusion matrix)*이라고 한다. 예를 들어, 표 3.2의 데이터를 이용하여 생성한 의사결정나무(그림 3.2)의 혼동 행렬을 그림 3.13과 같이 나타낼 수 있다. 즉, 생성된 의사결정나무를 이용하여 420명의 학생 데이터를 실제 클래스와 예측 클래스로 구분하여 나타낼 수 있다. 혼동 행렬의 대각선상에 있는 숫자들은 예측이 정확하게 이루어졌다는 것을 의미한다. 따라서 $178 + 175 + 18 = 371$개의 데이터는 실제 클래스와 예측 클래스가 일치하여 예측이 정확했다는 뜻이며 예측정확도는 약 88%이다.

		예측 클래스		
		낙제	졸업	우등 졸업
실제클래스	낙제	178	22	0
	졸업	21	175	2
	우등 졸업	1	3	18

그림 3.13 의사결정나무(그림 3.2)의 혼동 행렬. 200명의 낙제 학생 가운데, 178명이 낙제로, 22명은 졸업으로 잘못 분류되었다. 198명의 졸업 학생 가운데, 175명이 올바르게 분류되었는데, 21명은 낙제로, 2명은 우등 졸업으로 잘못 분류되었다

혼동 행렬을 측정하기 위해 우선 데이터를 "긍정"(+)과 "부정"(−)의 두 가지 클래스로 분류하면, 그림 3.14(a)와 같이 2×2 행렬을 만들 수 있다. 행렬의 각 원소는 다음과 같은 의미를 갖는다:

- *참 긍정*(true positive; *tp*): 긍정(positive)을 긍정으로 옳게(true) 분류한 것
- *참 부정*(true negative; *tn*): 부정(negative)을 부정으로 옳게(true) 분류한 것
- *거짓 긍정*(false positive; *fp*): 긍정(positive)을 부정으로 잘못(false) 분류한 것
- *거짓 부정*(false negative; *fn*): 부정(negative)을 긍정으로 잘못(false) 분류한 것

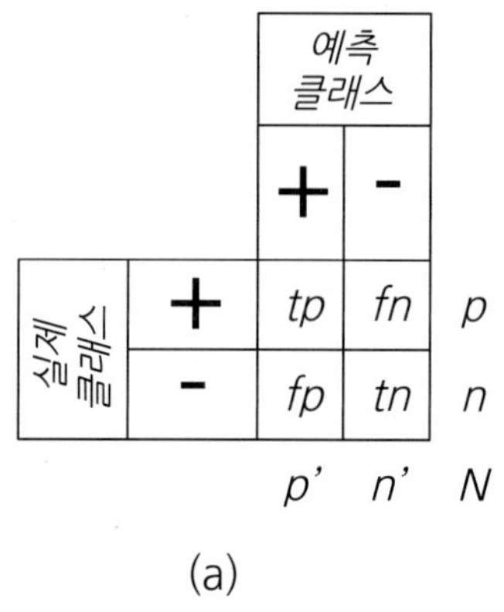

(a)

이름	공식
오류	(fp+fn)/N
정확도	(tp+tn)/N
tp-rate	tp/p
fp-rate	fp/n
정밀도	tp/p'
재현율	tp/p

(b)

그림 3.14 두 클래스에 대한 혼동 행렬과 몇몇 성과지표

그림 3.14(a)에서 행과 열의 합을 볼 수 있다. 예를 들어, $p = tp + fn$는 실제로 긍정적인 인스턴스의 개수이며, $n' = fn + tn$은 분류에 의해 부정적으로 분류된 개수이다. 전체 인스턴스의 개수는 $N = tp + fn + fp + tn$이다. 이러한 정의를 이용하여 분류 성능을 측정하는 지표를 그림 3.14(b)와 같이 나타낼 수 있다. *오류(error)*는 전체 인스턴스의 개수 중 잘못 분류된 인스턴스의 개수로 측정한다: 오류 $(fp + fn)/N$. 반대로 *정확도(accuracy)*는 전제 개수 중 제대로 분류된 인스턴스의 개수이다. "참 긍정률(true-positive rate; *tp-rate*)"은 "적중률(hit-rate)" 또는 인식률이라고도 하는데, 실제로 긍정적인 것들 가운데 긍정적인 것으로 예측된 인스턴스의 비율로 나타낸다. "거짓 긍정률(false positive; *fp-rate*)"은 "오경보율(false alarm rate)"이라고도 하는데, 실제로 부정적인 인스턴스 가운데 긍정적인 것으로 잘못 예측된 것의 비율로 나타낸다. 마지막으로 *정밀도(precision)*과 *재현율(recall)*이 있는데 이 두 가지 지표는 정보검색(information retrieval)에서 유래되었다. 정밀도는 tp/p'로 정의되는데, 이는 분류가 긍정 클래스로 분류한 것(p') 가운데 실제 긍정적인 것(tp)을 나타낸다. 재현율은 tp/p으로 정의되며, 이는 실제로 긍정적인 인스턴스(p) 가운데 긍정적으로 맞게 분류된 인스턴스의 비율을 나타낸다. 높은 정밀도와 낮은 재현율을 갖는 경우가 생긴다. 정보 검색 영역에서 이러한 일이 생기는 경우는 검색하고자 하는 정보 가운데 일부분만 찾아냈지만 찾아낸 정보는 정확한 경우를 의미한다. 재현율은 참 긍정률과 같은 의미를 갖는다. 그림 3.14(*b*)에 소개되지 않은 것 가운데 많이 쓰는 지표는 *F1 스코어*이다. *F*1 스코어는 정밀도와 재현율의 조화 평균(harmonic mean)을 구한 것으로 다음과 같이 구할 수 있다: $(2 \times 정밀도 \times 재현율)/(정밀도 + 재현율)$. 정밀도와 재현율이 매우 낮아서 0에 가깝다면 *F*1 스코어 역시 0에 가까운 값이 산출된다. 반면 정밀도가 재현율이 우수하다면 1에 가까운 *F*1 스코어가 산출된다.

그림 3.4의 의사결정나무를 이용하여 앞서 설명한 지표를 설명해보자. 그림 3.4의 처음 두 단계(음주 여부로 분기하기 전단계)에서는 모든 인스턴스를 young (70세 이전 사망)으로 분류한 바 있다. 그림 3.15(a)는 음주 여부로 분기하기 전, 처음 두 단계에서 생성한 의사결정나무의 분류 결과를 혼동 행렬로 나타낸 것이다. "young(70세 이전 사망) = 긍정"으로, "old(70세 이후 사망) = 부정"으로 분류하면, $N = 860$, $tp = p = 546$, $fp = n = 314$임을 알 수 있다.

(a)

		예측 클래스	
		young	old
실제 클래스	young	546	0
	old	314	0

(b)

		예측 클래스	
		young	old
실제 클래스	young	544	2
	old	251	63

그림 3.15 그림 3.4의 의사결정나무에서 도출된 혼동 행렬

모든 인스턴스가 young으로 분류되기 때문에 old로 분류된 인스턴스는 하나도 없다. 따라서 $n' = 0$이다. 이 분류의 오류는 $(314 + 0)/860 = 0.365$이고, tp-rate는 $546/546 = 1$, fp-rate는 $314/314 = 1$이다. 정밀도는 $546/860 = 0.635$, 재현율은 $546/546 = 1$, $F1$ 스코어는 0.777이다. 그림 3.4의 셋째(마지막) 의사결정나무를 혼동 행렬로 나타낸 것이 그림 3.15(b)이며 지표별 측정치는 다음과 같다: 오류는 $(251 + 2)/860 = 0.292$, tp-rate는 $544/546 = 0.996$, fp-rate는 $251/314 = 0.799$, 정밀도는 $544/795 = 0.684$, 재현율은 $544/546 = 0.996$, $F1$ 스코어는 0.811이다. 그림 3.4의 셋째 분류가 그 전단계보다 조금 향상되었음을 알 수 있다. 즉, 오류는 상당히 개선되었으며 tp-rate, 정밀도, $F1$ 스코어 등도 일정 부분 개선되었다. 다만 재현율이 조금 내려갔는데, 이는 흡연자이면서 비음주자인 2명이 70세 이전에 사망했기 때문이다.

3.6.2 교차 검증

앞 절에서 혼동 행렬을 이용해서 다양한 지표들을 측정하여 보았다. 앞의 예에서 혼동 행렬을 만들고 지표계산에 쓰인 그림 3.15(*b*)의 데이터와 그림 3.4에 있는 원데이터는 같은 데이터이다. 따라서, 혼동 행렬은 *이미 발생하여* 분류 학습에 사용된 데이터에 관해서만 유효하다. 사실, 분류의 성능을 임의로 완벽하게(정밀도, 재현율, $F1$ 스코어가 모두 1이 되도록) 만드는 것은 어렵지 않다. 예를 들면, 학생 개개인이 고유한 ID를 갖고 있다고 하고, 각 단말 노드가 1명의 학생을 분류하도록 의사결정나무를 생성하였다고 하면, 이론적으로는 완벽한 분류가 만들어진다. 하지만 이 분류는 *앞으로 생성될* 데이터(예: 신규 등록 학생)에는 무의미하여 실제 예측에는 사용할 수 없다.

분류의 성능을 평가할 때 가장 중요한 항목은 앞으로 발생할 인스턴스에 대한 예측 정확도이다. 앞으로 발생할 인스턴스의 예측 성능을 측정하기 위해 *교차 검증(cross-validation)* 기법이 개발되었다. 교차 검증에서는 데이터 집합을 분류 학습에 이용되는 *학습 집합(training set)*과 발생할 인스턴스의 예측 검증에 쓰이는 *검증 집합(test set)*으로 구분한다.

교차 검증 기법은 분류 뿐만 아니라 다양한 데이터 마이닝 기법에 활용될 수 있다. 교차 검증을 하기 위해서는 우선 결과값의 성능을 평가할 지표가 필요하다. 가령 분류 성능 측정을 위해서 쓰는 *정밀도*, *재현율*, *F1 스코어* 등과, 회귀분석에서 사용되는 *평균제곱오차(Mean Square Error; MSE)*가 쓰인다. $y_1, y_2, \ldots, y_n$이 실제값이고 $\hat{y}_1, \hat{y}_2, \ldots, \hat{y}_n$이 예측값이라고 하면 평균제곱오차는 다음과 같다: $(\sum_{i=1}^{n}(y_i - \hat{y}_i)^2)/n$.

군집화는 현상의 설명에 많이 쓰이는 반면, 앞으로 발생할 인스턴스의 예측에는 잘 쓰이지 않는다. 하지만 군집화 기법도 학습 집합과 검증 집합을 활용하여 유효성을 검증할 수 있다. 즉 학습 집합으로 군집을 생성한 다음 검증 집합의 인스턴스들을 학습 집합에 의해 생성된 군집의 무게중심으로부터 가장 근접하도록 군집을 생성한다. 검증 집합의 인스턴스들과 무게중심 간의 *평균 거리*를 평가지표로 사용할 수 있다.

연관분석의 경우 *지지도*, *신뢰도*, *리프트* 등의 평가지표를 제시한 바 있다. 따라서, 학습 집합을 이용하여 규칙을 생성한 다음 검증 집합을 이용해 생성된 규칙을 검증할 수 있다. 가령 신뢰도를 이용해서 주어진 규칙이 적용되는 인스턴스의 비중을 산출할 수 있을 것이다. 이 책의 후반부에서는 프로세스 마이닝 영역에서 이와 유사한 지표를 정의한다. 예를 들어, 페트리넷 모델과 검증 집합(프로세스 마이닝의 경우 이벤트 로그)을 이용하여, 해당 프로세스 모델에서 활용되는 인스턴스의 비중을 추정해 볼 수 있다.

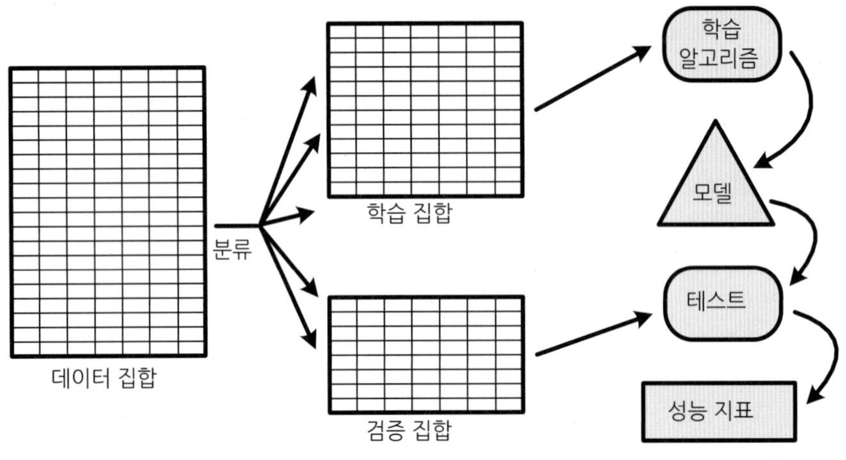

그림 3.16 학습 집합과 검증 집합을 통한 교차 검증

그림 3.16은 교차 검증 과정을 개략적으로 묘사한 것이다. 먼저 데이터를 학습 집합과 검증 집합으로 나눈다. 학습 집합을 이용해 의사결정나무나 회귀분석과 같은 모델을 생성한 다음, 검증 집합을 이용해 생성된 모델의 성과지표를 측정한다. 여기서 하나의 성과지표 측정결과에 대한 신뢰도 문제가 발생한다. 따라서 측정결과 자체의 신뢰도를 검증할 필요가 있다. 예를 들면, 특정 검증 집합을 이용했을 때 *F*1 스코어 0.811이 도출되었다고 하자. 다른 외부 조건은 같다는 가정하에 다른 검증 집합을 이용해서 *F*1 스코어를 측정하는 데 앞서 측정한 결과와는 상당히 다른 결과가 나왔다면 신뢰도를 검증할 필요가 있다. 이때 많이 사용되는

개념이 *신뢰구간(confidence interval)*이다. 신뢰구간을 측정하기 위해서는 특정 지표를 일단 여러 번 측정한다. 여기서는 2가지 접근법을 제시한다.

첫째는 다수의 독립적인 측정치를 평균하는 방법이다. 분류를 예로 들어, 검증 집합이 N개의 서로 독립적인 인스턴스로 이루어졌다고 하면, 각 인스턴스에 대한 분류를 각각 독립적인 테스트(검증)로 볼 수 있다. $1 \leq i \leq N$인 x_i에 대하여 분류 결과가 틀리면 $x_i = 1$, 맞으면 $x_i = 0$이라고 하면 베르누이 분포를 활용할 수 있다. 즉, p를 잘못 분류할 확률이라고 정의하면 베르누이 분포의 정의를 이용하여 기댓값(평균)이 p이고 분산이 $p(1-p)$인 분포가 성립된다. 만약 N이 충분히 크다면 "중심극한정리"에 의해 오류의 평균이 정규분포에 근사하게 된다. 이러한 가정을 이용한다면 오류에 대한 95% 신뢰구간을 다음과 같이 구할 수 있다: $[p - \alpha_{0.95}\sqrt{p(1-p)/N}, p + \alpha_{0.95}\sqrt{p(1-p)/N}]$. 즉, 95%의 확률로 실제 평균값이 $p - \alpha_{0.95}\sqrt{p(1-p)/N}$와 $p + \alpha_{0.95}\sqrt{p(1-p)/N}$ 사이에 있다. $\alpha_{0.95} = 1.96$ 값은 일반적인 통계학 책에서 찾을 수 있다. p는 앞서 설명한 오류의 평균값이고 N은 테스트 횟수이다. 90% 신뢰수준의 경우 $\alpha_{0.90} = 1.64$ 값을, 99% 신뢰수준은 $\alpha_{0.99} = 2.58$ 값을 각각 활용하면 된다. 이 방법은 테스트를 통해 많은 독립 관측이 가능한 경우에 사용될 수 있음을 기억하자.

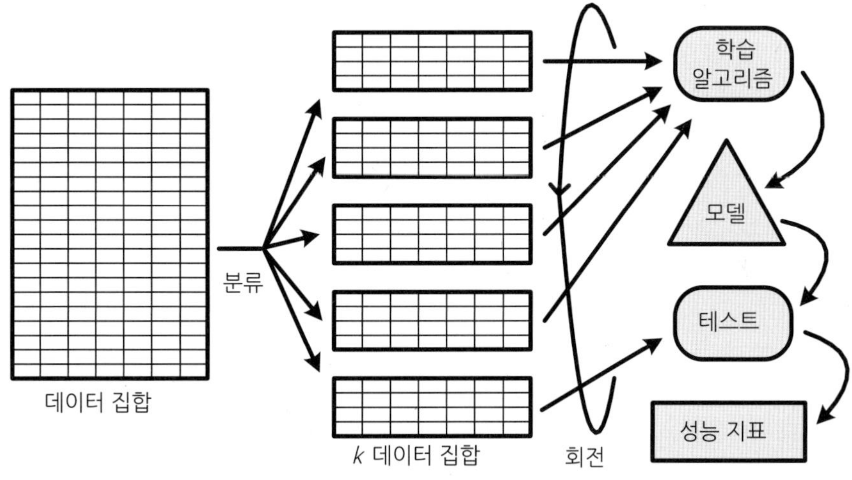

그림 3.17 *k*-fold 교차 검증

둘째 방법은 *k*-fold 교차 검증이다. 이 방법은 데이터 집합의 인스턴스 수가 적거나 지표 측정이 개별 인스턴스에 대해 이루어지지 않고 데이터 집합에서만 가능한 경우에 활용한다. 예를 들면, $F1$ 스코어의 경우 하나의 인스턴스에 대해 측정할 수가 없기 때문에 첫째 방법을 적용하기가 어렵다. 그림 3.17은 *k*-fold 교차 검증 기법의 개념을 보여준다. 먼저 주어진 데이터 집합의 k개의 동질적인 부분 집합(가령 k=10)으로 나눈 다음 k번의 테스트를 실시한다. 각각의 테스트에서 1개의 검증 집합만 남기고 나머지 k-1개의 부분 집합을 학습 집합으로 활용한다. 만약 부분 집합 $i \in \{1, 2, \ldots, k\}$가 검증 집합으로 사용되면, 부분 집합 $\{1, 2, \ldots, i-1, i+1, \ldots k\}$

의 합집합을 학습 집합으로 사용한다. 이렇게 하면 k번의 독립적인 테스트가 수행되고 이 값을 평균하면 측정의 신뢰도를 구할 수 있다.

k-fold 교차 검증 기법은 모든 데이터를 검증 집합과 학습 집합으로 충분히 활용할 수 있다는 점과 *k*개의 측정치를 얻을 수 있다는 장점이 있다. 테스트의 학습 집합이 상당부분 겹치기 때문에 엄밀한 관점에서는 각 테스트가 서로 독립적이라고는 할 수 없다는 점에서 주의를 요하지만, 신뢰도에 관한 정보를 얻을 수 있다는 점에서 중요하다.

k-fold 교차 검증 기법의 가장 극단적인 예는 잭나이프(jack-knife)라고도 하는 "단일잔류(leave-one-out)" 교차 검증이다. 이 기법은 검증 집합의 원소를 한 개만 남기고 나머지는 학습 집합으로 사용 방법이다. 따라서 $k = N$이 된다. 이외에도 교차 검증 기법에 대한 자세한 설명은 [28, 96]을 참고하기 바란다.

3.6.3 오캄의 면도날

데이터 마이닝의 질을 평가하는 것은 매우 중요하다. 데이터 마이닝의 질평가 문제는 프로세스 마이닝과도 연관이 있기 때문에 이 절에서는 질평가에 대한 이슈를 심도 있게 논의한다.

데이터 마이닝의 학습은 "잘못 설정된 문제(ill-posed problem)"의 대표적인 예이다. 오직 사례(example)에 기반하기 때문에 어떤 사례를 쓰느냐에 따라 답이 달라진다. 게다가 사용하는 표현 방법(target representation)이나 학습알고리즘에 따라 *편향(bias)*이 발생할 수도 있다. 예를 들어 다음과 같은 수열이 있다고 하자: $2, 3, 5, 7, 11, \ldots$. 다음에 나올 숫자는 무엇인가라는 질문에 대한 답으로 많은 사람들이 13을 꼽을 것이다. 왜냐하면 $2, 3, 5, 7, 11$이 모두 소수이므로 11다음의 소수인 13을 답으로 생각하게 된다. 물론 11 다음에 13이 올 수도 있다. 문제는 $2, 3, 5, 7, 11$로 시작하는 수열은 의외로 여러 가지가 있고 따라서 13 이외에 다른 숫자가 올 수도 있지만 "소수"라는 개념을 가지고 접근함으로써 다른 가능성을 차단하게 된다. 이러한 문제를 *귀납 편향(inductive bias)*이라고 한다. 귀납 편향은 특정 해(solution)를 다른 해에 비해 선호하는 경향인데, 이러한 편향은 데이터 자체에 의해 생기기보다 외부적 요인에 의해 발생한다. 정보획득 *표현 편향(representational bias)*은 특정 표현 방법을 선택함에 따라 생기는 편향을 말한다. 예를 들어, 3.2절에서 의사결정나무의 생성시 하나의 속성이 같은 경로에 두 번 이상 나타날 수 없다고 가정했는데 이러한 가정 자체가 특정한 해의 가능성을 차단할 수 있는 것이다. 선형 회귀는 많은 경우에 잘 들어 맞는 기법이지만, 데이터가 선형이라는 가정에서 출발한다. 따라서 선형이라는 표현 방법에 대한 가정이 맞다면 좋은 해가 도출되지만 데이터 자체가 비선형이면 엉뚱한 결과가 나올 수도 있다. 이와 같이 해를 찾는 탐색 공간(search space)은 어떤 표현 방법을 쓰느냐에 따라 달라지며, 표현 방법에 따라 결과의 질이 좌우될 수도 있다.

*학습 편향(learning bias)*은 알고리즘에 내재하는 전략이 특정 해를 선호함에 따라 발생하는 편향이다. 예를 들면, 그림 3.4에서 정보획득(또는 엔트로피 감소)에 따라 의사결정나무를

분지하였으나, 정보획득 대신 Gini 지수를 사용할 수도 있다. 이와 같이 어떤 알고리즘(또는 전략)을 쓰느냐에 따라 도출되는 해가 달라질 수 있다.

표현 편향과 학습 편향은 둘 다 프로세스 마이닝의 결과에 영향을 미칠 수 있다. 첫 장의 그림 1.5를 살펴보자. 이 프로세스 모델은 자취 집합 $\{\langle a,b,d,e,h\rangle, \langle a,d,c,e,g\rangle, \langle a,c,d,e,f,b,d,e,g\rangle, \langle a,d,b,e,h\rangle, \langle a,c,d,e,f,d,c,e,f,b,d,e,h\rangle, \langle a,c,d,e,g\rangle\}$를 기반으로 α-알고리즘에 의해 생성되었다[23]. 여기서도 프로세스가 페트리넷에 의해 표현된다고 가정했기 때문에 표현 편향이 존재한다. 프로세스 중 페트리넷으로 표현이 안되는 프로세스도 존재하기 때문이다. 또한 α-알고리즘은 "직접 연결(direct succession)"에 초점을 맞추기 때문에 이에 따른 학습 편향이 발생할 수 있다. 즉, 모델에는 *a* 바로 다음에 *b*가 바로 연결될 때에, 이벤트 로그에 *a* 바로 다음에 *b*가 나오면 이를 활용하는데, *a* 다음에 *b* 사이에 다른 이벤트가 있으면, α-알고리즘은 이를 놓치게 된다.

귀납 편향은 그 자체로는 특별한 문제가 없지만, 데이터 마이닝의 적용에 있어 좀 더 나은 해를 찾기 위해서는 귀납 편향도 극복해야 한다.

차원의 저주(Curse of dimensionality)
여러 종류의 많은 변수를 가진 데이터를 마이닝할 때 원하는 수준의 정확도를 유지하려고 하기 위해서 필요한 매개변수의 수가 기하급수적으로 증가한다[74]. 많은 변수를 가진 데이터를 다차원 또는 고차원(high-dimensional) 데이터라고 하는데, 이러한 데이터를 처리하는 것은 까다로울 뿐만 아니라 오류에 빠질 가능성도 높다. 이러한 현상을 "*차원의 저주*"라고 한다. 1000개의 제품을 판매하는 슈퍼마켓이 있다고 하자. 이 슈퍼마켓의 잠재적인 아이템 집합의 수는 모두 $2^{1000}-1$개이다! 물론 Apriori 알고리즘 등을 통해 타당성이 없는 아이템 집합을 제거할 수 있지만, 연관분석 과정에서 처리시간 문제와 직면할 수밖에 없을 뿐만 아니라 잠재적인 규칙이 많이 생성되어 이를 분석하는 것이 까다로울 수밖에 없다. 고객의 구매수량정보를 제외하더라도, 이 슈퍼마켓 고객의 가능한 쇼핑리스트의 수는 $2^{1000}-1 \approx 1.07 \times 10^{301}$개 이며, 가능한 규칙의 수는 매우 많아진다. 이러한 문제는 연관분석에 국한된 것은 아니다. 군집화나 회귀분석을 1000차원 문제에 적용한다면 비슷한 어려움을 겪게될 것이다. 고차원 데이터의 문제를 해결하기 위한 방법으로는 *변수 선택(variable selection)*과 *변환(transformation)* 기법이 존재한다[74]. 변수 선택은 불필요하거나 중복되는 변수들을 제거함으로써 차원을 줄이는 기법이다. 예를 들어, 학생 등록번호나 주소가 학습진도를 예측하는데 불필요하다고 판단되면 이를 제거하고 분석하는 것이 바람직하다. 변환 기법은 데이터를 변환함으로써 차원을 줄이는 것인데, 예를 들면 각 과목의 성적을 평균하여 사용함으로써 변수의 수를 줄일 수도 있다.

데이터 마이닝의 질 평가에 있어 또 하나의 중요한 문제는 *과대적합(overfitting)* 또는 *과소적합(underfitting)* 문제이다. 과대적합은 모델이 필요이상으로 지나치게 구체적이어서 모델의 일반화 능력이 떨어지는 현상을 의미한다. 즉, 과대적합의 경우 학습 집합에서는 높은 정확도를 보여주지만, 형편없는 예측력을 보여준다. 예를 들어, 같은 클래스에 속한 인스턴스의 값은 모두 같은 입력값을 가지고 의사결정나무를 만들면, 모든 하위 노드에 하나의 인스턴스가 속하도록 노드를 나누고, 이를 통해 완벽한 *F*1 스코어를 갖는 의사결정나무가 나온다. 하지만 이 모델은 너무 상세하여, 예측력이 떨어진다.

과소적합은 반대로 지나치게 일반적이어서, 데이터 집합에서 찾을 수 없는 것도 가능하게 한다. 과대적합은 일반화가 부족하지만, 과소적합은 반대로 너무 일반적인 문제가 있다. 예를 들어, 연관분석의 경우를 살펴보면, *minsup*과 *minconf* 값을 낮게 설정하면 많은 규칙을 생성할 수 있는데, 이 경우 과대적합이 발생하여 생성된 규칙이 지나치게 구체적이면 쓸모가 없게 된다. 반대로 *minsup*과 *minconf* 값을 높게 설정하면 과소적합이 발생한다. 극단적으로 *minsup*과 *minconf* 값을 아주 높이면 규칙이 아예 생성되지 않는다. 규칙이 없는 모델은 아무런 정보를 주지 못한다.

과소적합이 특히 문제되는 경우는 데이터 집합에 *부정사례(negative example)*가 존재하지 않는 경우이다. 그림 3.14(a)에서 데이터 집합이 모두 *긍정사례(positive example)*로 구성된다면, $n = 0$이 된다. 부정사례가 없다면 의사결정나무와 같은 분류 알고리즘은 모든 인스턴스를 긍정으로 분류해 버린다. 따라서 분류 알고리즘에서는 긍정과 부정 사례가 적절히 필요하다. 하지만 연관분석은 좀 다르다. 표 3.3의 데이터를 다시 살펴보자. {*라떼*, *홍차*, *베이글*}로 구성되는 아이템 집합이 원데이터에는 들어있지 않다고 하자. 이 말은 데이터를 수집할 당시에는 단 한 명의 고객도 이러한 조합으로 주문하지 않았다는 것을 의미한다. 그렇다고 해서 앞으로 어떤 고객도 이러한 조합으로 주문하지 않는다고 할 수는 없지만 이 가능성을 분석하는 것이 연관분석의 영역은 아니다. 연관분석에서는 이러한 규칙보다 긍정사례(실제 주문사례) 중 좀더 빈번한 사례를 찾아내는 데 초점을 맞춘다. 그럼에도 불구하고, 어떤 분석에 있어서는 라떼, 홍차, 베이글이 하나의 주문에 포함되지 않음과 같은 "부정사례"를 찾는 것이 필요하기도 하다.

좋은 모델을 만드는 과정은 과소적합과 과대적합 사이에서 최적의 균형을 찾는 것이다. 어느 한쪽으로 치우치면 좋은 모델을 만들기 어렵다. 이는 데이터 마이닝 뿐만 아니라 프로세스 도출 과정에서도 중요하다. 그림 1.5의 페트리넷을 다시 살펴보면 구축된 프로세스 모델이 이미 발생한 이벤트 로그를 반영할 뿐만 아니라 학습 집합에는 없으나 일반적인 이벤트의 순서까지도 반영함을 알 수 있다. 예를 들어, 이벤트 로그에는 $\langle a, h \rangle$로 이루어진 사례, 즉 등록 후 바로 거부되는 사례가 존재하지 않는다. 이것이 이런 가능성이 전혀 없다는 것은 아니다. 그러나 만약 로그에는 이런 흐름이 없는데 이를 허락하는 모델을 만들면 이는 과소적합일 수 있다. 이런 딜레마는 로그에 부정사례가 없기 때문에 발생한다. 이벤트 로그의 자취는 과거에 발생된 정보를 포함하고, 발생하지 말아야 하는 것에 대한 정보는 포함하지 않기 때문이다. 이 문제는 다음 장들에서 다시 다루기로 한다.

끝으로 *오캄의 면도날(Occam's Razor)*에 대해 설명한다. 오캄의 면도날은 14세기 영국의 스콜라 철학자인 윌리엄 오캄(William of Ockham)에서 유래되었다. 오캄의 면도날 원칙은 "무언가를 설명할 때 불필요한 것을 포함시켜서는 안 된다"는 말로 요약할 수 있다. 데이터 마이닝에서 이 원리를 적용하자면 데이터 집합을 설명할 수 있는 가장 "단순한 모델"을 찾아야 한다는 뜻이다. 오캄의 면도날 원리는 앞서 설명한 과대적합과 과소적합의 균형을 찾는 문제와도 연관되어 있다. 오캄의 면도날 원리를 정형화한 것 중의 하나가 *MDL (Minimal Description Length)* 원리이다[69, 130]. MDL 원리에 따르면, 모델의 질을 $F1$ 스코어와 같은 성과지표에 의해서 평가해서는 안되고, 모델의 단순성에 의해 평가한다. 뿐만 아니라, 3.6.2 절의 교차 검증 기법과 같은 측정 방법은 지양한다. MDL에서는 학습 집합을 가지고 모델을 평가하며 앞으로 발생할 데이터에 관해 평가하지 않는다. MDL에서 지향하는 최고의 모델은 *데이터 집합과 모델의 인코딩을 동시에 최소화*하는 모델이다. 데이터 인코딩을 최소화하기 위해서는 데이터에 존재하는 정규성(regularity)을 이용할 수 있다. 즉, 데이터를 문자 그대로 표시하는 것보다 더 적은 수의 기호로 표현하는 것이 좋다는 것이다. 정규성이 늘어날수록, 데이터는 더 단순해질 수 있다.

"학습"과 "정규성 찾기"는 비슷한 점이 있다. 왜냐하면 데이터의 인코딩을 최소화시켜 단순화시킨다는 것은 데이터에 대해 잘 알고 있다(학습했다)는 뜻이기 때문이다[69]. 데이터로부터 핵심적인 정보를 알아냈다고 하면 데이터를 쉽게 단순화할 수 있다. 그러나 이런 정보를 인코딩하는 것도 공간을 필요로 한다. 복잡하고 과대적합된 모델은 데이터 집합의 인코딩을 줄이는 데 활용할 수 있다. 단순하고 과소적합된 모델 자체는 간단하게 저장되지만, 데이터 집합을 줄이는데 활용할 수 없다. 이런 아이디어는 의사결정나무의 엔트로피 개념과도 연관되어 있다. 좋은 의사결정나무를 생성하는 것은 간결하게 인코딩될 수 있는 균일한 단말 노드들을 찾는 것이다. 하지만 3.2절의 의사결정나무 생성 과정에서는 의사결정나무 자체의 복잡도에 따른 불이익은 고려하지 않았다. MDL의 목표는 (a) 학습된 모델을 바탕으로 인코딩되는 데이터 집합의 엔트로피와 (b) 인코딩되는 모델 자체의 엔트로피를 최소화하는 것이다. 과대적합과 과소적합의 균형을 위해서는, 가변 가중치(variable weight)가 양쪽 인코딩에 연관될 수 있다.

오캄의 면도날 원리는 간단하지만 실제 적용하기는 쉽지 않다. 실생활에서 발생하는 복잡한 데이터로부터 핵심적이고 유용한 정보를 이끌어내는 일은 매우 중요한 작업이다. 사실 복잡한 데이터를 여러 가지 기법을 적용하여 그럴 듯하게 포장하는 것은 어렵지 않다. 하지만 제대로 활용한다면 데이터 마이닝 기법의 가치는 무궁무진하다. 또한 프로세스 마이닝을 통해 데이터 마이닝 영역에 프로세스라는 하나의 차원을 추가하고 이벤트 데이터를 분석할 수 있다. 프로세스 마이닝은 프로세스 모델링과 분석이라는 영역과 데이터 마이닝이라는 영역을 연결하는 다리 역할을 한다고 볼 수 있다.

제 II 편

이벤트 로그에서 프로세스 모델까지

1장 서론

I부: 준비

2장 프로세스 모델링과 분석

3장 데이터 마이닝

II부: 이벤트 로그에서 프로세스 모델까지

4장 데이터 수집

5장 프로세스 도출 서론

6장 고등 프로세스 도출 기법

III부: 프로세스 도출을 넘어

7장 적합도 검사

8장 다양한 측면에서의 프로세스 마이닝

9장 운영 지원

IV부: 프로세스 마이닝 실제

10장 지원 툴

11장 "라자냐 프로세스" 분석

12장 "스파게티 프로세스" 분석

V부: 결론

13장 지도제작과 항해

14장 에필로그

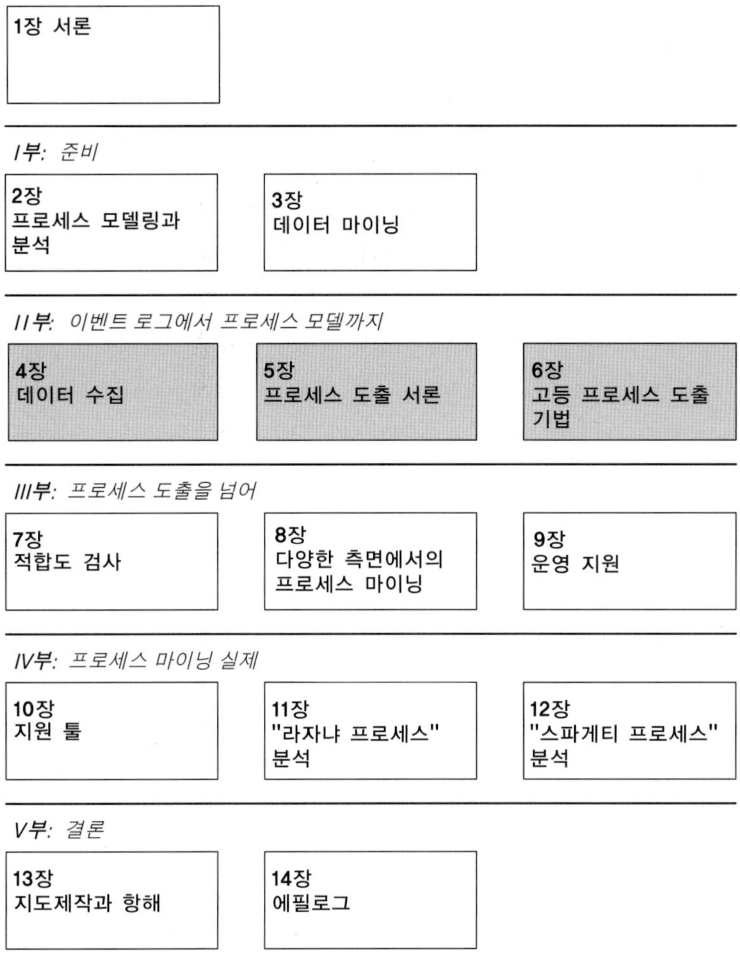

앞서 이해를 돕기 위해 프로세스 마이닝을 위한 기초 지식에 대한 설명을 했고, 이제는 프로세스 마이닝의 중요한 도전 문제인 이벤트 로그에서 프로세스 모델을 도출하는 방법에 대해서 설명한다. 우선 제4장에서는 프로세스 도출을 위한 입력 데이터에 대해서 설명한다. 제5장에서는 α-알고리즘에 대해서 상세히 설명한다. 이 기본적인 알고리즘은 프로세스 마이닝의 기본과 앞으로의 프로세스 마이닝 도전 과제에 대한 이해를 돕는다. 마지막으로 제6장에서는 최신 프로세스 도출 알고리즘에 대해 설명하고, 이를 통해 어떤 문제를 풀 수 있는지 보여준다.

장 4
데이터 수집

요 약 잘 정리된 이벤트 로그가 없으면 프로세스 마이닝은 불가능하다. 이 장은 이러한 이벤트 로그에서 표현되어야만 하는 정보에 대해 설명한다. 적용하는 프로세스 마이닝 기법에 따라 그 요구사항은 달라질 수 있는데, 가장 어렵고 힘든 부분은 데이터베이스, 파일, 메시지 로그, 트랜잭션 로그, ERP 시스템, 문서관리시스템과 같은 다양한 데이터 소스로부터 필요한 데이터를 추출해 내는 것이다. 데이터를 합치고 추출할 때 데이터의 표현된 형식과 의미가 모두 중요하다. 또한 답을 해야하는 질의에 따라 다양한 관점으로 데이터를 분석해야만 한다.

제 4.1 절 데이터 소스

제1장에서 프로세스 마이닝에 대해 설명하였는데, 그 개념은 프로세스 지향적인 관점에서 이벤트 데이터를 분석하는 것이다. 프로세스 마이닝의 목표는 시스템 운영 프로세스에 대한 여러 가지 질문에 답을 하는 것이다. 예를 들어:

- 과거에 무엇이 *정말로* 발생하였는가?
- 그것은 왜 발생하였는가?
- 언제 그리고 왜 조직이나 구성원들이 제대로 대응하지 못하였나?
- 어떻게 프로세스를 좀 더 잘 제어할 수 있는가?
- 프로세스 성능을 높이기 위해 어떻게 프로세스를 재설계할 수 있는가?

이러한 질문에 대한 답을 할 수 있는 다양한 기법에 대해 다음 장에서 계속 설명할 것이다. 그 전에 먼저 분석에 필요한 이벤트 데이터에 대해 알아본다.

그림 4.1은 이벤트 데이터에 대해 강조한 전반적인 ”프로세스 마이닝 워크플로우”에 대해 보여주고 있다. 시작점은 모든 종류의 데이터 소스에 감추어진 “가공되지 않은(raw)” 데이터이다. 데이터 소스는 단순한 컴퓨터 파일, 엑셀 스프레드시트, 트랜잭션 로그, 데이터베이스 테이블이 될 수 있다. 하지만 잘 구조화된 하나의 데이터 소스로부터 모든 데이터를 구할 수 있다고 생각하면 안 된다. 현실에서 이벤트 데이터는 대개 다양한 데이터 소스에 흩어져 있고, 종종 관계된 데이터를 구하기 위해서 어느 정도의 노력이 필요하다. 예를 들어, 10,000개

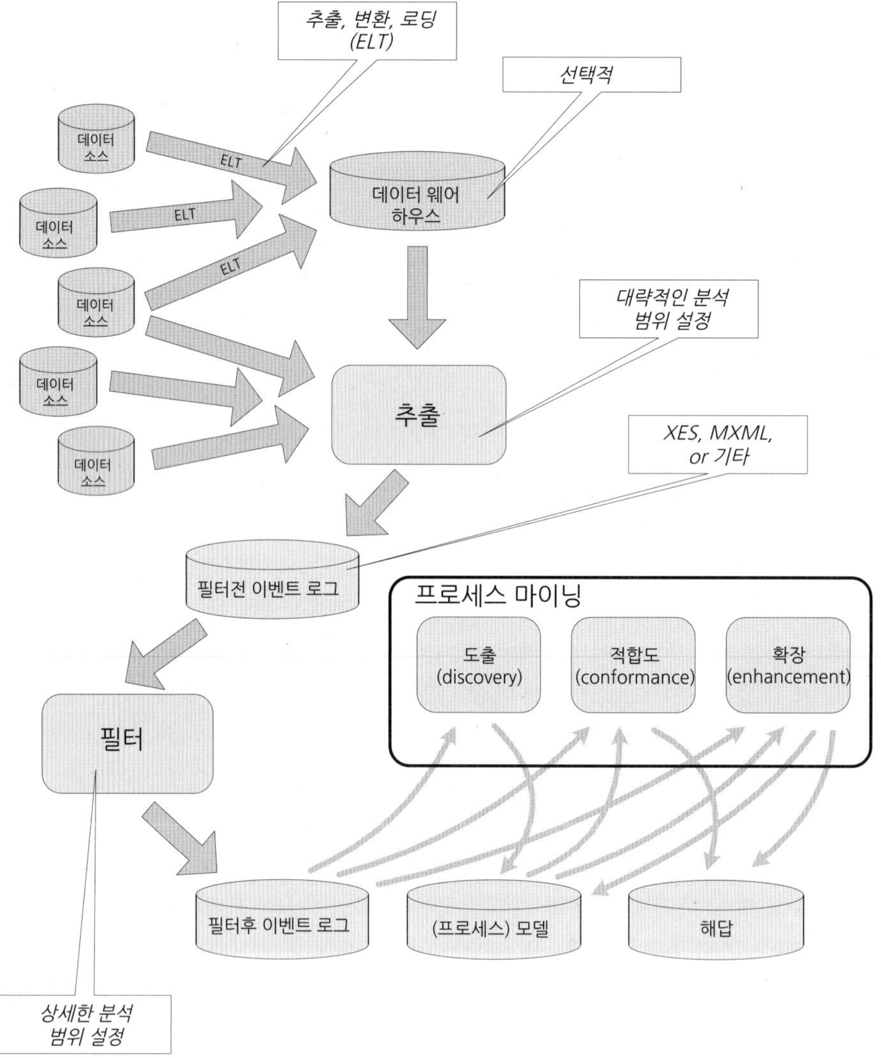

그림 4.1 이질적인 데이터 소스로부터 프로세스 마이닝 결과를 얻어내는 워크플로우 전체 개요

이상의 테이블을 가지고 있는 완전하게 구현된 SAP에서, 데이터는 기술적인 이유나 조직적인 이유에 따라 산재되어 있을 수 있다. 중요한 데이터를 가지고 있는 기존 레거시 시스템이나 단순히 부서 레벨에서만 사용되는 정보시스템이 있을 수 있다. 공급망 분석과 같이 범조직적인 프로세스 마이닝에서는 데이터가 여러 조직에 걸쳐 흩어져 있을 수밖에 없다. 이벤트는 교환되는 메시지(예를 들어, SOAP 메시지)로부터 추출해 내거나[9], 읽기, 쓰기 동작의 기록에서 찾아낼 수 있다[53]. 데이터 소스는 메타데이터에 의해 구조화되거나 잘 설명될 수 있지만, 불행히도 많은 경우 데이터는 구조화되어 있지 않거나 중요한 메타데이터가 없다. 웹 페이지, 전자우편, PDF 문서, 스캔된 문서, 화면의 일부분과 같은 것에서 데이터가 생성되었을 수도 있다. 만약 데이터가 잘 구조화되어 있고 메타데이터에 의해 잘 설명된다고 하더라도 기업 정보시스템의 순수한 복잡도가 문제될 수 있다. 수천 개의 데이터베이스 테이블과 서로 다른

데이터 소스로부터 이벤트 로그를 하나도 빠짐없이 총망라하려고 시도하는 것은 불가능하다. 데이터의 가용성에 기반하기보다는 질문을 통해 데이터를 추출해야 한다.

비즈니스 인텔리전스와 데이터 마이닝에서는 *"추출(Extract), 변환(Transform), 로드(Load)"* (ETL)라는 용어가 다음과 같은 프로세스를 설명하는 데 사용된다. (a) 외부 소스로부터 데이터를 *추출*한다. (b) 추출한 데이터를 운용할 수 있는 요구사항(사전에 정의된 품질 레벨에 맞는지 확인하면서 문법적, 의미적인 이슈를 처리)에 맞춰 *변환*한다. (c) 변환된 데이터를 데이터웨어하우스나 관계형 데이터베이스와 같은 목표 시스템에 *로드*한다. 데이터웨어하우스는 조직의 트랜잭션이나 운영 데이터의 논리적인 하나의 저장소이다. 데이터웨어하우스는 데이터를 생성하지 않고 단순히 운영 시스템으로부터 데이터를 가져오는데, 이는 보고, 분석, 예측 등에 사용되는 정보를 일치시키기 위함이다. 그림 4.1은 데이터웨어하우스를 만들기 위해 ETL 활동을 보여준다. 데이터웨어하우스에서 요구하는 공통된 뷰를 생성하기 위해서 어느 정도의 노력이 필요하다. 서로 다른 데이터 소스는 다른 키 값을 사용할 수 있고, 서로 다른 데이터 포맷 형태를 취할 수 있다. 예를 들어, 하나의 데이터 소스가 병원 환자를 구별하기 위해 환자의 성(姓)과 생년월일을 사용할 수 있지만, 다른 데이터 소스는 환자의 주민등록번호를 사용할 수 있다. 어떤 데이터 소스는 날짜 포맷을 "31-12-2010"으로 사용할 수 있지만, 다른 소스는 "2010/12/31"의 포맷을 사용할 수 있다.

만약 이미 데이터웨어하우스가 있다면, 프로세스 마이닝을 위한 유용한 입력 데이터를 가지고 있을 가능성이 높지만, 한편으로 많은 조직에서 잘 정의된 데이터웨어하우스를 가지고 있지 않고 있다. 즉, 많은 조직의 데이터웨어하우스는 종단간 프로세스 마이닝의 필요한 정보의 일부분(예를 들어 고객에 한정된 데이터)만 가지고 있을 수 있다. 데이터웨어하우스가 있다하더라도 그것은 프로세스 지향적인 형태가 될 필요가 없었다. 예를 들어 *OLAP(Online Analytical Processing)*을 위해 사용되는 전형적인 데이터웨어하우스의 데이터는 프로세스와 관련된 정보를 많이 포함하지 않는다. OLAP 도구는 다차원 데이터를 다양한 각도에서 심층 검토할 수 있게 보여주고, 거의 모든 종류의 보고서를 생성할 수 있게 한다. 하지만 OLAP 도구는 비즈니스 이벤트나 그 이벤트의 순서를 저장하지는 않는다. 제3장에서 설명한 대부분의 데이터 마이닝 접근법에서 사용되는 데이터 집합 또한 이와 관련된 정보를 저장하지 않는데, 예를 들어 의사결정나무 학습은 행(인스턴스)과 열(변수)로 이루어진 테이블에 대해 적용될 수 있다. 다음 장에서 설명하겠지만, 프로세스 마이닝은 관련된 이벤트와 그 순서에 관련된 정보를 필요로 한다.

데이터웨어하우스의 보유 여부와 상관 없이, 데이터는 추출되어야 하고 이벤트 로그의 형태로 변환되어야 한다. 여기서 분석 *범위 정하기(scoping)*는 매우 중요하다. 종종 문제는 단순히 데이터를 정해진 형태에 맞게 변환하는 것이 아니라 필요한 적절한 데이터를 선택하는 것이 되기도 한다. "10,000개 이상의 SAP 테이블에서 어떤 것들이 변환되어야 하는가?"라는 질문에 먼저 답할 수 있어야 한다. 이벤트 로그를 저장하기 위한 전형적인 포맷은 *XES* (eXtensible Event Stream)와 *MXML* (Mining eXtensible Markup Language)이다. 이 부분은 4.3절에서 보다 자세히 다룬다. 우선은 *하나의 이벤트 로그는 하나의 프로세스에 해당한다*고 가정한다. 즉, 추출 단계에서 데이터의 범위를 정할 때, 오직 분석할 프로세스와 연관된 이벤트만 포함해야 한다. 4.4절에서는 "3-D 데이터"를 "2-D 이벤트 로그"로 변환하는 것, 즉, 이벤트가 원하는 프로세스 모델에 투영되는 방법을 설명한다.

선택한 질문과 관점에 따라 동일한 데이터 집합으로부터 다른 이벤트 로그가 추출될 수 있다. 병원의 데이터의 예를 보면, 어떤 사람은 환자의 흐름, 즉 전형적인 진단과 치료의 경로를 발견하는 것에 관심이 있을 수 있고, 다른 사람은 방사선과 내부의 워크플로우를 최적화하는 것에 관심이 있을 수 있다. 일부 이벤트는 두 질문에 공통적으로 필요할 수 있지만, 두 질문은 기본적으로 서로 다른 이벤트 로그를 요구한다. 일단 이벤트 로그가 생성된 후에 일반적으로 *필터링*이 필요하다. 필터링은 반복 프로세스이다. 데이터에서 이벤트 로그를 추출할 때에는 *덜 정제된 범위*에 따르는데, 필터링은 초기 분석 결과를 바탕으로 보다 *정교하게 정제된 범위*에 따라 수행된다. 예를 들어 프로세스 발견을 위해 가장 빈번하게 발생하는 10개의 작업에 집중하여 모델을 관리한다고 결정하고 이에 대한 필터링을 수행할 수 있다.

필터링된 로그는 1.3절에 설명한 *발견*, *적합성*, *확장*의 여러 가지 타입의 프로세스 마이닝이 적용될 수 있다:

그림 4.1이 전체 프로세스의 반복적인 특성을 잘 반영하고 있지 않지만, 프로세스 마이닝 결과는 거의 대부분 새로운 문제를 제기하게 하고 이러한 문제들은 새로운 데이터 소스를 찾아내게 하고 더 자세한 데이터를 추출하게 한다. 일반적으로는 대여섯 번의 추출, 필터링, 마이닝 단계의 반복이 필요하다.

제 4.2 절 이벤트 로그

표 4.1은 이미 제1장에서 논의한 이벤트 로그의 일부분을 보여준다. 이 표는 프로세스 마이닝을 위해 사용되는 이벤트 로그에 나타나는 전형적인 정보를 보여준다. 이 표는 보상 요청 처리 프로세스와 관련된 이벤트를 보여준다. 하나의 이벤트 로그는 *단일 프로세스*에 관련된 데이터를 포함한다고 가정하는데, 즉 그림 4.1의 첫 단계인 덜 정제된 범위 정하기 단계에서는 모든 이벤트들이 분석 대상인 하나의 프로세스와 관련된 것인지를 확인해야 한다. 특히 로그에 있는 각 이벤트는 종종 *케이스*라고 하는 *단일 프로세스 인스턴스*를 참조해야 한다. 표 4.1에서 각 요청은 하나의 케이스에 대응된다. 또한 이벤트가 *작업*에 관련되어 있다고 가정한다. 표 4.1에서 이벤트는 *요청 등록*, *항공권 확인*, *보상 거부* 등과 같은 작업과 연관되어 있다. 이런 가정은 프로세스 마이닝의 관점에서 볼 때 매우 당연하다. 제2장에서 논의한 표기법을 포함한 모든 주요한 프로세스 모델링 표기법에서 프로세스는 단일 인스턴스의 라이프사이클을 표현할 수 있는 작업의 집합이라고 명시하고 있다. 따라서 표 4.1의 "케이스 번호"나 "작업" 열은 프로세스 마이닝을 위한 최소한의 정보이다. 또한 케이스 내부의 이벤트들은 순서가 정해져야 한다. 예를 들어 이벤트 35654423 (케이스 1의 *요청 등록* 작업)은 이벤트 35654424 (동일한 케이스의 *정밀 검사* 작업)보다 선행되어야한다. 순서에 대한 정보가 없으면 당연히 프로세스 모델에서 인과 관계를 찾아내는 것은 불가능하다.

표 4.1 이벤트 로그 조각: 각 라인은 하나의 이벤트에 해당

케이스 번호	이벤트 번호	특성				
		타임스탬프	작업	자원	비용	...
	35654423	30-12-2010:11.02	요청 등록	Pete	50	...
1	35654424	31-12-2010:10.06	정밀 검사	Sue	400	...
	35654425	05-01-2011:15.12	항공권 확인	Mike	100	...
	35654426	06-01-2011:11.18	판정	Sara	200	...
	35654427	07-01-2011:14.24	보상 거절	Pete	200	...
	35654483	30-12-2010:11.32	요청 등록	Mike	50	...
2	35654485	30-12-2010:12.12	항공권 확인	Mike	100	...
	35654487	30-12-2010:14.16	약식 검사	Pete	400	...
	35654488	05-01-2011:11.22	판정	Sara	200	...
	35654489	08-01-2011:12.05	보상 지불	Ellen	200	...
	35654521	30-12-2010:14.32	요청 등록	Pete	50	...
3	35654522	30-12-2010:15.06	약식 검사	Mike	400	...
	35654524	30-12-2010:16.34	항공권 확인	Ellen	100	...
	35654525	06-01-2011:09.18	판정	Sara	200	...
	35654526	06-01-2011:12.18	요청 재검토	Sara	200	...
	35654527	06-01-2011:13.06	정밀 검사	Sean	400	...
	35654530	08-01-2011:11.43	항공권 확인	Pete	100	...
	35654531	09-01-2011:09.55	판정	Sara	200	...
	35654533	15-01-2011:10.45	보상 지불	Ellen	200	...
	35654641	06-01-2011:15.02	요청 등록	Pete	50	...
4	35654643	07-01-2011:12.06	항공권 확인	Mike	100	...
	35654644	08-01-2011:14.43	정밀 검사	Sean	400	...
	35654645	09-01-2011:12.02	판정	Sara	200	...
	35654647	12-01-2011:15.44	보상 거절	Ellen	200	...
...	...	...	...	...	...	...

표 4.1은 또한 각 이벤트에 대한 부가 정보를 보여주고 있다. 예를 들어 모든 이벤트는 *타임스탬프*, 즉 "30-12-2010:11.02"와 같이 표현되는 날짜와 시간에 대한 정보를 포함한다. 이 정보는 두 작업 간의 대기 시간 같은 성과와 관련된 분석에 유용하다. 표 4.1의 이벤트는 *자원*, 즉 그 작업을 수행한 사람에 대한 정보도 포함하고 있고, *비용* 정보 역시 이벤트에 연결되어 있다. 프로세스 마이닝에서 이러한 특성들은 *속성(attributes)*이라고 한다. 이 속성들은 제3장에서 언급한 변수의 의미와 유사하다.

그림 4.2는 이벤트 로그의 트리 구조를 나타내고 있다. 이 그림을 이용하여 이벤트 로그에 대한 가정을 다음과 같이 나열할 수 있다.

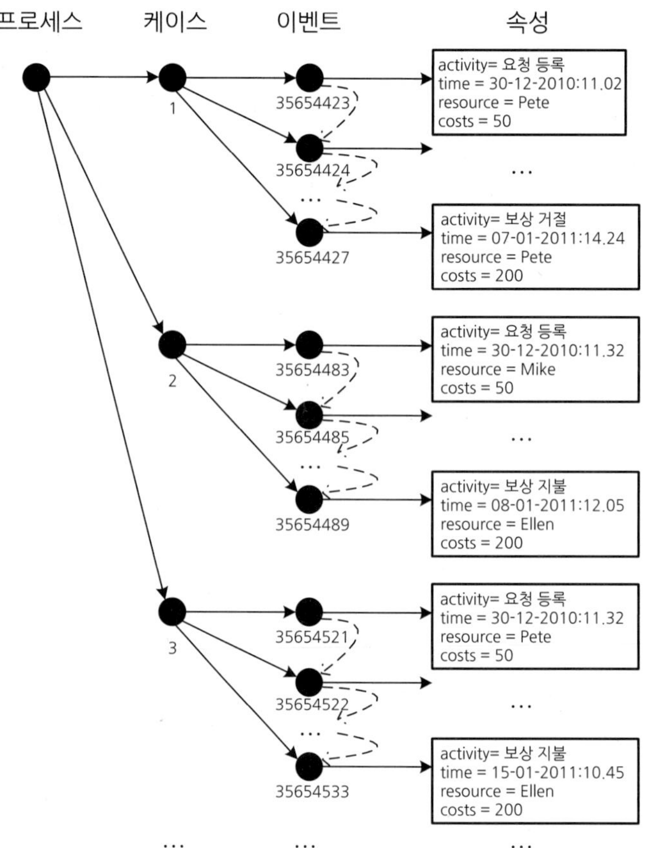

그림 4.2 이벤트 로그의 구조

- *프로세스*는 *케이스*들로 구성된다.
- 케이스는 정확하게 하나의 케이스에 관련된 *이벤트*들로 구성된다.
- 케이스에 포함된 이벤트들은 *순서*가 있어야 한다.
- 이벤트는 *속성*들을 가져야 한다. 일반적인 속성 이름의 예는 작업, 시간, 비용, 자원이다.

모든 이벤트가 동일한 속성 집합을 가질 필요는 없지만, 일반적으로 동일한 작업에 대응되는 이벤트는 동일한 속성을 집합으로 가진다.

로그에 대해 추론을 진행하고 이벤트 로그의 정확한 요구사항을 명시하기 위해 다양한 표현법을 공식화하였다.

Definition 4.1 (이벤트(Event), 속성(Attribute)). $\mathscr{E}$는 *이벤트 유니버스(event universe)*, 즉 모든 가능한 이벤트 번호의 집합이라고 하자. 이벤트는 다양한 *속성*들(예, 이벤트는 하나의 작업에 연결되며, 타임스탬프를 가질 수 있고, 비용 정보를 포함하고, 특정인에 의해 실행됨)에 의해 특징을 가질 수 있게 된다. AN은 속성 이름의 집합이라고 한다. 이벤트 $e \in \mathscr{E}$와 이름

$n \in AN$에 대해: $\#_n(e)$은 이벤트 e의 속성 n의 값을 나타낸다. 만약 이벤트 e가 n이라는 이름의 속성을 가지지 않는다면, $\#_n(e) = \perp$ (널(null) 값)이다.

앞으로 편의를 위해 다음과 같은 표준 속성을 가정한다:

- $\#_{activity}(e)$ 는 이벤트 e와 연관된 *작업*이다.
- $\#_{time}(e)$는 이벤트 e의 *타임스탬프*이다.
- $\#_{resource}(e)$는 이벤트 e와 연관된 *자원*이다.
- $\#_{trans}(e)$는 이벤트 e와 연관된 *트랜잭션 타입*으로, 예를 들어 스케줄, 시작, 완료, 보류 등이 있다.

위 내용은 단순히 예일 뿐이다. 이 속성들 중 어느 것도 필수인 것은 없다. 하지만 이 표준 속성들에 대해 어느 정도 규약이 있다고 가정한다. 예를 들면, 이벤트 로그에서 나중에 나오는 이벤트의 타임스탬프의 값이 줄어들면 안된다. 특히 타임 도메인 $\mathscr{T}$를 가정하는데, 즉 어떤 $e \in \mathscr{E}$에 대해 $\#_{time}(e) \in \mathscr{T}$를 만족해야 한다. 트랜잭션 타입 속성$\#_{trans}(e)$은 작업의 라이프사이클을 참조한다. 대부분의 경우 작업은 시간을 소요한다. 따라서 이벤트는 작업의 시작 또는 완료를 나타낼 수 있다. 이 책에서는 그림 4.3의 *트랜잭션 라이프사이클 모델*을 가정한다.

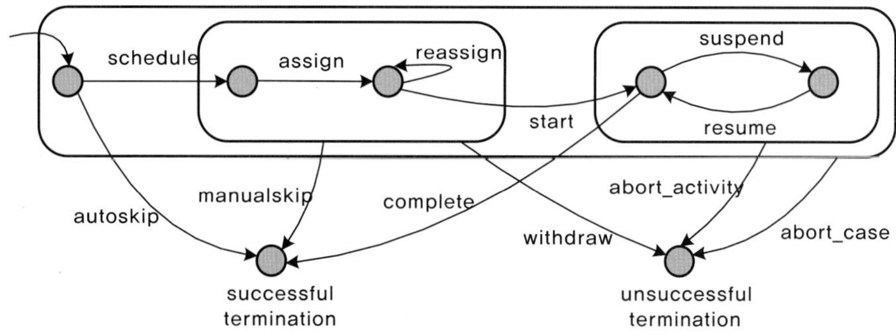

그림 4.3 표준 트랜잭션 라이프사이클 모델: *abort_activity(작업 취소), abort_case(케이스 취소), assign(할당), autoskip(자동 건너뜀), complete(종료), manualskip(수동 건너뜀), reassign(재할당), resume(재개), schedule(스케줄), start(시작), successful termination(성공 종료), suspend(보류), unsuccessful termination(실패 종료), withdraw(철회)*

그림 4.4는 이 라이프사이클 모델을 설명하는 몇 가지 예제를 보여준다. 다섯 가지 작업 인스턴스의 라이프사이클이 보여지는데 이는 a, b, c, d, e 로 나타난다. a는 실행을 위해 스케줄(schedule)되며 첫 번째 이벤트가 발생한다. 즉 $\#_{trans}(e_1) = schedule$과 $\#_{activity}(e_1) = a$를 만족하는 이벤트 e_1이 발생한 것이다. 둘째로 자원이 작업에 할당 $\#_{trans}(e_2) = assign$되고 $\#_{activity}(e_2) = a$인 이벤트 e_2가 발생된다. 다음으로 그 자원에 의해 작업이 시작되고, 마지막으로 작업은 종료된다. 즉, 총 네 개의 이벤트가 발생한다. b는 일곱 개의 이벤트가 연관되어 있다. a에 비교했을 때, 처음에 작업을 수행할 것으로 예상되던 자원이 변경되는 "reassign(재할당)", 잠시 수행을 멈추는 "suspend(보류)", 그리고 "resume(재개)"가 추가되었다. 물론 이벤트가 기록되지 않았거나 특정 단계가 필요하지 않아서 트랜잭션 라이프사이클 모델의 몇

단계가 없을 수도 있다. 그림 4.4의 *d*는 단지 두 개의 이벤트를 가지고, *e*는 완료만 기록되어 하나의 이벤트만 갖는다. 트랜잭션 타입 "autoskip(자동 건너뜀)"은 시스템에 의해 그 작업이 자동으로 건너 뛰었다는 것이다. "manualskip(수동 건너뜀)"은 자원이 특정 작업을 수행없이 넘어갈 것을 지시했다는 것을 의미하고, "abort_activity(작업 취소)"와 "abort_case(케이스 취소)"는 작업이나 전체 케이스를 취소하는 것에 상응한다. "withdraw(철회)" 이벤트는 하나의 작업이 시작되기 전에 취소하는 경우에 발생한다. 그림 4.3은 모든 트랜잭션 타입, 가능한 행위, 그리고 영향에 대해 나타내고 있다. 예를 들어 트랜잭션 라이프사이클 모델에 의하면 "abort_activity"는 작업 인스턴스가 진행(즉, start, suspend, 또는 resume)되고 있을 때만 가능하다.

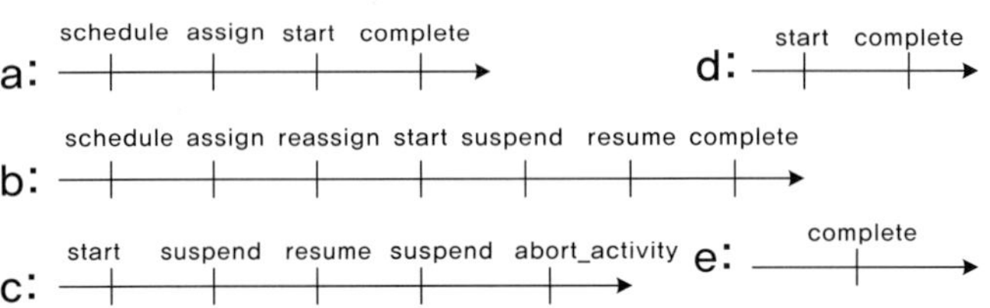

그림 4.4 다섯 가지 작업 인스턴스에 대한 트랜잭션 이벤트

이벤트는 많은 속성들을 가질 수 있는데, 종종 작업 이름을 사용하여 이벤트를 지칭한다. 엄밀하게 이것은 옳은 방법은 아니다. 동일한 작업 이름을 가지는 많은 이벤트들이 있을 수 있다. 하나의 케이스 안에서 이런 이벤트들은 동일한 작업 인스턴스(예, start와 complete 이벤트) 또는 다른 작업 인스턴스(예, 반복)를 지칭할 수 있다. 서비스 시간, 대기 시간과 같은 것을 측정할 때 이 구분은 특히 중요하다. 예를 들어 동일한 작업이 하나의 케이스에 두 번 시작된 시나리오, 즉 두 작업 인스턴스가 동시에 실행되다가 그 중 하나가 먼저 종료된 경우를 생각해보자. 둘 중에서 어떤 작업이 종료되었는가? 첫 번째 시작된 작업인가 아니면 두 번째 시작된 작업인가? 그림 4.5는 이런 딜레마를 보여주고 있다. 동일한 작업에 두 개의 시작 뒤에 두 개의 종료가 뒤따르는 상황에서 두 가지의 가능한 시나리오가 있다. 첫째 시나리오는 두 작업 인스턴스의 시간이 각각 5시간, 6시간인 것이다. 다른 하나의 시나리오는 두 작업 인스턴스의 시간이 각각 9시간, 2시간인 것이다. 두 경우 모두 이벤트 로그에 동일한 발자취를 남기고 있다.

이 문제는 로그에 부가적인 정보를 추가하거나 휴리스틱을 사용함으로써 해결할 수 있다. 이것은 "이차적인 상관관계 문제", 즉 동일한 케이스 내에 존재하는 상관관계를 가진 두 개의 이벤트를 찾는 문제이다. 첫째 상관관계 문제는 케이스와 이벤트를 연관짓는 문제, 즉 프로세스 인스턴스에 관한 것이다[60]. 그림 4.5는 동일한 작업 인스턴스를 가지고 있기 때문에 하나의 케이스 내부에서도 이벤트에 관해 상관관계를 정할 필요가 있다는 것을 보여주고 있다. 새로운 시스템을 구현할 때에는, 이러한 내용을 추적할 수 있도록 단순히 작업 인스턴스 속성을 삽입하여 이런 정보를 쉽게 로그에 추가할 수 있다. 기존 시스템에 대해 처리는 생각보다 쉽지 않다. 예를 들어 조직 간의 메시지를 상호 연관지을 때 적당한 식별자(예, 주소 또는 이름)를 찾아내기 위해 메시지의 내용을 스캔할 필요가 있다. 그림 4.5와 같은 상황에서 단순히 선입선출(first-in-first-out)을 원칙으로 정하고 첫째 시나리오를 선택하는 것처럼, 문제를 해결하기 위해 휴리스틱을 사용하는 것도 역시 가능하다. 특히, 시작 이벤트와 종료 이벤트 사이의 시간이 너무 길면 타임아웃을 사용할 수도 있다. 예를 들어 시작 이벤트가 발생하고 그에 상응하는 종료 이벤트가 45분 내에 발생하지 않는다면 그 시작 이벤트를 로그에서 삭제하는 것이다.

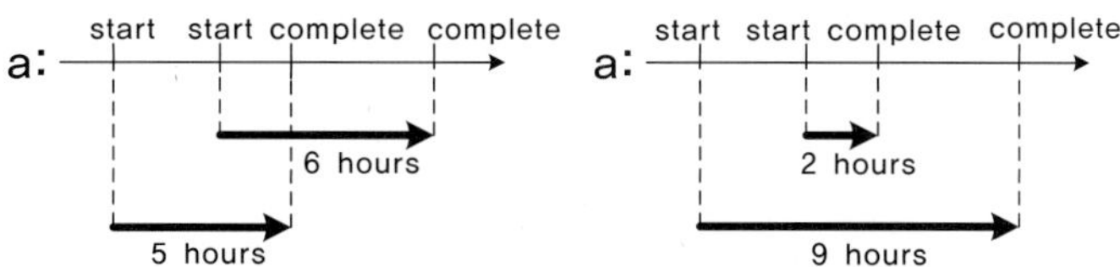

그림 4.5 로그에 동일한 기록을 남긴 두 작업 인스턴스에 대한 두 가지 시나리오

프로세스 마이닝 기법은 자동으로 프로세스 모델을 발견하기 위해 사용될 수 있다. 이러한 프로세스 모델에서 작업은 중요한 역할을 한다. 이 작업은 페트리넷에서 트랜지션(transitions), YAWL에서는 태스크(tasks), EPC에서는 함수(functions), 트랜지션 시스템에서는 상태 변이(state transitions), BPMN에서는 태스크(tasks)에 해당한다. 한편, 그림 4.3의 트랜잭션 라이프사이클 모델은 동일한 작업을 지칭하는 복수 개의 이벤트가 있을 수 있다는 것을 보여준다. 일부 프로세스 마이닝 기법은 단지 원자 단위의 이벤트를 고려하는데 반해, 다른 기법에서는 이 트랜잭션 모델을 고려하기도 한다. 또한, 어떤 경우는 완료 이벤트만을 집중해서 보기를 원하고, 어떤 경우는 철회 이벤트에 한정해서 보기도 한다. 이런 경우에 필터링(예, 특정 타입의 이벤트를 제거)과 *구분자(classifier)*의 개념을 활용할 수 있다. *구분자는 이벤트의 속성을 결과* 프로세스 모델에서 사용되는 *라벨로 매핑하는 함수이다*. 이것은 이벤트의 "이름"으로 볼 수 있는데, 원칙적으로 많은 구분자가 있을 수 있지만, 한 번에는 오직 하나만이 사용된다. 여기서는 프로세스 모델에 사용되는 이름으로 $\underline{e}$를 사용한다.

Definition 4.2 (구분자(Classifier)). 이벤트 $e \in \mathscr{E}$에 대해, $\underline{e}$는 이벤트의 *이름*이다.

만약 이벤트들이 단지 작업 이름만으로 식별된다면, $\underline{e} = \#_{activity}(e)$이다. 이것은 그림 4.4의 작업 인스턴스가 $\langle a,a,a,a \rangle$로 매핑될 수 있다는 것을 의미한다. 이 경우, 기초적인 α-알고리즘(트랜잭션 정보를 사용하지 않는)은 단지 하나의 트랜지션을 만든다. 만약 이벤트가 작업 이름과 트랜잭션 타입으로 식별되면, $\underline{e} = (\#_{activity}(e), \#_{trans}(e))$가 된다. 이 경우 작업 인스턴스 a는 $\langle (a, schedule), (a, assign), (a, start), (a, complete) \rangle$로 매핑되고, α-알고리즘은 a의 라이프사이클을 참조하는 네 가지 트랜지션을 만들어 낼 것이다. 5.2.4절과 같이 시작, 종료 등과 같은 트랜잭션 타입 속성은 서브프로세스에 개별 작업의 트랜잭션 라이프사이클을 숨겨두는 2단계 프로세스 모델의 생성에 활용할 수 있다. 그리고 $\underline{e} = \#_{resource}(e)$와 같이 완전히 다른 구분자를 사용할 수도 있다. 이 경우 이벤트는 그 이벤트를 실행하는 자원의 이름으로 명명된다. 이 책에서는 구분자 $\underline{e} = \#_{activity}(e)$를 *기본 구분자*로 사용하는 것으로 가정한다. 따라서 앞의 예제에서도 작업 속성을 필수 요소로 가정했다.

순서(Sequences)

순서는 이벤트 로그에서 자취를 표시하는 가장 자연스러운 방법이다. 페트리넷과 트랜지션 시스템의 운용 의미(operational semantics)를 표시할 때 패턴을 순서의 형태로 모델링하였다. 여기서 순서에 대한 몇 가지 유용한 연산자를 소개한다.

주어진 집합 A에 대해, A^*는 A에 대한 모든 유한 순서의 집합이다. 길이 n인 A에 대한 유한 순서는 $\sigma \in \{1,\ldots,n\} \rightarrow A$로 매핑된다. 이런 순서는 문자열, 즉 $\sigma = \langle a_1, a_2, \ldots, a_n \rangle$으로 표현되는데, 이때 $1 \leq i \leq n$에 대해 $a_i = \sigma(i)$이다. $|\,\sigma\,|$은 순서의 길이를 의미하는데, $|\,\sigma\,| = n$이 된다. $\sigma \oplus a' = \langle a_1, \ldots, a_n, a' \rangle$은 순서의 마지막 위치에 원소 a'을 추가하는 연산이다. 유사하게 $\sigma_1 \oplus \sigma_2$는 σ_1의 뒤에 σ_2를 추가하는 것으로 전체 길이는 $|\,\sigma_1\,| + |\,\sigma_2\,|$가 된다.

$hd^k(\sigma) = \langle a_1, a_2, \ldots, a_{k\ min\ n} \rangle$는 처음부터 (가능하다면) k번째까지 원소로 이루어진 순서의 "앞부분(head)"이다. $hd^0(\sigma)$은 원소가 없는 빈 순서이고, $k \geq n$이면 $hd^k(\sigma) = \sigma$가 된다. $pref(\sigma) = \{hd^k(\sigma) \mid 0 \leq k \leq n\}$는 σ의 접두(prefix) 순서의 집합이다.

$tl^k(\sigma) = \langle a_{(n-k+1)\ max\ 1}, a_{k+2}, \ldots, a_n \rangle$는 뒤에서부터 (가능하다면) k번째까지 원소로 이루어진 순서의 "뒷부분"이다. $tl^0(\sigma)$는 원소가 없는 빈 순서이고, $k \geq n$이면 $tl^k(\sigma) = \sigma$가 된다.

$\sigma \uparrow X$는 σ로부터 A의 어떤 부분 집합 $X \subseteq A$으로의 프로젝션이다. 예를 들면 $\langle a,b,c,a,b,c,d \rangle \uparrow \{a,b\} = \langle a,b,a,b \rangle$가 되고, $\langle d,a,a,a,a,a,a,d \rangle \uparrow \{d\} = \langle d,d \rangle$가 된다.

A에 대한 순서 $\sigma = \langle a_1, a_2, \ldots, a_n \rangle$에 대해, $\partial_{set}(\sigma) = \{a_1, a_2, \ldots, a_n\}$이고 $\partial_{multiset}(\sigma) = [a_1, a_2, \ldots, a_n]$이다. ∂_{set}는 순서를 집합으로 변환한다. 예를 들어 $\partial_{set}(\langle d,a,a,a,a,a,a,d \rangle) = \{a,d\}$이다. $a \in \partial_{set}(\sigma)$인 경우에 한해서 a는 σ의 원소가 된다. 이를 $a \in \sigma$로 표기한다. $\partial_{multiset}$은 순서를 멀티-집합으로 변환한다. 예를 들어 $\partial_{multiset}(\langle d,a,a,a,a,a,a,d \rangle) = [a^6, d^2]$가 된다. $\partial_{multiset}(\sigma)$은 또한 σ에 대한 *Parikh 벡터*라고 알려져 있다. 이러한 규칙들은 필요할 경우 순서를 집합이나 백(bag)으로 다룰 수 있게 해준다.

이벤트 로그는 케이스들로 이루어져 있고, 케이스들은 이벤트들로 이루어져 있다. 하나의 케이스를 나타내는 이벤트들은 *자취(trace)*, 즉 유일한 이벤트의 순서 형태로 표현된다. 특히 이벤트와 마찬가지로 케이스도 속성을 가질 수 있다.

Definition 4.3 (케이스(Case), 자취(Trace), 이벤트 로그(Event log)). $\mathscr{C}$ 를 케이스 유니버스(case universe), 즉 모든 가능한 케이스 식별자의 집합이라고 하자. 이벤트와 마찬가지로 케이스도 속성을 가진다. 케이스 $c \in \mathscr{C}$ 와 이름 $n \in AN$에 대해: $\#_n(c)$는 케이스 c의 속성 n의 값을 나타낸다. 만약 케이스 c가 n이라는 이름의 속성을 가지지 않는다면 $\#_n(c) = \perp$(null 값)

이다. 각 케이스는 자취 $\#_{trace}(c) \in \mathscr{E}^*$라는 특별한 필수 속성을 가지고 있다. [1] $\hat{c} = \#_{trace}(c)$는 케이스의 자취를 지칭하는 단축표현이다.

*자취*는 각 이벤트가 오직 단 한 번 나타나는 $\sigma \in \mathscr{E}^*$인 이벤트의 유한 순서이다. 즉, $1 \leq i < j \leq |\sigma|$에 대해 $\sigma(i) \neq \sigma(j)$이다.

*이벤트 로그*는 각 이벤트가 전체 로그에서 최대 한 번인 $L \subseteq \mathscr{C}$인 케이스의 집합이다. 즉, 어떤 $c_1, c_2 \in L$에 대해 $c_1 \neq c_2$: $\partial_{set}(\hat{c_1}) \cap \partial_{set}(\hat{c_2}) = \emptyset$이다.

이벤트 로그가 타임스탬프를 포함하면, 자취에서 순서는 이 타임스탬프에 의해 결정되어야 한다. 즉, 어떤 $c \in L$, i, j에 대해 $1 \leq i < j \leq |\hat{c}|$: $\#_{time}(\hat{c}(i)) \leq \#_{time}(\hat{c}(j))$이다.

이벤트와 케이스는 *유일한* 식별자를 이용해 표현된다. 식별자 $e \in \mathscr{E}$는 이벤트를 지칭하고, 식별자 $c \in \mathscr{C}$는 케이스를 지칭한다. 이 규칙은 특정한 이벤트나 특정한 케이스를 지칭할 수 있게 한다. 이것은 동일한 속성을 가지고 있는 많은 이벤트가 있기 때문에 매우 중요하다. 예를 들어 어떤 작업 a의 시작 이벤트들은 서로 다른 케이스들로 기록될 수 있고, 심지어 하나의 케이스 내에서도 그러한 이벤트가 여러 개 있을 수 있다. 유사하게 프로세스에서 동일한 경로를 따르는 다른 케이스들이 있을 수 있다. 이러한 식별자들은 기술적으로 특정 이벤트와 케이스를 알아내는 것을 도와준다. 그러므로 식별자들은 원 데이터 소스에 존재할 필요는 없고, 다양한 데이터 소스로부터 데이터를 추출할 때 생성되어도 된다.

이벤트와 케이스는 속성의 개수에 제한을 받지 않는다. 구분자 규칙을 이용하여 각 이벤트는 이름을 가진다. 그러므로 종종 작업 속성을 가진 이벤트를 요구한다. 케이스들은 항상 자취 속성을 가진다. $\hat{c} = \#_{trace}(c)$는 c를 위해 기록된 이벤트의 순서를 의미한다.

이벤트 로그를 이와 같은 방법으로 공식화하기 위해 *정확하게 요구사항*을 수식화하여, 상세한 *문법*에 대한 *설명없이* 이벤트 로그를 이용한다. 특히 이벤트 로그를 검색하기 위해 이 공식화된 표현법을 사용할 수 있고, 분석과 추론을 위한 시작점으로 이 표현법을 사용할 수 있다. 예를 들면:

- $\{\#_{activity}(e) \mid c \in L \wedge e \in \hat{c}\}$ 은 로그 L에서 나타나는 모든 작업의 집합이다.
- $\{\#_{resource}(e) \mid c \in L \wedge e \in \hat{c} \wedge \#_{trans}(e) = manualskip\}$은 하나의 작업을 실행하지 않는 모든 자원의 집합이다.
- $\{a \in \mathscr{A} \mid c \in L \wedge a = \#_{activity}(\hat{c}(1)) \wedge a = \#_{activity}(\hat{c}(|\hat{c}|))\}$ 은 동일한 케이스를 위해 시작 작업와 종료 작업의 역할을 하는 모든 작업의 집합이다.

표 4.1은 Definition 4.3에 의해 이벤트 로그를 정의하였다. 표 4.1에 나타난 것처럼 $L = \{1,2,3,4,\ldots\}$은 케이스의 집합이다. $\hat{1} = \#_{trace}(1) = \langle 35654423, 35654424, 35654425, 35654426, 35654427\rangle$은 케이스 1의 자취이다. $\#_{activity}(35654423)$ = *요청 등록*은 이벤트 35654423와 연관된 작업이다. $\#_{time}(35654423)$ = *30-12-2010:11.02*은 이 이벤트와 연관된 타임스탬프이다. $\#_{resource}(35654423) = Pete$는 등록을 수행하는 자원이다. $\#_{costs}(35654423) = 50$은 이벤트 35654423와 관련된 비용이다. $\#_{activity}(35654424)$ = *정밀 검사*는 케이스 1의 둘째 이벤트와 연관된 작업이다.

[1] $\#_{trace}(c) \neq \langle\rangle$을 가정한다. 즉 로그의 자취는 적어도 하나의 이벤트를 포함하고 있다.

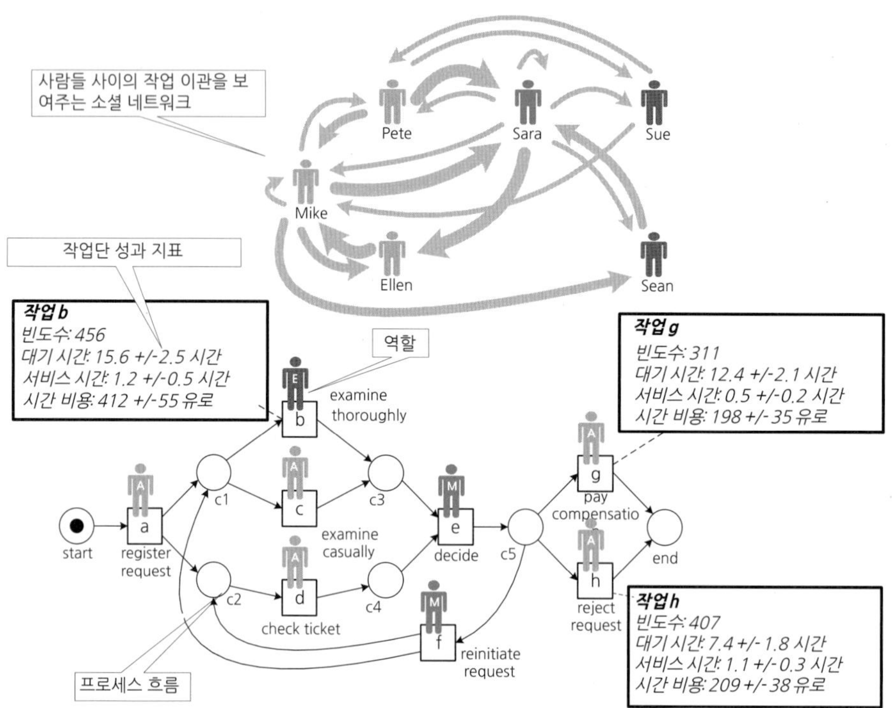

그림 4.6 이벤트 로그의 속성에 근거한 다양한 종류의 프로세스 마이닝 결과

로그에 저장되어 있는 속성에 의존하여 여러 가지 타입의 분석이 가능하다. 그림 4.6은 가능한 분석 결과에 대한 개요를 나타낸 것이다. 페트리넷은 작업 속성($\#_{activity}(e)$)을 이용하여 분석결과를 도출할 수 있다. 작업의 경과시간을 측정하기 위해 시작과 완료를 구별하기 위한 트랜잭션 속성($\#_{trans}(e)$)과 타임스탬프($\#_{time}(e)$)가 필요하다. 비용을 측정하기 위해 비용 속성($\#_{costs}(e)$)이 사용된다. 또한 그림 4.1은 작업당 *역할*을 나타내고 있으며, *소셜 네트워크*를 보여주고 있다. 자원 속성($\#_{resource}(e)$)을 이용하여 이러한 결과를 알아낼 수 있다. 예를 들면 *판정* 작업와 *요청 재검토* 작업은 역할 매니저를 필요로 하는데, Sara가 오직 이 역할을 가지고 있다. 그림 4.6에서 보여지는 소셜 네트워크는 조직 상에서 어떻게 일의 흐름이 이루어지는가를 보여준다. 예를 들면, Sara에 의해 수행된 작업은 종종 Ellen에 의해 수행되는 작업을 동반한다. 연결 아크가 두꺼워질수록 한 사람으로부터 다른 사람으로의 일이 더 많이 전달된다는 것을 의미한다.

표 4.1은 이벤트와 케이스의 유일한 ID들을 보여주고 있다. 즉, 집합 $\mathscr{E} = \{35654423, 35654424, 35654425, 35654426, 35654427, \ldots\}$ (이벤트 유니버스)와 $\mathscr{C} = \{1,2,3,4,\ldots\}$ (케이스 유니버스)는 표에 명시적으로 표시된다. 이것은 필수항목은 아니다. 이 식별자들은 단순히 수학적 편의를 위해 사용되고 있을 뿐이고 더 이상의 의미는 없다. 이것들에 대해 단순히 표에서의 기호학적인 키 값이라고 생각하거나 XML문서에서 위치를 나타내는 값이라고 생각해도 된다. 이것들을 덧붙인 이유는 특정 케이스나 이벤트를 쉽게 참조하기 위해서이다. 사실 α-알고리즘과 같은 단순한 알고리즘에서는 Definition 4.3은 조금 지나친 면이 있다. 1.4절에 나온

표 1.2의 예제를 보면 페트리넷을 구성하기 위해 사용되는 근본적인 정보가 나타나 있다. 만약 누군가 단순히 작업 이름(또는 다른 구분자)만 관심이 있다면, 정의는 다음에 보여지는 것처럼 획기적으로 단순화될 수 있다.

Definition 4.4 (단순 이벤트 로그(Simple Event log)). $\mathscr{A}$를 작업 이름의 집합으로 보자. *단순한 자취 σ는 작업들의 순서, 즉 $\sigma \in \mathscr{A}^*$이다. 단순 이벤트 로그 L은 $\mathscr{A}$에 대한 자취의 멀티-집합, 즉 $L \in \mathbb{B}(\mathscr{A}^*)$이다.*[2]

단순 이벤트 로그는 단지 집합 A에 대한 자취의 다중 집합이다. 예를 들면 $[\langle a,b,c,d\rangle^3, \langle a,c, b,d\rangle^2, \langle a,e,d\rangle]$는 6개의 케이스를 포함하는 로그를 정의한다. 전부 $3\times4+2\times4+1\times3=23$ 개의 이벤트가 있다. 모든 케이스는 a에서 시작하여 d로 종료된다. 단순한 로그에서는 속성이 없다. 타임스탬프나 자원 정보들은 로그로부터 추상화되어 나오는데, 이런 속성들이 없다. 또한, 케이스와 이벤트는 더 이상 유일하게 구별가능하지 않다. 예를 들면, 단순 이벤트 로그에 있는 $\langle a,b,c,d\rangle$ 순서를 따르는 세 가지 케이스 $[\langle a,b,c,d\rangle^3, \langle a,c,b,d\rangle^2, \langle a,e,d\rangle]$는 서로 구별할 수 있는 방법이 없다.

Definition 4.5 (이벤트 로그의 단순 이벤트 로그로의 변환). $L \subseteq \mathscr{C}$를 Definition 4.3에 정의한 이벤트 로그라고 하자. 구분자가 정의되어 있다고 가정하면: $\underline{e}$는 $e \in \mathscr{E}$인 이벤트의 이름이다. 이 구분자는 순서에 또한 적용될 수 있다. 즉, $\underline{\langle e_1,e_2,\ldots,e_n\rangle} = \langle \underline{e_1},\underline{e_2},\ldots,\underline{e_n}\rangle$이다. $\underline{L} = [\ \underline{(\hat{c})} \mid c \in L\ ]$는 L에 해당하는 단순 이벤트 로그이다.

L에 있는 모든 케이스는 구분자를 이용하여 (작업) 이름의 순서로 변환된다. 케이스 $c \in L$은 케이스 유니버스 $\mathscr{C}$로부터의 식별자이다. $\hat{c} = \#_{trace}(c) = \langle e_1,e_2,\ldots,e_n\rangle \in \mathscr{E}^*$는 c를 수행하기 위한 이벤트의 순서이다. $\underline{(\hat{c})} = \langle \underline{e_1},\underline{e_2},\ldots,\underline{e_n}\rangle$는 구분자를 이용하여 이러한 이벤트를 (작업) 이름으로 매핑한다.

만약 기본 구분자($\underline{e} = \#_{activity}(e)$)를 가정하고 이런 변환을 표 4.1에 나타낸 이벤트 로그에 적용한다면 다음과 같은 이벤트 로그를 얻게 된다:

$\underline{L}$ = [⟨*요청 등록, 정밀 검사, 항공권 확인, 판정, 보상 거절*⟩,
⟨*요청 등록, 항공권 확인, 약식 검사, 판정, 보상 지불*⟩,
⟨*요청 등록, 약식 검사, 항공권 확인, 판정, 요청 재검토,*
정밀 검사, 항공권 확인, 판정, 보상 지불⟩,
⟨*요청 등록, 항공권 확인, 정밀 검사, 판정, 보상 거절*⟩,
…]

단순 로그를 생성하기 위해 다른 구분자가 사용될 수 있다. 예를 들면, 구분자 $\underline{e} = \#_{resource}(e)$를 사용한다면 다음과 같은 로그를 얻을 수 있다:

---

[2] 여전히 각 자취는 적어도 하나의 원소를 가진다고 가정한다. 즉, $\sigma \in L$는 $\sigma \neq \langle\rangle$이다.

$$\begin{aligned}\underline{L} = [&\langle Pete, Sue, Mike, Sara, Pete\rangle,\\ &\langle Mike, Mike, Pete, Sara, Ellen\rangle,\\ &\langle Pete, Mike, Ellen, Sara, Sara, Sean, Pete, Sara, Ellen\rangle,\\ &\langle Pete, Mike, Sean, Sara, Ellen\rangle,\\ &\ldots]\end{aligned}$$

이 이벤트 로그에서 작업 이름은 그 작업을 수행하는 사람의 이름으로 변경되었다. 이러한 변경은 소셜 네트워크를 구축할 때 사용된다.

앞으로 상황에 따라 그 상황에서 가장 적합한 표현법을 사용할 것이다. Definition 4.3은 여러 가지 목적에 사용될 수 있는 이벤트 로그에 대해 정확하고 근본적인 설명을 하고 있다. Definition 4.4는 속성을 포함하지 않는 아주 단순한 형태를 설명한다. 이 형태는 부가적인 속성이 없는 정보를 사용한 단순 프로세스 도출 알고리즘을 설명하는 데 유용하다. 단순 이벤트 로그에 대해 하나의 속성(특히 작업 이름)에 대해 집중한다. 이미 설명한대로 이벤트 로그 L은 쉽게 단순 이벤트 로그 $\underline{L}$로 변환될 수 있다.

제 4.3 절 XES

최근까지 이벤트 로그를 저장하고 교환하는 사실상 표준은 *MXML* (Mining eXtensible Markup Language)이었다. MXML은 2003년에 나타났고, 나중에 프로세스 마이닝 도구인 ProM 에 채택되었다. MXML을 이용하면 표 4.1에 제시된 이벤트 로그를 XML 기반 문법으로 저장하는 것이 가능하다. *ProMimport*는 다양한 데이터 소스(MS Access, Aris PPM, CSV, Apache, Adept, PeopleSoft, Subversion, SAP R/3, Protos, CPN Tools, Cognos, Staffware)를 MXML로 전환하는 것을 지원하는 도구이다. MXML은 타임스탬프, 자원, 트랜잭션 타입을 저장하는 표준화된 표현법을 가지고 있다. 특히, 이벤트나 케이스에 임의의 데이터 요소를 추가할 수 있다. 최근에는 특정 데이터 속성이 특수한 방법으로 변환될 수 있도록 지원하기 위해 MXML의 확장이 나오기도 했다. 예를 들면, SA-MXML (Semantically Annotated Mining eXtensible Markup Language)은 ProM 프레임워크에서 이용하는 MXML 포맷에서 의미(semantic)가 추가된 확장 버전이다. *SA-MXML*은 로그의 구성 요소와 온톨로지(ontologies)의 개념 사이의 연결을 가능하게 한다. 예를 들면, 역할의 계층 구조와 조직의 부서나 지위를 표현하는 온톨로지의 개념과 이벤트 로그의 자원 사이를 연결할 수 있다. 이러한 의미론적 주석(annotation)을 구현하기 위해 현재 XML 구성 요소는 새로운 방식으로 해석되어야 한다. 다른 확장도 유사한 방법으로 구현되었다. 이러한 접근법은 현실적으로 잘 적용되었지만, 여러 개의 MXML 확장 버전은 MXML 포맷의 단점을 나타내기도 했다. 이런 배경이 *XES* (eXtensible Event Stream) 개발의 계기가 되었다[71].

XES는 MXML을 계승한 것으로, MXML에 대한 많은 실용적인 경험을 바탕으로 XES 포맷은 덜 제한적이고 확장 가능한 형태가 되었다. 2010년 9월, XES 포맷은 *IEEE 프로세스*

*마이닝 태스크 포스(Task Force on Process Mining)*에 의해 채택되었다. 이 포맷은 ProM(버전 6부터), Nitro, XESame, OpenXES와 같은 도구에서 지원된다. `www.xes-standard.org`를 보면 표준에 대한 더 자세한 정보를 얻을 수 있다.

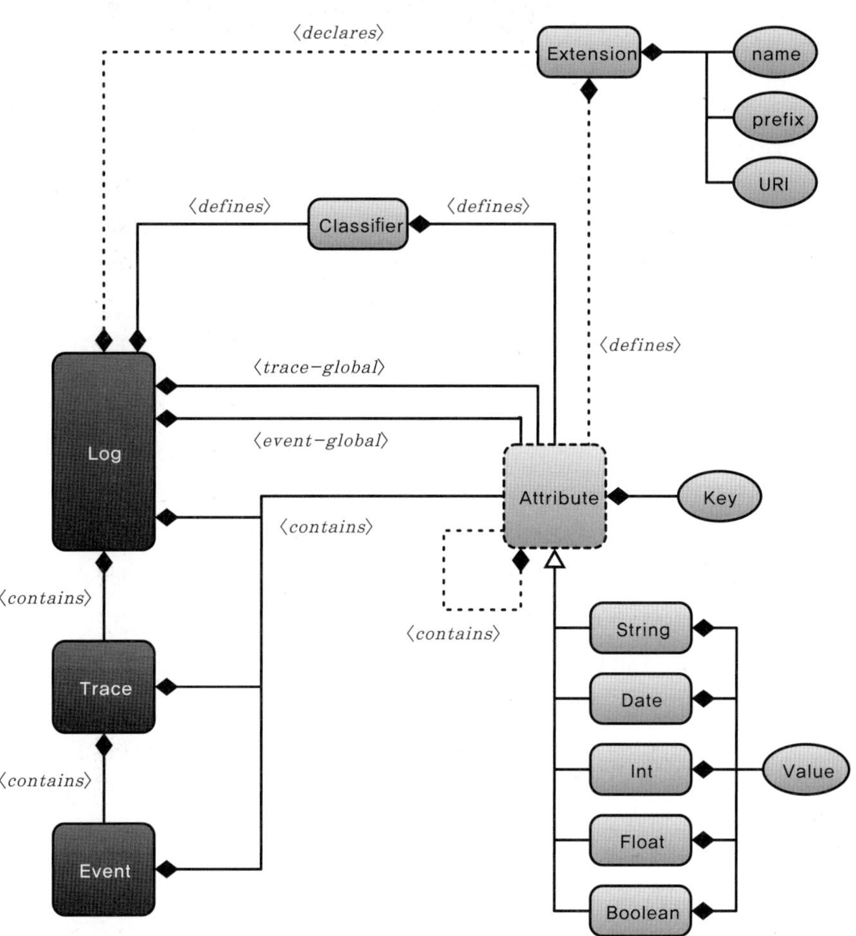

그림 4.7 XES 메타 모델[71]. 로그는 자취를 포함하고 각 자취는 이벤트를 포함한다. 로그, 자취, 이벤트는 속성을 가진다. 확장은 새로운 속성을 정의할 수 있고, 로그는 확장을 사용하기 위해서 선언해야만 한다. 전역 속성은 필수적인 것으로 선언되어야만 하는 속성이다. 이런 속성은 자취나 이벤트 레벨에서 존재한다. 속성은 내재중복(nested)될 수 있다. 이벤트 구분자가 로그를 위해 정의되는데, 각 이벤트에는 작업 이름과 같은 "표지(label)"가 할당되고, 복수의 구분자가 있을 수 있다

그림 4.7은 UML 클래스 다이어그램의 형태로 XES 메타 모델을 표현한 것이다. XES 문서(즉, XML 파일)는 임의 개의 자취로 구성된 하나의 로그를 포함한다. 각 자취는 특정한 케이스에 상응하는 이벤트의 순차적인 리스트를 표시한다. 로그와 로그에 속한 자취(케이스), 그리고 이벤트는 각각 속성을 가질 수 있는데, 속성은 중첩이 가능하다. *문자열(String)*, *날짜(Date)*, *정수(Int)*, *실수(Float)*, *부울(Boolean)*의 다섯 가지 핵심 타입이 있고, 이것은 표

준 XML 타입인 *xs:string*, *xs:dateTime*, *xs:long*, *xs:double*, *xs:Boolean*에 상응한다. 예를 들면 *2011-12-17T21:00:00.000+02:00*은 GMT+2 시간존에서 2011년 12월 17일 저녁 9시 정각을 나타내는 *xs:dateTime* 타입의 값이다.

XES는 각 구성 요소(로그, 자취, 이벤트)에 대해 필수 속성의 집합을 미리 정의하지 않고, 이벤트는 속성을 여러 개 가질 수 있다. 하지만 이러한 속성의 의미를 제공하기위해 로그는 *확장(extensions)*라고 하는 것을 참조하고 있다. 확장은 특정 속성에 의미를 부여한다. 예를 들면 *시간 확장*은 *xs:dateTime* 타입의 타임스탬프 속성을 정의한다. 이것은 4.2절에서 사용된 $\#_{time}(e)$속성과 상응한다. *조직 확장*은 *xs:string* 타입의 자원 속성을 정의한다. 이것은 4.2절에서 사용된 $\#_{resource}(e)$ 속성과 상응한다. 사용자는 자신만의 확장을 정의할 수 있다. 예를 들면 도메인에 특화되거나 조직에 특화된 확장을 개발하는 것도 가능하다. 그림 4.7은 로그가 확장에 대한 집합을 선언하고 있는 것을 보여준다. 각 확장은 확장이 사용될 때 표준으로 고려될 필요가 있는 속성에 대해 정의할 수도 있다.

4.2절에서 케이스 유니버스와 이벤트 유니버스를 나타내기 위해 $\mathscr{C}$와 $\mathscr{E}$를 각각 사용하였다. 이것은 케이스와 이벤트를 지칭할 수 있기 위해 사용되었다. XES에서는 이런 유일한 식별자가 필요하지 않다. 사실 이벤트나 케이스의 식별자로서 로그의 위치를 생각하게 된다.

XES는 특정 속성을 *필수 항목(mandatory)*으로 선언할 수 있다. 예를 들면 모든 자취는 이름을 가져야한다 라던가 모든 이벤트는 타임스탬프를 가져야한다 라고 말할 수 있다. 이런 목적을 위해 로그는 두 개의 *전역(global) 속성* 리스트를 가진다. 그 중 하나는 자취를 위한 것이고, 나머지 하나는 이벤트를 위한 것이다.

XES는 앞에서 설명한(Definition 4.2) *구분자(classifier)* 개념을 지원한다. XES로그는 임의의 수의 구분자를 정의한다. 각 구분자는 속성의 리스트로 명시된다. 이러한 속성들에 관해 동일한 값을 가지는 두 이벤트는 그 구분자에 의해 동일하다라고 인식된다. 이러한 속성은 이벤트 속성에서 필수 항목으로 되어야 한다. 예를 들어 구분자가 이름 속성과 자원 속성으로 명시될 때 두 이벤트의 이름과 자원 속성이 일치한다면 두 이벤트는 동일한 클래스로 매핑된다.

그림 4.7에 나타난 XES 메타 모델은 상세한 문법을 설명하지 않는다. 원칙적으로 많은 직렬화가 가능하다. 하지만 XES 문서를 교환하기 위해서 표준 XML 직렬화가 사용된다. 그림 4.8은 표 4.1의 이벤트 로그에 대한 XES XML 직렬화의 일부분을 보여준다. XES 로그 예제에서 *Concept(개념)*, *Time(시간)*, *Organizational(조직)*의 세 가지 확장이 선언되었다. 이 확장의 각각에 대해 짧은 접두어가 주어진다. 이 접두어는 속성 이름에 사용된다. 예를 들면 *시간* 확장은 *타임스탬프* 속성을 정의한다. 그림 4.8에 보여지는 바와 같이 이 확장은 *time*이라는 접두어를 사용하므로 이벤트의 타임스탬프는 *time:timestamp* 키를 사용하여 저장된다.

그림 4.8의 예제 로그는 두 개의 전역 속성 리스트를 명시한다. 자취는 하나의 전역 속성을 가진다. *concept:name* 속성은 모든 자취의 필수 항목이 된다. 이벤트는 세 가지 전역 속성을 가진다. *time:timestamp*, *concept:name*, *org:resource* 속성은 모든 이벤트의 필수 항목이 된다.

그림 4.8의 XES 로그에서 세 가지 구분자가 정의된다. 구분자 *Activity*는 *concept:name* 속성에 기반하여 이벤트를 구분한다. 구분자 *Resource*는 *org:resource* 속성에 기반하여 이벤트를

```
<?xml version="1.0" encoding="UTF-8" ?>
   <extension name="Concept" prefix="concept" uri="http://.../concept.xesext"/>
   <extension name="Time" prefix="time" uri="http://.../time.xesext"/>
   <extension name="Organizational" prefix="org" uri="http://.../org.xesext"/>
   <global scope="trace">
      <string key="concept:name" value="name"/>
   </global>
   <global scope="event">
      <date key="time:timestamp" value="2010-12-17T20:01:02.229+02:00"/>
      <string key="concept:name" value="name"/>
      <string key="org:resource" value="resource"/>
   </global>
   <classifier name="Activity" keys="concept:name"/>
   <classifier name="Resource" keys="org:resource"/>
   <classifier name="Both" keys="concept:name org:resource"/>
   <trace>
      <string key="concept:name" value="1"/>
      <event>
         <string key="concept:name" value="요청 등록"/>
         <string key="org:resource" value="Pete"/>
         <date key="time:timestamp" value="2010-12-30T11:02:00.000+01:00"/>
         <string key="Event_ID" value="35654423"/>
         <string key="Costs" value="50"/>
      </event>
      <event>
         <string key="concept:name" value="정밀 검사"/>
         <string key="org:resource" value="Sue"/>
         <date key="time:timestamp" value="2010-12-31T10:06:00.000+01:00"/>
         <string key="Event_ID" value="35654424"/>
         <string key="Costs" value="400"/>
      </event>
      <event>
         <string key="concept:name" value="항공권 확인"/>
         <string key="org:resource" value="Mike"/>
         <date key="time:timestamp" value="2011-01-05T15:12:00.000+01:00"/>
         <string key="Event_ID" value="35654425"/>
         <string key="Costs" value="100"/>
      </event>
      <event>
         <string key="concept:name" value="판정"/>
         <string key="org:resource" value="Sara"/>
         <date key="time:timestamp" value="2011-01-06T11:18:00.000+01:00"/>
         <string key="Event_ID" value="35654426"/>
         <string key="Costs" value="200"/>
      </event>
      <event>
         <string key="concept:name" value="보상 거절"/>
         <string key="org:resource" value="Pete"/>
         <date key="time:timestamp" value="2011-01-07T14:24:00.000+01:00"/>
         <string key="Event_ID" value="35654427"/>
         <string key="Costs" value="200"/>
      </event>
   </trace>
```

그림 4.8 XES 파일 일부분

```
    <trace>
      <string key="concept:name" value="2"/>
      <event>
        <string key="concept:name" value="요청 등록"/>
        <string key="org:resource" value="Mike"/>
        <date key="time:timestamp" value="2010-12-30T11:32:00.000+01:00"/>
        <string key="Event_ID" value="35654483"/>
        <string key="Costs" value="50"/>
      </event>
      ...
    </trace>
    ...
  </log>
```

그림 4.8 (계속)

구분한다. 구분자 *Both* 는 두 가지 속성 *concept:name*와 *org:resource*를 기준으로 이벤트를 구분한다. Definition 4.2를 다시 생각해보면 이미 구분자의 정의를 이벤트 $e \in \mathscr{E}$는 $\underline{e}$로 구분된다라고 소개하였다. 예를 들면 $\underline{e} = \#_{resource}(e)$는 이벤트를 수행하는 자원을 기준으로 이벤트를 구분한다.

XES의 구체적인 문법에 대한 더 많은 정보는 `www.xes-standard.org`를 참조하면 된다. 하지만 그림 4.8에 나타난 XES 파일의 일부분이 이미 Definition 4.3에 기술된 바와 같이 이벤트 로그의 개념을 잘 운영하고 있음을 보여주고 있다. 특히 확장 기법은 일반적으로 사용될 수 있는 속성을 위한 의미를 제시하는 동시에 이 포맷이 확장가능하게 한다. XES 의 맥락에서 다섯 가지 *표준 확장*이 정의된다. 이 확장은 *XESEXT* XML 포맷이라고 불린다[71]. 여기서 이 확장에 의해 정의된 표준 속성의 부분 집합에 대해 언급한다.

- *개념 확장*은 자취와 이벤트의 *이름* 속성을 정의한다. XES 예제 파일은 *concept:name* 속성을 자취와 이벤트에 사용한다. 자취에서는 그 속성이 케이스에 속한 어떤 식별자를 나타낸다. 이벤트에서는 그 속성이 작업 이름을 나타낸다. 개념 확장은 또한 이벤트의 *인스턴스* 속성을 정의한다. 이것은 동일한 자취에서 다른 작업 인스턴스를 구별하기 위해 사용된다. 이 확장은 그림 4.5에 제시된 딜레마를 해결하기 위해 사용될 수 있다.
- *라이프사이클 확장*은 이벤트의 *트랜지션 속성*을 정의한다. 그림 4.3에 제시된 표준 트랜잭션 라이프사이클 모델을 사용할 때 이 속성 값으로 가능한 것은 "schedule", "start", "complete", "autoskip" 등 이다.
- *조직 확장*은 이벤트를 위한 세 가지 속성인 *자원*, *역할*, *그룹*을 정의한다. 자원 속성은 이벤트의 계기가 되거나 수행하는 자원을 지칭한다. 역할과 그룹 속성은 자원의 (필요한) 능력을 특징짓고 자원의 조직에서의 지위를 나타낸다. 예를 들면, 영업 팀장에 의해 수행되는 이벤트에 대해 역할은 "팀장"이 되고, 그룹은 "영업부서"가 될 수 있다.
- *시간 확장*은 이벤트의 *타임스탬프* 속성을 정의한다. 타임스탬프의 속성은 *xs:dateTime* 타입이기 때문에 날짜와 시간 둘 다 기록된다.

- *의미 확장*은 로그의 모든 원소의 *모델레퍼런스(modelReference)*를 정의한다. 이 확장은 *SA-MXML*에 의해 영향을 받았다. 로그의 레퍼런스는 온톨로지에서 개념을 가리킨다. 예를 들면 여러 가지 고객, 즉 실버, 골드, 플래티넘 고객을 설명하는 온톨로지가 있을 수 있다. *모델레퍼런스* 속성을 이용하면 자취는 고객을 분류하는 이 온톨로지를 가리킬 수 있다.

사용자와 조직은 새로운 확장을 추가할 수 있고 그것들을 다른 조직이나 사용자와 공유할 수 있다. 예를 들면 비용, 위험, 맥락(context) 같은 일반적인 확장들이 추가될 수 있다. 하지만 확장은 특정 영역(예, 의료, 통관, 또는 소매분야 등)이나 특정 조직에 국한될 수 있다.

현재 XES는 ProM, Nitro, XESame, OpenXES와 같은 도구에서 지원된다. ProM은 광범위한 프로세스 마이닝 기법을 제공하는 프로세스 마이닝 도구로서 아마 가장 많이 사용되는 도구일 것이다(10.2절 참고). ProM6은 MXML 파일과 XES 파일 둘 다 로드할 수 있다. Nitro[3] (www.fluxicon.com)은 이벤트 로그를 XES 포맷으로 빨리 변환할 수 있는 사용하기 쉬운 도구이다. XESame (www.processmining.org)은 데이터베이스 테이블 집합으로부터 XES 파일을 생성할 수 있다. 이 테이블 집합에서 여러 가지 관점을 가질 수 있다(ref-sec:flatrel장 참고). 그러므로 XES 파일은 이벤트 데이터에 대한 관점만을 보여준다. OpenXES (www.openxes.org)는 XES 구현의 레퍼런스로서 XES 로그를 읽고, 쓰고, 저장할 수 있는 오픈 소스의 자바 라이브러리를 가지고 있다. OpenXES (www.openxes.org)는 쉽게 다른 도구에 임베딩될 수 있고, 효율적으로 XML 파일로부터 대용량의 이벤트 로그를 직렬화할 수 있고, XML 파일에 대용량 로그를 (역)직렬화할 수 있다. 이것은 이벤트 데이터를 가져오거나 내보내는 단순한 코드 작업으로부터 소프트웨어 개발자를 해방시켜준다.

이벤트 로그를 추출할 때 도전과제들

Definition 4.3은 이벤트 로그가 만족시켜야하는 요구사항에 대한 공식화된 정의를 간결하게 제공하고 있다. XES는 이 요구사항을 만족하며, 구체적인 문법을 제시한다. 그러므로 대상 포맷은 잘 정의되어있다. 그렇지만, 이벤트를 추출하는 것은 여전히 쉽지 않을 수 있다. 여기서 중요한 다섯 가지 도전과제를 나열한다.

- **도전과제 1: 상관관계**
  이벤트 로그의 이벤트는 케이스마다 하나의 그룹으로 만들어진다. 이 단순한 요구사항이 이벤트들의 연관, 즉 *이벤트 상관관계*를 필요로 하기 때문에 상당히 어려운 문제가 될 수 있다. 예를 들어 이벤트 데이터가 복수의 테이블 또는 복수의 시스템에 산재되어 있다고 생각해보자. 어떻게 이벤트와 그 이벤트에 상응하는 케이스를 식별할 수 있겠는가? 또한 다른 조직과 메시지를 교환하는 경우를 생각해보자. 어떻게 원래 요청사항과 응답을 연결할 수 있겠는가? 맨 처음부터 로그 기능을 설계한다면 이 문제는 상당히 쉽게 해결할 수 있다. 하지만 기존 시스템을 다룬다거나 다양하고 서로 연결된 시스템을 다룰 때는 이벤트를 상호 연관짓기 위해 추가적인 노력이 필요

[3] Nitro는 Disco에 통합되었다.

하다. 적절한 정보가 없는 경우 이벤트를 상호 연관짓는 접근에 대한 예제는 [60]를 참고한다.

- **도전과제 2: 타임스탬프**
이벤트는 각 케이스에 대해 순서가 정해져야 한다. 원칙적으로 이런 순서는 타임스탬프를 요구하지 않는다. 하지만 서로 다른 소스로부터 데이터를 합칠 때는 이벤트를 발생순서에 따라 정렬하기 위해서 타임스탬프에 의존할 수밖에 없다. 복수의 시계들이 존재하고 기록에 있어서 지연이 발생하기 때문에 문제될 수 있다. 예를 들면 X-ray 기계에는 여러 종류의 구성요소가 있는데 이것들은 각자 내부 시계를 가지고 있는 경우가 있고, 이벤트는 종종 기록을 위해 대기하고 있는 경우가 있다. 그러므로 이벤트가 실제로 발생한 시간과 로그에 그 타임스탬프가 기록되는 시간 사이에는 의미있는 시간차이가 발생할 수 있다. 결과적으로 이벤트를 순서대로 나열하는 것이 믿을 수 없어진다. 즉, 원인과 결과가 반대로 나타날 수도 있다. 다른 응용프로그램에서는 타임스탬프를 큰 단위로 측정하기도 한다. 사실 병원에서 가장 빈번한 이벤트는 병원 정보 시스템에서 환자의 아이디와 날짜를 기준으로 기록된다. 여기서는 방문이나 검사에 대한 정확한 시간을 기록하지 않는다. 결과적으로 특정일에 대한 이벤트의 순서를 재구성하는 것이 불가능하다. 이 문제를 해결하는 하나의 방법은 이벤트 순서에 대해 전체 순서를 정하는 것이 아니라 일부분에 대해 순서를 정한다고 가정하는 것이고, 계속해서 이것을 위한 전용 프로세스 마이닝 알고리즘을 사용하는 것이다. 이 문제를 (일부)해결하기 위한 다른 방법은 도메인 지식과 여러 날을 통해 가장 빈번한 패턴을 이용하여 순서를 "추측"하는 방법이다.

- **도전과제 3: 스냅샷(snapshots)**
케이스는 기록 기간을 넘어서 라이프타임이 연장될 수 있다. 즉, 어떤 케이스는 이벤트 로그의 시작 이전에 이미 시작된 경우도 있고, 기록이 멈춘 후에도 계속 진행되는 경우도 있다. 그러므로 이벤트 로그가 장기간의 운영 프로세스에 대한 *스냅샷*을 제공한다는 인식을 하는 것이 중요하다. 케이스의 평균 지속시간이 기록의 시간에 비해 짧을 때, 이 문제를 해결하는 가장 좋은 방법은 불완전한 케이스를 삭제하는 것이다. 많은 경우에 초기나 최종 작업은 알려져 있으므로 이벤트 로그를 걸러내는 것은 쉬운 일이다. "머리"나 "꼬리"부분이 없는 모든 케이스를 제거하면 된다. 하지만 케이스의 평균 지속시간이 기록 시간과 비교하여 같을 경우에는 종단간 프로세스를 발견하는 것은 어려운 문제가 된다.

- **도전과제 4: 범위정하기(scoping)**
넷째 문제는 이벤트 로그의 범위정하기이다. 기업정보시스템은 비즈니스 관련 데이터가 수천 개의 테이블에 저장되어 있다. 요구되는 데이터를 찾아내고 그 범위를 정하는 것은 도메인 지식이 필요한 부분이다. 명백하게 이상적인 범위는 가용한 데이터와 답변해야 할 질문에 의해 결정된다.

- **도전과제 5: 상세함 정도(granularity)**
  많은 응용프로그램에서 이벤트 로그에 기록되는 이벤트는 최종 사용자와 관련된 작업에 비해 더 다양한 레벨의 크기를 갖는다. 어떤 시스템은 너무 낮은 레벨의 이벤트를 생성한다. 즉, 이해당사자가 관리해야 한다고 느끼거나 프로세스를 개선해야하는 것은 사용되는 것에 비해 너무 자세한 정보가 제공된다. 다행히도 낮은 레벨의 이벤트 로그를 전처리하는 몇 가지 기법들이 있다. 예를 들어 [35]를 보면 낮은 레벨의 패턴을 보이는 것을 추상화하여 작업을 나타내는 이벤트로 변환해주는 것을 찾을 수 있다.

고품질의 이벤트 로그를 만드는 것은 프로세스 마이닝의 핵심이다. 더욱이 잘 만들어진 이벤트 로그는 여러 목적으로 사용될 수 있다. 비즈니스 프로세스에서 실제로 일어나는 것을 재구성하기 위해 필요한 정보를 체계적으로 모은 것을 때때로 *비즈니스 프로세스 기원(provenance)*이란 용어로 표현한다. 감사의 관점으로부터 체계적이고, 안정적이며 믿을 수 있는 이벤트의 기록은 필수불가결하다. "기원"이란 용어는 과학적 컴퓨팅으로부터 유래되었다[50]. 기원 정보는 과학적 실험이 재생산가능한지를 검증하기 위해 기록되었다. "역사는 다시 쓰거나 덮어버릴 수 없다"는 것처럼 고품질의 이벤트 로그는 변경할 수 없다. 이것은 프로세스 개선과 감사를 위한 견고한 기초로서 역할을 한다. 그러므로 프로세스 발견을 넘어서고 적합성 체크와 같은 주제를 포함하는 기원의 맥락에서 XES를 보아야 한다. 이 주제에 대해 제III부에서 상세히 설명하도록 한다.

제 4.4 절 현실을 이벤트 로그로 평면화

프로세스 마이닝을 수행하기 위해 이벤트는 케이스와 연관지어져야 한다. 앞에서 지적했듯이 프로세스 모델이 특정 타입 케이스의 라이프사이클을 기술하는 것은 당연하다. 전통적인 프로세스 모델(어떤 표현법을 사용하던가에 상관없이)에서 모든 작업은 케이스의 상태 변화에 상응한다. 이런 프로세스 모델을 *평면 모델(flat model)*이라고 지칭할 것이다. 이 책에서 모든 주요 프로세스 모델링 표현법과 연관하여 (종종 숨겨진 형태로) 이 가정을 채택한다. 하지만 *현실세계의 프로세스는 플랫하지 않다*는 것을 인식하는 것은 중요하다. 이것을 보여주기 위해 간단한 예제를 설명한다.

네 개의 테이블로 이루어진 데이터베이스를 소개하는 그림 4.9의 클래스 다이어그램을 생각해보자. 테이블 *Order(주문)*는 주문에 관련된 정보를 포함한다. 예를 들면 주문 테이블의 각 레코드는 유일한 주문 번호를 가지고, 고객에 대한 참조를 하며, 그 금액을 가지고 있다. 복수의 제품이 하나의 주문에 주문될 수 있다. 그러므로 테이블 *Orderline(주문라인)*이 개별 *주문라인*에 대한 정보를 가지고 있다. *Orderline* 테이블의 레코드는 *Order* 테이블의 주문들을 참조한다. 그림 4.9는 각 주문라인은 하나의 주문에 상응하고, 각 주문은 하나 이상의 주문라

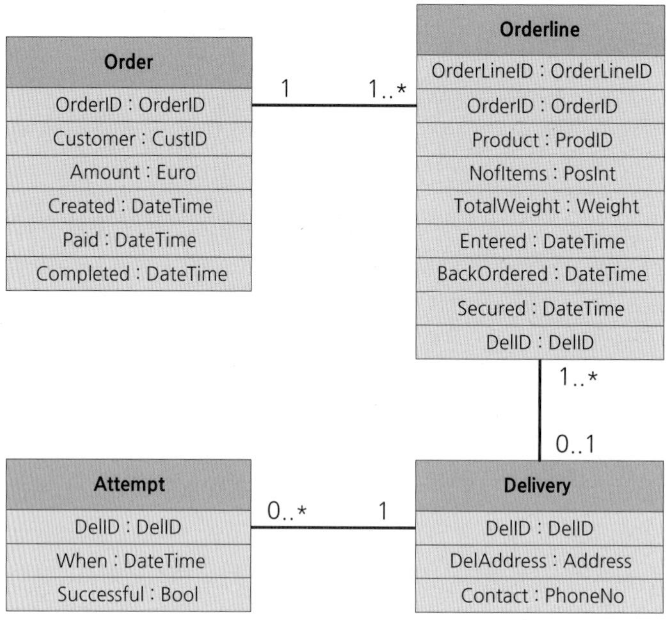

그림 4.9 주문(*Order*), 주문라인(*Orderline*), 배송(*Delivery*), 배송시도(*Attempt*) 간 관계를 나타낸 클래스 다이어그램

인을 가지는 것을 보여준다. 주문라인은 주문된 제품 타입, 수량, 무게를 기술한다. 테이블 *Delivery(배송)*은 배송에 관련된 정보를 가진다. 각 배송은 주문라인의 집합에 상응한다. 이 주문라인들은 특정 주소로 배송된다. 해당 제품의 묶음을 배송하기 위해 여러 번의 배송시도가 필요할 수 있다. 테이블 *Attempts(배송시도)*는 이러한 배송을 시도한 정보를 저장한다. 하나의 배송시도가 성공할 수도 있고 실패할 수도 있다. 만약 배송이 실패했다면 다음 번에 다음 시도가 수행된다. 그림 4.9는 각 배송이 0 또는 그 이상의 배송시도에 상응하는 것과 1 또는 그 이상의 주문라인에 상응하는 것을 보여준다. 각 주문라인은 최대 하나의 배송에 상응한다.

표 4.2 *Order* 테이블의 일부 레코드

Order					
OrderID	Customer	Amount	Created	Paid	Completed
91245	John	100	28-11-2011:08.12	02-12-2011:13.45	05-12-2011:11.33
91561	Mike	530	28-11-2011:12.22	03-12-2011:14.34	05-12-2011:09.32
91812	Mary	234	29-11-2011:09.45	02-12-2011:09.44	04-12-2011:13.33
92233	Sue	110	29-11-2011:10.12	null	null
92345	Kirsten	195	29-11-2011:14.45	02-12-2011:13.45	null
92355	Pete	320	29-11-2011:16.32	null	null
...	...	...	...	...	...

표 4.2는 *Order* 테이블의 일부를 보여준다. 각 주문에 대해 최대 세 가지의 타임스탬프가 기록된다. *Created(생성날짜)* 열의 타임스탬프는 주문이 생성된 시간을 나타낸다. *Paid(지불)* 열은 주문의 대금이 지불된 시간을 나타내고, *completed(종료)*열은 주문이 완료된 시간을 나타낸다. 표 4.2의 몇 개의 *널(null)* 타임스탬프를 보여주는데, 이것은 그에 상응하는 이벤트가 아직 발생하지 않았음을 나타낸다.

표 4.3은 *Orderline(주문라인)* 테이블의 일부 레코드 예제를 보여준다. 각 라인은 특정 제품을 참조한다. 예를 들면, 주문라인 112346은 주문 91245의 부분인 두 개의 iPod nano에 상응한다. 각 주문라인은 하나의 주문을 참조하고 (만약 생성되었다면) 하나의 배송을 참조한다. 각 주문라인에 대해 최대 세 가지의 타임스탬프가 기록되는데, 이는 주문라인을 입력한 시간(*Entered* 열), 백오더(back order)를 수행한 시간(*BackOrdered* 열), 아이템을 확보한 시간(*Secured* 열)이다. *널* 값은 해당 이벤트가 (아직) 발생하지 않은 것을 의미한다. 단지 두세 개의 주문라인이 백오더를 할 것이다. 즉, *BackOrdered* 열의 대부분의 행이 널 값이 될 것이다. 백오더는 충분한 재고가 없어서 배송할 수 없는 주문라인이다. 따라서 백오더가 발생하기 전에 충분한 재고가 확보되어야 한다. 단지 두세 개의 주문라인만 백오더되기 때문에 *BackOrdered* 열은 많은 널 값을 가진다. 제품이 가용하고 특정 제품라인을 위해 예약되면, 그에 상응하는 타임스탬프가 *Secured* 열에 추가된다.

배송에 관한 정보는 표 4.4에 보는 것과 같이 *Delivery(배송)* 테이블에 저장된다. 각 배송에 대해 주소와 연락처가 기록된다. 각 배송은 주문라인의 집합을 참조하고, 복수의 배송시도를 할 수 있다.

제품을 배송하는 시도는 *Attempt(배송시도)* 테이블에 기록된다. 표 4.5는 배송시도의 몇 가지 예제를 보여준다. 배송시도는 타임스탬프를 가지고, 배송(*DellID(배송번호)* 열)을 참조한다. 배송 882345는 주문라인에 상응하는 집합이 성공적으로 배송되기 전에 세 번의 배송시도를 하였다. 배송 882346은 오직 한 번의 배송시도를 하였다.

네 개의 테이블은 단지 가용한 데이터의 스냅샷만을 보여준다. 아직 완전히 완료되지 않은 주문들은 많은 널 값을 가질 수 있다.

Order, *Orderline*, *Delivery*, *Attempts*테이블로 구성되는 데이터베이스는 약간 인위적이며 설계는 더 개선될 여지가 있다. 예를 들면 복수의 타임스탬프를 가지는 테이블은 다수의 테이블로 나눌 수 있다. 더욱이, SAP와 같은 ERP 시스템에서는 더욱 상세한 정보가 저장된다. 그러므로 4개의 테이블은 현실을 과도하게 단순화한 것이고, *프로세스 마이닝을 위한 현실을 평면화하기(flattening)*위한 문제를 설명하는 방법으로만 의미가 있다.

네 개의 테이블의 타임스탬프는 명백하게 "전체 주문과 배송" 프로세스와 관련있는 이벤트에 상응한다. 하지만 이벤트 로그를 생성할 때는 각 이벤트가 특정 케이스에 관련지어질 필요가 있다. 그러므로 네 개의 테이블을 "케이스번호" 열을 가지는 하나의 테이블로 표현할 필요가 있다. 하지만 케이스에 대한 네 가지 타입 주문, 주문라인, 배송, 배송시도로부터 하나를 선택해야 한다. 네 개 테이블 중 어떤 테이블에 포함된 레코드가 잠재적으로 케이스에 상응하게 된다. 어떤 것을 선택하겠는가?

표 4.3 *Orderline* 테이블의 일부: 각 레코드는 하나의 주문라인에 상응한다. 각 주문라인은 하나의 주문을 참조(*OrderID*(*주문번호* 열)하고 하나의 배송을 참조(*DellID*(*배송번호*) 열)한다

Orderline								
OrderLineID	OrderID	Product	NofItems	TotalWeight	Entered	BackOrdered	Secured	DellID
112345	91245	iPhone 4G	1	0.250	28-11-2011:08.13	null	28-11-2011:08.55	882345
112346	91245	iPod nano	2	0.300	28-11-2011:08.14	28-11-2011:08.55	30-11-2011:09.06	882346
112347	91245	iPod classic	1	0.200	28-11-2011:08.15	null	29-11-2011:10.06	882345
112448	91561	iPhone 4G	1	0.250	28-11-2011:12.23	null	28-11-2011:12.59	882345
112449	91561	iPod classic	1	0.200	28-11-2011:12.24	28-11-2011:16.22	null	null
112452	91812	iPhone 4G	5	1.250	29-11-2011:09.46	null	29-11-2011:10.58	882346
⋮	⋮	⋮	⋮	⋮	⋮	⋮	⋮	⋮

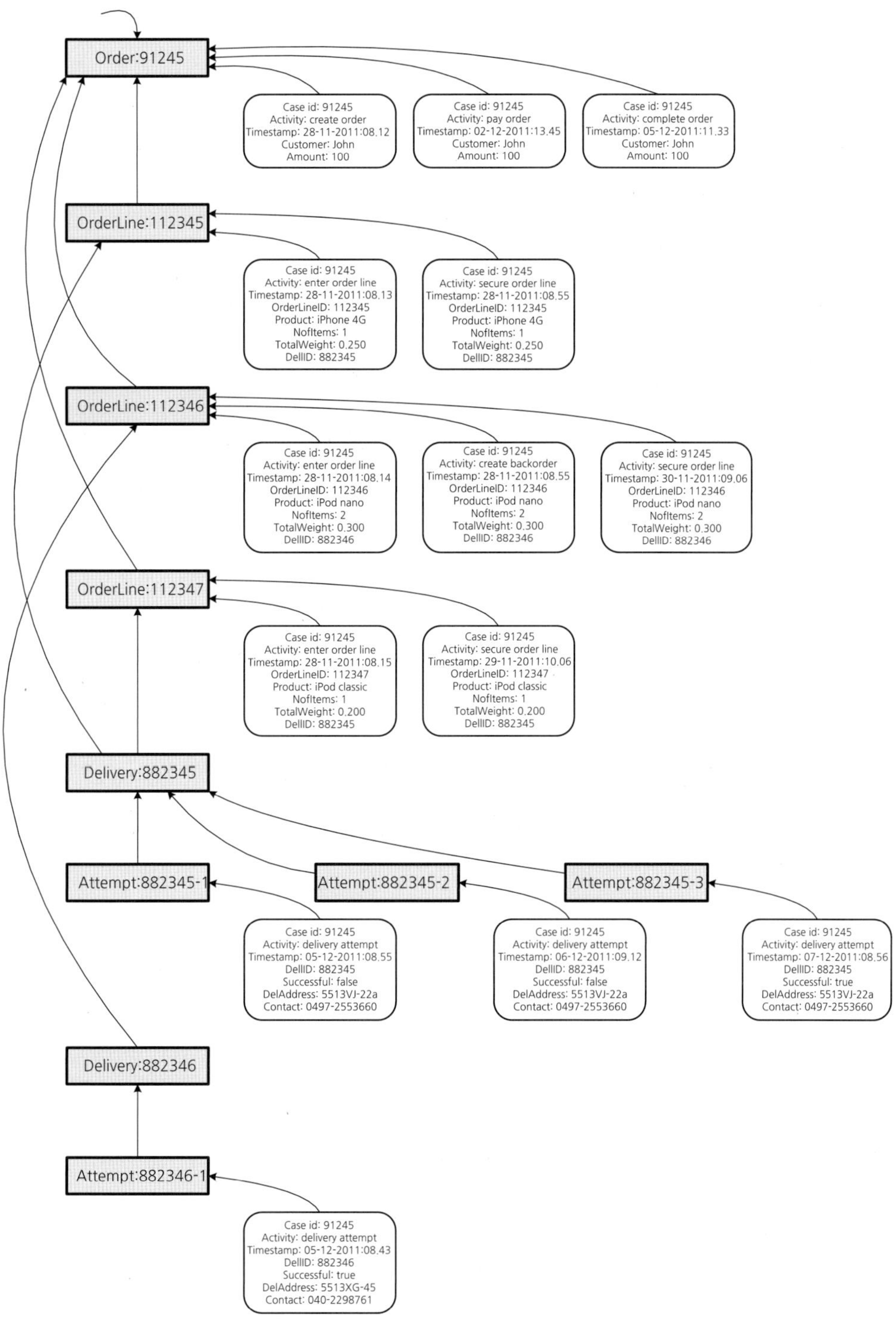

그림 4.10 주문 91245에 연관된 모든 이벤트. 14개의 둥근 사각형은 케이스 91245와 연관된 이벤트에 상응한다. 직사각형은 네 개 테이블 중 하나의 레코드를 나타낸다

표 4.4 *Delivery(배송)* 테이블의 일부 레코드

Delivery		
DelIID	DelAddress	Contact
882345	5513VJ-22a	0497-2553660
882346	5513XG-45	040-2298761
...	...	...

표 4.5 *Attempt(배송시도)* 테이블 일부

Attempt		
DelIID	When	Successful
882345	05-12-2011:08.55	false
882345	06-12-2011:09.12	false
882345	07-12-2011:08.56	true
882346	05-12-2011:08.43	true
...	...	...

주문에서만 주로 관심이 있다고 가정하자. 그러면 각 케이스는 *Order* 테이블의 레코드에 상응하게 된다. *Order* 테이블은 레코드당 최대 세 개의 타임스탬프를 가진다. 그러므로 *Order* 테이블만이 고려된다면 케이스당 오직 세 개의 이벤트만이 발견될 수 있고, 주문과 관련된 주문라인과 배송의 정보는 사용되지 않는다. *Order* 테이블의 레코드만 사용할 때, 제어흐름은 세 가지 단계인 *생성*, *지불*, *종료*로만 이루어진 순차적 프로세스를 발견하게 될 것이다. 더 많은 작업을 포함하는 프로세스 모델을 구하기 위해서 다른 테이블도 고려해야 한다. 테이블의 레퍼런스를 이용함으로써 주문은 주문라인에 연결될 수 있다. 다음으로 주문라인은 배송과 연결될 수 있고, 배송시도와 상응한다. 예를 들면 주문라인 112345, 112346은 주문 91245를 참조한다. 그림 4.10은 주문 91245와 관련된 모든 레코드를 검색함으로써 찾아낸 모든 이벤트를 나타낸다. 직사각형은 네 개 테이블에 있는 구체적인 레코드를 참조한다. 둥근 직사각형은 가능한 이벤트와 그 속성들을 참조한다. 그림의 모든 이벤트가 케이스 91245를 참조한다. 그림 4.10에 나타난 바와 같이 주문 91245는 주문라인 112345, 112346, 112347과 연관이 있고, 배송 882345, 882346과 연관이 있다. 배송 882345는 세 개의 상응하는 배송시도 레코드가 있고, 배송 882346은 오직 하나만 있다.

그림 4.10의 윗부분 세 가지 이벤트(루트 노드와 직접 연결된 이벤트)는 오직 *Order* 테이블만 고려할 때의 이벤트가 되는 것이다. 그림 4.10에서 보여지는 이벤트의 부분 집합을 결과로 하는 다양한 중간정도의 선택도 가능하다. 예를 들면 오직 *Order* 테이블과 *Orderline* 테이블만 고려한다면 윗부분의 열 가지 이벤트만 남게되고, 배송에 관련된 내용은 추상화된다.

표 4.6은 그림 4.10에 나타난 선택 값을 이용하여 이벤트 로그를 작성한 것이다. 앞에서와 마찬가지로 각 라인은 하나의 이벤트에 상응한다. *case id* 열은 어떻게 이벤트가 연관되는지

표 4.6 *Order* 테이블에서 주문 레코드를 시작점으로 네 개의 테이블로부터 추출한 이벤트

Attempt			
case id	activity	timestamp	other attributes
91245	create order	28-11-2011:08.12	Customer: John, Amount: 100
91245	enter order line	28-11-2011:08.13	OrderLineID: 112345, Product: iPhone 4G, NofItems: 1, TotalWeight: 0.250, DellID: 882345
91245	enter order line	28-11-2011:08.14	OrderLineID: 112346, Product: iPod nano, NofItems: 2, TotalWeight: 0.300, DellID: 882346
91245	enter order line	28-11-2011:08.15	OrderLineID: 112347, Product: iPod classic, NofItems: 1, TotalWeight: 0.200, DellID: 882345
91245	secure order line	28-11-2011:08.55	OrderLineID: 112345, Product: iPhone 4G, NofItems: 1, TotalWeight: 0.250, DellID: 882345
91245	create backorder	28-11-2011:08.55	OrderLineID: 112346, Product: iPod nano, NofItems: 2, TotalWeight: 0.300, DellID: 882346
91245	secure order line	29-11-2011:10.06	OrderLineID: 112347, Product: iPod classic, NofItems: 1, TotalWeight: 0.200, DellID: 882345
91245	secure order line	30-11-2011:09.06	OrderLineID: 112346, Product: iPod nano, NofItems: 2, TotalWeight: 0.300, DellID: 882346
91245	pay order	02-12-2011:13.45	Customer: John, Amount: 100
91245	delivery attempt	05-12-2011:08.43	DellID: 882346, Successful: true, DelAddress: 5513XG-45, Contact: 040-2298761
91245	delivery attempt	05-12-2011:08.55	DellID: 882345, Successful: false, DelAddress: 5513VJ-22a, Contact: 0497-2553660
91245	종료 order	05-12-2011:11.33	Customer: John, Amount: 100
91245	delivery attempt	06-12-2011:09.12	DellID: 882345, Successful: false, DelAddress: 5513VJ-22a, Contact: 0497-2553660
91245	delivery attempt	07-12-2011:08.56	DellID: 882345, Successful: true, DelAddress: 5513VJ-22a, Contact: 0497-2553660
91561	create order	28-11-2011:12.22	Customer: Mike, Amount: 530
91561	enter order line	28-11-2011:12.23	OrderLineID: 112448, Product: iPhone 4G, NofItems: 1, TotalWeight: 0.250, DellID: 882345
...	...	...	...
...	...	...	...

를 나타낸다. 즉, 각 이벤트는 하나의 주문을 참조한다. *activity* 열은 이미 그림 4.10에 나타난 것과 같이 이벤트의 이름을 부여한다. *timestamp* 열은 이벤트와 관련된 날짜와 시간을 나타낸다. *other attributes* 열은 부가적인 속성들을 나타낸다. 작업의 타입에 의하여 서로 다른 속성들이 기록된다. 표 4.6은 이벤트 로그에서 상당히 중복되는 내용을 보여준다. 이것은 로그가 가져야하는 구조로 인한 것으로 어쩔 수 없는 부분이 있다. 하지만 케이스의 *고객* 속성과 그 값인 *John*은 각 이벤트마다 반복될 필요는 없다. 이벤트의 속성보다 케이스의 속성을 사용하는 편이 나을 수 있다.

표 4.6은 네 개 테이블로 구성된 원본 데이터베이스를 *평면화*한다. 플랫화된 이벤트 로그는 완전한 데이터 집합에 대한 *뷰(view)*와 같다. 다른 관점의 뷰도 가능하다. 예를 들면, 그림 4.11은 원본 데이터베이스를 평면화하는 다른 방법을 보여준다. 이제 케이스는 주문보다는 주문라인에 상응하게 된다. 그러므로 루트 노드는 주문라인 112345이다. 이것은 주문 91245에 대한 주문라인이고, iPhone 4G를 배송하기 위한 세 번의 배송시도가 필요하다. *Order* 테이블에 있는 타임스탬프는 주문보다는 주문라인 케이스와 연관된 이벤트를 생성하기 위해 사용된다. 그림 4.11에 묘사된 뷰에 근거하면 새로운 이벤트 로그를 만들 수 있다.

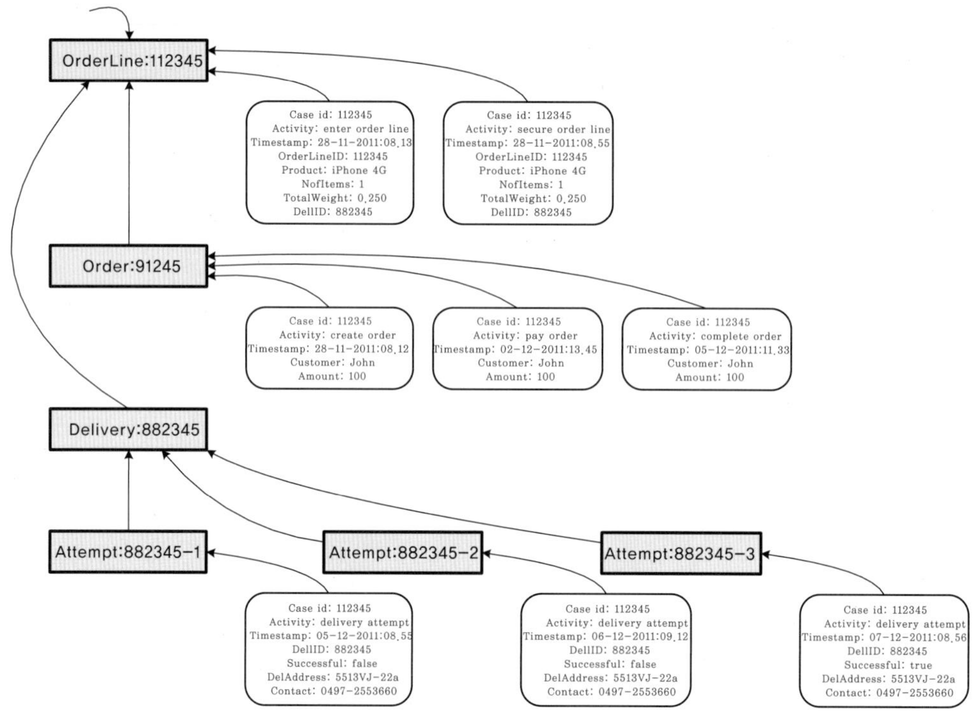

그림 4.11 주문라인 112345에 연관된 모든 이벤트

그림 4.10에서 루트 노드는 주문이다. 그림 4.11에서 루트 노드는 주문라인이다. 유사하게 배송이나 배송시도를 루트 노드로 할 수 있다. 더욱이 이벤트의 다양한 선택이 사용될 수 있

다. 예를 들면, 그림 4.11에 나타난 바와 같이 세 가지 주문연관 이벤트나 세 가지 배송연관 이벤트가 선택에 의해 나올 수 있다. 이것은 원본 데이터 집합으로부터 많은 뷰가 가능하다는 것을 보여주는 것으로 현실을 평면화하여 하나의 이벤트 로그로 만드는 많은 방법이 있다.

데이터 집합을 이벤트 로그로 평면화하는 것은 OLAP에서 다차원 데이터를 집계하는 것과 비교할 수 있다. 예를 들어 전형적인 OLAP 도구를 사용하면 영업 데이터를 제품 카테고리, 지역, 분기에 따라 볼 수 있다. 질문의 타입에 따라 데이터에 대한 여러 가지 뷰가 선택된다. 프로세스 마이닝에서는 단순 OLAP 큐브보다 프로세스를 더 분석하는 것이 중요한 차이이다. 그러므로 이벤트와 주문을 연관지을 필요가 있고, 프로세스를 추출하는 작업이 더 복잡하다.

Proclets: 3차원 보기

프로세스 마이닝은 BPMN, UML ADs, Statecharts, BPEL, YAWL, WF-nets, EPC와 같은 고전적인 프로세스 모델링 언어에 의해 만들어진 가정들이 다소 인위적이라는 것을 보여주었다. 고전적인 언어들은 관심의 대상이 되는 현실 프로세스에 대해 단순히 *하나의 획일적인 뷰*만을 제공한다. 다이어그램이 한 케이스의 라이프사이클을 격리하여 묘사할 수 있도록 하기 위해 프로세스를 평면화한다. 현실의 프로세스를 대상으로 프로세스 마이닝을 수행하는 응용프로그램은 프로세스를 이처럼 하나의 획일적인 모델로 짜맞추는 것은 문제가 있다는 것을 알려주고 있다. 물리와 마찬가지로 실험은 모델이 유효한지 아닌지 검증하는데 도움을 주듯이, 프로세스 발견은 극단적으로 단순화된 모델의 한계를 파헤치는데 도움을 준다. 프로세스 마이닝의 실험적 특성은 매니저, 컨설턴트, 프로세스 분석가들이 "실제 비스니스 프로세스 구조"를 너 잘 이해하세 도와주고, 전통적인 프로세스 모델링 언어들의 한계를 이해하게 한다.

Proclets[5]는 *3차원 프로세스 모델*을 허용하는 몇 안 되는 비즈니스 프로세스 모델링 언어 중 하나이다. 이것은 하나의 획일적인 2차원 프로세스 모델의 형태로 전체 프로세스를 묘사하는 것보다 프로세스를 Procelets와 상호작용하는 집합으로 모델링한다. 예를 들어 주문과 배송을 모델링할 때, 그림 4.9의 클래스 다이어그램이 시작점으로 사용될 수 있다. 이 클래스 다이어그램을 기반으로 네 개의 Procelets 클래스가 식별된다. 즉, 주문, 주문라인, 배송, 배송시도이다. 각 Procelet 클래스는 각각 독립적으로 모델링된다. Procelet는 상호작용하고 프로세스의 실제 구조에 따라 움직이면서 서로 관련성을 가져간다.

전통적인 표기법이 *속박(straightjacket)* 프로세스들을 하나의 획일적인 모델로 강요하는 것을 보여주는 많은 예제는 [5]를 보면 찾을 수 있다. 불행히도 전통적인 언어에서 계층구조 개념은 일대다 또는 다대다 관계를 지원하지 않는다. 그림 4.9에서 주문과 배송은 다대다 관계를 형성한다. 즉, 하나의 주문은 복수의 배송으로 연결될 수 있고, 하나의 배송은 다양한 주문을 포함한 복수의 주문라인을 수반한다. 이것은 작업을 정제함으로써 처리할 수 있는 것은 아니다. 주문과 배송 Proclets은 각각 상호 독립적이어야 하면서 공존해야 한다.

객체지향 모델링과 산출물위주의 모델링은 Procelet과 연관된 개념을 사용한다. 하지만 프로세스 모델링의 표기법과 BPM 시스템의 큰 흐름은 여전히 전통적인 2차원 표기법을 사용한다. ASCI 프로젝트[24]는 Procelet 사용을 촉진하고, 획일적이지 않은 프로세스를 위한 새로운 프로세스 마이닝 기법을 개발하는 것을 목표로 하고 있다.

3차원으로 비즈니스 프로세스를 보는 것이 중요하지만, 종종 여러 가지 이유로 2차원 모델로 다시 분류할 필요가 있다. 이제 그 중 세 가지를 언급하도록 한다. 첫째, 제공되는 데이터 소스가 오직 2차원 뷰만을 허용할 수 있다. 즉, 단지 하나의 테이블만이 입력으로 주어질 수 있다. 둘째, 사용자들이 BPMN, UML ADs, Statecharts, BPEL, YAWL, WF-nets, EPC과 같은 전통적인 2차원 프로세스 모델링 언어로 표현된 프로세스 모델을 기대한다. 마지막으로 그러나 역시 중요한 것으로 대부분의 프로세스 마이닝 기법들이 데이터의 평면화를 요구한다. 그러므로 다음과 같은 접근법을 주장한다.

- 연관된 이벤트에 관한 정보를 포함하고 있는 *프로세스지향 데이터웨어하우스*를 구축하라. 그 데이터웨어하우스는 단순히 집계된 데이터를 저장하지 않아야 하고, 대신 가공되지 않은 비즈니스 이벤트를 모아야한다. 전통적인 데이터웨어하우스에서 이벤트가 정량적인 데이터로 포함되어 집계되었고, 따라서 프로세스 분석을 어렵게 하였다.
- 질문에 의하여 적합한 *뷰*를 정의하라. 선택한 뷰에 따라 이벤트 로그(XES 포맷으로)를 생성하기 위해 데이터를 *평면화*하라. 이것은 3차원 데이터로부터 *2차원 조각(slice)*을 만드는 것에 해당한다.
- 다양한 *프로세스 마이닝* 기법을 적용하기 위해 2차원 조각을 활용하라. 필요하면 이벤트 로그를 더 필터링하라. 예를 들면, 빈번하지 않은 작업을 제거할 수 있다. 질문에 대한 원하는 대답이 나올 때까지 추출, 필터링, 마이닝을 계속하라.

질문에 근거하게 되면, 전체 프로세스에 대한 3차원 뷰를 생성하기 위해 복수의 2차원 조각이 필요해지는 상황이 될 수 있다. 이벤트 데이터를 추출함으로써 프로세스의 범위가 결정되는 이 관점은 그림 4.1과도 일치한다.

장 5
프로세스 도출 개요

요 약 프로세스 도출(Process Discovery)은 프로세스 마이닝에서 가장 도전적인 주제 중에 하나이다. 로그에 보여지는 행위(behavior)을 찾아내어 이벤트 로그로부터 프로세스 모델을 생성한다. 본 장은 다소 단순한 α-알고리즘을 사용하여 이 개념을 소개한다. 이 알고리즘은 많은 프로세스 마이닝 알고리즘에 사용하는 기본 개념을 잘 보여주며, 프로세스 도출의 기본 원리에 대한 이해를 돕는다. 게다가 α-알고리즘은 프로세스 도출과 관련된 도전 과제에 대해여 살펴보는데 있어 징검돌 역할을 한다.

제 5.1 절　문제 설명

제1장에서 설명한 대로, 프로세스 마이닝에는 도출, 적합도 검사, 향상확의 세 가지 형식이 존재한다. 그리고 여러 가지 관점도 존재하는 데, 예를 들면, 프로세스 흐름, 조직 또는 자원, 데이터, 시간 관점 등이 그것이다. 본 장에서는 *단위 작업*의 도출과 *프로세스 흐름* 관점에 집중한다. 이러한 조합은 흔히 *프로세스 도출*이라고 한다.

Definition 5.1 (일반적인 프로세스 도출 문제). *L*을 Definition 4.3이나, XES 표준 (4.3절 참조)에서 정의한 이벤트 로그라고 하자. *프로세스 도출 알고리즘*은 *L* 을 프로세스 모델로 매핑시켜서 그 모델이 이벤트 로그에서 찾아질 수 있는 행위(behavior)를 "대표"하도록 하는 함수이다. 여기서 도전 과제는 이런 알고리즘을 찾는 일이 된다.

위의 정의는 어떤 종류의 프로세스 모델(예를 들면, BPMN, EPC, YAWL, 또는 페트리넷 등)로 도출하여야 하는지를 한정하는 것은 아니다. 또한, 잠재적으로 많은 속성을 가진 이벤트 로그가 입력으로 사용될 수도 있다. 여기서는 프로세스 흐름 관점에 집중하지만, XES형식은 모든 관점의 정보를 저장할 수 있다는 사실을 기억하자. 위의 정의에서 유일한 요구사항은 행위가 "대표적인" 것이어야한다는 것이다. 하지만 그것이 무엇을 의미하는지는 불분명하다.

Definition 5.1은 다소 광범위하고 모호하다고 할 수 있다. 출력 형식이 정해져있지 않고, 명확한 요구사항을 제시하지 않고 잠재적으로 "방대한" 이벤트 로그가 입력으로 사용된다.

좀 더 구체적화 하기 위해, 결과를 페트리넷으로 정의한다. 또한, 간단한 이벤트 로그(Definition 4.4 참고)를 입력으로 사용한다. 간단한 이벤트 로그 L은 작업 집합 $\mathscr{A}$ $(L \in \mathbb{B}(\mathscr{A}^*))$으로부터 얻어진 다수 개의 자취(trace)의 집합이다. 예를 들어,

$$L_1 = [\langle a,b,c,d \rangle^3, \langle a,c,b,d \rangle^2, \langle a,e,d \rangle]$$

은 여섯 가지의 케이스의 이력을 설명하는 간단한 로그이다. 이제, 목표는 이벤트 로그 L_1을 "리플레이(replay)"할 수 있는 페트리넷을 도출하는 것이다. 이상적으로, 페트리넷은 2.2.3장에서 정의한 건전한 WF-net이다. 이에 기반하여 프로세스 도출 문제를 조금 더 구체적인 문제로 정의할 수 있다.

Definition 5.2 (구체적인 프로세스 도출 문제). 프로세스 도출 알고리즘은 로그 $L \in \mathbb{B}(\mathscr{A}^*)$을 마킹된 페트리넷 $\gamma(L) = (N,M)$으로 사상시키는 함수 γ이다. 이상적으로 N은 *건전한 WF-net*이며 L에 있는 모든 자취는 (N,M)의 가능한 점화(firing) 순서와 일치한다.

함수 γ는 제1장에서 기술된 소위 "모형화(Play-in)" 기법을 정의한다. L_1에 기반해서, 프로세스 도출 알고리즘 γ는 그림 5.1에 제시된 WF-net을 도출할 수 있다. 다시 말해서, $\gamma(L_1) = (N_1, [start])$가 된다. L_1에 있는 각 자취는 그림 5.1의 WF-net N_1에서 발생 가능한 점화 순서이다. 즉, WF-net이 이벤트 로그 내에 있는 모든 자취들을 실제로 리플레이할 수 있다. 실제로, WF-net N_1에서 발생 가능한 세 가지 점화 순서가 L_1의 자취들이다.

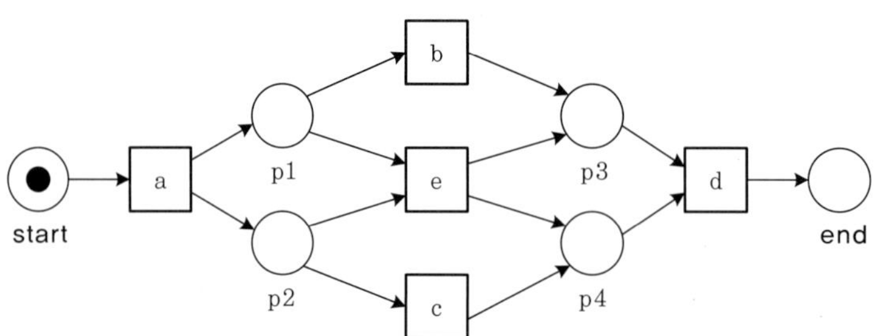

그림 5.1 L_1에서 도출된 WF-net N_1

이제 다른 이벤트 로그를 고려해보자:

$$L_2 = [\langle a,b,c,d \rangle^3, \langle a,c,b,d \rangle^4, \langle a,b,c,e,f,b,c,d \rangle^2, \langle a,b,c,e,f,c,b,d \rangle, \langle a,c,b,e,f,b,c,d \rangle^2, \langle a,c,b,e,f,b,c,e,f,c,b,d \rangle]$$

L_2는 6가지의 서로 다른 자취로 표현되는 13가지의 케이스로 구성된 간단한 이벤트 로그이다. 이벤트 로그 L_2에 기반해서 어떤 함수 γ에 의해 그림 5.2에 나타난 WF-net N_2를 도출해낼 수 있다. 이 도출된 WF-net은 실제로 로그 안의 모든 자취들을 리플레이할 수 있다. 그러나 N_2에서 나올 수 있는 모든 점화 순서가 L_2의 자취인 것은 아니다. 예를 들어 N_2에서 발생 가능한 점화 순서인 $\langle a,c,b,e,f,c,b,d \rangle$는 L_2에 나타나지 않는다. 사실 N_2에 있는 반복 구조 때문에

무수히 많은 점화 가능 순서들이 존재하는데, 이런 모든 경우의 수가 이벤트 로그에 나타날 수 없음은 자명하다. 따라서 Definition 5.2는 (N,M)의 모든 점화 순서가 L안의 자취가 되는 것을 요구하지 않는다.

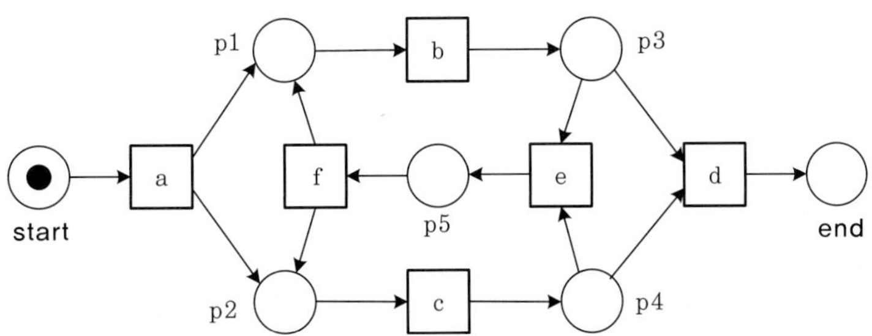

그림 5.2 L_2에서 도출된 WF-net N_2

본 장은 페트리넷의 도출에 집중한다. 그 이유는 페트리넷이 병렬성, 선택분기, 반복 구조 등의 표현을 허용하면서도 간단하고, 그래프 기반이기 때문이다. 이것은 그림 5.1과 5.2에 나타나있다. 이 두 개의 모델 모두에서 b와 c가 병렬적이다. N_1에서는 a 이후에 선택이 있고, N_2에서는 b와 c가 모두 끝이 나고 난 후에 d와 e사이에 선택을 하게 되어 있다. N_1과 N_2는 모두 정상적인 WF-net이다. 제2장에서 설명한 대로, WF-net은 운영 프로세스의 모델링과 분석을 위해서 잘 정제된 페트리넷의 한 종류이다. 프로세스 모델은 하나의 케이스의 라이프사이클을 잘 설명한다. 따라서, WF-net은 케이스들의 생성과 종료를 명확하게 모델링한다. 생성은 유일하게 정해진 소스 플레이스 i (그림 5.1과 5.2에서는 *start* 플레이스에 해당함)에 토큰을 넣는 것으로 모델링된다. 완료는 유일하게 정해진 싱크 플레이스 o (그림 5.1과 5.2에서는 *end* 플레이스에 해당함)의 상태에 도달되는 것으로 모델링된다. 유일한 소스 플레이스 i와 싱크 플레이스 o를 정한 것을 통해, Definition 2.7에 건전성(soundness)에 대한 요구사항을 자연스럽게 만족한다. WF-net N이 만약 다음을 필요충분조건으로 만족하면 *건전*함을 기억하자.

- $(N,[i])$가 *안전하다(safe)*. 즉, 플레이스들이 동시에 여러 개의 토큰을 가질 수 없다.
- 어떠한 마킹 $M \in [N,[i]\rangle$에서, $o \in M$가 $M = [o]$를 의미한다. 즉, 만약 싱크 플레이스가 마킹되었다면, 모든 다른 플레이스들은 비어있어야 한다(*완료 적정성(proper completion)*).
- 어떠한 마킹 $M \in [N,[i]\rangle$에서도 $[o] \in [N,M\rangle$이다. 즉, 싱크 플레이스는 항상 마킹 가능해야 한다(*완료 가능성(option to complete)*).
- $(N,[i])$는 어떠한 *죽은 트랜지션도 가져서는 안된다(no dead transition)*. 즉, 모델의 모든 부분들은 잠재적으로 도달 가능해야한다.

대부분의 프로세스 모델링 표기법들은 건전성과 유사한 정확성 기준을 사용하거나 가정하고 있다. 예를 들어, 교착상태(deadlock)와 라이브락(livelocks)은 (정상적으로) 종료할 수 없는 프로세스에 대한 징후로, 표기법과 상관없이 바람직하지 않은 것으로 간주되어야 한다.

본 장에서 WF-net을 사용하지만, 이것이 도출한 모델을 다른 표기법을 사용해서 표시할 수 없음을 의미하는 것은 아니다. 제2장에서 살펴본 대로, 페트리넷으로부터 여러 다른 표기법으로의 변환이 가능하며, 반대 방향의 변환도 가능하다. 페트리넷과 같은 형식 의미론(formal semantics)을 가진 간결한 모델링 방법은 프로세스 마이닝 알고리즘을 개발하고 설명하는 데 가장 적합하다. 모델 간 변화가 가능하기 때문에, 일반 사용자에게 결과를 보여주기 위한 표현법이 실제 프로세스를 도출하는 작업에서 크게 중요한 것은 아니다. 예를 들어, 그림 5.1과 5.2에 나타난 WF-net은 그림 5.3에 있는 두 개의 BPMN모델로도 표현이 가능하다. 비슷한 원리에 의해서, 도출된 모델은 EPC, UML 작업 다이어그램, 상태도(statechart), YAWL, BPEL 등으로 변환이 가능하다.

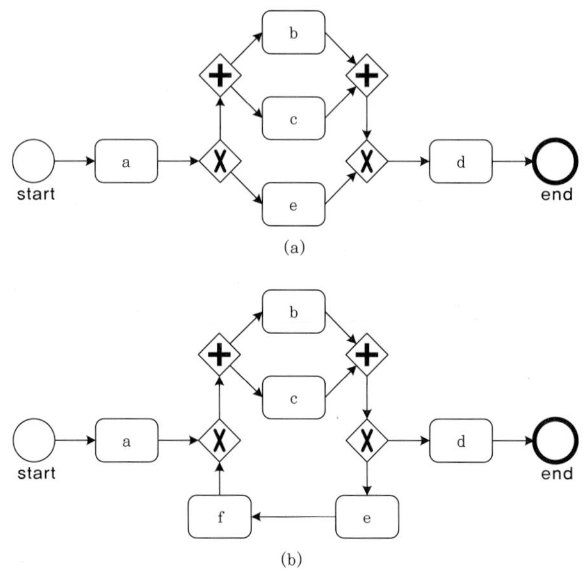

그림 5.3 두 가지 BPMN모델 (a) L1에서 도출된 WF-net N1에 대응되는 모델, (b) L_2에서 도출된 WF-net N_2에 대응되는 모델

Definition 5.1에서 도출된 모델이 이벤트 로그에서 찾아질 수 있는 행위를 "대표"해야한다고 정의했다. Definition 5.2에서는 모델이 이벤트 로그 내에 있는 모든 자취들을 실제로 리플레이할 수 있다고 정의했다. 즉, 이벤트 로그 안의 어떤 자취도 WF-net의 가능한 점화 순서이어야한다는 좀더 운영적인 측면을 기술하였다. 이것이 바로 소위 "적합도(fitness)"에 대한 요구사항이다. 일반적으로 다음의 네 가지 품질 기준 사이에는 절충(trade-off)이 필요하다.

- *적합도(Fitness)*: 도출된 모델은 이벤트 로그에서 보여지는 행위를 설명할 수 있어야 한다.
- *정밀도(Precision)*: 도출된 모델이 이벤트 로그에서 보여지는 행위와 전혀 관련성이 없는 행위를 허용해서는 안된다.
- *일반화도(Generalization)*: 도출된 모델은 이벤트 로그에서 보여지는 (예시가 되는) 행위를 일반화시켜야한다.
- *간결도(Simplicity)*: 도출된 모델은 최대한 단순해야한다.

좋은 적합도를 갖는 모델은 로그 안의 대부분의 자취를 리플레이할 수 있다. 정밀도는 데이터 마이닝의 문맥으로 보았을 때(3.6.3장 참조), *과소적합*의 의미와 관련이 있다. 낮은 정확성을 가진 모델은 과소적합하다. 즉, 그 모델이 이벤트 로그에서 보여지는 것과 매우 다른 행위를 고려하고 있다는 의미이다. 일반화도는 *과대적합*과 관련이 있다. 과대적합 모델은 충분히 일반화시키지 않는다. 즉, 과도하게 구체적이고, 이벤트 로그의 개별 사례에 너무 의존적이다. 네 번째 품질 기준은 "어떤 것을 설명하는 데 요구되는 것들의 수를 필요 이상으로 늘려서는 안된다"는 오캄의 면도날 원리(3.6.3장 참조)와 관련이 깊다. 이러한 원칙에 따라, 이벤트 로그에서 관측되는 것을 설명할 수 있는 "가장 단순한 모델"을 찾는다.

이러한 네 가지 품질 기준 사이에 균형을 맞추는 것은 쉽지 않은 일이다. 예를 들어, 과도하게 단순화된 모델은 낮은 적합도를 보이며, 따라서 정밀도가 부족하게 된다. 게다가 과소적합과 과대적합은 상충 관계가 있다. 본 장에서 이러한 네 가지 품질 기준에 대하여 다룰 것이다. 그러나 이 기준들을 설명하기 전에 우선 구체적인 프로세스 도출 알고리즘을 먼저 소개한다.

제 5.2 절 프로세스 도출을 위한 단순 알고리즘

본 장은 α-알고리즘을 소개한다[23]. 이 알고리즘은 Definition 5.2에서 언급된 함수 γ의 예이다. 다시 말해서, 주어진 단순한 이벤트 로그에서 로그를 리플레이할 수 있는 페트리넷을 만들어낸다. α-알고리즘은 병렬성을 적절하게 다룰 수 있는 초기 프로세스 도출 기법의 하나이다(6.5설 참고). 그러나 α-알고리즘은 노이즈, 저빈도/불완전 행위, 그리고 복잡한 경로 구성 등의 문제로 인해 실용적인 마이닝 기술로 인식되고 있지는 않다. 그럼에도 불구하고, 프로세스 도출 분야를 발전시키는 데 훌륭한 역할을 했다. α-알고리즘은 간단하고, 이 알고리즘의 많은 아이디어가 더 복잡하고 개선된 기법들에 차용되었다. 따라서 이 알고리즘을 바탕으로 프로세스 도출과 관련된 도전 과제를 설명하고, 더 실제적인 알고리즘을 소개한다.

5.2.1 기본 개념

α-알고리즘에 대한 입력은 작업 집합 $\mathscr{A}$상의 단순한 이벤트 로그 L이다($L \in \mathbb{B}(\mathscr{A}^*)$). 앞으로 L은 이벤트 로그로 단순하게 지칭될 것이다. 그리고 $\mathscr{A}$는 작업들이다(2.2절 참조). 이러한 작업들은 도출된 페트리넷에서 트랜지션에 해당한다. 본 장에서는 대문자는 작업의 집합을 나타내기 위해 사용할 것이고(예: $A, B \subseteq \mathscr{A}$), 개별 작업은 소문자를 사용할 것이다($a, b, c, \ldots \in \mathscr{A}$). α-알고리즘의 출력은 마킹된 페트리넷 즉, $\alpha(L) = (N, M)$가 된다. 목표는 WF-net의 도출이다. 따라서, 초기 마킹을 제거하고, $\alpha(L) = N$와 같이 사용한다(초기 마킹은 $M = [i]$로 표현된다).

α-알고리즘은 특별한 행위들에 대한 이벤트 로그를 스캔한다. 예를 들어서, 만약 작업 a 다음에 b가 오고, 절대로 반대의 경우가 없다면, a와 b 로그 사이에는 인과적 관계가 있다

고 가정한다. 이러한 종속성을 반영하기 위한 페트리넷은 a로부터 b를 연결하는 플레이스를 가져야한다. 로그에서 적절한 행위를 찾아내기 위한 다음 네 가지 *로그 기반 순서 관계*를 구별한다.

Definition 5.3 (로그 기반 순서 관계). L이 $\mathscr{A}$ 상의 로그(즉, $L \in \mathbb{B}(\mathscr{A}^*)$), 그리고 $a,b \in \mathscr{A}$ 이면:

- $a >_L b$: $\sigma \in L$, $t_i = a$, $t_{i+1} = b$ 를 만족하는 자취 $\sigma = \langle t_1, t_2, t_3, \ldots t_n \rangle$와 $i \in \{1, \ldots, n-1\}$가 있음;
- $a \rightarrow_L b$: $a >_L b$이고 $b \not>_L a$를 만족;
- $a \#_L b$: $a \not>_L b$이고 $b \not>_L a$를 만족;
- $a \|_L b$: $a >_L b$이고 $b >_L a$를 만족.

인스턴스 $L_1 = [\langle a,b,c,d \rangle^3, \langle a,c,b,d \rangle^2, \langle a,e,d \rangle]$을 보면, 이 이벤트 로그에서 아래의 로그 기반 순서 관계들이 찾아질 수 있다.

$$>_{L_1} = \{(a,b),(a,c),(a,e),(b,c),(c,b),(b,d),(c,d),(e,d)\}$$
$$\rightarrow_{L_1} = \{(a,b),(a,c),(a,e),(b,d),(c,d),(e,d)\}$$
$$\#_{L_1} = \{(a,a),(a,d),(b,b),(b,e),(c,c),(c,e),(d,a),(d,d),(e,b),(e,c),(e,e)\}$$
$$\|_{L_1} = \{(b,c),(c,b)\}$$

관계 $>_{L_1}$은 "직접적으로 이어지는" 관계에 있는 모든 쌍의 작업들을 포함한다. 자취 $\langle a,b,c,d \rangle$에서는 c 바로 다음에 d가 나타나기 때문에 $c >_{L_1} d$인 관계에 있다. 그러나 로그 내에 어떤 자취에서도 d 바로 다음에 c가 나타나는 경우가 없기 때문에 $d \not>_{L_1} c$이다. $\rightarrow_{L_1}$은 모든 쌍의 "인과" 관계를 포함하고 있다. 예를 들어, c 바로 다음에 d가 나타나는 경우는 있으나 반대의 경우는 없기($c >_{L_1} d$이고 $d \not>_{L_1} c$) 때문에 $c \rightarrow_{L_1} d$가 된다. $b >_{L_1} c$이고 $c >_{L_1} b$이기 때문에, 즉 b 다음에 c가 나타나고, 반대의 경우도 있기 때문에 $b \|_{L_1} c$이다. $b \not>_{L_1} e$이고 $e \not>_{L_1} b$이기 때문에 b와 e사이에는 $b \#_{L_1} e$의 관계가 있다.

$\mathscr{A}$ 상의 어떤 로그 L에서 $x,y \in \mathscr{A}$인 x와 y 사이에는 $x \rightarrow_L y$, $y \rightarrow_L x$, $x \#_L y$, $x \|_L y$ 중 하나의 관계가 성립하게 된다. 다시 말해서 임의의 두 작업 사이에는 이러한 관계들 중 하나는 성립해야한다. 따라서, 로그에서 이런 관계를 찾아 표 5.1과 같이 *발자취(footprint) 행렬*로 나타낼 수 있다.

로그 L_2에 대한 발자취는 표 5.2에 나타내었다. 참고로 표에서 첨자는 생략했다. L_1과 L_2의 발자취를 비교해보면, e와 f에 대한 열과 행이 다르다는 것을 알 수 있다.

로그 기반 순서 관계는 그림 5.4에 보이는 행위를 도출하는 데 사용될 수 있다. 만약 a와 b가 순차적이면, 로그는 $a \rightarrow_L b$이다. 만약 a 다음에 b와 c사이에 선택이 있다면, a의 뒤에 b 또는 c가 나타나고, b 다음 c 또는 c 다음 b는 나타나지 않는다. 따라서 로그는 $a \rightarrow_L b$, $a \rightarrow_L c$, 그리고 $b \#_L c$이다. 이러한 소위 XOR-분기 패턴의 논리적 상대 개념은 그림 5.4(b-c)에 나타난 XOR-합류 패턴이다. 만약, $a \rightarrow_L c$, $b \rightarrow_L c$, $a \#_L b$이면, 이것은 a 또는 b중의 하나가 발생하고

표 5.1 L_1에 대한 발자취: $a\#_{L_1}a, a \rightarrow_{L_1} b, a \rightarrow_{L_1} c$, 등

	a	b	c	d	e
a	$\#_{L_1}$	$\rightarrow_{L_1}$	$\rightarrow_{L_1}$	$\#_{L_1}$	$\rightarrow_{L_1}$
b	$\leftarrow_{L_1}$	$\#_{L_1}$	$\Vert_{L_1}$	$\rightarrow_{L_1}$	$\#_{L_1}$
c	$\leftarrow_{L_1}$	$\Vert_{L_1}$	$\#_{L_1}$	$\rightarrow_{L_1}$	$\#_{L_1}$
d	$\#_{L_1}$	$\leftarrow_{L_1}$	$\leftarrow_{L_1}$	$\#_{L_1}$	$\leftarrow_{L_1}$
e	$\leftarrow_{L_1}$	$\#_{L_1}$	$\#_{L_1}$	$\rightarrow_{L_1}$	$\#_{L_1}$

표 5.2 $L_2 = [\langle a,b,c,d\rangle^3, \langle a,c,b,d\rangle^4, \langle a,b,c,e,f,b,c,d\rangle^2, \langle a,b,c,e,f,c,b,d\rangle, \langle a,c,b,e,f,b,c,d\rangle^2, \langle a,c,b,e,f,b,c,e,f,c,b,d\rangle]$의 발자취

	a	b	c	d	e	f
a	$\#$	$\rightarrow$	$\rightarrow$	$\#$	$\#$	$\#$
b	$\leftarrow$	$\#$	$\Vert$	$\rightarrow$	$\rightarrow$	$\leftarrow$
c	$\leftarrow$	$\Vert$	$\#$	$\rightarrow$	$\rightarrow$	$\leftarrow$
d	$\#$	$\leftarrow$	$\leftarrow$	$\#$	$\#$	$\#$
e	$\#$	$\leftarrow$	$\leftarrow$	$\#$	$\#$	$\rightarrow$
f	$\#$	$\rightarrow$	$\rightarrow$	$\#$	$\leftarrow$	$\#$

다음에 c가 발생해야 함을 의미한다. 그림 5.4 (d-e)는 소위 AND-분기와 AND-합류 패턴을 보여준다. 만약 $a \rightarrow_L b, a \rightarrow_L c, b\Vert_L c$이면, 그 때에는 a 다음에 b와 c가 모두 병렬적으로 실행될 수 있다(AND-분기 패턴). 만약, $a \rightarrow_L c, b \rightarrow_L c, a\Vert_L b$이며, 그 때에는 c가 a와 b를 동기화하는 것으로 볼 수 있다(AND-합류 패턴).

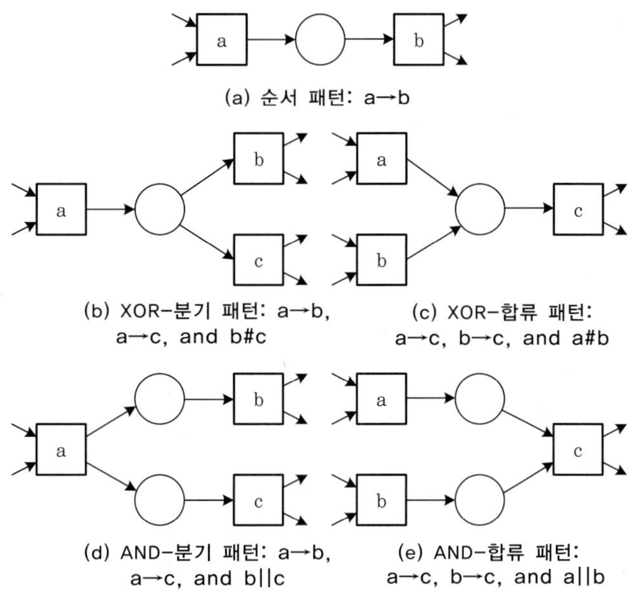

그림 5.4 전형적인 프로세스 패턴 및 패턴이 로그에 발생시키는 발자취

그림 5.4는 단지 간단한 패턴들을 보여줄 뿐 패턴을 이끌어 내는데 필요한 추가적인 조건을 보여주지는 않는다. 그렇지만, 기본적인 개념은 잘 보여주고 있다.

예를 들어, 그림 5.5에 나타난 WF-net N_3와 네 가지 케이스를 기술하고 있는 이벤트 로그 L_3를 고려해보자.

$$L_3 = [\langle a,b,c,d,e,f,b,d,c,e,g\rangle, \langle a,b,d,c,e,g\rangle^2, \langle a,b,c,d,e,f,b,c,d,e,f,b,d,c,e,g\rangle]$$

α-알고리즘은 L_3로부터 WF-net N_3를 만들어 낸다.

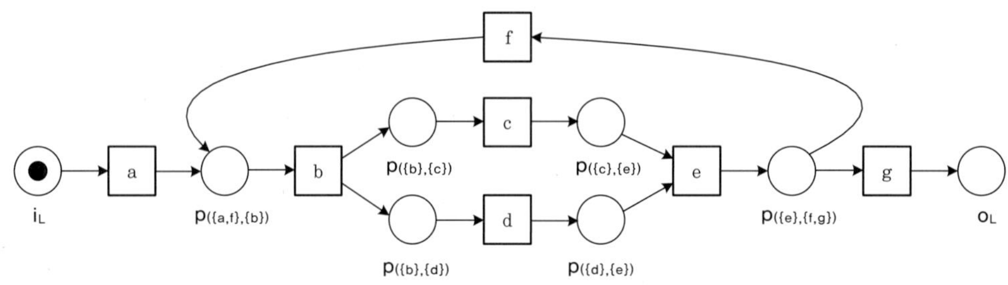

그림 5.5 $L_3 = [\langle a,b,c,d,e,f,b,d,c,e,g\rangle, \langle a,b,d,c,e,g\rangle^2, \langle a,b,c,d,e,f,b,c,d,e,f,b,d,c,e,g\rangle]$에서 도출된 WF-net N_3

표 5.3은 L_3에 대한 발자취를 보여준다. 그림 5.5의 WF-net N_3에서 프로세스 구조가 이벤트 로그로부터 추출된 로그 기반 순서 관계와 잘 매칭됨을 알 수 있다. 예를 들어, b, c, d와 e를 포함하는 구조를 보면, 이 부분은 $b \rightarrow_{L_3} c$, $b \rightarrow_{L_3} d$, $c \|_{L_3} d$, $c \rightarrow_{L_3} e$, $d \rightarrow_{L_3} e$에 기반해서 만들어졌다. e를 뒤따르는 조건은 $e \rightarrow_{L_3} f$, $e \rightarrow_{L_3} g$, 그리고 $f \#_{L_3} g$의 관계에 기반한다.

표 5.3 L_3의 발자취

	a	b	c	d	e	f	g
a	#	→	#	#	#	#	#
b	←	#	→	→	#	←	#
c	#	←	#	‖	→	#	#
d	#	←	‖	#	→	#	#
e	#	#	←	←	#	→	→
f	#	→	#	#	←	#	#
g	#	#	#	#	←	#	#

다른 예로 그림 5.6의 WF-net N_4는 L_4로부터 도출될 수 있다.

$$L_4 = [\langle a,c,d\rangle^{45}, \langle b,c,d\rangle^{42}, \langle a,c,e\rangle^{38}, \langle b,c,e\rangle^{22}]$$

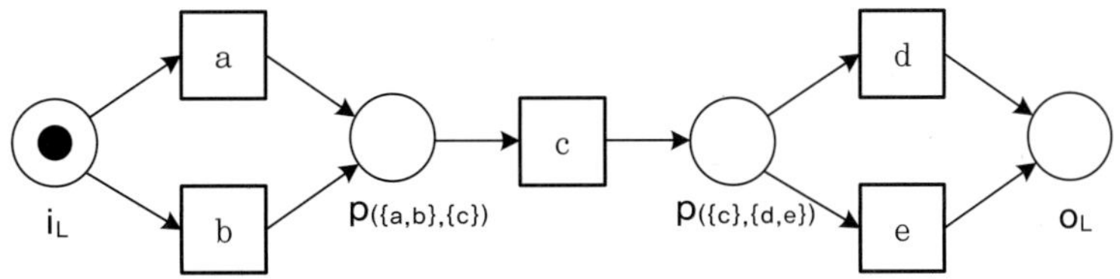

그림 5.6 $L_4 = [\langle a,c,d\rangle^{45}, \langle b,c,d\rangle^{42}, \langle a,c,e\rangle^{38}, \langle b,c,e\rangle^{22}]$에서 도출된 WF-net N_4

L_4는 네 가지의 가능한 자취들 중의 하나를 따르는 147개의 케이스들에 대한 정보를 담고 있다. 두 개의 시작 작업와 두 개의 종료 작업을 가지고 있다. 이것은 자취의 첫 번째와 마지막 작업을 살펴봄으로써 쉽게 도출될 수 있다.

5.2.2 알고리즘

앞에서 설명한 기본적인 개념과 예제를 기반으로, α-알고리즘[23]을 설명한다.

Definition 5.4 (α-알고리즘). L을 $T \subseteq \mathscr{A}$상의 이벤트 로그라고 하면 $\alpha(L)$은 다음과 같이 정의된다.

1. $T_L = \{t \in T \mid \exists_{\sigma \in L}\ t \in \sigma\}$,
2. $T_I = \{t \in T \mid \exists_{\sigma \in L}\ t = first(\sigma)\}$,
3. $T_O = \{t \in T \mid \exists_{\sigma \in L}\ t = last(\sigma)\}$,
4. $X_L = \{(A,B) \mid A \subseteq T_L \wedge A \neq \emptyset \wedge B \subseteq T_L \wedge B \neq \emptyset \wedge \forall_{a \in A} \forall_{b \in B}\ a \rightarrow_L b \wedge \forall_{a_1,a_2 \in A}\ a_1 \#_L a_2 \wedge \forall_{b_1,b_2 \in B}\ b_1 \#_L b_2\}$,
5. $Y_L = \{(A,B) \in X_L \mid \forall_{(A',B') \in X_L} A \subseteq A' \wedge B \subseteq B' \Longrightarrow (A,B) = (A',B')\}$,
6. $P_L = \{p_{(A,B)} \mid (A,B) \in Y_L\} \cup \{i_L, o_L\}$,
7. $F_L = \{(a, p_{(A,B)}) \mid (A,B) \in Y_L \wedge a \in A\} \cup \{(p_{(A,B)}, b) \mid (A,B) \in Y_L \wedge b \in B\} \cup \{(i_L,t) \mid t \in T_I\} \cup \{(t, o_L) \mid t \in T_O\}$,
8. $\alpha(L) = (P_L, T_L, F_L)$.

L은 작업들의 집합 T를 기반으로 한 이벤트 로그이다. 단계 1에서는 어떤 작업들이 로그에 나타나는지 확인한다(T_L). 이 작업들은 생성되는 WF-net의 트랜지션이 된다. T_I는 시작 작업들의 집합이다. 다시 말해서, 어떤 자취에서 처음에 나타나는 작업들이다(단계 2). T_O는 종료 작업들의 집합이다. 즉, 어떤 자취에서 마지막에 나타나는 작업들이다(단계 3). 단계 4와 단계 5가 α-알고리즘의 핵심부분에 해당한다. 여기서 중요한 것은 WF-net의 플레이스와 그 사이의 연결을 정의하는 것이다. 즉, A가 입력 트랜지션이 되고($\bullet p_{(A,B)} = A$), B가 출력 트랜지션이 되는($(p_{(A,B)}\bullet = B)$), $p_{(A,B)}$ 플레이스를 만드는 것이 목적이다.

$p_{(A,B)}$을 찾기 위한 기본 개념은 그림 5.7에 나타나있다. A의 모든 원소들은 B의 모든 원소들과 인과적 의존 관계를 가져야한다. 즉, 모든 $(a,b) \in A \times B$에 대해서 $a \rightarrow_L b$가 성립한다.

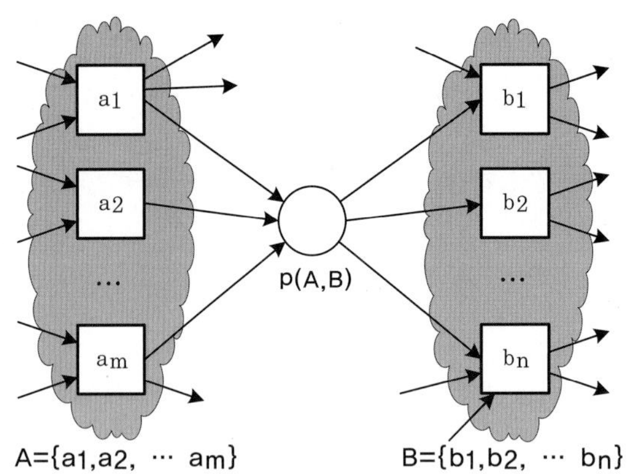

그림 5.7 집합 A에 있는 트랜지션과 집합 B에 있는 트랜지션을 연결하는 플레이스 $p_{(A,B)}$

또한, A의 원소들은 서로 간에 선후 관계를 형성하지 않는다. 즉, 모든 $a_1, a_2 \in A$에서 $a_1 \#_L a_2$가 된다. 비슷한 요구 조건이 B에도 적용된다.

표 5.4는 발자취 행렬 관점에서 이 구조를 보여주고 있다. 만약 $A \cup B$에 관련된 행과 열만을 고려하고, A와 B에 속한 행과 열들을 각각 그룹핑한다면, 표 5.4에 보여진 패턴을 얻을 수 있다. 이 속에는 4개의 사분면이 존재한다. 두 개의 사분면은 #기호만을 가지고 있다. 이것은 A의 원소들이 서로 간에 선후 관계를 형성하지 않음을 보여주며(왼쪽 위 사분면), B의 원소들도 서로 간에 선후 관계를 형성하지 않음을 보여준다(오른쪽 아래 사분면). 오른쪽 위 사분면은 → 기호만을 갖는데, A의 원소는 B의 어떤 원소에도 선행함을 의미하고 반대의 경우는 없음을 나타낸다. 대칭적으로, 왼쪽 아래 사분면은 ← 기호만을 가진다.

표 5.4 어떻게 $(A,B) \in X_L$를 찾아낼 것인가? $A = \{a_1, a_2, \ldots, a_m\}$와 $B = \{b_1, b_2, \ldots, b_n\}$에 해당하는 행과 열을 재배열하고, 다른 행과 열들은 제거

	a_1	a_2	...	a_m	b_1	b_2	...	b_n
a_1	#	#	...	#	→	→	...	→
a_2	#	#	...	#	→	→	...	→
...	...	...	...	...	...	...	...	...
a_m	#	#	...	#	→	→	...	→
b_1	←	←	...	←	#	#	...	#
b_2	←	←	...	←	#	#	...	#
...	...	...	...	...	...	...	...	...
b_n	←	←	...	←	#	#	...	#

L_1을 다시 생각해보면, 명백하게 $A = \{a\}$와 $B = \{b, e\}$는 단계 4에서 말하는 요구 조건을 만족한다. 또한 $A' = \{a\}$와 $B' = \{b\}$도 똑같이 요구 조건을 만족한다. X_L은 이런 요구 조건을 만족시키는 모든 쌍들의 집합이다.

$$X_{L_1} = \{(\{a\},\{b\}),(\{a\},\{c\}),(\{a\},\{e\}),(\{a\},\{b,e\}),(\{a\},\{c,e\}),$$
$$(\{b\},\{d\}),(\{c\},\{d\}),(\{e\},\{d\}),(\{b,e\},\{d\}),(\{c,e\},\{d\})\}$$

만약 X_{L_1}의 각 원소에 한 개의 플레이스를 삽입하면, 너무나 많은 플레이스가 필요하다. 따라서, 단지 "최대 쌍" (A,B)만을 포함한다. 어떤 쌍 $(A,B) \in X_L$, 공집합이 아닌 집합 $A' \subseteq A$, 공집합이 아닌 집합 $B' \subseteq B$에서 $(A',B') \in X_L$임을 참고하기 바란다. 단계 5에서는 최대 쌍이 아닌 것들이 제거되어 다음이 만들어진다.[1]

$$Y_{L_1} = \{(\{a\},\{b,e\}),(\{a\},\{c,e\}),(\{b,e\},\{d\}),(\{c,e\},\{d\})\}$$

단계 5는 발자취 행렬의 관점에서 이해될 수 있다. 표 5.4에서 $\emptyset \subset A' \subseteq A$와 $\emptyset \subset B' \subseteq B$를 만족하는 두 개의 집합을 A'과 B'라고 하자. $A \cup B \setminus (A' \cup B')$에 해당하는 행과 열을 제거하는 것은 표 5.4에 보여지는 패턴을 여전히 가진 행렬을 결과로 나타내게 된다. 따라서, Y_L을 생성하기 위한 최대 행렬만을 고려한다.

모든 원소 $(A,B) \in Y_L$는 A트랜지션을 B트랜지션으로 연결하는 플레이스 $p_{(A,B)}$에 대응된다. 또한, P_L은 유일한 시작 플레이스 i_L과 유일한 도착 플레이스 o_L을 포함한다(단계 6 참조). 이제 목표가 WF-net을 생성하는 것임을 한 번 더 기억하자.[2]

단계 7에서는 WF-net의 아크들이 생성된다. T_I에 있는 모든 시작 트랜지션들이 i_L을 입력 플레이스로 갖고, 모든 종료 트랜지션 T_O들은 o_L을 출력 플레이스로 가지게 된다. 모든 플레이스 $p_{(A,B)}$는 A를 입력 노드로 B를 출력 노드로 가진다. 결과는 이벤트 로그 L에서 보여지는 행위를 기술하는 페트리넷 $\alpha(L) = (P_L, T_L, F_L)$이 된다.

앞에서 네 개의 로그와 WF-net을 설명하였는데, 이 WF-net은 로그에 α-알고리즘을 적용하여 도출한 것으로, $\alpha(L_1) = N_1$, $\alpha(L_2) = N_2$, $\alpha(L_3) = N_3$, $\alpha(L_4) = N_4$이다. 참고로 5.5와 그림 5.6에서 플레이스들은 Y_{L_3}와 Y_{L_4}에 기반하여 명명하였다. 이 예들은 α-알고리즘이 이벤트 로그에 기반해서 실제로 WF-net을 찾아낼 수 있음을 보여준다.

표 5.5 L_5의 발자취

	a	b	c	d	e	f
a	#	$\rightarrow$	#	#	$\rightarrow$	#
b	$\leftarrow$	#	$\rightarrow$	$\leftarrow$	$\|$	$\rightarrow$
c	#	$\leftarrow$	#	$\rightarrow$	$\|$	#
d	#	$\rightarrow$	$\leftarrow$	#	$\|$	#
e	$\leftarrow$	$\|$	$\|$	$\|$	#	$\rightarrow$
f	#	$\leftarrow$	#	#	$\leftarrow$	#

[1] 예를 들어, X_{L_1}에서 $(\{a\},\{b\})$는 $A \subseteq A' \wedge B \subseteq B' \Longrightarrow (A,B) = (A',B')\}$ 조건을 만족하지 못해 Y_{L_1}에 포함되지 않는다. 즉 $\{a\} \subseteq \{a\} \wedge \{b\} \subseteq \{b,e\}$이지만 $(\{a\},\{b\}) \neq (\{a\},\{b,e\})$이다

[2] α-알고리즘은 WF-net이 아닌 페트리넷을 생성할 수도 있다(예, 그림 5.12). 뒤에서 이와 같은 문제들을 자세히 설명한다.

이제 이벤트 로그 L_5를 생각해보자:

$$L_5 = [\langle a,b,e,f\rangle^2, \langle a,b,e,c,d,b,f\rangle^3, \langle a,b,c,e,d,b,f\rangle^2, \langle a,b,c,d,e,b,f\rangle^4, \langle a,e,b,c,d,b,f\rangle^3]$$

표 5.5는 로그의 발자취를 보여준다. 여기에 $L = L_5$로 하고 알고리즘의 여덟 단계를 적용해보자:

$$\begin{aligned}
T_L &= \{a,b,c,d,e,f\} \\
T_I &= \{a\} \\
T_I &= \{f\} \\
X_L &= \{(\{a\},\{b\}),(\{a\},\{e\}),(\{b\},\{c\}),(\{b\},\{f\}),(\{c\},\{d\}), \\
&\qquad (\{d\},\{b\}),(\{e\},\{f\}),(\{a,d\},\{b\}),(\{b\},\{c,f\})\} \\
Y_L &= \{(\{a\},\{e\}),(\{c\},\{d\}),(\{e\},\{f\}),(\{a,d\},\{b\}),(\{b\},\{c,f\})\} \\
P_L &= \{p_{(\{a\},\{e\})},p_{(\{c\},\{d\})},p_{(\{e\},\{f\})},p_{(\{a,d\},\{b\})},p_{(\{b\},\{c,f\})},i_L,o_L\} \\
F_L &= \{(a,p_{(\{a\},\{e\})}),(p_{(\{a\},\{e\})},e),(c,p_{(\{c\},\{d\})}),(p_{(\{c\},\{d\})},d), \\
&\qquad (e,p_{(\{e\},\{f\})}),(p_{(\{e\},\{f\})},f),(a,p_{(\{a,d\},\{b\})}),(d,p_{(\{a,d\},\{b\})}), \\
&\qquad (p_{(\{a,d\},\{b\})},b),(b,p_{(\{b\},\{c,f\})}),(p_{(\{b\},\{c,f\})},c),(p_{(\{b\},\{c,f\})},f), \\
&\qquad (i_L,a),(f,o_L)\} \\
\alpha(L) &= (P_L,T_L,F_L)
\end{aligned}$$

그림 5.8은 로그로부터 생성된 $N_5 = \alpha(L_5)$를 보여준다. N_5는 실제로 L_5에 있는 자취들을 리플레이할 수 있다. 참고로 그림 5.8에서는 플레이스 이름을 넣었지만, 플레이스 이름은 앞뒤의 트랜지션 이름으로부터 유추할 수 있어 앞으로는 생략하도록 한다.

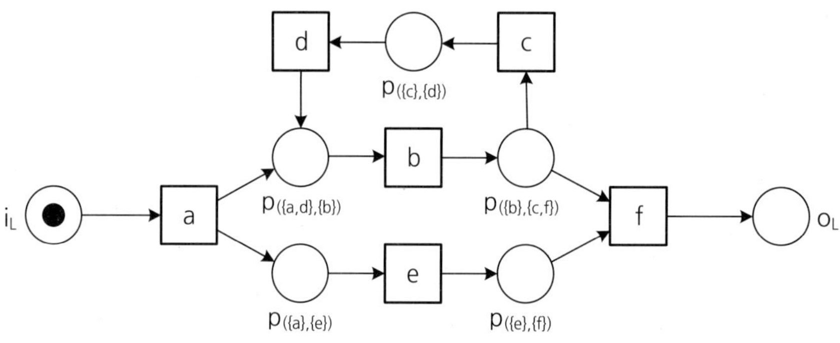

그림 5.8 $L_5 = [\langle a,b,e,f\rangle^2, \langle a,b,e,c,d,b,f\rangle^3, \langle a,b,c,e,d,b,f\rangle^2, \langle a,b,c,d,e,b,f\rangle^4, \langle a,e,b,c,d,b,f\rangle^3]$부터 도출된 WF-net N_5

5.2.3 α-알고리즘의 한계

[23]에서, 만약 로그 기반 순서 관계($>_L$) 관점에서 로그가 완전하다고 가정할 수 있으면, α-알고리즘이 우수한 WF-net을 도출할 수 있음을 보였다. 이 가정은 만약 a가 b에 선행할 수 있다면, 어떤 완전한 이벤트 로그 L에서 $a >_L b$임을 의미한다. 결과적으로, 표 5.5와 같은 발자취는 유효하다고 가정한다. 이 장의 뒷 부분에서 완전성에 대해 다시 한 번 생각해 본다.

비록 로그가 완전하다고 가정한다 할지라도, α-알고리즘은 몇 가지 문제점을 지니고 있다. 똑같은 가능한 행위를 보이는 많은 수의 서로 다른 WF-net들이 존재할 수 있다. 다시 말해서, 두 개의 모델이 구조적으로 다르지만, 같은 자취를 가질 수 있다. α-알고리즘이 찾은 모델은 동일한 자취를 만드는 여러 개의 WF-nets 중에 하나이다. 예를 들어 다음의 이벤트 로그를 고려하자:

$$L_6 = [\langle a,c,e,g\rangle^2, \langle a,e,c,g\rangle^3, \langle b,d,f,g\rangle^2, \langle b,f,d,g\rangle^4]$$

$\alpha(L_6)$가 그림 5.9에 나타나 있다. 비록 모델이 관찰된 행위를 만들어낼 수 있지만, WF-net이 불필요하게 복잡한 경향이 있다. 도출된 모델에서 g에 대한 두 개의 입력 플레이스가 중복되어 있고, 따라서 행위의 변화없이 두 플레이스를 제거할 수 있다. p_1과 p_2로 표현된 플레이스들은 소위 *내재적인 플레이스*이고, 가능한 점화 순서 집합에 영향을 주지 않고 제거가 가능하다. 즉, α-알고리즘은 불필요한 *내재적인 플레이스*를 만드는 경향이 있다.

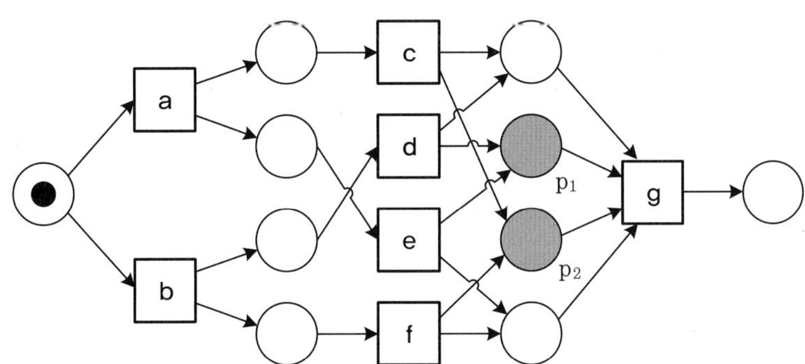

그림 5.9 $L_6 = [\langle a,c,e,g\rangle^2, \langle a,e,c,g\rangle^3, \langle b,d,f,g\rangle^2, \langle b,f,d,g\rangle^4]$로부터 유도된 WF-net N_6. 두 개의 색칠된 플레이스가 중복적이다. 즉, 행위의 변화없이 제거 가능하다

α-알고리즘(5.2.2절에 표현된 것처럼)은 길이 1 또는 2인 짧은 반복 구조를 다루는 데 문제가 있다. 길이가 1인 반복 구조를 보이는 L_7에 알고리즘을 적용하면 그림 5.10의 WF-net N_7의 결과가 도출된다.

$$L_7 = [\langle a,c\rangle^2, \langle a,b,c\rangle^3, \langle a,b,b,c\rangle^2, \langle a,b,b,b,b,c\rangle^1]$$

결과 모델은 b가 모델의 다른 부분에 연결되지 않아 WF-net이 아니다. 또한 모델에서 b는 a 이전 또는 c 다음에 실행될 수 있고, 이것은 이벤트 로그와 맞지 않는다. 이 문제는 [91]에서 볼 수 있듯이 쉽게 해결할 수 있다. 개선된 버전의 α-알고리즘을 사용하면, 그림 5.11에서 보여지는 모델을 도출할 수 있다.

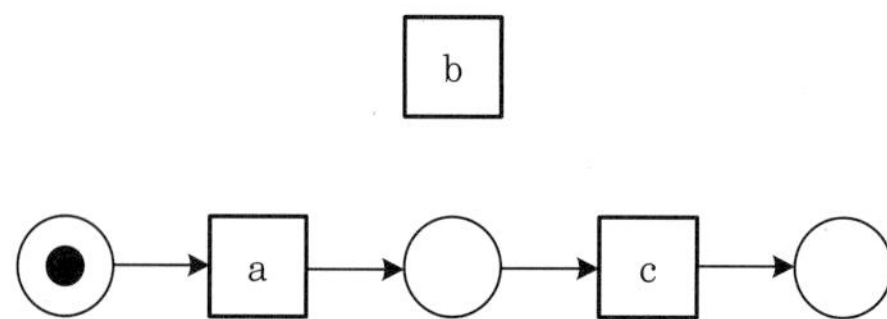

그림 5.10 $L_7 = [\langle a,c\rangle^2, \langle a,b,c\rangle^3, \langle a,b,b,c\rangle^2, \langle a,b,b,b,b,c\rangle^1]$에서 유도된 부정확한 WF-net N_7

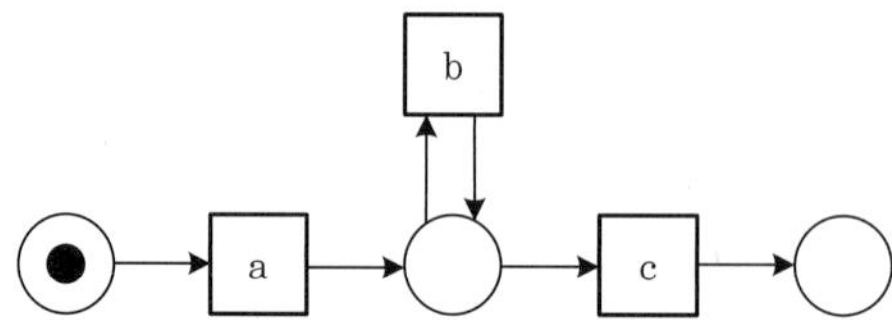

그림 5.11 길이 1의 소위 "짧은 반복"을 가진 WF-net N_7'

길이 2인 반복 구조와 관련된 문제는 L_8에 기본 알고리즘을 적용한 결과는 그림 5.12의 페트리넷 N_8에 있다.

$$L_8 = [\langle a,b,d\rangle^3, \langle a,b,c,b,d\rangle^2, \langle a,b,c,b,c,b,d\rangle]$$

다음의 로그 기반 순서 관계는 이 이벤트 로그로부터 유도된다: $a \rightarrow_{L_8} b$, $b \rightarrow_{L_8} d$, $b \|_{L_8} c$. 즉, 기본 알고리즘은 b와 c가 서로를 후행하고 있기 때문에 병렬적이라고 잘못 인식한다. 그림 5.12에 보여준 모델은 c가 시작에서 종료로 가는 경로상에 존재하지 못하므로 WF-net이 아니다. [91]에 기술된 확장을 사용하면, 개선된 α-알고리즘은 그림 5.13에 보여지는 WF-net을 정확하게 도출해낸다.

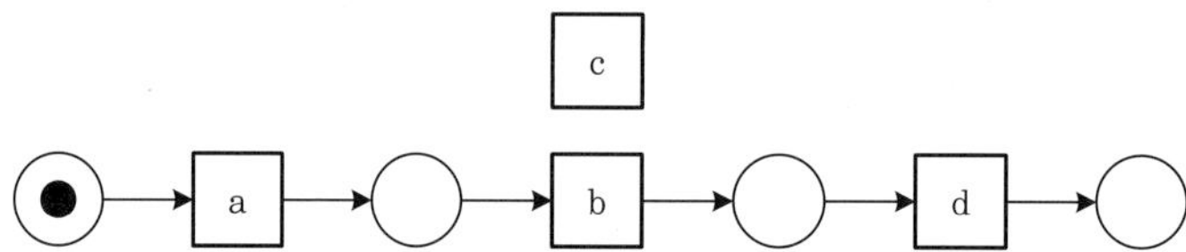

그림 5.12 $L_8 = [\langle a,b,d\rangle^3, \langle a,b,c,b,d\rangle^2, \langle a,b,c,b,c,b,d\rangle]$로부터 도출된 부정확한 WF-net N_8

반복 구조를 다루기 위한 기본 α-알고리즘을 개선하는 방법은 여러 가지가 있다. [91]에 기술된 α^+-알고리즘은 5.2.2절에 설명한 기본 알고리즘의 문제를 해결하는 몇 가지 대안 중의 하나이다. α^+-알고리즘은 전처리 및 후처리를 사용한다. 전처리 단계는 길이 2인 반복 구조를 처리하며, 후처리 과정은 길이 1인 반복 구조를 해결한다.

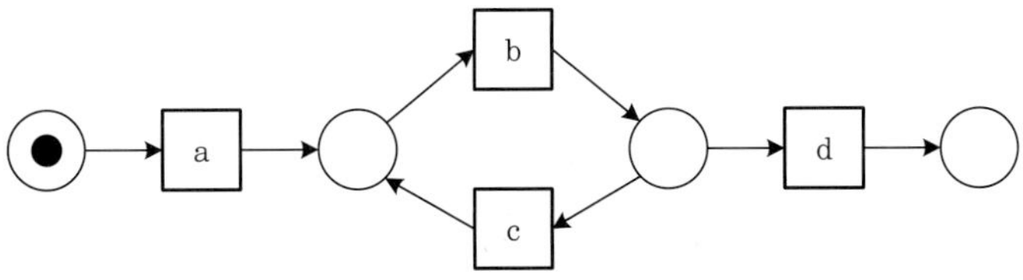

그림 5.13 길이2를 갖는 소위 "짧은 반복"이 있는 정확한 WF-net N'_8

기본 알고리즘은 길이 3이상인 반복 구조를 찾아내는 데에는 문제가 없다. 적어도 세 개의 작업(a, b, c)을 포함하는 반복 구조에서, 병렬성은 $>_L$관계로 나오는 반복 구조와 구별된다. 반복 구조에서는 단지 $a >_L b$, $b >_L c$, $c >_L a$만을 찾는다. 만약 세 개의 작업이 동시적이라면, $a >_L b$, $a >_L c$, $b >_L a$, $b >_L c$, $c >_L a$, $c >_L b$를 찾을 수 있다. 따라서 구별하는 것이 쉽다. 길이 2의 반복 구조에서는 그렇지 않다. a와 b를 포함한 반복에서는 $a >_L b$와 $b >_L a$를 찾는다. 만약 a와 b가 병렬로 발생하여도 똑같은 관계를 찾는다. 따라서, 두 경우 모두 이벤트 로그에 같은 발자취를 남긴다.

더 어려운 문제가 비자유 선택으로부터 비롯되는 소위 *비지역 종속성(non-local dependencies)*이다. 예를 들어, 그림 5.14의 프로세스 모델은 L_8에서 나올 수 있는 좋은 후보프로세스가 될 수 있다.:

$$L_9 = [\langle a,c,d \rangle^{45}, \langle b,c,e \rangle^{42}]$$

그러나 α-알고리즘은 p_1과 p_2 플레이스가 없는 WF-net을 도출한다. 따라서, 비록 자취 $\langle a,c,e \rangle$와 자취 $\langle b,c,d \rangle$가 L_9에 나타나지 않는다 할지라도 $\alpha(L_9) = N_4$(그림 5.6 참고)가 된다. 이러한 문제들은 [125]의 개선된 α-알고리즘을 사용함으로써 (부분적으로) 해결될 수 있다.

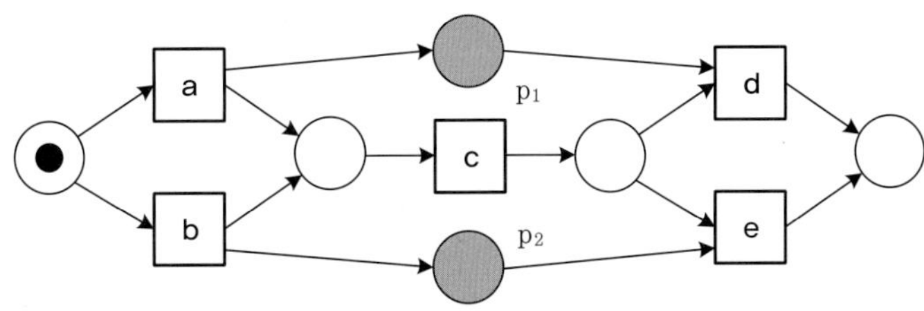

그림 5.14 비지역 종속성을 지닌 WF-net N_9

α-알고리즘의 또다른 한계는 *빈도가 고려되지 않는다*는 점이다. 따라서, 알고리즘이 노이즈와 부정확성에 매우 민감하다(5.4.2절 참고).

α-알고리즘은 많은 종류의 모델을 도출할 수 있다. 8줄로 구성된 기본 알고리즘은 특정 프로세스 패턴에서 문제가 발생한다(예를 들면 짧은 반복 구조와 비지역 종속성). 이러한 문제 중 일부는 다양한 정제를 통해 해결된다. [23, 91]에서 보이는 것처럼, α-알고리즘은 WF-net이 중복 작업(같은 작업명을 가진 두 개의 트랜지션)과 암묵 작업(이벤트 로그에 기록되지 않은 작업)이 없고 그림 5.15에서 보이는 두 가지 구조를 가지지 않는다면, 실제 프로세스에 대한

모델을 정확하게 도출해내는 것을 보장한다. 보다 상세한 내용은 [23, 91]을 참고하기 바란다.

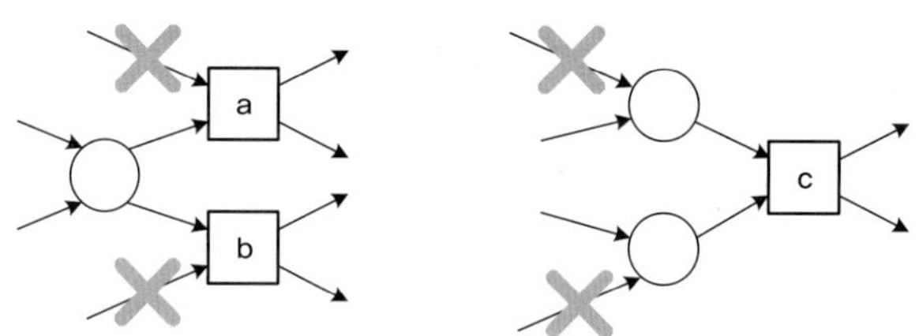

그림 5.15 도출된 WF-net의 정확성을 위협할 수 있는 두 가지 구조

비록 실제 프로세스에 그림 5.15의 구조가 있어도 α-알고리즘은 유용한 프로세스 모델을 만들어낼 수도 있다. 예를 들어 α-알고리즘은 그림 5.14에서의 p_1과 p_2 플레이스를 도출할 수는 없지만, 여전히 로그를 리플레이할 수 있는 정상적인 프로세스 모델을 만들어낸다.

5.2.4 트랜잭션 라이프사이클 고려

제4장에서 *작업 인스턴스*의 *트랜잭션 라이프사이클 모델*에 관해 설명하였다. 그림 4.3은 스케쥴, 시작, 종료, 보류 등의 트랜잭션의 형태의 예를 보여준다. 이벤트는 종종 $\#_{trans}(e) = complete$에서와 같이 트랜잭션의 형태를 속성으로 갖는다. 표준적인 XES의 수명주기 확장 또한 그런 속성을 제공한다. α-알고리즘은 이러한 정보를 쉽게 고려할 수 있다. 먼저, 전체 이벤트 로그를 특정 작업에 관계된 이벤트만을 포함하는 작은 로그로 나눈다. 나눠진 로그들은 각 작업의 트랜잭션 라이프사이클을 도출하는 데 사용된다. 다음으로 전반적인 프로세스를 마이닝할 때, 일반적인 트랜잭션 수명주기(예, 그림 4.3)에 대한 정보 또는 특정 작업에 대한 트랜잭션 라이프사이클을 활용한다. 그림 5.16은 후자(도출된 트랜잭션 수명주기)를 보여준다. 특정 작업에 관계된 모든 이벤트는 그 작업을 나타내는 하위 프로세스에 속한 트랜지션에 연결된다. 각 하위 프로세스에 해당하는 트랜지션들 간의 관계는 독립적으로 도출하거나, 도메인 지식을 사용하여 모델링한다. 그림 5.16은 세 가지 작업의 순서를 보여준다. 작업 *a*와 *c*는 *assign(할당)*, *start(시작)*, *complete(종료)*의 이벤트 유형을 포함한 공통적인 트랜잭션 라이프사이클을 공유한다. 작업 *b*는 *start(시작)*, *suspend(보류)*, *resume(재개)*, *complete(종료)*의 이벤트 유형을 포함한 트랜잭션 라이프사이클을 가진다.

제 5.3 절 프로세스 모델 재도출

제7장에서, *이벤트 로그에 대한* 프로세스 모델의 질을 평가하는 *적합도 검사*에 대해 기술할 것이다. 그러나 α-알고리즘의 결과에 대한 논할 때, 어떤 WF-net은 이벤트 로그에 기반해서

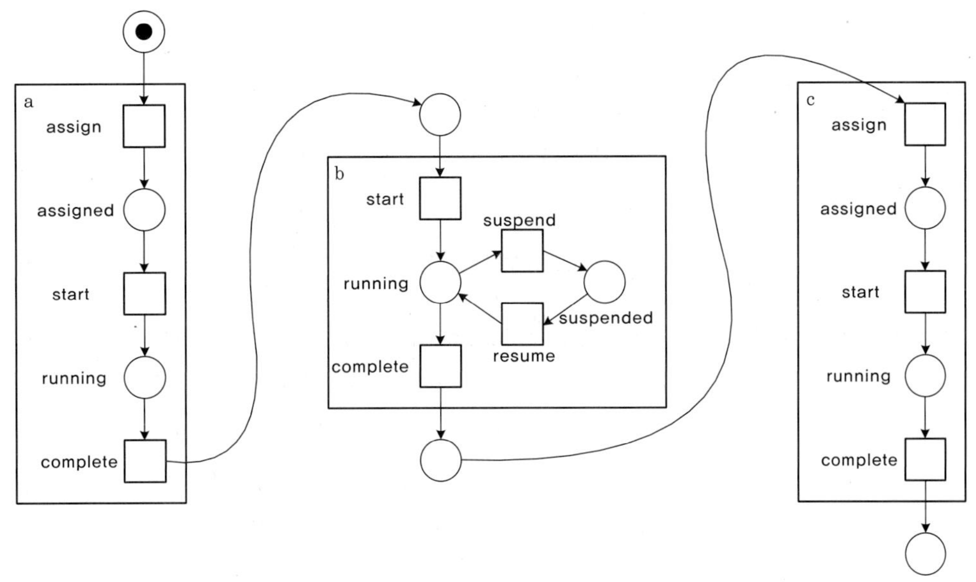

그림 5.16 트랜잭션 정보를 가진 이벤트 로그 마이닝: 각 작업의 라이프사이클은 서브프로세스로 표현

"찾아지지 못하는" 경우도 있다는 결론을 내렸다. 이것은 특정, 알려진 모델을 도출하는 것을 목표로 한다는 것을 가정한다. 현실에서는 "실제" 모델을 알지 못하는 경우가 많다. 현실적으로 프로세스를 기술하는 *절대적인* 모델이 존재하지 않는다. 많은 모델(즉, 동일한 프로세스를 다르게 보는 뷰)이 존재하며, 또한 분석 대상 프로세스는 우리가 마이닝을 하는 동안 변경될 수도 있다. 그러나 만약 모델이 알려져 있다고 가정하면 그림 5.17에서 도식화한 것처럼 프로세스 도출 알고리즘을 테스트하는 실험 환경을 만들 수 있다.

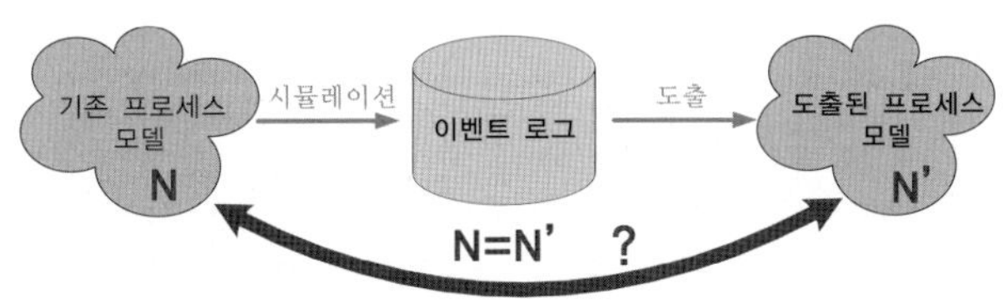

그림 5.17 재도출 문제: 도출된 모델 N'이 원래 모델 N과 동일한가

그림 5.17에서 출발점은 프로세스 모델이다. 예를 들면 WF-net N이 된다. 이 모델에 기반해서 많은 시뮬레이션 실험을 실행할 수 있고 이벤트 로그에 시뮬레이션한 이벤트를 기록할 수 있다. 이벤트 로그가 어떤 기준, 예를 들면 ''만약 x가 y에 선행한다면 로그에 따라 한번은 발생한다''와 같은 기준에서 완전하다고 가정해보자. 프로세스 도출 알고리즘(예를 들면 α-알고리즘)의 입력으로서 완전한 이벤트 로그를 사용해서 새로운 모델을 도출할 수 있다. 이제 문제는 "찾아진 모델 N'과 원래 모델 N 사이에 어떤 공통점이 있는가? 그 둘은 서로 동일한가(equivalent)?"가 된다. 동질하다는 것(equivalence)은 다른 수준에서 봐야 한다. 예를 들어, 원

래 프로세스 모델의 배치(layout) 정보가 로그 안에 없는데 도출 알고리즘이 원래 배치를 찾을 수 있다고 기대하는 것은 적절하지 않다. 배치 정보는 프로세스의 행위(behavior)와 관련이 없다. 같은 이유로, WF-net의 원래 플레이스의 이름을 찾는다고 기대하는 것도 적절하지 못하다. α-알고리즘은 $p_{(A,B)}$와 같은 이름을 플레이스 명으로 사용한다. 따라서, 도출된 모델 N'과 원래 모델 N을 비교할 때, (배치나 명칭이 아닌) *행위*에 집중할 필요가 있다.

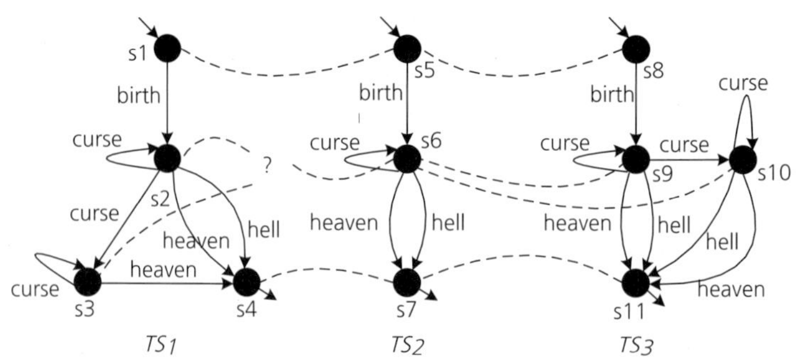

그림 5.18 세 개의 자취 동질성을 가진 트랜지션 시스템: TS_1과 TS_2는 상호 유사성을 가지지 않지만, TS_2와 TS_3는 상호 유사성을 가지고 있다

행위 동질성(Behavioral Equivalence)에 관한 세 가지 개념

[64]와 같이, 많은 동질성 개념이 정의될 수 있다. 여기서, 세 가지의 잘 알려진 개념인 *자취 동질성(trace eqivalence)*, *상호 유사성(bisimilarity)*, 그리고 *분기 상호 유사성(branching bisimilarity)*에 대해서 간단하게 기술한다. 이 개념은 한 쌍의 트랜지션 시스템 TS_1과 TS_2에 대해서 정의되며(2.2.1장), WF-net, BPMN, EPC와 YAWL과 같은 표기법에 대해서 정의되는 것은 아니다. 그러나 실행 가능한 의미를 가진 어떤 표기법의 모델도 트랜지션 시스템으로 변환 가능하다. 따라서, 그림 5.17에서 언급한 원래의 프로세스 모델 N과 도출된 프로세스 모델 N'이 비교 대상이 되는 두 개의 트랜지션 시스템으로 가정한다.

*자취 동질성*은 실행 순서가 동일하다면 두 개의 트랜지션 시스템은 같다는 것이다. 그림 5.9에서 보이는 WF-net $N_6 = \alpha(L_6)$에 해당하는 트랜지션 시스템을 TS_2라고 하고, N_6에서 p_1과 p_2를 제거한 WF-net에 해당하는 트랜지션 시스템을 TS_1라고 가정하자. 비록 두 WF-net이 구문적으로는 다르지만, 이들의 실행 순서의 집합은 동일하다. 그림 5.18에서 예시된 바와 같이 동일한 실행 순서 집합을 허용하는 두 트랜지션 시스템이 많이 다를 수도 있다.

그림 5.18에서의 세 가지 트랜지션 시스템은 자취 동질성을 가진다: 어떤 트랜지션 시스템의 모든 자취가 다른 트랜지션 시스템에서도 가능하다. 예를 들어 자취 $\langle birth, curse, curse, curse, heaven\rangle$은 세 트랜지션 시스템에서 모두 가능하다. 그러나 TS_1

과 TS_2 사이에는 유의한 차이가 있다. TS_1의 상태 $s3$에서, 더 많은 저주(curse)가 있을 수도 있지만 항상 천국(heaven)으로만 갈 수 있다. 이런 상태는 TS_2에는 존재하지 않는다: $s6$에서 저주(curse)후에 항상 천국(heaven)으로만 가는 것이 아니라 여전히 지옥(hell)으로 갈 수도 있다. TS_1에서 $s2$로부터 $s3$로 이동할 때, 자취의 집합에는 보이지 않지만 프로세스를 이해하는 데 매우 중요한 선택이 이루어진다.

*상호 유사성(이중시뮬레이션 동질성(Bisimulation equivalence))*은 선택의 순간을 고려한 좀 더 정제된 개념이다. 만약 어떤 트랜지션 시스템이 다른 시스템의 "어떤 이동도 모방할" 수 있고 반대의 경우도 성립한다면(똑같은 관계를 사용) 두 시스템은 상호 유사하다. 예를 들어, 그림 5.18의 TS_2와 TS_3를 고려해보자. TS_2은 TS_3를 모방할 수 있고, 반대도 성립한다. 두 트랜지션 시스템은 점선으로 관련성을 표시해두었다; $s5$는 $s8$에 연결되고, $s6$는 $s9$과 $s10$ 두 개에 연결되며, $s7$은 $s11$에 연결된다. 두 모델의 연결된 상태에서, 같은 종류의 액션이 가능해야 하며, 한 모델에서 액션 중 하나를 취하면, 다른 모델에서 같은 액션을 취할 때 이전 모델과 연결된 상태로 나아가야한다. TS_2가 *birth*라는 액션을 통해 $s5$로부터 $s6$로 이동하기 때문에, $s5$와 연결된 TS_3의 $s8$에서 *birth*액션을 취할 수 있어야 하고, 그 결과는 관련된 상태인 $s9$가 되어야한다. TS_2와 TS_3는 어느 한쪽의 액션이 다른 쪽에 의해서 모방될 수 있으므로 상호 유사하다. 이제 TS_1과 TS_2를 고려해보자. 여기서 TS_1에 있는 $s3$를 TS_2에 있는 상태로 연결하는 것이 불가능하다. 만약 $s3$가 $s6$로 연결된다면, $s3$에서 *hell* 액션을 하는 것은 불가능해야 하지만, 실제로는 그렇지 않다. TS_2는 TS_1을 시뮬레이션 할 수 있다. 다시 말해서 TS_1내에 있는 어떤 액션도 TS_2에 의해서 모방 가능하다. 그러나 TS_1은 TS_2를 시뮬레이션 할 수 없다. 따라서, TS_1과 TS_2은 상호 유사성을 가지지 않는다. 이중시뮬레이션 동질성은 자취 동질성보다 더 강한 동질성 관계이다. 다시 말해서, 만약 두 트랜지션 시스템이 상호 유사성을 가지면, 그들은 또한 자취 동질성도 가진다.

*분기 상호 유사성(분기 이중시뮬레이션 동질성(Branching bisimulation equivalence))*은 암묵(silent) 행동을 고려한다. 제2장에서 이러한 목적을 위해서 τ 라벨을 이미 소개했다. τ 액션은 "보이지 않는다". 다시 말해서, 관찰될 수 없다. 프로세스 마이닝 관점에서 이것은 해당 작업이 이벤트 로그에 기록되지 않았음을 의미한다. 앞에서와 같이, 두 개의 트랜지션 시스템에서 한 트랜지션 시스템이 다른 시스템의 "어떤 이동도 모방할" 수 있고 반대의 경우도 성립한다면, 분기 상호 유사성을 가진다. 그러나 이제 τ 액션을 고려한다. (여기서, 관찰 동등성(observational equivalence)으로도 알려진 약한 상호시뮬레이션(weak bisimulation)과 분기 이중시뮬레이션 동질성[64] 간의 미묘한 차이를 말하려는 것은 아니다.) 만약 한 시스템이 τ 액션을 취하면, (두 시스템 간의 상태가 서로 연결되어 있는 한) 다른 시스템 역시 τ 액션을 취하거나 아무것도 하지 않을 수 있다. 만약 한 시스템이 비(非) τ 액션을 취하면, 다른 시스템도 (일련의 τ 액션의 수행 후에) 동일한 비 τ 액션을 취할 수 있어야 한다. 두 모델에서 비 τ 액션 전후에 있는 상태들은 연결되어야 한다. 그림 5.19는 두 개의 YAWL 모델과 그와 관련된 트랜지션 시스템인

TS_1과 TS_2를 보여준다. 두 개의 트랜지션 시스템은 분기 상호 유사성을 가지지 않는다. 왼쪽의 YAWL모델에서는 *check* 작업이 종료되면 바로 후속 작업이 선택 되는데, 다른 모델에서는 *check* 작업 종료 시점이 아니라 *reject*나 *accept*가 발생하는 시점에 선택이 이루어진다. 따라서 왼쪽 YAWL모델은 오른쪽의 모델을 모방할 수 없다. 기술적으로 TS_1에 있는 상태 *s*3와 *s*4는 TS_2에서 대응되는 상태를 가지지 않는다. *s*3와 *s*4는 한 가지 액션만을 고려하는 데 반해서, *s*7는 두 가지 액션을 고려하기 때문에 *s*3와 *s*4를 *s*7에 연결짓는 것은 불가능하다. 왼쪽의 YAWL모델이 더 흔한 배타적(exclusive) 선택 패턴을 모델링하는 반면, 오른쪽의 YAWL모델은 소위 유예된(deferred) 선택을 모델링하고 있다[14].

이벤트 로그에 모든 액션들이 다 기록되지는 않는 것이 일반적이기 때문에, 분기 이중시뮬레이션 동등성은 프로세스 마이닝과 매우 관련이 높다. 예를 들어, 만약 *check* 작업에서 이루어진 선택이 이벤트 로그에 기록으로 남지 않으면, 오른편과 같은 YAWL 모델을 도출하게 된다. 즉, 선택이 이루어진 시점을 찾지 못한다.

비록 그림 5.19에 있는 두 가지 모델이 분기 상호 유사성을 갖지 않지만, 자취 유사성을 가진다. 두 모델 모두에서 단 두 가지의 (보이는) 자취 $\langle check, reject\rangle$와 $\langle check, accept\rangle$를 가진다.

위의 개념은 [64]을 참조하였다. 이 개념들은 프로세스 마이닝 결과를 판단하는데 매우 중요하다.

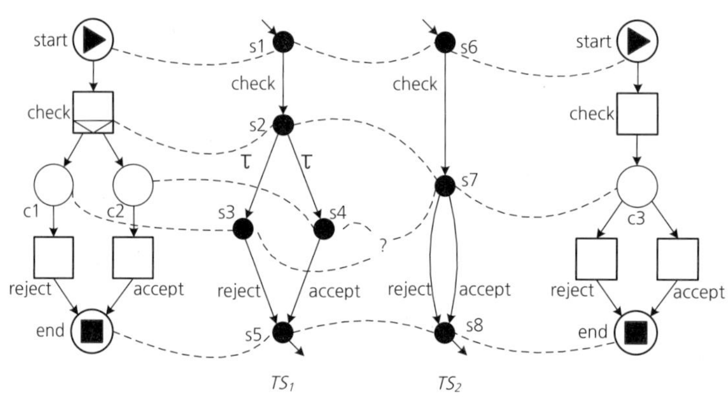

그림 5.19 두 개의 YAWL모델과 그에 대응되는 트랜지션 시스템

동등성에 대한 서로 다른 개념들은 그림 5.17의 본래의 모델과 도출된 모델 간의 비교가 단순한 구문체크가 아님을 보여준다. 대신 행위 동등성의 관점에서 적절한 것을 선택해야 한다.

이전에 언급한 것처럼, 그림 5.17에서 보여주는 실험 환경은 모델이 미리 알려져 있는 상황에서만 사용될 수 있다. 대부분의 애플리케이션에서는 모델이 알려지지 않은 경우가 많다.

게다가, 자취 동등성, 상호 유사성, 분기 상호 유사성과 같은 전통적인 개념들은 모델이 유사성을 갖는지 여부만을 알려준다. [92]에서 논의된 것처럼, 동등성 여부만 알 수 있는 것은 프로세스 마이닝의 관점에서 그리 유용한 것이 아니다. 만약 두 개의 프로세스가 매우 유사하다면(몇몇 예외적인 경로를 제외하고는 완벽하게 같다면), 고전적인 동등성 검증은 프로세스가 얼마나 비슷한지(예를 들면 95%정도와 같은 식으로)를 알려주기보다는 단순히 두 프로세스가 동등하지 않다고 결론낼 것이다. 따라서, 이 책에서는 두 개의 모델을 비교하기보다는 모델과 이벤트 로그 간의 비교에 집중할 것이다. 예를 들어 제7장에서는 이벤트 로그가 모델에 95% 이상 "적합하다"라는 식의 결과 알려주는 방법론을 설명한다.

제 5.4 절 도전 과제

α-알고리즘은 동시성을 적절하게 도출해낼 수 있는 초기 프로세스 도출 알고리즘의 하나였다(6.5절 참고). 오늘날 α-알고리즘의 약점을 극복하는 더 좋은 알고리즘들이 많이 있다. 이들은 α-알고리즘의 변종이거나 유전자 마이닝 또는 영역 기반 합성과 같은 전혀 다른 접근법을 사용한다. 제6장에서는 이 중 몇몇 알고리즘을 살펴본다. 그러나 새로운 프로세스 도출 기법을 설명하기 전에, 먼저 중요한 도전 과제들에 대해서 설명한다. 5.4.1절에서 표현 편향의 개념을 설명한다. 5.4.2절에서는 노이즈를 포함하고 있거나, 불완전한 이벤트 로그와 관련된 문제에 대해서 논의한다. 5.4.3절에서는 적합도, 간결도, 정밀도, 일반화도의 네 가지 품질 기준에 대해서 논의한다. 마지막으로 5.4.4절에서 도출된 모델이 실제에 대한 하나의 관점일 뿐임을 다시 한번 강조한다. 답을 알고 싶어하는 문제가 무엇인지에 따라 각 모델의 유용성이 결정됨을 설명한다.

5.4.1 표현 편향

이 장의 앞부분에서 WF-net을 만들어내는 마이닝 알고리즘에 집중하는 것으로 결정하였다. 즉, 분석하고 있는 실제 프로세스가 WF-net에 의해서 적절하게 기술될 수 있다고 가정하였다. 도출 알고리즘은 도출하는 모델의 표기법이 결정되어 있고, 그 모델을 사용하기 위한 가정이 있기 때문에, 이와 같은 *표현 편향*이 생기게 된다. 예를 들어, 의사결정나무 알고리즘(3.2절 참고)의 결과에 대해서 비슷한 가정을 하는데, 대부분의 의사결정나무는 의사결정을 통해 하나의 하위 노드만 선택하는 것을 가정한다.

α-알고리즘에 대해서 논의할 때, 찾고자 하는 프로세스가 정상적인 WF-net임을 가정하였다. 좀더 구체적으로 말하면, 각 트랜지션이 유일하고 시각화가능한 라벨이 있을 때 해당 프로세스가 WF-net에 의해서 기술될 수 있음을 가정한다. WF-net에서 같은 라벨을 가진 두 개의 트랜지션이 있을 수 없고(즉, $l(t_1) = l(t_2)$는 $t_1 = t_2$를 의미한다), 수행 결과가 보이지 않는 트랜지션이 존재할 수는 없다(즉, 암묵 트랜지션을 가질 수 없으며, 모든 트랜지션 t에 대해

$l(t) \neq \tau$이다). (2.2.2절과 분기 상호 유사성을 참고.) 이러한 가정이 부정적 영향을 끼친다고 할 수는 없지만, 도출되는 프로세스 모델의 종류에 어느 정도의 영향을 받는다. 이런 표현 편중의 영향에 대해서 설명할 수 있는 두 가지 예를 살펴본다.

$L_{10} = [\langle a,a\rangle^{55}]$와 같이, 모든 케이스에서 정확하게 두 개의 a가 실행되어야 하는 이벤트 로그에 대해서 이상적으로는 그림 5.20에 보이는 것과 같은 WF-net을 도출되어야 한다. 그러나, α-알고리즘의 표현 편향 때문에 이 모델을 찾지 못한다. α-알고리즘이 찾을 수 있는 중복과 τ 라벨이 없는 WF-net으로는 의도하는 패턴을 표현할 수 있는 WF-net을 찾을 수 없다.

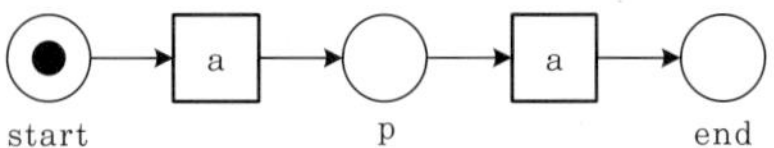

그림 5.20 $L_{10} = [\langle a,a\rangle^{55}]$를 설명하는 같은 이름을 갖는 두 개의 트랜지션이 있는 WF-net

이벤트 로그 $L_{11} = [\langle a,b,c\rangle^{20}, \langle a,c\rangle^{30}]$을 생각해보자. 그림 5.21(a)는 해당 프로세스를 잘 설명하고 있다: 트랜지션 τ가 수행됨으로써 작업 b가 생략될 수 있다. 그림 5.21(b)는 두 개의 트랜지션 a가 있고 트랜지션 τ가 없는 WF-net을 보여준다. 이 두 개의 모델은 자취 동질성을 가진다. (선택의 순간이 서로 다르기 때문에 분기 상호 유사성을 갖지는 않는다.) 그러나 중복과 라벨 τ 없이 이 두 모델과 자취 동질성을 갖는 WF-net을 만들 수는 없다. 그림 5.21(c)는 α-알고리즘에 의해서 생성된 모델을 보여준다; 표현 편향 때문에 알고리즘은 로그에서 적당한 모델을 찾을 수 없다. 그림 5.21(c)의 WF-net은 $\langle a,b,c\rangle$는 설명 가능하지만, $\langle a,c\rangle$는 설명할 수 없다.

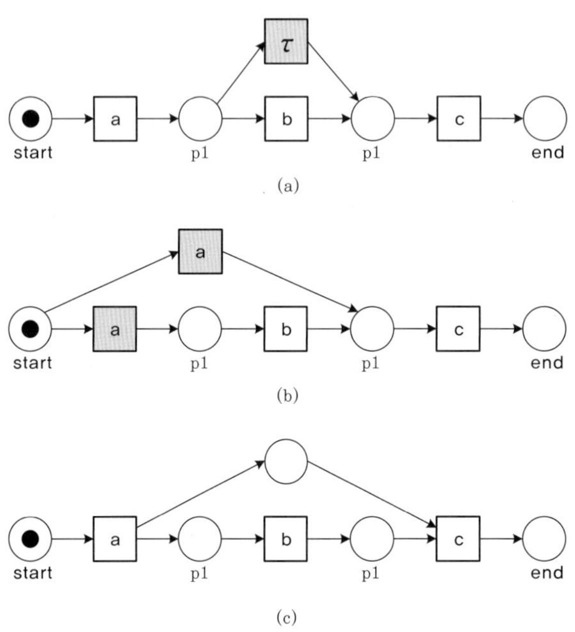

그림 5.21 $L_{11} = [\langle a,b,c\rangle^{20}, \langle a,c\rangle^{30}]$에 대한 세 가지 WF-net

이벤트 로그 L_{10}과 L_{11}은 표현 편향이 가질 수 있는 영향력을 보여준다. 그러나 α-알고리즘의 관점에서 중복 라벨과 트랜지션 τ를 고려하지 않는 것은 중요한 문제이다. 트랜지션 τ는 로그에 기록되지 않으며, 따라서 모든 알고리즘이 이런 행위를 도출하는데 문제를 가질 것이다. 같은 이름을 가진 다수의 트랜지션들은 이벤트 로그에서 구별되지 않는다. 따라서, 모든 알고리즘이 해당 이벤트들을 이 트랜지션들 중에 하나로 연관짓는데에도 문제를 갖게 될 것이다.

방금 살펴본 문제들은 많은 프로세스 도출 알고리즘에 적용된다. 예를 들어, 그림 5.1에 있는 *b와 c의 병렬 수행*과 *e 만을 수행* 사이의 선택은 많은 알고리즘에서 고려될 수 없다. 대부분의 알고리즘은 *병렬성*과 *선택*이 동시에 나타나는 소위 "비자유 선택 구조(non-free-choice constructs)"를 허용하지 않는다. *자유선택 넷(free-choice net)*의 개념은 페트리넷 도메인에서 잘 정의되어 있다[51]. 페트리넷에서 만약 입력 플레이스를 공유하는 두 개의 트랜지션이 동일한 입력 집합을 가지면(즉, 어떤 $t_1, t_2 \in T$에서도 $\bullet t_1 \cap \bullet t_2 \neq \emptyset$는 $\bullet t_1 = \bullet t_2$), 이 넷은 자유선택(free choice)이다. 대부분의 분석과 관련 질문(예를 들면, 건전성)들은 자유선택에 대해서는 다항 시간 안에 답을 알 수 있다[1, 11]. 또한, 많은 프로세스 모델링 언어들은 본질적으로 자유 선택적이며, 따라서 이것을 흥미로운 서브클래스로 만든다. 불행히도, 실제 프로세스들은 비자유 선택인 경우가 많다. 그림 5.1의 예제는 α-알고리즘이 비자유선택 구조를 다룰 수 있음을 보여준다. α-알고리즘에 의해서 도출될 수 없는 비자유선택 프로세스도 많이 있는데, 그림 5.14의 N_9가 그 예가 된다. 비자유선택 구조는 기존의 프로세스 마이닝 알고리즘이 갖는 많은 문제들 중의 하나일 뿐이다. 또 다른 예는 임의의 중첩 반복(arbitrary nested loops), 취소(cancelation), 불균형 분기 및 병합(unbalanced splits and joins)과 부분적 동기화(partial synchronization)이다. 여기서 *프로세스 도출이 모델 표기법의 표현력, 다시 말해서 표현 편향에 의해서 제한된다는 점*을 이해하는 것이 중요하다.

이러한 주제에 관심이 있는 독자는 *워크플로우 패턴*[14, 131]을 참고하기 바란다. 이런 패턴은 언어의 표현 편향을 찾고 이해하는 데 도움이 된다.

표현 편향은 가능한 후보 모델의 탐색 공간을 줄이는 데 도움이 되어 알고리즘을 더 효율적으로 만든다. 또한 모델의 특정 형태에 대한 선호를 주는데 사용될 수도 있다. 기존의 접근법들은 좀 더 적절한 표현 편향을 선택하여 이에 따른 장점을 얻게 된다. 예를 들어 α-알고리즘은 교착상태이나 라이브락을 가진 모델을 도출할 수 있다. 만약에 교착상태이나 라이브락이 없는 건전한 모델 만을 도출하고 싶으면 표현 편향을 활용할 수 있다. 예를 들어, 소위 *블록 구조* 프로세스 모델은 교착상태나 라이브락이 생기지 않는다. 몇 가지 요구 사항을 만족하면 그 모델은 블록 구조 모델이 되는데, 이런 요구 사항을 통해 모델의 건전성이 보장된다. 블록 구조 프로세스 모델의 정의는 [58, 78, 128]를 참고하기 바란다. 대부분의 정의는 분기와 병합 사이에 1대1의 일치성을 요구한다. 예를 들어, AND-분기에 의해서 생성된 병렬적인 경로는 거기에 해당하는 AND-합류으로 동기화되어야한다. 실제로 많은 프로세스들이 블록 구조가 아니기 때문에(예를 들어, 그림 12.1과 12.10 참고), 블록 구조 모델을 사용하여 표현성을 너무 제한하는 것이 아닌지에 대해 주의해야 한다. 참고로 비구조적 모델을 블록 구조 프로세스 모델로 변환하는 기법을 통해서는 다수의 반복 작업 또는 암묵 작업이 생성되게 된다. 따라서, 이런 변환이 핵심적인 문제를 해결해주지는 못한다.

5.4.2 노이즈와 불완전성

적절한 프로세스 모델을 도출하기 위해서, 이벤트 로그가 *대표적인 행위들의 샘플*을 포함하고 있다고 가정한다. 제4장에서 언급한 이슈들(예를 들면, 이벤트 간의 관계를 설정하고, 로그의 범위를 정하는 것) 외에도 이벤트 로그가 프로세스 모델 도출을 어렵게 두 가지 현상이 있다:

- *노이즈(Noise)*: 이벤트 로그는 프로세스의 대표적인 행위가 아닌, 드물게 가끔 발생하는 행위를 포함한다.[3]
- *불완전성(Incompleteness)*: 이벤트 로그는 프로세스 모델을 도출하기에 너무 적은 이벤트만을 포함한다.

5.4.2.1 노이즈

이 책에서 정의된 대로, 노이즈는 부정확한 로그를 가리키지 않는다. 여러 데이터 소스로부터 이벤트 로그를 추출할 때, 데이터의 문제점을 가능한 한 빨리 찾아내기 위해 노력할 필요가 있다. 그러나 어떤 단계에서는 이벤트 로그가 실제로 발생한 것들에 대한 정보를 담고 있다고 가정할 필요가 있다. 프로세스 도출 알고리즘이 부정확한 로깅을 예외적인 이벤트로부터 구분해내는 것은 불가능하다. 이것은 사람의 판단과 로그의 사전 및 사후 처리를 요구한다. 따라서, 이벤트 기록 중에 오류가 아니라 드물고 발생 빈도가 적은 행위("이상치(outlier)")의 의미로 "노이즈"라는 용어를 사용한다. 프로세스 마이닝을 위해서 노이즈를 제거하는 것은 중요하며, 몇몇 프로세스 도출 알고리즘은 이를 위해 특화되어 있다. 예를 들어, 휴리스틱 마이닝, 유전자 마이닝과 퍼지 마이닝 등이 있다.

연관규칙 학습에서 정의한 *지지도(support)*와 *신뢰도(confidence)*를 다시 살펴보자. 어떤 규칙 $X \Rightarrow Y$의 지지도는 그 규칙의 적용가능성을 가리킨다. 다시 말해서, 선행 이벤트와 후행 이벤트 모두를 가지면서 참이 되는 인스턴스의 비율이 얼마나 되는지를 의미한다. 또한 규칙 $X \Rightarrow Y$의 신뢰도는 그 규칙의 신뢰도를 의미한다. 만약 규칙 $tea \wedge latte \Rightarrow muffin$이 0.2의 지지도와 0.9의 신뢰도를 가진다면, 20%의 고객들이 실제로 차와 라떼와 머핀을 동시에 주문하고, 차와 라떼를 주문한 고객의 90%는 머핀을 주문을 한다. 연관규칙을 학습함에 있어, 신뢰도

[3] 노이즈의 정의는 다소 반직관적일 수 있음을 주목하자. 때때로 "노이즈"라는 용어는 부정확하게 기록된 이벤트, 다시 말하면 이벤트를 기록하는 동안 발생한 에러를 가리킨다. 그러한 정의는 어떠한 이벤트 로그도 그러한 에러들을 명시적으로 드러내지 않기 때문에 무의미하다. 따라서, "이상치(outlier)"를 노이즈로 간주한다. 또한 이런 이상치는 기록 중의 에러가 아니라 예외적인 행위라고 가정한다.

와 지지도에 대한 임계값(threshold)을 정의한다. 다시 말해서, 낮은 신뢰도와 지지도를 갖는 규칙은 노이즈로 간주한다.

기본적인 α-알고리즘에 신뢰도와 지지도의 아이디어를 비공식적으로 적용해보자. α-알고리즘의 출발점은 $>_L$관계이다. 만약 필요충분적으로 L안에 a가 b에 선행하는 자취가 존재한다면 $a >_L b$가 성립함을 다시 한번 떠올려보자. 이제, $a >_L b$에 대한 지지도를 로그 안에서 $\langle \ldots, a, b, \ldots \rangle$의 행위의 발생수에 기반해서 정의할 수 있다. 예를 들면, 해당 행위가 발생하는 케이스의 비율을 계산할 수 있고, 결과적으로 $>_L$ 관계를 확신하기 위한 임계치를 사용할 수 있다. $a >_L b$에 대한 신뢰도는 로그 안에서 $\langle \ldots, a, b, \ldots \rangle$가 발생하는 수를 a와 b의 빈도로 나눈 값을 비교함으로써 정의할 수 있다. 예를 들어, $\langle \ldots, a, b, \ldots \rangle$가 로그에서 1,000번 발생하고, a는 1,500번 발생하고, b는 1,200번 발생했다면, $a >_L b$는 좋은 신뢰도를 가진다고 할 수 있다. 그러나 만약 패턴 $\langle \ldots, a, b, \ldots \rangle$가 1,000번 발생하고, a와 b가 매우 빈번해서 100,000번 이상 발생했다면, $a >_L b$의 신뢰도는 매우 낮다. 표 5.1, 5.2, 5.3, 5.5에서 볼 수 있듯이 $>_L$ 관계는 발자취의 기본 요소이다. 따라서, "노이즈로 보이는 $a >_L b$ 관계"를 제거함으로써, 보다 대표적인 발자취를 얻게 되고, 이는 보다 좋은 α-알고리즘의 출발점이 될 수 있다. 지금까지 "프로세스 모델을 찾을 때, 노이즈"가 어떻게 정량화되고 처리될 수 있는지를 설명하였다. 6.2절에서 휴리스틱 마이닝을 설명할 때, 이에 대해 다시 살펴본다.

노이즈 관점에서, *80/20 모델*에 대해서도 이야기한다. 종종, 로그에서 보여지는 80%의 행위를 설명하는 프로세스 모델에 관심이 있다. 이 모델은 나머지 20%의 로그가 80%의 프로세스 변종을 설명하기 때문에 상대적으로 단순하다.

5.4.2.2 불완전성

프로세스 마이닝으로 다시 돌아와서 생각해보면, *불완전성*의 개념 역시 매우 중요하다. 노이즈가 (드문 행위를 설명하는) "너무도 많은 데이터"를 갖는 문제를 가리키는데 반해서 완전성은 "너무 적은 데이터"를 갖는 문제를 가리킨다.

데이터마이닝이나 기계학습과 같이 "학습 데이터"(확보된 이벤트 로그)에 모든 가능한 경우가 포함되었다고 가정할 수 없다. 그림 5.1에 있는 WF-net N1과 이벤트 로그 $L_1 = [\langle a,b,c,d \rangle^3, \langle a,c,b,d \rangle^2, \langle a,e,d \rangle]$에 대해서 로그에서 찾아진 가능한 자취들의 집합은 모델에서 가능한 자취의 집합과 정확히 같다. 이런 경우가 일반적이지는 않다. 예를 들어, 자취 $\langle a,b,e,c,d \rangle$가 가능하지만, 로그에는 (아직) 포함되지 않았을 수 있다. 프로세스 모델은 일반적으로 무수히 많은 또는 무한 개의 서로 다른 자취를 가능하게 한다(반복 구조가 포함된 경우). 또한, 몇몇 자취는 발생 확률이 낮을 수 있다. 따라서, 모든 가능한 자취가 이벤트 로그에서 포함된다고 가정하는 것은 비현실적이다.

α-알고리즘은 이러한 문제를 피하기 위해서 완전성에 대한 상대적으로 약한 개념을 가정한다. 비록 N_3가 무한하게 많은 가능한 자취를 만들 수 있지만, $L_3 = [\langle a,b,c,d,e,f,b,d,c,e,g \rangle, \langle a,b,d,c,e,g \rangle^2, \langle a,b,c,d,e,f,b,c,d,e,f,b,d,c,e,g \rangle]$와 같은 작은 로그로 N_3을 생성할 수 있다. α-알고리즘은 $>_L$ 관계에 기반한 지역 완전성(local completeness)의 개념을 사용한다. 다실

말해서, 자취 전체가 아니라 작업 사이의 관계만 본다. 만약 두 개의 작업 *a*와 *b*가 있고, *a*가 *b*에 직접적으로 선행한다면, 이것이 로그에서 적어도 한 번만 관찰되면 된다.

완전성의 적절성을 보이기 위해서 병렬적으로 실행되는 10개의 작업으로 구성된 프로세스와 10,000개의 케이스를 포함한 이벤트 로그를 생각해 보자. 10개의 병렬 작업을 갖는 모델에서 가능한 자취의 총 갯수는 10! = 3,628,800개이다. 따라서, 가능한 모든 자취(3,628,800)보다 적은 케이스(10,000)가 있기 때문에 모든 자취가 다 나타나는 것은 불가능하다. 만약 로그 안에 3,628,800개의 케이스가 들어있다고 하더라도, 모든 가능한 자취들이 다 포함되어 있을 가능성은 극히 작다. 이러한 것을 좀 더 잘 설명하기 위해서 다음을 생각해 보자. 365명이 있는 그룹에서 모든 사람의 생일이 다 다를 수는 없다. 그러한 확률은 $365!/365^{365} \approx 1.454955 \times 10^{-157} \approx 0$이 되어 믿을 수 없을 만큼 작은 확률을 가진다. 참고로 우주에 원자의 수가 약 10^{79}개라고 추정된다[129]. 따라서, 전 우주에서 특정 원소를 하나 선택할 확률이 365명에게서 서로 다른 365개의 생일을 찾을 확률보다 더 크다. 비슷한 원리로, 대부분의 프로세스는 365개 보다 더 많은 실행 경로를 가지므로 다소 복잡한 프로세스에 대해서 모든 가능한 자취가 발생할 수는 없다. 사실 많은 경우, 어떤 순서는 다른 것에 비해 발생 확률이 낮아서 모든 자취를 찾을 확률은 더욱 작게 된다. 따라서, 약한 완전성 개념이 요구된다. 10개의 작업이 병렬적으로 실행되는 프로세스에 대해서, 지역 완전성은 요구되는 관찰의 수를 급격하게 줄여준다. 예를 들어 α-알고리즘은 이 모델을 생성하기 위해서 3,628,800개가 아닌 $10 \times (10-1) = 90$개의 자취를 필요로 한다.

5.4.2.3 교차 검증

완전성과 노이즈에 대한 앞선 논의는 3.6.2절에서 논의한 *교차 검증*에 대한 필요를 보여준다. 이벤트 로그는 *학습 로그*와 *테스트 로그*로 나눌 수 있다. 학습 로그는 프로세스 모델을 학습하는 데 사용되고, 반면에 테스트 로그는 학습에 사용하지 않은 로그로 이 모델을 평가하는 데 사용된다. 제7장은 이벤트 로그에 기반하여 모델의 품질을 평가하는 구체적인 방법에 대해서 설명한다. 예를 들어, 만약 테스트 로그의 많은 자취가 학습 로그에 기반으로 도출된 WF-net의 가능한 점화 순서와 일치하지 않으면, 그 모델의 품질은 좋지 않다고 말할 수 있다.

또한 *k-fold 교차 검증*이 사용될 수 있는데, 이벤트 로그를 같은 개수의 케이스가 포함된 *k*개로 나누고 *k*번의 테스트를 수행한다. 각 테스트에서 한 파트는 테스트 로그의 역할이고, 나머지 $k-1$개의 파트는 학습 로그의 역할을 하게 된다.

교차 검증의 문제점 중의 하나는 반례가 부족하다는 점이다. 다시 말해서, 로그가 가능한 패턴의 예를 제시할 뿐, 불가능한 시나리오를 설명하는 예는 제시하지 않는다(3.6.3절 참고). 이는 교차 검증을 복잡하게 한다. 한 가지 가능한 방법은 인공적으로 생성된 네거티브 이벤트를 삽입하는 것이다[65, 66, 113]. 기본 생각은 도출된 모델에서 *실제 행위*를 포함한 테스트 로그와 *무작위 행위*를 포함한 테스트 로그를 사용하여 두 개의 품질 지표를 계산하고, 이 두 지표를 비교하는 것이다. 정상적이라면 무작위 행위를 포함한 로그보다 실제 행위만을 포함한 로그의 점수가 더 높다.

교차 검증을 발자취 행렬에 적용할 수도 있다. 단순히 이벤트 로그를 k개로 나누고, 각 파트에서 발자취 행렬을 생성한다. 만약 k개의 발자취 행렬이 매우 다르다면(k를 작게 설정한 것 조차도 행렬이 다르다면), 이벤트 로그가 α-알고리즘 적용에 필요한 로그의 완전성 조건을 만족하지 않는다고 확신할 수 있다. 이런 검증은 프로세스 모델을 생성하기 전에 수행될 수 있다. 만약 로그의 $>_L$ 관계가 완전하지 않다는 의심이 들면, 좀 더 발전된 프로세스 마이닝 기법을 적용할 필요가 있으며, 분석 결과를 주의깊게 해석할 필요가 있다(제6장 참고).

5.4.3 네 가지 경쟁적인 품질 기준

노이즈와 완전성은 이벤트 로그에 대한 것으로 도출된 모델의 품질에 대해서는 많은 정보를 주지는 않는다. 프로세스 마이닝 결과를 평가하는 것은 어려우며 여러 관점을 살펴봐야 한다. 이 책에서는 네 가지의 주요 품질 관점인 *적합도(fitness)*, *간결도(simplicity)*, *정밀도(precision)*와 *일반화도(generalization)*에 대해서 다룬다. 여기서는 구체적인 정략적 지표를 제시하지는 않고 개념적인 내용만 설명하고, 몇몇에 대한 구체적인 지표는 이 책의 뒷 장에서 더욱 자세히 설명한다.

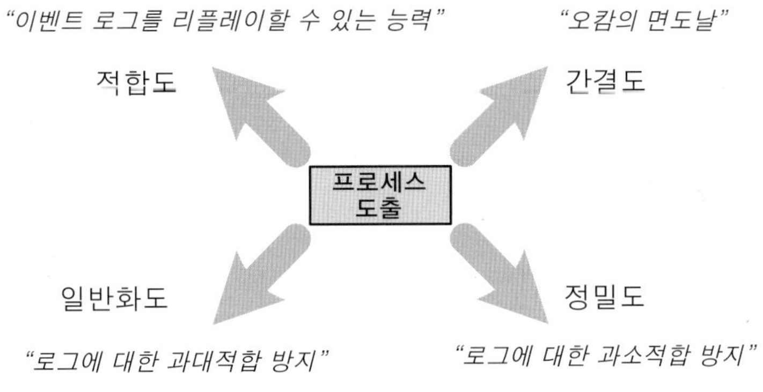

그림 5.22 네 가지 품질 차원의 균형잡기: 적합도, 간결도, 정밀도, 일반화도

그림 5.22는 네 가지 개괄적인 관점의 특징을 보여준다. 높은 *적합도*를 가진 모델은 이벤트 로그에서 보이는 행위를 설명할 수 있다. 만약 로그의 모든 자취가 처음부터 *끝까지* 모델에 의해서 리플레이될 수 있다면, 그 모델은 적합도 관점에서 완벽한 모델이다. 적합도를 정의하는 다양한 방법이 있다. 케이스 관점에서, 로그에서 모델에 의해 리플레이 될 수 있는 자취의 비율로 정의할 수 있고, 이벤트 레벨에서 모델에 의해 리플레이 될 수 있는 이벤트의 비율로 정의할 수도 있다. 적합도를 정의할 때, 다양한 설계 변수에 대한 결정이 필요한데, 예를 들면 어떤 단계가 생략될 필요가 있다면 그에 대한 패널티가 무엇인지, 리플레이 후에 WF-net에

토큰이 남겨져 있다면 패널티는 무엇인지 등에 대해서 결정해야 한다. 뒤에서 적합도에 대한 보다 구체적인 정의를 제시하도록 한다.

3.6.1절에서 에러, 정확도, tp-rate, fp-rate, 정밀도, 재현율 그리고 F1 스코어를 정의하였다. tp-rate이라고도 정의되는 재현율은 긍정으로 분류되는 인스턴스 중에 실제로 긍정인 비율을 측정한다(tp/p). 이벤트 로그에 있는 모든 자취는 긍정 인스턴스이다(p). 인스턴스가 모델에 의해서 리플레이될 수 있을 때, 그 인스턴스는 진정한 긍정 인스턴스로 분류된다(tp). 즉, 적합도에 대한 다양한 개념은 (데이터 마이닝에서 이야기 하는) 재현율 척도의 변형이라고 볼 수 있다. 이벤트 로그에 부정의 예가 없기 때문에, 다시 말해서 *fp*와 *tn*를 모르기 때문에, 3.6.1절에 정의한 대부분의 개념들은 사용할 수 없다(그림 3.14 참고). 이벤트 로그는 특정한 시점에서 일어나지 않은 이벤트에 대한 정보를 포함하지 *않기* 때문에, 다른 개념이 필요하다.

*간결도*는 *오캄의 면도날*에 대한 것이다. 이 개념은 이미 3.6.3절에서 설명하였다. 프로세스 도출이라는 관점에서, 간결도는 로그에서 보여지는 패턴을 설명할 수 있는 가장 단순한 모델이 가장 좋은 모델이라는 것을 의미한다. 모델의 복잡도는 프로세스 모델을 구성하는 노드와 아크의 수라고 정의할 수 있다. 또한 더 정교한 척도가 사용될 수 있는데, 예를 들면 모델의 "구조화(structuredness)" 혹은 "엔트로피(entropy)"를 고려할 수도 있다. *모델 복잡도 척도*들에 대한 실증적인 평가에 대해서는 [95]를 참고하자. 3.6.3절에서 이 개념이 *MDL (Minimal Description Length)* [69, 130] 원칙에 기반하여 활용될 수 있음을 설명하였으니 참고하기 바란다.

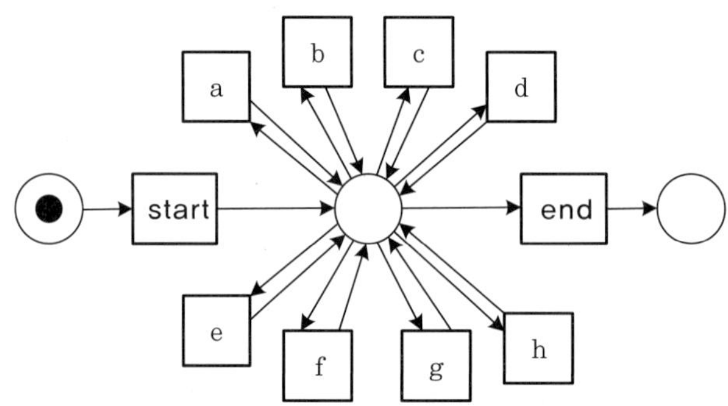

그림 5.23 $\{a,b,\ldots h\}$를 포함하는 어떤 로그도 허용하는 소위 "꽃(flower) 페트리넷"

적합도나 간결도만으로는 아직 부족한데, 이것은 그림 5.23의 소위 "꽃 모델(flower model)"에서 알 수 있다. 그림에서 *start*와 *end* 작업은 보통 이벤트 로그에는 없는데, "꽃 모델"을 WF-net으로 바꾸기 위한 간단한 트릭이다. "꽃 형태의 페트리넷"은 *start*에서 시작하고 *end*에서 끝나며 그 사이에서 임의의 작업을 포함한 모든 흐름을 설명할 수 있다. 예를 들어 이 모델은 α-알고리즘을 소개하는 데 예로 사용한 이벤트 로그들을 설명한다. 놀랍게도, 지금까지 사용한 모든 이벤트 로그 $L_1, L_2, \ldots L_{11}$는 이 하나의 모델에 의해서 리플레이될 수 있다. 이것은 모델이 별로 유용하지 않다는 것을 보여준다. 사실, "꽃 모델"은 이벤트 로그 내의 작업 정보 외에 어떤 지식도 포함하지 않는다. "꽃 모델"은 로그에 포함된 작업명만 알면 생성할 수 있다. 결과 모델은 단순하고, 완벽한 적합도를 가진다. 적합도와 간결도 관점에서 이 모델은 완벽하다. 즉, 적합도와 간결도 기준이 필요하지만, 충분하지 않다는 것을 보여준다고 할 수 있다..

만약 "꽃 모델"이 스펙트럼의 한 극단이라면, "나열형(enumerating) 모델"은 그 스펙트럼의 다른 끝이다. 나열형 모델은 단순히 로그에서 가능한 모든 순서를 나열한다. 다시 말해서, 모델은 각 자취에 대한 독립된 순차 프로세스 구조를 갖고 있다. 시작 부분에 순서 중에 하나를 선택하는 하나의 큰 XOR분기가 있고, 마지막에는 하나의 큰 XOR합류를 통해 모든 순서가 합쳐진다. 만약 모델이 페트리넷에 의해서 표현되고 모든 자취가 유일하면, 트랜지션의 수는 로그의 케이스의 수와 같게 된다. "나열형 모델"은 단순히 로그를 코드화하는 것이다. 이 모델은 복잡하지만, "꽃 모델"처럼 완벽한 적합도를 가진다.

"꽃 모델"(모든 경우가 가능)과 "나열형 모델"(해당 로그만 가능)과 같이 극단적인 모델은 두 개의 추가적인 관점에 대한 요구사항을 보여준다. 만약 어떤 모델이 "너무 많은" 행위를 허용하지 않는다면 모델은 *정밀하다*고 할 수 있다. 예를 들어, "꽃 모델"은 정밀도가 낮다. 정밀하지 않은 모델은 "과소적합"되어 있다. 과소적합은 로그의 행위들을 너무 일반화하는 문제를 가진다. 다시 말해서, 모델은 로그에서 보이는 행위와 매우 다른 행위도 허용한다.

모델은 *일반화*시켜야하고, ("나열형 모델처럼") 로그에 나타나는 행위 만으로 한정시켜서는 안된다. 일반화시키지 않는 모델은 "과대적합"되어 있다. 과대적합은 매우 한정적인 모델이 생성되는 것이다. 로그가 가능한 전체 행위가 아니라 그 일부만을 포함하기 때문에 문제가 될 수 있다. 다시 말해서, 특정 샘플 로그에서 도출된 모델과 같은 프로세스의 다른 샘플 로그에서 도출된 프로세스가 완전히 나를 수 있다.

프로세스 마이닝 알고리즘은 "과대적합"과 "과소적합"사이의 균형을 찾아야 한다. 모델이 로그에 기록된 행위만을 고려하고 일반화되지 않으면 과대적합이 된다. 이것은 해당 마이닝 알고리즘이 매우 강하게 완전성을 추구하는 것을 의미한다: "만약 그 순서가 이벤트 로그에 없다면, 그것은 가능하지 않다". 과소적합은 로그에서 보이는 것들을 과하게 일반화시켜서 로그에 근거가 없음에도 더 많은 행위를 허용한다(그림 5.23 참조).

이제 너무 일반적인 것과 너무 구체적인 것 사이에서 균형을 찾는 것이 어렵다는 것을 보여주는 예를 생각해보자. 예를 들어 그림 5.6의 WF-net N_4와 그림 5.14의 N_9를 보면, 이 둘 모두 $L_9 = [\langle a,c,d\rangle^{45}, \langle b,c,e\rangle^{42}]$를 만들어낼 수 있지만, $L_4 = [\langle a,c,d\rangle^{45}$, $\langle b,c,d\rangle^{42}$, $\langle a,c,e\rangle^{38}$, $\langle b,c,e\rangle^{22}]$는 N_4만이 만들어낼 수 있다. 명백하게 L_4에 대해서 N_4가 적당한 모델이라고 할 수 있다. 게다가, 비록 두 개의 모델이 모두 L_9를 설명할 수 있다고 하더라도, N_9가 L_9에 대한 더 좋은 모델이라고 할 수 있다. 즉, 87개의 케이스에 경로 $\langle b,c,d\rangle$와 $\langle a,c,e\rangle$가 없기 때문에, 이 두 경로까지 설명하는 L_4는 적당하지 않다고 할 수 있다. 그러나 이제 $L_{12} = [\langle a,c,d\rangle^{99}, \langle b,c,d\rangle^{1}, \langle a,c,e\rangle^{2}, \langle b,c,e\rangle^{98}]$를 고려하자. 모든 자취들이 설명되는 N_4가 L_{12}에 대한 더 좋은 모델이라고 주장할 수도 있다. 그러나 200개의 자취들 중에서 197개는 더 정밀한 모델 N_9에 의해서 설명될 수 있다. 만약, 그 세 개의 자취가 노이즈로 보인다면, 주요 행위는 N_4가 아닌 N_9에 의해서 찾아진다. 이러한 고려는 "과대적합"과 "과소적합" 사이에 미묘한 균형이 있음을 보여준다. 불가능하지는 않지만, “가장 좋은” 모델을 선택하는 것은 어렵다.

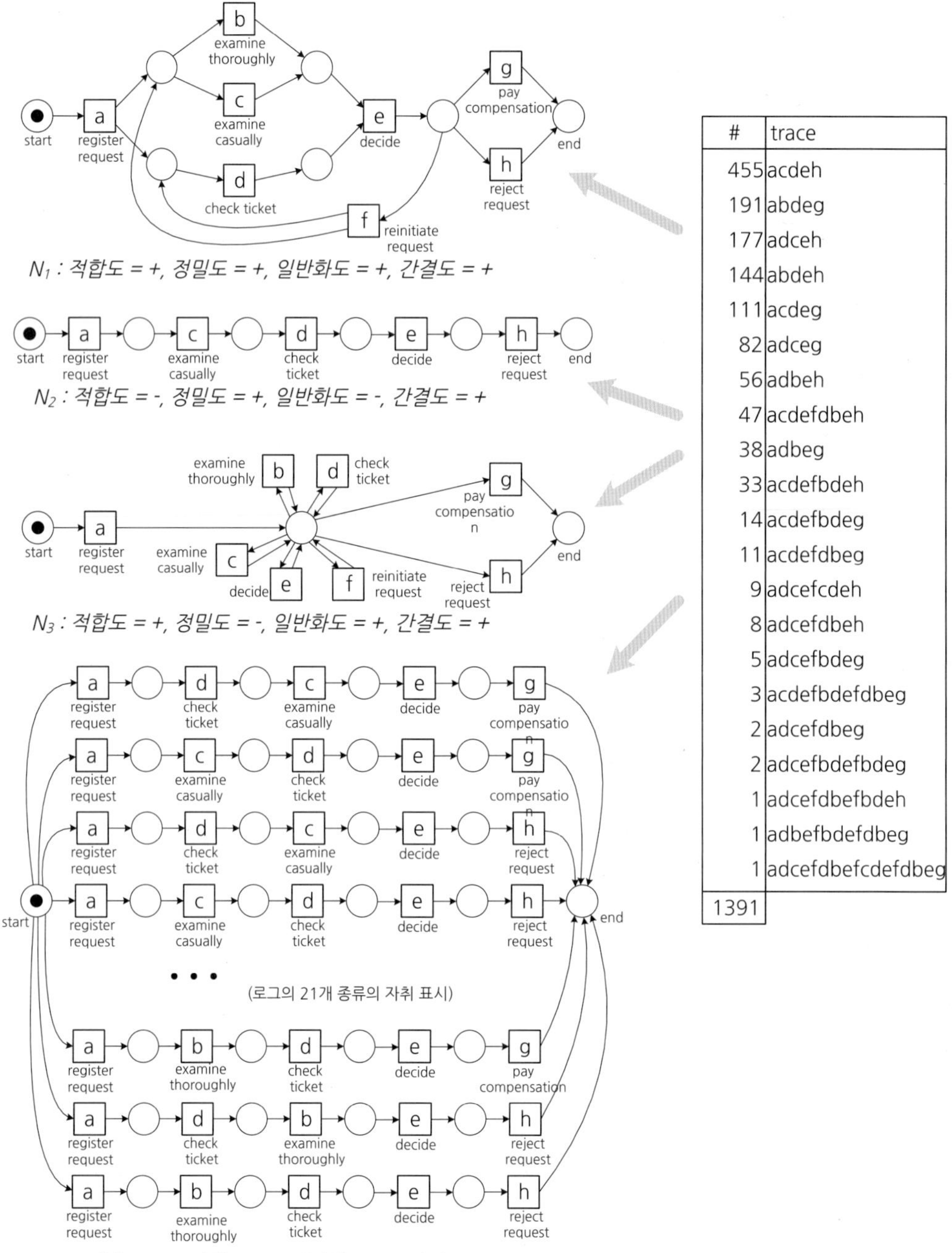

#	trace
455	acdeh
191	abdeg
177	adceh
144	abdeh
111	acdeg
82	adceg
56	adbeh
47	acdefdbeh
38	adbeg
33	acdefbdeh
14	acdefbdeg
11	acdefdbeg
9	adcefcdeh
8	adcefdbeh
5	adcefbdeg
3	acdefbdefdbeg
2	adcefdbeg
2	adcefbdefbdeg
1	adcefdbefbdeh
1	adbefbdefdbeg
1	adcefdbefcdefdbeg
1391	

그림 5.24 동일한 로그에 대한 네 가지 대안의 모델

그림 5.24는 제1장에서 가져온 예제를 사용해서 이러한 논의를 보여주고 있다. 보여준 네 가지의 모델은 그림에 나타난 이벤트 로그에 기반에서 도출되어졌음을 가정하자. 1,391개의 케이스가 있고, 이 중 455개가 $\langle a,c,d,e,h \rangle$를 따른다. 두 번째로 가장 많이 발생하는 자취는 $\langle a,b,d,e,g \rangle$로 191개의 케이스가 해당한다.

만약 이 이벤트 로그에 α-알고리즘을 적용하면, 그림 5.24에 보이는 WF-net N_1을 얻게 된다. N_1과 로그의 비교는 단순하면서도 좋은 적합도를 가졌다는 점에서 이 모델이 꽤 좋다는 것을 보여준다. 게다가, 과대적합과 과소적합 사이에 균형을 취하고 있다.

그림 5.24의 다른 세 가지 모델은 하나 혹은 그 이상의 품질 관점에서 문제가 있다. WF-net N_2는 가장 빈번한 자취만을 모델링한다. 다시 말해서 $\langle a,c,d,e,h \rangle$만을 허용한다. 따라서, 다른 $1391 - 455 = 936$개의 자취는 맞지 않다. 게다가 그 모델은 일반화되어 있지 않아 N_2는 과대적합의 상태에 있다.

WF-net N_3는 "꽃 모델"의 변종이다. 시작과 끝 트랜지션 만이 잘 표현되어 있다. 적합도가 좋고, 모델이 간결하지만, 과대적합되어 있지도 않다. 그러나 N_3는 정밀도가 부족하여 과소적합 상태에 있다. 예를 들면 자취 $\langle a,b,b,b,b,b,b,f,f,f,f,f,g \rangle$와 같은 경우가 가능한데, 이러한 행위는 로그에 있는 어떤 자취와도 비슷하지 않다.

그림 5.24는WF-net N_4의 일부분만 보여주고 있다. 이 모델은 이벤트 로그의 21개의 자취를 단순히 나열한다. 이 모델은 정밀하고 좋은 적합도를 가진다. 그러나 WF-net N_4는 과도하게 복잡하고, 과대적합되어 있다.

그림 5.24의 네 가지 모델은 네 가지 품질 관점을 보여준다. 이들 각각은 [110]에서처럼 정량화될 수 있다. [110]에는 적합도를 0(매우 낮은 적합도)과 1(완벽한 적합도)사이의 값으로 정량화하는 리플레이 기술이 설명되어 있다. "구조적 적절성(structural appropriateness)" 개념은 간결도 관점을 고려한다. 모델이 "구조상 최소화"된 것인지를 보기 위한 분석이 수행된다. "행위적 적절성(behavioral appropriateness)" 개념은 과대적합과 과소적합 사이의 균형을 분석한다. 그림 5.22에 보여진 네 가지 품질 관점을 고려하는 여러 방법들이 존재한다. 표현 편향과 분석의 목적에 따라, 다른 품질 척도가 정량화될 수 있다.

5.4.4 *3-D*현실의 올바른 *2-D* 슬라이스 생성하기

본 장에서 보여준 간단한 예제들은 이미 프로세스 도출이 복잡한 분석 기술을 필요로하는 간단치 않은 문제라는 점을 설명하였다. 프로세스 마이닝은 왜 그토록 어려운 문제인가? 다른 데이터 마이닝과 기계학습 문제에도 적용될 수 있는 명백한 이유들이 있다. 예를 들면, 노이즈를 다루는 것, 복잡하고 큰 탐색 공간 등이 그것이다. 또한 아래와 같은 많은 구체적인 문제들도 있다.

- *반례가 존재하지 않는다.* (다시 말해서, 로그는 일어난 일을 설명할 뿐, 일어날 수 없는 일을 보여주지는 않는다.)

- 동시성, 루프 그리고 선택 때문에 *탐색공간이 복잡한 구조*를 가지고, 로그는 대게 모든 가능한 행위의 *부분*만을 포함한다.
- *모델의 사이즈와 행위 사이에 명확한 관계가 없다.*(즉, 비록 전통적인 분석과 평가 모델은 어떤 단조성을 가정하지만, 사실 더 작은 모델이 더 많은 수의 행위나 또는 더 작은 수의 행위를 만들어 낼 수 있다.)

다음 장은 이러한 문제들을 적절히 언급하는 프로세스 도출 알고리즘 몇 가지를 보여줄 것이다.

제III부에서 설명하는 바와 같이, 도출된 프로세스는 분석을 위한 *출발점*일 뿐이다. 로그에 있는 이벤트를 도출한 모델과 연결함으로써, 다양한 종류의 분석이 가능하다. 예를 들면, 적합도 검증, 병목 도출, 자원 할당 최적화, 변이 감소, 시간 예측과 추천 등이 그것이다.

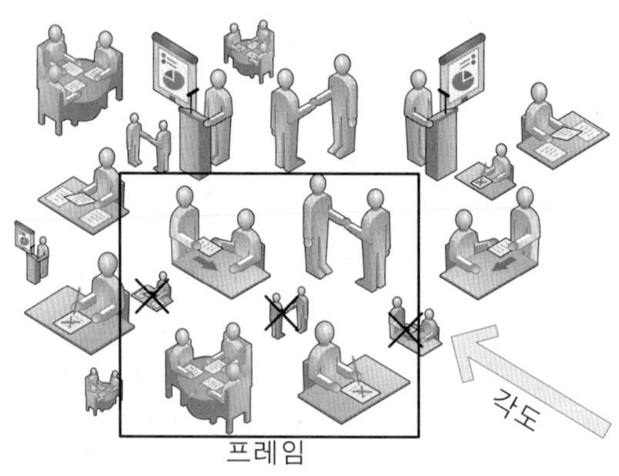

그림 5.25 3-D현실의 2-D슬라이스 생성하기: 프로세스는 특정한 각도로부터 *보여지고*, 그 프로세스는 *프레임*을 사용해서 한정된다. 그리고 *해상도*는 결과 모델의 상세화 정도를 결정한다.

절대적인 프로세스 모델을 찾으려고 해서는 안된다. 프로세스 모델은 *현실에 대한 하나의 뷰*이다. 프로세스 모델이 적절하든 아니든, 궁극적으로 답을 원하는 문제에 의존하게 된다. 실제 프로세스는 복잡하고 많은 차원을 가진다. 모델은 단지 이런 프로세스에 하나의 뷰를 제공할 뿐이다. 4.4절에서 논의한 바와 같이 프로세스 마이닝 기법을 적용하기 위해선 "3-D 현실이 2-D 프로세스 모델로 평면화할 필요가 있다"는 것을 의미한다. 예를 들면, 고객 주문, 주문 라인, 배송, 결재, 주문 보충 등을 포함하는 데이터 집합에서 많은 "2-D 슬라이스들"을 볼 수 있다. 다른 슬라이스는 다른 프로세스 모델의 도출로 나타난다. "프로세스 뷰"의 비유를 통해, 도출된 프로세스 모델은 특정 "각도"에서 현실을 바라보고, "프레임"을 가지며, 특정한 "해상도"를 사용한다.

- 도출된 모델은 특정한 *각도*에서 현실을 바라본다. 예를 들어, 같은 프로세스는 완성된 주문, 배송, 고객 또는 주문 라인의 관점에서 분석될 수 있다.
- 도출된 모델은 현실에 *프레임(frame)*을 만든다. 프레임은 프로세스의 경계를 정하고 관심(예, 프로세스 흐름, 정보, 자원 등)있는 관점을 선택한다.

- 도출된 모델은 특정 *해상도*에서의 뷰를 제공한다. 같은 프로세스에서 더 또는 덜 구체적인 정보를 보기 위해 서로 다른 상세함의 정도를 활용한다.

그림 5.25는 "프로세스 뷰"에 대한 비유를 보여준다. 주어진 데이터 집합에서 확대가 가능하다. 다시 말해서, 더 작은 프레임을 선택하고, *해상도를 높여서(zoom in)* 프로세스의 선택된 부분에 대한 좀더 상세한 모델을 얻을 수 있다. 축소하는 것도 가능하다. 다시 말해서, 더 큰 프레임을 선택하고 *해상도를 줄여서(zoom out)* 프로세스의 더 큰 부분을 커버하는 입자가 굵은 형태의 모델을 얻을 수도 있다. 입력으로 사용된 데이터 집합과 답을 얻고자 하는 질문, 이 두 가지가 어떤 2-D슬라이스가 가장 유용한지를 결정한다.

장 6
고등 프로세스 도출 기법

요 약 α-알고리즘은 프로세스 도출 뒤에 있는 몇몇 주요 아이디어를 잘 보여준다. 그러나 이 간단한 알고리즘으로 제5장에서 설명된 네 가지 품질 관점(적합도, 간결도, 정밀도, 일반화도)에서 균형 잡힌 모델을 찾는 것이 어렵다. 프로세스 마이닝을 성공적으로 적용하기 위해서, 노이즈와 불완전성을 다룰 필요가 있다. 본 장에서는 더욱 발전된 프로세스 도출 기법에 집중한다. 이 장의 목적은 특정한 기법을 아주 자세히 살펴보는 것이 아니라, 가장 적절한 접근법에 대한 개요를 제공하는 것이다. 이것은 독자로 하여금 적당한 프로세스 도출 기법을 선택할 수 있도록 도울 것이다. 게다가, 다양한 접근법의 장단점을 살펴보는 것은 도출된 모델에 대한 올바른 해석과 효과적인 사용에 도움될 것이다.

제 6.1 절　개요

그림 6.1은 α-알고리즘의 관점에서 언급된 문제를 요약해서 보여준다. 그림에서 각 점들은 이벤트 로그의 하나 또는 그 이상의 케이스에 해당하는 자취를 표현한다(몇 개의 케이스가 하나의 자취를 갖는 경우도 있음을 주의한다). 이벤트 로그는 대개 가능한 모든 행위의 일부분만을 포함하고 있다. 즉, 하나의 이벤트 로그에 포함된 점들은 가능한 모든 행위의 집합의 *샘플*이 된다. 사람들은 대개 모든 가능한 행위보다는 빈번하게 발생하는 행위에 관심이 있다. 즉, 노이즈를 배재한 모델을 원하고, 따라서 프로세스 도출에 있어 가능한 모든 점들을 고려할 필요는 없다.

앞서 노이즈를 빈번하게 발생하지 않는 예외적인 행위로 정의하였다. 이러한 노이즈 행위를 분석하는 것은 흥미롭지만, 프로세스를 생성할 때 자주 발생하지 않거나 예외적인 행위가 포함되면 복잡한 다이어그램이 그려진다. 게다가, 주어진 적은 수의 관측 집합에서 노이즈 행위를 신뢰성있게 구별해내는 것은 불가능하다. 그림 6.1에서 자주 발생하는 행위(곡형 모서리를 가진 실선 사각형)와 모든 행위(점선으로 된 사각형)를 구별하고 있다. 즉, 정상 행위와 노이즈 행위를 구별한다. 정상 행위와 노이즈 행위는 결국 어떻게 이를 정의하는가에 따르는데, 예를 들어, 정상 행위는 빈번하게 발생하는 80%의 자취로 정의할 수 있다. 앞서 이를 *80/20*

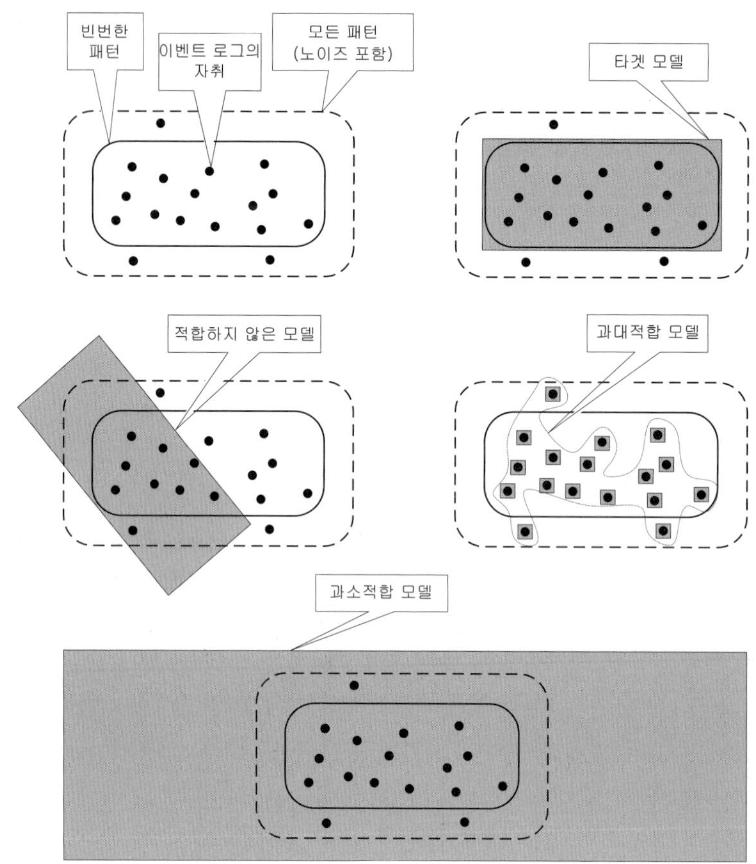

그림 6.1 프로세스 도출 기법이 고려해야 할 오랫동안

*모델*이라고 언급했는데, 로그에서 보이는 행위의 80%를 설명할 수 있는 프로세스 모델이다. 일반적으로 나머지 20%의 노이즈에 해당하는 로그가 전체 프로세스에 나타나는 80%를 설명하기 때문에, 노이즈를 제거한 80/20 모델은 상대적으로 단순하다.

곡선형의 모서리를 가진 두 개의 사각형이 프로세스를 무한히 오랫동안 관찰해서 결정되었고, 그 프로세스의 변경이 없다고 가정하자. 이런 가정하에 도출된 네 개의 프로세스 모델이 그림 6.1에 회색 사각형으로 그려졌다. 도출된 모델들은 검은색 점으로 표현된 로그 내의 예제 자취를 기반하고 있다. “이상적인 프로세스 모델”은 프로세스가 안정화된 상태에서, 행위의 관찰이 무한하게 반복될 때 빈번하게 발생하는 자취를 설명한다. 그림 6.1에 있는 “부적합 모델”은 프로세스의 특징을 잘 묘사하지 못해서, 모델을 학습하는 데 사용된 이벤트 로그의 예들도 제대로 설명할 수 없다. “과대적합 모델”은 일반화하지 못하고, 현재 이벤트 로그에 있는 예제들만 설명한다. 따라서 새로운 예제는 대부분 이 모델에 적합하지 않을 것이다. “과소적합 모델”은 정밀도가 부족하고 프로세스 관찰을 무한히 한다고 해도 발생하지 않는 행위도 포함하고 있다.

그림 6.1은 프로세스 도출 기법이 다루어야할 도전 과제들을 보여주고 있다. 그것은 어떻게 과대적합, 과소적합, 부적합도 아닌 간단한 목표 모델을 추출하느냐 하는 것이다. 명백하게, α-알고리즘은 이렇게 할 수 없다. 따라서, 이 장에서 더 발전된 접근법을 설명한다. 그 전에, 프로세스 도출 알고리즘의 전형적인 특성을 설명한다.

6.1.1 특징 *1:* 표현 편향

프로세스 도출 알고리즘에 있어, 첫 번째이자 가장 중요한 특징은 *표현 편향(representational bias)*, 즉, 사용하는 프로세스 모델 표기법이다. 예를 들어, α-알고리즘은 중복 없이 유일한 이름 표지(label) 트랜지션을 가진 페트리넷만 도출할 수 있다. 페트리넷 대신, BPMN, EPC, YAWL, 은닉 마르코프 모델, 트랜지션 시스템, 그리고 인과관계넷(Causal Nets)와 같은 다른 종류의 표현법도 사용할 수 있다. 표현 편향은 탐색 공간을 결정하고, 잠재적으로는 도출된 모델의 표현력을 한정한다. 예를 들어, 그림 5.21의 세 가지 모델과 이벤트 로그 $L_{11} = [\langle \mathrm{a}, b, c\rangle^{20}, \langle \mathrm{a}, c\rangle^{30}]$를 살펴보자. 만약 표현 편향이 중복 표지(같은 이름을 가진 두 개의 트랜지션)를 허용하거나, 이름 없는 암묵 트랜지션(τ)을 허용하며, 적합한 WF-net이 도출될 수 있다. 그러나 만약 표현 편향이 이를 허용하지 않으면, 도출 알고리즘을 통해 적절한 WF-net을 찾을 수 없다. *워크플로우 패턴*[14, 131]은 모델링 언어의 표현 편향을 논의하고 찾아내는 도구이다. 여기서 패턴에 정의된 40개의 프로세스 흐름 패턴에 대해 논하지는 않는다. 그러나 프로세스 도출 알고리즘에 중요한 몇몇 대표적인 표현의 한계점을 정리하면 다음과 같다.

- **병렬수행 표현 한계.** 마르코프 모델, 순서도, 트랜지션 시스템과 같은 저수준 모델링 방법은 모든 가능한 경우를 나열하고, 병렬수행을 모델링할 수 없다. 예를 들어 10개의 병렬 작업를 가진 프로세스를 모델링하기 위해서 저수준 모델은 $2^{10} = 1,024$개의 상태와 $10 \times 2^{10-1} = 5,120$개의 트랜지션이 필요하다. 페트리넷과 BPMN과 같은 고수준 모델링 방법은 단지 10개의 작업와 $2 \times 10 = 20$개의 "지역(local)"상태(각 단위 업무의 앞뒤 상태)만을 표현하면 된다.
- **(임의의) 반복 구조 표현 한계.** 많은 프로세스 도출 알고리즘은 반복 구조에 대한 제한을 갖는다. 예를 들면, α-알고리즘은 짧은 반복 구조를 다루기 위해 전처리 및 후처리 과정을 필요로 한다(그림 5.11과 그림 5.13 참조). 블록 구조 형태의 모델링 방법을 사용하는 알고리즘은 대부분 "임의의 사이클(Arbitrary Cycles)" 패턴[14, 131]을 지원하지 않는다.
- **암묵적(silent) 행동의 표현 한계.** 어떤 표기법에서는 작업의 생략같은 암묵적 행동을 모델링하는 것은 불가능하다. 비록 이런 이벤트가 명시적으로 이벤트 로그에 기록되지 않지만, 이를 모델에 반영하는 것은 필요하다. 그림 5.21에서 보여 주듯이, 이런 한계는 표현력을 제한한다.
- **중복 행동 표현 한계.** 많은 표기법에서 두 작업이 같은 이름을 가질 수 없다. 만약 같은 작업이 프로세스의 다른 부분에서 나타나고, 이 작업의 서로 다른 인스턴스가 이벤트 로그

에서 구별되지 않는다면, 대부분의 알고리즘은 단일 작업으로 간주해 실제 프로세스에는 존재하지 않는 인과 종속성(예를 들면 존재하지 않는 반복 구조)을 생성한다.

- **OR-분기/합류 모델링 한계.** 제2장에서 설명한 YAWL, BPMN, EPC, 인과관계넷 등은 OR 분기와 OR 합류를 표현한다(그림 2.6, 2.10, 2.13 참고). 만약 프로세스 도출 알고리즘의 표현 편향으로 OR-분기/합류를 표현하지 못하면, 도출된 모델은 더 복잡해지거나, 알고리즘이 적절한 모델을 도출할 수 없다.
- **비자유선택(non-free choice) 패턴 표현 한계.** 대부분의 알고리즘은 비자유선택, 즉, 병렬 수행과 선택이 만나는 구조를 허용하지 않는다. 그림 5.1은 플레이스 $p1$과 $p2$가 XOR-분기(*e만 실행* 또는 *b와 c를 모두 실행* 중 선택)와 AND-분기(병렬 작업 *b*와 *c*)로 구성되는 비자유선택을 포함한다. 이 WF-net은 α-알고리즘에 의해 도출될 수 있다. 그러나 그림 5.14에 있는 WF-net에서 보이는 비자유선택 구조인 비지역(non-local) 종속성은 기본적인 α-알고리즘에 의해서 도출될 수 없다. WF-net은 비자유선택 패턴을 표현할 수 있지만, 많은 도출 알고리즘이 이를 표현할 수 없는 표현법을 사용한다.
- **계층 구조 표현 한계.** 대부분의 프로세스 도출 알고리즘은 "평면적(flat)" 모델을 도출한다. 예외적으로 퍼지 마이너[72]는 계층 구조를 만들 수 있는데, 이 방법에서는 서로 관련이 있는 낮은 빈도의 작업들이 하위 프로세스로 그룹핑된다. 원칙적으로 표현 편향은 계층적인 모델의 도출 가능 여부를 결정한다.

6.1.2 특징 *2:* 노이즈를 다루는 능력

예외적인/자주 발생하지 않는 행위를 의미하는 *노이즈 행위*는 도출된 모델에 포함되어서는 안된다(5.4.2절 참조). 사용자들은 대개 주요 행위를 보기를 원하고, 또한 매우 드문 작업이나 행위에서 의미있는 정보를 추론하는 것이 불가능하기도 하다. 따라서, 좀더 발전된 알고리즘은 예외적인/자주 발생하지 않는 행위를 제거하여 이 문제를 해결한다. 노이즈는 로그를 전처리함으로써 제거하거나 도출 알고리즘이 모델을 생성하는 동안 추상화할 수 있다. 노이즈를 처리하는 능력은 프로세스 도출 알고리즘의 중요한 특징이다.

6.1.3 특징 *3:* 가정되는 완전성 개념

노이즈와 관련하여 *완전성*의 이슈가 있다. 대부분의 프로세스 도출 알고리즘은 암묵적 또는 명시적인 완전성에 대한 가정이 있다. 예를 들어, α-알고리즘은 $>_L$ 관계가 완전하다고 가정하는데, 즉, 하나의 작업이 다른 작업에 선행하면, 이것은 로그에 적어도 한 번은 나타나야한다. 어떤 알고리즘은 이벤트 로그가 모든 가능한 자취를 포함하고 있다는 매우 강한 완전성에 대한 가정을 하고 있는데, 이 가정으로 인해 매우 비현실적이고, 과대적합 모델을 만들어낼 수도 있다. 즉 강한 완전성을 가정하면 알고리즘은 과대적합 모델을 만들고, 너무 약한 완전성을 가정하면 과소적합 모델을 만들기 쉽다.

6.1.4 특징 *4:* 사용되는 접근법

모델을 도출하는 많은 방법이 있다. 이들에 대한 전체 개요를 설명하는 것은 불가능하다. 또한 많은 접근 방법에서 사용한 기법이 부분적으로 중첩된다. 따라서 중요한 네 가지 접근 방법의 특징만 간단히 설명한다.

6.1.4.1 직접적인 알고리즘적 접근법

첫 번째 프로세스 도출 접근법은 이벤트 로그에서 *발자취*를 추출해내고, 이 발자취에서 *바로* 프로세스 모델을 만든다. α-알고리즘[23]이 이런 접근법의 한 예가 된다. $>_L$ 관계를 로그에서 추출하고, 이 관계에 기반하여 페트리넷을 도출한다. α-알고리즘의 몇몇 변종[91, 126, 125]이 있는데, 이들은 비슷한 접근법을 사용한다. 소위 "언어 기반 영역(language-based region)"[41, 31, 127]을 사용하는 접근법은 이벤트 로그를 부등식 시스템(a system of inequations)으로 변환하여 플레이스를 추론한다. 이 경우에, 부등식 시스템을 페트리넷을 만들기 위한 발자취로 볼 수 있다. 페트리넷을 만들어내는 프로세스 마이닝 접근법에 대해서는 [57]를 참조하기 바란다. [72, 123, 124]에 기술된 접근법 역시 이벤트 로그에서 발자취를 추출한다. 그러나 이 접근법들은 노이즈와 불완전성과 관련된 이슈를 다루기 위해 빈도를 고려한다.

6.1.4.2 2단계(Two-Phase) 접근법

두 번째 프로세스 도출 접근법은 2단계 접근법으로, 첫 단계에서 "저수준 모델"(예, 트랜지션 시스템 또는 마르코프 모델)을 생성하고, 두 번째 단계에서 저수준 모델을 병렬수행과 (더 진보된) 프로세스 흐름 패턴들을 표현하는 "고수준 모델"로 변환한다. 이 접근법의 예가 [20]에 설명되어 있다. 맞춤화 가능한 추상화 방식을 사용하여 로그에서 트랜지션 시스템이 추출되고, "상태 기반 영역"[46]을 활용하여 트랜지션 시스템이 페트리넷으로 변환된다. 결과 모델은 페트리넷으로 표현되는데, 다른 표기법(예, BPMN와 EPCs)으로 변환도 가능한다. 비슷한 접근법으로 은닉 마르코프 모델[28]을 사용할 수 있다. Baum-Welch 알고리즘과 같은 기대 최대화(Expectation Maximization, EM) 알고리즘을 사용하여 로그에서 "가장 비슷한" 마르코프 모델을 유도하고, 이 모델을 고수준 모델로 변환할 수 있다. 2단계 접근법의 단점은 도출하는 동안 표현 편향이 이용될 수 없다는 것이다. 또한 매핑 중 일부는 정보는 "손실"될 수 있는데, 즉, 목표 언어에 맞추기 위해 프로세스 모델이 약간 수정될 수 있다. 또한 직접적인 알고리즘 접근법보다 다소 느릴 수 있다.

6.1.4.3 계산 지능(Computational Intelligence) 접근법

세 번째 프로세스 도출 접근법은 *계산 지능(computational intelligence)* 분야에 기반한 접근법이다. 기법의 예는 개미 집단(ant colony) 최적화, 유전자 프로그래밍, 유전 알고리즘, 모의 담금질(simulated annealing), 강화 학습, 기계 학습, 신경망 학습, 퍼지 집합, 러프 집합(rough sets)과 군집 지능(swarm intelligence) 등 이다. 이러한 기법은 로그가 모델로 직접 전환되지 않고 자연 진화 프로세스를 모방하는 반복적 절차를 사용한다는 진화론적 접근이라는 공통점이 있다. 계산 지능에 대한 개요는 [28, 96]를 참조하기 바란다. [94]에서 설명한 *유전자 프로세스 마이닝*을 예로 설명하면, 이 방법은 무작위로 만들어진 프로세스 모델에 해당하는 개체를 가진 초기 개체군(initial population)에서 시작한다. 각 개체들에서, 그 모델이 로그에 얼마나 적합한지를 말하는 적합도가 계산된다. 초기 개체 집단에서 가장 적합한 개체들을 선택하고, 크로스오버(crossover: 두 개의 개체들의 부분을 조합하는 연산)와 뮤테이션(mutation: 하나의 개체에 무작위적인 변경을 가하는 연산)과 같은 유전 연산자를 사용해서 새로운 개체를 만들며 진화한다. 적합도는 세대를 반복하면서 점점 높아진다. 이 프로세스는 원하는 품질의 개체(프로세스 모델)가 도출될 때까지 반복된다.

6.1.4.4 부분적인(Partial) 접근법

앞서 기술된 접근법은 완전한 종단간(end-to-end) 프로세스 모델을 만들어 낸다. 이와 달리, 전체가 아니라 부분에 초점을 맞추어, 규칙이나 자주 발생하는 패턴에 집중하는 것도 가능하다. 3.5.1절에서 *순차적인 행위를 도출*하는 접근법을 설명하였다[119]. 이 접근법은 연관규칙을 도출하는 것과 유사하지만, 여기에 이벤트의 순서도 함께 고려한다. Apriori같은 접근법을 사용하는 또 다른 접근법은 3.5.2절에 설명한 *빈번히 발생하는 에피소드를 도출*하는 것이다[87]. 이 방법에서는 "에피소드(부분적인 순서)"가 얼마나 자주 발생하는지를 분석하기 위해 슬라이딩 윈도를 사용한다. 한편, *Declare*와 같이[16], 선언적(LTL-기반) 언어를 학습하기 위한 접근법도 존재한다.

나머지 부분에서, 휴리스틱 마이닝(6.2절), 유전자 프로세스 마이닝(6.3절), 영역 기반 마이닝(6.4절)에 대해서 좀 더 자세히 살펴본다. 그리고 프로세스 도출의 역사에 대해 Marc Gold, Anil Nerode, Alan Biermann 등의 기존 연구와 연관지어 생각해 보다.

제 6.2 절 휴리스틱 마이닝

휴리스틱 마이닝[123, 124]은 인과관계넷(2.2.7절 참조)과 비슷한 표현을 사용하고, 프로세스 모델 생성시 이벤트의 빈도와 순서를 고려한다. 기본적인 개념은 자주 발생하지 않는 경로는 모델에 포함시키지 않는 것이다. 이 방법은 인과관계넷에 의해 제공되는 표현 편향과 빈도의 사용을 통해 다른 접근법보다 훨씬 더 강건하다.

6.2.1 인과관계넷 다시보기

2.2.7절에서, C-nets이라고도 불리는 인과관계넷의 개념을 설명하였다. 그림 6.2는 C-net의 한 예를 보여준다. 보험 클레임의 등록을 나타내는 하나의 시작 작업 a가 있다. 케이스를 종료하는 하나의 종료 작업 b가 있다. 작업 a는 a가 종료된 후에 b와 c가 실행되거나, d가 실행되거나, e가 실행된다는 것을 의미하는 세 개의 출력 바인딩 $\{b,c\}$, $\{d\}$, $\{e\}$를 갖는다. C-net의 패턴에 대해 추론할 때, 유효한 순서만을 고려한다(Definition 2.11참조)는 점을 주의하자. 만약 순서가 (a) 시작 작업 $a_i = a$로 시작하고, (b) 종료 작업 $a_o = e$로 끝이 나고, (c) 계류 중인 작업만 수행하고, (d) 미결된 작업 없이 종료하면, 그 바인딩 순서는 유효하다. a가 출력 바인딩 $\{b,c\}$와 함께 발생한 경우, $\langle(a,\emptyset,\{b,c\})\rangle$를 실행한 후에, 두 개의 미결된 의무사항 (a,b)와 (a,c)가 존재한다. 이것은 향후 b가 그 입력 바인딩에 a를 가지고 있어야 함을 의미한다. 비슷하게 c도 그 입력 바인딩에 a를 포함해야한다. b를 실행하여 (a,b)를 제거하지만, 새로운 의무 (b,e)를 생성한다. 유효한 순서는 $\langle(a,\emptyset,\{b,c\}),(b,\{a\},\{e\}),(c,\{a\},\{e\}),(e,\{b,c\},\emptyset)\rangle$이다. 마지막에는 미결된 작업이 존재하지 않는다. $\langle(a,\emptyset,\{d\}),(d,\{a\},\{d\}),(d,\{d\},\{e\}),(e,\{d\},\emptyset)\rangle$는 또 다른 유효한 순서이다. d에 연결된 반복 구조 때문에, 무한히 많은 유효한 순서를 갖는다.

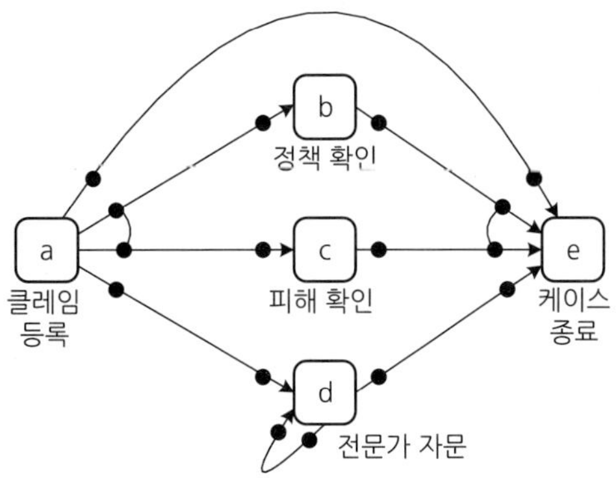

그림 6.2 보험 클레임을 처리하는 인과관계넷 모델링

그림 6.2의 프로세스 모델은 WF-net으로 표현할 수 없다(각 트랜지션이 유일하게 식별되는 이름 표지를 갖는다고 가정). 즉, C-net이 프로세스 도출에 있어, 더 적합한 표현법이라는 것을 보여준다.

[123, 124]에서 사용된 표기법과 이 책에서 사용된 C-net 표기법 사이에는 미묘한 차이가 있다. C-net은 [124]에서 사용한 표기법과는 매우 유사하지만, [123]에서 사용된 표기법과는 다소 차이가 있다. 원래의 휴리스틱 마이닝 알고리즘에서 입력과 출력 바인딩은 상호 배타적인 분리(disjunctions)의 결합(conjunction)이다. 예를 들면, $O(t) = \{\{a,b\},\{b,c\},\{b,d\}\}$는 t가 a 또는 b, 그리고 b 또는 c, 그리고 b 또는 d를 활성화시킨다는 것을 의미한다. 이를 2.2.7절에서 제시한 C-net의 의미론을 사용하여 표현하면 $O(t) = \{\{a,c,d\},\{b\}\}$ (즉, b가 활성화되거나, a,

c, d가 활성화 됨)에 표현된다. C-net은 다른 원래 휴리스틱넷보다 (실제적인 관점에서) 더욱 직관적이고 더욱 표현력이 풍부하다. 따라서, 이 책에서는 C-net을 사용한다.

6.2.2 종속성 그래프

휴리스틱 마이닝 알고리즘에 의해 사용되는 기본 개념을 설명하기 위해서 다음의 이벤트 로그를 사용한다.

$$L = [\langle a,e\rangle^5, \langle a,b,c,e\rangle^{10}, \langle a,c,b,e\rangle^{10}, \langle a,b,e\rangle^1, \langle a,c,e\rangle^1, \langle a,d,e\rangle^{10}, \langle a,d,d,e\rangle^2, \langle a,d,d,d,e\rangle^1]$$

빈도 1을 갖는 세 개의 자취가 노이즈라고 가정하면, 로그에 있는 나머지 37개의 자취는 그림 6.2에 있는 C-net의 유효한 순서에 대응된다. C-net이 어떻게 유도되었는지 설명하기 앞서, 이벤트 로그 L에 α-알고리즘을 적용하면, 그림 6.3의 모델을 얻을 수 있다.

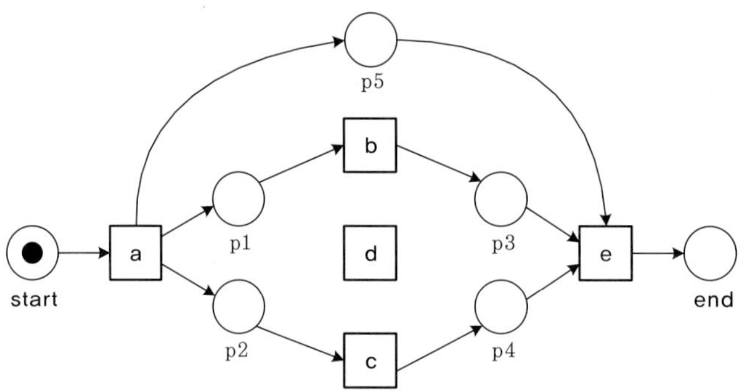

그림 6.3 α-알고리즘에 의해 생성된 WF-net. 결과 모델은 $\langle a,e\rangle$, $\langle a,b,e\rangle$, $\langle a,c,e\rangle$, $\langle a,d,e\rangle$, $\langle a,d,d,e\rangle$, $\langle a,d,d,d,e\rangle$를 허용하지 않는다

예상한 대로, α-알고리즘은 적절한 모델을 만들어내지 못한다. 결과 모델은 $\langle a,e\rangle$, $\langle a,d,e\rangle$와 같이 빈번하게 발생하는 자취를 허용하지 않는다. 우연히도 이 모델은 $\langle a,b,e\rangle$, $\langle a,c,e\rangle$, $\langle a,d,d,d,e\rangle$와 같은 빈번하게 발생하지 않는 자취들 역시도 설명하지 못한다. α-알고리즘은 두 가지의 중요한 문제가 있는데, 첫 번째는 작업을 건너 뛰는 것(예를 들면 a에서 e로 점프하는 경우)과 d가 선택되는 경우 반복 수행할 수 있다는 요구 사항을 수용할 수 없는 표현 편향을 갖는다는 것이다. 두 번째 문제는 빈도를 고려하지 않는다는 점이다. 따라서, 휴리스틱 마이닝을 위해 C-net을 이용하고 빈도를 고려한다.

표 6.1은 하나의 작업이 다른 작업에 연결되는 빈도수를 보여준다. 예를 들어, $|d >_L d| = 4$, 즉, 전체 로그에서 d는 다른 d에 앞에 네 번 나타난다($\langle a,d,d,e\rangle^2$에서 두 번과 $\langle a,d,d,d,e\rangle^1$에서 두 번). 표 6.1을 이용하여, 단위 업무의 어떤 쌍에서 대해서도 종속성 관계 값을 계산할 수 있다.

표 6.1 이벤트 로그 L에 있는 "직접적인 선후" 관계의 빈도: $|x >_L y|$는 L에서 x가 y 바로 앞에 나타나는 빈도수를 의미

$\|>_L\|$	a	b	c	d	e
a	0	11	11	13	5
b	0	0	10	0	11
c	0	10	0	0	11
d	0	0	0	4	13
e	0	0	0	0	0

Definition 6.1 (종속성 척도(Dependency measure)). $\mathscr{A}$와 $a,b \in \mathscr{A}$인 이벤트 로그 L에 대해 [1], $|a >_L b|$는 L안에서 a가 b에 직접적으로 선행하는 빈도수이다. 즉,

$$|a >_L b| = \sum_{\sigma \in L} L(\sigma) \times |\{1 \leq i < |\sigma| \mid \sigma(i) = a \wedge \sigma(i+1) = b\}|$$

$|a \Rightarrow_L b|$는 a와 b 사이의 종속성 관계(dependency relation) 값이다:

$$|a \Rightarrow_L b| = \begin{cases} \dfrac{|a >_L b| - |b >_L a|}{|a >_L b| + |b >_L a| + 1} & if\, a \neq b \\ \dfrac{|a >_L a|}{|a >_L a| + 1} & if\, a = b \end{cases}$$

$|a \Rightarrow_L b|$는 -1과 1 사이의 값으로 나타난다. 만일 $|a \Rightarrow_L b|$의 값이 1에 가깝다면, a와 b 사이에는 강한 양의 종속성이 존재하는 것으로 빈번하게 a가 b 앞에 나타난다. 1에 가까운 값은 a가 b에 직접적으로 선행하지만, b는 좀처럼 a에 선행하지 않는 경우에만 나타날 수 있다. 만약, $|a \Rightarrow_L b|$ 값이 -1 에 가깝다면, a와 b 사이에는 강한 음의 종속성이 존재하는데, 즉, b는 빈번하게 a의 앞에 나타난다. $|a \Rightarrow_L a|$는 특별한 경우로, 만약 a가 a에 의해서 후행한다면, 이것은 반복 구조 관계이자, 강한 재귀적 종속성을 말하지만, 정의에 의해서 $\frac{|a >_L a| - |a >_L a|}{|a >_L a| + |a >_L a| + 1} = 0$이 된다. 따라서, $|a \Rightarrow_L a| = \frac{|a >_L a|}{|a >_L a| + 1}$ 공식이 사용된다. 표 6.2는 이벤트 로그 L에 대한 종속성 척도를 보여준다.

표 6.1과 표 6.2의 정보를 이용해서, *종속성 그래프(dependency graph)*를 유도할 수 있다. 종속성 그래프는 Definition 2.8에 있는 종속성 관계 $D \subseteq A \times A$에 대응된다. 종속성 그래프에서 특정 *임계치* 이상의 아크만 보여진다. 그림 6.4에서 보여지는 종속성 그래프는 $|>_L|$에서는 2, $|\Rightarrow_L|$에서는 0.7의 임계치를 사용하고 있다. 즉, x와 y사이의 아크에서 $|x >_L y| \geq 2$이고, $|x \Rightarrow_L y| \geq 0.7$일 때에만 포함된다.

그림 6.5는 표 6.1과 표 6.2에서 좀 더 높은 임계치를 사용해서 그려진 종속성 그래프이다. 결과적으로 두 개의 아크가 사라졌다. 물론 종속성 그래프는 경로의 논리는 보여주지는 않는다. 예를 들어, a후에 b와 c가 모두 병렬적으로 실행될 수 있다는 것을 볼 수는 없다. 그럼에도 불구하고, 종속성 그래프는 프로세스 모델의 "근간(backbone)"을 보여준다.

[1] 제5장과 같이 다른 관점(예, 리소스, 시간 등)은 고려하지 않고, 이벤트 로그가 단순하다고 가정한다.

표 6.2 이벤트 로그 L에 기반한 다섯 작업 사이의 종속성 척도

$\|\Rightarrow_L\|$	a	b	c	d	e
a	$\frac{0}{0+1}=0$	$\frac{11-0}{11+0+1}=0.92$	$\frac{11-0}{11+0+1}=0.92$	$\frac{13-0}{13+0+1}=0.93$	$\frac{5-0}{5+0+1}=0.83$
b	$\frac{0-11}{0+11+1}=-0.92$	$\frac{0}{0+1}=0$	$\frac{10-10}{10+10+1}=0$	$\frac{0-0}{0+0+1}=0$	$\frac{11-0}{11+0+1}=0.92$
c	$\frac{0-11}{0+11+1}=-0.92$	$\frac{10-10}{10+10+1}=0$	$\frac{0}{0+1}=0$	$\frac{0-0}{0+0+1}=0$	$\frac{11-0}{11+0+1}=0.92$
d	$\frac{0-13}{0+13+1}=-0.93$	$\frac{0-0}{0+0+1}=0$	$\frac{0-0}{0+0+1}=0$	$\frac{4}{4+1}=0.80$	$\frac{13-0}{13+0+1}=0.93$
e	$\frac{0-5}{0+5+1}=-0.83$	$\frac{0-11}{0+11+1}=-0.92$	$\frac{0-11}{0+11+1}=-0.92$	$\frac{0-13}{0+13+1}=-0.93$	$\frac{0}{0+1}=0$

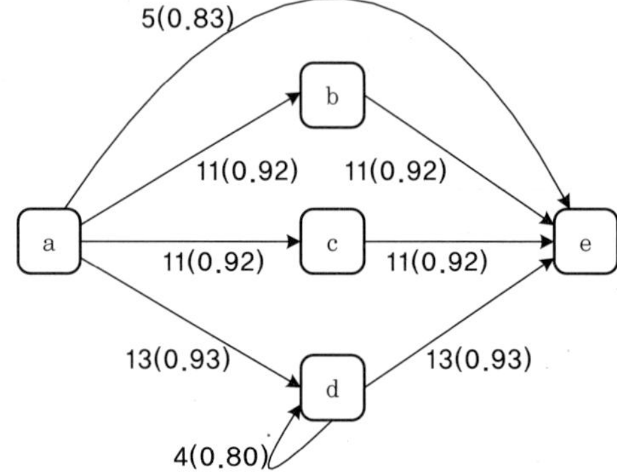

그림 6.4 $|>_L|$에서는 2, $|\Rightarrow_L|$에서는 0.7의 임계치를 사용한 종속성 그래프: 각 아크에서 괄호 밖에 $|>_L|$값과 괄호안에 $|\Rightarrow_L|$을 보여준다. 예를 들면, $|a >_L d| = 13$ 이고, $|a \Rightarrow_L d| = 0.93$이다

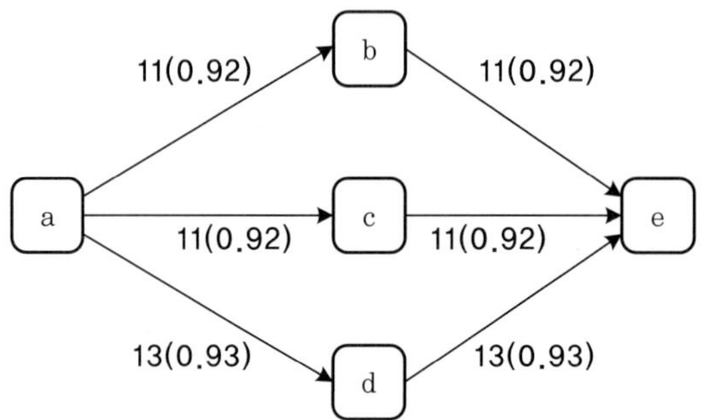

그림 6.5 $|>_L|$에서는 5, $|\Rightarrow_L|$에서는 0.9의 임계치를 사용한 종속성 그래프: d를 포함한 반복 구조는 $|d >_L d| = 4 < 5$ 이고, $|d \Rightarrow_L d| = 0.80 < 0.9$ 이므로 나타나지 않는다. a와 e 사이의 연결도 $|a \Rightarrow_L e| = 0.83 < 0.9$이기 때문에 나타나지 않는다

두 종속성 그래프는 주어진 이벤트 로그에서, 임계치를 조정함으로써 서로 다른 모델이 생성될 수 있음을 보여준다. 이러한 방식으로 주요 행위에만 집중할 수도 있고, 빈도가 낮은 (노이즈) 행위를 포함시킬 수도 있다. 그림 6.4와 그림 6.5에서 작업의 집합은 동일하다. 낮은 빈도의 작업을 제거하는 경우, 임계치를 사용할 수는 없고, 이벤트 로그를 전처리함으로써 가능하다. 예를 들어, 종속성 척도를 계산하기 전에, 빈번하게 발생하는 작업에만 집중하기로 결정하고, 다른 모든 작업들은 이벤트 로그에서 제거할 수 있다. 어떤 기법들은 종속성 그래프를 만드는 동안 이런 작업들을 제거한다(퍼지 마이너[72]에서 사용되는 기법 참조).

[123, 124]에 보이는 것처럼, 종속성 그래프를 개선하기 위해서 여러 가지 정제 활동이 이루어질 수 있다. 예를 들어, 길이 2인 반복 구조와 원거리 종속성을 좀 더 잘 다루는 것이 가능하다(그림 5.13과 그림 5.14의 프로세스에 대한 논의 참조).

6.2.3 분기와 합류

휴리스틱 마이닝의 목적은 이벤트 로그에서 하나의 C-net $C = (A, a_i, a_o, D, I, O)$를 추출하는 것이다. 종속성 그래프의 노드들은 작업 집합 A에 대응된다. 종속성 그래프의 아크들은 종속성 관계 D에 대응된다. C-net은 유일한 시작 작업 a_i와 유일한 종료 작업 a_o가 있다. 기술적으로는 로그를 전처리해서 인공적인 시작과 종료 이벤트를 각 자취에 넣을 수가 있다. 따라서, 유일한 시작 작업 a_i와 유일한 종료 작업 a_o가 있다는 가정은 분석에 있어 어떤 제한을 가하지는 않는다. 사실, 명백한 시작과 종료를 갖는 것이 편리하다. 종속성 그래프에서 모든 작업이 a_i에서 a_o로 가는 경로상에 존재한다는 것을 가정한다. 이 경로상에 존재하지 않는 작업들은 제거되거나, 최소한의 연결 집합을 구성할 수 있도록 임계치가 지역적으로 조정될 필요가 있다. a_i에서 a_o로 가는 경로상에 존재하지 않는 작업을 포함시키는 것은 논리에 맞지 않다. 그러한 작업은 아예 활성화되지 않거나 케이스가 시작되기 전에 활성화되고, 케이스의 완료와 상관이 없다. 따라서, 종속성 그래프를 생성함으로써, C-net의 핵심 구조 (A, a_i, a_o, D)를 이미 가졌다고 가정할 수 있다. 따라서, C-net을 도출하기 위해 $I \in A \rightarrow AS$와 $O \in A \rightarrow AS$의 함수만 도출하면 된다.

종속성 그래프 (A, a_i, a_o, D)가 주어졌을 때, 임의의 작업 $a \in A$에서, $\circ a = \{a' \in A \mid (a', a) \in D\}$와 $a\circ = \{a' \in A \mid (a, a') \in D\}$를 정의한다. 명백하게, $I(a_i) = O(a_o) = \{\emptyset\}$이다. 작업 $a \neq a_i$에 대해 $I(a)$는 $2^{|\circ a|} - 1$개의 잠재 요소가 있고, 작업 $a \neq a_o$에 대해 $O(a)$는 $2^{|a\circ|} - 1$개의 잠재 요소가 있다. 예를 들어, 그림 6.4의 종속성 그래프에서 $a\circ = \{b, c, d, e\}$이다. 따라서, $O(a)$는 $2^4 - 1 = 15$개의 잠재 출력 바인딩을 갖는다: $\{b\}$, $\{c\}$, $\{d\}$, $\{e\}$, $\{b, c\}$, $\{b, d\}$, ..., $\{b, c, d, e\}$. $O(b)$는 단지 $2^1 - 1 = 1$개의 잠재 요소만 갖는다: $\{e\}$. $I(b)$도 하나의 잠재 요소를 갖는다: $\{a\}$. $O(d)$는 $2^2 - 1 = 3$개의 잠재적인 출력 바인딩을 갖는다: $\{d\}$, $\{e\}$, $\{d, e\}$. $I(d)$ 역시 $2^2 - 1 = 3$개의 잠재적인 입력 바인딩을 갖는다: $\{a\}$, $\{d\}$, $\{a, d\}$.

만약 하나의 잠재적 바인딩 요소를 가지면, 이 요소는 반드시 포함되어야 한다. 따라서, $I(b) = \{\{a\}\}$, $I(c) = \{\{a\}\}$, $O(b) = \{\{e\}\}$, $O(c) = \{\{e\}\}$이다. 다른 입력과 출력 바인딩에

서는, 이벤트 로그에 기반해서 부분 집합이 선택될 필요가 있다. 이것을 하기 위해서, 종속성 그래프에 이벤트 로그를 리플레이 하며, 빈번하게 발생하는 출력 집합이 어떻게 트리거 되는지를 살펴 본다.

예를 들어, $O(d)$를 보면, 이벤트 로그 L에서 작업 d는 d에 대해 4번, e에 대해 13번 선행하고, d와 e 두 가지 동시에 대해서는 단 한 번도 선행하지 않는다. 따라서, 가장 빈번하게 발생하는 출력 바인딩인 $\{e\}$는 명백하게 $O(d)$에 포함된다. $\{d\}$는 바인딩의 임계값에 따라서 포함 여부가 결정된다. 만일 두 가지 가능한 바인딩이 모두 포함된다고 가정하면, $O(d) = \{\{d\},\{e\}\}$이 된다. 비슷하게 $I(d) = \{\{a\},\{d\}\}$임을 도출하게 된다. $O(a)$를 보면, 앞서 언급한대로, $2^4 - 1 = 15$개의 가능한 출력 바인딩이 있다. 종속성 그래프에 이벤트 로그를 리플레이 하면, a 뒤에 5번 e (자취$\langle a,e\rangle^5$), 20번 b와 c (자취$\langle a,b,c,e\rangle^{10}$, $\langle a,c,b,e\rangle^{10}$), 13번 d가 온다(자취 $\langle a,d,e\rangle^{10}$, $\langle a,d,d,e\rangle^2$, $\langle a,d,d,d,e\rangle^1$). 또한 b가 한 번(자취 $\langle a,b,e\rangle$), c가 한 번(자취 $\langle a,c,e\rangle$) 온다. 후자에 해당하는 두 개의 출력 바인딩이 미리 설정한 임계치 이하로 가정하면, $O(a) = \{\{b,c\},\{d\},\{e\}\}$이 된다. 즉, 15개의 가능한 출력 바인딩 중 3개만이 포함될 수 있을 정도로 충분히 빈번하게 발생했다.

바인딩의 빈도를 결정하는 데 있어, 많은 리플레이 전략이 가능하다. [108, 123, 124]에서는 포함될 바인딩을 결정하는 데 휴리스틱을 사용하였다. [25]에서는 종속성 그래프 위에서 자취의 "최적" 리플레이를 찾기 위해 A^* 알고리즘의 변형을 활용한다. C-net의 의미론은 전역적이다. 즉, 바인딩 순서의 유효성은 (페트리넷에서처럼) 지역적으로 결정될 수 없다. 리플레이 전략의 예는 [25, 108, 123, 124]를 참고할 수 있다.

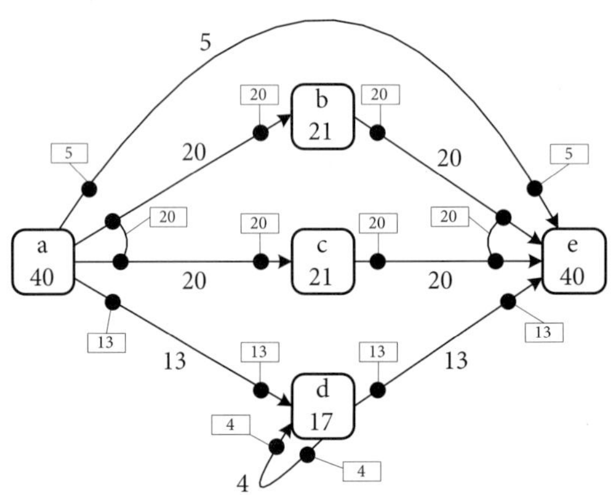

그림 6.6 이벤트 로그 L에서 유도된 C-net. 각 노드는 해당하는 작업의 빈도를 보여준다. 각 아크는 두 개의 작업이 얼마나 빈번하게 공통의 바인딩에 합의했는지를 보여주는 빈도를 갖는다. 입력과 출력 바인딩의 빈도가 또한 보여져 있다. 예를 들면, 40개 a 발생 중의 20개 발생이 b와 c의 동시 실행에 선행한다

종속성 그래프에서 이벤트 로그를 리플레이함으로써, 입력과 출력 바인딩의 빈도를 예측할 수 있다. 임계치를 사용해서, 빈도를 기반으로 바인딩을 제외할 수 있다. 이것은 I와 O의 함수로 나타나고, C-net을 만들어낸다. 그림 6.6은 그림 6.4에 있는 종속성 그래프에 기반한

C-net을 보여준다. $O(a) = \{\{b,c\},\{d\},\{e\}\}$이고, $I(e) = \{\{a\},\{b,c\},\{d\}\}$이다. 바인딩 $\{b\}$와 $\{c\}$는 한 번만 발생해서(임계치 이하), $O(a)$와 $I(e)$에 포함되지 않았다. 그림 6.6은 작업의 빈도, 종속성, 바인딩도 보여준다. 예를 들어, 작업 a는 40번 발생했다. a의 출력 바인딩 $\{b,c\}$는 20번 발생했다. 작업 d는 17번 발생했다: a에 의해서 13번 트리거 되었고, d 자신에 의해서 4번 트리거 되었다. 작업 b는 21번 발생했다. 유일한 입력 바인딩 $\{a\}$의 빈도는 20이다. 이런 차이는 빈번하게 발생하지 않는 a의 출력 바인딩 $\{b\}$를 제외해서 발생했다(이 바인딩은 자취 $\langle a,b,e\rangle$에서만 발생한다). 비슷한 차이는 작업 c에서도 볼 수 있다.

그림 6.7은 그림 6.6의 C-net에 대한 더욱 직관적인 시각화를 제공한다. 여기서 아크의 굵기는 해당 경로의 빈도에 해당한다. 그러한 시각화는 주요 프로세스 흐름에 대한 통찰을 얻는데 중요하다. 제13장에서 지도의 도로 시각화 방법과 비교하여 프로세스 모델 시각화를 설명한다. 지도에서는 두꺼운 선과 밝은 색을 사용하여 고속도로를 강조한다. 동시에 중요하지 않은 길은 보이지 않는다. 그림 6.7은 휴리스틱 마이닝을 이용해서 같은 일을 할 수 있음을 보여준다.

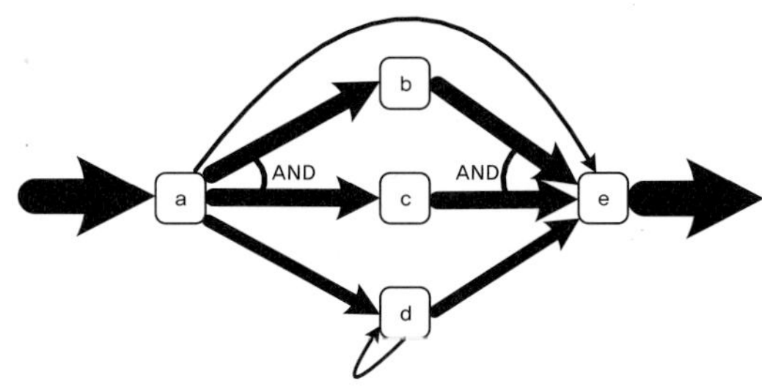

그림 6.7 프로세스 모델에서 "고속도로"를 명백하게 보여주는 C-net의 또 다른 시각화 표현

본 장에서 표현한 접근법은 매우 일반적이고, 다른 표현 방법에도 적용할 수 있다. 주목할 만한 예가 [70, 72]에 기술된 퍼지 마이닝 기법이다. 이 접근법은 어떤 작업과 아크의 포함 여부를 결정하기 위해 늘어난 파라미터 집합을 제공한다. 게다가, 이 접근법은 덜 발생하는 단위 업무는 하위 프로세스로 이동할 수 있게 함으로써, 계층적인 모델 구성도 가능하게한다. 또한, 지도 제작법은 빈도, 작업의 중요성, 경로 등에 대한 정보를 제공하며 쉽게 이해할 수 있는 프로세스 모델 생성을 위해 활용될 수도 있다(13.1.3절 참조).

제 6.3 절 유전자 프로세스 마이닝

α-알고리즘, 휴리스틱과 퍼지 마이닝을 위한 기법들은 직접적이고 확정적인(deterministic) 방식을 통해 프로세스 모델을 도출한다. *진화론적 접근법*은 자연 진화를 흉내내기 위해 반복 절차를 활용한다. 그러한 접근법들은 확정적이지 않고 새로운 대안을 탐색하는 데 있어 무작

위 추출에 의존한다. 본 장에서는 계산 지능 분야의 기법을 사용하는 프로세스 도출 방법의 예로 *유전자 프로세스 마이닝*[94]을 설명한다.

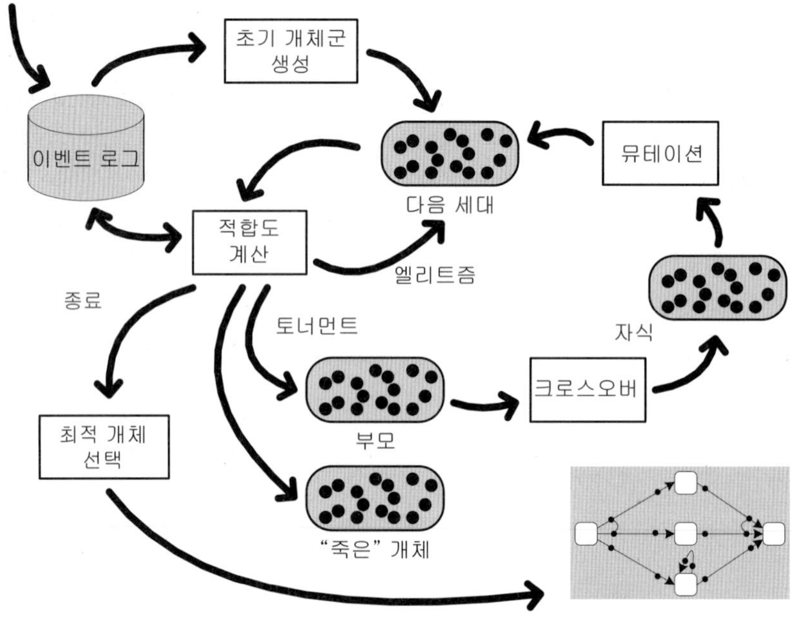

그림 6.8 유전자 프로세스 마이닝을 위해서 사용되는 접근법에 대한 개요

그림 6.8은 [94]에서 사용된 접근법의 개요를 보여준다. 기존 유전자 알고리즘과 같이 네 가지 주요 단계가 있다: (a) 초기화(initialization), (b) 선택(selection), (c) 재생산(reproduction), (d) 종료(termination).

초기화 단계에서 초기 개체군이 생성된다. 이는 1세대의 개체로 사용된다. 여기서 하나의 개체는 하나의 프로세스 모델이다. 로그에서 나타나는 작업 이름을 바탕으로, 프로세스 모델들이 *무작위적으로* 생성된다. 각 세대에는 수백에서 많게는 수천 개의 개체가 있을 수 있다. 초기 개체군 내에서의 프로세스 모델(개체)은 이벤트 로그와 관련이 적을 수도 있다. 그러나 무작위 효과와 많은 개체 수로 인해, "우연하게도" 생성된 모델이 이벤트 로그의 일부와 맞는 부분을 포함할 수도 있다.

선택 단계에서 각 개체의 적합도가 계산된다. 적합도 함수는 개체와 로그를 비교하여 개체의 품질을 측정한다.[2] 5.4.3절에서 모델의 품질을 측정하는 방법들에 대해 논의하였다. 간단한 하나의 기준은 로그 내에서 모델에 의해서 리플레이 가능한 자취의 비율이다. 이것은 초기 개체군에 있는 어떤 모델도 이벤트 로그에 있는 모든 자취를 리플레이 할 수는 없을 가능

[2] 이 책에서 "적합도(fitness)"가 두 가지 의미로 사용되었음을 주목하자. 첫째로 이벤트 로그를 리플레이하는 능력을 가리키기 위해서 사용한다(5.4.3절과 7.2절 참조). 다른 한 가지는 유전자 프로세스 마이닝에서 개체를 선택하는 데 사용한다. 후자의 해석은 전자를 포함하고 있지만, 5.4.3절에서 언급한 네 가지 기준의 다른 요소도 포함함을 주목하자.

성이 높기 때문에 좋은 적합도 함수는 아니다. 게다가, 이 기준을 사용하면 “꽃 모델”과 같은 지나치게 일반화된 모델이 높은 적합도를 가질 수 있다. 따라서, 보다 정제된 적합도 함수가 사용되어, 모델의 부분적인 정확성도 고려하고, 5.4.3절에 설명된 네 가지 경쟁적인 품질 기준을 모두 고려할 필요가 있다. 가장 좋은 개체 즉, 가장 높은 적합도 값을 갖는 프로세스 모델은 다음 세대로 전해진다. 이것은 소위 *엘리트주의*로, 예를 들어 현재 세대의 상위 1%가 어떤 수정도 없이 다음 세대로 전달될 수 있다. *토너먼트*를 통해 새로운 개체를 생성할 “부모”가 선정된다. 개체들 간의 토너먼트와 엘리트주의는 “가장 좋은 프로세스 모델의 유전 형질”이 다음 세대를 위해 사용될 가장 높은 확률을 갖는 *적자생존*을 보장한다. 결과적으로, 낮은 적합도를 갖는 개체들은 살아남지 못한다. 그림 6.8에서 살아남지 못한 모델을 “죽은” 개체라고 한다.

재생산 단계에서, 선택된 부모 개체들은 새로운 자손을 만드는 데 사용된다. 여기서 *크로스오버*와 *뮤테이션*의 두 가지 유전 연산이 사용된다. 크로스오버를 위해서 두 개의 개체를 선택해 새로운 두 개의 모델을 생성한다. 이 연산을 통해 그림 6.8에서 보여지는 “자식 모델”의 풀(pool)을 만든다. 자식 모델들은 부모 모델의 유전적 형질의 일부를 공유한다. 자식들은 이제 뮤테이션을 사용한 변형된다. 즉, 무작위적으로 인과 종속성을 추가하거나 삭제한다. 뮤테이션이 없으면, 초기 개체군 내에서 유전 형질을 넘어선 진화는 불가능한다.

재생산(즉 크로스오버와 뮤테이션)과 엘리트주의를 통해 새로운 세대가 생성된다. 이 세대내에 있는 모델에서 적합도가 계산된다. 다시, 가장 좋은 개체는 다음 라운드로 전해지거나 (엘리트주의) 새로운 자손을 생산하는 데 사용된다. 이런 과정이 반복되면, 각 세대의 품질이 짐짐 더 좋아진다. 이러한 진화의 과징은 만족힐 민한 해가 도출되었을 때 *종료된다*. 즉, 적이도 원하는 적합도를 가진 하나의 모델이 찾아졌을 때 종료한다. 이벤트 로그에 따라서 모델을 찾는 데 많은 시간이 소요될 수 있다. 이벤트 로그 내의 표현 편향과 노이즈 때문에 원하는 수준의 적합도를 갖는 모델이 존재하지 않을 수도 있다. 따라서 다른 종료 조건이 부과될 수도 있다(예를 들면, 최대 세대 반복수가 되었을 때, 또는 10번의 연이은 세대 동안 더 나은 개체를 생산하지 못할 때). 종료할 때는 가장 좋은 적합도를 갖는 모델이 반환된다.

그림 6.8에 기술된 접근법은 매우 일반적이다. 실제로 유전자 프로세스 마이닝 알고리즘을 구현할 때는, 다음과 같은 설계 의사 결정이 이루어져야한다.

- **개체의 표현.** 각 개체는 페트리넷, BPMN, EPC 등 특정한 언어로 기술된 프로세스 모델에 해당한다. 모델의 선택은 도출될 수 있는 프로세스의 종류를 결정짓기 때문에 중요하다(표현 편향). 게다가, 선택된 모델링 방법에서 적절한 유전 연산자를 정의할 수 있어야 한다. [94]에서는 C-net의 변종이 사용되었다.
- **초기화.** 초기 개체군에서, 모델들이 무작위적으로 생성될 필요가 있다. [94]에서 두 가지 접근법이 제안되었다. (a) C-net을 생성하기 위해, 두 작업 사이에 어떤 확률을 가진 인과 종속성을 추가하는 방법과 (b) 휴리스틱 마이닝의 무작위적 변종을 사용하여, 무작위적으로 생성된 C-net 보다 더 높은 평균 적합도를 갖는 초기 개체군을 생성하는 방법이 있다.
- **적합도 함수.** 5.4.3절에서 기술한 네 가지 경쟁적인 품질 기준의 균형을 이루는 함수를 정의한다. 다양한 적합도 함수가 정의될 수 있다. 적합도 함수는 진화 프로세스를 이끌어가며,

선호하는 특정 모델을 장려하는 데 사용될 수 있다. [94]에서는 모델에 의해 분석할 수 있는 로그의 이벤트 비율을 계산한다. 또한 불필요하게 활성화된 작업에 대해서는 패널티를 준다(그림 5.23의 꽃 모델 참조).

- **선택 전략(토너먼트와 엘리트주의).** 유전 알고리즘은 변화없이 다음 라운드로 갈 개체를 선정한다. 엘리트주의를 통해 좋은 모델들이 크로스오버나 뮤테이션을 통해 유실되지 않을 것을 보장한다. 크로스오버를 위한 부모를 선정하는 여러 접근법들이 있다. [94]에서는 다섯 개의 무작위 개체를 부모의 후보로 선택하고, 선택된 모델들 간의 토너먼트를 통해 가장 좋은 하나를 선정한다.
- **크로스오버.** 크로스오버의 목적은 존재하는 유전 형질을 재조합하는 것이다. 기본 개념은 두 부모 모델의 일부를 조합하여 새로운 프로세스 모델을 생성하는 것이다. [94, 90]에서 두 부모는 같은 작업 집합을 갖는 C-net이다. 여기서 작업 중 하나를 무작위적으로 선택한다. 선택된 작업이 a이고, $I_1(a)$와 $O_1(a)$가 한 부모의 가능한 바인딩이고, $I_2(a)$와 $O_2(a)$가 다른 부모의 가능한 바인딩이라고 하자. 이제 $I_1(a)$의 일부분이 $I_2(a)$의 일부분과 교환되고, $O_1(a)$의 부분이 $O_2(a)$ 일부분과 맞교환된다. 그 뒤에, 바인딩과 작업의 일관성을 위해서 두 개의 C-net은 보정되어야 한다. 두 개의 부모 모델에 대한 크로스오버는 두 개의 새로운 자식 모델을 만들어 낸다. 이 자식 모델들은 다음 세대에 더해지기 전에 뮤테이션되기도 한다.
- **뮤테이션.** 뮤테이션의 목적은 새로운 유전 형질을 무작위적으로 삽입하는 것이다. [94, 90]에서 크로스오버를 통한 자식들의 각 작업은 뮤테이션될 작은 확률을 갖는다. 만약 a가 뮤테이션을 위해 선택되었다면, $I(a)$ 또는 $O(a)$가 잠재적인 바인딩을 추가하거나 삭제하는 방법으로 무작위적으로 변경된다.

위에서 열거한 항목들은 유전자 프로세스 마이닝 알고리즘 개발을 위해 많은 설계 의사 결정이 필요하다는 것을 보여준다. 구체적인 예는 [94, 90]을 참고할 수 있다. 가장 중요한 의사 결정은 개체의 표현 방법을 선택하는 것이다. [94, 90]에서 기술된 접근법에서는 초기의 휴리스틱 마이닝 알고리즘 [123]에서 사용된 표기법과 비슷한 C-net의 변종을 사용했다. 그러나 이외에도 많은 표현 방법이 가능하다.

유전 연산자를 더 잘 이해하기 위해, 크로스오버와 뮤테이션의 예를 제시한다. 여기서는 페트리넷 모델을 사용한다. 그림 6.9는 두 개의 "부모" 모델과 크로스오버로 만들어진 두 개의 "자식" 모델을 보여준다. 크로스오버 지점은 작업 e와 f를 가로지르는 선이다. 그림 6.10은 뮤테이션의 예를 보여준다: 하나의 플레이스가 제거되고, 하나의 아크가 추가되었다.

그림 6.9 와 6.10은 두 개의 유전 연산자인 크로스오버와 뮤테이션 개념을 잘 보여준다. 그러나 그러한 연산자를 구현하는 것은 예시에서 보는 것 처럼 쉬운 일은 아니다. 대게 크로스오버와 뮤테이션 후에 수정 작업이 필요하다. 예를 들면, 결과 모델이 더 이상 WF-net이나 C-net이 아닐 수 있다. 구체적인 예제는 [94, 90]를 살펴보기 바란다.

유전자 프로세스 마이닝은 *유연하고 강건하다*. 휴리스틱 마이닝 기법처럼, 노이즈와 불완전성을 다룰 수 있다. 또한 쉽게 조정되고, 확장될 수도 있다. 적합도 함수를 변경함으로써, 특정 구조에 선호를 부여할 수도 있다. 그러나 불행하게도 대부분의 진화 접근법처럼, 유전자

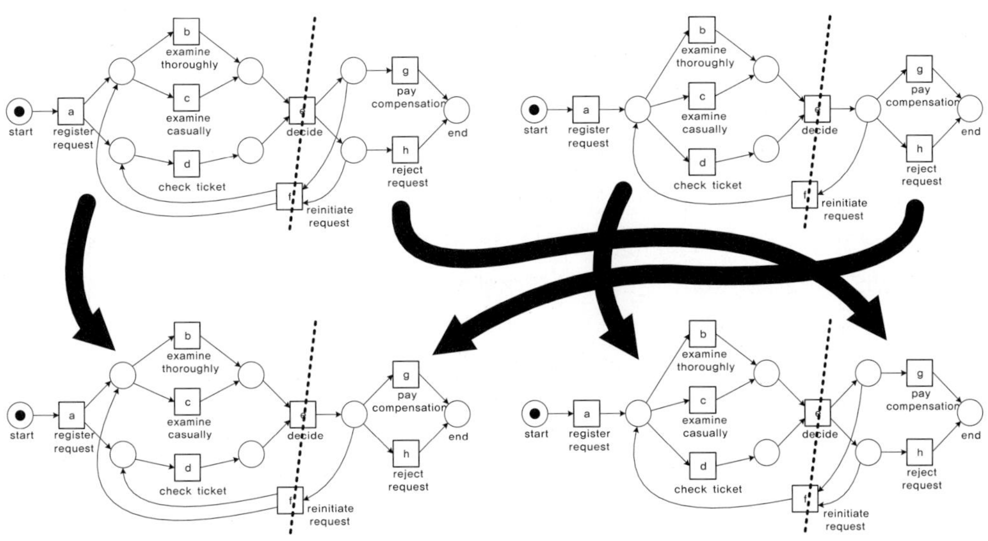

그림 6.9 두 개의 부모 모델(위쪽)과 크로스오버에 의해 도출된 두 개의 자식 모델. 크로스오버 지점은 점선으로 표시되었다

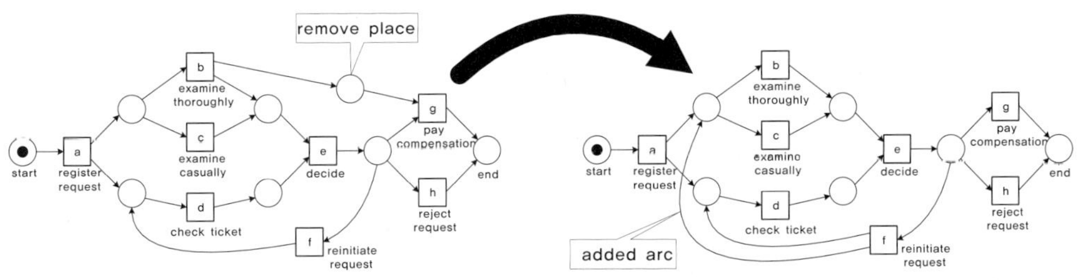

그림 6.10 뮤테이션: 하나의 플레이스가 사라지고, 하나의 아크가 추가되었다

프로세스 마이닝은 큰 모델과 큰 로그에는 그리 *효율적이지 못하다.* 수용되는 적합도를 가진 모델을 찾는 데 매우 긴 시간이 걸리기도 한다. 이론적으로는 적당하게 선택된 유전 연산자는 궁극적으로 최적의 적합도를 가진 모델을 만들어내는 것을 보장한다고 볼 수 있다. 그러나 실제에 있어서는 과도한 계산 시간으로 인해 유용하지 못하다. 하나의 장점은 유전자 프로세스 마이닝은 병렬 구현이 쉽다는 것이다. 개체나 이벤트 로그를 여러 개의 계산 노드(예, 그리드 컴퓨팅의 노드)로 분산시키는 것이 가능하다[39]. 휴리스틱 마이닝과 유전자 프로세스 마이닝을 조합하는 것도 유용할 수 있다. 이는 계산 시간을 줄여주고, 지역 종속성에서만 탐색하는 전통적인 알고리즘을 통해 얻을 수 없는 모델을 만들어낼 수 있다.

제 6.4 절 영역 기반 마이닝

페트리넷 연구에 있어 학자들은 행위에 대한 기술로부터 시스템 모델을 생성하는 소위 *합성 문제*라고 하는 연구를 해 왔다. 합성 방법으로 상태 기반 영역(State-based region)과 언어 기반 영역(Language-based region)이 있다. 상태 기반 영역은 트랜지션 시스템에서 페트리넷을 만드는 데 활용될 수 있다. 언어 기반 영역은 접두사 폐쇄 언어(prefix-closed language)에서 페트리넷을 만드는 데 활용된다. 언어 기반 합성법은 이벤트 로그에 바로 적용할 수 있다. 상태 기반 영역을 적용하기 위해서는 먼저 트랜지션 시스템이 필요하다.

6.4.1 트랜지션 시스템

상태 기반 영역을 활용하여 페트리넷을 생성하기 위해서, 먼저 이벤트 로그의 자취에서 트랜지션 시스템을 도출할 필요가 있다. 트랜지션 시스템은 $TS = (S, A, T)$으로, 여기서 S는 *상태* 집합, $A \subseteq \mathscr{A}$는 *작업* 집합, $T \subseteq S \times A \times S$는 *트랜지션* 집합이다. $S^{start} \subseteq S$는 *초기 상태*의 집합이다. $S^{end} \subseteq S$는 *최종 상태*의 집합이다(트랜지션 시스템의 개요는 2.2.1절 참조).

$\mathscr{A}$ 상의 간단한 이벤트 로그 L(즉, $L \in \mathbb{B}(\mathscr{A}^*)$)에서, 어떻게 $TS = (S, A, T)$를 생성할 것인가? 우선 이벤트 로그안에 있는 작업의 집합으로 A를 만든다. 상태들의 집합을 만들기 위해서, 로그에 있는 자취의 각각의 “위치”가 상응하는 상태로 대응될 필요가 있다. 이를 그림 6.11에 도식화하였다.

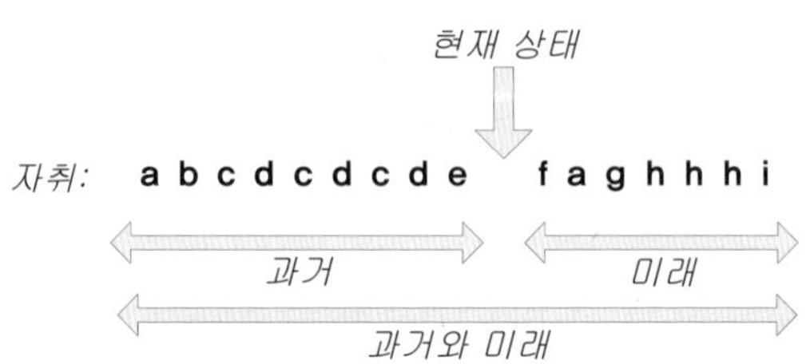

그림 6.11 자취에서 각 위치는 상태에 대응된다. 그림에서는 16개의 이벤트로 구성된 자취의 첫 9개의 이벤트를 실행한 후의 상태이다. 상태를 특징짓기 위해서, 과거 그리고(혹은) 미래가 “재료”로 사용될 수 있다.

$\sigma' = \langle a,b,c,d,c,d,c,d,e,f,a,g,h,h,h,i \rangle \in L$가 이벤트 로그 안에서의 자취라고 하자. 첫 이벤트의 전, 두 이벤트의 사이, 마지막 이벤트 다음 등과 같은 자취 내의 각 위치는 트랜지션 시스템의 상태에 대응된다. 예를 들어, 그림 6.11에 보여진 상태를 보면, 부분 자취 $\sigma'_{past} = \langle a,b,c,d,c,d,c,d,e \rangle$는 케이스의 과거를 설명한다. $\sigma'_{future} = \langle f,a,g,h,h,h,i \rangle$는 케이스의 미래를 설명한다. *상태 표현 함수* $l^{state}()$는 순서 σ와 σ에서 발생된 이벤트의 수를 가리키는 k가 주어졌을 때, 어떤 상태를 만들어내는 함수이다. 즉, 처음 k개의 이벤트로 발생한 작업의 집합을 만든다.

$\sigma = \langle a_1, a_2, \ldots, a_n \rangle \in L$를 길이 n인 자취라 하자. $l_1^{state}(\sigma, k) = hd^k(\sigma) = \langle a_1, a_2, \ldots, a_k \rangle$는 상태 표현 함수의 한 예이다. $hd^k(\sigma)$는 4.2절에서 정의되었다. 이 함수는 처음 k개의 요소로 구성된 순서 σ의 "머리" 부분을 반환한다. $l_1^{state}(\sigma, k)$는 k개의 이벤트 후에 케이스의 *전체 이력*에 의해서 현재 상태를 설명한다. 예를 들어서, $l_1^{state}(\sigma', 9) = \langle a, b, c, d, c, d, c, d, e \rangle$가 된다.

$l_2^{state}(\sigma, k) = tl^{n-k}(\sigma) = \langle a_{k+1}, a_{k+2}, \ldots, a_n \rangle$는 상태 표현 함수의 또 다른 예이다. $l_2^{state}(\sigma, k)$는 k개의 이벤트 이후에 해당 케이스의 *전체 미래*에 의해서 현재 상태를 기술한다. $l_2^{state}(\sigma', 9) = \langle f, a, g, h, h, h, i \rangle$가 된다.

$l_3^{state}(\sigma, k) = \partial_{multiset}(hd^k(\sigma)) = [a_1, a_2, \ldots, a_k]$는 전체 이력을 다수의 집합으로 변환하는 상태 표현 함수이다. 이 함수는 현재의 상태에서 이벤트의 순서는 중요하지 않으며, 작업의 빈도만이 중요하다고 가정한다. $l_3^{state}(\sigma', 9) = [a^1, b^1, c^3, d^3, e^1]$이다. 다시 말해서, 그림 6.11에서 보여지는 상태에서 a, b, e는 한 번 실행되었으며, c, d는 세 번 실행되었다.

$l_4^{state}(\sigma, k) = \partial_{set}(hd^k(\sigma)) = \{a_1, a_2, \ldots, a_k\}$는 전체 이력의 집합 표현을 취하는 상태 표현 함수이다. 이 상태 표현 함수에서는 작업의 순서와 빈도는 중요하지 않다. 현재 상태에서 적어도 한 번은 수행된 작업이 어떤 것인가가 중요하다. $l_4^{state}(\sigma', 9) = \{a, b, c, d, e\}$이다.

함수 $l_1^{state}()$, $l_3^{state}()$, $l_4^{state}()$는 모두 k개의 이벤트 후의 케이스의 전체 이력을 고려한다: $l_1^{state}()$는 과거 작업의 순서와 빈도에서 어떤 것도 추상화하지 않고, $l_3^{state}()$는 순서를 추상화하며, $l_4^{state}()$는 순서와 빈도 모두를 추상화한다. 따라서, $l_4^{state}()$는 $l_1^{state}()$보다는 더 거친 추상화이다. 정의에 의해서 $l_1^{state}(\sigma_1, k) = l_1^{state}(\sigma_2, k)$이면, $l_4^{state}(\sigma_1, k) = l_4^{state}(\sigma_2, k)$이다(반대는 성립하지 않는다). 함수 $l_2^{state}()$는 과거보다 미래를 바탕으로 한다.

상태 기반 함수 $l^{state}()$을 사용하여 이벤트 로그 L에서 트랜지션 시스템을 자동적으로 도출할 수 있다.

Definition 6.2 (이벤트 로그 기반 트랜지션 시스템). $L \in \mathbb{B}(\mathscr{A}^*)$를 이벤트 로그, $l^{state}()$를 상태 표현 함수라 하자. $TS_{L, l^{state}()} = (S, A, T)$는 다음의 성질을 가지면서 L과 $l^{state}()$에 기반한 트랜지션 시스템이다.

- $S = \{l^{state}(\sigma, k) \mid \sigma \in L \wedge 0 \leq k \leq |\sigma|\}$는 상태 공간이다.
- $A = \{\sigma(k) \mid \sigma \in L \wedge 1 \leq k \leq |\sigma|\}$는 작업 집합이다.
- $T = \{(l^{state}(\sigma, k), \sigma(k+1), l^{state}(\sigma, k+1)) \mid \sigma \in L \wedge 0 \leq k < |\sigma|\}$은 트랜지션 집합이다.
- $S^{start} = \{l^{state}(\sigma, 0) \mid \sigma \in L\}$은 초기 상태 집합이다.
- $S^{end} = \{l^{state}(\sigma, |\sigma|) \mid \sigma \in L\}$은 최종 상태 집합이다.

이벤트 로그 $L_1 = [\langle a, b, c, d \rangle^3, \langle a, c, b, d \rangle^2, \langle a, e, d \rangle]$를 보면, 그림 6.12는 트랜지션 시스템 $TS_{L_1, l_1^{state}()}$를 보여준다. 예를 들어, $\sigma = \langle a, b, c, d \rangle$를 자취로 갖는 케이스를 보면, 초기에는 케이스가 $l_1^{state}(\sigma, 0) = \langle \rangle$의 상태에 있다. a를 실행한 후에는 이 케이스가 $l_1^{state}(\sigma, 1) = \langle a \rangle$에 있게 된다. b를 실행한 후에는 $l_1^{state}(\sigma, 2) = \langle a, b \rangle$ 상태에 도달하고, c를 실행하면 $l_1^{state}(\sigma, 3) = \langle a, b, c \rangle$의 상태가 된다. 마지막 이벤트인 d를 실행하는 것은 $l_1^{state}(\sigma, 4) = \langle a, b, c, d \rangle$ 상태에 도달한다. 이 케이스에 의해서 방문한 다섯 개의 상태와 이와 관련된 트랜지션이 트랜지션

시스템에 추가된다. 같은 방식이 $\langle a,c,b,d\rangle$와 $\langle a,e,d\rangle$에 적용되고, 결국 그림 6.12의 트랜지션 시스템이 결과로 나타난다.

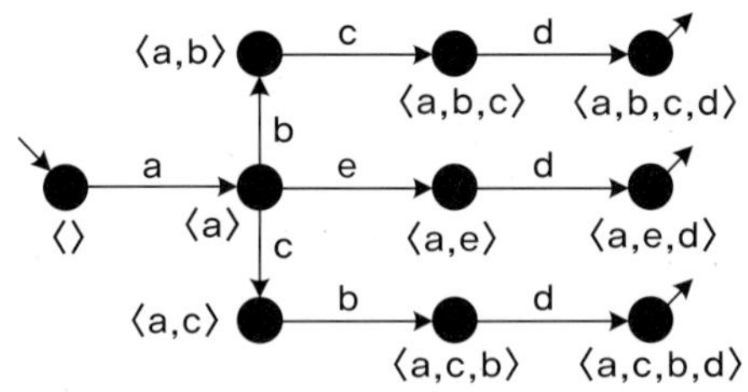

그림 6.12 $l_1^{state}(\sigma,k) = hd^k(\sigma)$를 사용해서 $L_1 = [\langle a,b,c,d\rangle^3, \langle a,c,b,d\rangle^2, \langle a,e,d\rangle]$로부터 유도된 트랜지션 시스템 $TS_{L_1,l_1^{state}()}$

상태 표현 함수 $l_2^{state}()$ 를 사용하여 그림 6.13에 보여지는 트랜지션 시스템 $TS_{L_1,l_2^{state}()}$을 도출하였다. 추상화 방법이 과거보다는 미래에 기반하기 때문에 세 개의 초기 상태와 하나의 최종 상태를 가진 트랜지션 시스템이 도출된다. 예를 들어 $\sigma = \langle a,e,d\rangle$의 자취를 갖는 케이스를 보면, 초기에는 이 케이스가 $l_2^{state}(\sigma,0) = \langle a,e,d\rangle$의 상태에 있다. 즉, 모든 세 개의 작업이 여전히 발생될 필요가 있다. a를 실행한 후, 이 케이스는 $l_2^{state}(\sigma,1) = \langle e,d\rangle$의 상태에 있다. e를 실행한 후에는 $l_2^{state}(\sigma,2) = \langle d\rangle$ 상태에 도달한다. 마지막 이벤트 d를 실행하면 $l_2^{state}(\sigma,3) = \langle\rangle$상태에 도달한다.

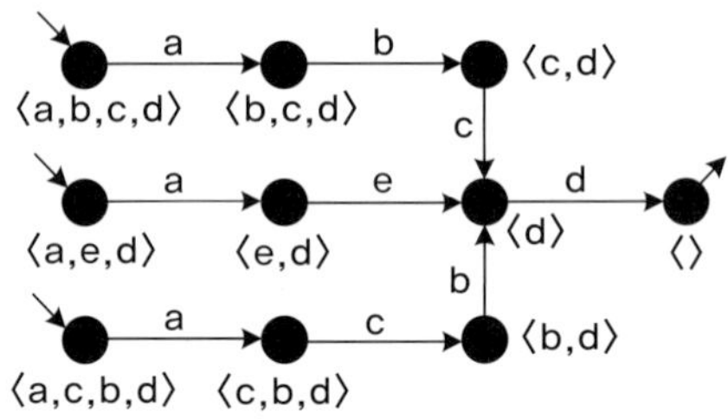

그림 6.13 L_1에서 $l_2^{state}(\sigma,k) = tl^{|\sigma|-k}(\sigma)$을 사용하여 유도된 트랜지션 시스템 $TS_{L_1,l_2^{state}()}$

그림 6.14의 트랜지션 시스템 $TS_{L_1,l_3^{state}()}$에서 상태는 이전에 실행된 적이 있는 작업들의 다중 집합으로 표현된다. 예를 들어, $l_3^{state}(\langle a,b,c,d\rangle,3) = [a,b,c]$이다. 반복되는 작업들이 없으므로, $TS_{L_1,l_4^{state}()}$는 $TS_{L_1,l_3^{state}()}$와 동일하다. 상태의 이름은 다른데, 예를 들면, $l_4^{state}(\langle a,b,c,d\rangle,3)$는 $[a,b,c]$가 아니라 $\{a,b,c\}$이다.

그림 6.12, 6.13, 6.14에서 나타난 세 개의 트랜지션 시스템이 허용하는 자취의 집합은 같다: $\langle a,b,c,d\rangle$, $\langle a,c,b,d\rangle$, $\langle a,e,d\rangle$. 항상 이러한 것은 아닌데, 예를 들어, 자취$\langle a,c,b,f,f\rangle$를 L_1에 추가하자. 이 케이스에서 $TS_{L_1,l_4^{state}()}$는 $\langle a,b,c,f,f\rangle$와 $\langle a,c,b,f,f,f,f,f\rangle$를 허용한다. 즉, b와 c가 맞교환될 수 있고, 임의의 개수의 f를 마지막에 허용한다. $TS_{L_1,l_3^{state}()}$는 자취$\langle a,b,c,f,f\rangle$

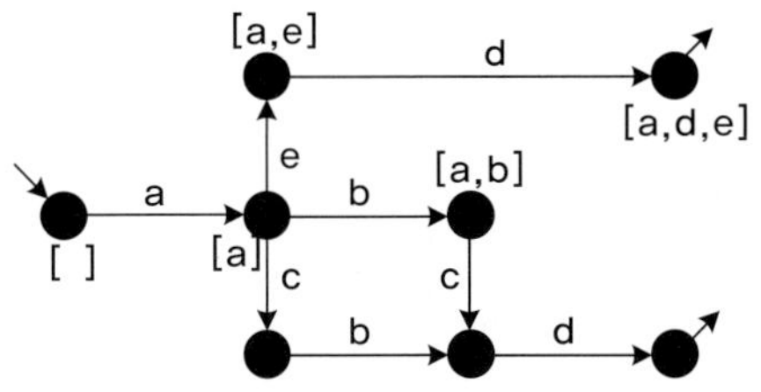

그림 6.14 $l_3^{state}(\sigma,k) = \partial_{multiset}(hd^k(\sigma))$을 사용하여 L_1에서 유도된 트랜지션 시스템 $TS_{L_1,l_3^{state}()}$

와 $\langle a,c,b,f,f\rangle$를 허용하지만, $\langle a,c,b,f,f,f,f,f\rangle$는 허용하지 않는다. $l_4^{state}()$는 $l_1^{state}()$보다 거친 추상화를 제공하므로, 결과를 더 일반화시킨다.

지금까지 언급한 상태 표현 함수는 단순히 예제들이다. 원하는 추상화에 따라, 다른 형태의 상태 표현 함수가 정의될 수 있다. 부분적으로 실행된 케이스들을 같은 상태에 있는 것으로 간주하는지 여부도 중요한 문제이다. 예를 들어, 만약 마지막 작업만을 고려하면, $l_5^{state}(\sigma,k) = tl^1(hd^k(\sigma))$를 상태 표현 함수로 사용할 수 있다. 이것은 그림 6.15에서 보이는 트랜지션 시스템 $TS_{L_1,l_5^{state}()}$를 만든다. 트랜지션 시스템의 상태는 마지막 실행된 작업의 이름이 붙여진다. 초기 상태는 비어있는 순서이다. $TS_{L_1,l_5^{state}()}$는 이벤트 로그 내의 자취를 허용하는데, 이 외에도 $\langle a,b,c,b,c,d\rangle$와 같은 자취도 허용한다. 또 다른 예는 $l_6^{state}(\sigma,k) = hd^3(tl^{|\sigma|-k}(\sigma))$이다. 즉, 다음에 오는 세 개의 이벤트로 상태가 결정된다.

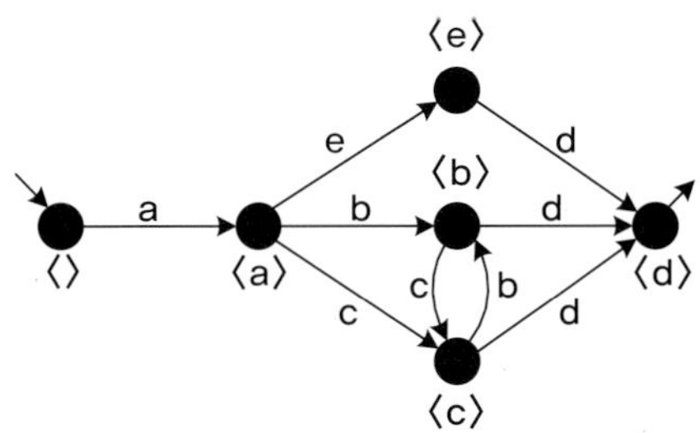

그림 6.15 $l_5^{state}(\sigma,k) = tl^1(hd^k(\sigma))$를 사용하여 L_1에서 유도된 트랜지션 시스템 $TS_{L_1,l_5^{state}()}$

지금까지, 간단한 이벤트 로그를 입력으로 고려했다. 실제 이벤트 로그는 제4장에서 보인대로 더 많은 정보를 포함하고 있다(Definition 4.3과 XES 형식 참조). 자원과 데이터에 대한 정보 역시 트랜지션 시스템 생성시 고려될 수 있다. 이 정보는 상태를 찾아내고, 트랜지션에 이름을 붙이는 데 사용될 수 있다. 예를 들어, 상태는 서비스를 받는 고객이 골드 고객인지 실버 고객인지를 코드화할 수 있다. 트랜지션들은 작업 이름보다는 자원 이름으로 불릴 수 있다. 이에 대한 자세한 내용은 [20]를 참고하기 바란다.

트랜지션 시스템은 "저수준" 프로세스 모델을 정의한다. 불행히도 이 모델은 고수준의 구조를 표현하지 못하고 "상태 과다(state explosion)"의 문제를 가지고 있다. 이전에 지적한 바와 같이, 10개의 병렬 작업를 가진 간단한 프로세스는 이미 $2^{10} = 1,024$개의 상태와 $10 \times 2^{10-1} =$

5,120개의 트랜지션을 가진 트랜지션 시스템으로 나타나게 된다. 다행히도, 상태 기반 영역은 이러한 트랜지션 시스템에서 더욱 간결한 모델을 합성하는 데 사용될 수 있다.

6.4.2 상태 기반 영역을 활용한 프로세스 도출

이벤트 로그를 저수준의 트랜지션 시스템으로 변환한 후, 여기서 페트리넷을 합성할 수 있다. 또한 이 페트리넷은 어떤 고수준 표기법(예를 들면, BPMN, UML 작업 다이어그램, YAWL, 그리고 EPCs)으로 된 프로세스 모델을 생성하는 데 사용될 수 있다. 도전 과제는 병렬수행을 감지함으로써, 큰 트랜지션 시스템을 더 작은 페트리넷으로 줄이는 것이다. 핵심 개념은 *플레이스*에 대응되는 *영역*을 도출하는 것이다. 영역은 트랜지션 시스템에서 모든 작업들이 그 영역에 "동의(agree)"하는 상태의 집합이다.

Definition 6.3 (상태 기반 영역). $TS = (S, A, T)$를 트랜지션 시스템이라 하고, $R \subseteq S$는 상태들의 부분 집합이라 하자. R은 각 작업 $a \in A$에서 다음 조건 중 하나가 만족되면 *영역*이다.

1. 모든 트랜지션 $(s_1, a, s_2) \in T$이 R에 진입한다(진입). 다시 말해, $s_1 \notin R$이고 $s_2 \in R$이다.
2. 모든 트랜지션 $(s_1, a, s_2) \in T$이 R에서 빠져나온다(이탈). 다시 말해, $s_1 \in R$이고 $s_2 \notin R$이다.
3. 모든 트랜지션 $(s_1, a, s_2) \in T$이 R을 가로지르지 않는다(비횡단). 다시 말해, $s_1, s_2 \in R$ 또는 $s_1, s_2 \notin R$이다.

R을 영역이라 하자. 이 케이스에서 모든 작업은 영역에 *진입(entering)*, *이탈(leaving)*, *비횡단(non-crossing)*하는 것으로 분류된다. 하나의 작업이 트랜지션 시스템의 한 부분으로 들어가고 다른 부분에서 빠져나올 수는 없다. 그림 6.16이 이 개념을 설명하고 있다. 점선으로 된 사각형이 영역 R을 설명하고 있다. 즉, 트랜지션 시스템의 상태 집합이다. 모든 작업들은 이 영역에 대한 위치를 가질 필요가 있다. 모든 a 표지를 가진 트랜지션들은 영역 R로 진입한다. a 표지를 가지면서도 영역 밖에서 영역 안으로 연결하지 않는 트랜지션이 있다면, R은 영역이 아니다. 모든 b 표지를 가진 트랜지션들은 영역 R로 진입하고, 모든 c와 d라벨을 가진 트랜지션들은 영역에서 이탈한다. 모든 e와 f 라벨을 가진 트랜지션들은 R을 가로지르지 않는다. 즉, 그들은 항상 영역 밖에 있는 두 상태를 연결하거나, 영역 내부의 두 상태를 연결한다.

정의에 의해서, 두 개의 영역의 합집합은 다시 영역이 된다. 따라서, *최소* 영역에만 관심을 갖는다. 기본 아이디어는 각 최소 영역 R은 그림 6.16에서 보여지는 것처럼 페트리넷에서 플레이스 p_R에 대응된다. 영역에 진입하는 작업들은 p_R을 출력 플레이스로 갖는 페트리넷 트랜지션이 되고, 영역에서 빠져 나오는 작업들은 p_R의 출력 트랜지션이 된다. 그리고 영역을 가로지르지 않는 작업들은 p_R에 연결되지 않는 페트리넷 트랜지션이 된다. 결국, 최소 영역들은 페트리넷으로 완전히 변화 된다.

그림 6.17은 구체적인 예제를 사용하여 상태 기반 영역의 개념을 설명한다. Definition 6.3을 적용함으로써, 6개의 최소 영역을 찾을 수 있다. 예를 들어 $R_1 = \{[a], [a,c]\}$를 보면, 트랜지션 시스템에서 모든 a 표지를 가진 트랜지션들은 R_1에 진입하고(한 개의 트랜지션), 모든 b

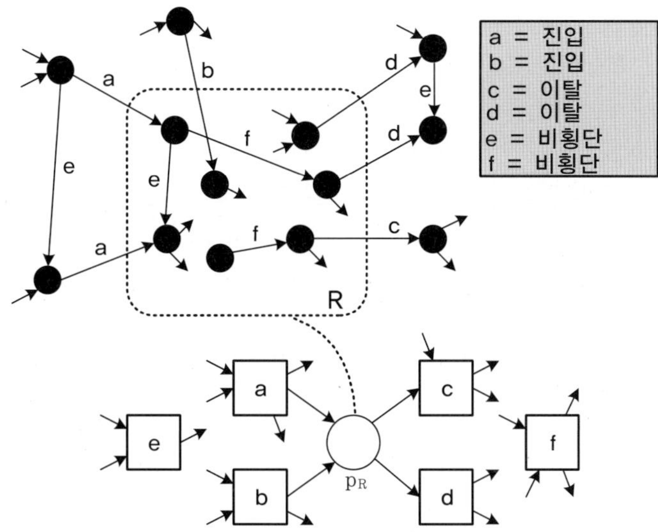

그림 6.16 플레이스 p_R 에 대응되는 영역 R. 모든 작업들은 영역에 *진입*(a와 b), 영역 *이탈*(c와 d), *비횡단*(e와 f)으로 분류된다

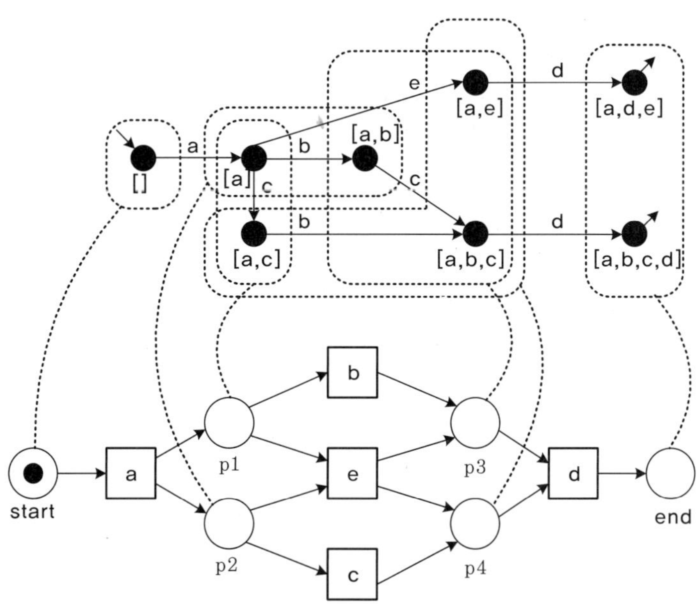

그림 6.17 $L_1 = [\langle a,b,c,d\rangle^3, \langle a,c,b,d\rangle^2, \langle a,e,d\rangle]$에서 유도된 트랜지션 시스템 $TS_{L,l_3^{state}()}$ 이 상태 기반 영역을 사용하여 페트리넷으로 변환된다

표지를 가진 트랜지션들은 R_1에서 빠져 나오고(두 개의 트랜지션), 모든 e 표지를 가진 트랜지션들은 R_1에서 빠져 나오고(한 개의 트랜지션), 모든 다른 트랜지션들은 R_1을 가로지르지 않는다. 따라서, R_1은 입력 트랜지션 a와 출력 트랜지션 b와 e를 갖는 플레이스 $p1$에 대응된다. $R_2 = \{[a],[a,b]\}$는 또 다른 영역이다: a는 R_2에 진입하고, c와 e는 R_2를 빠져나오고, 모든 다른 트래지션들은 R_2를 가로지르지 않는다. R_2는 그림 6.17에 있는 플레이스 $p2$에 대응된다. 여섯 개의 최소 영역에 기반해서 생성된 페트리넷에서 b와 c는 병렬적이다.

그림 6.17은 아주 적은 병렬성을 가진 작은 프로세스를 보여준다. 따라서, 트랜지션 시스템과 페트리넷은 비슷한 크기를 갖는다. 그러나 많은 병렬성을 가진 더 큰 프로세스에서는 감소가 매우 클 수 있다. $2^{10} = 1024$개의 상태와 $10 \times 2^{10-1} = 5120$개의 트랜지션을 갖는 10개의 병렬 작업을 모델링하는 트랜지션 시스템은 20개의 플레이스와 10개의 트랜지션을 갖는 페트리넷으로 감소될 수 있다.

그림 6.17에 있는 트랜지션 시스템은 L_1에 상태 표현 함수 $l_3^{state}()$를 적용해 얻어졌다. 사실, 이 예제에서, 이 2단계 접근법을 사용해서 도출된 프로세스 모델은 α-알고리즘을 통해 찾아진 모델과 동일하다. 이것은 2단계 접근법이 이벤트 로그를 페트리넷으로 변환하는 데 사용될 수 있다는 것을 보여준다. 따라서, 트랜지션 시스템 생성과 상태 기반 영역을 사용한 프로세스 도출은 지금까지 설명된 접근법들의 대안이 될 수 있다.

특정 프로세스 패턴에 선호를 부여하기 위해 상태 기반 영역을 이용한 페트리넷의 합성이 활용되고 변형될 수 있다. [46]에서 보여준 대로, 어떤 유한한 트랜지션 시스템도 상호유사한 페트리넷으로 변환될 수 있다. 즉, 선택의 순간(5.3절을 참조)을 고려한다고 하더라도, 트랜지션 시스템과 페트리넷의 패턴은 동일하다. 그러나 어떤 페트리넷에서는 "표지 분리(label splitting)"를 수행할 필요가 있다. 결과적으로 페트리넷은 같은 작업을 가리키는 다중 트랜지션을 가질 수도 있다. 이 방식으로 그림 5.20에 보여준 WF-net이 도출될 수 있다. 게다가, 결과 페트리넷이 특정한 속성을 강화하는 것도 가능하다. 예를 들면, 자유 선택[51]이 있다. 2단계 접근법에 대한 더 자세한 것은 [20]를 참고한다.

전통적인 상태 기반 영역은 트랜지션 시스템과 상호 유사한 페트리넷을 만들어 내는 것을 목표로 한다. 이것은 페트리넷이 생성되는 동안 행위가 일반화되지 않는다는 것을 의미한다. 따라서, 트랜지션 시스템을 생성하는 동안 성긴(coarser) 표현 함수를 선택하는 것이 중요하다. 더 큰 프로세스에서, $l_1^{state}()$와 같은 상태 표현 함수가 일반화 없이 주어진 로그만 리플레이할 수 있는 과대적합 모델을 만들어낼 것이다. 과대적합과 과소적합 사이의 균형을 취하기 위해 많은 추상화(즉, 상태 표현 함수)가 가능한다. 자세한 것은 [20]를 참고한다.

6.4.3 언어 기반 영역을 이용한 프로세스 도출

그림 6.16에서 알 수 있듯이, 상태 기반 영역의 목적은 페트리넷의 플레이스를 결정하는 것이다. 언어 기반 영역 역시 플레이스를 찾는 것을 목적으로 하지만, 트랜지션 시스템을 입력으로 사용하지 않는다. 대신 어떤 "언어"가 입력으로 사용된다. 이에 대한 몇 가지 기법과

문제의 변종들이 정의되어 왔는데, 본 장에서는 기본적인 개념만을 설명하고, 자세한 사항은 [30, 31, 41, 127]을 참고하기 바란다.

작업 집합 A 를 가지고 있는 이벤트 로그가 있다고 가정하자. 이 로그에서, 트랜지션 집합이 A이고 플레이스는 없는 페트리넷 $N_\emptyset$를 생성할 수 있다. 입력 플레이스가 없는 트랜지션은 계속해서 활성화될 수 있기 때문에, 이 페트리넷은 로그를 재생산할 수 있다. 사실, 페트리넷 $N_\emptyset$는 A상의 어떤 로그도 재생산할 수 있다. 5.4.3절에서 이런 모델을 "꽃 모델"이라 한다. WF-net관점에서 이러한 행위를 모델링하기 위해서 플레이스와 트랜지션을 추가하였다. 그러나 개념은 같다. 페트리넷 $N_\emptyset$에 플레이스를 추가하는 것만이 행위를 제한할 수 있다.

그림 6.18의 예제 플레이스 p_R을 보자. 플레이스 p_R을 제거하는 것은 어떤 행위도 제거하지 않을 것이다. 그러나 p_R을 추가하는 것은 이 플레이스 없이 페트리넷에서 가능했던 행위를 제거할 수도 있다. 출력 트랜지션 중의 하나가 토큰을 하나 소비하려고 하는데, 그 플레이스가 비어있을 때, 패턴은 제한된다. 예를 들어, 만약 $b1$의 다른 모든 입력 플레이스가 마크되었는데, p_R이 마크되어있지 않다면, $b1$은 제한된다. 이제 자취 집합 L이 있다고 가정하자. 만약 이러한 자취들이 플레이스 p_R을 가진 넷에서 가능하다면, 그것들은 또한 p_R이 없는 넷에서도 가능하다. 그러나 그 역은 항상 성립하지는 않는다. 따라서 이것은 L안에서 어떤 자취도 비활성화시키지 않고, p_R이 추가될 수 있는지에 대한 문제이고, 결국 이것이 영역에 대한 모든 것이다.

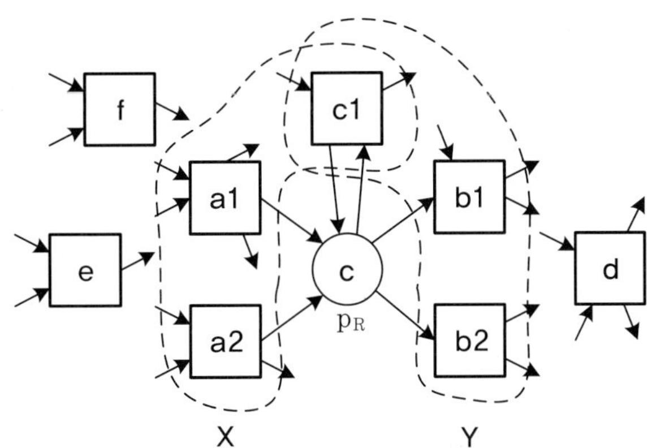

그림 6.18 플레이스 p_R에 대응되는 영역 $R = (X, Y, c)$: $X = \{a1, a2, c1\} = \bullet p_R$, $Y = \{b1, b2, c1\} = p_R \bullet$이고 c는 p_R의 초기 마킹이다

Definition 6.4 (언어 기반 영역). $L \in \mathbb{B}(\mathscr{A}^*)$을 간단한 로그라 하자. 만일 필요충분조건으로 다음을 만족하면, $R = (X, Y, c)$는 L의 영역이다.

- $X \subseteq \mathscr{A}$는 R의 입력 트랜지션 집합이다.
- $Y \subseteq \mathscr{A}$는 R의 출력 트랜지션 집합이다.
- $c \in \{0, 1\}$는 R의 초기 마킹이다.

- 어떠한 $\sigma \in L, k \in \{1,\ldots,|\sigma|\}, \sigma_1 = hd^{k-1}(\sigma), a = \sigma(k), \sigma_2 = hd^k(\sigma) = \sigma_1 \oplus a$에서도:

$$c + \sum_{t \in X} \partial_{multiset}(\sigma_1)(t) - \sum_{t \in Y} \partial_{multiset}(\sigma_2)(t) \geq 0.$$

만약 필요충분조건으로 $\bullet p_R = A,\ p_R \bullet = B$이며 초기에 c개의 토큰을 갖는 하나의 플레이스 p_R을 삽입하는 것이 L에 있는 어떤 자취의 실행도 비활성화시키지 않으면, $R = (X,Y,c)$는 영역이다. 이것을 체크하기 위해서, Definition 6.4는 이벤트 로그에 있는 모든 이벤트를 검사한다. $\sigma \in L$를 로그 내에 있는 하나의 자취라 하자. $a = \sigma(k)$는 자취에서 k번째 이벤트이다. 이 이벤트는 플레이스 p_R에 의해서 비활성화되어서는 안된다. 따라서, k번째 이벤트의 발생 직전에 이 플레이스에 있는 토큰 $M(p_R)$의 수를 계산한다.

$$M(p_R) = c + \sum_{t \in X} \partial_{multiset}(\sigma_1)(t) - \sum_{t \in Y} \partial_{multiset}(\sigma_1)(t)$$

$\sigma_1 = hd^{k-1}(\sigma)$는 k번째 이벤트 발생 전에 일어나는 이벤트의 부분 자취이다. $\partial_{multiset}(\sigma_1)$는 이러한 부분 자취를 다중 집합으로 변환한다. $\partial_{multiset}(\sigma_1)$는 σ_1의 파릭 벡터(Parikh vector)로도 알려져 있다. $\sum_{t \in X} \partial_{multiset}(\sigma_1)(t)$는 플레이스 p_R에서 생산된 토큰의 수를 세고, $\sum_{t \in Y} \partial_{multiset}(\sigma_1)(t)$는 이 플레이스에 의해서 소비된 토큰의 수를 세고, c는 p_R에 있는 토큰의 초기 수이다. 따라서, $M(p_R)$는 k번째 이벤트 발생 직전에 실제로 p_R에 있는 토큰의 수이다. 이 숫자는 양수이다. 사실, 만약 $a \in Y$라면, p_R에는 적어도 하나 이상의 토큰이 있어야 한다. 다른 말로, $M(p_R)$에서 k번째 이벤트에 의해 소비된 p_R에서의 토큰의 수를 빼면 음수가 되어서는 안된다. 즉 아래와 같다.

$$M(p_R) - \sum_{t \in Y} \partial_{multiset}(\langle a \rangle)(t) = c + \sum_{t \in X} \partial_{multiset}(\sigma_1)(t) - \sum_{t \in Y} \partial_{multiset}(\sigma_2)(t) \geq 0.$$

이것은 Definition 6.4에 따라서, 영역 R이 소위 실현가능한 플레이스(feasible place)에 실제로 대응된다는 것을 보여준다. 즉, 어떤 자취도 비활성화하지 않고 이벤트 로그에서 추가될 수 있는 플레이스에 대응된다는 것이다.

Definition 6.4에 선언된 요구 사항은 부등식 시스템으로도 공식화 가능하다. 이것을 보이기 위해, 제5장의 예제 로그를 사용한다.

$$L_9 = [\langle a,c,d \rangle^{45}, \langle b,c,e \rangle^{42}]$$

다섯 개의 작업이 있다. 각 작업 t에 대해, 두 개의 변수 x_t와 y_t를 정의한다. 만약 트랜지션 t가 p_R에 대한 토큰을 생산하면 $x_t = 1$이고, 그렇지 않다면, $x_t = 0$이다. 만약 트랜지션 t가 p_R로부터 토큰을 소비하면 $y_t = 1$이고, 만약 그렇지 않다면 $y_t = 0$이다. 잠재적인 영역 $R = (X,Y,c)$은 이러한 변수들 모두에 대한 할당에 대응된다: 만일 $t \in X$이면, $x_t = 1$이고, $t \notin X$이면, $x_t = 0$이다. 또한, $t \in Y$이면, $y_t = 1$이고, $t \notin Y$이면, $y_t = 0$이다. Definition 6.4에 기술된 요구 사항은 이제 변수들 $x_a, x_b, x_c, x_d, x_e, y_a, y_b, y_c, y_d, y_e, c$의 관점에서 다음과 같이 공식화될 수 있다:

$$
\begin{aligned}
c - y_a &\geq 0 \\
c + x_a - (y_a + y_c) &\geq 0 \\
c + x_a + x_c - (y_a + y_c + y_d) &\geq 0 \\
c - y_b &\geq 0 \\
c + x_b - (y_b + y_c) &\geq 0 \\
c + x_b + x_c - (y_b + y_c + y_e) &\geq 0 \\
c, x_a, \ldots, x_e, y_a, \ldots, y_e &\in \{0,1\}
\end{aligned}
$$

이러한 부등식들은 모든 비어있지 않은 $\langle a,c,d \rangle$와 $\langle b,c,e \rangle$의 접두사에 기반하고 있음을 주목하자. 이 선형 부등식 시스템의 어떤 해도 영역에 대응된다. 몇몇 예제 해들은 다음과 같다:

$$
\begin{aligned}
& R_1 = (\emptyset, \{a,b\}, 1) \\
& \quad c = y_a = y_b = 1,\ x_a = x_b = x_c = x_d = x_e = y_c = y_d = y_e = 0 \\
& R_2 = (\{a,b\}, \{c\}, 0) \\
& \quad x_a = x_b = y_c = 1,\ c = x_c = x_d = x_e = y_a = y_b = y_d = y_e = 0 \\
& R_3 = (\{c\}, \{d,e\}, 0) \\
& \quad x_c = y_d = y_e = 1,\ c = x_a = x_b = x_d = x_e = y_a = y_b = y_c = 0 \\
& R_4 = (\{d,e\}, \emptyset, 0) \\
& \quad x_d = x_e = 1,\ c = x_a = x_b = x_c = y_a = y_b = y_c = y_d = y_e = 0 \\
& R_5 = (\{a\}, \{d\}, 0) \\
& \quad x_a = y_d = 1,\ c = x_b = x_c = x_d = x_e = y_a = y_b = y_c = y_e = 0 \\
& R_6 = (\{b\}, \{e\}, 0) \\
& \quad x_b = y_e = 1,\ c = x_a = x_c = x_d = x_e = y_a = y_b = y_c = y_d = 0
\end{aligned}
$$

예를 들어 $R_6 = (\{b\}, \{e\}, 0)$를 보자. 이것은 $x_b = y_e = 1$과 $c = x_a = x_c = x_d = x_e = y_a = y_b = y_c = y_d = 0$인 해에 대응된다. 만약 부등식 시스템에서 값을 채울 수 있다면, 이것이 실제 해라는 것을 알 수 있다. 이러한 여섯 개의 영역에 기반해서 페트리넷을 생성한다면, 그림 6.19에 보이는 WF-net을 얻게 된다.

자취 $\langle a,c,e \rangle$가 이벤트 로그 L_9에 추가된다고 가정하자. 이것은 세 가지 추가적인 부등식을 만든다.

$$
\begin{aligned}
c - y_a &\geq 0 \\
c + x_a - (y_a + y_c) &\geq 0 \\
c + x_a + x_c - (y_a + y_c + y_e) &\geq 0
\end{aligned}
$$

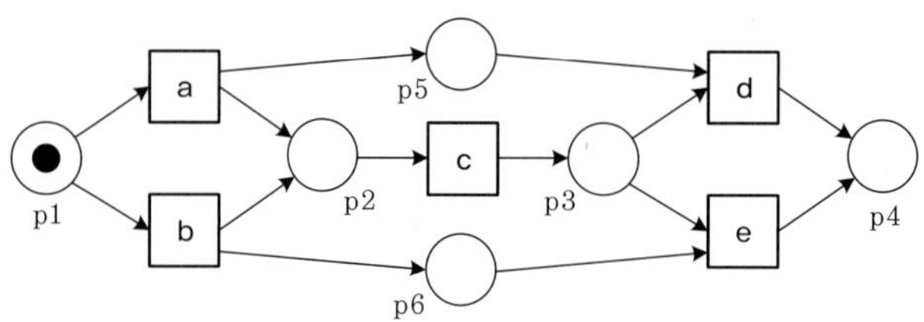

그림 6.19 영역 $R_1, \ldots R_6$을 사용해서 생성된 WF-net: $p1$은 $R_1 = (\emptyset, \{a,b\}, 1)$에 대응되고, $p2$는 $R_2 = (\{a,b\}, \{c\}, 0)$에 대응된다(나머지 영역도 비슷하게 적용).

마지막에 있는 부등식만이 새로운 것이다. 이 부등식 때문에, $x_b = y_e = 1, c = x_a = x_c = x_d = x_e = y_a = y_b = y_c = y_d = 0$는 더 이상 해가 아니다. 따라서, $R_6 = (\{b\}, \{e\}, 0)$는 더 이상 영역이 아니고, 플레이스 $p6$는 그림 6.19에서 보여진 WF-net에서 제거되어야 한다. 이 플레이스를 제거하고 난 후, 결과 WF-net은 실제로 $\langle a,c,e \rangle$를 허용한다.

직접적으로 언어 기반 영역을 적용하는 것의 문제 중 하나는 선형 부등식 시스템이 많은 해를 갖는다는 것이다. 이러한 해의 대부분은 실용적인 플레이스에 대응되지 못한다. 예를 들어, $x_a = x_b = y_d = y_e = 1$과 $c = x_c = x_d = x_e = y_a = y_b = y_c = 0$의 해는 역시 $R_7 = (\{a,b\}, \{d,e\}, 0)$라는 하나의 영역을 정의한다. 그러나 그림 6.19에 이러한 플레이스를 추가하는 것은 모델을 어수선하게 보이게 할 뿐이다. 다른 예제는 $c = x_a = x_b = y_c = 1$과 $x_c = x_d = x_e = y_a = y_b = y_d = y_e = 0$, 즉, 영역 $R_8 = (\{a,b\}, \{c\}, 1)$에 해당한다. 이 영역은 해당 플레이스가 초기에 마크되어 있어서 R_2의 약한 변종이다.

다른 문제는 언어 기반 영역에 대한 고전적인 기법들이 로그에서 보여지지 않는 행위는 허용하지 않는 페트리넷을 목표로 한다는 점이다[31]. 이것은 로그가 완전하다고 간주하는 것을 의미한다. 이전에 보인 것처럼, 이것은 매우 비현실적이고 복잡하고 과대적합한 모델을 만들어 낼 수 있다. 이러한 문제를 해결하기 위한 기법들이 제안되었다. 예를 들면, [127]는 어떻게 과대적합을 피하는지, 어떻게 결과 모델이 원하는 속성(WF-net, 자유선택 등)을 가질 수 있는지를 다룬다. 그럼에도 불구하고, 순수한 영역 기반 기법들은 노이즈와 불완전성에 대한 문제가 있을 수 있다. 따라서, 휴리스틱 마이닝과 영역 기반 기법의 조합이 실제 응용에서는 더 적합할 수 있다.

제 6.5 절 기존 연구 고찰

한편으로, 프로세스 마이닝은 상대적으로 새로운 영역이다. 이 책에 기술된 모든 프로세스 도출 기법은 최근 10여년 안에 개발되었다. 게다가, 성숙한 프로세스 도출 기법과 효과적인 구현이 가능해진 것은 최근의 일이다. 다른 한 편으로는, 프로세스 도출의 근간이 병렬 이론, 귀납적 추론과 추계적 이론에서 데이터 마이닝, 기계 학습과 계산 지능에 이르게 되었다. 서로 다른 과학 분야에서 프로세스 마이닝에 기여한 것을 제대로 다루는 것은 불가능하다. 따라서 본 절은 프로세스 도출의 기원에 대해 고찰하는 겸손한 시도로 보기 바란다.

1967년에, Mark Gold가 그의 중요한 논문인 "한계에서의 언어 식별"[67]에서 정규 언어(regular language)조차, 긍정적인 예만 사용하면 정확하게 식별될 수는 없다는 것을 보였다. [67]에서 Gold는 몇 가지 귀납적인 추론 문제를 기술하였다. 도전 과제는 "규칙"(예를 들면, 정규 표현)을 무한 스트림의 예제에 기반해서 추측하는 것이다. 만약 유한한 수의 예제 후에 항상 옳은 규칙을 추정할 수 있고, 새로운 예제에 따라 추정을 더 이상 수정할 필요가 없다면, 귀납적인 추론 방법은 "한계에서 규칙을 찾을 수 있다." 정규 언어는 유한한 트랜지션 시스템(유한상태머신(FSM: Finite-state Machine)이라고도 한다)에 의해서 수용될 수 있는 언어이다. 정규 언어는 정규 표현식에 의해서도 기술될 수 있다. 예를 들어, 정규 표현식 $ab^*(c \mid d)$는 a로 시작한 자취의 집합이 0 또는 그 이상의 b로 이어지고, 결국 c나 d로 끝남을 의미한다. 정규 표현식은 Stephen Cole Kleene [82]에 의해서 1956년에 소개되었다. 정형 구문의 촘스키 계층에서, 정규 언어는 최소의 표현력을 갖는다(3-형식 구문). 예를 들어, 언어 $\{a^n b^n \mid n \in \mathbb{N}\}$, 즉 임의의 수 만큼의 a로 시작하고 후에 같은 수 만큼의 b가 따라 나오는 자취를 포함한 언어를 표현하는 것은 불가능하다. 정규 표현식의 제한된 표현력에도 불구하고, Gold는 [67]에서 긍정적인 예제만으로는 학습되어질 수 *없다*는 것을 보였다.

Gold의 논문 이후에 많은 귀납적인 추론 문제들이 연구되고 있다([29] 참고). 예를 들어, 한계에서 학습되어질 수 있는 정규 언어의 하위 클래스가 찾아졌다(예를 들면 소위 k-가역(reversible) 언어[29]). 게다가, 특정 예제가 가능한지 아닌지를 가리키는데 "신탁(oracle)"이 사용되면, 더 우수한 언어의 학습이 가능하다. 이것은 학습에 있어 부정적 예제의 중요성을 보여준다. 그러나 이전에 밝힌대로, 이벤트 로그에는 부정적인 예(즉, 프로세스 모델로 설명할 수 없는 예)를 포함하지 않는다; *지금까지 발생하지 않았다고 해서, 앞으로도 절대로 발생하지 않는다는 것을 보장하지는 않는다.* 귀납적 추론은 언어를 완벽하게 학습하는 것에 집중한다. 현실 세계의 이벤트 로그는 노이즈를 가지고 있으면, 완전하다는 것과는 거리가 멀다. 따라서, 프로세스 마이닝에서는 귀납적 추론의 문맥에서의 이론적 고려는 덜 중요하다.

Gold의 논문 이전에 유한한 예제 자취의 집합에서 유한상태머신을 생성하는 기법들이 이미 있었다. 초보적인 접근법은 유한상태머신을 생성하기 위해서 6.4.1절에서 설명한 상태 표현 함수 $l_1^{state}(\sigma,k) = hd^k(\sigma)$를 사용하는 것이다. 그러한 유한상태머신은 고전적인 Myhill-Nerode 정리를 사용함으로써 더 작아질 수 있다. L을 어떤 알파벳 $\mathscr{A}$상의 언어라고 하고, $\sigma_x, \sigma_y \in \mathscr{A}^*$라고 하자. 만약, $\sigma_x \oplus \sigma_z \notin L$이면서 $\sigma_y \oplus \sigma_z \notin L$, 또는 $\sigma_y \oplus \sigma_z \in L$이면서 $\sigma_x \oplus \sigma_z \in L$인, $\sigma_z \in \mathscr{A}^*$가 없다면, σ_x와 σ_y는 동등하다. 따라서, 두 개의 자취는 "가능 미래 집합"이 일치하면 동등하다. 이러한 동등성 개념은 L의 요소들을 동등한 클래스로 나눈다. 만약 L이 정규 언어라면, 유한 개의 많은 동등 클래스들이 존재한다. Myhill-Nerode 정리는 만약 k개의 그러한 동등 클래스들이 존재하면, L을 받아들이는 가장 작은 유한상태머신이 k개의 상태를 갖는다는 것을 말한다. 이러한 직관을 바탕으로 여러 가지 방법들이 유한상태머신을 최소화하기 위해 제안되어 왔다. [33]에서, 정밀도와 복잡도 간의 균형을 취하기 위한 파라미터를 갖는 동일 자취들의 집합 L에 기반한 유한상태머신를 구성하기위해서 Myhill-Nerode 동등성 관계의 수정이 제안되었다. 여기서, 만약 마지막 k개가 동일하면 두 개의 상태는 동등한 것으로 간주된다. 1972년에 Alan Biermann이 또한 샘플 계산 집합에서 튜링 기계를 학습하는 접근법을 제안하였다[32].

1990년대 중반에, Rakesh Agrawal 등은 대량 데이터 집합에서 빈번하게 발생하는 패턴들을 찾기 위한 여러 가지 데이터 마이닝 알고리즘을 개발하였다. [27]에서 연관 규칙을 찾기 위한 Apriori 알고리즘이 설명되었다. 이 기법은 순서와 에피소드로 확장되었다[74, 87, 119]. 그러나 이러한 기법 어느 것도 종단(end-to-end) 모두 보여주는 완전한 프로세스를 도출하는 것을 목표로 하지는 않았다. 은닉 마르코프 모델[28]은 연관성이 더 높아 완전한 프로세스들을 고려한다. 그러나 이 모델은 순차적이고 이해 가능한 비즈니스 프로세스 모델로 쉽게 변환될 수 없다.

1990년대 후반에 Cook과 Wolf가 소프트웨어 공학 프로세스의 관점에서 프로세스 도출 기법을 개발하였다. [45]에서 그들은 프로세스를 도출하는 세 가지 방법을 설명하였다: 하나는 신경망을 사용하고, 다른 하나는 순수한 알고리즘적 접근법이고, 나머지 하나는 마르코프적인 접근법이다. 저자들은 마지막 두 가지 접근법을 가장 가능성 높은 접근이라고 간주했다. 순수한 알고리즘적 접근법은 그들의 미래(다음에 이어지는 k개의 단계에 있는 가능 패턴의 관점에서)가 유일하면, 상태들이 융합되는 유한상태머신을 만든다(이것은 본질적으로 Biermann과 Feldmann에 의해서 [33]에서 제안된 접근법이라는 것을 주목하자). 마르코프적인 접근법은 알고리즘적인 방법과 통계적인 접근법을 같이 사용하고, 노이즈를 다룰 수 있다. [45]에 설명된 모든 접근법들은 순차적인 프로세스에 국한된다. 즉, 어떤 병렬수행도 도출될 수 없다.

1998년에 두 개의 논문 [26, 49]가 서로 독립적으로 나타나서 비즈니스 프로세스 관리 관점에서 프로세스 도출을 적용할 것을 제안하였다.

[26]에서 Agrawal, Gunopulos, 그리고 Leymann은 이벤트 로그에서 소위 "순응(conformal) 프로세스 그래프"를 도출하기 위한 접근법을 설명하였다. 이 작업은 Flowmark 제품의 프로세스 표기법과 WFMS 시스템에 있는 이벤트 로그에 영감을 얻었다. 이 접근법은 작업들 사이의 인과적 종속성을 도출하지만, AND/XOR/OR분기와 합류를 찾지 못한다. 즉, 프로세스 논리가 드러나지 않는다. 게다가, 이 접근법은 반복 구조를 다루는 데 문제를 갖는다: 자취 $\langle a,a,a\rangle$는 순응 프로세스 그래프가 사이클을 허용하지 않도록 하면서 단순히 $\langle a_1,a_2,a_3\rangle$로 재명명된다.

같은 해에 Anindya Datta[49]가 예제 자취들에 기반하여 유한상태머신을 구성하기 위하여 Biermann-Feldmann 알고리즘[33]을 적용하여 비즈니스 프로세스 모델을 도출하는 기법을 제안하였다. Datta는 원래 접근법에 확률적 요소를 추가하였고, 워크플로우 관리와 비즈니스 프로세스 재설계의 관점에 연구를 진행하였다. 이 접근법은 케이스의 식별자가 알려지지 않음을 가정하였다. 즉, 이벤트를 상호 연관시키고, 케이스들을 찾는 [60]의 작업과 유사하다. 이 연구도 결과 프로세스 모델은 순차적인 모델이다.

Joachim Herbst[76, 77]는 좀 더 복잡한 프로세스 모델을 도출하는 것을 목표로 한 첫 번째 연구자였다. 그는 ADONIS 모델링 언어 관점에서 워크플로우 모델을 생성하기 전에 중간적인 표현으로서 추계적인 작업 그래프를 제안하였다. 귀납 단계에서 작업 노드들이 해당 프로세스를 도출하기 위해서 합류되고 분기된다. 대부분의 접근법과의 주목할 만한 차이점은 프로세스 모델에서 같은 작업이 여러 번 나타날 수 있다는 점이다. 즉, 중복 표지를 허용한다. 그래프 생성 기법은 [26]의 접근법과 유사하다. 분기와 합류(AND나 OR) 구조가 변환 단계에서 도출되는데, 즉 추계적 작업 그래프가 블럭 구조의 분기와 합류를 가진 ADONIS 워크플로우 모델로 변환되는 단계에서 도출된다.

대부분의 고전적인 접근법들은 병렬수행을 다루는 데 문제가 있다. 즉, 순차적인 모델을 가정하거나(예를 들면, 트랜지션 시스템, 유한상태머신, 마르코프 체인, 그리고 은닉 마르코프 모델), 병렬수행을 도출하기 위한 후처리 과정이 있다. 병렬수행을 적절히 캡쳐하는 첫 모델이 이미 Carl Adam Petri에 의해서 1962년에 소개되었다[103](지금으로 알고 있는 그래프 표기는 후에 소개되었다). 그러나 고전적인 프로세스 도출 기법은 병렬수행을 고려하지 않는다. 5.2절에 기술한 α-알고리즘[23]과 6.2절에서 설명한 휴리스틱 마이닝[123]의 초기 연구가 함께 이루어졌는데, 두 방법 모두 같은 개념을 바탕으로 병렬수행을 다룬다. 이들이 병렬수행을 시작점(나중에 고려해야 할 대상이나 사후 최적화로서가 아닌)으로 다룬 첫 프로세스 도출 기법들이다. α-알고리즘은 프로세스 도출의 이론적인 한계를 살펴보는 데 사용되었다[23]. 몇몇 α-알고리즘의 변종들이 그 한계점들의 일부를 해결해 보려고 제안되었다[57, 91, 54, 90, 125]. 휴리스틱 마이닝의 초점은 노이즈와 불완전성을 다루는 것이었다(그리고 여전히 다루어지고 있다)[123, 124].

α-알고리즘과 휴리스틱 마이닝과 같은 기법들은 모델이 이벤트 로그에 있는 모든 케이스들을 리플레이할 수 있다는 것을 보장하지 않는다. [54, 55]에서 적합도 1을 보장하는 접근법이 설명되었다. 즉, 이벤트 로그에 있는 모든 자취들이 도출된 모델에서 리플레이 가능하다. 이것은 OR-분기와 합류를 창조적으로 사용함으로써 가능해진다. 결과적으로, 도출된 모델은 대개 과소적합이나. [65, 66]에서 인공직으로 생성된 "부정 이벤트"기 프로세스 도출을 분류 문제로 변환하기 위해서 삽입되었다. 부정 이벤트의 삽입은 α-알고리즘과 같은 알고리즘에 의해서 가정된 완전성에 대응된다. 예를 들면, "만약 a가 절대 b에 선행하지 않으면, 모델에서 a에서 b로 가는 것은 불가능하다"

영역 기반 접근법은 과소적합이 없이 더 복잡한 제어 흐름 구조를 표현할 수 있다. 상태 기반 영역이 Ehrenfeucht와 Rozenberg[59]에 의해서 1989년에 소개되었고, Cortadella 등에 의해서 일반화되었다[46]. [20, 56]에서 이러한 상태 기반 영역들이 어떻게 프로세스 마이닝에 적용될 수 있는지 보여주었다. 동시에, 몇몇 저자들이 언어 기반 영역을 프로세스 마이닝에 적용하였다[31, 127]. [41]에서 Joseph Carmona와 Jordi Cortadella는 볼록 다면체에 기반한 접근법을 설명하였다. 여기서 로그의 각 접두사의 파릭 벡터가 다면체로 보여진다. 이러한 볼록 다면체의 볼록한 부분(convext hull)을 취함으로써, 가능한 패턴의 과대 근사를 얻을 수 있다. 결과 다면체는 언어 기반 영역과 비슷한 생성을 사용하여 플레이스로 변환될 수 있다. 합성/영역기반 접근도 대개 적합도 1을 보장한다. 하지만 이러한 접근법들은 노이즈를 다루는 데 문제가 있다.

프로세스 도출의 실제적인 응용을 위해, 노이즈와 불완전성을 잘 다루는 것이 필수적이다. 놀랍게도, 아주 극소수의 도출 알고리즘만이 이러한 이슈에 집중하고 있다. 주목할 만한 예외가 휴리스틱 마이닝[123, 124], 퍼지 마이닝[72], 그리고 유전자 프로세스 마이닝[94]이다.

따라서, 본장에서 이러한 기법을 설명하였다. 관련 연구에 대한 추가적인 사항은 [8, 19, 57]를 참조하기 바란다.

제 III 편

프로세스 도출을 넘어

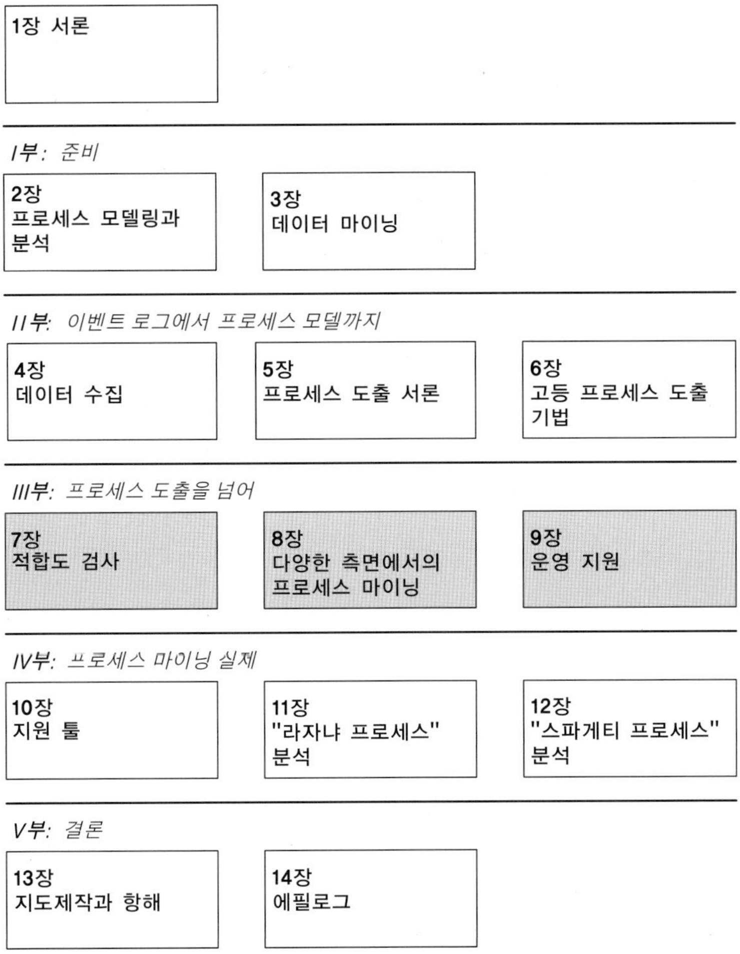

1장 서론

I부: 준비

2장 프로세스 모델링과 분석

3장 데이터 마이닝

II부: 이벤트 로그에서 프로세스 모델까지

4장 데이터 수집

5장 프로세스 도출 서론

6장 고등 프로세스 도출 기법

III부: 프로세스 도출을 넘어

7장 적합도 검사

8장 다양한 측면에서의 프로세스 마이닝

9장 운영 지원

IV부: 프로세스 마이닝 실제

10장 지원 툴

11장 "라자냐 프로세스" 분석

12장 "스파게티 프로세스" 분석

V부: 결론

13장 지도제작과 항해

14장 에필로그

이전 장에서, 우리는 프로세스 도출에 중점을 두었다. 그러나 많은 경우 이미 (일부) 프로세스 모델이 존재하는 경우가 있다. 제7장에서는 이런 프로세스 모델들의 품질을 검사하는 방법을 설명한다. (도출되거나 수작업으로 그린) 프로세스 모델에서 프로세스 흐름뿐 아니라, 다른 관점도 중요하다. 제8장에서 자원, 시간, 데이터 관점의 추가적인 마이닝 기법에 대해서 설명한다. 제9장은 범위를 더욱 확장하고, 프로세스 마이닝을 통해 현재 수행 중에 있는 케이스에 어떻게 영향을 줄 수 있는지에 대해서 설명한다.

장 7
적합도 검사

요 약 이 장에서는 프로세스 모델과 이벤트 로그 모두가 제공되는 상황을 살펴본다. 프로세스 모델은 수작업으로 구축되었을 수도 있고, 프로세스 도출 알고리즘을 통해 도출되었을 수도 있다. 또한 모델은 규범적(normative)이거나 설명적(descriptive)일 수도 있다. 적합도 검사(conformance checking)는 이벤트 로그의 이벤트와 프로세스 모델의 작업을 연관시켜 비교한다. 적합도 검사의 목표는 모델링된 행위(behavior)와 관찰된 행위 사이의 공통점과 차이점을 찾는 것이다. 적합도 검사는 비즈니스 정렬과 감사에 관련된다. 예를 들어, 부정나 비효율성 등을 보이는 바람직하지 못한 일탈(deviation)을 찾아내기 위하여 프로세스 모델 상에서 이벤트 로그를 리플레이(replay)할 수 있다. 또한 프로세스 도출 알고리즘의 성능을 측정하고 현실과 잘 정렬되지 않은 모델을 수선하기 위해서 적합도 검사 기법들을 사용할 수도 있다.

제 7.1 절 비즈니스 정렬 및 감사

1.5절에서 모형화(Play-in), 실제화(Play-out), 리플레이(Replay)에 대해 소개하였다. *실제화*는 전통적으로 사용되는 방법으로 프로세스 모델로부터 행위를 생성한다. 예를 들어, WF-net에서 토큰 게임을 함으로써, 예제 행위(케이스)를 생성할 수 있다. 시뮬레이션과 워크플로우 엔진은 프로세스 모델을 분석하고 수행하는 데 실제화를 사용된다. *모형화*는 실제화의 반대로 예제 행위에서 모델을 구축한다. 제5장과 제6장에서 제시된 프로세스 도출 기법은 모형화에 사용할 수 있다. *리플레이*는 이벤트 로그와 프로세스 모델을 입력으로 사용한다. 다양한 현상을 분석하기 위해, 과거 기록(이벤트 로그)이 프로세스 모델로 리플레이된다. 예를 들어 제8장에서 리플레이가 병목 현상과 의사결정 분석을 위해 사용됨을 설명한다. 제9장에서는 리플레이가 진행 중인 케이스의 예측과 적절한 행동 추천에 활용되는 것을 설명한다. 이 장에서는 리플레이를 이용한 *적합도 검사(conformance checking)*에 초점을 맞춘다.

그림 7.1은 적합도 검사의 주요 개념을 보여준다. 프로세스 모델의 행위와 이벤트 로그에 기록된 행위를 비교하여 공통점과 차이점을 찾는다. 이러한 분석을 통하여 *전역 적합도 측정(global conformance measures)*(예, 이벤트 로그의 케이스들 중 85%를 리플레이할 수 있음)

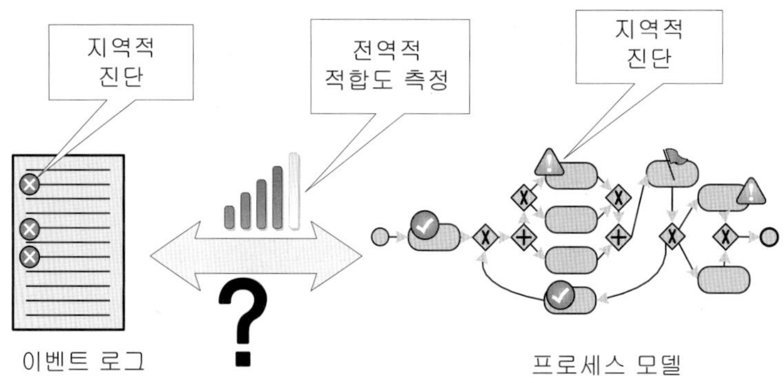

그림 7.1 적합도 검사: 모델링된 행위와 관찰된 행위의 비교. 전역적(global) 적합도 측정은 모델과 로그의 전반적인 적합도를 정량화한다. 지역(local) 진단은 모델과 로그가 불일치하는 노드에 초점을 맞춘다

과 *지역 진단(local diagnostics)*(예, 모델에서 허용되지는 않지만, 작업 x는 15번 실행되었음)을 할 수 있다. 비적합도에 대한 해석은 모델의 목적에 따라 달라질 수 있다. 모델이 *설명적(descriptive)*이기를 원하는 경우, 모델과 로그의 차이는 모델이 현실을 보다 잘 표현하도록 개선될 필요가 있음을 의미한다. 모델이 *규범적(normative)*이라면, 이러한 차이는 두 가지로 해석될 수 있다. 발견한 차이점 중 일부는 *바람직하지 못한 일탈(undesirable deviations)*을 보여줄 수 있다. 즉, 적합도 검사는 프로세스를 더 잘 제어할 필요가 있음을 알려준다. 또 다른 차이는 *바람직한 일탈(desirable deviations)*을 보여줄 수 있다. 예를 들어, 작업자들은 더 나은 고객 서비스 제공 또는 기존에 예측 못한 상황 처리를 위해 프로세스 모델에 기술되지 않은 다른 방식으로 업무를 처리할 수 있다. 사실 유연성과 비적합도는 종종 양의 상관관계를 갖는다. 예를 들면, 어떤 병원에서는 "창을 깨뜨린다(break the glass)"라는 문구를 일탈로 기록하지만 실제로는 생명을 살리는 행동을 의미하는 데 사용한다. 대부분의 일탈이 의도했던 것일지라도, 이해당사자들이 이런 불일치에 대한 통찰을 갖는 것은 매우 중요하다.

적합도를 확인할 때, 두 가지 측면에서 일탈을 바라보는 것이 중요하다. 첫째, 모델이 "잘못"되어서, 현실을 반영하지 못한다("어떻게 모델을 개선할 것인가?"). 둘째, 케이스가 모델에서 벗어나 있어서, 시정 조치가 필요하다("어떻게 적합하게 시행하도록 통제할 것인가?"). 적합도 검사 기법은 두 가지 관점 모두를 지원해야 한다.

그림 7.1은 두 측면의 일탈을 보여준다. 제1장에서 프로세스 마이닝을 기업 지배 구조, 위험, 규정 준수, 그리고 사베인-옥슬리법, 바젤 II 협약 같은 규정과 연관시켰다. 기업 회계부정은 일련의 새로운 법규를 촉발시켰다. 국가마다 특징이 있지만, 사베인-옥슬리(미국), 바젤 II/III(유럽연합), J-SOX(일본), C-SOX(캐나다), 8th EU Directive(EUROSOX), BilMoG(독일), MiFID(유럽연합), Law 262/05(이탈리아), Code Lippens(벨기에), Code Tabaksblat(네덜란드) 등은 매우 큰 공통점을 가지고 있다. 이러한 규정들은 기업이 비즈니스 프로세스에 내재된 재정적, 운영적 위험을 식별하고, 이에 대응하기 위한 적절한 통제 방안을 구축하는 것을 요구한다. 이러한 규정이 재정적 측면에 초점을 맞추고 있지만, 프로세스를 투명하고 감사 가능하게 만들고자 하는 바람을 보여준다. ISO 9000 시리즈 표준은 이러한 추세에 대한 또 다른 예를

보여준다. 예를 들어, *ISO 9001:2008*은 조직이 그들의 운영 프로세스를 모델링하도록 요구한다. 현재 이러한 표준은 이벤트 레벨에서 적합도를 검사하도록 강제화하지는 않는다. 따라서 모델링된 프로세스가 실제 프로세스와 매우 다를 수도 있다. 그럼에도 불구하고, 이 표준도 적합도 검사와 매우 관련성이 높다. 이 장에서 기술적인 측면에서 적합도를 정량화하고 비적합도를 진단하기 위한 구체적인 기법을 보여준다. 그러나 그 전에, 적합도 검사, 비즈니스 정렬, 그리고 감사 사이의 관계에 대하여 간단히 설명한다.

비즈니스 정렬(business alignment)은 정보시스템과 실제 비즈니스 프로세스가 잘 정렬되어 있는지 확인하는 것을 목표로 한다. 사람들은 일을 진행하기 위하여 정보시스템의 지원을 받아야한다. 불행하게도 정보시스템이 실제 프로세스나 작업자/관리자의 요구와 불일치하는 경우가 종종 있다. 여기에는 여러 가지 이유가 있다. 첫째, 대부분의 조직은 특정 조직을 위하여 개발된 것이 아닌 범용 소프트웨어를 사용한다. 전형적인 예는 소위 "모범 사례(Best Practice)"에 기반한 SAP 시스템이다. 모범 사례에는 일반적인 프로세스와 시나리오가 구현되어 있다. 이러한 시스템은 설정의 변경을 지원하기는 하지만, 어떤 조직의 요구 사항은 소프트웨어 제품 개발자가 구상한 것과 다를 수 있다. 둘째, 외부적인 영향으로 인해 프로세스가 정보시스템보다 빠르게 변화할 수도 있다. 마지막으로, 조직에는 요구사항이 상충하는 다양한 이해당사자들이 있을 수 있다. 예를 들어, 관리자는 정해진 작업 절차를 지키기를 원하는 반면, 숙련된 작업자는 고객에게 보다 나은 서비스를 제공하기 위하여 더 많은 유연성을 원할 수도 있다.

프로세스 마이닝은 정보시스템, 비즈니스 프로세스, 그리고 조직이 더 잘 동조화될 수 있도록 도와줄 수 있다. 실제 프로세스를 분석하고 차이점을 진단함으로써, 정보시스템을 어떻게 개선할 수 있을지에 대한 새로운 통찰력을 얻을 수 있다.

*감사(Auditing)*라는 용어는 조직과 프로세스를 평가하는 것을 의미한다. 감사는 그 조직과 관련 프로세스에 대한 정보의 유효성(validity) 및 신뢰성(reliability)을 확인하기 위해 수행한다. 이것은 *관리자, 정부, 그리고 다른 이해당사자에 의해 수립된 확실한 경계 내에서 비즈니스 프로세스가 실행되는지를 검사하기 위하여* 수행된다. 예를 들어, 특정 규칙은 법률이나 회사 정책에 의해서 강제화될 수도 있고, 감사관은 이러한 규칙이 잘 지켜지는지 확인해야 한다. 규칙의 위반은 사기, 배임, 위험, 그리고 비효율성을 나타내는 지표가 될 수 있다. 전통적으로 감사관은 비즈니스 프로세스가 주어진 경계 내에서 실행되고 있는지에 대한 *적당한 보증(reasonable assurance)*만 제공할 수 있다. 그들은 신뢰성 있는 처리를 위해 설계된 관리 체계의 운영 효과를 검사한다. 이러한 관리 체계가 적절하지 못한 상태에 있거나 예기치 않게 작동하지 않으면, 감사관은 "종이 세상(paper world)"에 있는 *실제 데이터의 일부만 확인*하곤 하였다.

그러나 현재에는 프로세스에 관한 상세 정보가 이벤트 로그, 감사용 기록, 트랜잭션 로그, 데이터베이스, 데이터 웨어하우스 등의 형태로 기록되고 있다. 따라서, 오프라인 상의 일부 샘플만을 확인하는 것은 더 이상 받아들여질 수 없다. *이제는 비즈니스 프로세스의 모든 이벤트를 대상으로 평가할 수 있으며, 이는 프로세스가 작동 중인 상태에서도 평가가 가능하다.* 로그 데이터의 가용성과 프로세스 마이닝 기법의 발전은 새로운 형태의 감사를 가능하게 하였다(PoSecCo 프로젝트[104] 참고). 일반적인 프로세스 마이닝, 특히 적합도 검사는 이를 위한 수단을 제공한다.

제 7.2 절 토큰 리플레이

5.4.3절에서 적합도(fitness), 정밀도(precision), 일반화도(generalization), 간결도(simplicity)의 네 가지 기준에 대해 논의하였다. 이들은 그림 5.24에 예제와 함께 잘 설명되어 있다. 이 그림은 하나의 이벤트 로그와 네 가지 프로세스 모델을 제시한 후, 각 모델에 대하여 네 가지 품질 기준을 반영한 주관적 판단이 주어진다. 이 모델들은 다소 극단적인 모델이므로, 네 가지 품질 기준의 점수는 명확하다. 그러나 더 현실적인 환경에서는 모델의 품질을 판단하기가 매우 힘들다. 이 절에서는 적합도라는 개념을 어떻게 정량화할 수 있는지 보여준다. *적합도*란 "이벤트 로그의 행위 중 모델에서 실행 가능한 비율"을 의미한다. 네 가지 품질 기준 중 적합도(fitness)는 적합도 검사(conformance checking)와 가장 관련성이 크다.

적합도에 대한 다양한 개념을 설명하기 위하여, 표 7.1의 이벤트 로그 L_{full}을 사용한다. 이 로그는 그림 5.24에서 사용한 것과 같은 이벤트 로그이다. L_{full}에는 21개의 서로 다른 자취로 분류된 총 1,391개의 케이스가 있다. 예를 들어, 자취 $\sigma_1 = \langle a,c,d,e,h \rangle$를 따르는 케이스가 455개가 있고, 자취 $\sigma_2 = \langle a,b,d,e,g \rangle$를 따르는 케이스가 191개가 있다.

그림 7.2는 이벤트 로그 L_{full}와 관련된 네 가지 모델을 보여준다. WF-net N_1은 L_{full}에 α-알고리즘을 적용하여 도출한 프로세스 모델이다. N_1에 비교해서 WF-net N_2는 보다 순차적인 모델로, 항공권을 확인하기(작업 d) 전에 검사 작업(작업 b나 c)을 배치하였다. 분명히 N_2는 표 7.1의 모든 자취를 허용하지 않는다. 예를 들어 $\sigma_3 = \langle a,d,\mathrm{c},e,h \rangle$는 WF-net N_2를 따르는 것이 불가능하다. WF-net N_3에서는 분기가 없고, 요청이 항상 거절 처리된다. 표 7.1에 있는 많은 자취가 이 모델에 리플레이 될 수 없다. 예를 들어, $\sigma_2 = \langle a,\mathrm{b},d,e,g \rangle$는 WF-net N_3에서 불가능하다. WF-net N_4는 "플라워 모델(flower model)"의 변형으로, 단지 a로 시작하여 g나 h로 종료하기만 요구하고 있다. 당연히 표 7.1의 모든 자취가 N_4에서 리플레이 될 수 있다.

적합도 검사를 매우 단순하게 접근해보면, 케이스 중 "모델에서 완전히 실행될 수 있는" 케이스의 비율을 단순 계산하면 될 것이다. 즉, [*start*]에서 [*end*]까지 순차적으로 점화될 수 있는(점화 순서를 따르는) 케이스의 비율을 산정하는 것이다. 이 접근법을 사용하면, N_1의 적합도는 $\frac{1391}{1391} = 1$이다. 즉, L_{full} 내의 1391개 모든 케이스는 N_1의 점화 순서와 일치하며, 그러므로 "리플레이도 가능"하다. N_2는 948개의 케이스가 올바르게 리플레이 될 수 있지만 443개의 케이스는 N_2의 점화 순서와 일치하지 않기 때문에, N_2의 적합도는 $\frac{948}{1391} = 0.6815$이다. N_3는 632개의 케이스만이 점화 순서와 일치하므로, N_3의 적합도는 $\frac{632}{1391} = 0.4543$이다. N_4에 있는 "플라워 모델"은 표 7.1에 있는 모든 자취를 리플레이할 수 있기 때문에 N_4의 적합도는 $\frac{1391}{1391} = 1$이다. 이러한 단순 적합도 척도(naïve fitness metric)는 현실적인 프로세스에서는 그다지 적당하지 않다. 플레이스 $p1$과 $p2$가 하나로 합쳐진 WF-net N_1의 변형된 모델을 가정하자. 이러한 모델은 리플레이 가능한 자취가 하나도 없으므로 적합도가 $\frac{0}{1391} = 0$이 된다. 이 적합

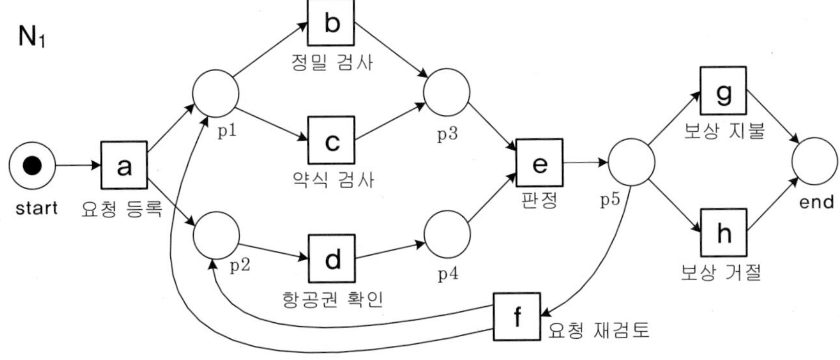

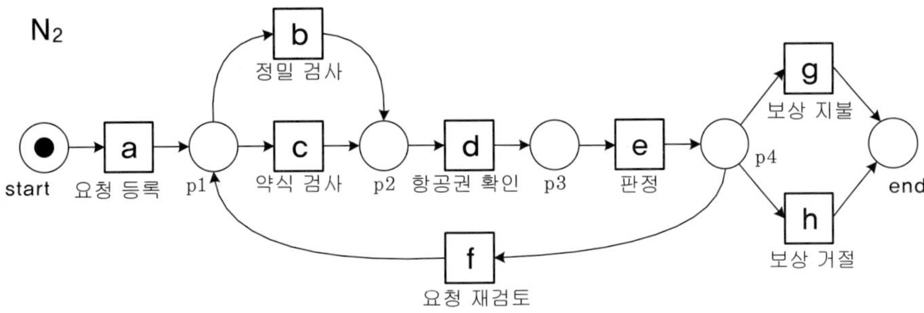

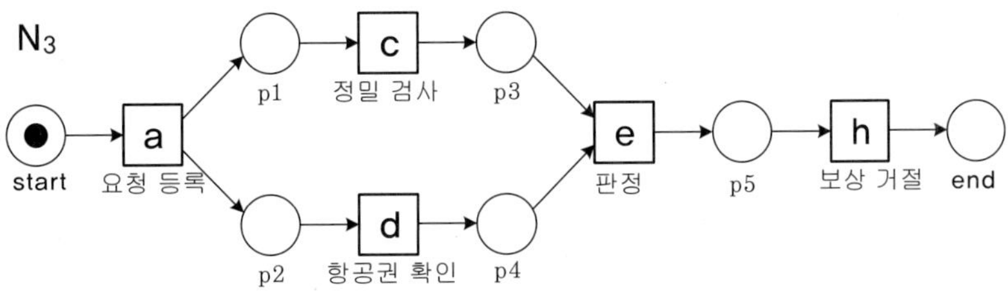

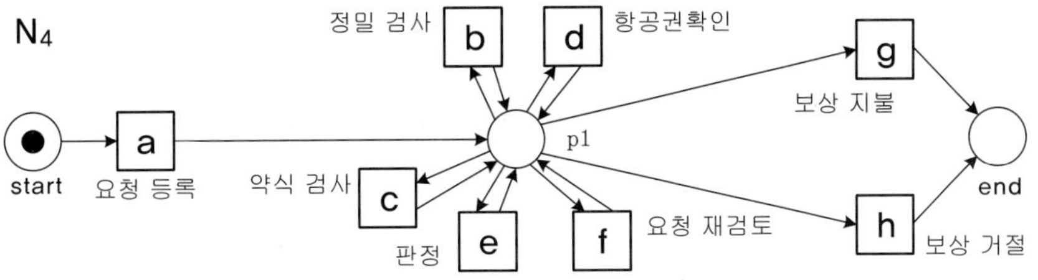

그림 7.2 네 가지의 WF-nets: N_1, N_2, N_3, N_4

표 7.1 이벤트 로그 L_{full}: *a* = *요청 등록*, *b* = *정밀 검사*, *c* = *약식 검사*, *d* = *항공권 확인*, *e* = *판정*, *f* = *요청 재검토*, *g* = *보상 지불*, *h* = *보상 거절*

빈도수	참고번호	자취
455	σ_1	$\langle a,c,d,e,h\rangle$
191	σ_2	$\langle a,b,d,e,g\rangle$
177	σ_3	$\langle a,d,c,e,h\rangle$
144	σ_4	$\langle a,b,d,e,h\rangle$
111	σ_5	$\langle a,c,d,e,g\rangle$
82	σ_6	$\langle a,d,c,e,g\rangle$
56	σ_7	$\langle a,d,b,e,h\rangle$
47	σ_8	$\langle a,c,d,e,f,d,b,e,h\rangle$
38	σ_9	$\langle a,d,b,e,g\rangle$
33	σ_{10}	$\langle a,c,d,e,f,b,d,e,h\rangle$
14	σ_{11}	$\langle a,c,d,e,f,b,d,e,g\rangle$
11	σ_{12}	$\langle a,c,d,e,f,d,b,e,g\rangle$
9	σ_{13}	$\langle a,d,c,e,f,c,d,e,h\rangle$
8	σ_{14}	$\langle a,d,c,e,f,d,b,e,h\rangle$
5	σ_{15}	$\langle a,d,c,e,f,b,d,e,g\rangle$
3	σ_{16}	$\langle a,c,d,e,f,b,d,e,f,d,b,e,g\rangle$
2	σ_{17}	$\langle a,d,c,e,f,d,b,e,g\rangle$
2	σ_{18}	$\langle a,d,c,e,f,b,d,e,f,b,d,e,g\rangle$
1	σ_{19}	$\langle a,d,c,e,f,d,b,e,f,b,d,e,h\rangle$
1	σ_{20}	$\langle a,d,b,e,f,b,d,e,f,d,b,e,g\rangle$
1	σ_{21}	$\langle a,d,c,e,f,d,b,e,f,c,d,e,f,d,b,e,g\rangle$

도 개념은 모델의 대부분이 이벤트 로그와 일치해야 하기 때문에 너무 엄격해 보인다. 특히, 프로세스 모델이 큰 경우에는 더 문제가 될 것이다. 로그 L 내에 자취 $\sigma = \langle a_1, a_2, \ldots a_{100}\rangle$가 있다고 가정해보자. 그리고 σ를 리플레이할 수는 없지만, σ의 이벤트 100개 중 99개는 리플레이가 가능한 모델을 생각해보자. 또 다른 모델은 σ의 100개의 이벤트 중 10개만 리플레이가 가능할 수 있다고 가정해보자. 단순 적합도 척도를 사용하면 자취가 두 모델 모두에 적합하지 않는 것으로 분류될 것이며, 이렇게되면 한 모델에서는 대부분 적합하고, 다른 모델에서는 완전히 불일치한 것을 구분할 수 없게 된다. 그러므로 적합도 개념을 자취 전체보다는 *이벤트 레벨에서(at the level of events)* 정의하여 사용한다.

위에서 설명된 단순 적합도 계산법에서는 문제가 일부 생기면 바로 부적합으로 간주하고 자취를 리플레이하는 것을 멈춘다. 이제부터는 모델 상에서 자취를 계속 리플레이하고, 그 대신 가능하지 않은 상태에서 점화시켜야 하는 모든 상태를 기록해보자. 즉, 잃어버린 토큰들을 모두 세어보자. 또한, 종료 시에도 여전히 남아있는 토큰도 기록한다. 이를 설명하기 위해, 먼저 WF-net N_1에 대해 자취 σ_1을 리플레이 해 보면 σ_1은 완벽하게 리플레이가 가능하다. 그러나 이 개념을 소개하기 위해 다음의 예제를 사용한다. 그림 7.3은 다양한 리플레이 상황을 보여주며, 이 그림에서는 각 단계마다 p (생산된 토큰의 수), c (소비된 토큰의 수), m (누락된

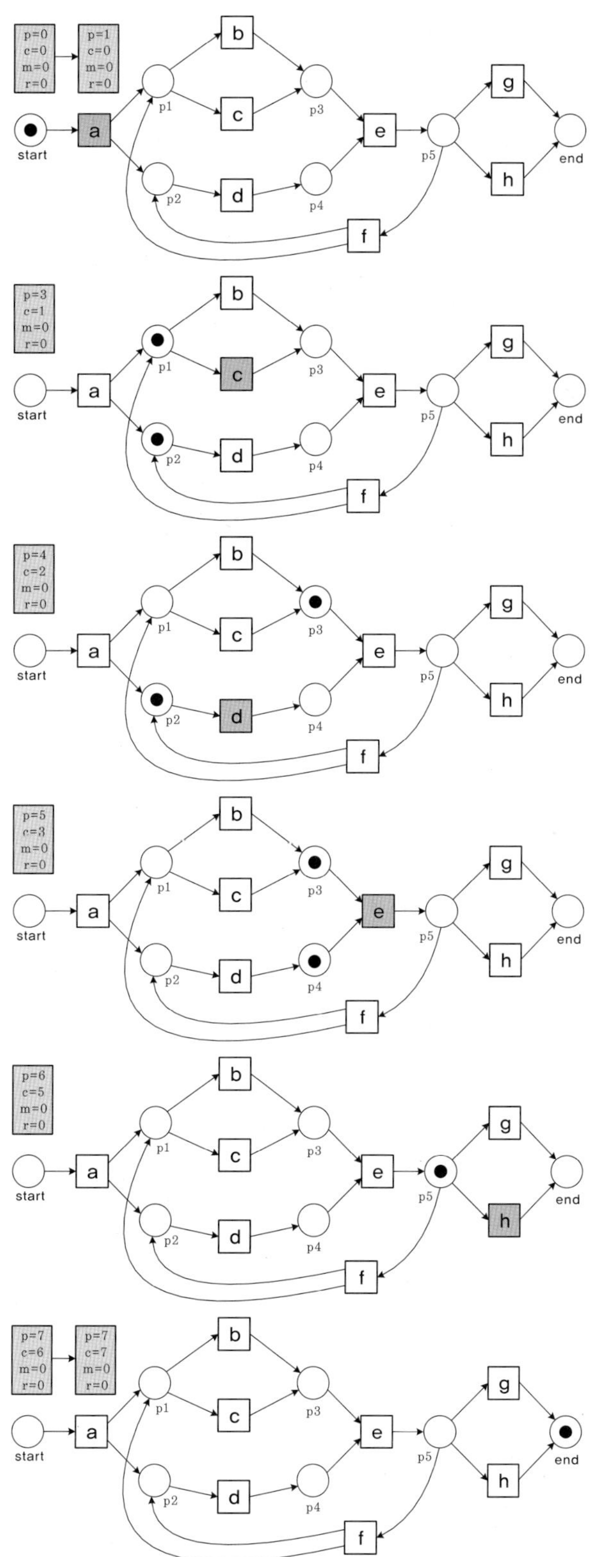

그림 7.3 WF-net N_1에 대하여 $\sigma_1 = \langle a,c,d,e,h \rangle$를 리플레이하는 과정. 네 가지 카운터인 p (생산된 토큰의 수), c (소비된 토큰의 수), m (누락된 토큰의 수), r (남겨진 토큰의 수)가 기록된다

토큰의 수), 그리고 r (남겨진 토큰의 수)를 보여준다. 먼저, p와 c를 살펴보자. 시작 시에는 $p = c = 0$이고 모든 플레이스는 비어있다. 그러면, *start* 플레이스에 토큰을 생산한다. 그러므로 p가 증가하여 $p = 1$이 된다. 이제 $\sigma_1 = \langle a,c,d,e,h \rangle$를 리플레이하자. 먼저, 트랜지션 a를 점화시킨다. a는 하나의 토큰을 소비하며 두 개의 토큰을 생산하므로, c는 1이 증가하고, p는 2가 증가한다. 그러므로 트랜지션 a가 점화된 후에는, $p = 3$ 그리고 $c = 1$이 된다. 이후 두 번째 이벤트 c를 리플레이 해보자. 트랜지션 c가 점화된 후에는, $p = 4$ 그리고 $c = 2$가 된다. 세 번째 이벤트 d가 리플레이된 후에는, $p = 5$ 그리고 $c = 3$이 된다. e를 리플레이하면, e가 토큰 두 개를 소비하고 토큰 하나를 생산하기 때문에, $p = 6$ 그리고 $c = 5$가 된다. 이후 마지막 이벤트 h를 리플레이하여 h를 점화시킨 결과는 $p = 7$ 그리고 $c = 6$이 된다. 마지막으로 이 환경은 *end* 플레이스에서 토큰 하나를 소비한다. 그러므로 최종적인 결과는 $p = c = 7$ 그리고 $m = r = 0$이 된다. 분명히 σ_1을 리플레이하는 데 아무런 문제가 없다. 즉 누락되거나 남겨진 토큰은 하나도 없다($m = r = 0$).

WF-net N 에 대한 자취 σ의 적합도는 다음과 같이 정의할 수 있다.

$$fitness(\sigma,N) = \frac{1}{2}\left(1-\frac{m}{c}\right) + \frac{1}{2}\left(1-\frac{r}{p}\right)$$

첫 번째 부분은 소비된 토큰 수에 비하여 누락된 토큰 수의 비율을 계산한다. 누락된 토큰이 전혀 없다면($m = 0$), $1-\frac{m}{c} = 1$이고, 소비된 모든 토큰이 누락되었다면($m = c$), $1-\frac{m}{c} = 0$이 된다. 마찬가지로, 남겨진 토큰이 없는 경우 $1-\frac{r}{p} = 1$이고, 생성된 토큰이 실제로 하나도 소비되지 않았다면, $1-\frac{r}{p} = 0$이 된다. 누락되고 남겨진 토큰에서는 동일하게 감점을 적용한다. 수식의 정의에 의해, $0 \leq fitness(\sigma,N) \leq 1$을 만족한다. 이 예제에서는 누락되거나 남겨진 토큰이 없기 때문에 $fitness(\sigma_1,N_1) = \frac{1}{2}(1-\frac{0}{7}) + \frac{1}{2}(1-\frac{0}{7}) = 1$이 된다.

이번에는 완벽히 리플레이할 수 없는 자취를 고려해보자. 그림 7.4는 WF-net N_2에 대하여 $\sigma_3 = \langle a,d,c,e,h \rangle$를 리플레이하는 과정을 보여준다. 시작 시에는 $p = c = 0$ 이고, 모든 플레이스는 비어있다. 이후에 *start* 플레이스에 토큰 하나가 생산되고, p 카운터가 업데이트되어 $p = 1$이 된다. 첫 번째 이벤트 a는 리플레이 가능하며, a가 점화된 후에 $p = 2$, $c = 1$, $m = 3$, $r = 0$이 된다. 다음으로 두 번째 이벤트의 리플레이를 시도하지만, 트랜지션 d가 실행 가능하지 않기 때문에 불가능하다. d를 점화하기 위해서 플레이스 $p2$에 토큰을 하나 추가하고 누락된 토큰을 기록하는 것이 필요하다. 즉 m에 1이 증가한다. p와 c는 이전과 마찬가지로 업데이트 된다. 따라서 d가 점화된 후 $p = 3$, $c = 2$, $m = 1$, $r = 0$이 된다. 또한 누락된 토큰을 기억하기 위해 플레이스 $p2$에 태그를 붙인다. 그 다음으로 세 가지 이벤트 c, e, h를 리플레이 한다. 대응되는 트랜지션들이 실행 가능하다. 그러므로, p와 c를 업데이트한다. 마지막 이벤트를 리플레이하면, $p = 6$, $c = 5$, $m = 1$, $r = 0$이 된다. 마지막 상태 $[p2, end]$에서는 *end* 플레이스로부터 토큰을 소비한다. 토큰은 플레이스 $p2$에 남겨진다. 그 결과 $p2$에 태그가 붙고 r이 1 증가한다. 따라서, 최종 결과는 $p = c = 6$ 그리고 $m = r = 1$이 된다. 그림 7.4는 비적합도(non-conformance)의 특성을 이해하기 위한 진단 정보를 보여준다. d는 발생하였지만 모델에서는 나타날 수 없는 상황(m-tag)이 존재하고, d는 나타나야하지만 로그에서 발생하지 않은 상황(r-tag)이 존재한다. 나아가, p, c, m, r의 값에 근거하여 WF-net N_2에 대한 자취 σ_3의 적합

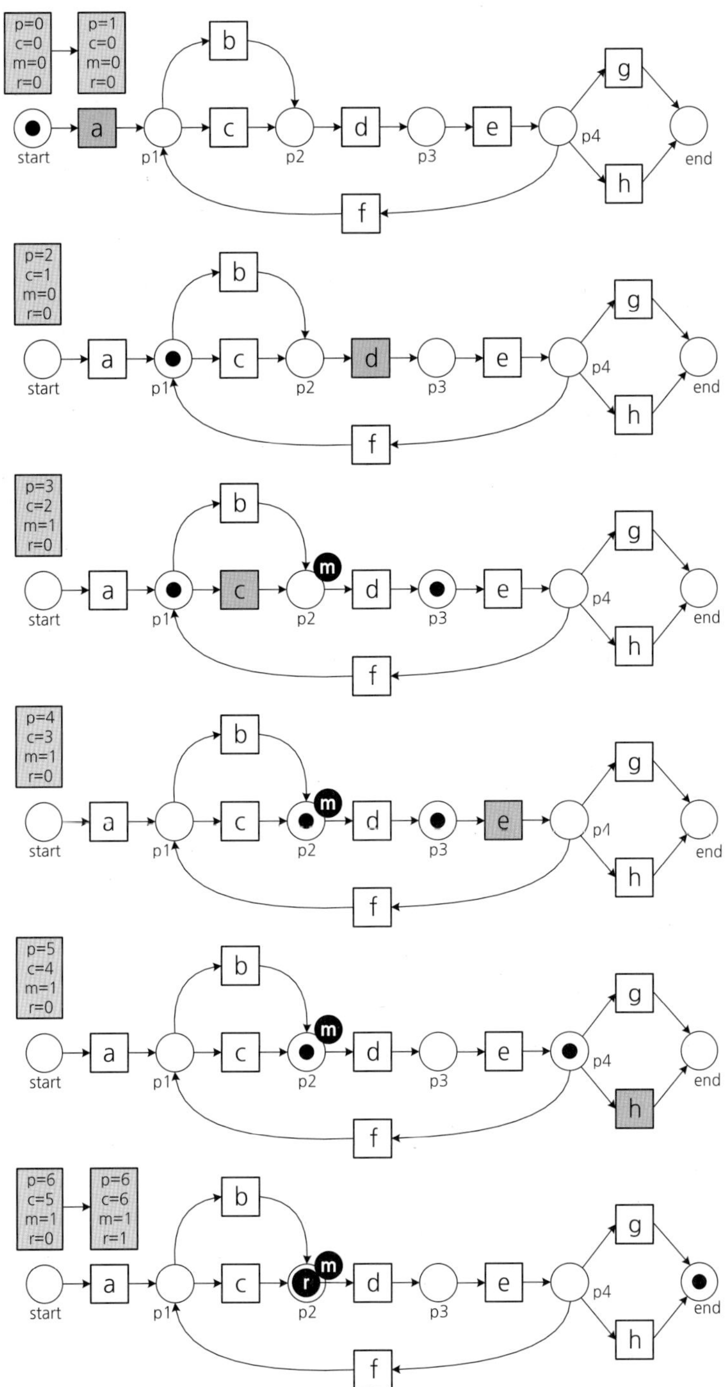

그림 7.4 WF-net N_2에 대하여 $\sigma_3 = \langle a,d,c,e,h \rangle$를 리플레이하는 과정. 토큰 하나가 누락되었고($m = 1$), 토큰 하나가 남겨졌다($r = 1$). r-태그와 r-태그는 σ_3와 모델이 차이가 나는 위치를 강조한다

도를 계산할 수 있다.

$$fitness(\sigma_3, N_2) = \frac{1}{2}\left(1-\frac{1}{6}\right) + \frac{1}{2}\left(1-\frac{1}{6}\right) = 0.8333$$

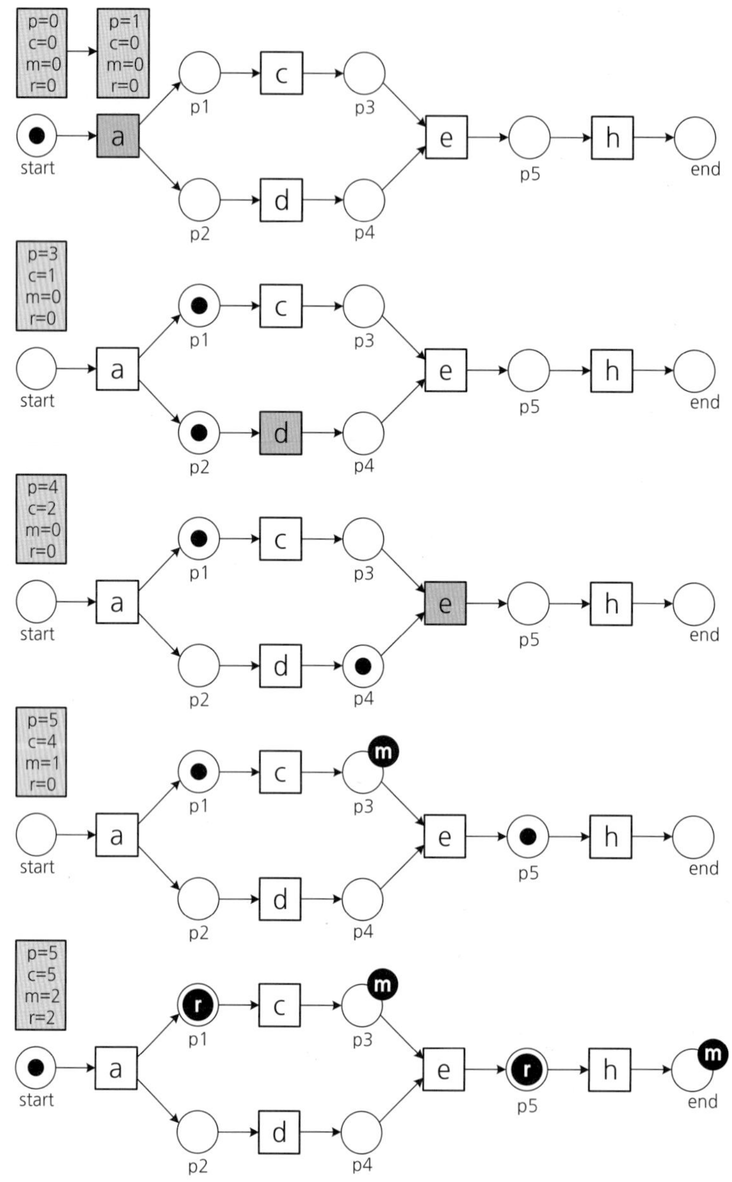

그림 7.5 WF-net N_3의 $\sigma_2 = \langle a,b,d,e,g \rangle$를 리플레이 하기 위해서, 우선 프로세스 모델에 나타나지 않는 모든 이벤트 로그를 삭제한다. $\sigma_2' = \langle a,d,e \rangle$의 리플레이는 2개 토큰의 누락($m = 2$)과 2개 토큰이 남겨져($r = 2$), 적합도는 0.6이 된다

세 번째 예제로 WF-net N_3에 대하여 $\sigma_2 = \langle a,b,d,e,g \rangle$를 살펴 본다. 이 상황은 약간 달라서 N_3이 이벤트 로그에 나타난 모든 작업을 포함하고 있지 않다. 이러한 상황에서는 이러한 이벤트들을 추상화하는 것이 바람직하다. 그러므로, $\sigma_2' = \langle a,d,e \rangle$를 리플레이하는 것이 효과적이다. 그림 7.5는 이 세 가지 이벤트를 리플레이하는 과정을 보여준다. 첫 번째 문제는 e가 리플레이할 때 드러난다. c가 점화되지 않았기 때문에, 플레이스 p_3는 여전히 비어있고, e는 실행 가능하지 않다. 누락된 토큰이 기록되고($m = 1$), 플레이스 p_3가 r-태그를 갖는다. σ_2' 리플레이 한 후의 마킹 결과는 $[p1, p5]$이다. 이제 *end* 플레이스로부터 토큰을 소비할 필요가 있다. 그러나 *end* 플레이스가 마킹되지 않았으므로, 또 하나의 토큰 누락이 기록되고($m = 2$), *end* 플레이스도 r-태그를 갖는다. 또한, 토큰 두 개가 남겨져 있는데, 플레이스 $p1$와 $p5$에 각각 하나씩 남아있다. 이 플레이스는 r-태그로 표시되고, 토큰 두 개가 남아있다는 것이 $r = 2$로 기록된다. 이런 방식으로 $p = 5$, $c = 5$, $m = 2$, $r = 2$ 값에 근거하여 WF-net N_3에 대한 자취 σ_2의 적합도 0.6이 계산된다.

$$fitness(\sigma_2, N_3) = \frac{1}{2}\left(1 - \frac{2}{5}\right) + \frac{1}{2}\left(1 - \frac{2}{5}\right) = 0.6$$

게다가 그림 7.5는 적합도가 낮은 원인을 명확하게 보여준다. c는 모델에서 나타나야 하는데 나타나지 않았고, e는 모델에서 나타날 수 없는 데 나타났고, h는 나타나야 하는데 나타나지 않았다.

그림 7.3, 7.4, 7.5는 케이스 하나에 대한 적합도를 어떻게 분석하는지 보여준다. 동일한 방식으로 여러 케이스로 구성된 로그의 적합도를 분석하는 데 사용할 수 있다. 단순히 생산된 토큰, 소비된 토큰, 누락된 토큰, 남겨진 토큰의 총 개수를 동일한 공식을 대입한다. $p_{N,\sigma}$는 N에 대하여 σ를 리플레이할 때 생성된 토큰의 개수라고 하고, $c_{N,\sigma}$, $m_{N,\sigma}$, $r_{N,\sigma}$도 유사한 방식으로 정의하자. 즉, $m_{N,\sigma}$는 N에서 σ를 리플레이할 때 누락된 토큰의 개수이다. 이제 WF-net N에 대한 이벤트 로그 L의 적합도를 다음과 같이 정의할 수 있다.

$$fitness(L,N) = \frac{1}{2}\left(1 - \frac{\sum_{\sigma \in L} L(\sigma) \times m_{N,\sigma}}{\sum_{\sigma \in L} L(\sigma) \times c_{N,\sigma}}\right) + \frac{1}{2}\left(1 - \frac{\sum_{\sigma \in L} L(\sigma) \times r_{N,\sigma}}{\sum_{\sigma \in L} L(\sigma) \times p_{N,\sigma}}\right)$$

$L(\sigma)$은 자취 σ의 빈도이고 $m_{N,\sigma}$는 σ의 한 인스턴스에서 누락된 토큰의 개수이기 때문에, $\sum_{\sigma \in L} L(\sigma) \times m_{N,\sigma}$을 전체 이벤트 로그를 리플레이할 때 누락되는 토큰의 총 개수라고 할 수 있다. $fitness(L,N)$은 0과 1 사이의 값을 가진다. 적합도 0는 매우 부적합한 경우로, 생산된 토큰 중 하나도 소비되지 않았고 소비된 토큰은 모두 누락된 상태이다. 반면, 적합도 1는 완벽하게 적합한 경우로, 모든 케이스가 문제없이 리플레이 될 수 있는 상태이다. $fitness(L,N)$은 플레이스의 토큰에 초점을 맞추어 측정하지만 이벤트에 대한 측정으로 해석할 수 있다. $fitness(L,N) = 0.9$를 직관적으로 해석하면, 이벤트 중 90% 정도를 올바르게 리플레이 한다고 할 수 있다[1]. 사실 적합도가 이벤트보다는 누락되거나 남은 토큰들에 따라 결정되기 때문에 이러한 해석은 엄밀히 맞지는 않다. 예를 들어, 리플레이하는 동안 강제로 점화된 트랜지션

[1] 이 책의 뒷부분에서 적합도의 이 직관적인 특성을 종종 사용할 것이다. 기술적인 관점에서 $fitness(L,N)$은 단지 이벤트 중 제대로 리플레이 될 수 있는 비율을 의미하기 때문에, 이러한 직관적 표현이 정확하지는 않다.

이 비어있는 입력 플레이스를 여러 개 가질 수도 있다. 만약 두 개의 후속 이벤트가 순차적 프로세스에서 서로 교체되어버렸다면, 그 결과는 토큰 하나가 누락되고 토큰 하나가 남겨질 것이다. 이것이 합리적인 것처럼 보이겠지만, 올바르게 리플레이되지 못하는 이벤트의 비율과 누락되거나 남겨진 토큰의 비율이 완전히 일치하지는 않는다.

전체 이벤트 로그를 리플레이함으로써, 이제 그림 7.2에 있는 네 가지 모델에 대하여 이벤트 로그 L_{full}가 갖는 적합도를 계산할 수 있다.

$$fitness(L_{full}, N_1) = 1$$

$$fitness(L_{full}, N_2) = 0.9504$$

$$fitness(L_{full}, N_3) = 0.8797$$

$$fitness(L_{full}, N_4) = 1$$

이것은 예상대로 N_1과 N_4는 이벤트 로그 L_{full}을 아무 문제없이 리플레이할 수 있음을 보여준다(즉, 적합도는 1이다). $fitness(L_{full}, N_2) = 0.9504$이다. 이것은 직관적으로 L_{full} 안의 이벤트 중 약 95%가 N_2에서 올바르게 리플레이 될 수 있다는 것을 의미한다. 앞서 지적한 바와 같이 이것은 두 가지 관점으로 바라볼 수 있다:

- 이벤트 로그 L_{full}은 0.9504의 적합도를 가진다. 즉, 5%의 이벤트가 일탈한다.
- 프로세스 모델 N_2는 0.9504의 적합도를 가진다. 즉, 이 모델은 관찰된 행위 중 5%는 설명할 수 없다.

첫 번째 관점은 모델이 규범적(normative)이고 정확("이벤트 로그, 즉, 현실이 모델과 일치하지 않음")하다고 생각될 때 사용한다. 두 번째 관점은 모델이 설명적("프로세스 모델이 현실과 일치하지 않음")이어야할 때 사용된다. $fitness(L_{full}, N_3) = 0.8797$이다. 즉, L_{full} 내의 이벤트 중 88%가 N_3에서 리플레이가 가능하다. 따라서, 프로세스 모델 N_3이 네 모델 중 적합도가 가장 낮다.

일반적으로 이벤트 기반의 적합도는 케이스 기반의 단순 적합도보다 더 높은 값을 가진다. 여기의 케이스에서도 그렇다. WF-net N_2는 시작부터 종료까지 케이스 중 단지 68%만 리플레이할 수 있다. 그러나 개별 이벤트들의 약 95%가 리플레이 가능하다.

그림 7.6은 프로세스 모델 N_2에 대하여 이벤트 로그 L_{full}를 리플레이함으로써 시도할 수 있는 몇 가지 진단법을 보여준다. 화살표에 표시된 숫자들은 생산되고 소비된 토큰의 흐름을 의미한다. 이것은 케이스가 모델을 따라서 어떻게 흐르고 있는지를 보여준다. 예를 들면, 146개의 요청이 재시작되었고, 930개의 요청은 거절되었고, 461개의 요청은 지급되었다. 리플레이에 태그가 붙은 플레이스들(즉, 그림 7.3, 7.4, 7.5의 m-태그와 r-태그)은 적합도 문제를 진단하고 그 심각성을 살펴보기 위하여 수집될 수 있다. 그림 7.6에서 보여주었듯이, 실행하지 않아야할 작업 d가 443번 실행하였고, 실행해야할 작업 d가 443번 실행되지 않았다. 그 이유는 d가 b나 c 이전에 실행되었기 때문인데, 이것은 주어진 모델에서는 발생할 수 없는 것이다.

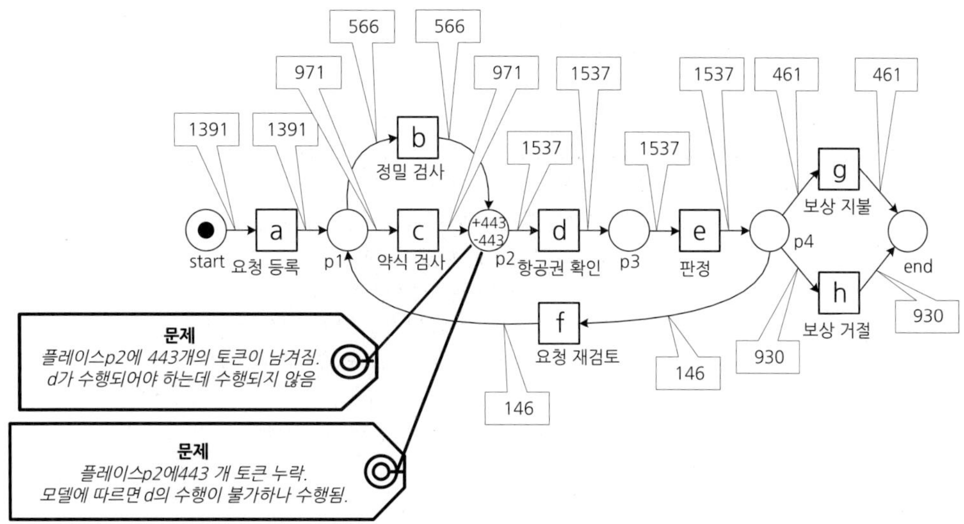

그림 7.6 일탈을 보여주는 진단 정보($fitness(L_{full}, N_2) = 0.9504$)

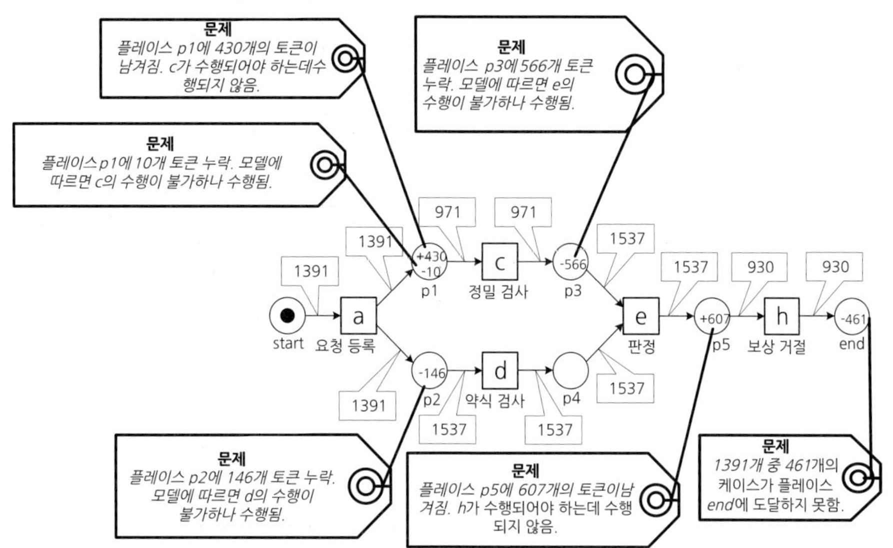

그림 7.7 일탈을 보여주는 진단 정보($fitness(L_{full}, N_3) = 0.8797$)

마찬가지로, 그림 7.7은 N_3에 대한 진단 정보를 보여준다. 여기에는 좀 더 심각한 문제가 있다. 예를 들어, 566개는 약식 검사(작업 *c*)도 없이 판정(작업 e)이 이루어졌고, 461개의 케이스는 요청이 거절되지 않았기 때문에 최종까지 도달하지 못했다.

그림 7.8에 나타나듯이, 하나의 이벤트 로그는 두 개의 하위 로그(sublog)로 분할될 수 있다. *이벤트 로그 하나는 오직 적합한 케이스만 포함하고 있고, 다른 하나는 부적합한 케이스만을 포함하고 있다.* 이벤트 로그의 각각은 추가 분석을 위해 사용할 수 있다. 예를 들어, 일탈된 케이스들만 포함하는 이벤트 로그에 대한 프로세스 모델을 구축할 수도 있다. 또한, 다른 데이터와 프로세스 마이닝 기법을 사용할 수 있다. 예를 들어, 누가 일탈된 케이스들을 처리

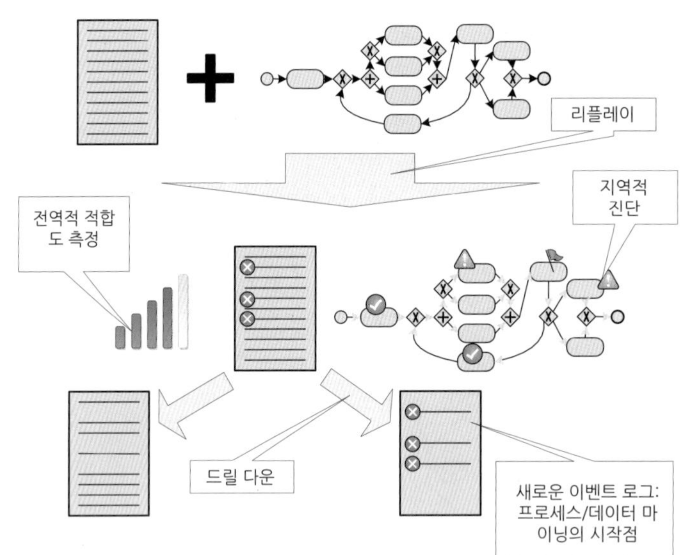

그림 7.8 적합도 검사는 *fitness*(L,N)와 같은 전반적인 적합도 측정과 부분적 진단을 제공한다(예, 프로세스 모델에서 허용되지 않지만 실제로는 실행된 작업을 보여주는 것). 또한, 이벤트 로그는 적합한 케이스와 부적합한 케이스로 분할된다. 두 하위로그를 추가적인 조사를 위해 사용할 수 있다(예, 일탈 케이스에 대한 프로세스 모델을 발견하는 것)

하였는지, 그리고 이 케이스가 오래 걸렸는지, 비용이 많이 들었는지에 대해 알아보는 것은 흥미롭다. 사기가 의심되는 경우에, 일탈된 케이스들을 가진 이벤트 로그를 기반으로 소셜 네트워크를 만들 수 있다(8.3절 참조).

또한 부적합도를 더 자세히 조사하기 위해 분류 기법을 사용할 수도 있다. 하나의 응답변수와 여러 예측변수를 가진 표로부터 의사결정나무를 학습할 수 있다. 케이스가 적합한지 아닌지는 응답변수의 값으로 볼 수 있는 반면에, 케이스의 특성(예: 케이스와 이벤트 속성)은 예측변수로 작용한다. 결과적인 의사결정나무는 케이스 특성 측면에서 적합도를 설명하는 데 사용해볼 수 있다. 예를 들어, Pete가 처리한 우수 고객들의 케이스가 일탈하는 경향이 있다는 것을 확인할 수도 있다. 이것은 8.5절에서 자세히 설명할 것이다.

프로세스 모델에 이벤트 로그를 리플레이하는 개념은 페트리넷에만 국한되지는 않는다. 실행 가능한 어떠한 프로세스 모델링 표기법에서도 로그를 리플레이 해 볼 수 있다. 자세한 내용은 [72, 94, 123, 124]에서 사용된 리플레이 기법을 참조할 수 있다. 그러나 WF-net이 명시적인 플레이스와 명백한 시작(start) 및 종료(end) 플레이스를 갖는 것은 의미있는 진단을 가능하게한다. 만약 중복 작업(동일한 이름을 가진 트랜지션)이나 암묵 작업(τ 표기 트랜지션)이 있다면 리플레이가 더욱 복잡해진다. 일반적으로는, 이벤트 로그의 이벤트 이름과 프로세스 모델의 작업 이름 사이에 다-대-다 관계가 존재할 수 있다. 이벤트 로그에는 나타나 있지만 모델에는 대응되지 않는 작업의 처리는 쉽다. *fitness*(σ_2, N_3)의 계산에서 설명한 것처럼 이러한 이벤트를 다순히 버릴 수도 있다. 중복되고 숨겨진 작업을 처리하기 위해서, 지역적인 상태-공간(state-space) 탐색을 이용하여 프로세스 모델에 대응되는(대부분 비슷한) 경로를 찾을 수도 있다[110]. 예를 들어, 로그의 이벤트와 일치되지 않는 τ로 표기된 트랜지션은 이벤트 로그의 후속 이벤트에 대응되는 트랜지션을 실행 가능하게 만들 수 있을 때에만 실행할 수 있다. 지역적인 상태-공간 탐색의 단점은 대규모 이벤트 로그에서는 시간이 많이 걸릴 수 있다는 것이다. 또한, 지역적인 상태-공간 탐색은 단지 휴리스틱만 제공한다. 예를 들어, 동일한 이름을 가진 트랜지션이 실행 가능할 때, 그들 중 하나를 임의로 선택하는 것은 자취에서 이후 단계에서 모델에 대한 적합도에 영향을 미칠 수 있다(상세내용은 [110]을 참조). 또한 [25]에서 기술된 매우 고급화된 리플레이 기법들을 참조할 수 있다. 이 때, 케이스의 "최적화된" 리플레이를 찾기 위하여 A^* 알고리즘의 변형을 사용할 수 있다.

[25, 110]에 기술된 기법들은 모델 A_M에 있는 작업 집합이 이벤트 로그 A_L내의 작업 집합과 다른 상황을 해결할 수 있다. 로그에는 있지만 모델에는 없는 작업들($A_L \setminus A_M$)은 단순히 무시하고, 모델에는 있지만 로그에는 없는 작업들($A_M \setminus A_L$)은 숨겨진 것으로 간주한다. 이를 통해 상당히 낙관적인 적합도 값에 이르게 될 것이다. 또 다른 방법으로는, 모델과 로그 모두가 그 작업 집합을 수용할 수 있도록 모델과 로그를 전처리할 수도 있다. 전처리 이후, 모델에는 나타나지 않은 작업의 이벤트와 로그에 나타나지 않는 작업은 일탈로 간주한다.

이 절에서는 적합도(fitness)에만 초점을 두었다(즉, 로그 내의 이벤트 중 프로세스 모델로 설명될 수 있는 이벤트들의 비율). 적합도는 5.4.3절에서 논의된 네 가지 품질 기준 중 한 가지일 뿐이다. 적합도 검사에서는 다른 세 가지 품질 기준은 관련이 적다. 그러나 리플레이 기법은 *정밀도*(과소적합 모델 회피)와 *일반화도*(과대적합 모델 회피)를 분석하는 데에도 사용할 수 있다. 이는 리플레이 중에 활성화된 트랜지션의 개수를 추적함으로써 분석할 수 있다. 평균적으로 리플레이 중 많은 수의 트랜지션이 활성화된다면 이 모델은 과소적합되기 쉽다. 평균적으로 리플레이 중에 매우 적은 수의 트랜지션이 활성화된다면, 이 모델은 과대적합되기 쉽다. 예를 들어, 그림 7.2에 있는 "플라워 모델"인 N_4에서 작업들 b, c, d, e, f는 시작과 종료 사이에서 항상 활성화된다. N_4을 이용하여 로그를 리플레이할 때 활성화된 트랜지션의 개수가 평균적으로 높다는 것은 이 모델이 과소적합이라는 것을 의미한다. [92, 108, 110]에서 보다 많은 정보를 참조할 수 있다.

제 7.3 절 발자취 비교

5.2절에서 발자취(footprint)에 대한 개념을 소개한다. 발자취란 인과적 종속성을 나타내는 행렬을 의미하는데, 이 발자취 행렬은 이벤트 로그의 특징을 반영한다. 예를 들어 표 7.2는 L_{full}의 발자취 행렬을 보여준다. 이 매트릭스는 "직접적인 선후관계(directly follows relation)"인 $>_{L_{full}}$부터 도출된다. 또한, 프로세스 모델도 발자취를 가진다. 즉, 모델을 실제화하면서 실행 순서들을 기록하면, 완전한 이벤트 로그를 쉽게 생성할 수 있다. 발자취 행렬의 관점에서, 행렬에 나타난 작업 간의 직접적인 선후관계가 로그에 적어도 한 번 이상 나타나면 그 이벤트 로그는 완전하다고 말한다. 이 기준을 그림 7.2의 N_1에 적용해보면 표 7.2와 동일한 발자취

행렬이 결과로 도출된다. 이것은 이벤트 로그와 모델이 서로 "적합하다(conform)"는 것을 의미한다.

표 7.2 L_{full}과 N_1의 발자취

	a	b	c	d	e	f	g	h
a	#	→	→	→	#	#	#	#
b	←	#	#	‖	→	←	#	#
c	←	#	#	‖	→	←	#	#
d	←	‖	‖	#	→	←	#	#
e	#	←	←	←	#	→	→	→
f	#	→	→	→	←	#	#	#
g	#	#	#	#	←	#	#	#
h	#	#	#	#	←	#	#	#

표 7.3 그림 7.2의 N_2에 대한 발자취

	a	b	c	d	e	f	g	h
a	#	→	→	#	#	#	#	#
b	←	#	#	→	#	←	#	#
c	←	#	#	→	#	←	#	#
d	#	←	←	#	→	#	#	#
e	#	#	#	←	#	→	→	→
f	#	→	→	#	←	#	#	#
g	#	#	#	#	←	#	#	#
h	#	#	#	#	←	#	#	#

표 7.3은 WF-net N_2에서 생성된 발자취 행렬을 보여준다. 즉, 완벽한 로그 기록을 얻기 위하여 N_2를 실제화한 후, 그 발자취를 도출하였다. 표 7.2와 7.3을 비교하면 표 7.4와 같은 몇 가지 차이를 발견할 수 있다. 예를 들어 a와 d의 관계가 →에서 #으로 바뀌었다. 이벤트 로그 L_{full}와 WF-net N_2을 비교해보면, N_2에서는 불가능한 일이지만 L_{full} 내에서 실제로 작업 a는 d 바로 다음에 나타나는 것을 발견할 수 있다. b와 d의 관계는 ‖에서 →로 바뀐다. 이는 N_2에서 두 작업이 이제는 병렬적이지 않음을 반영하고 있다. 표 7.4는 상세한 진단뿐만 아니라 적합도를 정량화하는 데에도 사용할 수 있다. 예를 들어 표의 칸 64개 중 12개가 다르면 결국 발자취 기반의 적합도는 $1 - \frac{12}{64} = 0.8125$가 된다.

발자취에 기반한 적합도 분석은 로그가 "직접적인 선후 관계" $>_L$에 대하여 완전할 때[2]에만 의미가 있다. 이것은 k-fold 교차 검증을 이용하여 확인할 수 있다(3.6.2절 참조).

흥미로운 것은 모델과 이벤트 로그 모두 발자취를 갖는다는 것이다. 이는 앞에서 설명한 내용, 즉, 모델과 로그에서 작업의 순서가 "일치"하는지를 확인한 것과 같은 *로그 대 모델(log-*

[2] 발생 가능한 $>_L$ 관계가 로그에 모두 기록 되었을 때

표 7.4 L_{full}와 N_2의 발자취의 차이점. 이벤트 로그와 프로세스 모델은 발자취 행렬의 64개 중 12개의 셀에서 차이를 보인다

	a	*b*	*c*	*d*	*e*	*f*	*g*	*h*
a				$\rightarrow$: #				
b				$\|$:$\rightarrow$	$\rightarrow$: #			
c				$\|$:$\rightarrow$	$\rightarrow$: #			
d	$\leftarrow$: #	$\|$:$\leftarrow$	$\|$:$\leftarrow$			$\leftarrow$: #		
e		$\leftarrow$: #	$\leftarrow$: #					
f				$\rightarrow$: #				
g								
h								

to-model) 비교를 가능하게 해준다. 같은 방법을 *모델 대 모델* 비교와 *로그 대 로그* 비교에도 동일하게 사용할 수 있다. 두 프로세스 모델의 발자취를 비교(*모델 대 모델* 비교)하면 그들 사이의 유사성을 정량화할 수 있다. 두 로그의 발자취를 비교(*로그 대 로그* 비교)하면 *개념 변화(concept drift)*를 감지하는 데 사용할 수 있다. 개념 변화란 프로세스를 분석하는 과정 중에 프로세스가 변화하는 상황을 의미한다. 예를 들어, 이벤트 로그의 전반부에서는 두 가지 작업이 병렬적으로 수행되었지만 후반부에는 순차적으로 진행되었을 수 있다. 이는 로그를 작은 부분으로 분할한 뒤, 각 부분에 대한 발자취를 분석함으로써 발견할 수 있다. 이벤트 로그에 기록된 순서들을 비교하는 로그 대 로그 비교를 통하여 개념 변화를 밝혀낼 수도 있다. 이와 같은 "2차적 프로세스 마이닝(second order process mining)"은 작은 로그들이 모두 $>_L$에 대하여 완벽한 이벤트들을 포함해야 하기 때문에 매우 많은 데이터를 필요할 것이다.

많은 문헌과 도구에서 자주 고려되고 있지 않은 것 중 하나로 *적합도의 교차 검증(cross-validation of conformance)*이 있다. 이벤트 로그는 행위에 대한 일부 예시일 뿐이다. 이와 같은 예시는 적합도에 대한 신뢰할 만한 결과를 도출하기에는 그 양이 너무 적을 수도 있다. 그리고 개념 변화와 같은 복잡한 문제들도 존재한다. 예를 들면, 2011년의 평균 적합도는 0.80인데, 연초에는 0.90이었지만 마지막 두 달의 적합도는 0.60 이하일 수 있다. 대부분의 기법들이 측정이나 개념 변화의 신뢰성에 대해 언급하지 않고 하나의 적합도만 제공한다. 예를 들어, 큰 이벤트 로그 L_1과 작은 이벤트로 로그 L_2를 가지고 있으며, $L_2 \subset L_1$ 이고 $|L_2| = 0.01 \times |L_1|$, 즉 L_2는 L_1 케이스의 1% 만 포함한다고 가정해보자. 또한 $fitness(L_1, N) = 0.9$이고 $fitness(L_2, N) = 0.6$라고 하자. 분명히 첫 번째 값이 훨씬 더 신뢰할 만 하지만(로그가 100배 더 크기 때문에), 이는 수치상으로 표현되지 않는다. 만약 교차 확인을 수행할 만큼 충분한 양의 데이터가 존재한다면, 이벤트 로그를 임의로 *k*등분할 수 있을 것이다(3.6.2절 참고). 그러면 *k*개의 모든 부분에 대하여 적합도를 계산할 수 있을 것이다. 이처럼 *k*개의 독립적인 측정값들은 대상 프로세스의 적합도에 대한 신뢰구간을 생성하는 데 사용할 수 있다. 예를 들어, 90% 신뢰도에서 적합도는 0.86에서 0.94 사이이다. 일부 적합도 측정 값은 이벤트 로그의 크기가 더 커지거나 작아짐에 따라 오르거나 내리는 경향이 있다. 토큰을 이용한 리플레이는 로그의 크기에 민감하지 않지만, 발자취 행렬을 이용하는 것과 같은 측정값들은 이벤트 로그의 크기와 완결성에

의존적이다. 예를 들어, 이벤트 로그 L이 2개의 작은 로그 L_1과 L_2로 나누어진다고 가정해 보자. 프로세스는 안정된 상태이고 $fitness(L,N)$의 기댓값은 $fitness(L_1,N)$과 $fitness(L_2,N)$의 기댓값과 동일하다고 가정하자. 이 가정은 발자취의 측정값에서는 적용되지 않는다. 즉, 로그가 더 커지면 $>_L$도 증가한다. 이러한 영향을 줄이기 위해서 휴리스틱 마이닝에서 사용한 것과 같이 상대적인 임계값을 사용할 수도 있다.

발자취는 이벤트 로그와 모델에 대한 특성을 나타내는 여러 가지 방법 중 하나일 뿐이다. 원칙적으로 어떤 임의의 속성도 사용할 수 있다. "직접적인 선후관계(directly follows relation)" 대신에 "간접적인 선후관계(eventually follows relation)"인 $\gg_L$을 사용할 수도 있다. $a \gg_L b$는 a 다음에 b가 언젠가 수행된 케이스가 적어도 하나가 있다는 의미이다. 이것은 타임 윈도와 결합할 수도 있는데, 예를 들어 a의 네 단계 이전에 b가 나타나거나, a 이후 4시간 안에 b가 나타난다고 할 수도 있다. 또한, 휴리스틱 마이닝에서 $|a >_L b|$와 $|a \Rightarrow_L b|$를 측정하는 것과 같이 발생 빈도를 고려하거나 임계값을 사용할 수도 있다. 당연히 로그와 모델을 비교하는 데 사용하는 특성화 방법들은 관심 있는 적합도의 개념을 반영할 수 있어야 한다.

7.2절에 기술한 토큰을 이용한 리플레이 기법과 발자취 행렬을 이용한 비교 방법은 이벤트 로그와 *전체* 프로세스 모델의 적합도 검사에 사용될 수 있다. 물론 특정한 *제약식(constraint)*("비즈니스 규칙"이라고도 불림)을 직접적으로 검사하는 것도 가능하다. 제약식의 예로는 작업 a 다음에는 작업 b가 항상 나타나야 한다. 또는 소위 "네 눈의 원칙(4-eyes principle)"이라고 불리는, 부정을 방지하기 위하여 작업 a와 b는 동일한 사람이 실행할 수 없다 등이 있을 수 있다. [6]에서는 프로세스 마이닝의 측면에서 LTL 기반 언어가 어떻게 사용될 수 있는지를 보여준다. 선형 시간적 논리(Linear Temporal Logic: LTL)는 전통적인 논리 연산자뿐만 아니라, always ($\Box$), eventually ($\Diamond$), until ($\sqcup$), weak until (W), next time ($\bigcirc$)과 같은 시간적 연산자도 사용한다[43]. 예를 들어 $\Box(a \Rightarrow \Diamond(g \vee h))$은 a가 나타나면 g 또는 h가 결국 나타난다는 것을 의미한다. 또 다른 규칙으로 $\Diamond g \Leftrightarrow !(\Diamond h)$는 g 혹은 h가 반드시 나타나지만, 그 둘이 함께 나타나지는 않는다는 것을 의미한다. 직접적인 선후관계를 나타내는 $a >_L b$를 LTL로 표현하면 (최소한 케이스 하나에 대하여) "$\Diamond(a \wedge \bigcirc(b))$"이다. 이것은 발자취와 같은 행위 특성화가 LTL로 기술될 수 있음을 보여준다. [6]에서 정의된 것처럼, LTL 기반 제약식에 명시적인 시간과 데이터를 포함시킬 수도 있다. 예를 들면, 작업 e가 발생한 이후 이틀 내에 작업 g나 h 중 하나가 반드시 나타난다는 것을 기술할 수 있다. 다른 예로는 골드 등급 고객에 대해 요구사항을 1주일 안에 처리해 주어야 하며 실버 등급 고객에 대해 2주일 안에 처리해야 주어야 한다는 것을 기술할 수도 있다.

그림 7.8에 나타난 것과 같이 로그를 두 개로 나누는 데 제약식을 사용할 수도 있다. 이러한 방식으로 어떤 비즈니스 규칙을 위반한 케이스를 더 상세히 조사하는 것도 가능하다.

Declare: 제약식 기반의 워크플로우 언어

이 책은 페트리넷, BPMN, EPCs, YAWL과 같은 주요 프로세스 모델링 언어에 초점을 맞추고 있다. 이러한 언어들은 절차적이며 완결된 프로세스를 기술하는 것을 목표로 한다. 적합도 검사의 측면에서는 선언적 프로세스 모델링 언어를 고려하는 것도 흥미로울

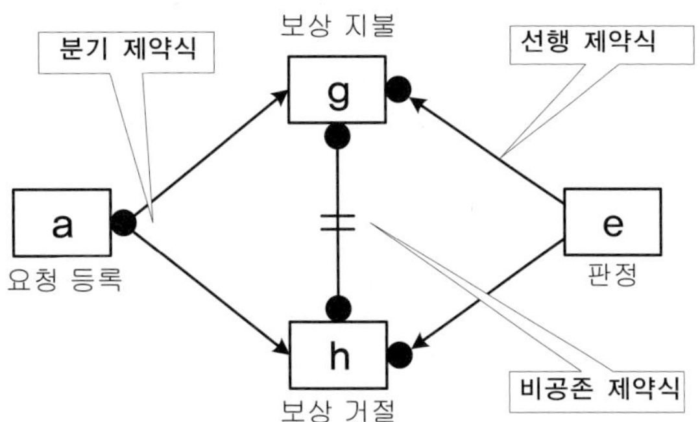

그림 7.9 *Declare*를 통한 모델이 4개의 제약식으로 이루어져 있다: 2개의 선행 제약식, 1개의 비공존(non-coexistence) 제약식, 1개의 분기 제약식

수 있다. *Declare*은 이러한 언어 중의 하나이며 또한 완벽히 기능하는 워크플로우 관리 시스템(WFM: Workflow System)이기도 하다[16, 97]. *Declare*는 그래픽 기호들과 LTL 기반의 의미론을 사용한다. 그림 7.9는 네 가지 제약식으로 구성된 *Declare* 명세서 예시를 보여준다. 작업 g와 h를 연결하는 구성요소는 소위 비공존 제약식(non-coexistence constraint)이라고 불린다. 이 제약식은 LTL로 "$!((\Diamond g) \wedge (\Diamond h))$"로 표현할수 있는데, $\Diamond g$와 $\Diamond h$는 동시에 참일 수 없다, 즉, 하나의 케이스 안에서 g와 h가 동시에 일어날 수 없음을 의미한다. 또한, 선행 제약식(precedence constraint)이 2개가 있다. e와 g를 연결하는 선행 제약식도 "$(!g)\, W\, e$"의 LTL로 표현될 수 있으며, g는 e가 발생하기 전에는 일어날 수 없음을 의미한다. "$(!g)\, W\, e$"에서 weak until (W)가 사용되기 때문에, g나 e가 전혀 없는 자취도 이 제약식을 만족시킨다. 마찬가지로 "$(!h)\, W\, e$"는 e가 발생하기 전에 h는 발생할 수 없음을 표현한다. a, g, h를 연결하는 제약식은 소위 세 개 작업을 포함하는 분기 제약식(branched constraint)이다. 이 응답 제약식(response constraint)은 a가 일어나면 결국 g 또는 h가 일어나야 한다는 "$\Box(a \Rightarrow (\Diamond(g \vee h)))$"를 기술하고 있다. 이 제약식은 $\langle a,a,a,g,h,a,a,h\rangle$는 허용하지만 $\langle a,g,h,a\rangle$는 허용되지 않는다. 네 가지 제약식을 모두 만족시키는 자취의 예로는 $\langle a,a,e,e,g\rangle$와 $\langle a,e,h,e\rangle$가 있다.

절차적(Procedural) 언어들은 제어 흐름에 따라서 명시적으로 시작되는 작업만을 허용한다. 반면에 *Declare*와 같은 선언적 언어에서는 "*명시적으로 금지되지 않은 모든 것이 가능*"하다.

Declare 언어는 전통적인 절차적 WFM/BPM 시스템보다 훨씬 더 유연한 WFM 시스템에서 지원된다[16]. 나아가 이벤트 로그를 분석하여 *Declare* 모델을 학습시킬 수도 있다[83, 97]. 그래픽 기반의 제약 언어는 또한 적합도 검사에도 적합하다. 주어진 이벤트 로그에 대하여 모든 제약식을 검사하는 것이 가능하다. 예로서 그림 7.9를 기반으로, 주어진 이벤트 로그에서 각 제약식을 만족하는 비율을 계산할 수 있다 [16, 97]. 적합도 검사의 경우에, 복잡한 시간 기반의 제약식이 사용될 수도 있다. 예를 들면, 골드 등급 고객에게는 작업 a가 일어나면 항상 작업 g와 h가 24시간 내에 일어나야 한다고 지정할 수 있다.

제 7.4 절 적합도 검사 응용

적합도 검사는 비즈니스 프로세스, 조직, 정보시스템 간의 동조화를 위해 사용될 수 있다. 앞서 설명한 것처럼 리플레이 기법과 발자취 분석은 프로세스 모델과, 이벤트 로그에 기록된 실제 프로세스 간에 차이를 파악하는 데 도움이 된다. 이 차이를 통하여 모델이나 프로세스를 변화시킬 수 있다. 예를 들어, 모델과 프로세스의 차이를 보여주는 것은 관리적 측면에서 더 좋은 작업 지시나 변화를 이끌어 낼 수 있다. 또한 적합도 검사는 프로세스가 다양한 이해당사자들이 설정한 범위 내에서 실행되고 있는지 확인하는 감사를 하는 유용한 도구이다.

이 절에서 적합도 검사가 모델 수선이나 프로세스 도출 알고리즘 평가 같은 다양한 목적으로 사용될 수 있음을 보여준다. 또한 적합도 검사를 통하여 이벤트 로그가 프로세스 모델과 연결되어 다양한 종류의 분석을 위한 틀을 제공하는 것을 설명한다.

7.4.1 모델 수선

프로세스 모델과 이벤트 로그가 프로세스에 대해 "불일치"할 때, 모델이나 프로세스 자체를 검토해보아야 한다. *모델을 수리*하기 위해, 즉 현실에 맞도록 모델을 수선하기 위하여 적합도 검사를 수행한다고 가정해보자. 그림 7.6과 그림 7.7에 제시된 진단은 모델을 (반)자동으로 수리하는 데 사용할 수 있다. 예를 들어 한번도 수행되지 않은 경로가 있다면 모델에서 제거할 수도 있다. 그림 7.6과 그림 7.7은 작업들의 빈도와 그들의 인과적 관계(causal dependencies)를 보여주는 것에 주목하여, 한번도 실행하지 않은 (또는 드물게 실행된) 작업을 제거하거나 분기점을 제거할 수 있다. 토큰 기반의 리플레이는 사용되지 않는 동시성(예, 병렬로 모델링 되었지만 순차적으로 실행되고 있는 작업들)을 제거하는 데에는 도움이 되지 않지만, 발자취 행렬로는 이를 인지할 수 있다. 모델에서 사용되지 않는 부분을 제거한 후에, 누락되거나 남은 토큰을 가리키는 m-태그와 r-태그들을 사용하여 모델을 수리할 수 있다. m-태그는 프로세스에 나타났지만 모델에 따르면 발생할 수 없는 작업을 지적한다. r-태그는 발생하지 않았지만 모델에 따르면 나타나야 하는 작업을 의미한다. 로그와 모델의 발자취 행렬들을 비교하면 유사한 문제를 보여줄 수 있다. 설계자가 모델을 수선할 때 이와 같은 정보를 사용할 수 있다. 원칙적으로 이것은 자동화가 가능하다. 예를 들어 모델 상의 수선 작업이 주어지면, 원본 모델과 "가장 가깝지만" 적합도가 0.9 이상이 되는 모델을 찾을 수 있다. 적합도 수준을 최소로 하고 수정 거리(edit distance)를 최소로 하는 유전자 알고리즘을 개발하는 것도 상당히 간단하다. 모델을 수정하기 위한 편집 연산(edit operations)은 6.3절에서 소개된 유전 연산(뮤테이션과 크로스오버)과 많은 관련이 있다.

7.4.2 프로세스 도출 알고리즘 평가

5.4절에서는 불완전성, 노이즈 등과 같이 프로세스 도출 알고리즘이 갖는 도전 과제에 대해 논의하였다. 프로세스 도출은 상당히 복잡한 작업으로 다양한 알고리즘이 문헌을 통하여 제안되었다. [113]에서 논의된 바와 같이, 다양한 알고리즘을 비교하는 것은 쉬운 일이 아니다. 전통적인 데이터 마이닝에 비해서 *표현력(representation)*(예를 들어 Workflow Patterns Initiative[101, 130]에서 수집된 40가지 이상의 제어 흐름 패턴을 참고)과 *품질 기준* 측면에서 훨씬 더 많은 차원이 있다. 5.4.3절에서 *적합도(fitness)*, *간결도(simplicity)*, *정밀도(precision)*, *일반화도(generalization)*라는 네 가지 품질 차원에 대해 살펴보았다. 분명히 적합도 검사(conformance checking)는 도출된 모델의 적합도(fitness)를 측정하는 것과 밀접한 관련이 있다. 적합도 검사에 사용되는 모델을 수작업으로 만드는지 프로세스 마이닝 알고리즘을 이용하여 도출하는지는 상관이 없다. 또한 이 장에서 설명한 것처럼 적합도 검사는 프로세스 도출 알고리즘을 평가하고 비교하는 데에도 사용될 수 있다. 7.2절에서는 토큰 기반의 리플레이 기법을 적합도 차원에 중점을 두었지만, 정밀도와 일반화도를 살펴보기 위해 리플레이를 사용할 수도 있다. 평균적으로 정밀도가 심하게 결여된 모델은 리플레이 과정에서 많은 수의 트랜지션이 활성화(enabled) 된다. 만약 평균적으로 리플레이 과정에서 매우 적은 숫자의 트랜지션이 활성화 된다면 그 모델은 과대적합(overfitting)된 것으로 일반화가 부족할 가능성이 높다. 또한 발자취 행렬을 이용하여 정밀도와 일반화도를 분석하는 데 사용할 수도 있다[110]. 적합도 검사는 간결도와는 관련이 없다. 분명히, 프로세스 도출 알고리즘은 이벤트 로그를 설명하는 가장 간결한 모델을 생성해야 한다. [95]에서는 프로세스 모델에 대한 복잡도와 이해도를 정량화하기 위하여 19가지 척도를 소개하고 있다. 이 척도들은 모델의 크기(예, 노드 또는 아크의 개수), "구조성(structuredness)", "동질성(homogeneity)"과 같은 측면을 고려하고 있다.

7.4.3 이벤트 로그와 프로세스 모델의 연결

모델을 리플레이하면서 로그의 이벤트를 모델의 작업과 관련시킨다. 즉, 이벤트 로그를 프로세스 모델과 *연결*한다. 언뜻 보기에 대수롭지 않아 보일 수도 있지만, 이것은 앞으로 설명할 장들에서 매우 중요한 의미를 가진다. *이벤트를 작업과 연결시킴으로써, 로그로부터 추출한 정보를 프로세스를 강화하는 데 사용할 수 있다.* 예를 들면, 타임스탬프는 모델링된 작업의 수행 시간에 대해 설명하는 데 사용할 수 있다.

그림 7.10은 리플레이 과정에서 구축되는 프로세스 모델과 이벤트 로그 사이의 연결을 보여준다. 모델, 인스턴스, 이벤트의 세 가지 레벨을 확인할 수 있다. 일반적으로 모델 레벨과

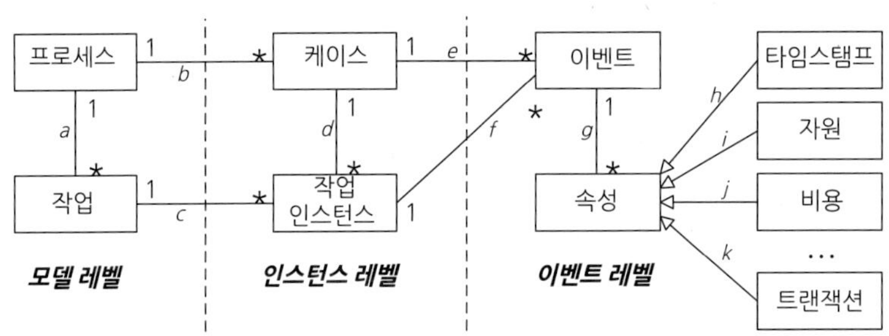

그림 7.10 적합도 검사에서 만들어진 인스턴스 레벨은 모델 레벨과 이벤트 레벨을 연결한다

이벤트 레벨은 *서로 독립적이다.* 즉, 사람들은 프로세스 모델을 정보시스템의 데이터와 연결시키지 않고 프로세스 모델을 그리고 있으며, 프로세스는 존재하는 프로세스 모델을 알지 못한 상태로 데이터를 생성한다. 특별한 예외는 이러한 연결이 존재하는 WFM이나 BPM 시스템이다. 이는 이 시스템들이 프로세스 자동화를 위하여 중요할 뿐만 아니라, 비즈니스 인텔리전스 솔루션을 위한 강력한 실행 도구로 사용되는 이유이다. 그렇지만, 대부분의 프로세스들은 이들을 지원하는 WFM이나 BPM 시스템이 존재하지 않는다. 그 결과, 프로세스 모델(만약 존재한다면)과 이벤트 데이터는 기껏해야 느슨하게 결합되어 있다. 다행히도, *토큰 기반의 리플레이를 통하여 모델 레벨과 이벤트 레벨 사이의 강한 결합을 구축할 수 있다.*

그림 7.10의 인스턴스 레벨에는 *케이스 인스턴스(case instance)*와 *작업 인스턴스(activity instance)*가 포함되어 있는데, 케이스와 작업 인스턴스는 각각 모델의 *프로세스*와 *작업*을 이벤트 로그에 있는 *이벤트*와 연결한다. 모델링 단계에는 케이스와 작업 인스턴스가 단지 추상적인 형태로 존재한다. WF-net나 BPMN 모델은 실체화(instantiate)할 수 있는데, 그러면 케이스가 생성된다. 그러나 실제 프로세스를 관찰할 때만 프로세스의 구체적인 케이스에 대해 논의할 수 있고, 마찬가지로 실제 작업을 관찰할 때만 구체적인 작업 인스턴스에 대해 설명이 가능하다. WF-net, BPMN 모델에서 작업은 단지 사각형으로 표시되어있다. 프로세스가 실행될 때, 작업은 그 특정 케이스를 위해 실제화된다. 하나의 케이스(즉, 프로세스 인스턴스) 내에 동일 작업에 대한 다수의 인스턴스가 생성될 수도 있다. 예를 들어 검사 작업은 동일한 고객 요청에 대해 여러 번 수행할 수도 있다(이를 반복 구조(loop)라고 부름). 프로세스를 모델링할 때에는 이러한 작업 인스턴스들이 단지 추상적인 형태로만 존재한다.

전형적인 이벤트 데이터는 여러 테이블에 분산되어 있는 레코드의 모음 형태로 있다. 이 테이블에 있는 하나의 레코드는 하나 혹은 다수의 이벤트에 대응될 수 있고, 날짜, 수량, 신용 점수와 같은 여러 개의 특성값(또는 속성)들로 나열된다. 제4장에서 논의한 바와 같이, 이러한 이벤트를 찾아내고 그들 간의 관계를 맺어주는 것은 중요한 도전 과제 중 하나이다. 각 이벤트는 특정 케이스로 연결시킬 필요가 있다. 모델에 이벤트 로그를 리플레이하면, "모델에 적합한" 이벤트가 작업 인스턴스로 연결된다. 각 케이스에는 동일한 작업에 대한 인스턴스가 하나 이상 존재할 수도 있다. 또한, 작업 인스턴스 하나가 여러 개의 이벤트에 대응될 수도 있다. 작업 a를 포함하고 있는 반복 구조를 가진 케이스 c를 가정해보자. 케이스 c 내에는 작업 a에 대해 실행된 두 개의 인스턴스 $a_{c,1}$와 $a_{c,2}$가 있다고 하자. 이 두 작업 인스턴스 각각에 대해 여러 개의 이벤트가 있을 수 있다. 예를 들어, 첫 번째 작업이 제안, 시작, 취소된 반면에(3개의 이벤트), 두 번째 작업은 제안, 시작, 일시중지, 재개, 완료되었다(5개의 이벤트). 트랜잭션 라이프사이클에 대한 상세 내용은 4.2절을 참조하라. 리플레이에 대해 설명할 때에는 다양한 이벤트 유형(시작, 종료, 취소 등)에 대해 자세히 기술하지 않았다. 하지만 이벤트 로그를 리플레이할 때 이러한 트랜잭션 정보를 고려할 수 있다.

리플레이되는 동안 이벤트는 작업 인스턴스와 연결된다. *이 방식으로 정적 프로세스 모델과는 달리 이벤트 로그에 "생명을 불어넣을 수 있다"*. 그 결과 이벤트 로그에서 추출된 모든 종류의 정보는 모델에 투영될 수 있는데, 예를 들면 병목 현상을 보여주거나 빈번한 경로를 강조할 수 있다.

그림 7.10의 클래스 다이어그램은 아래의 연관성과 카디널리티를 갖는다:

a 모든 프로세스는 임의의 개수의 작업을 가질 수 있지만, 각 작업은 정확히 하나의 프로세스에 속한다.

b 모든 케이스는 정확히 하나의 프로세스에 속한다.

c 모든 작업 인스턴스는 정확히 하나의 작업을 참조한다.

d 모든 작업 인스턴스는 정확히 하나의 케이스에 속한다; 각 작업/케이스 조합에 대해 여러 개의 작업 인스턴스가 존재할 수 있다.

e 모든 이벤트는 정확히 하나의 케이스를 참조한다.

f 모든 이벤트는 하나의 작업 인스턴스에 대응된다; 동일한 작업 인스턴스에 대하여 다수의 이벤트가 존재할 수 있다.

g 모든 속성은 하나의 이벤트를 참조한다. 각 속성은 이름과 값을 하나씩 가진다. (예: *(생일, 1966-01-29)*)

h-k 다양한 종류의 속성이 존재한다. (예: 시간, 자원, 비용, 트랜지션 정보)

동일한 이벤트가 다수의 케이스와 작업 인스턴스에 연관된 상황도 생각해 볼 수 있다(4.4절 참고). 그림 7.10에서는 이러한 경우에 이벤트를 다양한 인스턴스에 복제한다고 가정하였다. 예를 들면 각자 고려하고 싶은 관점에 충실한 관점을 생성한다.

속성은 작업에 연결될 때 가치 있는 정보를 제공한다. 예를 들어, 타임스탬프는 병목 현상과 대기 시간 등을 시각화하는 데 사용될 수 있다. 자원 데이터는 업무 패턴과 할당 규칙을 학습시키는 데 사용될 수 있다. 비효율성을 보여주기 위해 비용 정보를 프로세스 모델에 투영할 수 있다. 다음 장에서 여기에 대해 좀 더 자세히 설명한다.

장 8
다양한 측면에서의 프로세스 마이닝

요 약 프로세스 도출의 주된 초점이 주로 프로세스 흐름 관점에 치우쳐 있지만, 이벤트 로그에는 조직, 케이스 , 시간 등 여러 가지 다양한 관점과 관련된 여러 정보를 담고 있다. 따라서 본 장에서는 이러한 여러 가지 측면에 대해 논의한다. 조직 마이닝(organizational mining)을 수행함으로써 전형적인 업무 패턴, 조직 구조, 소셜 네트워크에 대한 통찰을 얻을 수 있다. 타임스탬프와 작업의 발생 빈도 정보를 활용하여 병목 현상을 식별하고, 기타 성과 관련 문제를 진단할 수 있다. 케이스 데이터를 통해 의사결정과정을 보다 잘 이해하고, 여러 케이스들 간의 차이를 분석할 수 있다. 더욱이 이러한 여러 가지 다른 관점을 통합된 하나의 모델로 병합하여 분석 대상 프로세스에 관한 통합된 관점을 제공할 수도 있다. 이와 같이 통합된 모델은 시뮬레이션을 사용하여 "what if"분석을 수행하는 데 사용될 수 있다.

제 8.1 절 프로세스 마이닝의 여러 가지 관점

앞 장까지의 내용은 작업의 순서와 같은 프로세스 흐름에 초점을 두고 있었다. 프로세스 도출과 적합도 검사에서는 이른바 "단순 이벤트 로그"를 주로 사용하였다(Definition 4.4 참조). 그러나 제4장에서 설명한 것처럼, 이벤트 로그는 일반적으로 훨씬 더 많은 정보를 포함하고, 따라서 이벤트와 케이스에 여러 가지 속성 정보가 저장된다(Definition 4.1과 Definition 4.3 참조). XES의 확장 메커니즘은 이러한 속성들이 어떻게 구조화되어 저장될 수 있는지를 보여준다. 또한 1.3절에서 강조한 것처럼, 프로세스 마이닝은 프로세스 흐름 관점에 국한되지 않는다. 따라서 이 장에서는 여러 가지 다른 관점들에 대해 집중적으로 알아보기로 한다.

그림 8.1은 전형적인 프로세스 마이닝 시나리오를 보여준다. 시작점은 이벤트 로그와 초기 프로세스 모델이다. 프로세스 모델은 수동적으로 구축될 수도 있고, 프로세스 마이닝을 통해 도출될 수도 있다는 점을 주목하자. 중요한 것은 프로세스 모델과 이벤트 로그가 서로 연결되어 있다는 것이다. 7.4.3절에서 적합도 검사에서 사용되는 리플레이(replay) 접근법이 프로세스 모델과 이벤트 로그를 긴밀하게 결합하는 데 사용될 수 있다는 것을 제시한 바 있다. 그림 7.10에서 논의한 것처럼, 리플레이를 수행하는 동안에 도출된 작업 인스턴스들이 모델

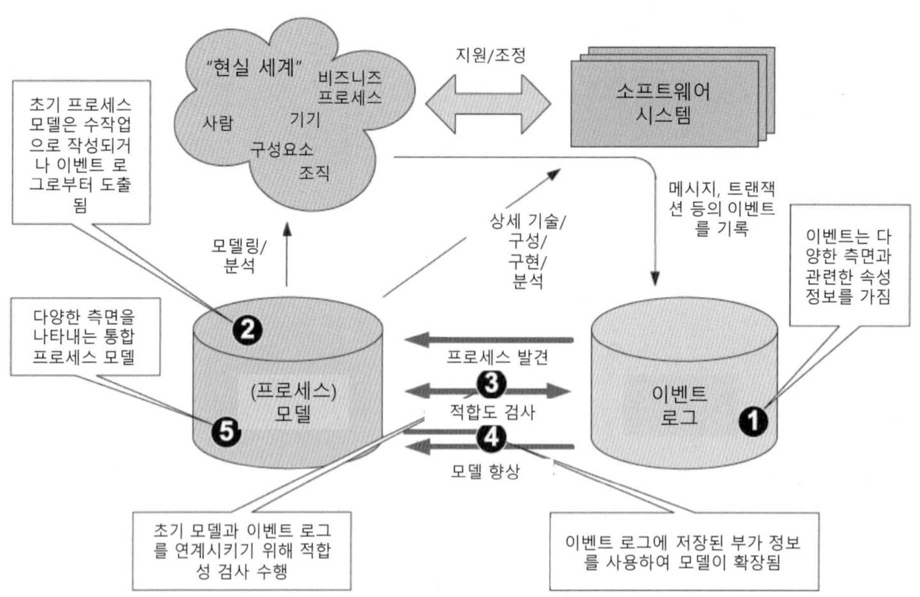

그림 8.1 이벤트 로그의 속성 정보를 사용하여 원래의 프로세스 흐름 모델에 조직, 케이스, 시간 관점이 추가될 수 있음

링된 작업들과 기록된 이벤트들을 상호 연결한다. 이러한 방법으로 자원, 타임스탬프, 비용 등과 같은 이벤트 속성 정보들을 활용하여 초기 프로세스 모델을 확장할 수 있다. 예를 들어 이벤트 로그에서 추출한 서비스 또는 대기 시간에 대한 정보가 프로세스 모델에 추가될 수 있다. 이와 같이 다른 관점들을 추가하고 나서 *통합된* 프로세스 모델을 얻을 수 있다.

그림 8.1은 세 가지 주요한 프로세스 마이닝 유형인 *프로세스 도출*, *적합도 검사*, *향상*을 보여준다. 여기서는 세 번째 유형인 *향상*에 초점을 두기로 한다. 향상에 속하는 프로세스 마이닝은 이벤트 로그에 기록된 실제 프로세스에 대한 정보를 사용하여 기존의 프로세스 모델을 확장하거나 개선하는 것을 목표로 한다. 향상의 한 종류로 7.4.1절에서 논의한 *수선(repair)*이 있다. 여기서는 또 다른 모델 향상의 하나인 확장(extension)에 대해 자세히 알아보기로 한다. *확장*을 통해 프로세스 모델과 이벤트 로그를 상호 교차연관 시킴으로써 프로세스 모델에 새로운 관점을 추가할 수 있다.

이 장에서 로그 기반의 모델 확장의 몇 가지 사례를 살펴보고자 한다. 8.3절에서 조직 관점과 관련한 다양한 프로세스 마이닝 기법들에 대해 논의한다. 여기서는 자원과 관련한 정보를 사용하여 업무 패턴들을 분석하고 업무가 조직 상에서 어떻게 흘러 가는지를 분석한다. 시간 관점의 확장은 8.4절에서 논의한다. 타임스탬프 정보가 이벤트에 포함되어 있으면, 병목 현상의 발견, 서비스 수준의 측정, 자원 가동률 모니터링, 실행 중인 케이스의 잔여 처리 시간 예측 등이 가능하다. 8.5절에서는 그 외 속성 정보에 대해 살펴보고, 이들 속성 정보가 의사결정에 미치는 영향에 대해 알아본다. 이 절에서는 케이스 관점에서 의사결정나무 학습과 같은 전통적인 데이터 마이닝 기법을 사용하여 프로세스 모델을 확장할 수 있다는 것을 설명한다. 여러 가지 상이한 관점들을 결합하여 하나의 단일 통합 프로세스 모델을 구축할 수 있다. 8.6절에서는 이러한 통합 모델이 어떻게 구축되어 사용되는지를 설명한다. 예를 들면 하나의 완전한 시뮬레이션 모델을 도출할 수 있으며, 도출된 시뮬레이션 모델을 사용하여 "what if" 분석을 수행할 수 있다.

제 8.2 절 속성 정보: 헬리콥터 관점

자원, 시간, 케이스 관점의 접근법을 설명하기 전에, 일반적인 이벤트 로그에서 발견할 수 있는 여러 종류의 정보를 파악할 수 있는 다른 예제를 살펴보자. 표 8.1은 방대한 이벤트 로그 가운데 일부분을 발췌한 것이다. 이전의 예제들과 마찬가지로 각각의 이벤트들은 트랜잭션 타입 정보를 가지고 있다. 가령 표 8.1에 제시된 처음 두 개의 이벤트를 살펴보자. 첫 번째 이벤트는 어떤 작업 인스턴스의 *시작*을 가리키고, 두 번째 이벤트는 이 작업 인스턴스의 *종료*를 의미한다. 이 두 이벤트의 타임스탬프 차를 구함으로써 작업자 Pete가 Case 1에서 고객 신청을 등록하는 업무 수행 시 6분 동안 작업하였다는 것을 알 수 있다. 트랜잭션 타입이 종료인 이벤트에만 비용 정보가 포함되어 있다. Sue와 Mike는 같은 시간에 동일 케이스의 두 업무를 동시에 수행하고 있다는 것을 알 수 있다. 왜냐하면, Case 1의 *정밀 검사*와 *항공권 확인* 작업의 수행 시간이 겹치기 때문이다.

표 8.2는 이벤트 로그에 저장된 케이스의 속성 정보들을 보여준다. 이러한 속성들은 개별 이벤트가 아니라 해당 케이스에 전체에 관한 정보를 나타낸다(Definition 4.3 참조). Case 1은 고객 *Smith*의 보상 신청을 처리하기 위한 프로세스 인스턴스이다. 고객 id가 *9911*인 Smith는 *남부(south)* 시역에 사는 *골드(gold)* 고객이며, 그가 신청한 보상 금액은 € 989.50이다. Case 5와 Case 8 또한 Smith의 신청으로 인해 시작된다. Case 2는 *서부(west)* 지역에 사는 *실버(silver)* 고객인 Jones의 신청에 의해 시작된 프로세스 인스턴스이며, 보상 신청 금액은 € 546.00 유로이다.

각각의 이벤트는 대응되는 케이스의 속성 정보를 암묵적으로 가리키고 있다. 예를 들어 이벤트 35654483은 실버 고객인 Jones를 가리키는데, 이는 이 이벤트가 Case 2의 수행 과정에서 실행되기 때문이다. 제4장에서 이벤트 로그와 이벤트 속성들에 대한 개념을 정의하였다. 예를 들어 이벤트는 $e = 35654431$과 같이 표현되며, 이 이벤트의 속성 정보는 다음과 같이 표현된다. $\#_{case}(e) = 1$, $\#_{activity}(e) = Decision^1$, $\#_{time}(e) = \textit{06-01-2011:11.22}$, $\#_{resource}(e) = Sara$, $\#_{trans}(e) = complete$, $\#_{cost}(e) = 200$, $\#_{custid}(e) = 9911$, $\#_{name}(e) = Smith$, $\#_{type}(e) = gold$, $\#_{region}(e) = south$, $\#_{amount}(e) = 989.50$. 프로세스 도출 수행 시에는 이들 속성 중 대부분이 사용되지 않는다. 이 장에서 이러한 속성들을 활용하여 여러 가지 다른 관점을 포괄하는 통합된 모델을 어떻게 생성하는지 알아보기로 한다.

프로세스 마이닝 프로젝트의 첫 번째 단계는 분석 대상 프로세스에 대해 개괄적으로 파악하고, 이벤트 로그에서 데이터를 확보하는 것이다. 이른바 *도티드 차트(dotted chart)*는 프로세스에 대한 헬리콥터 관점을 제공한다[117]. 도티드 차트에서 각 이벤트는 그림 8.2에 제

[1] 작업의 이름을 영어로 표기: 판정(Decision)

표 8.1 이벤트 로그 예: 각 행은 하나의 이벤트에 대응됨

케이스 id	이벤트 id	속성				
		시간	작업	트랜잭션	작업자	비용
	35654423	30-12-2010:11.02	요청 등록	start	Pete	
	35654424	30-12-2010:11.08	요청 등록	complete	Pete	50
	35654425	31-12-2010:10.06	정밀 검사	start	Sue	
	35654427	31-12-2010:10.08	항공권 확인	start	Mike	
1	35654428	31-12-2010:10.12	정밀 검사	complete	Sue	400
	35654429	31-12-2010:10.20	항공권 확인	complete	Mike	100
	35654430	06-01-2011:11.18	판정	start	Sara	
	35654431	06-01-2011:11.22	판정	complete	Sara	200
	35654432	07-01-2011:14.24	보상 거절	start	Pete	
	35654433	07-01-2011:14.32	보상 거절	complete	Pete	200
	35654483	30-12-2010:11.32	요청 등록	start	Mike	
	35654484	30-12-2010:11.40	요청 등록	complete	Mike	50
	35654485	30-12-2010:12.12	항공권 확인	start	Mike	
	35654486	30-12-2010:12.24	항공권 확인	complete	Mike	100
2	35654487	30-12-2010:14.16	약식 검사	start	Pete	
	35654488	30-12-2010:14.22	약식 검사	complete	Pete	400
	35654489	05-01-2011:11.22	판정	start	Sara	
	35654490	05-01-2011:11.29	판정	complete	Sara	200
	35654491	08-01-2011:12.05	보상 지불	start	Ellen	
	35654492	08-01-2011:12.15	보상 지불	complete	Ellen	200
...	...	...	...	...	...	...

표 8.2 케이스들의 속성 정보 예

케이스 id	고객 id	고객명	타입	지역	금액
1	9911	Smith	gold	south	989.50
2	9915	Jones	silver	west	546.00
3	9912	Anderson	silver	north	763.20
4	9904	Thompson	silver	west	911.70
5	9911	Smith	gold	south	812.10
6	9944	Baker	silver	east	788.00
7	9944	Baker	silver	east	792.80
8	9911	Smith	gold	south	544.70
...	...	...	...	...	...

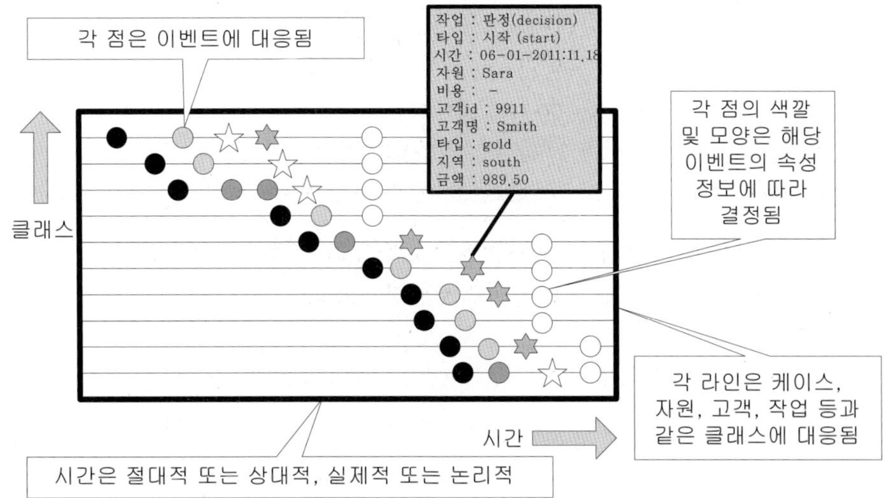

그림 8.2 도티드 차트 개요. 각 이벤트가 점으로 표시됨. 각 점의 위치, 색깔, 모양은 해당 이벤트의 속성 정보에 따라 결정된다

시된 2차원 평면 상의 한 점으로 표현된다. 가로축은 이벤트의 *시간*을 나타낸다. 세로축은 이벤트의 *클래스*를 나타낸다. 이벤트의 클래스를 결정하기 위해서 Definition 4.2에서 설명한 구분자(classifier)를 사용한다. 구분자란 어떤 이벤트의 속성들을 하나의 라벨(label)로 매핑해 주는 함수이며, $\underline{e}$는 이벤트의 *클래스*이다. 구분자의 예로 $\underline{e} = \#_{case}(e)$ (이벤트의 케이스 id), $\underline{e} = \#_{activity}(e)$ (작업의 이름), $\underline{e} = \#_{resource}(e)$ (자원(작업자)) 등이 있다. 또한 $\underline{e} = \#_{region}(e)$는 이벤트를 고객이 속한 지역으로 매핑하는 구분자가 된다.

그림 8.2에서 제시된 도티드 차트에서 각 라인은 클래스를 나타낸다. 예를 들어 만약 구분자 $\underline{e} = \#_{resource}(e)$가 사용된다면, 모든 라인은 자원에 해당한다. 이러한 라인 상의 여러 점들은 해당 클래스에 속하는 이벤트를 의미한다. 가령 이 경우는 특정 자원에 의해 수행되는 모든 이벤트들을 의미한다. 시간 차원은 *절대적*일 수도 있고, *상대적*일 수도 있다. 만약 시간 차원이 상대적이라면, 각 케이스의 첫 번째 이벤트는 시간 0일 때 발생한다. 따라서 어떤 점의 가로 위치는 같은 케이스의 첫 번째 이벤트 발생 시점으로부터 얼마나 지났는지에 따라 정해진다. 시간 차원은 *실제적*인 것일 수도 있으며, 또는 *논리적*인 것일 수도 있다. 실제적 시간을 기록하기 위해서 실제 타임스탬프가 사용된다. 논리적인 시간을 사용하는 경우 각 이벤트들이 실제 타임스탬프를 고려하지 않고 단순히 발생 순서대로 나열한다. 즉 이벤트의 발생 순서만 고려하여, 예를 들어 첫 번째 이벤트는 시점 0에, 두 번째 이벤트는 시점 1에 표시한다. 또한 논리적 시간은 절대적(로그 내에서의 이벤트의 순서)일 수도 있고, 상대적(각 케이스 내에서의 이벤트의 순서)일 수도 있다.

그림 8.2에서 보는 것과 같이 각 점의 모양과 색깔은 다른 속성들에 의해 결정될 수 있다. 즉, 각 점의 모양과 색깔에 대한 구분자를 정의할 수 있다. 예를 들어 $\underline{e} = \#_{case}(e)$라는 구분자가 사용되는 경우 각 라인은 케이스에 대응된다. 각 점의 모양은 자원을 나타내며, 점의 색깔은 작업의 이름을 의미하게 할 수 있다. 또한 모양은 고객의 유형(실버(silver) 또는 골드(gold))을

점의 색깔은 고객이 속한 지역(북쪽(north), 동쪽(east), 남쪽(south), 또는 서쪽(west))을 나타낼 수도 있다.

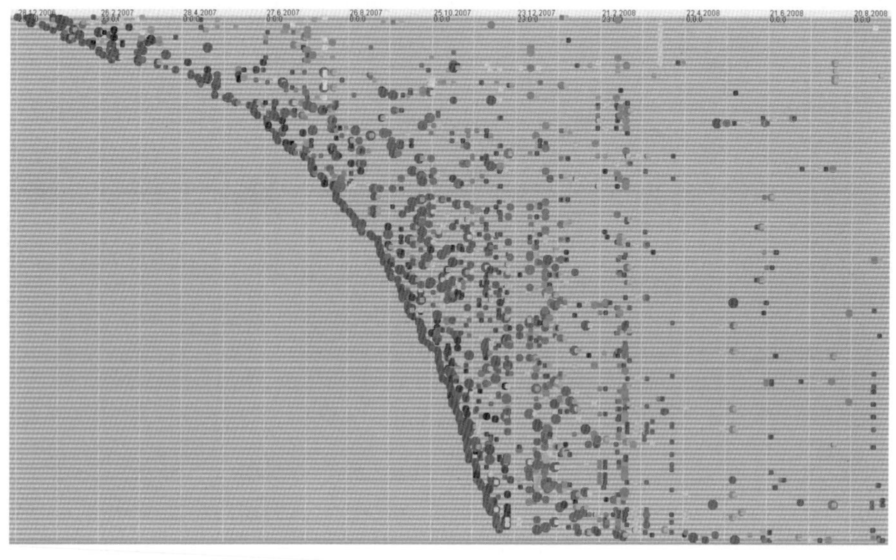

그림 8.3 네덜란드 주택 에이전시 프로세스의 도티드 차트. 절대적 시간을 사용하고 있으며, 시간이 경과함에 따라 신규 케이스의 유입이 증가하고 있음. 또한 어떤 시기에는 작업이 거의 이루어 지지 않음을 보여준다

그림 8.3과 그림 8.4는 실제 이벤트 로그에 기반한 두 개의 도티드 차트를 보여준다. 이 이벤트 로그는 네덜란드 주택 에이전시의 데이터베이스로부터 추출한 것이다. 이벤트 로그에는 208개의 케이스들과 74가지 작업 종류에 속하는 5,987개의 이벤트가 기록되어 있다. 각 케이스는 아파트와 같은 주거 단위(housing unit)를 가리킨다. 세입자가 현재의 임차를 해지하고자 할 때 케이스가 시작되며, 새로운 세입자가 그 주거지에 이사 오면 케이스가 종료된다. 두 그림 모두 각각 5,987개의 점을 포함하고, 구분자 $\underline{e} = \#_{case}(e)$가 사용되고 있다. 즉, 각 라인은 한 주거 단위에 대응된다. 각 점의 색깔은 작업의 종류를 의미하여, 이 그림에는 74가지 색깔이 사용되었다. 그림 8.3에서는 가로축은 절대적/실제적 시간이 사용되었다. 케이스들은 각 케이스의 첫 이벤트의 발생 시간에 따라 정렬되어 있다. 시작 이벤트에 의해서 형성되는 경계선은 곡선의 형태를 보이는데, 만약 신규 케이스들의 도착률이 일정하다면, 그림 8.3에 나타난 곡선이 아니라 직선이 된다. 그림 8.3에 표시된 곡선 형태의 경계선은 중반 이후에 케이스가 급증하고 있음을 보여준다. 또한 시간축에 이벤트들이 균등하지 않게 분포하고 있는 것을 볼 수 있어, 작업들이 거의 발생하지 않는 기간이 있음을 알 수 있다. 그림 8.4는 상대적/실제적 시간이 사용되고 있다. 이 그림을 보면 프로세스 처리 시간(flow time)이 매우 다양한 편차를 보이고 있음을 알 수 있다. 약 45%의 케이스들이 150일 이내에 처리되는 반면, 약 10% 정도의 케이스들은 1년 이상 걸린다.

도티드 차트는 다른 각도에서 프로세스를 조망할 수 있는 매우 강력한 도구이다. 모든 이벤트를 한 눈에 볼 수 있으면서도 클래스, 색깔, 모양, 시간 등과 같이 다양한 관점을 동시

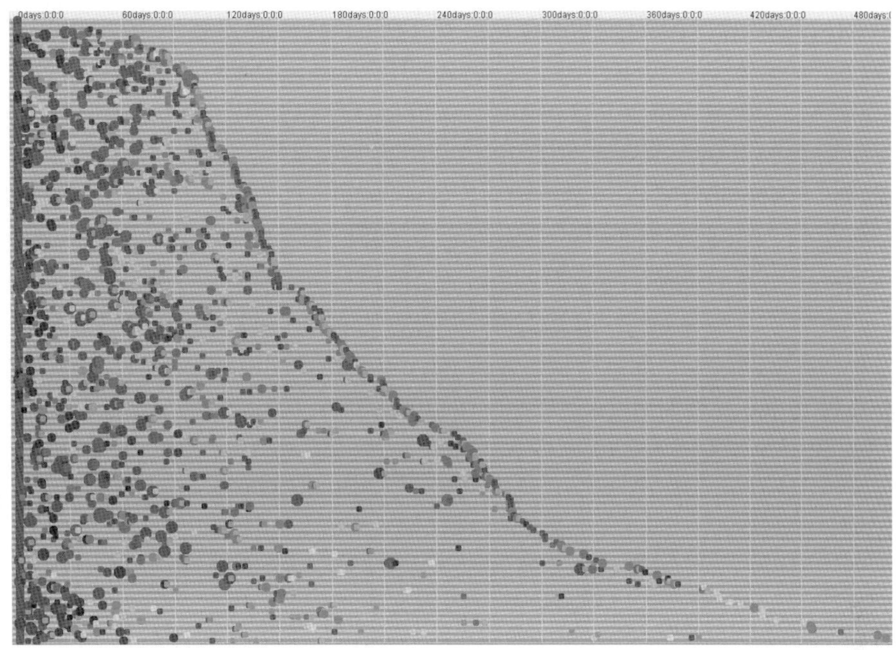

그림 8.4 상대적 시간을 사용하여 작성한 네덜란드 에이전시 프로세스의 도티드 차트. 모든 케이스가 시간 0에서 시작함. 이 도표는 프로세스 처리 시간의 편차가 크다는 것을 보여줌. 일부 케이스는 몇 일 내에 처리되지만, 어떤 케이스는 1년 이상 걸리기도 한다

에 살펴 볼 수 있다. 또한 줌인을 통해 구체적인 패턴을 조사할 수 있다. 예를 들어 식별자 $\underline{e} = \#_{resource}(e)$가 사용되는 경우, 어떤 자원이 오랜 기간 동안 비활성화 상태에 있으면 이를 즉각적으로 파악할 수 있다.

본 절에 제시된 도티드 차트에서는 타임스탬프를 사용하여 가로축에 이벤트를 정렬하고 있다. [37]에 제시된 것과 같이 시간이 아니라 문맥에 따라 이벤트를 정렬하는 것도 가능하다. 결과적으로, 이벤트 로그에서 반복되는 패턴이 정렬되어, 프로세스 모델을 구축하지 않고서도 공통의 행위(behavior)와 편차(deviation)를 쉽게 확인할 수 있다. 이런 패턴들을 식별함으로써 이벤트 로그에서 포착된 “원래 그대로의(raw)” 행위를 보다 잘 이해할 수 있다. 제4장에서 살펴 본 것과 같이 이벤트 로그에는 경영진이 전혀 관심을 갖지 않는 하위 수준의 이벤트들이 많이 포함되어 있다. 이들 하위 수준의 이벤트들을 이해관계자에게 의미 있는 이벤트로 결합해 내는 것이 중요하다. 그러므로 도티드 차트를 사용하여 이벤트 로그를 시각적으로 살펴본 다음 이벤트 로그에 대한 사전 처리 작업을 수행하는 경우가 많다. 하위 수준의 이벤트 로그를 사전 처리하기 위한 여러 가지 접근법이 존재한다. 예를 들어, 빈번하게 나타나는 하위 수준의 패턴들은 비즈니스 수준에서의 작업을 나타내는 이벤트로 추상화할 수 있다[35]. 작업 기반의 필터링 기법을 사용하여 이벤트 로그를 사전 처리할 수도 있다. 제12장과 제13장에서 이 기법에 대해 자세히 알아보기로 한다.

도티드 차트는 *시각적 분석* 기법의 한 예로 볼 수 있다. 시각적 분석 기법은 대규모 데이터셋의 패턴과 경향을 시각적으로 식별해 내는 인간의 놀라운 능력을 활용하는 기법이다. 그림

8.3에는 거의 6천 개의 이벤트가 포함되어 있지만, 패턴, 경향, 불규칙성 등을 한 눈에 파악할 수 있다.

제 8.3 절 조직 마이닝

조직 마이닝은 *조직 관점*에 초점을 두고 있다[18, 118]. 일반적으로 *조직 마이닝*의 시작점은 거의 모든 이벤트 로그에 포함된 $\#_{resource}(e)$ 속성이다. 표 8.3은 각 이벤트마다 하나의 자원 속성이 존재하는 이벤트 로그의 일부를 보여준다. 표에서 보는 바와 같이 모든 종료 이벤트들에서 어떤 자원이 해당 작업을 수행하였는지를 추출하여 제시하고 있다. 이 이벤트 로그는 제1장에서 살펴 본 프로세스 모델에 기초한 것이다. 이러한 정보를 활용하여 사람, 기기, 조직 구조(역할 및 부서), 업무 분포, 작업 패턴 등을 보다 잘 이해할 수 있도록 해 주는 기법이 존재한다.

표 8.3 각 이벤트의 자원 속성을 강조하는 이벤트 로그의 간략한 표현 (a = *요청 등록*, b = *정밀 검사*, c = *약식 검사*, d = *항공권 확인*, e = *판정*, f = *요청 재검토*, g = *보상 지불*, h = *보상 거절*)

케이스 id	자취
1	$\langle a^{Pete}, b^{Sue}, d^{Mike}, e^{Sara}, h^{Pete} \rangle$
2	$\langle a^{Mike}, d^{Mike}, c^{Pete}, e^{Sara}, g^{Ellen} \rangle$
3	$\langle a^{Pete}, c^{Mike}, d^{Ellen}, e^{Sara}, f^{Sara}, b^{Sean}, d^{Pete}, e^{Sara}, g^{Ellen} \rangle$
4	$\langle a^{Pete}, d^{Mike}, b^{Sean}, e^{Sara}, h^{Ellen} \rangle$
5	$\langle a^{Ellen}, c^{Mike}, d^{Pete}, e^{Sara}, f^{Sara}, d^{Ellen}, c^{Mike}, e^{Sara}, f^{Sara}, b^{Sue}, d^{Pete}, e^{Sara}, h^{Mike} \rangle$
6	$\langle a^{Mike}, c^{Ellen}, d^{Mike}, e^{Sara}, g^{Mike} \rangle$
...	...

표 8.3에 제시된 이벤트 로그를 분석하여 자원과 작업 사이의 관계를 분석할 수 있다. 표 8.3는 각 자원별로 케이스 당 평균 작업 수행 횟수를 보여주고 있다. 예를 들어 작업 a는 각 케이스별로 정확히 1번 수행된다(첫 번째 칼럼의 합계를 구하면 됨). 이 작업을 수행하는 작업자는 Pete, Mike, Ellen이다. 30%의 케이스에서 Pete가 작업 a를 수행하고, 50%의 케이스에서는 Mike가, 20%의 케이스에서는 Ellen이 수행한다. 작업 e와 작업 f는 항상 Sara가 수행한다. 작업 e는 평균적으로 케이스 당 2.3회 실행된다. 이 이벤트 로그는 그림 1.1에 제시된 프로세스 모델과 부합한다. 그러므로 어떤 케이스에서는 작업 e가 단 한 번 실행되며, 어떤 케이스에서는 작업 e가 여러 번 반복해서 실행된다(평균 2.3회 실행됨). 작업 f는 평균 1.3회 실행된다. 즉, 작업 b, c, d, e, f로 구성된 프로세스 중간 부분이 대부분의 케이스에서 반복하여 실행되는 것을 알 수 있다. 표 8.3의 Case 5를 살펴보면, 이 케이스에서 작업 e가 세 번 실행되고, 작업 f는 두 번 실행된다.

표 8.4 작업자별 케이스 당 평균 작업 수행 횟수를 보여주는 자원-작업 행렬

	a	*b*	*c*	*d*	*e*	*f*	*g*	*h*
Pete	0.3	0	0.345	0.69	0	0	0.135	0.165
Mike	0.5	0	0.575	1.15	0	0	0.225	0.275
Ellen	0.2	0	0.23	0.46	0	0	0.09	0.11
Sue	0	0.46	0	0	0	0	0	0
Sean	0	0.69	0	0	0	0	0	0
Sara	0	0	0	0	2.3	1.3	0	0

8.3.1 소셜 네트워크 분석

사회지학(sociography)이라고도 하는 *소셔메트리(sociometry)*는 개인 간 상호 관계를 그래프나 행렬 형식으로 표현하는 방법을 말한다[122]. 소셔메트리라는 용어는 Jacob Levy Moreno에 의해 등장하였다. 그는 이미 1930년 대에 학교의 거주 공간에 학생을 보다 잘 배정하기 위해 이러한 기법을 사용하였다. 최근까지도 소셔메트리를 위한 데이터로 인터뷰 및 설문조사 자료를 많이 사용하였다. 그러나 방대한 전자 자료의 활용이 가능해짐에 따라 새로운 방식의 데이터 수집이 가능해졌다.

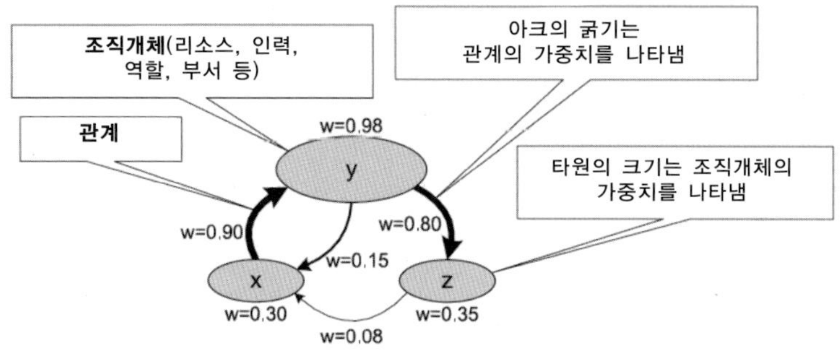

그림 8.5 조직 개체를 나타내는 노드와 관계를 나타내는 아크로 구성된 소셜 네트워크. 노드와 아크 모두 가중치를 가짐. 가중치는 "$w = \ldots$"으로 표시되어 있으며, 노드의 크기로도 표현됨

여기서는 그림 8.5에 제시된 것과 같은 *소셜 네트워크(social networks)*에 한정해서 논의를 진행하기로 한다. 이 그림에 제시된 소셜 네트워크의 노드는 조직 개체(organizational entity)에 해당한다. 항상 그런 것은 아니지만, 로그 데이터에서 도출된 자원과 조직 개체(노드) 사이에는 보통 일대일 대응 관계가 있다. 그림 8.5에서 노드 x, y, z는 사람을 가리킬 수도 있으며, 역할, 그룹, 부서와 같은 집합적 조직 개체를 의미할 수도 있다. 소셜 네트워크에서 아크는 조직 개체 사이의 관계를 나타낸다. 아크와 노드는 *가중치(weight)*를 가질 수 있는데, 이는 해당 아크 또는 노드의 중요도를 나타낸다. 예를 들면 이 예제에서 노드 y가 노드 x나 z보다 더 중요한데, 노드의 크기로 해당 노드의 중요도가 표현되어 있다. 또한 표시된 아크의 굵기를 통해 노드 x와 y 사이의 관계가 노드 z와 x 사이의 관계보다 훨씬 더 강력하다는 것을 알 수 있

다. 중요도의 의미는 소셜 네트워크의 종류에 따라 달라질 수 있다. 추후에 "중요도" 개념을 설명하는 몇 가지 예를 살펴보기로 한다.

간혹 *거리(distance)*라는 용어를 사용하기도 하는데, 거리는 아크의 가중치와는 역(inverse)의 개념이다. 두 조직 개체 사이의 거리가 가까울수록 두 개체를 연결하는 아크의 가중치가 높아진다. 만일 노드 x와 y 사이의 거리가 먼 경우에는 해당 아크의 가중치 값은 작으며, 소셜 네트워크 상에서 아크가 존재하지 않을 수도 있다.

소셜 네트워크를 분석하고, 이러한 다이어그램에서 개별 노드의 역할을 특징짓기 위해 아주 다양한 측정지표(metric)가 정의된 바 있다[122]. 예를 들어 만일 다른 모든 노드들이 어떤 한 노드와 가까이 있고 모든 측지적 경로(geodesic path), 즉 그래프 상의 최단 경로들이 모두 이 노드를 경유한다면, 분명히 이 노드는 거미줄 상의 거미와 같이 가장 중심에 위치한 노드일 것이다. 이와 같이 직관적인 개념인 *중심성(centrality)*에 대한 여러 가지 측정 지표가 존재한다. Bavelas–Leavitt 중심성 지수는 그래프 상의 측지적 경로에 기초한 잘 알려진 중심성 측정지표이다. i를 노드라고 하고 노드 j에서 노드 k까지의 측지적 거리를 $D_{j,k}$라고 하면, Bavelas–Leavitt 중심성 지수는 $BL(i) = (\sum_{j,k} D_{j,k})/(\sum_{j,k} D_{j,i} + D_{i,k})$로 정의된다. 이 지수는 모든 측지적 거리의 합을 노드 i로부터 나가고 들어오는 모든 측지적 거리의 합으로 나눈 것이다. 중심성과 관련한 또 다른 측정지표에는 *접근도(closeness)*와 *사이도(betweenness)*가 있다. 접근도는 주어진 노드로 들어오는 모든 측지적 거리의 합의 역수로 계산된다. 사이도는 주어진 노드를 경유하는 측지적 경로의 개수에 기반한 비율을 말한다[18, 122]. 여기서 거리는 아크 가중치의 역으로 볼 수 있다는 점을 상기하자.

중심성과 같이 전체 소셜 네트워크 내에서 한 조직 개체(예, 작업자)의 위치를 분석하는 지표가 있고, 연결도(degree of connectedness)와 같이 전체 네트워크를 설명해 주는 측정지표도 있다. 또한 외부 개체와는 별로 연결되지 않으며, 자신들끼리 강하게 연결되어 있는 개체 그룹인 *소집단(clique)*을 식별하기 위한 기법도 있다.

표 8.5 작업자 간 평균 업무 전달 횟수를 보여주는 업무 전달 행렬

	Pete	Mike	Ellen	Sue	Sean	Sara
Pete	0.135	0.225	0.09	0.06	0.09	1.035
Mike	0.225	0.375	0.15	0.1	0.15	1.725
Ellen	0.09	0.15	0.06	0.04	0.06	0.69
Sue	0	0	0	0	0	0.46
Sean	0	0	0	0	0	0.69
Sara	0.885	1.475	0.59	0.26	0.39	1.3

분명히 $\#_{resource}(e)$ 속성이 있는 이벤트 로그는 소셜 네트워크 분석을 위한 훌륭한 정보를 제공한다. 예를 들어, 이벤트 로그를 분석하여 특정 업무가 한 자원으로부터 다른 자원으로 전달된 횟수를 알 수 있다. $\langle a^{Pete}, b^{Sue}, d^{Mike}, e^{Sara}, h^{Pete} \rangle$와 같은 자취를 따르는 Case 1 사례를 살펴보자. 작업 a가 종료되고 나서 Pete로부터 Sue와 Mike로 일이 분명 전달된다. 작업 b와 d가 동시에 수행되기 때문에 Sue는 Mike에게 업무를 전달하지 않는다. 그러나 작업 e가 b와

*d*로부터 입력을 요구하기 때문에 Sue와 Mike는 Sara에게 업무를 전달한다. 마지막으로 Sara는 Pete에게 업무를 전달한다. 그러므로 여기서는 다음과 같이 총 다섯 번의 업무 전달이 발생한다: (a^{Pete}, b^{Sue}), (a^{Pete}, d^{Mike}), (b^{Sue}, e^{Sara}), (d^{Mike}, e^{Sara}), (e^{Sara}, h^{Pete}). 표 8.5는 각 자원 사이의 평균 업무 전달 횟수를 보여준다. 예를 들어 Mike는 Sara에게 빈번하게 업무를 전달하고 있다. 이 표에 의하면 케이스 당 평균 1.725회 업무를 전달하고 있다. Sue와 Sean은 작업 *b*만 수행하기 때문에 Sara에게만 업무를 전달하고 있다. 도출된 프로세스 모델이 소셜 네트워크를 구축하는 과정에서 활용된다는 점을 주목하자. 프로세스 모델에서의 인과 관계(causal dependency)를 사용하여 이벤트 로그에서의 전달 횟수를 계산한다. 이런 식으로 "실제적" 업무 전달만 집계된다. 다시 말해 동시에 수행되는 작업들도 서로 순서 관계가 있을 수 있으나 이를 업무 전달 횟수에 반영하지는 않는다.

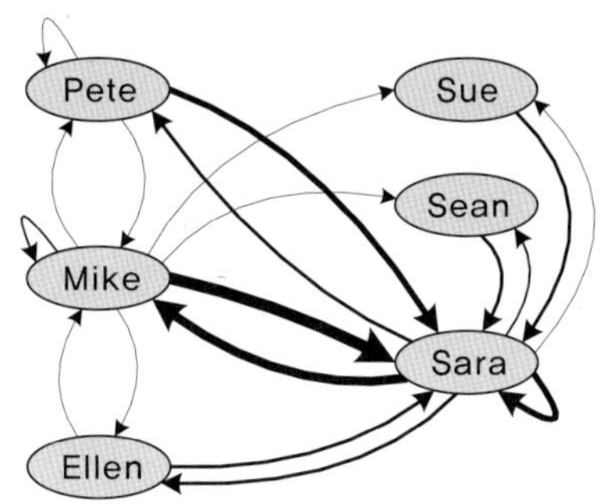

그림 8.6 개별 작업자 수준에서의 업무 전달에 기초하여 작성한 소셜 네트워크(임계값은 0.1로 설정). 아크의 굵기는 작업자 간 업무 전달 빈도를 나타낸다

표 8.5를 통해 소셜 네트워크를 도출할 수 있다. 0이 아닌 모든 셀은 "업무 전달 관계"를 나타낸다. 소셜 네트워크를 시각화할 때에 일반적으로 임계값이 사용된다. 임계값을 0.1로 설정하여 소셜 네트워크를 구축하면 그림 8.6과 같은 소셜 네트워크를 도출할 수 있다. 0.1 이상의 모든 셀들이 소셜 네트워크에서 아크로 표시된다. 그림을 간결하게 만들기 위해 노드에는 가중치를 고려하지 않고 아크에만 가중치를 고려하였다. 이 그림에 제시된 것처럼 Mike와 Sara 사이에 강한 연결 관계가 존재한다. Mike로부터 Sara에게 케이스 당 평균 1.725회 업무가 전달되고, Sara로부터 Mike에게 평균 1.475회 업무가 전달된다. 이러한 소셜 네트워크를 통해 조직 내에서의 업무 흐름을 분명히 파악할 수 있다. 또한 소셜 네트워크를 사용하여 Bavelas–Leavitt 중심성 지수를 계산할 수도 있다. 이와 같은 분석을 통해 Sara와 Mike가 소셜 네트워크 상에서 가장 중심에 위치하고 있다는 것을 알 수 있다.

소셜 네트워크의 노드는 조직 개체에 해당한다. 그림 8.6에서 노드로 표현된 조직 개체는 개별 자원을 의미한다. 그러나 부서, 팀, 역할 등과 같은 수준에서 소셜 네트워크를 구축하는 것 또한 가능하다. 예를 들어 *Assistant(조수)*, *Expert(전문가)*, *Manager(관리자)*라는 세 가지 역할이 있다고 하자. Pete, Mike, Ellen의 역할은 *Assistant*이고, Sue와 Sean의 역할은 *Expert*이다. Sara는 유일하게 *Manager* 역할을 수행한다. 추후에 이벤트 로그에 빈번하게 나타나

표 8.6 역할 수준에서의 업무 전달 행렬

	Assistant	Expert	Manager
Assistant	1.5	0.5	3.45
Expert	0	0	1.15
Manager	2.95	0.65	1.3

는 패턴에서 이러한 역할들이 도출될 수 있음을 설명할 것이다. 이러한 정보는 일반적으로 정보시스템에서 파악할 수 있다. 이제 역할 수준에서 업무 전달의 횟수를 계산할 수 있다. 자취가 $\langle a^{Pete}, b^{Sue}, d^{Mike}, e^{Sara}, h^{Pete} \rangle$인 Case 1을 다시 살펴보자. 역할 정보를 사용하여 이 케이스의 자취를 $\langle a^{Assistant}, b^{Expert}, d^{Assistant}, e^{Manager}, h^{Assistant} \rangle$로 다시 작성할 수 있다. 이 자취에서도 다섯 번의 업무 전달이 발생한다. *Assistant*로부터 *Expert*의 업무 전달 $(a^{Assistant}, b^{Expert})$, *Assistant*로부터 *Assistant*의 업무 전달 $(a^{Assistant}, d^{Assistant})$, *Expert*로부터 *Manager*로의 업무 전달 $(b^{Expert}, e^{Manager})$, *Assistant*로부터 *Manager*로의 업무 전달 $(d^{Assistant}, e^{Manager})$, *Manager*로부터 *Assistant*로의 업무 전달 $(e^{Manager}, h^{Assistant})$이 각각 한 번씩 나타난다. 표 8.6은 케이스 당 이러한 업무 전달이 평균 몇 회 발생하는가를 보여준다. 이 표에 제시된 행렬은 소셔메트리 정보를 포함하고 있으며 그림 8.7과 같은 소셜 네트워크로 변환 가능하다.

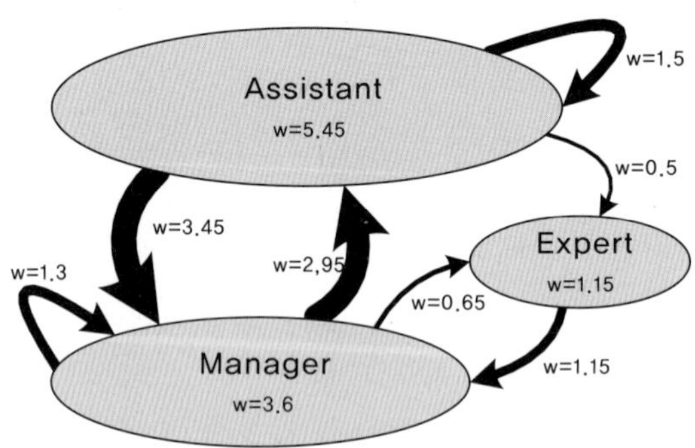

그림 8.7 역할 수준에서의 업무 전달에 기반하여 작성한 소셜 네트워크. 각 노드의 가중치는 해당 역할을 갖는 자원이 작업을 수행하는 횟수에 의해 계산됨. 각 아크의 가중치는 케이스 당 역할 간 평균 업무 전달 발생 횟수에 따라 계산된다

그림 8.7에 제시된 소셜 네트워크에는 노드와 아크에 가중치가 표시되어 있다. 그림에서 가중치 값은 시각적으로 확인할 수 있다. 예를 들어 그림에서 *Assistant* 역할이 가장 큰 노드인데, 이 노드의 가중치는 5.45이다. 노드의 가중치는 해당 역할에 의해 실행된 작업의 평균 개수를 가리킨다. *Expert* 역할의 가중치는 1.15에 불과하다. 이는 *Expert* 역할을 갖는 Sue와 Sean 모두 작업 *b*만 수행하는 데, 이 작업은 케이스 당 평균 1.15회 실행되기 때문이다. 아크의 가중치는 표 8.6으로부터 직접 가져 왔으며, 분명히 *Assistant* 역할과 *Manager* 역할 사이의 업무 전달이 가장 빈번하다.

업무 전달 횟수를 집계하는 방법은 이벤트 로그에서 소셜 네트워크를 구축하는 여러 방법 가운데 하나이다. [18]에는 다양한 유형의 소셜 네트워크들이 제시되어 있다. 예를 들어 두 자원이 동일 케이스에서 단순히 몇 번이나 같이 작업하였는지를 집계하여 소셜 네트워크를 작성할 수도 있다. 다시 말해 두 자원이 공통의 케이스를 대상으로 자주 함께 작업하는 경우에 이들 두 노드가 강한 연관성을 갖는다. 표 8.3를 사용하여 두 자원 간 *유사도*를 계량화할 수도 있다. 자원-작업 행렬에서 각 행은 어떤 자원의 *프로파일(profile)* 정보로 간주할 수 있다. 이러한 벡터는 특정 자원과 관련한 특성을 설명한다. 예를 들어 Pete는 프로파일 $P_{Pete} = (0.30, 0.0, 0.345, 0.69, 0.0, 0.0, 0.135, 0.165)$를 갖고, Mike가 프로파일 $P_{Mike} = (0.5, 0.0, 0.575, 1.15, 0.0, 0.0, 0.225, 0.275)$, Sara가 프로파일 $P_{Sara} = (0.0, 0.0, 0.0, 0.0, 2.3, 1.3, 0.0, 0.0)$을 갖는다. 분명히 P_{Pete}와 P_{Mike}는 매우 유사한 반면, P_{Pete}와 P_{Sara}는 그렇지 않다. 두 프로파일 사이의 거리는 잘 알려진 거리 측정지표인 *민코스키(Minkowski) 거리*, *해밍(Hamming) 거리*, *피어슨 상관계수(Pearson's correlation coefficient)* 등을 사용하여 측정할 수 있다. *k-means 군집화* 및 *병합형 계층 군집화(agglomerative hierarchical clustering)*와 같은 군집화 기법을 사용하여 유사한 자원들을 프로파일에 기반하여 그룹화할 수 있다(3.3절 참조). 동일 클러스터에 속하는 두 자원 또는 거리가 가까운 두 자원은 강한 연관성을 갖는 반면, 서로 다른 클러스터에 속하는 자원 또는 서로 멀리 떨어져 있는 자원들은 소셜 네트워크에서 유의한 연관성을 갖지 않는다.

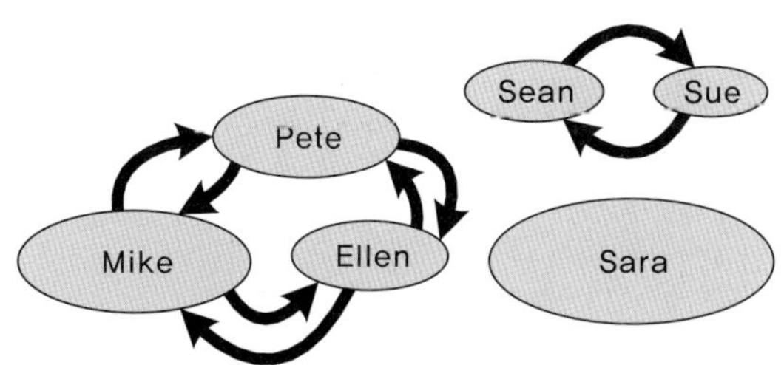

그림 8.8 자원 프로파일의 유사도에 기초한 소셜 네트워크. 유사한 집합의 작업을 실행하는 자원들이 상호 연관되어 있다. Sara는 작업 e와 f를 실행하는 유일한 자원이다. 그러므로 Sara는 다른 자원들과는 연결되지 않음. 재귀적 반복 구조(self-loop)는 유의미한 정보를 포함하지 않으므로 표시하지 않는다

표 8.3에 제시된 자원-작업 행렬에서 어떠한 거리 측정지표 또는 군집화 기법이 사용되는지는 중요하지 않다. 어떤 방법을 사용해도 Pete, Mike, Ellen이 매우 유사하며, 따라서 유사도에 기초한 소셜 네트워크에서 강한 연관성을 갖는다는 것을 알 수 있다. 마찬가지로 Sue와 Sean도 유사도에 기초한 소셜 네트워크에서 강한 연관성을 갖는다. Sara는 이들 두 그룹과는 확실히 다른 자원이다. 그림 8.8은 유사도에 기초한 소셜 네트워크를 보여준다. 이 그림에서 전에 언급한 세 가지 역할(*Assistant*, *Expert*, *Manager*)을 분명히 확인할 수 있다. 그러나 여기서 역할은 자원의 프로파일에 기반하여 도출한 것이다.

8.3.2 조직 구조 도출

자원의 행위는 *프로파일*, 즉 해당 자원에 의해 얼마나 자주 각 작업가 수행되는지를 표현하는 벡터로 특징지을 수 있다. 이러한 프로파일을 사용함으로써, 유사한 자원을 찾아 내기 위해서 다양한 군집화 기법을 활용할 수 있다. 그림 8.8은 6개 자원의 프로파일 유사도에 기초하여 세 가지 역할을 도출하는 사례를 제시하고 있다. 3.3절에서 *k*-means 군집화 기법과 병합형 계층 군집 기법을 소개한 바 있다. *k*-means 군집화 기법에서는 클러스터의 개수가 먼저 결정된다. 병합형 계층 군집 기법에서는 원하는 수준에 따라 가변적인 클러스터 개수를 허용하는 덴드로그램이 생성된다. 부가적인 가용 정보가 있다면 군집화를 수행하기 전에 권한, 연봉, 나이 등과 같은 자원의 추가 특징들을 프로파일에 추가할 수도 있다. 자원을 그룹으로 군집화한 다음, 이들 그룹을 프로세스에 속한 작업들과 연결할 수 있다. 그림 8.9는 앞에서 도출된 역할을 사용하여 구한 최종 분석 결과를 보여준다.

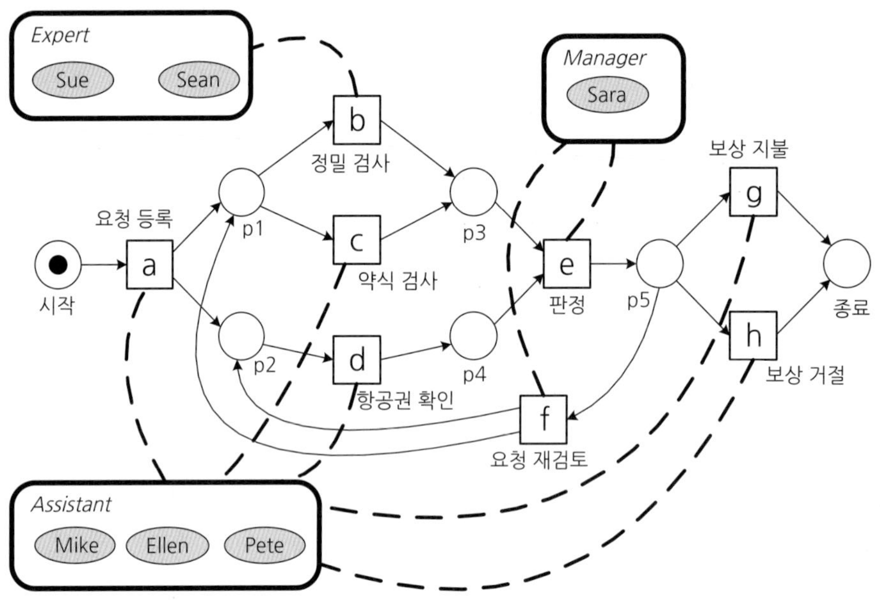

그림 8.9 이벤트 로그에서 도출된 조직 모델

그림 8.9에 제시된 예제에서는 세 가지 역할(*Assistant*, *Expert*, *Manager*)이 자원 집합을 분할하고 있다. 그러나 이런 경우가 일반적인 것은 아니다. 다시 말해 한 자원이 여러 역할을 가질 수도 있다. 예를 들어 어떤 자원이 컨설턴트이면서 팀장일 수도 있다. 또한 이 그림의 예에서는 각 작업이 정확히 하나의 역할에 대응하고 있는데, 이 또한 항상 그럴 필요는 없다. 그림 8.10은 좀 더 일반적인 상황을 나타내고 있다.

그림 8.10에 제시된 가상의 조직 모델은 프로세스 모델과 연결되어 있으며, 이벤트 로그에 있는 자원과도 연결된다. 여기에는 $oe1, \ldots, oe8$이라는 총 8개의 조직 개체가 존재한다. 제시된 조직 모델은 계층적인 구조이다. 다시 말해 $oe4$에는 자원 $r5$뿐만 아니라 하위 조직 개체

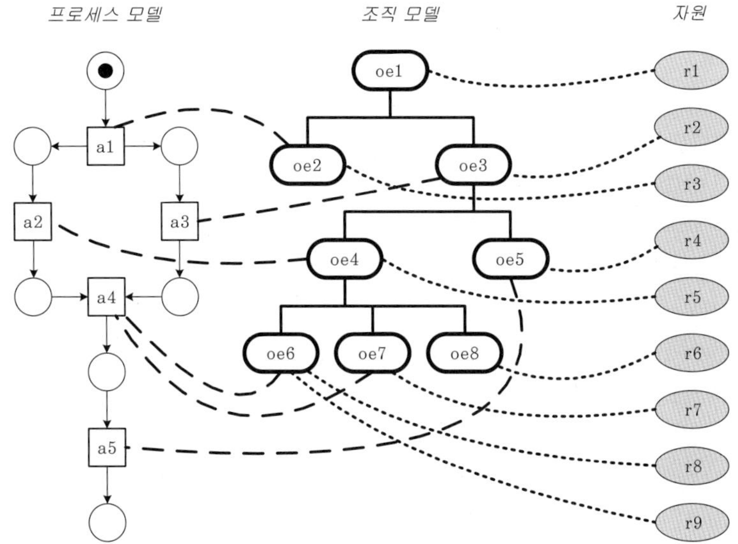

그림 8.10 도출된 조직 개체들을 통해 프로세스 모델의 작업들과 자원들이 연결되었다

*oe*6, *oe*7, *oe*8 의 모든 자원이 포함된다. 그러므로 조직 개체 *oe*4에는 다섯 가지 자원 *r*5, *r*6, *r*7, *r*8, *r*9가 속한다. 루트 노드인 조직 개체 *oe*1에는 9가지 자원이 모두 포함된다. 병합형 계층 군집 기법을 사용하여 자원을 군집화 하는 경우 자동적으로 이러한 계층 구조가 생성된다. 3.3절의 그림 3.7은 병합형 계층 군집 기법을 사용하여 어떻게 덴드로그램이 생성되는지 보여준다. 또한 그림 3.8은 모든 가로 라인이 어떻게 계층구조 상에서의 수준을 정의하는지 보여준다. 덴드로그램을 그림 8.10에 제시된 계층적 조직 구조로 변환하는 것은 매우 간단한 작업이다.

그림 8.10에서 작업 *a*1은 오직 자원 *r*3에 의해서만 수행 가능하지만, 작업 *a*2는 *r*5, *r*6, *r*7, *r*8, 또는 *r*9에 의해 수행될 수 있다. 조직 마이닝에 대한 보다 상세한 내용은 [118]을 참조하기 바란다.

8.3.3 자원 행위 분석

그림 8.10에서 작업, 조직 개체, 자원이 서로 어떻게 연관되는지를 보여주고 있다. 로그 데이터의 이벤트들이 작업과 자원을 가리키고 있기 때문에, 이벤트 로그로부터 추출한 성과 지표가 모델에 투영될 수 있다. 이벤트는 간접적으로 조직 개체 또한 가리키고 있다. 예를 들면 빈도가 작업, 조직 개체, 자원에 투영될 수 있다. 자원 *r*5가 지난 달에 150개의 작업을

수행하였는데, 작업 *a*2를 100회, 작업 *a*3를 50회 실시[2]하였다는 것을 파악할 수 있다. 이러한 정보를 종합함으로써 조직 개체 *oe*4가 동일 기간에 300회 수행하였다는 것을 추론[3]할 수 있다.

표 8.3에서는 트랜잭션 유형 정보인 인스턴스의 시작과 종료를 고려하지 않았다. 대부분의 로그에는 이 정보가 포함되어 있다. 예를 들어 표 8.1에 제시된 이벤트 로그에도 각 작업 인스턴스의 시작과 종료라는 트랜잭션 유형 정보가 포함되어 있다. 심지어 어떤 로그에는 언제 작업자에게 개별 작업 인스턴스가 할당되는지와 같은 정보도 포함되어 있다. 만일 그러한 이벤트가 기록되어 있다면 그림 8.10과 같은 다이어그램에서 상세한 시간 관련 정보 또한 보여줄 수 있다. 예를 들어 자원의 가동률(utilization) 및 응답 시간을 보여줄 수도 있다.

이벤트 로그에 정확한 타임스탬프 및 트랜잭션 유형 정보를 포함한 고품질 정보가 기록되어 있는 경우 자원의 행위를 상세하게 분석할 수 있다[4]. 물론 프라이버시 이슈가 중요하다. 그러나 상세한 분석을 수행하기 전에 이벤트 로그를 익명화할 수 있다. 더욱이 대부분의 조직에서 이러한 분석을 개인 수준에서 실시하기보다는 종합적 수준에서 실시하는 경우가 많다. 예를 들어 2.1절에서 작업자의 업무 부하와 성과의 관계를 설명해 주는 여키스-도슨(Yerkes-Dodson)의 각성 법칙(law of arousal)에 대해 언급한 바 있다. 이 법칙은 사람들이 업무 부하가 증가할수록 더 빨리 일한다는 것을 가정하고 있다. 만일 이벤트 로그에 정확한 타임스탬프와 트랜잭션 유형 정보가 기록되어 있다면 이러한 현상을 관찰적 방법으로 쉽게 조사할 수 있다. 이벤트 로그를 스캔함으로써 모든 작업 인스턴스의 수행 시간을 알 수 있고, 작업 인스턴스가 특정 자원에 의해 수행될 때 업무 부하가 어느 정도였는지도 쉽게 파악할 수 있다. 회귀 분석이나 의사결정나무 분석과 같은 지도 학습법을 사용하여 상이한 업무 부하가 서비스 및 응답 시간에 미치는 영향을 측정할 수 있다. 더 자세한 내용은 [4]를 참고하기 바란다.

프라이버시와 익명화

이벤트 로그에는 민감한 정보 또는 개인적인 정보가 저장되어 있다. 각 이벤트는 고객 및 직원의 행동과 속성 정보를 참조한다. 예를 들어 병원에 프로세스 마이닝 기법을 적용하는 경우 데이터 프라이버시를 보장하는 것이 중요하다. 환자에 대한 정보가 승인되지 않은 자에 의해 사용되어서는 안 된다. 또한 데이터 공개 시, 치료와 관련한 이벤트 정보를 의도치 않은 방식으로 활용해서도 곤란할 것이다. 프로세스 마이닝의 도전과제는 개인을 식별할 수 있는 정보를 보호하고 민감한 데이터를 유출하지 않으면서, 이벤트 로그를 사용하여 프로세스와 정보시스템을 개선하는 것이다. 그러므로 대부분의 이벤트 로그에는 *익명화된* 속성값이 저장되어 있다. 예를 들어 어떤 질문에 대한 답을 구하는데 있어 고객이나 직원의 이름을 정확히 알 필요가 없는 경우가 많다. 속성 정보를 익명화하기 위해서 원래의 속성값을 새로운 속성값으로 매핑한다. 이렇게 함으로써 실제 속성값을 몰라도 어떤 이벤트의 속성을 다른 이벤트의 속성과 상호 연계할 수 있다. 가령 "Wil van der Aalst"라는 이름을 모두 "Q2T4R5R7X1Y9Z"로 매핑하여 기록한다.

---

[2] 그림 8.10에서 *r*5는 *oe*4에 포함되어 있고, *oe*4의 상위에 *oe*3가 있어, *r*5는 *oe*3에 연결된 작업 *a*3 수행 가능

[3] *oe*4에 속한 *r*5가 작업 *a*2와 *a*3를 수행하여, 두 작업 모두 *oe*4가 수행하는 것으로 생각하면, 총 150개 케이스를 고려할 때 병렬 작업으로 300회 수행(한 케이스에서 동일인이 작업 *a*2와 *a*3를 수행 불가한 것으로 가정)

원래의 속성값을 익명화된 속성값으로 매핑하고 나서 거꾸로 원래의 속성값을 구해 내는 것이 쉽지 않도록 또는 심지어 불가능하도록 해야한다. 여러 상이한 데이터 소스를 결합함으로써 익명화된 데이터를 비익명화할 수도 있다. 예를 들어 어떤 여성의 생일과 자녀의 생일 정보를 바탕으로 개인을 추적할 수가 있다. 그러므로 "익명화된 데이터" 또한 신중하게 다루어야 한다.

프로세스 마이닝 기법은 *새로운* 데이터를 생성하지 않는다는 것을 주목할 필요가 있다. 이벤트 로그에 저장된 정보는 다른 데이터베이스 및 감사 기록으로부터 가져 온 것이다. 따라서 프라이버시 및 정보보호 이슈는 프로세스 마이닝 기법을 적용하기 전에도 이미 존재하는 것이다. 그럼에도 불구하고 데이터 및 프로세스 마이닝 기법을 활발하게 사용하게 되면 데이터 오남용 리스크가 증가한다. 따라서 이벤트 데이터 생성 및 활용의 장점과 잠재적인 프라이버시 및 정보보호 문제 사이의 균형을 지속적으로 고민해야 한다.

제 8.4 절 시간 및 확률

*시간 관점*의 프로세스 마이닝은 이벤트가 발생한 시각 및 빈도와 연관된다. 대부분의 이벤트 로그에서 타임스탬프($\#_{time}(e)$)가 이벤트 속성 정보로 기록된다. 타임스탬프의 시간 정확도 수준은 다양하다. 어떤 로그에는 "30-12-2010"과 같은 형태로 날짜 정보만 기록되는가 하면, 어떤 로그에는 밀리세컨드 단위의 정확도로 타임스탬프가 정밀하게 기록된다. 타임스탬프 정보를 활용하여 병목 현상을 발견할 수 있으며, 서비스 수준 분석, 자원 가동률 분석, 수행 중인 케이스의 잔여 수행 시간 예측 등도 가능하다. 본 절에서는 *타임스탬프를 포함한 이벤트 로그의 리플레이*에 대해 집중적으로 알아본다. 7.2절에서 설명한 리플레이 접근법을 조금만 변형하면 시간 관점의 분석을 할 수 있다.

표 8.7 타임스탬프를 강조하는 이벤트 로그의 간략한 표현 예: 시간 기반 리플레이 접근법을 간결하게 표현하기 위해 가상의 타임스탬프를 사용한다

케이스 id	자취
1	$\langle a^{12}_{start}, a^{19}_{complete}, b^{25}_{start}, d^{26}_{start}, b^{32}_{complete}, d^{33}_{complete}, e^{35}_{start}, e^{40}_{complete}, h^{50}_{start}, h^{54}_{complete} \rangle$
2	$\langle a^{17}_{start}, a^{23}_{complete}, d^{28}_{start}, c^{30}_{start}, d^{32}_{complete}, c^{38}_{complete}, e^{50}_{start}, e^{59}_{complete}, g^{70}_{start}, g^{73}_{complete} \rangle$
3	$\langle a^{25}_{start}, a^{30}_{complete}, c^{32}_{start}, c^{35}_{complete}, d^{35}_{start}, d^{40}_{complete}, e^{45}_{start}, e^{50}_{complete}, f^{50}_{start}, f^{55}_{complete},$ $b^{60}_{start}, d^{62}_{start}, b^{65}_{complete}, d^{67}_{complete}, e^{80}_{start}, e^{87}_{complete}, g^{90}_{start}, g^{98}_{complete} \rangle$
...	...

표 8.7은 타임스탬프의 역할을 강조하고 있는 이벤트 로그 중 일부를 보여주고 있다. 여기서는 표현을 간결하게 하기 위해 "30-12-2010:11.02"와 같은 식의 장황한 형태의 타임스탬프

대신에 가상의 두 자리 숫자로 된 타임스탬프를 사용한다. 또한 각 이벤트는 시작 이벤트와 종료 이벤트를 갖는 것으로 가정하였다. 실제로 리플레이 접근법은 이러한 단순화 가정과는 상관없이 동작한다.

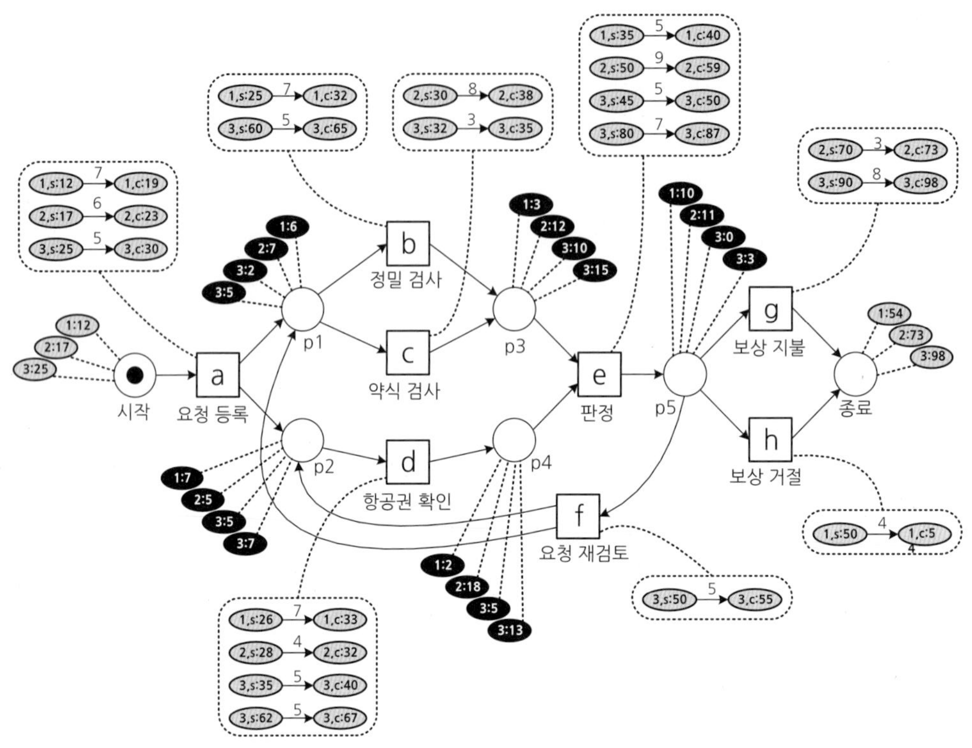

그림 8.11 이벤트 로그의 처음 세 가지 케이스의 시간 기반 리플레이: 케이스 1은 시간 12에 시작되어 54에 종료되며, 케이스 2는 시간 17에 시작되어 73에 종료됨. 케이스 3은 시간 25에 시작되어 98에 종료되었다

그림 8.11은 표 8.7에 제시된 세 가지 케이스를 리플레이하였을 때의 가공하지 않은 진단 정보를 보여준다. 작업 *a*는 각 케이스 마다 하나씩 총 세 개의 작업 인스턴스를 갖는다. 작업 *a*의 첫 번째 인스턴스는 시간 12부터 19까지 실행되었다. 따라서 이 작업 인스턴스의 수행 시간은 7단위시간(time unit)이다. 작업 *d*는 네 개의 인스턴스를 갖는다. 케이스 3의 경우 작업 *d*의 인스턴스가 두 번 실행되었다. 하나는 시간 35부터 40까지, 다른 하나는 시간 62부터 67까지 실행되었다. 모든 작업 인스턴스의 수행 기간들이 그림에 제시되어 있다. 또한 플레이스에 주석으로 표시한 내용은 토큰이 얼마나 그 곳에서 머물렀는지를 나타내고 있다. 예를 들면 플레이스 *p*1에 한 토큰이 존재하는 기간은 네 개가 있다. 케이스 1에 대응하는 하나의 토큰은 6단위시간 동안 *p*1에 머물렀으며, 케이스 2에 대응하는 하나의 토큰은 *p*1에 7단위시간 동안 머물렀다. 케이스 3에 대응하는 두 개의 토큰이 이 플레이스에 머물렀으며, 하나는 2단위시간(32-30=2) 동안, 다른 하나는 5단위시간(60-55=5) 동안 *p*1에 머물렀다. 이러한 시간 정보는 7.2절에서 설명한 방법을 사용하여 구할 수 있다. 여기서는 토큰이 타임스탬프를 갖는다는 것과 리플레이하는 동안에 통계 정보가 수집된다는 것 이외에는 차이가 없다. 이 예에서는

세 가지 케이스 모두 완벽하게 부합한다. 다시 말해 모든 케이스에서 분실된 토큰이나 잔여 토큰이 존재하지 않는다. 100% 완벽한 적합도를 보이지 않는 이벤트 로그를 처리하기 위해서 부적합(non-fitting) 이벤트나 케이스를 무시할 필요가 있다. 이러한 상황을 처리하는데 휴리스틱 기법이 필요하다.

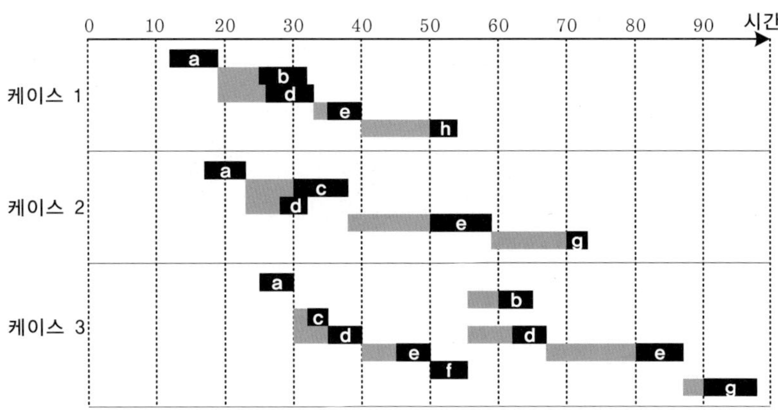

그림 8.12 처음 세 개의 작업 인스턴스의 실행 시간을 보여주는 타임라인

그림 8.12는 세 가지 케이스를 리플레이하는 동안에 수집된 정보에 대한 또 다른 관점을 보여준다. 예를 들어 케이스 3을 생각해보자. 이 케이스에서는 작업 a의 한 인스턴스가 시간 25부터 시간 30까지 실행되고 있었으며, 시간 30에 c와 d가 활성화되었다. 그러나 그림에서 보는 것처럼 c는 시간 32에 시작되었고, d는 시간 35에 시작되었다. 이러한 사실은 c가 시작되기 전에 2단위시간 동안의 대기 시간이 있었고, d가 시작되기 전에는 5단위시간 동안의 대기 시간이 있었다는 것을 의미한다. c와 d가 종료된 후, 즉 시간 40에 작업 e의 첫 번째 인스턴스가 활성화되었다. 작업 e의 첫 번째 인스턴스는 시간 45에서 50까지 실행되었으므로 작업 e의 이 인스턴스의 대기 시간은 5단위시간이다($45 - 40 = 5$). 시간 35부터 시간 45까지 플레이스 $p3$에 하나의 토큰이 존재하였다는 것을 알 수 있다. 왜냐하면 c는 시간 35에 종료되었고, d는 시간 45에 시작되었기 때문이다. 그렇지만 이 기간 가운데 딱 절반만 작업 e의 대기 시간으로 간주되어야 한다. 왜냐하면 작업 e는 d가 종료된 시점인 시간 40이 되어서야 비로소 활성화되었기 때문이다. 7.4.3절에서 논의한 바와 같이, *로그의 이벤트가 리플레이를 통해 프로세스 모델에 결합되기 때문*에 이러한 진단이 가능하다.

리플레이 이후에, 각 플레이스에 대해 "토큰 방문(token visits)"집합이 기록된다. 각 토큰 방문에는 시작 시간과 종료 시간이 표시된다. 그러므로 수행 기간이 다중 집합(multi-set)으로 유도될 수 있다. 이 예제에서 플레이스 $p1$의 수행 기간은 다중 집합 $[6,7,2,5,\ldots]$이다. 대규모 이벤트 로그의 경우 이러한 다중 집합이 수 천 개의 구성 요소로 구성될 수도 있다. 그러므로 통계적 분포를 구해서 평균, 표준편차, 최솟값, 최댓값 등 표준 통계 정보를 계산할 수 있다. 작업 인스턴스들도 마찬가지이다. 각 작업 인스턴스는 시작 시간과 종료 시간을 갖는다. 그러므로 서비스 시간도 다중 집합으로 유도될 수 있다. 예를 들어 이 예제에서 작업 e의 작업 수행 기간은 다중 집합 [5,9,5,7...]이다. 여기서도 표준 통계 정보를 계산할 수 있다. 또한 대기 시간도 구할 수 있다. 작업 x의 평균 대기 시간의 90% 신뢰 구간은 40분에서 50분 사이라는 식의 정보를 도출하기 위해 신뢰 구간을 계산하는 것도 가능하다

그림 8.11과 그림 8.12는 업무 성과 관련 정보를 제공하는데 리플레이 기법이 활용될 수 있다는 것을 보여주는데, 예를 들어 다음과 같은 성과 분석이 가능할 수 있다.

- *대기 시간 및 서비스 시간의 시각화:* 작업의 평균 대기 시간과 같은 통계 정보를 프로세스 모델에 투영할 수 있다. 서비스 시간의 변동성이 높은 작업을 프로세스 모델에서 강조하여 표시할 수도 있다.
- *병목 현상의 감지 및 분석:* 각 플레이스에 연결된 다중 집합 형태의 수행 기간 정보를 활용하여 병목 현상을 발견하고 분석할 수 있다. 오랜 시간이 소요되는 플레이스를 강조하여 표시할 수도 있고, 특정 플레이스에서 긴 시간을 보내는 케이스들을 심층적으로 분석할 수 있다. 이전에 설명한 부적합(non-conforming) 케이스(그림 7.8 참조)의 선정 작업과 유사하다. 즉 지연된 케이스와 관련되는 하위 로그(sublog)를 별도로 분석하여 이러한 지연이 발생한 근본 원인을 파악할 수 있다.
- *흐름 시간 및 SLA 분석:* 그림 8.11과 같이 전체 흐름 시간(flow time)을 계산할 수도 있다. (이 작업을 위해서 프로세스 모델이 반드시 필요한 것은 아니다.) 프로세스에서 임의의 두 지점, 가령 특정 케이스에서 작업 x와 y 사이에서 얼마나 많은 시간이 소요되었는지 계산할 수 있다. 즉, x에서 y로 가는 수행 시간의 다중 집합을 사용하여 다양한 종류의 통계 정보를 계산할 수 있는데, 예를 들어, x에서 y 사이의 평균 흐름 시간, 또는 설정된 기준보다 더 많은 시간이 소요되는 케이스의 비율 등과 같은 정보를 계산할 수 있다. 이러한 정보는 서비스 수준 협약(SLA: Service Level Agreement) 내역을 모니터링하는데 활용될 수 있다. 예를 들면 90%의 케이스에서 y가 종료된 이후 48시간 이내에 x가 실행되어야 한다는 내용의 계약 내역이 존재할 수 있고, 이러한 SLA 내역과 부합하지 않는 사항을 강조하여 모델에 표시할 수 있다.
- *빈도 및 가동률 분석:* 모델을 리플레이하는 동안에 시간 및 빈도 정보가 수집된다. 이 정보를 사용하여 모델에서의 라우팅 확률을 보여줄 수 있다. 예를 들어 작업 e가 실행된 다음에 작업 f, g, h 가운데 하나의 작업이 선택되어 실행된다고 가정하자. 빈도 정보를 분석함으로써, 이 모델에서 작업 e 다음에 56%의 경우에서 작업 f가 선택되어 실행되고, 20%는 작업 g, 나머지 24%는 작업 h가 실행된다는 것을 파악할 수 있다. 빈도 정보와 평균 서비스 시간을 결합하여 자원의 가동률을 계산할 수도 있다. 그림 8.13은 모든 작업 인스턴스들과 이들의 대기 시간을 *작업을 수행하는 자원에 투영*하여 타임라인 형태로 표현하고 있다. 이와 같이 리플레이 기법을 활용하여 자원의 행위를 분석할 수 있다.

표 8.7에 제시된 이벤트 로그에는 *시작* 이벤트와 *종료* 이벤트만 포함되어 있다. 제4장에서 *할당(assign)*, *스케줄(schedule)*, *보류(suspend)*, *재개(resume)*, *수동 건너뜀(manualskip)*, *케이스 취소(abort_case)*, *철회(withdraw)* 등 여러 가지 다른 이벤트 타입을 살펴본 바 있다. 로그에 이러한 추가적인 이벤트가 포함되어 있는 경우 리플레이를 수행하는 동안에 보다 다양한 통계 정보를 수집할 수 있다. 예를 들어 시작 이벤트 이전에 할당 이벤트가 발생한 경우에는 특정

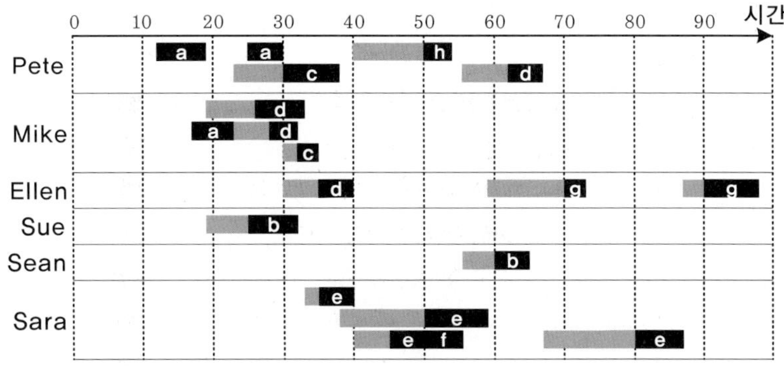

그림 8.13 자원에 투영된 작업 인스턴스를 보여주는 타임라인. 이벤트 로그를 이와 같이 투영함으로써 자원의 행위와 가동률 분석이 가능하다

자원에게 작업 인스턴스가 할당되고 나서 해당 작업 인스턴스 실행을 시작하기까지 얼마나 오래 걸렸는지 분석할 수 있다. 이벤트 로그를 리플레이할 때에 그림 4.3에 제시된 트랜잭션의 라이프사이클 모델을 활용할 수 있다.

이벤트 로그에 트랜잭션과 관련한 정보가 포함되어 있지 않을 수도 있다. 즉, $\#_{trans}(e)$ 속성이 이벤트 로그에 없을 수도 있다. 이러한 경우에는 작업이 원자적(atomic)이라고 가정한다. 그럼에도 불구하고 이러한 원자적 작업 사이를 관통하는 시간을 분석하는 것이 여전히 가능하다. 또한 휴리스틱 기법을 활용하여 작업 인스턴스의 수행 시간을 "추정"할 수 있다.

제 8.5 절 의사결정 마이닝

*케이스 관점*의 프로세스 마이닝은 케이스의 특성에 초점을 두고 있다. 각 케이스는 케이스의 속성 정보, 이벤트의 속성 정보, 업무수행 경로, 성과 정보(예, 흐름 시간)에 의해 특징지을 수 있다.

우선적으로 여기서는 케이스 속성 및 이벤트 속성 정보가 케이스의 라우팅에 미치는 영향에 대해 알아보기로 한다. 그림 8.9에는 다음 두 개의 의사결정 포인트(decision point)가 있다:

- 신청을 등록(작업 *a*)한 후에 철저한 검사를 실시하거나(작업 *b*) 간략한 검사를 실시함(작업 *c*). 두 가지 중에 하나의 작업이 선택되어 수행된다.
- 의사 결정을 내린(작업 *e*) 후에 작업 *g* (보상금 지불), 작업 *h* (신청 거부), 또는 작업 *f* (재신청 수행)를 수행함. 세 가지 중에 하나의 작업이 선택되어 수행된다.

각 의사결정 포인트는 모두 XOR 분기 타입이므로 여러 대안 경로 중 하나의 경로만 선택한다. *의사결정 마이닝*은 케이스의 특성 관점에서 이러한 경로 선택을 설명하는 규칙을 발견하는 것을 목표로 한다[109]. 예를 들어 그림 8.9를 도출하는데 사용된 이벤트 로그를 분석함으로써 남부 지역의 고객이 신청한 케이스에서는 항상 철저한 검사를 수행하고, 실버 고객이 신청한 케이스는 항상 거부된다는 점을 파악할 수 있다. 이러한 규칙은 *의사결정나무 학습(decision tree learning)과 같은 분류 기법을 사용하여 발견할 수 있다*(3.2절 참조). 의사결정나무 학습의 입력 데이터는 테이블이며, 여기서 테이블의 각 행에는 하나의 (범주형(categorical)) 응답변수(예, 선택된 작업)와 여러 개의 예측변수(예, 고객의 특성 정보)가 포함된다는 사실을 상기하자. 의사결정나무는 예측변수 관점에서 응답변수를 설명하고자 한다.

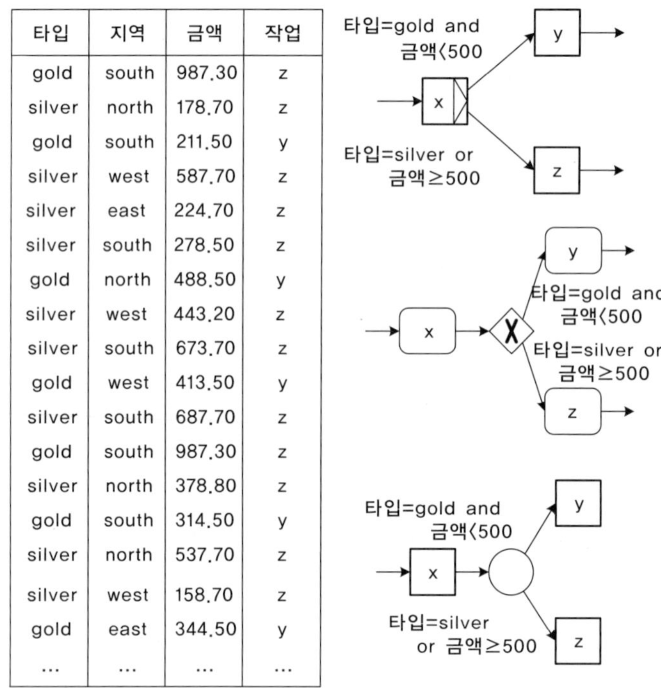

타입	지역	금액	작업
gold	south	987.30	z
silver	north	178.70	z
gold	south	211.50	y
silver	west	587.70	z
silver	east	224.70	z
silver	south	278.50	z
gold	north	488.50	y
silver	west	443.20	z
silver	south	673.70	z
gold	west	413.50	y
silver	south	687.70	z
gold	south	987.30	z
silver	north	378.80	z
gold	south	314.50	y
silver	north	537.70	z
silver	west	158.70	z
gold	east	344.50	y
...	...	...	...

그림 8.14 의사결정 마이닝: 케이스 및 이벤트 속성 정보를 활용하여 XOR-분기에 대한 규칙이 파악됨. 결과를 세 가지 표기법으로 제시함. 맨 위의 표기법이 YAWL이고, 가운데는 BPMN, 맨 아래가 페트리넷을 보여준다

그림 8.14을 살펴보자. 세 가지 상이한 표기법(YAWL, BPMN, 페트리넷)을 사용하여 의사결정 포인트가 표현되어 있다. 작업 x 다음에 작업 y 또는 z 가운데 하나의 작업이 수행된다. 그림 8.14에 있는 테이블은 이러한 의사결정이 수행되어야 하는 여러 가지 상이한 케이스들을 보여준다. 여기에는 세 개의 예측변수(*타입*, *지역*, *금액*)가 있으며, 하나의 응답변수(작업)가 있다. *타입*, *지역*, 작업과 같은 변수들은 범주형 변수이며, *금액* 변수는 숫자 변수이다. 예측변수는 의사결정이 내려지는 시점에서 케이스에 관해 알려진 지식에 해당한다. 응답변수인 작업은 이벤트 로그를 스캔함으로써 결정된다. 이벤트 로그를 통해 작업 x 다음에 작업 y 또는 z 가운데 어느 작업이 수행되었는지 알 수 있다. 3.2절에서 설명한 것과 같이, 그림 8.14에 제시된 테이블이 의사결정나무 학습 알고리즘의 입력 데이터가 된다. 결과로 도출된 의사결정나무를 하나의 규칙으로 재작성할 수 있다. 예제 테이블의 데이터에 기초하여 분류

를 해보면, 고객 타입이 골드 고객이면서 신청 금액이 500 유로 미만이면 응답변수값이 *y*로 나타난다. 그 이외의 경우에는 그림 8.14에 나타난 것과 같이 응답변수값이 *z*이다.

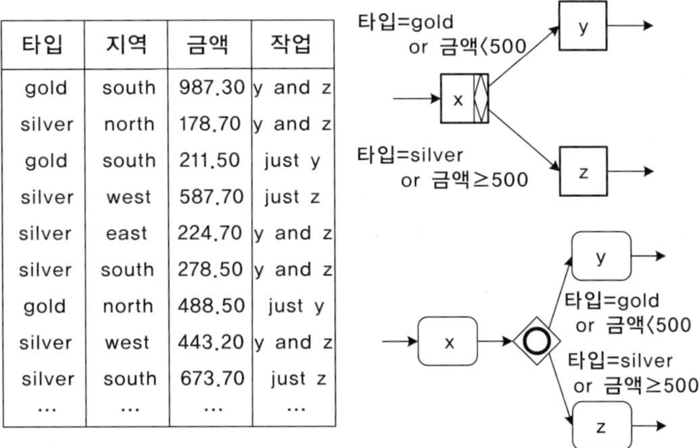

타입	지역	금액	작업
gold	south	987.30	y and z
silver	north	178.70	y and z
gold	south	211.50	just y
silver	west	587.70	just z
silver	east	224.70	y and z
silver	south	278.50	y and z
gold	north	488.50	just y
silver	west	443.20	y and z
silver	south	673.70	just z
...	...	...	...

그림 8.15 의사결정 마이닝: 케이스 및 이벤트 속성 정보를 활용하여 OR-분기에 대한 규칙이 파악됨. 결과 변수값으로 세 가지 경우(*y*, *z*, 또는 *y*와 *z*)가 가능하다

페트리넷으로는 OR-분기와 조인을 직접 표현할 수가 없다. 그러나 BPMN과 YAWL과 같은 고급 언어를 사용하면 이러한 행위를 표현할 수 있다. 그림 8.15는 YAWL과 BPMN 표기법으로 나타낸 OR-분기를 보여준다. 작업 *x* 다음에, 작업 *y* 또는 작업 *z*, 또는 작업 *y*와 *z*가 동시에 수행될 수 있다. 응답변수 작업은 여전히 범수형 변수이며, 로그를 스캔함으로써 그 값이 결정될 수 있음을 상기하자. 의사결정나무 학습을 활용하여 그림 8.15의 테이블을 분석할 수 있으며, 분석 결과는 출력 아크 당 하나의 규칙으로 변환될 수 있다. 고객이 골드 고객이고 신청 금액이 500 유로 미만인 경우에 응답변수값은 "*y*"이다. 고객이 실버 고객이고 신청 금액이 적어도 500 유로인 경우에 응답변수값은 "*z*"이다. 그 외 다른 모든 경우에 응답변수값은 "*y*와 *z*"이다. 이러한 분류에 기초하여 YAWL 모델 및 BPMN 모델에 제시된 조건이 유도될 수 있다.

모든 케이스 속성 및 이벤트 속성 정보가 예측변수로 사용될 수 있다. 가령 작업 *e* 다음의 의사결정 포인트와 표 8.1에 제시된 이벤트 35654431를 생각해보자. 이 이벤트의 케이스 및 이벤트 속성 정보가 표 8.1과 표 8.2에 나와 있다. 그러므로 이벤트 35654431에 대한 예측변수들은 다음과 같이 표현된다: *case* = 1, *activity* = *Decision*, *time* = *06-01-2011:11.22*, *resource* = *Sara*, *trans* = *complete*, *cost* = 200, *custid* = 9911, *name* = *Smith*, *type* = *gold*, *region* = *south*, *amount* = 989.50. [109]에 설명된 바와 같이 그 이전 혹은 이후의 이벤트가 고려될 수도 있다. 예를 들어 의사결정 순간까지 발생한 모든 이벤트들의 속성 정보를 전부 사용할 수도 있다. 그림 8.9에 제시된 프로세스에서 작업 *e* 다음의 의사결정 포인트에서 Sean과 관련한 모든 케이스가 거부된다는 규칙을 발견할 수 있다.

프로세스 모델에 반복 구조가 있을 수도 있다. 따라서 같은 케이스에서 여러 번 동일한 의사결정 포인트를 방문할 수도 있다. 각각의 반복이 의사결정나무 알고리즘에서 사용되는 테이블에서 새로운 행에 해당한다. 예를 들어 그림 8.9에 제시된 프로세스에서 작업 *e*가 4번 실행되는 케이스가 있다. 처음 세 번은 *e* 다음에 *f*가 수행되었으며, 네 번째에는 *e* 다음에 *g* 또는 *h*가 수행되었다. 네 번의 의사결정이 각각 분류용 테이블에서 하나의 행에 대응된다. 리플레이 기법을 사용하여 각 행에 대한 의사결정의 결과를 계산할 수 있다. 물론 이들 네 행에 대한 예측변수들의 값이 각 행마다 다를 수도 있다.

어떤 경우에는 합리적인 의사결정 규칙을 유도하는 것이 불가능할 수도 있다. 그 이유는 데이터가 매우 부족하기 때문일 수도 있고, 의사결정이 임의로 내려지는 경우도 있다. 또한 이벤트 로그에는 기록되지 않는 정보에 기초하여 의사결정이 이루어지기 때문일 수도 있다. 이런 경우에는 리플레이 기법을 활용하여 각 분기 방향에 대한 확률을 계산할 수 있고, 의사결정 포인트는 데이터 종속적 의사결정 규칙이 아니라 확률에 따라 분기하기 된다.

프로세스 모델의 모든 의사결정 포인트에 대해 이러한 절차를 반복해서 적용할 수 있다. 그 결과를 활용하여 프로세스 모델을 확장할 수도 있으며, 이런 식으로 케이스 관점을 통합하여 분석할 수 있다.

프로세스 마이닝의 분류

의사결정나무 학습과 같은 분류 기법은 그림 8.14 및 그림 8.15에 설명한 *의사결정 마이닝 뿐만 아니라* 다양한 분석에 적용될 수 있다. *추가적인 예측변수*를 사용하여 *다른 응답변수를 분석*할 수도 있다.

그림 8.14와 그림 8.15에서는 이벤트 및 케이스의 속성 정보만 예측변수로 활용하고 있다. 그러나 행위 정보(behavioral information) 또한 예측변수로 사용될 수 있다. 예를 들어 그림 8.9에서 *f*가 실행된 횟수를 집계하는 것이 중요한 경우가 있다. 이 정보가 작업 *e* 다음의 의사결정 포인트에 영향을 미칠 수도 있다. 예를 들어 어떤 신청 작업은 결코 두 번을 초과하여 실행되지는 않는 경우가 있을 수 있다. 또한 타이밍 정보를 예측변수로 사용할 수도 있다. 예를 들어 티켓 확인에 소요된 시간이 5분 미만인 경우에 해당 신청이 거부될 가능성이 더 많을 수 있다. 상황 정보(contextual information) 또한 예측변수로 사용할 수 있다. 상황 정보는 이벤트 로그에 존재하지 않는 정보를 말하며, 특정 케이스와 반드시 관련된것이 아닐 수도 있다. 예를 들어 날씨가 의사결정에 영향을 미칠 수 있다. 이러한 사실은 날씨 조건을 예측변수로 고려해야만 발견할 수 있다. 파이프라인에 있는 업무량이 의사결정에 종속적일 수도 있다. 그림 8.9에서 Sue와 Sean 두 사람의 업무 부하에 따라 작업 *b*와 *c* 가운데 하나가 선택되는 경우를 생각해보자. 가령 이들 작업자의 업무 부하가 매우 큰 경우에는 작업 *b*를 선택할 수 있다. 이처럼 예측변수가 케이스 속성이나 이벤트 속성에 국한되지 않고 확장 가능하기는 하지만, 3.6.3절에서 논의한 “차원의 저주(curse of dimensionality)”가 발생할 수도 있다는 사실을 주목하자. 너무 많은 예측변수를 사용하여 의사결정 포인트를 분석하는 경우에 분석이 곤란해질 정도로 계산 복잡도가 커질 수도 있다.

그림 8.14와 그림 8.15에서는 의사결정 규칙을 파악하기 위해 분류 기법을 사용하였다. 예측변수를 사용하여 *프로세스의 다른 특성*을 파악할 수도 있다. 예를 들어 특정한

작업이 실행되는 케이스의 특징을 파악하는데 관심이 있는 경우가 있다. 분류 기법을 활용하여 부적합도(non-conformance)의 원인을 파악할 수도 있다. 그림 7.8에 제시된 바와 같이 이벤트 로그를 두 개의 하위 로그로 분할할 수 있다. 즉, 적합 케이스만 포함된 하위 로그와 부적합 케이스만 포함된 하위 로그로 이벤트 로그를 분할할 수 있다. 여기에 특정 케이스의 적합도 관찰 결과를 응답변수로 간주하고, 의사결정나무 학습과 같은 분류 기법을 사용하여 적합도가 벗어나는 케이스의 특징을 파악할 수 있다. 예를 들면 남부 지역의 골드 고객의 케이스들이 표준 프로세스 모델에서 벗어나는 경향이 있다는 규칙을 파악할 수 있다. 이와 유사하게 케이스의 지연과 관련한 규칙을 발견할 수 있는데, 예를 들어 Ellen이 관련된 케이스가 지연되는 경향이 있다는 것을 파악할 수 있다.

이러한 사례들을 통해, 일단 프로세스 모델과 이벤트 로그가 리플레이 기법을 통해 연결되기만 하면, 정립된 분류 기법과 프로세스 마이닝이 결합되어 활용될 수 있음을 알 수 있다.

제 8.6 절 요약 및 종합

이 장에서는 프로세스 흐름 모델(control-flow model)이 이벤트 로그로부터 추출된 여러 가지 부가적인 관점으로 확장될 수 있다는 것을 살펴보았다. 그림 8.16은 분석 대상 프로세스의 관련 국면을 총망라하는 완전히 통합된 모델을 획득하기 위한 접근법을 개략적으로 보여준다. 이 접근법은 다섯 단계로 구성된다. 각 단계와 관련된 장과 절을 함께 제시한다.

- *단계 1: 이벤트 로그 획득.* 제4장에서 다양한 시스템으로부터 이벤트 데이터를 어떻게 추출하는지 살펴보았다. 그림 4.1에 설명한 것처럼 이 과정은 반복적인 과정이다. 이벤트 로그를 탐색하고 필터링하는 과정을 가이드 하는데 8.2절에서 설명한 도티드 차트가 도움을 준다.
- *단계 2: 프로세스 모델 생성 또는 발견.* 제5장과 제6장에서는 주로 프로세스 도출 기법을 살펴보았다. 프로세스 모델을 도출하기 위해 휴리스틱 마이닝(heuristic mining) 기법과 유전자 마이닝(genetic mining) 기법이 활용될 수 있다. 그렇지만 기존에 손으로 작성한 프로세스 모델을 사용할 수도 있다.
- *단계 3: 로그의 이벤트를 프로세스 모델의 작업과 연결.* 7.4.3절에서 논의한 것과 같이 정보를 프로세스 모델에 투영하고 다른 관점을 추가하는데 있어 이 단계가 매우 중요하다. 7.2절에 설명한 리플레이 기법을 사용하여 로그의 이벤트와 프로세스 모델의 작업이 연결된다.
- *단계 4: 프로세스 모델 확장.* 이 단계가 바로 본 장의 주제이다.

- *단계 4a: 조직 관점의 추가.* 8.3절에서 살펴본 것과 같이 소셜 네트워크를 분석하여 작업을 자원 그룹에 연결하는 조직 개체를 식별할 수 있다.
- *단계 4b: 시간 관점의 추가.* 타임스탬프와 빈도 정보를 활용하여 대기 시간, 서비스 시간, 라우팅 확률을 적절히 기술하는 확률 분포를 파악할 수 있다. 8.4절에서 살펴본 것과 같이 적합도 검사를 위해 사용된 리플레이 기법을 변형하여 적용함으로써 프로세스 모델에 시간 관점을 추가할 수 있다.
- *단계 4c: 케이스 관점의 추가.* 8.5절에서 살펴본 것과 같이 이벤트 로그의 속성 정보들을 활용하여 의사결정 마이닝을 수행할 수 있다. 이를 통해 프로세스 모델에 어떤 데이터가 포함되어야 하는지를 보여준다.
- *단계 4d: 기타 관점의 추가.* 이벤트 로그의 정보에 따라서는 다른 관점들도 프로세스 모델에 추가할 수 있다. 예를 들면 리스크 및 비용에 관한 정보를 프로세스 모델에 추가할 수 있다. 활동기준원가분석(ABC: Activity Based Costing), 자원소비기준원가분석(RCA: Resource Consumption Accounting) 등 기존의 리스크 분석 기법 및 원가분석 접근법을 활용하여 프로세스 모델을 확장할 수 있다[44].

- *단계 5: 통합 프로세스 모델 반환.*

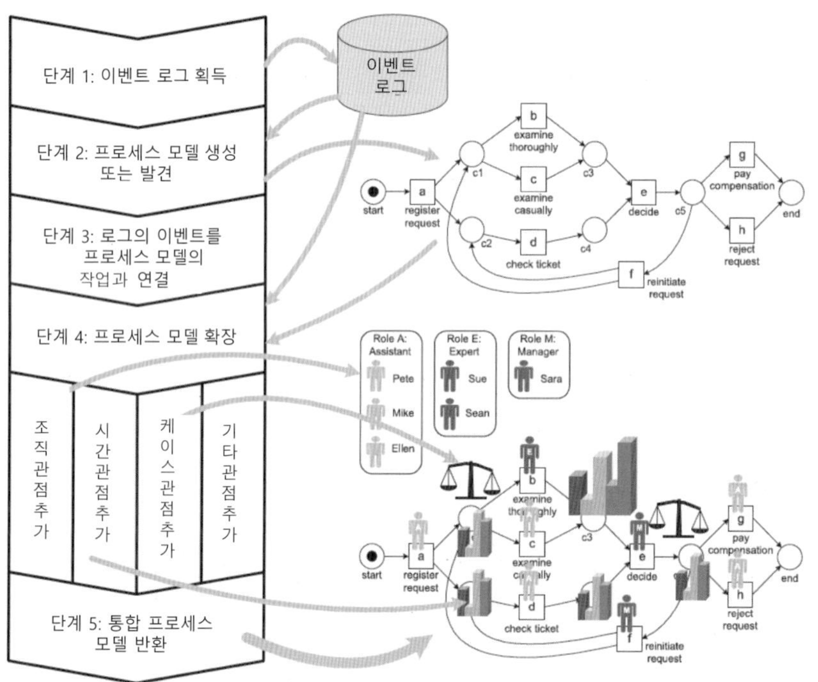

그림 8.16 조직적 관점, 시간 관점, 케이스 관점 등을 망라하는 완전 통합 모델을 획득하기 위한 접근법

제11장과 제12장에서는 프로세스 마이닝 프로젝트를 설명하는 전체 라이프 사이클(L^* 라이프사이클 모델)을 제시한다. 여기서 그림 8.16과 관련한 라이프 사이클을 보다 상세하게 알아보기로 한다.

그림 8.16의 다섯 단계를 통해 얻은 통합 프로세스 모델은 다양한 목적으로 활용될 수 있다. 무엇보다도 해당 프로세스에 관한 *통합적인 관점*을 제공한다. 이를 통해 새로운 통찰력을 얻을 수도 있고, 프로세스 개선을 위한 다양한 아이디어를 도출할 수도 있다. 또한 다른 툴이나 접근법을 위한 입력 자료로 통합 프로세스 모델을 활용할 수 있다. 예를 들어 워크플로우 관리시스템(WFMS)이나 비즈니스 프로세스 관리 시스템(BPMS)을 구성하기 위한 출발점으로 통합 프로세스 모델을 사용할 수 있다. 특정 프로세스를 대상으로 이러한 시스템을 구성하는 동안에 프로세스 흐름 및 기타 관점에 대한 모델을 제공해야 한다. 예를 들어, [112]은 본 장에서 설명한 기법을 사용하여 *CPN* 툴의 시뮬레이션 모델을 생성하는 방법을 설명하고 있다. 참고로 CPN 툴(`www.cpntools.org` 참조)은 *유색 페트리넷*에 기반한 강력한 시뮬레이션 환경이다[22, 81].

통합 프로세스 모델을 통해 구축된 시뮬레이션 모델은 사람이 모델링한 것이 아니라 이벤트 로그에 기초하여 생성되었기 때문에, 현실과 매우 유사하다. 프로세스 흐름, 데이터 흐름, 의사결정, 자원, 할당 규칙, 서비스 시간, 라우팅 확률, 케이스 발생 확률 등을 유색 페트리넷으로 모델링한다. 그러므로 시뮬레이션과 관련되는 모든 측면의 정보를 획득할 수 있다. 다양한 재설계 및 통제 전략을 평가하기 위한 "what if"분석을 수행하는 데 이러한 통합 시뮬레이션 모델이 활용될 수 있다.

단기 시뮬레이션(Short-term simulation)

이전에 강조한 것과 같이 로그에 기록된 이벤트들을 모델 구성 요소와 연결하는 것이 매우 중요하다. 이렇게 함으로써 동적인 정보를 프로세스 모델에 투영할 수 있다. 즉 이벤트 로그는 정적인 프로세스 모델에 생명을 불어 넣어준다. 더욱이 단일 프로세스 모델에 다양한 관점을 결합하는 것도 이 과정에 의존적이다. 이벤트 로그와 프로세스 모델을 잘 연결하는 것이 어려울 수도 있고, 여러 번 반복해야 할 수도 있다. 혹시 BPM 시스템을 사용하는 경우에는 이미 이러한 연결이 존재한다. BPM 시스템은 명시적 워크플로우 모델에 의해 동작하며, 탁월한 이벤트 로그를 제공한다. 또한 이러한 시스템은 실행 중인 각 케이스의 상태에 대한 명시적 표현을 내부적으로 기록하고 있다. 이런 경우에는 *단기 시뮬레이션*이라 불리는 새로운 유형의 시뮬레이션을 수행할 수 있다[4, 114]. 핵심 개념은 현재 상태로부터 모든 시뮬레이션 수행을 시작하고, 일시적인 행위의 분석에 초점을 둔다는 것이다. 이런 식으로 미래로 향하는 소위 "'*빨리 감기 버튼*"이 제공된다.

그림 8.16은 현실과 면밀히 부합하는 시뮬레이션 모델을 어떻게 도출하는지를 개략적으로 보여준다. BPM 시스템으로부터 추출한 시스템의 현재 상태, 즉 현실을 반영한 모든 케이스 및 관련 데이터 구성 요소 정보를 시뮬레이션의 초기 세팅값으로 시뮬레이션 모델에 적재할 수 있다.

단기 시뮬레이션의 중요성을 이해하기 위해 *일시적 분석(transient analysis)*과 *안정상태 분석(steady-state analysis)*의 차이에 대해 간략하게 살펴본다. 시뮬레이션의 핵심 개념은 모델을 반복적으로 실행하는 것이다. 실험을 반복적으로 수행하는 이유는 "평균 응답 시간이 10.36초이다"는 식의 단일 값을 구하는 것이 아니라 "평균 응답 시간은 90%의 확률로 10분에서 11분 사이에 있다"와 같은 형태의 신뢰 구간을 제공하기 위해서이다. 일시적 분석의 초점은 미래 행위의 초기 부분에 놓여 있다. 다시 말해 초기 상태로부터 시작해서 "가까운 미래"를 탐색(explore)한다. 일시적 분석에서는 초기 상태가 매우 중요하다. 만일 시뮬레이션이 업무 대기 행렬이 긴 상태에서 시작하면, 가까운 미래에는 대시 시간이 길고, 오랜 시간이 흐르면서 병목이 해소될 수 있다. 안정상태 분석은 초기 상태와는 관련이 없고, 보통 "공백 상태"(즉 진행 중인 케이스가 없는 상태)에서 시뮬레이션이 시작되며, 시스템이 케이스들로 채워져 안정화 상태가 되었을 때에 비로소 분석이 시작된다.

안정상태 분석은 대체로 전략적 문제 및 전술적 문제에 대한 해답을 제공하기 위해 사용되고, 일시적 분석은 보통 운영 의사결정 문제와 관련되어 사용된다. 오늘날 대부분의 시뮬레이션 지원 툴은 안정상태 분석을 목표로 하며, 따라서 전략적 의사결정 및 전술적 의사결정에 국한되어 사용된다. 단기 시뮬레이션은 운영 의사결정에 초점을 둔다. BPM 시스템으로부터 적재한 현재 상태로부터 시작하여 "가까운 미래"를 반복적으로 탐색한다[4]. 이를 통해 현재 그대로의 상태에서 어떤 상황이 발생할지 예측해 보거나, "what if"분석을 활용하여 다양한 대안(예, 자원의 추가, 프로세스 흐름의 재구성 등)의 결과를 탐구할 수 있다.

[114]에서 BPM 시스템인 *YAWL*과 프로세스 마이닝 툴인 *ProM*, 그리고 시뮬레이션 툴인 *CPN* 툴을 사용하여 이러한 접근법이 어떻게 구현되었는지 설명하고 있다. 워크플로우 자동화, 프로세스 마이닝, 시뮬레이션을 결합함으로써 대단한 시너지 효과를 낼 수 있다는 것을 보여주고 있다.

장 9
운영 지원

요 약 대부분의 프로세스 마이닝 기법들은 "사후적(post mortem)" 이벤트 데이터로 분석을 수행한다. 즉, 이미 완료된 케이스의 이벤트를 분석하고, 따라서 완료된 케이스의 수행에 영향을 주는 것은 불가능하다. 또한, 아직 진행되고 있는 케이스도 "사후적" 이벤트 데이터에만 근거하여 방향을 제시할 수는 없다. 그러나 오늘날 많은 데이터 소스가 거의 실시간으로 업데이트되고 있으며, 컴퓨팅 능력이 충분하여 이벤트가 발생할 때 이를 즉각적으로 분석할 수 있다. 따라서 프로세스 마이닝을 오프라인 분석으로 제한해서는 안되며 온라인의 운영 지원에 사용할 수도 있다. 이 장에서는 프로세스 마이닝의 적용 범위를 온라인의 의사결정으로 넓혀서 설명한다. 예를 들면, 진행 중인 케이스에 대하여, 잔여 수행 시간을 예측할 수 있으며, 비용을 최소화하기 위한 적절한 대안을 추천할 수 있다.

제 9.1 절 세분화된 프로세스 마이닝 프레임워크

지금까지 프로세스 *도출*, *적합도 검사*, *향상*이라는 프로세스 마이닝의 세 가지 주요 유형을 확인하였다(그림 1.4와 그림 8.1 참고). 그리고 이러한 유형과 함께 고려할 수 있는 몇 가지 관점으로 *프로세스 흐름*("어떻게?"), *조직*("누가?"), *케이스 및 데이터*("무엇을?") 관점도 살펴보았다. 프로세스 마이닝 기법을 도출, 적합도, 향상으로 분류한 것은 *온라인* 또는 *오프라인*으로 분석이 수행될 수 있음을 의미한다. 또한, 그림 1.4와 8.1은 반드시 두 가지 유형의 모델("규범적 모델(de jure model)"과 "사실적 모델(de facto models)")만 존재한다거나, 또는 두 가지 유형의 데이터("사전적(pre mortem)" 이벤트와 "사후적(post mortem)" 이벤트)만 존재한다는 것을 의미하지는 않는다[4].

그림 9.1은 *세분화된 프로세스 마이닝 프레임워크*을 보여준다. 이전과 마찬가지로 비즈니스 프로세스, 사람, 조직 등으로 구성되고 정보시스템을 활용하는 "세상"을 가정한다. 정보시스템은 "세상"에 대한 정보를 기록하고 있으며, 제4장에서 설명한 방식으로 이벤트 로그를 추출할 수 있다.

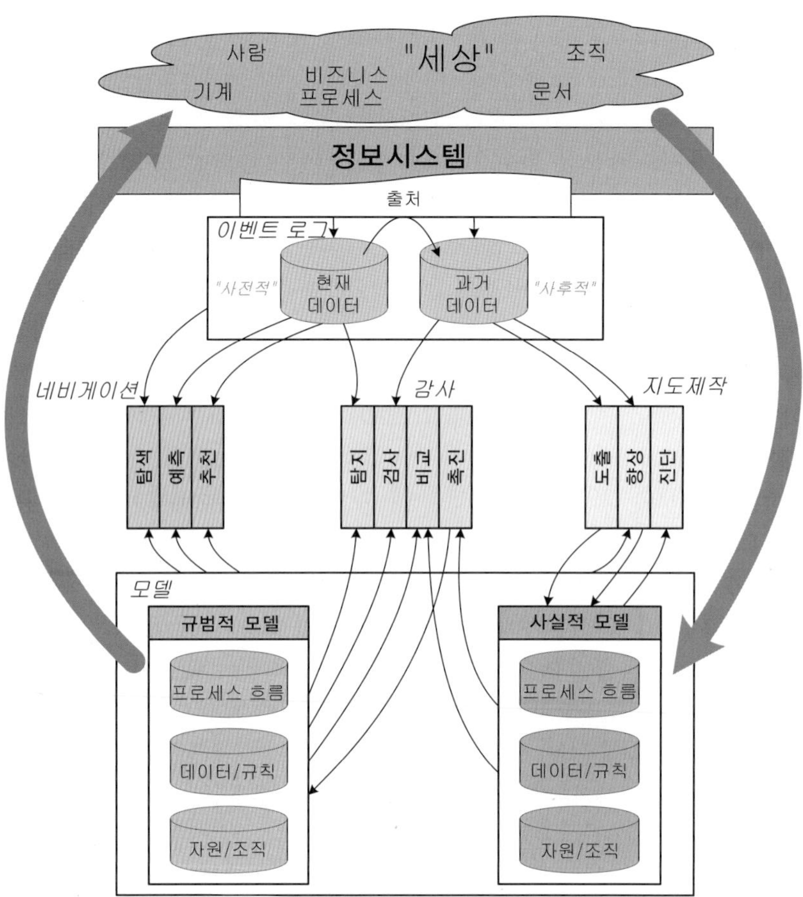

그림 9.1 세분화된 프로세스 마이닝 프레임워크

그림 9.1은 출처(provenance)라는 개념을 사용하여 체계적이고 안정적이며 신뢰할 수 있는 이벤트 기록을 강조한다. 이 용어는 과학적 컴퓨팅에서 유래한 것으로 실험을 재현하는 데 필요한 데이터를 의미한다[50]. *비즈니스 프로세스 기원(Business process provenance)*은 프로세스 또는 조직에서 실제로 발생한 일을 재구성하는 데 필요한 정보를 체계적으로 수집하는 것입니다. 조직이 이벤트 데이터에 기반하여 의사결정을 할 때, 이벤트 데이터가 과거를 정확히 기록함을 확신할 수 있는 것은 매우 중요하다. 또한, 감사의 관점에서 이벤트 로그를 무단으로 변경할 수 없도록 해야한다. 비즈니스 프로세스 출처는 이벤트 로그에 나타난 기록의 "재작성과 왜곡 없음"을 보장하는 데 필요한 일련의 활동을 의미하고, 이는 프로세스 개선과 감사를 위한 신뢰의 기반이 될 수 있다.

그림 9.1의 세분화된 프로세스 마이닝 프레임워크에서 이벤트 로그 데이터는 "*사전적*" 이벤트 데이터와 "*사후적*" 이벤트 데이터로 구분된다. "사후(死後)적" 이벤트 데이터는 완료된 케이스의 정보를 의미한다. 즉, 이 데이터는 프로세스 개선 및 감사의 목적으로 사용할 수 있으나, 이미 완료된 케이스의 수행 결과에 영향을 줄 수는 없다. 지금까지 언급한 대부분의 이벤트 로그는 단지 지나간 "과거에 관한", 사후적인 이벤트 데이터를 의미하였다. "사전(死

前)적" 이벤트 데이터는 실행중인 케이스의 데이터를 의미한다. 만약 케이스가 여전히 진행중인 경우, 즉, 케이스가 아직 "살아있는" 경우, 이 케이스에 대한 이벤트 로그의 정보(즉, 현재 데이터)를 활용하여 케이스가 올바른지 또는 효과적으로 처리되고 있는지 확인할 수 있다.

"사후적" 이벤트 데이터는 *오프라인 프로세스 마이닝*에 가장 적합하다. 예를 들면, 1년간의 이벤트 데이터에 기반하여 프로세스의 흐름을 도출할 수 있다. *온라인 프로세스 마이닝*에는 "사전적" (현재) 데이터와 "사후적" (과거) 데이터를 함께 사용할 필요가 있다. 예를 들면, 과거 정보는 예측 모형을 학습시키기 위하여 사용할 수 있고, 그 후에, 실행중인 케이스 정보를 예측 모형과 결합하여 케이스의 남은 수행 시간을 예측할 수 있다.

세분화된 프로세스 마이닝 프레임워크는 모델을 "*규범적 모델*"과 "*사실적 모델*"의 두 가지로 구분하고 있다. *규범적 모델은 표준적(normative)이다.* 즉, 작업 수행 또는 처리 방법을 기술한다. 예를 들어, BPM 시스템에 등록된 프로세스 모델은 규범적이며, 사람들이 특정 방식으로 업무를 수행하도록 강제화한다. *사실적 모델은 서술적(descriptive)이다.* 즉, 현실 조정과 통제의 목적이 아니라, 현실을 포착하는 것을 목표로 한다. 제5장과 제6장에 제시한 기법들은 *사실적 모델*을 목표로 한다. 또한 그림 9.1은 모델이 다양한 관점을 지원할 수 있음을 강조하고 있다. 예를 들어, 프로세스 마이닝은 프로세스 흐름에만 국한되지 않고, 자원, 데이터, 조직, 의사결정, 비용 등과 관련시킬 수 있다. 그림 9.1의 두 개의 큰 화살표는 사실적 모델이 현실로부터 유추되고(오른쪽 화살표), 규범적 모델이 현실에 영향을 미치는 것(왼쪽 화살표)을 목표로 한다는 것을 보여준다.

이벤트 로그를 "사전적", "사후적"으로 세분화하고, 모델을 "규범적", "사실적"으로 구분하고, 그림 9.1의 10가지의 프로세스 마이닝 관련 활동을 도출하였다. 이 10가지 활동들은 *지도제작(cartography)*, *감사(auditing)*, *내비게이션(navigation)*이라는 세 가지 범주로 분류된다.

9.1.1 지도제작

프로세스 모델들은 조직의 운영 프로세스를 설명하는 "지도(map)"라고 할 수 있다. 지리 지도와 마찬가지로 프로세스 모델은 현실을 설명하는 것을 목적으로 한다. 이를 위하여 *추상화(abstraction)*가 필요하다. 예를 들어, 도로지도에서 고속도로를 4 mm 두께의 주황색 선으로 표시할 수 있다. 그러나 현실에서 고속도로는 주황색이 아니며, 주황색은 단지 고속도로의 중요성을 강조하기 위해 사용되었다. 만약, 지도 축척이 1:500,000이라면, 선의 두께인 4 mm는 도로의 폭 2 km에 해당한다. 실제 고속도로의 폭이 그렇게 넓지 않다. 만약, 동일 축척으로 선의 두께를 현실과 대응시킨다면, 폭 25 m의 고속도로는 0.05 mm의 선이 되고, 결국 이 도로는 지도에서 거의 보이지 않을 것이다. 즉, 지도를 더 읽기 쉽고 유용하게 하기 위해 배율이 조정되었다. 프로세스 모델을 만들 때 유사한 방식으로 추상화를 사용해야 한다. 제13장에서 프로세스 지도(process map)와 지리 지도(geographic map) 사이의 관계에 대하여 자세히 설명한다. 또한, 5.4.4절에서 "프로세스 관점(process view)"에 대한 비유를 사용하여, 도출되는 프로세스 모델은 특정한 "각도(angle)"에서 현실을 바라보고, "프레임화(framed)"하며, 특정한 "해상도(resolution)"로 나타냄을 이미 설명하였다. "지도(map)"와 "관점(view)"과 같은 비유는 BPM에서 프로세스 모델의 역할을 이해하는 데 도움을 준다.

그림 9.1과 같이 세 가지 활동을 지도제작으로 분류할 수 있다: *도출*, *향상*, *진단*.

- *도출(discover)*: (프로세스) 모델 추출과 관련 활동으로 제5장과 제6장에서 논의하였다.
- *향상(enhance)*: (도출 또는 수작업으로 작성한) 기존의 프로세스 모델을 이벤트 로그와 연결하면, 이 모델을 향상시키는 것이 가능하고, 이를 통해 모델을 수정하거나 확장할 수 있다. 7.4.1절에서는 적합도 검사 기법을 활용한 진단을 통하여 보다 신뢰할 만한 모델을 만들 수 있음을 보였다. 제8장에서는 모델에 다양한 관점을 추가하기 위하여 이벤트 로그의 속성들을 어떻게 활용할 수 있는지를 살펴보았다.
- *진단(diagnose)*: 이 활동은 2.3절에서 논의한 것처럼 이벤트 로그를 직접 활용하지 않고 전통적인 모델 기반의 프로세스 분석에 초점을 맞추고 있다. 예를 들어, 프로세스 모델에 교착상태는 없는지 확인하거나, 평균 사이클타임 측면에서 프로세스 개선 효과를 예측하기 위하여 재설계된 모델을 시뮬레이션 할 수 있다.

9.1.2 감사

7.1절에서 *감사*는 관리자, 정부, 또 기타 이해당사자가 비즈니스 프로세스가 정해진 규정에 따라 실행되고 있는지 확인하는 활동이라고 정의하였다[12]. 그림 9.1에서 비교와 관련된 모든 활동을 감사 영역으로 분류하였다. 즉, 두 개의 프로세스 모델을 비교하거나, 프로세스 모델과 이벤트 로그를 비교하는 활동이 포함된다.

- *탐지(detect)*. 이 활동은 런타임에 편차를 감지하는 목적으로, 규범적 모델을 "사전적" 데이터(진행 중인 프로세스 인스턴스의 이벤트)와 비교하고, 미리 정의된 규칙을 위반하는 순간, 경고가 생성된다.
- *검사(check)*. 제7장에서 설명한 바와 같이, "사후적" 데이터를 규범적 모델과 상호 비교할 수 있다. 이 활동의 목적은 편차를 정확히 찾아내고 준수 수준을 정량화하는 것이다.
- *비교(compare)*. 사실적 모델을 규범적 모델과 비교하여 현실이 계획 또는 예상과 어떻게 다른지 확인한다. 이전 두 활동과 달리 이벤트 로그가 직접 사용되지 않지만, 사실적 모델이 과거 데이터로부터 도출될 수 있어, 이벤트 데이터는 비교를 위해 간접적으로 사용된다고 할 수 있다. 7.3절에서 모델과 모델 (및 로그와 모델) 비교를 위하여 발자취를 사용할 수 있음을 보여주었다.
- *촉진(promote)*. 사실적 모델과 규범적 모델의 차이를 분석하여, 사실적 모델의 일부를 새로운 규범적 모델로 승격시킬 수 있다. 즉, 검증된 "모범 사례"를 규범적 모델으로 승격함으로써, 기존의 프로세스를 개선할 수 있다.

*탐지*와 *검사* 활동은 사용되는 이벤트 데이터를 제외하고는 유사하다. 탐지 활동은 "사전적" 데이터를 사용하여 불일치가 탐지될 때 즉각적으로 대응할 수 있도록하는 온라인 분석을 목표로 하고, 반면에 검사 활동은 "사후적" 데이터를 사용하며 오프라인으로 수행된다.

9.1.3 네비게이션

프로세스 마이닝의 마지막 범주는 비즈니스 프로세스 *네비게이션(navigation)*을 목표로 한다. 지도제작 및 감사와 달리 네비게이션 활동은 미래 지향적이다. 예를 들어, 프로세스 마이닝 기법을 사용하여 특정 케이스의 미래를 예측하고, 사용자에게 적절한 행동을 추천할 수 있다. TomTom 또는 Garmin에서 제공되는 자동차 네비게이션 시스템과 비교하면, 이 활동은 도착 시간을 예측하고 음성 안내를 통하여 운전자를 안내하는 기능에 해당한다. 제13장에서 네비게이션과 프로세스 마이닝의 비슷한 점을 보다 자세히 소개한다.

그림 9.1은 세 가지 네비게이션 활동을 제시한다: *탐색*, *예측*, *추천*.

- *탐색(explore)*. 이벤트 데이터와 모델을 결합하여, 런타임에 비즈니스 프로세스를 탐색할 수 있다. 진행 중인 케이스들을 시각화하고, 이전에 처리한 유사 케이스들과 비교할 수도 있다.
- *예측(predict)*. 진행 중인 케이스의 정보를 (도출 또는 수작업으로 작성한) 모델과 결합하여, 남은 수행 시간이나 성공 확률과 같은 미래에 대한 예측을 할 수 있다.
- *추천(recommend)*. 목표(예, 비용 또는 시간 최소화) 달성을 위해 미래에 내한 예측 정보를 적절한 행동 추천에 활용한다. 목표는 자동차 네비게이션 시스템에서 제공하는 가이드와 비슷한 기능을 제공하는 것이다.

이전 장에서는 그림 9.1의 "사후적" 데이터를 사용한 활동인 *도출*, *향상*, *검사*에 초점을 두었고, 이 장의 나머지 부분에서는 "사전적" 데이터를 함께 사용하는 온라인 분석을 중심으로 설명한다.

제 9.2 절 온라인 프로세스 마이닝

전통적으로 프로세스 마이닝은 단지 "사후적" 데이터를 사용하는 오프라인 방식을 취하고 있다. 즉, 완료된 케이스만을 고려하고, 이벤트 로그의 자취는 과거에 완전히 처리된 케이스에 대응하는 *완벽한 자취(complete trace)*이다. *운영 지원(operational support)*을 위해서는 "사전적" 이벤트 데이터를 고려하고 온라인(실시간) 방식으로 이 데이터에 응답한다. 즉, 잠재적으로 향후 수행에 영향을 반영할 수 있는 진행 중인 케이스만 고려한다. 진행 중인 케이스는 향후에도 이벤트를 생성할 수 있고, 따라서 이 케이스들은 *부분 자취(partial trace)*로 기술되어 있다.

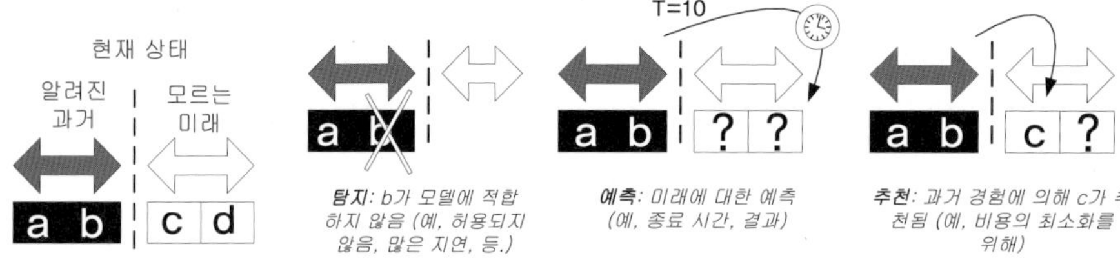

그림 9.2 운영 지원과 관련된 세 가지 프로세스 마이닝 활동: *탐지*, *예측*, *추천*

그림 9.2는 운영 지원의 개념을 보여준다. 작업 a와 b가 실행되는 케이스를 살펴보자. 부분 자취 $\sigma_p = \langle a, b \rangle$는 이 케이스의 알려진 과거를 기술하고 있다. 이 두 이벤트는 모든 종류의 속성(예. 타임스탬프와 담당자)을 가질 수 있지만, 여기서는 생략하였다. σ_p에서 이 케이스의 미래는 알려지지 않았다. 한 가지 가능한 미래로는 c와 d가 실행되어 결과적으로 $\sigma_c = \langle a, b, c, d \rangle$라는 완벽한 자취로 나타날 수 있다. 그림 9.2는 세 가지 운영 지원 활동인 *탐지*, *예측*, *추천*을 보여준다. 이들은 그림 9.1에서 이미 언급한 활동과 동일하다.

- *탐지(detect)*. 이 활동은 부분 자취 σ_p를 프로세스 모델 또는 LTL 제약조건과 같은 규범적 모델과 비교한다. 이런 검사는 그림 9.2와 같이 위반을 알려줄 수 있다. 만약, b가 a 이후에 허용되지 않는다면, 알림이 생성된다.
- *예측(predict)*. 이 활동은 σ_p 이후의 이벤트들에 대해 설명한다. 예를 들어, 현재 케이스를 과거 유사 케이스와 비교하여 예상 완료 시간을 예측할 수 있다.
- *추천(recommend)*. 추천은 σ_p이후에 사용자가 다음 이벤트를 선택하는 가이드를 제공한다. 예를 들어, 과거 정보를 기반으로 (비용 또는 수행 시간 최소화를 위해) 작업 c를 추천한다.

세 가지 활동 모두 기반 모델을 가정한다는 점을 유의한다. 예를 들어, 예측과 추천은 회귀 모델이나 시뮬레이션 모델을 활용할 수 있다. 그림 9.2에 제시된 세 가지 운영 지원 활동 이외에도, 부분 자취를 간단히 탐색하는 것이 가능하다. 예를 들어, 도티드 차트 도식화와 기타 시각적 분석 기법을 진행 중인 케이스에 적용할 수 있다.

표 9.1 타임스탬프와 트랜잭션 정보를 포함하는 이벤트 로그 예시. 예를 들어, 이벤트 a^{12}_{start}는 작업 a가 시점 12에 시작하였다는 의미이다

케이스 id	자취
1	$\langle a^{12}_{start}, a^{19}_{complete}, b^{25}_{start}, d^{26}_{start}, b^{32}_{complete}, d^{33}_{complete}, e^{35}_{start}, e^{40}_{complete}, h^{50}_{start}, h^{54}_{complete} \rangle$
2	$\langle a^{17}_{start}, a^{23}_{complete}, d^{28}_{start}, c^{30}_{start}, d^{32}_{complete}, c^{38}_{complete}, e^{50}_{start}, e^{59}_{complete}, g^{70}_{start}, g^{73}_{complete} \rangle$
3	$\langle a^{25}_{start}, a^{30}_{complete}, c^{32}_{start}, c^{35}_{complete}, d^{35}_{start}, d^{40}_{complete}, e^{45}_{start}, e^{50}_{complete}, f^{50}_{start}, f^{55}_{complete},$ $b^{60}_{start}, d^{62}_{start}, b^{65}_{complete}, d^{67}_{complete}, e^{80}_{start}, e^{87}_{complete}, g^{90}_{start}, g^{98}_{complete} \rangle$
...	...

이 장의 남은 부분에서는 앞서 제시된 프로세스 마이닝 기법이 운영 지원을 위해 어떻게 변형될 수 있는지 보여준다. 설명을 위해 표 9.1의 이벤트 로그를 사용하는데, 이 로그는 제1

장에서 소개된 예제를 기반으로 한다. 그림 1.1의 WF-net을 수행하여 표 9.1의 이벤트 로그가 생성되었다. 그림 1.2에는 동일한 프로세스가 BPMN 형태로 제시되어 있다. 프로세스 표기법과 독립적으로, 그림 9.3과 같이 해당 프로세스를 모델링하는 트랜지션 시스템(transition system)을 생성할 수 있다[1]. 이 트랜지션 시스템에서 노드의 이름은 대응되는 페트리넷의 마킹을 사용하였고, 페트리넷의 각 작업은 트랜지션 시스템의 시작과 종료 트랜지션으로 모델링되었다. 트랜지션 a_{start}는 플레이스 $start$로부터 토큰을 소비하여, 플레이스 a에 토큰을 생산한다. 플레이스 a의 토큰은 작업 a가 실행되고 있음을 모델링한 것이다. 트랜지션 $a_{complete}$는 플레이스 a의 토큰을 소비하고, 플레이스 $p1$과 $p2$에 토큰을 하나씩 생산하며, 이 상태가 그림 9.3의 $[p1,p2]$를 의미하다. 그림 9.3에서 $[b,d]$로 표시된 상태는 b와 d에 토큰을 가진 마킹에 대응되며, 즉 작업 b와 d는 병렬로 수행된다. 그림 1.2에서 제시된 BPMN 모델의 상태 공간도 그림 9.3의 트랜지션 시스템과 구조적으로 동일하다(isomorphic).

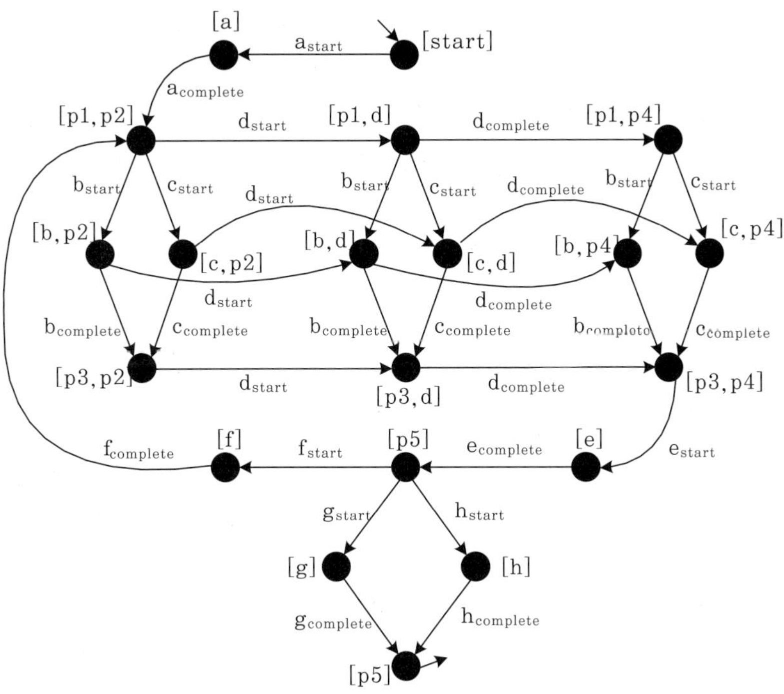

그림 9.3 표 9.1의 이벤트 로그를 생성한 프로세스를 모델링한 트랜지션 시스템. 해당 프로세스는 그림 1.1의 WF-net와 그림 1.2의 BPMN이다. 트랜지션 시스템은 작업의 시작과 종료를 명확하게 모델링한다. 그림 1.1의 WF-net에서 트랜지션 a가 이 그림에서는 플레이스 a에 연결된 a_{start}와 $a_{complete}$로 분할된다

[1] 플레이스를 나타내는 표시로 c 대신에 p를 사용한다. 즉 $c1,c2,c3,\ldots$는 $p1,p2,p3,\ldots$와 대응된다.

제 9.3 절 탐지

첫 번째 운영 지원 활동은 런타임에 발생하는 편차(deviation)를 *탐지*하는 것이다. 이것은 "신속한(on-the-fly)" 적합도 검사라고 볼 수 있다. 제7장에서 설명한 적합도 검사와 비교해 두 가지 중요한 차이가 있다. (1) 로그 전체를 감안하는 것이 아니라 *특정 케이스의 부분 자취*에 초점을 맞춘다. (2) 편차가 발생할 때 *즉각적인 응답*을 주어야 한다. 그림 9.4는 탐지를 위한 운영 지원을 보여준다. 사용자가 기업 정보시스템을 사용하고 이벤트가 기록된다. 운영 지원 시스템은 각 케이스의 부분 자취를 계속적으로 확인한다. 즉, 이벤트가 발생할 때마다 해당 케이스의 부분 자취가 운영 지원 시스템에 전송된다. 만약 편차가 감지되면, 운영 지원 시스템이 곧바로 경고를 생성한다. 기업 정보시스템과 사용자들은 이 경고에 근거하여 적절한 조치를 취할 수 있다. 즉, 관리자가 올바른 조치를 취할 수 있도록 알려준다.

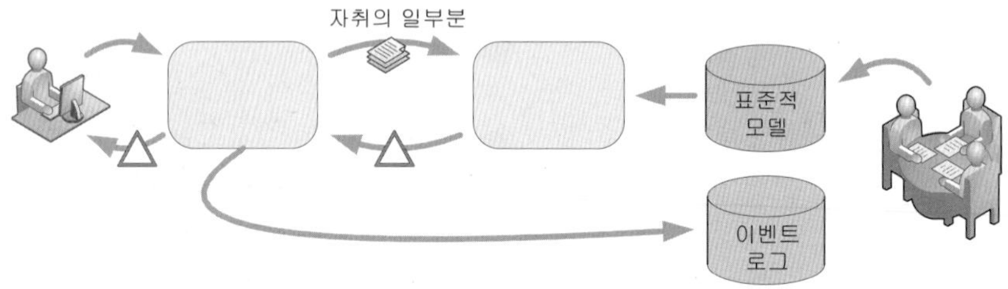

그림 9.4 런타임의 위반 탐지: 편차가 감지되는 순간에 알림을 생성한다

표 9.1에 제시된 이벤트 로그의 모든 케이스들은 그림 9.3의 트랜지션 시스템과 그림 1.1의 WF-net, 그리고 그림 1.2의 BPMN 모델을 잘 따르고 있다. 그러므로 이 케이스들이 실행될 때, 모델에서 편차가 전혀 감지되지 않는다. 이제 그림 9.5에 제시된 더 제한적인 WF-net이 이벤트 로그의 프로세스 모델이라고 가정해보자. 본래의 모델을 비교하면, 작업 d (*항공권 검사*)는 작업 b 또는 c (검사 중 하나) 다음에 발생해야 한다.[2]

이제 첫 번째 케이스인 $\sigma_1 = \langle a^{12}_{start}, a^{19}_{complete}, b^{25}_{start}, d^{26}_{start}, b^{32}_{complete}, d^{33}_{complete}, e^{35}_{start}, e^{40}_{complete}, h^{50}_{start}, h^{54}_{complete}\rangle$를 살펴보자. 각 이벤트 다음에 편차 여부를 확인하면, 시점 12에서 첫 번째 이벤트 a^{12}_{start}가 발생한 후, 자취 $\langle a^{12}_{start}\rangle$는 누락된 토큰 없이 그림 9.5에서 리플레이될 수 있기 때문에 편차가 없음을 알 수 있다.[3] 그 다음 두 이벤트도 마찬가지로 리플레이가 가능하다. 즉, 제시된

[2] 이 다이어그램은 플레이스 $c2$를 삭제하고, $c3$에서 e로의 아크, d부터 $c3$로의 아크를 삭제하면 그림 7.2의 N_2와 같이 단순화할 수 있다. 단순화된 모델도 같은 동작을 하므로, 이 둘은 상호 유사성(bisimilar)이 있다고 할 수 있다

[3] 로그에는 작업의 시작과 종료 이벤트가 있지만, 그림 9.5의 WF-net은 작업 당 하나의 트랜지션이 있다. 5.2.4절에서 설명하였듯이 각 작업은 하나의 작은 하위 프로세스로 생각할 수 있다. 그림 9.5의 모든 트랜지션은 시작과 종료 트랜지션으로 나누어 지고, 이 둘은 작업의 이름으로 명명한 플레이스로 연결이 되어 있다. 예를 들어, 트랜지션 a는 플레이스 a로 연결된 트랜지션 a_{start}와 $a_{complete}$로 나누어 진다. 참고로 그림 9.3의 트랜지션 시스템도 같은 명명 규칙을 사용하였다.

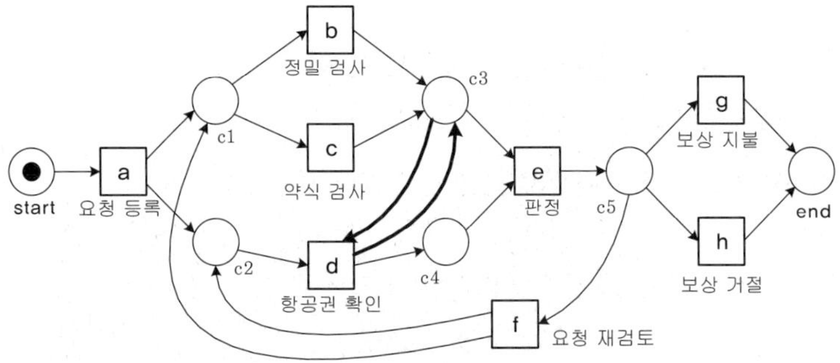

그림 9.5 제약 조건을 추가로 모델링한 WF-net 예시. d는 b나 c가 완료되었을 때에만 시작할 수 있다

WF-net에서 각 작업을 start와 complete 트랜지션으로 세분화하면 $\langle a^{12}_{start}, a^{19}_{complete}, b^{25}_{start}\rangle$는 발생 가능한 점화 순서이다. 이벤트 세 개를 리플레이한 후의 상태는 $[c2, b]$이다. 여기서 다음 이벤트 즉, d^{26}_{start}는 불가능하다. 따라서, 부분 자취 $\langle a^{12}_{start}, a^{19}_{complete}, b^{25}_{start}, d^{26}_{start}\rangle$에 대하여 시점 26에 알림이 생성되어, 실행 불가한 작업 d가 시작되었음을 경고한다. 두 번째 케이스에 대한 편차는 시점 28에 감지된다. 부분 자취 $\langle a^{17}_{start}, a^{23}_{complete}, d^{28}_{start}\rangle$에 근거하여, 실행 불가한 작업 d가 시작되었음을 경고한다. 세 번째 케이스에서.편차는 시점 62에 감지된다. 두 번째로 나타난 작업 d가 실행 불가하여, 자취 $\langle a^{25}_{start}, a^{30}_{complete}, c^{32}_{start}, c^{35}_{complete}, d^{35}_{start}, d^{40}_{complete}, e^{45}_{start}, e^{50}_{complete}, f^{50}_{start}, f^{55}_{complete}, b^{60}_{start}, d^{62}_{start}\rangle$는 제대로 리플레이될 수 없다. 이 예제들은 제7장의 리플레이 기법을 런타임에 편차가 발생된 순간에 이를 감지하는 목적으로 사용할 수 있다는 것을 보여준다.

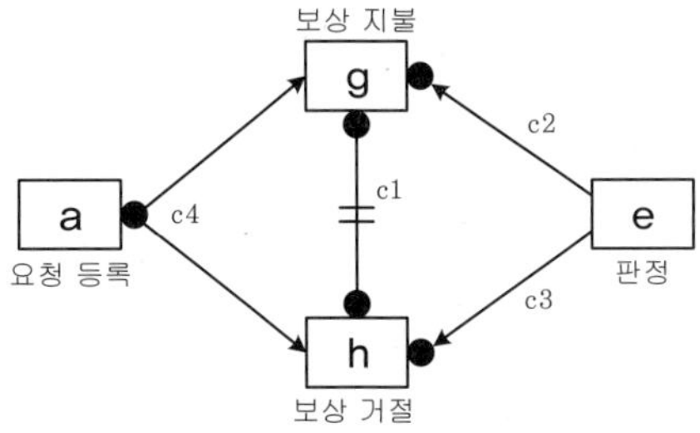

그림 9.6 네 개의 제약 조건 $c1$, $c2$, $c3$, $c4$로 구성된 Dclare 명세서

제7장에서 제약 조건 기반의 언어로 *Declare*를 소개한 바 있다. Declare 모델의 기본 개념을 소개하기 위하여 그림 9.6의 모델을 사용한다. 네 개의 제약 조건들은 각각 LTL로 기술할 수 있다. 제약 조건 $c1$은 g와 h가 함께 발생할 수 없다는 비공존(non-coexistence) 제약 조건이다. 이 제약 조건에 대한 LTL 표현식은 $!((\Diamond g) \wedge (\Diamond h))$이다. 제약 조건 $c2$는 e가 발생하기 전에 g가 발생할 수 없다는 요구사항을 모델링한 선행(precedence) 제약 조건이며, $((!g)\, W\, e)$로 표현한다. 제약 조건 $c3$도 선행 제약 조건으로 g 대신에 h를 참조한다. 제약 조건 $c4$는 a

가 일어날 때마다 후속으로 g 또는 h가 수행된다는 것을 기술한 분기 응답(branched response) 제약 조건이며, $\square(a \Rightarrow (\Diamond(g \vee h)))$로 표현한다.

지금까지 일어난 이벤트를 나타내는 부분 자취 σ_p를 갖는 케이스를 가정해 보자. 그림 9.6에 제시된 각각의 제약 조건 c는 부분 자취 σ_p에 대하여 다음의 세 가지 상태 중 하나가 된다.

- *만족(satisfied)*: 제약 조건 c에 대응하는 LTL 공식이 부분 자취 σ_p에 대해 사실로 평가된다.
- *일시적 위반(temporarily violated)* : 제약 조건 c에 대응하는 LTL 공식이 부분 자취 σ_p에 대해 거짓으로 평가된다. 하지만, σ_p를 앞 부분에 포함하며 제약 조건 c가 사실로 평가되는 σ'_p가 존재한다.
- *영구적 위반(permanently violated)*: 제약 조건 c에 대응하는 LTL 공식이 σ_p와 σ_p의 모든 가능한 확장에 대해 거짓으로 평가된다. 즉, σ_p를 앞 부분에 포함하며 제약 조건 c가 사실로 평가 받는 자취 σ'_p가 존재하지 않는다.

이 세 가지 개념은 *단일 제약(single constraint)* 수준에서 *전체 Declare 명세서(complete declare specification)* 수준으로 확장할 수 있다. 만약, Declare 명세서의 모든 제약 조건을 *만족*하면, 그 케이스는 Declare 명세서를 만족한 상태이다. 또한, 부분 자취가 일부 제약 조건을 위반하였지만 미래에 모든 제약 조건들을 만족시킬 수 있다면, Declare 명세서를 *일시적으로 위반한 상태*이다. 마지막으로, 케이스가 미래에도 제약을 만족할 수 없으면, *영구적으로 위반한 상태*라고 한다.

표 9.1에 제시된 케이스들은 그림 9.6의 제약 조건 중 어느 것도 위배하지 않는다. 즉, 모든 자취들이 최종적으로는 모든 제약 조건을 만족시킨다. 자취 $\sigma = \langle a,b,d,g \rangle$의 케이스를 가정해보자. 단순화를 위하여 타임스탬프와 트랜잭션 정보는 생략하였다. 시작 시점에 자취 $\sigma_0 = \langle \rangle$는 모든 제약 조건을 만족한다. a가 실행되면, $\sigma_1 = \langle a \rangle$는 $c4$를 일시적으로 위반한다. 모든 제약 조건을 만족시킬 수 있는 미래 상황이 존재하므로, 경고를 생성할 필요는 없다. 하지만, 제약 조건 $c4$를 일시적으로 위반하고 있다는 진단 정보를 제공할 수는 있을 것이다. b와 d가 실행되더라도 상황이 바뀌지는 않는다. 즉, 부분 자취 $\sigma_2 = \langle a,b \rangle$와 $\sigma_3 = \langle a,b,d \rangle$는 $c4$를 일시적으로 위반한다. 그러나 g가 실행되면 상황이 바뀌어, 부분 자취 $\sigma_4 = \langle a,b,d,g \rangle$는 제약 조건 $c4$를 만족시킨다. 그러나 만약 e가 g 이전에 실행되면, σ_4는 제약 조건 $c2$를 영구적으로 위반한다. 따라서, 이탈하였음을 감지하고 경고한다.

그림 9.7은 또 다른 Declare 명세서를 보여준다. 제약 조건 $c1$은 앞에서 언급한 비공존 제약 조건과 동일하다. 제약 조건 $c2$는 작업 e가 발생한 후에 결국 g가 발생한다는 것을 기술한 응답(response) 제약 조건이며, LTL로 표현하면 $\square(e \Rightarrow (\Diamond g))$이다. 제약 조건 $c3$도 응답 제약 조건으로, 작업 e가 발생한 후에 결국 h가 발생한다는 것을 기술한다. 제약 조건 $c4$는 선행 제약 조건으로 a가 발생하기 전에는 g가 발생해서는 안 된다는 요구를 기술하고 있으며, $(!g)\,W\,a$로 표현할 수 있다. 제약 조건 $c5$도 선행 제약 조건이며 $(!h)\,W\,a$로 표현된다. 그림 9.7을 기본 모델로 가정하자. 자취 $\sigma = \langle a,b,d,g \rangle$가 실행되는 케이스를 생각해 보면, 모든 부분 자취에 대하여 모든 제약 조건을 만족한다. 즉, 이 케이스가 진행되는 동안 어떠한 경고도 생성할 필요가 없다. 이제, 자취 $\sigma = \langle a,b,d,e,g \rangle$를 가정해보자. 첫 세 개의 이벤트는 어느 단계에서든 5가지 제약 조건을 모두 만족하고, 따라서 어떠한 알림도 필요가 없다. 그러나 e가 실행된

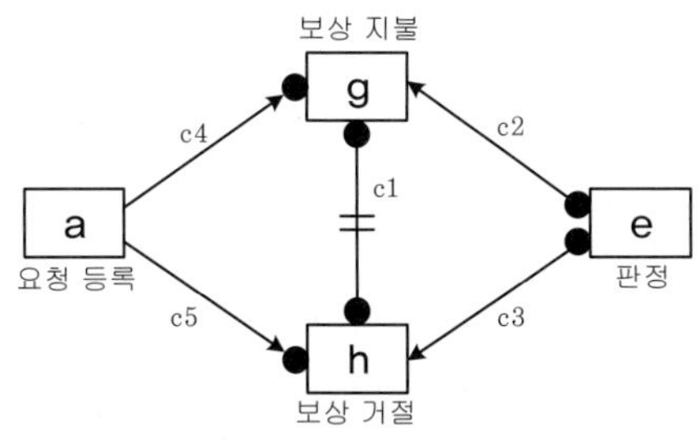

그림 9.7 Declare 명세서. $c1, c2, c3$는 이 명세서를 영구히 위반하지 않으면서 e가 실행될 수 없음을 나타내고 있다

후에는 제약 조건 $c2$와 $c3$가 일시적으로 위반된다. 이러한 일시적인 위반을 제거하기 위해서 $\langle a,b,d,e \rangle$ 후에 g와 h가 둘 다 실행되어야 하지만, g와 h를 모두 실행하는 것은 $c1$을 영구적으로 위반하는 결과를 초래한다. 모든 제약 조건을 만족시킬 수 있는 상태가 향후에 나올 수 없기 때문에 부분 자취 $\langle a,b,d,e \rangle$는 Declare 명세를 영구적으로 위반하게 되고, 따라서 e가 일어난 직후에 경고가 발생한다. 두 번째 시나리오의 경우에 일시적으로만 위반된 제약 조건도 있지만, 전체 명세서는 영구적으로 위반된다는 것에 유의하기 바란다. 따라서 하나의 이벤트가 이탈을 의미하는지 아닌지를 결정하기 위해서 고급 추론이 요구된다. [16, 97]에서 제시된 바와 같이, 이러한 이탈을 감지하고 유익한 경고를 제공하기 위해서 모델 검사나 귀추 논리 프로그래밍(abductive logic programming)을 사용할 수 있다.

제 9.4 절 예측

두 번째 운영 지원 활동은 *예측(prediction)*이다. 그림 9.8과 같이, 사용자가 기업 정보시스템과 상호작용하는 상황을 다시 고려해보자. 케이스에 기록된 이벤트는 부분 자취의 형태로 운영 지원 시스템에 전송된다. 이러한 부분 자취와 예측 모델에 기반하여 예측이 수행되며, 예측의 예시는 다음과 같다.

- 예상되는 잔여 수행 시간은 14일이다.
- 종료 기한을 지킬 예상 확률은 0.72이다.
- 이 케이스에서 예상되는 총비용은 € 4,500이다.
- 작업 a를 수행할 예상 확률은 0.34이다.
- 이 케이스에 작업자 r이 참여하여 수행할 예상 확률은 0.57이다.
- 이 케이스가 거절될 예상 확률은 0.67이다.
- 이 케이스에서 예상되는 총서비스 시간은 98분이다.

예측에는 다양한 기법들을 사용할 수 있다. 예를 들어, 3.1.2절에서 논의한 지도 학습 기법을 활용할 수 있다. 특성 추출(feature extraction)을 사용하여, 부분 자취가 가진 적절한 속성을

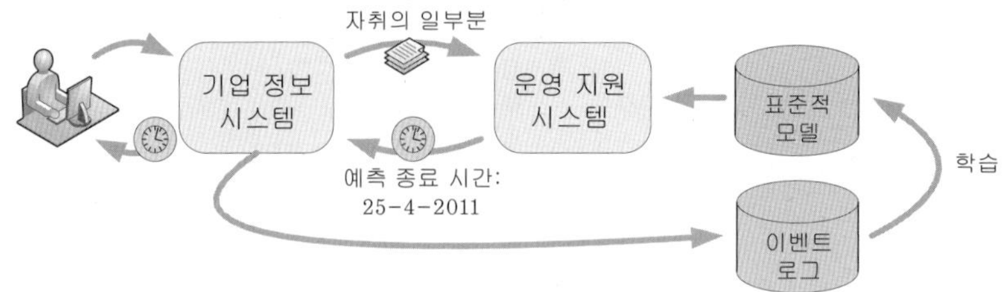

그림 9.8 예측을 수행하기 위해서 진행 중인 케이스의 부분 자취와 예측 모델이 동시에 사용된다(예, 잔여 수행 시간, 총기대비용, 또는 성공 확률).

예측 변수로 하고, 예측하고 싶은 특성을 반응 변수로 선정한다. 반응 변수로는 보통 잔여 수행 시간이나 총비용과 같은 성과 지표를 사용한다. 만약 반응 변수가 연속형 변수이면, 회귀분석이 많이 사용되고, 범주형 반응 변수에 대해서는 의사결정나무 학습과 같은 분류 기법을 활용한다. 예측 모델은 과거 "사후적" 이벤트 데이터에 기반하지만, 진행중인 케이스에 대한 예측에도 사용할 수 있다.

답해야할 질문의 범위도 넓고, 기법의 수도 많기 때문에 모든 기법의 내용을 포괄적으로 소개하기 어려워, 구체적 질문에 답을 위한 하나의 기법을 예로 설명한다. *부연적 트랜지션 시스템(annotated transition systems)[21, 17]을 이용하여 잔여 수행 시간을 예측하는 방법*을 설명한다. 이 방법은 표 9.1과 같이 타임스탬프를 포함한 이벤트 로그와 그림 9.3과 같은 트랜지션 시스템으로부터 시작한다. 트랜지션 시스템은 WF-nets, BPMN, YAWL, EPC와 같은 언어로 표현된 프로세스 모델의 상태 공간(state-space)을 계산하여 얻을 수 있다. 예를 들어, 그림 9.3의 트랜지션 시스템은 그림 1.1의 WFnet이나 그림 1.2의 BPMN 모델로부터 도출할 수 있다. 트랜지션 시스템은 6.4.1절에서 설명한 기법을 이용하여 도출할 수 있는데, 즉, 이벤트 로그 L과 상태 표현 함수 $l^{state}()$를 이용하여, 이벤트 로그를 리플레이할 수 있는 트랜지션 시스템을 자동으로 생성할 수 있다.

이벤트 로그가 생성된 트랜지션 시스템에 적합하면, 로그를 모델에 리플레이하여 시간 정보를 계산할 수 있다. 적합하지 않은 이벤트나 케이스는 무시하거나 7.2절에 기술한 방법으로 처리할 수 있다. 그림 9.9는 표 9.1에 있는 처음 두 개의 자취에 대해 시간을 고려한 리플레이 결과를 보여준다.

첫 번째 케이스 $\langle a^{12}_{start}, a^{19}_{complete}, b^{25}_{start}, d^{26}_{start}, b^{32}_{complete}, d^{33}_{complete}, e^{35}_{start}, e^{40}_{complete}, h^{50}_{start}, h^{54}_{complete}\rangle$를 살펴보자. 이 케이스는 시점 12에 시작해서 시점 54에 종료하였다. 따라서, 수행 시간은 42가 된다. 이 케이스에서 발생한 상태에 태그 (t,e,r,s)를 주석으로 넣는다. 여기서 t는 상태 도착 *시간(time)*, e는 (케이스) 시작 후 *경과 시간(elapsed time)*, r은 *잔여 수행 시간(remaining flow time)*, s는 *체류 시간(sojourn time)*이다. 상태 $[a]$는 첫 번째 이벤트 a^{12}_{start}가 발생한 직후 도달한 상태이므로 주석 $(t=12, e=0, r=42, s=7)$이 부여된다. 이벤트 a^{12}_{start}는 시점 12에 시작되었으므로 a의 도착 시간은 $t=12$이다. 단지 하나의 이벤트만 수행한 경우에는 경과 시간이 없으므로 a의 경과 시간은 $e=12-12=0$이 된다. a의 잔여 시간은 $r=54-12=42$로, 시점 12에 시작된 후 이 케이스가 종료될 때까지 남은 시간이다. 다음 이벤트가 시점 19에 발생하였으

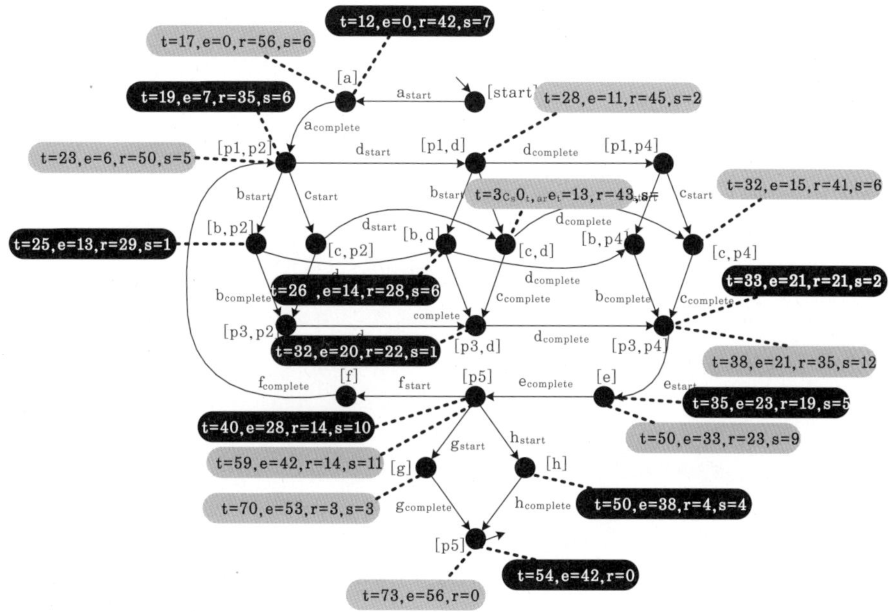

그림 9.9 처음 두 개의 케이스를 리플레이하는 동안 수집된 통계. t는 각 상태의 도착 시간, e는 상태 도착 후 경과 시간, r은 잔여 수행 시간, s는 체류 시간임

므로 a의 체류 시간은 $s = 19 - 12 = 7$이다. a가 시점 19에 완료되었기 때문에, 상태 $[p1,p2]$는 주석 $(t = 19, e = 7, r = 35, s = 6)$이 부여된다. 해당 케이스가 시작된 후, a가 단위 시간 7에 완료되므로 $e = 19 - 12 = 7$이다. 이 케이스는 시점 54에 종료되므로 $r = 54 - 19 = 35$이다. 다음 이벤트는 시점 25에 발생하였으므로 $s = 25 - 19 = 6$이 된다. 그림 9.9는 첫 두 개의 케이스와 연관된 모든 주석들을 보여준다. 예를 들어, 상태 $[p3,p4]$는 주석 $(t = 33, e = 21, r = 21, s = 2)$와 $(t = 38, e = 21, r = 35, s = 12)$를 갖는 두 케이스에 의해 한번씩 방문된다. 초기 상태 $[start]$와 관련된 이벤트를 로그에서 찾을 수 없기 때문에 주석이 없다. 마지막 상태인 $[p5]$는 그 다음 이벤트가 없으므로 체류 시간이 없다.

표 9.1은 전체 이벤트 로그의 일부만을 보여 주는데, 로그에 존재하는 전체 케이스들이 비슷한 방식으로 리플레이될 수 있다. 예를 들어, 세 번째 케이스는 상태 $[p3,p4]$를 두 번 도달한다 (이벤트 $d^{40}_{complete}$와 $d^{67}_{complete}$ 이후). 첫 번째 도달 시 주석 $(t = 40, e = 15, r = 58, s = 5)$가 부여되고, 두 번째 도달 시 주석 $(t = 67, e = 42, r = 31, s = 13)$가 부여된다. 규모가 큰 이벤트 로그를 가정해보면, 아마도 상태마다 수 백 또는 수 천 개의 주석이 있을 수 있다. 각 상태 x에 대해 이러한 주석에 기반하여 잔여 수행 시간에 대한 다중 집합(multi-set) $Q^{remaining}_x$을 생성할 수 있다. 상태 $[p3,p4]$에 대한 잔여 수행 시간 다중 집합은 $Q^{remaining}_{[p3,p4]} = [21,35,58,31,\ldots]$이다. 첫 번째 케이스는 상태 $[p3,p4]$에 케이스 완료 21 전에 한 번 도달하고, 두 번째 케이스도 상태 $[p3,p4]$에 완료 35 전에 한 번 도달하며, 세 번째 케이스는 58 전과 31 전에 두 번 도달한다. 마찬가지 방법으로 경과 시간과 체류 시간에 대한 다중 집합도 $Q^{elapsed}_{[p3,p4]} = [21,21,15,42,\ldots]$와 $Q^{sojourn}_{[p3,p4]} = [2,12,5,13,\ldots]$ 같이 생성할 수 있다. 이러한 다중 집합에 기반하여 모든 종류의

통계량을 계산할 수 있다. 예를 들면, 상태 $[p3,p4]$에 대한 평균 잔여 수행 시간은 $\sum_{q\in Q}\frac{Q(q)\times q}{|Q|}$이다(여기서 $Q = Q^{remaining}_{[p3,p4]}$). 8.4절과 같이 표준편차, 최솟값, 최댓값과 같은 다른 표준 통계량들도 계산할 수 있다. 또한, 통계 소프트웨어를 이용하면 샘플 데이터에 적합한 분포를 추정할 수도 있다. 예를 들어, 샘플 $Q^{remaining}_{[p3,p4]} = [21,35,58,31,\ldots]$에 대하여 잔여 수행 시간 추정에 가장 적합한 분포는 파라미터 $r = 8.0502$와 $\lambda = 0.18915$인 감마 분포(gamma distribution)라는 것을 찾을 수 있고, 이 분포에서 평균 42.56과 표준편차 15.0를 계산할 수도 있다. 제8장에서 살펴본 것처럼, 이러한 통찰은 프로세스 모델을 시간 정보를 포함하여 확장하는데 활용할 수 있다. 나아가, 부연적 트랜지션 시스템을 활발하게 사용하여 진행 중인 케이스에 대한 잔여 시간 예측에 활용할 수도 있다.

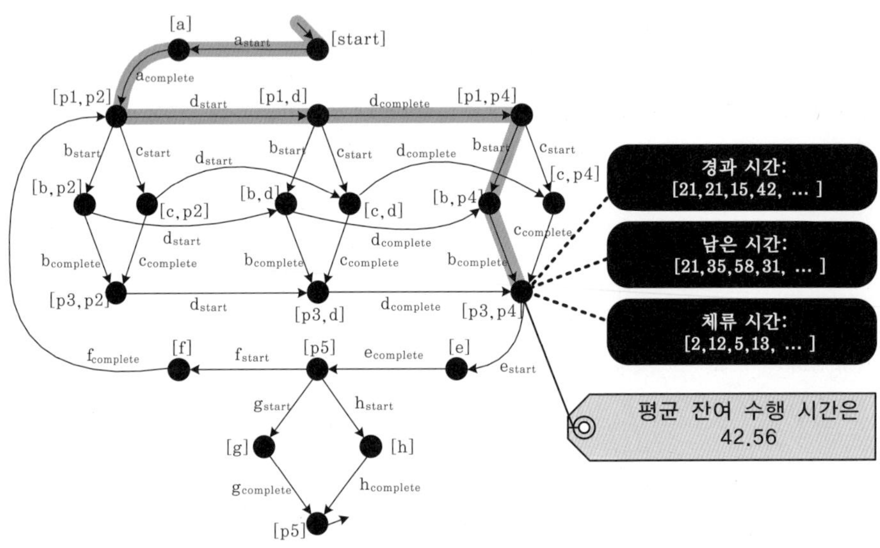

그림 9.10 각 상태는 잔여 수행 시간 다중 집합을 갖는다(각 방문당 다중 집합 원소 하나 생성). 이는 미래 케이스의 잔여 수행 시간 예측에 활용된다. 부분 자취 $\langle a^{512}_{start}, a^{518}_{complete}, d^{525}_{start}, d^{526}_{complete}, b^{532}_{start}, b^{533}_{complete}\rangle$를 갖는 케이스에 대해 예측되는 잔여 수행 시간은 42.56이며, 이는 상태 $[p3,p4]$의 평균 잔여 수행 시간이다

그림 9.10은 상태 $[p3,p4]$에 대한 부연적 트랜지션 시스템을 보여준다. 그림에 진행 중인 케이스의 부분 자취 경로는 강조하여 표시되었다. 이 케이스의 부분 자취는 $\langle a^{512}_{start}, a^{518}_{complete}, d^{525}_{start}, d^{526}_{complete}, b^{532}_{start}, b^{533}_{complete}\rangle$이다. 시점 533일 때, 이 케이스의 잔여 수행 시간에 관심이 있으면, 이에 대한 예측값으로 같은 상태에서의 모든 과거 케이스들의 잔여 수행 시간의 평균인 42.56이 될 수 있다. 따라서, 이 케이스는 시점 575.56 이후에 완료될 것으로 기대할 수 있다. 이는 진행 중인 케이스에 대해 잔여 수행 시간을 예측할 수 있음을 보여준다.

부연적 트랜지션 시스템은 잔여 수행 시간을 예측에 대해 더 상세한 설명을 할 수도 있다. 예를 들어, 다중 집합 $Q^{remaining}_{[p3,p4]}$의 크기와 이 다중 집합에 있는 과거 샘플들의 표준편차는 예측의 신뢰성에 영향을 미칠 것이 분명하다. 단순 예측값을 제공하는 것뿐만 아니라, "신뢰성 90%로 잔여 수행 시간은 10~45일 이내로 예측된다"와 "유사 케이스 중 78%가 50일 이내에 처리되었다"와 같은 예측도 가능하다. 또한, [21]에서 보는 것과 같이 예측의 품질을 결정하기 위해 교차 검증을 활용할 수도 있다.

부연적 트랜지션 시스템에 기반한 접근법은 잔여 수행 시간을 예측하는 데에만 국한되지 않는다. 유사한 방식으로 체류 시간을 예측할 수도 있고, 시간과 관련이 없는 예측도 시도할 수 있다. 예를 들어, 요청의 수락(작업 g 발생) 또는 거절(작업h 발생)을 예측하고 싶다고 가정해보자. 이러한 예측을 위해서 상태들에 "사후적" 케이스에 대해 알려진 정보를 바탕으로 $Q^{accepted}_{[p3,p4]} = [0,1,1,1,\ldots]$와 같이 주석을 단다. "0"은 거절된 케이스가 상태 $[p3,p4]$에 도달할 때 다중 집합에 추가하고, "1"은 수락된 케이스가 도달할 때 추가한다. $Q^{accepted}_{[p3,p4]}$의 평균값은 상태 $[p3,p4]$에 도달한 케이스가 수락될 확률의 예측값이다. 이 예는 적절한 부연적 트랜지션 시스템을 이용하여 매우 다양한 예측이 가능하다는 것을 보여준다. 여기서 프로세스 관련 정보가 고려되어야 한다는 점이 매우 중요하다. 즉, 예측은 케이스의 정적인 속성값보다는 케이스의 진행에 기반한 *상태* 정보를 고려해야 한다. 회귀 또는 의사결정나무에 기반을 둔 고전적인 데이터 마이닝 기법은 일반적으로 상태 정보보다는 케이스의 정적인 속성값을 사용한다.

그림 9.10에 제시된 트랜지션 시스템은 앞서 제시된 WF-net과 BPMN 모델의 상태와 동일하다. 그러나 6.4.1절에서 논의한 것처럼 모델이 아니라 이벤트 로그에서 트랜지션 시스템의 생성이 가능하고, 또한 하나의 이벤트 로그에서 다양한 트랜지션 시스템을 생성할 수도 있다. 이벤트 로그 L과 상태 표시 함수 $l^{state}()$는 상세화 수준과 관점을 결정하는 데 사용된다. 예를 들어, 예측에 관련없는 작업들을 추상화하여, 더 성긴 수준의(coarse-grained) 트랜지션 시스템을 생성할 수 있다. 반면에, 자원과 데이터에 대한 정보를 상태에 포함시켜서, 더 미세한 수준의(fine-grained) 트랜지션 시스템을 생성할 수도 있다. 신뢰할 만한 예측을 위해서 모든 상태에 충분히 많은 도달 정보(주석)가 있어야 한다. 만약 로그 L이 리플레이될 때 각 상태의 주석 개수가 적으면, 그 트랜지션 시스템은 과도하게 미세한 수준이라고 할 수 있다. 추상화의 수준은 로그의 크기와 예측할 반응 변수에 따라 정해져야 한다. 일반적으로 이 문제는 지도학습에서 반응 변수를 예측하기 위해 가장 적절한 예측 변수를 결정하는 특성 추출(feature selection) 문제이다. 이에 대한 더 자세한 정보는 [21]을 살펴보자.

부연적 트랜지션 시스템에 기반한 접근법은 예측에 사용될 수 있는 많은 접근법 중 하나에 불과하다. 예를 들어, *단기 시뮬레이션(short-term simulation)*은 특정 상태에서 케이스의 가능한 미래를 탐색하는 데 사용될 수 있다(8.6절 참고). 과거 데이터에 기반한 이러한 시뮬레이션 모델은 진행 중인 케이스의 현재 상태로 초기화되고, 예측하는 성과 지표에 대한 샘플 측정값을 얻기 위해 케이스의 잔여 시간을 반복적으로 시뮬레이션한다.

제 9.5 절 추천

세 번째 운영 지원 활동은 *추천(recommendation)*이다. 그림 9.11에서 보는 것처럼, 상황은 예측과 유사하다. 즉, 자취의 일부분이 운영 지원 시스템으로 전송되면, 응답이 이루어진다. 여기서 응답은 예측이 아니라 다음 단계에 무엇을 해야 하느냐에 대한 추천이다. 이러한 추천을 제공하기 위해서 "사후적" 이벤트 데이터로부터 모델을 학습한다. 또한, 운영 지원 시스템은 *의사결정 공간(decision space)*을 파악해야 한다. 즉, 어떤 선택 가능한 행위(action)가 있는지 인지하고, 추천 모델에 기반하여 이러한 행위들의 우선 순서를 결정한다. 예를 들어, 그림 9.11에서 운영 지원 시스템은 85%의 확실성으로 작업 x를 수행할 것을 추천한다. 다른 두 가지 대안은 "낮은" 추천 순위를 보여, 작업 y는 12%의 확실성으로 추천하며, 작업 z는 3%의 확실성으로 추천한다. 대부분의 경우, 최적을 보장하는 추천을 제공하는 것은 불가능하다. 다음 단계에 대한 최선의 선택은 알 수 없는 외부 이벤트 발생에 의존적일 수 있다. 예를 들어, 그림 9.11에서 예상치 못한 외부 이벤트가 발생하여 궁극적으로는 z가 최선의 선택이 되는 경우도 있을 수 있다.

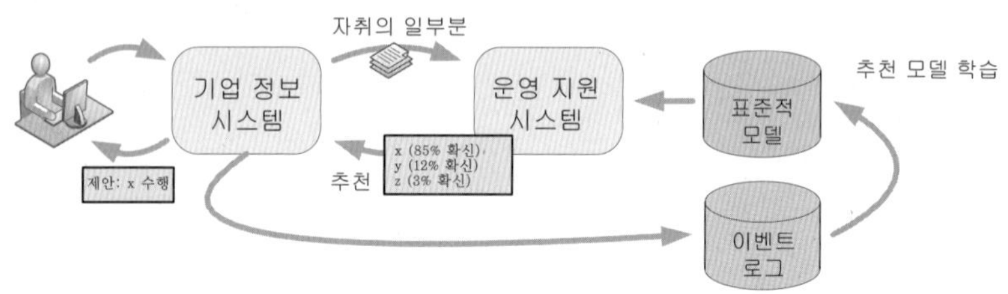

그림 9.11 과거 데이터에 기반한 모델이 진행 중인 케이스에 대한 추천을 제공하는 데 사용된다. 추천은 강제적이지 않고 추천의 품질을 나타내는 부가적인 정보가 포함될 수 있다 (예, 유사한 케이스 85%에서 작업 x가 수행 시간을 최소화하는 행위임)

추천은 항상 *특정한* 목표를 고려하는데, 목표의 예는 다음과 같다.

- 잔여 수행 시간 최소화
- 총비용 최소화
- 4주 이내 처리되는 케이스의 비율 최대화
- 수락되는 케이스의 비율 최대화
- 자원 사용의 최소화

또한 이러한 목표는 통합되거나 결합될 수 있다. 예를 들어 비용 절감 및 수행 시간 감소 사이의 균형점을 찾을 수도 있다. 이러한 목표를 프로세스 수행에 고려하기 위해 잔여 수행 시간이나 총비용과 같은 성과 지표를 정의해야 하고, 이 성과 지표는 지도 학습의 응답변수에 해당한다.

추천은 가능한 행위의 집합, 즉 의사결정 공간을 고려한다. 의사결정 공간은 예를 들어 $\{f,g,h\}$와 같은 작업들의 집합이 될 수도 있다. 이것은 현재 상태에서 작업 f, g, h가 가능한 후보들이고, 운영 지원 시스템으로부터 답을 얻고자 하는 질문은 "어느 작업이 주어진 목표에 대해 최선의 선택인가"를 의미한다. 그러나 의사결정 공간은 자원의 집합으로 구성될 수도 있으며 그 때의 목표는 주어진 작업을 수행할 최선의 자원을 추천하는 것이다. 예를 들어, 운영 지원 시스템이 수행 시간을 최소화하기 위하여 작업 h를 Mike에게 할당할 것을 추천할 수 있다. 이 예는 추천이 제어 흐름에 한정되지 않고 다른 관점도 관련되어 있음을 보여준다.

그러므로 작업(activity)보다는 "행위(action)"라는 용어를 사용한다. 진행 중인 케이스에 대한 의사결정 공간은 기업 정보시스템에서 운영 지원 시스템에 보내는 메시지의 일부일 수 있다. 그렇지 않으면, 추천 모델은 부분 자취에 기반하여 의사결정 공간을 도출할 수 있어야 한다.

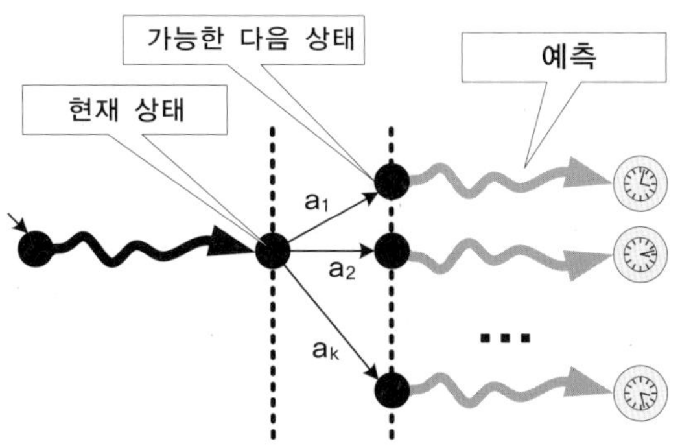

그림 9.12 추천은 예측에 기반할 수 있다. 모든 가능한 선택에 대하여, 관심있는 성과 지표를 예측하고, 최선의 대안을 추천한다

그림 9.12와 같이, 목표를 달성하기 위한 행위 추천은 관련된 성과지표에 대한 예측과 밀접한 관련이 있다. 부분 자취 σ_p를 가지는 케이스에 대해, 가능한 행위 집합 $\{a_1, a_2, \ldots, a_k\}$로부터 몇 가지 행위를 추천할 수 있다고 가정하자. (비록 그것이 아직 발생하지 않았더라도) 행위 a_1이 선택되었다고 가정하고 기존의 부분 자취를 확장할 수 있다. σ_1는 부분 자취가 확장된 $\sigma_1 = \sigma_p \oplus a_1$이다. (여기서, a_1이 작업이고 단순한 자취를 사용한다고 가정한다.) 모든 다른 행위에 대해 동일하게 적용하여, 결과로 부분 자취들의 집합 $D = \{\sigma_1, \sigma_2, \ldots, \sigma_k\}$를 얻었다고 하자. 이제 D의 각 원소에 대해 선택된 성과지표를 예측하고, 그 예측결과를 비교하여 순위를 결정한다. 만약 σ_2가 가장 좋은 예측값(예, 최소 잔여 수행 시간)을 갖는다면, a_2를 제일 먼저 추천한다.

사용되는 예측 기법에 의존하여, 추천 시 신뢰성과 품질에 대한 정보도 포함할 수 있다(예, 특정 선택이 목표에 대해 최적인지를 알려주는 신뢰성(confidence)이나 확실성(certainty)). 예를 들어, 그림 9.11에서 추천은 세 가지 가능한 행위에 대한 확실성을 함께 나타낸다. 이러한 확실성 값을 해석하는 방법은 사용되는 예측 방법에 따라 다르다. 예를 들어, 만약 단기 시뮬레이션을 사용한다면, 그림 9.11에서 언급한 x의 85% 확실성은 반복된 시뮬레이션 실험의 85%에서 행위 x가 최소의 잔여 수행 시간을 보여주었다는 것을 의미한다.

제 9.6 절 프로세스 마이닝 스펙트럼

그림 9.1에 제시된 세분화된 프로세스 마이닝 프레임워크는 프로세스 마이닝의 폭넓은 스펙트럼을 보여준다. 이 장에서는 프로세스 도출 및 적합도 검사로부터 세 가지 운영 지원 활동까지 10가지의 프로세스 마이닝 활동을 기술하였다. 이런 프로세스 마이닝 활동에서 "규범적" 또

는 “사실적” 모델, “사전적” 또는 “사후적” 이벤트 데이터, 그리고 다양한 측면(제어 흐름, 조직, 케이스 및 데이터 관점 등)을 고려할 수 있다. 이 장에서 오프라인 분석을 대상으로 한 프로세스 마이닝 기법이 운영 지원에도 적용될 수 있음을 보여주었다. 예를 들면, 적합도 검사를 위해 개발된 리플레이 기법이 정책 위반을 *탐지*하고, 잔여 수행 시간을 *예측*하며, 온라인 환경에서 작업을 *추천*하는 데에도 사용될 수 있다.

제 IV 편

프로세스 마이닝 실제

1장 서론

I부: 준비

2장 프로세스 모델링과 분석

3장 데이터 마이닝

II부: 이벤트 로그에서 프로세스 모델까지

4장 데이터 수집

5장 프로세스 도출 서론

6장 고등 프로세스 도출 기법

III부: 프로세스 도출을 넘어

7장 적합도 검사

8장 다양한 측면에서의 프로세스 마이닝

9장 운영 지원

IV부: 프로세스 마이닝 실제

10장 지원 툴

11장 "라자냐 프로세스" 분석

12장 "스파게티 프로세스" 분석

V부: 결론

13장 지도제작과 항해

14장 에필로그

이 파트에서는 프로세스 마이닝을 지원하는 가용한 툴에 대해서 복습하고, 프로세스 마이닝을 위한 방법론을 설명한다. 방법론에서 두 개의 프로세스 타입(라자냐 프로세스와 스파게티 프로세스)을 제시하고, 다양한 분야에서 프로세스 마이닝을 적용하는 유스케이스에 대해서 논한다. L^* 라이프라이클 모델을 사용하여, 라자냐 프로세스와 스파게티 프로세스를 분석하는 가이드 라인을 제시하고, 실제 이벤트 로그를 바탕으로한 분석 예시도 제시한다.

장 10
지원 툴

요 약 많은 기업이 비즈니스 인텔리전스(BI) 소프트웨어 제품을 출시하고 있다. 불행히도 대부분의 제품이 데이터 중심적이고 다소 간략화된 분석 기능에 초점을 맞추고 있다. 이전 장에서도 설명하였듯이 진정한 "지능적인" BI는 프로세스 마이닝의 발전으로 가능하게 된다. 예를 들면, ProM은 이 책에서 언급한 모든 기법을 지원하는 오픈소스 프로세스 마이닝 도구이다. 프로세스 발견, 적합도 검사, 소셜 네트워크 분석, 조직 마이닝, 의사결정 마이닝, 히스토리 기반 예측 및 추천 등은 ProM에서 모두 지원된다. 최근, 몇몇 소프트웨어 기업들이 프로세스 마이닝 기능을 그들의 제품에 추가하기 시작했다. 이 장은 BI 제품 시장에 대한 전체적인 개요를 설명하고, ProM과 프로세스 마이닝을 지원하는 다른 소프트웨어에 대해 상세히 설명한다.

제 10.1 절 비즈니스 인텔리전스

포레스터(Forrester)는 *비즈니스 인텔리전스*(BI)를 두 가지 방식으로 정의하였다. 광의의 정의는 "BI는 가공되지 않은 데이터를 효과적이고 전략적이며 전술적인 운영 통찰과 의사 결정을 가능케 하는 의미있고 유용한 정보로 변환하는 방법론, 프로세스, 아키텍처, 기술의 집합"이다[61]. 협의의 정의로 "BI는 분석, 보고, 성능 관리, 정보 전달을 위한 정보관리 프로세스의 산출물에 영향을 주는 방법론, 프로세스, 아키텍처, 기술의 집합"이다[61]. 1.6절에서 언급했듯이, BI 기술을 언급할 때 비즈니스 작업 모니터링(BAM), 기업 성과 관리(CPM), 비즈니스 프로세스 인텔리전스(BPI)와 같이 다수의 중복되는 용어들이 사용된다. 이 용어에 대한 명확한 정의는 없다. 일부 BI 벤더들이 다른 경쟁자들과 차별화하고, 실제 구현보다는 더 많은 기능을 제공하는 것처럼 보이기 위해 고의적으로 혼란스러운 용어를 사용하는 것 같다. 그럼에도 불구하고 BI 제품 시장은 꾸준히 성장하고 있다. 가장 널리 사용되는 BI 제품들은 *IBM Cognos Business Intelligence* (IBM), *Oracle Business Intelligence* (Oracle), *SAP BusinessObjects* (SAP), *WebFOCUS* (Information Builders), *MS SQL Server* (Microsoft), *MicroStrategy* (MicroStrategy), *NovaView* (Panorama Software), *QlikView* (QlikTech), *SAS Enterprise Business*

Intelligence (SAS), *TIBCO Spotfire Analytics* (TIBCO), *Jaspersoft* (Jaspersoft), *Pentaho BI Suite* (Pentaho)이 있다[62]. 이 제품들이 제공하는 일반적인 기능은 다음과 같다.

- *ETL* (추출(extract), 변환(transform), 로드(load)). 모든 제품은 다양한 소스로부터 데이터를 추출하는 기능을 지원한다. 추출된 데이터는 표준 데이터 포맷(일반적으로 다차원 테이블)로 변환되고, BI 시스템에 로드된다.
- *애드혹(ad-hoc) 검색*. 사용자는 드릴 다운(drilling down)이나 "슬라이싱(slicing)과 다이싱(dicing)"과 같이 정형화되지 않은 즉흥적인 방법으로 데이터를 검토해 볼 수 있다.
- *리포팅*. 표준 보고서의 정의를 지원한다. 사용자는 내부의 자료 구조를 전혀 모르더라도 사전에 정의된 보고서를 쉽게 만들어 낼 수 있다. 보고서는 다양한 표, 그래프, 스코어카드를 포함할 수 있다.
- *대화형 대시보드*. 표 형태의 데이터와 다양한 그래프로 구성된 대시보드의 정의를 지원한다. 대시보드는 상호 작용을 가능하게 하는데, 예를 들어 사용자는 사전에 정의된 컨트롤을 이용하여 현재 뷰를 변경하고, 정제하고, 집계하고, 필터링할 수 있다.
- *경보 발생*. 경보를 유발하는 이벤트와 조건의 정의를 지원한다. 예를 들어 매출이 사전에 정의한 수치보다 떨어진다면 영업팀장에게 이메일이 발송된다.

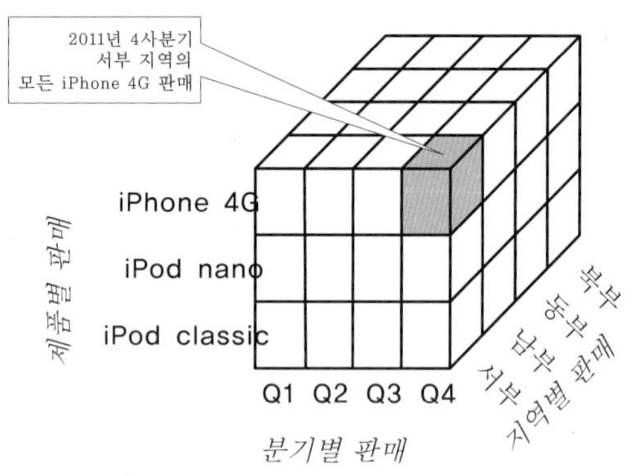

그림 10.1 판매 데이터를 포함한 3차원 OLAP 큐브. 각 셀은 특정 제품, 지역, 기간의 모든 판매를 포함한다. 각 셀에 대해 BI 제품은 판매된 아이템의 수나 총 금액 같은 것을 계량화할 수 있다

앞에서 언급한 BI 도구는 이벤트 로그를 시작점으로 하지 *않는다*. 도구의 입력은 관계형 데이터(즉, 하나 혹은 다수의 테이블)이거나 다차원 데이터이다. 대부분 BI 도구의 핵심은 OLAP(On-Line Analytical Processing) 큐브라고 불리는 구조에 표 형태로 저장된 데이터를 처리하는 OLAP(온라인 분석 처리) 엔진이다. 예를 들어, 판매 데이터를 포함하는 OLAP 큐브를 생각해보자. 그림 10.1에서 보듯이, 이 큐브는 제품 종류, 지역, 기간과 같은 차원을 가질 수 있다. 판매된 아이템 수에 관심이 있다고 하면, BI 제품은 OLAP 큐브의 각 셀에서 판매된 제품의 수를 보여줄 수 있다. 사사분기(Q4)에 West 지역에서 판매된 iPhone의 수량이 아주 미미하다고 생각해보자. 그러면 사용자는 이 셀에 대해 드릴 다운을 해서 더 상세한 데이터를

얻을 수 있다. 예를 들어 사용자는 월별 판매(Q4를 10월, 11월 12월로 상세화)를 보거나, 판매점별 판매(지역 차원을 상세화)를 보는 등의 개별 판매를 살펴볼 수 있다. 드릴 다운을 할 때 그 정보는 정제되고 상세화된다. 데이터를 회전시켜보는 것(pivoting)은 종종 "슬라이싱과 다이싱"이라고 불리는데 특정 패턴을 알아내는데 도움을 준다. OLAP 큐브를 "슬라이싱"하여 분석가는 전체 데이터에서 선택된 슬라이스(slice)로 확대해 들어갈 수 있다. 예를 들어 오직 iPod nano의 판매만 살펴볼 수 있다. "다이싱"이란 용어는 차원을 재정렬하는 것을 의미하는데, 예를 들어 사용자는 주어진 지역 내의 여러 제품의 판매를 살펴볼 수도 있고, 또 주어진 제품에 대해 지역별 판매를 살펴볼 수도 있다. 사용자는 OLAP 큐브를 주사위처럼 볼 수 있다. 즉, 다이싱은 데이터를 다른 각도에서 보기 위해 "주사위를 던지는 것"과 같다. 결과는 표 형태로 보여지거나 다양한 차트를 이용하여 시각화할 수 있다. BI 제품은 원 그래프, 막대 그래프, 방사선 도표, 산포도, 게이지 차트, 파레토 차트, 박스 플롯, 스코어카드 등의 여러 종류의 차트를 지원한다. 이런 차트는 사전에 정의된 대시보드나 보고서에 포함될 수 있다.

IBM, 오라클, SAP, 마이크로소프트와 같은 주요 벤더의 BI 제품은 프로세스 마이닝을 지원하지 *않는다*. 이전에 언급한 모든 제품은 *데이터 중심적*이고 데이터가 참조하는 프로세스에 대해 *인지하지 못한다*. 예를 들어 BI 제품은 그림 10.1에 나타난 판매 데이터에 대한 OLAP 큐브를 분석할 수 있지만, 근본적인 프로세스에 대한 고려없이 이 작업이 수행된다. 즉, 겉으로 드러나지 않은 근본적인 프로세스를 찾아내려는 시도 없이, 판매 이벤트에 의한 결과만 집계한다. BI 제품은 시작부터 끝까지의 프로세스를 보여주지 *않으며*, 프로세스의 *특정 부분을 확대하여 보여줄 수도 없다*.

주요 BI 제품의 다른 문제점은 수집한 데이터의 심도 깊은 분석을 수행하기 보다, 단순한 보고서를 보다 화려하게 보여주는 대시보드에 집중한다는 것이다. 이런 사실은 BI에서 "I"가 "지능(Intelligence)"를 뜻하기에 더 실망스럽게 다가온다. 불행히도 비즈니스 인텔리전스 시장은 분석보다 모니터링과 리포팅에 치중하는 대형 벤더에 의해 잠식되고 있다. 가트너[62]와 포레스터[61]는 "측정(measurement)"에서 "분석(analysis), 예측(forecasting), 예측분석(predictive analytics), 최적화(optimization)"로의 발전을 이야기한다. 하지만, 이를 위한 역량에 대한 명확한 정의는 제시하지 않으며, 대다수의 벤더들은 사용자들을 현혹하는 방법으로 이들 용어를 해석하고 있다. *데이터 마이닝 또는 통계적 분석은 종종 이에 대한 보완재로 추가된다*. 예를 들어, IBM은 IBM Cognos Business Intelligence에 일부 "지능"을 추가하기 위해 SPSS를 합병하였다. TIBCO Spotfire Analytics는 *S+*(잘 알려진 R의 가까운 친척이라고 볼 수 있는데, *R*은 통계 계산과 시각화를 위한 오픈소스 언어이다)라고 불리는 통계 프로그래밍 환경을 사용한다. Jaspersoft와 Pentaho 같은 오픈소스 BI 제품은 *WEKA*(Waikato Environment for Knowledge Analysis, `weka.wikispaces.com`)나 *R*(`www.r-project.org`)과 같은 오픈소스 데이터 마이닝 도구와 연결할 수 있다.

Pentaho: 오픈소스 BI 제품

주류 BI 제품의 기능을 설명하기 위해, 오픈소스 BI 제품 중 선두에 있는 제품을 간략히 소개한다. Pentaho BI 제품군은 www.pentaho.com에서 다운로드 받을 수 있고, 다음과 같은 기능의 소프트웨어로 구성된다:

- 여러 가지 소스(CSV파일, 데이터베이스, 구글 분석기, RSS 등)로부터 데이터 추출, 변환, 로드
- 리포트 및 대시보드 설계
- 리포트 생성
- 표 형태의 데이터와 다양한 차트를 보여주는 대시보드의 시각화
- 대화식으로 OLAP 큐브 보기

그림 10.2는 하나의 표와 두 개의 게이지 차트로 구성된 대시보드를 보여준다. Pentaho BI 제품군은 그 자체로는 어떠한 데이터 마이닝 기능을 제공하지 않는다. 하지만, 플러그인 형태로 외부 데이터 마이닝 소프트웨어를 사용할 수 있다. Pentaho는 WEKA 프로젝트[130]의 주요 스폰서 중 하나이고, Pentaho BI 제품군에서 추출한 데이터에 대해 WEKA의 데이터 마이닝 알고리즘(클러스터링, 의사결정트리, 분류, 연관 규칙 마이닝 등)을 사용할 수 있다[130]. Pentaho는 사용하기 쉽고, 대시보드, 리포트, 데이터 추출을 위한 직관적인 설계 도구를 가지고 있다. 하지만, 불행히도 이 책에서 논의되는 프로세스 마이닝 기법은 전혀 지원하지 않는다.

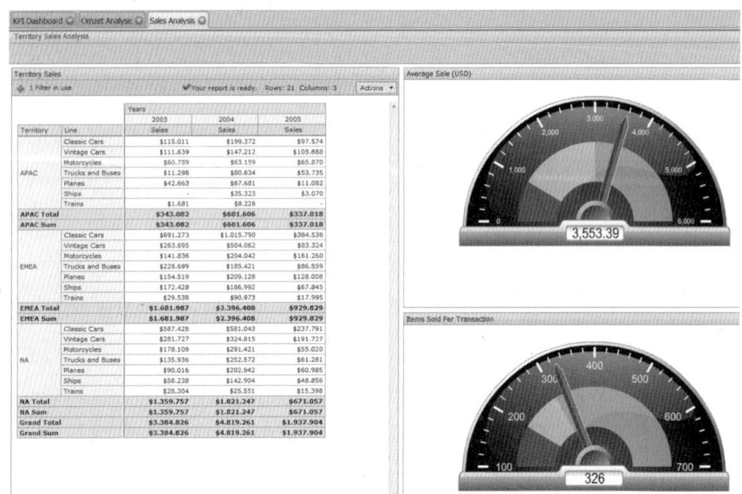

그림 10.2 Pentaho 3.7.0의 대시보드를 보여주는 화면. 표는 지역별, 제품 라인별, 연도별로 다차원 판매 데이터를 보여준다. 각 차원에 대해 드릴 다운이 가능하다. 위쪽의 게이지 차트는 판매된 제품 전체에 대한 평균 판매 가격을 나타낸다. 아래쪽 게이지 차트는 트랜잭션당 판매된 평균 아이템 수를 나타낸다

WEKA 같은 데이터 마이닝 도구도 역시 데이터 중심적이다. 하지만, 주요 BI 도구와 달리 데이터 마이닝 도구는 어느 정도의 "지능"을 제공한다. 예를 들면 WEKA는 분류(예, 의사결

정나무 학습), 클러스터링(예, *k*-means 클러스터링), 연관 규칙 학습(예, Apriori 알고리즘)을 제공한다. WEKA는 "arff" 라고 불리는 파일을 입력으로 받는다. 그 파일은 표 3.1, 3.2, 3.3에 보이는 바와 같이 표 형태로 데이터를 저장한다. 이벤트 로그를 직접 WEKA로 로드하는 것은 불가능하다. 하지만, XES나 MXML 데이터를 WEKA에서 분석할 표 형태의 데이터로 변환하는 것은 가능하다. 변환 후 각 행은 이벤트나 케이스에 해당하게 되고, 예를 들어, 진행시간, 작업의 빈도와 같은 변수를 추출하는 것이 가능하다. 유사하게 각 열에 각 이벤트의 속성을 나열한 표를 생성하는 것도 가능하다. 하지만, 이런 변환을 통해 이벤트의 순서 정보는 잃어버리게 된다. 이것은 주요 BI 제품과 마찬가지로 데이터 마이닝 도구도 프로세스 중심적이 아닌 데이터 중심적이라는 것을 보여준다.

제 10.2 절 ProM

앞서 논의한 바와 같이, 현재 BI 제품은 데이터 중심적이고, 고급 분석을 하기 위해서는 제약이 많다. 데이터 마이닝 도구는 더 "지능"적이지만, 여전히 데이터 중심적이다. BPM/WFM 시스템, 시뮬레이션 도구, 프로세스 모델링 도구와 같은 프로세스 중심 시스템은 *모형화*(Play-in)나 *리플레이*(Replay)보다는 *실제화*(Play-out)에 초점을 맞춘다(1.5절 참고). 따라서 전통적인 소프트웨어 플랫폼은 프로세스 마이닝에 유용하지 않았고, 이런 동기로 다양한 독립된 프로세스 마이닝 도구의 개발이 이루어졌다. 2002년에 다소 간단하지만 몇 가지 프로세스 마이닝 도구가 있었다. 예를 들면, *MiMo* (ExSpect에 기반한 *alph*-마이너), *EMiT* (트랜잭션 정보를 고려한 *alph*-마이너), *Little Thumb* (휴리스틱 마이너의 선행 처리기), *InWolvE* (통계적 작업 그래프에 기반한 마이너), *Process Miner* (구조적 모델을 가정한 마이너) 등이 있다[8]. 지금도, 몇몇 연구자들은 프로세스 도출 기법을 실험하기 위한 간단한 시제품을 만들고 있다. 하지만, 이러한 도구는 다소 단순한 가정(간단한 프로세스 모델과 작지만 완전한 데이터 집합)을 기반으로 하고, 실제 프로세스 마이닝 프로젝트를 위한 지원(확장성, 직관적 사용자 인터페이스 등)은 빈약하다. 새롭게 개발되는 프로세스 도출 기법을 위한 전용 프로세스 마이닝 도구를 개발하는 것은 비효율적이기 때문에, 입력 포맷으로 MXML을 사용하는 "플러그인 할 수 있는(plug-able)" 프로세스 마이닝 환경인 *ProM 프레임워크*을 개발하였다. 이 프레임워크의 첫 번째 버전의 목적은 모든 프로세스 마이닝 기법을 위한 공통적인 기반을 제공하는 것이었다. 예를 들어, 이벤트 로그 로드, 필터링, 결과 시각화 등이 공통 기반에 해당한다. 이를 통해 알고리즘 개발자는 더 이상 이벤트 데이터의 추출, 변환, 로딩을 걱정하지 않아도 되었다. 더욱이 페트리넷, EPC, 소셜 네트워크와 같은 표준 모델을 위한 기본 시각화 모듈이 프레임워크에서 제공되고 있다.

2004년, 처음으로 완전한 기능을 가진 버전의 ProM 프레임워크(*ProM 1.1*)가 발표되었다. 이 버전은 29개의 플러그인: 6개의 마이닝 플러그인(α 마이너, 칭화 α 마이너, 유전자(Genetic) 마이너, 다단계(Multi-phase) 마이너, 소셜 네트워크 마이너, 케이스 데이터 추출(Case data extraction) 마이너), 7개의 분석 플러그인(예, LTL 검사), 4개의 가져오기(import) 플러그인(예, 페트리넷과 EPC를 로드하는 플러그인), 9개의 내보내기(export) 플러그인, 3개의 변환 플러그인(예, EPC를 페트리넷으로 변환하는 플러그인)이 있다. 시간이 지나면서 더 많은 플러그인이 추가되어, 예를 들어 *ProM4.0*(2006년 발표)은 이미 142개의 플러그인을 포함하고 있었다. ProM 4.0의 27개 마이닝 플러그인은 페트리화(Petrify)를 이용한 휴리스틱 마이너와 영역 기반(region-based) 마이너를 포함하고 있고, 더욱이 ProM 4.0은 [110]에 제시한 적합도 검사의 초기 버전을 포함하고 있다. *ProM 5.2*는 2009년에 발표되었다. 이 버전은 286개의 플러그인: 47개 마이닝 플러그인, 96개 분석 플러그인, 22개 가져오기 플러그인, 45개 내보내기 플러그인, 44개 변환 플러그인, 32개 필터 플러그인을 포함하고 있다. 그림 10.3은 ProM 5.2의 두 개 플러그인을 나타내고 있다. 이 버전은 *이 책에서 소개된 모든 프로세스 마이닝 기법을 지원한다*. 예를 들어 제6장에서 소개된 도출 알고리즘들(유전자 알고리즘, 휴리스틱 마이닝, 퍼지 마이닝 등)은 ProM5.2에 모두 포함되어 있다. 7.2절에서 소개된 리플레이 접근법인 적합도 검사 기법은 ProM에서 제공하는 여러 적합도 검사 기법 중 하나이다[110]. 즉, 이 책이 설명하는 기법들은 ProM이 제공하는 전체 기능 중 일부에 해당한다.

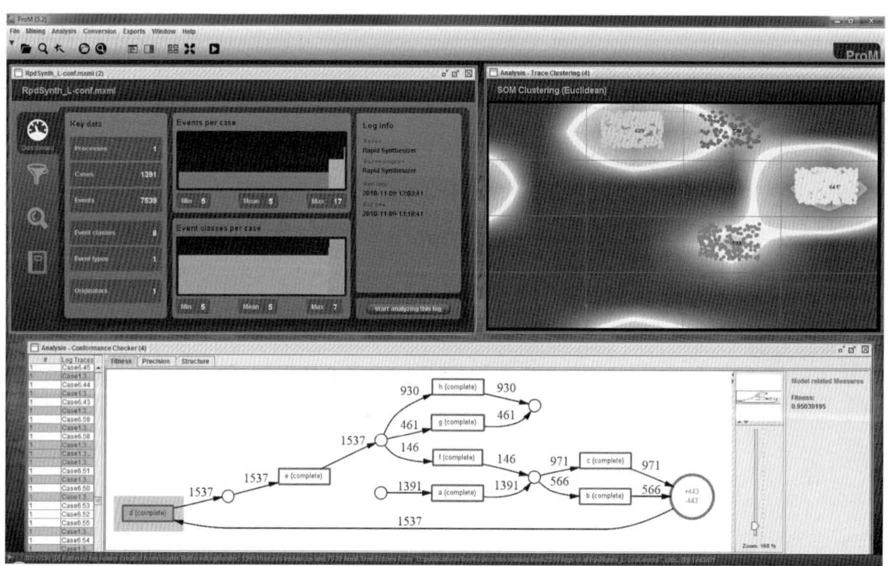

그림 10.3 전제 286개 중 2개의 플러그인을 보여주는 ProM 5.2 화면. 아래쪽 창은 표 7.1에서 설명한 이벤트 로그 L_{full}와 그림 7.2의 WF-net N_2의 적합도를 검사하는 *적합도 검사 플러그인*을 보여준다. 이 플러그인은 적합도 문제(로그와 모델이 d 위치에서 일치하지 않음)를 찾아내고, 7.2절에서 소개된 접근법을 이용하여 적합도 값을 계산하여 보여준다: $fitness(L_{full}, N_2) = 0.95039195$. 오른 상단은 Self Organizing Maps (SOM)을 이용하여 동질의 케이스 그룹을 찾아내는 트레이스 클러스터링 플러그인을 보여준다. 가장 큰 클러스터는 641개의 케이스를 포함하는데, 이들은 정밀 검사를 하지 않고 요청이 거부된 케이스(표 7.1의 자취 σ_1, σ_3, σ_{13})이다

2004년부터 2009년까지 플러그인의 수가 급증한 것은 ProM이 새로운 프로세스 마이닝 기법 개발을 위한 플랫폼을 제공한다는 초기 목표를 달성했다는 것으로 볼 수 있다. ProM은 사실상 프로세스 마이닝의 표준이 되었다. 세계 각지의 연구 그룹들이 ProM 개발에 기여하고

있고, 수천 개의 기관이 ProM을 다운로드하였다. 같은 기간 동안 공동 연구, 석사 학위 논문 연구, 자문 등을 통해 100개 이상의 기관에 ProM을 적용하였다. 많은 수의 플러그인 개발과 다양한 적용을 통해 ProM의 일부 문제점을 찾아 냈는데, 예를 들면, 초보 사용자에게 거의 300개 플러그인을 포함한 ProM 5.2는 너무 복잡했다. 더욱이, ProM 5.2(그리고 이전 버전)에서 사용하는 분석 기법과 사용자 인터페이스가 밀접하게 연결되어 있어, 대부분의 플러그인이 사용의 유기적 상호작용을 필요로 했다. 이런 사용자와의 직접적인 상호작용 없이, ProM을 원격에서 실행하고 프로세스 마이닝 기능을 다른 시스템에 포함시키기 위해서 ProM을 처음부터 완전히 새로 구현하는 것이 낫다고 판단하였고, 이전 개발 경험을 바탕으로, 개선된 플러그인 인프라구조에 기반하여 완전히 새로운 아키텍처로 다시 개발하였다.

그림 10.4 ProM 6의 스크린 화면. 표 7.1에 설명된 이벤트 로그를 로드한 후, 적용가능한 플러그인의 리스트가 보이고, 이 중에 α-알고리즘 플러그인이 선택되었다

ProM 6(2010년 11월 발표)은 MXML보다는 XES에 기반을 두고 있다. XES는 IEEE 프로세스 마이닝 태스크 포스가 채택한 새로운 프로세스 마이닝 표준이다(4.3절 참고). 비록 ProM 5.2가 이미 방대한 이벤트 로그를 로드할 수 있었지만, OpenXES를 사용함으로써 확장성과 효율성이 더욱 개선되었다[70, 71]. ProM 6은 복수의 컴퓨터에 플러그인 실행을 분산할 수 있다. 이것은 그리드 컴퓨팅처럼 성능을 향상시키는 데 사용될 수 있고, ProM을 서비스로 제공할 수 있게 한다. 예를 들어 아인트호벤 공대에서는 막대한 데이터 집합을 다루는 대규모의 실험을 수행하기 위해 전용 프로세스 마이닝 그리드를 사용한다[39]. 사용자 인터페이스는 많은 플러그인, 로그, 모델을 동시에 관리하기 위해 다시 구현되었다. 플러그인들은 패키지의 형태로 배포되고 있으며, 복합 플러그인으로 연결될 수 있다. 패키지는 관련이 있는 플러그인을 묶어서 구성할 수도 있다. ProM 6은 패키지를 추가, 삭제, 수정할 수 있는 기능을 가진 패키지 매니저 기능을 제공한다. 사용자는 자신이 수행하고자하는 작업과 관련된 패키지를 로드해야 한다. 이 방법을 통해 사용자들은 관련없는 기능을 로딩하지 않아도 된다. 더욱이 ProM 6은 특정 도메인이나 특정 조직의 응용프로그램에 맞춰 커스터마이징될 수 있다.

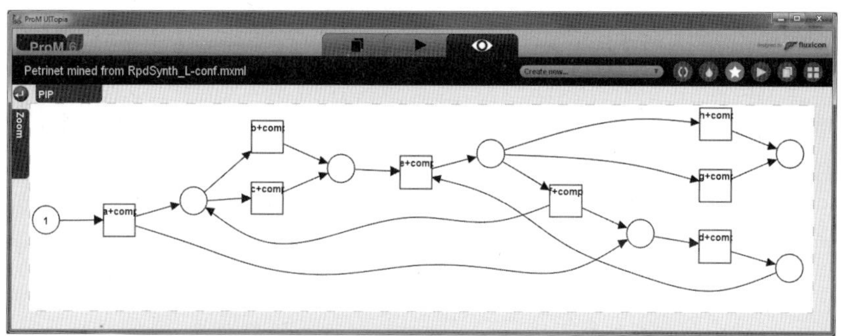

그림 10.5 그림 10.4의 플러그인을 선택한 후 α-알고리즘으로 WF-net을 도출한 ProM 6의 스크린 화면

그림 10.4와 10.5는 ProM 6를 사용하여 알파 마이너를 선택하고 프로세스 모델을 도출한 결과를 보여주고 있다. 그림 10.6은 네덜란드의 한 지자체의 직원들 간의 상호작용을 분석한 ProM 6의 소셜 네트워크 마이너의 화면을 보여준다.

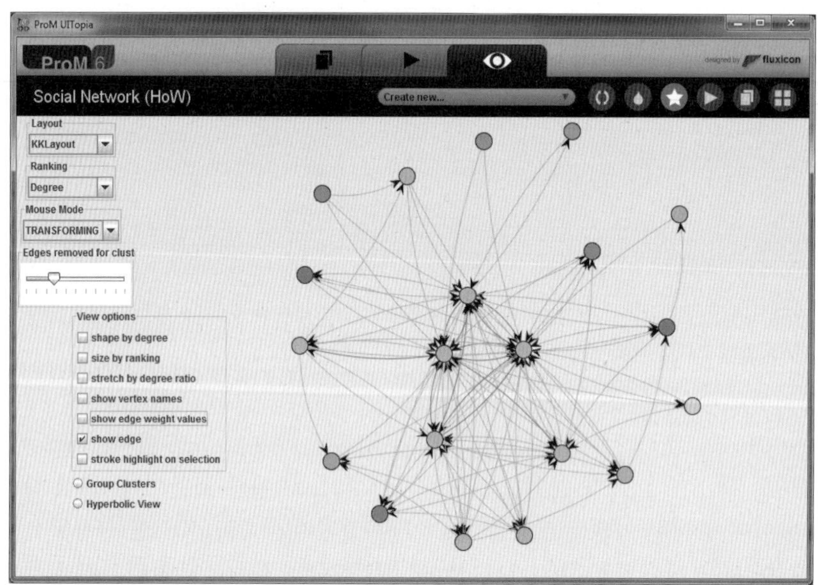

그림 10.6 ProM 6의 소셜 네트워크 마이너(작업의 전달 관계) (8.3.1절 참고)

ProM 5.2의 모든 플러그인이 ProM 6에서 구현된 것은 아니지만, 이 책에서 설명된 대부분의 프로세스 마이닝 기법은 ProM 6에 구현되어 있다. 표 10.1은 이러한 플러그인의 일부이다. ProM(5.2버전과 6버전)은 프로세스 마이닝을 넘어 큰 의미의 프로세스 분석을 지원하는데, 예를 들어 2.3절에서 언급된 분석 기법은 ProM이나 ProM과 연결이 가능한 다른 툴(예, CPN 툴)을 통해 지원한다. 예를 들면 프로세스 마이닝이 아니라 일반적인 페트리넷 분석 기법인 "페트리넷의 구조적 특성 분석(Analyze structural properties of a Petri net)" 플러그인은 트랜지션 불변자(invariant), 플레이스 불변자, S-컴포넌트, T-컴포넌트, 트랩(traps), 사이펀(siphons),

표 10.1 ProM 6의 프로세스 마이닝 플러그인 일부

플러그인	설명
알파 마이너	α-알고리즘을 이용하여 페트리넷 도출, 5.2절 참고
휴리스틱 마이너	휴리스틱 마이닝을 이용하여 C-net 도출, 6.2절 참고
유전자 마이너	유전자 마이닝을 이용하여 C-net 도출, 6.3절 참고
퍼지 마이너	퍼지 마이닝을 이용하여 퍼지 모델 도출, 13.1.3절과 [72] 참고
트랜지션 시스템 마이너	상태표현함수와 로그에 기반한 트랜지션 시스템 도출, 6.4.1절 참고
트랜지션 시스템에서 페트리넷 변환	상태 기반 영역(state-based region)을 이용하여 트랜지션 시스템에서 페트리넷 도출, 6.4.2절 참고
Declare 마이너	Declare 모델 도출, 7.3절 참고
ILP 마이너	언어 기반 영역(language-based region)을 이용하여 페트리넷 도출, 6.4.3절 참고
단순 로그 필터	단순 질의에 답을 찾기 위한 로그 필터링, 그림 12.6(b) 참고
도티드 차트 분석	로그의 모든 이벤트를 개괄적으로 보여주는 도티드 차트 생성, 8.2절 참고
자취 정렬	도티드 차트와 유사하지만 이벤트가 시간이 아니라 맥락에 따라 정렬[37]
가이드 트리 마이너	유사도에 근거한 트리를 생성해 케이스를 클러스터링[36]
소셜 네트워크 마이너	주어진 기준에 기반하여 소셜 네트워크 생성, 그림 10.6 참고
LTL 검사기	LTL 표기법에 따라 표현된 규칙 체크[6]
적합도	이벤트 로그에 기반한 페트리넷의 적합도 계산
ETConformance	로그의 상태 공간에서 모델의 상태 공간을 벗어난 엣지(escaping edges)의 개수로 적합도 체크[100]
유연한 모델 기반 로그 리플레이	A^* 알고리즘에 기반한 적합도 체크[25], Petri nets, C-nets, YAWL 모델에도 적용 가능
PomPom	페트리넷에서 빈도수가 낮은 흐름을 자동으로 간략화. 13.1.3절의 퍼지 모델 간략화 참고
트랜지션 시스템 분석기	케이스의 남은 시간을 예측하는 모델 생성, 9.4절과 [17, 21] 참고

TP-핸들(handles)과 PT-핸들 등을 계산한다. "페트리넷 행동 특성 분석(Analyze behavioral properties of a Petri net)" 플러그인은 제한되지 않은(unbounded) 플레이스, 불용한(dead) 트랜지션, 불용한 마킹, 홈 마킹, 커버가능성(coverability) 그래프 등을 계산하고, "Woflan" 플러그인은 WF-nets의 건전성을 검사한다(2.2.3장 참고)[121]. 더욱이 *LoLa*, *Wendy*, *Uma*, *Petrify*와 같이 강력한 페트리넷 기반 분석 툴도 ProM에 플러그인으로 포함되어 있다. 예를 들어, Wendy는 페트리넷으로 표현된 서비스에 대해 운영 가이드라인을 생성하는 데 사용될 수 있고, Uma는 페트리넷을 전개하는 데 사용될 수 있다. 몇 가지 고급 플러그인은 ProM 5.2에서는 지원되었으나 ProM 6에서는 아직 지원되지 않고 있다. 예를 들어, 8.6절에 설명한 모든 관점을 포함한 통합 시뮬레이션 모델을 구축하는데 연관된 플러그인이나, 8.3.2절에서 설명

한 조직 마이너와 8.5절에 설명한 의사결정 마이너 등은 포함되어 있지 않다. ProM 6의 향후 버전에서는 새로운 플러그인이 추가될 것이다.

ProM의 전체 기능을 살펴보는 것은 불가능하다. ProM의 기능에 대한 더 많은 정보는 www.processmining.org에 제공된다. ProM은 오픈소스 소프트웨어 [1]이고, 자유롭게 다운로드 받을 수 있다(www.processmining.org, www.promtools.org 참고). 다양한 데이터 소스로부터 파일을 추출하기 위해서는 XESame, ProMimport와 같은 도구가 사용될 수 있다(4.3절 참고).

10.1절에서 주요 BI 제품들이 데이터 중심적이고 그다지 지능적이지 않다고 비판하였다. ProM에 포함된 수백 개의 플러그인은 프로세스 중심적이고 지능적인 도구를 사용하여 BI 를 지원하는 것이 가능하다는 것을 보여주고 있다. 게다가 다음 절에서 설명하는 것과 같이 더 많은 분석가와 벤더가 프로세스 마이닝 툴의 필요성을 느끼고 있다.

제 10.3 절 기타 프로세스 마이닝 툴

ProM은 전례가 없는 툴로 어떤 제품도 ProM과 같은 방대한 프로세스 마이닝 알고리즘을 지원하지 못하고 있다. 하지만, ProM을 사용하기 위해서는 프로세스 마이닝 지식이 필요하고, 일반적인 소프트웨어 사용 고객 지원이 제공되지 않는다. 즉 ProM은 오픈 소스 소프트웨어가 일반적으로 가지는 장점과 단점을 모두 갖고 있다. 다행히도 프로세스 마이닝 기능을 제공하는 상용 소프트웨어가 점점 많아지고 있다. 어떤 벤더는 자체적으로 보유하고 있는 대규모 시스템에 프로세스 마이닝 기능을 추가하고 있다. 예를 들어 Pallas Athena는 BPM 제품군 BPM|one에 프로세스 마이닝을 포함시키고 있다. 어떤 벤더들은 직관적인 사용자 인터페이스를 이용하여 프로세스 마이닝의 기능 사용을 단순화시킨 제품을 출시하였다. 앞에서 언급한 바와 같이, 많은 종류의 분석 기능을 포함한 ProM은 너무 복잡할 수 있다. 상용 소트웨어가 아니라 독립형 프로세스 발견 도구를 개발하는 연구 그룹도 있다. 표 10.2는 현재 가용한 프로세스 마이닝 도구의 일부를 보여준다. 각 소프트웨어의 성숙도와 기능에 큰 차이가 있다는 것에 유의하기 바란다.

앞 절에서 ProM을 상세하게 설명하였다. 다른 도구를 설명하기 전에, 아인트호벤공대(TU/e)를 제외한 많은 기관들이 ProM에 기여했다는 사실을 다시 한 번 강조하고 싶다. 예를 들어, 다음 기관의 연구자들이 ProM 플러그인(5.2버전, 6버전)을 (공동)개발하였다: 리스본공과대학교(Technical University of Lisbon), 루뱅가톨릭대학교(Katholieke Universiteit Leuven), 카탈로니아공과대학교(Universitat Politècnica de Catalunya), 파더본대학교(Universität Paderborn), 로스톡대학교(University of Rostock), 훔볼트대학교(Humboldt-Universität zu Berlin), 칼라브리아대학교(University of Calabria), 퀸즈랜드공과대학교(Queensland University of Technology), 칭화대학교(Tsinghua University), 인스부르크대학교(Universität Innsbruck), 포항공과대학교(POSTECH), 볼로냐대학교(Università di Bologna), 저장대학교(Zhe-

[1] ProM 프레임워크는 GNU Lesser General Public License (L-GPL)로 배포하고 있다.

표 10.2 프로세스 마이닝 제품의 예제: 상용 도구 *C*, 대학교 개발 도구 *A*, 오픈소스 도구 *O*

제품명	타입	기관
ARIS Process Performance Manager	C	Software AG (www.softwareag.com)
Enterprise Visualization Suite	C	Businesscape (www.businesscape.no)
Disco	C	Fluxicon (www.fluxicon.com)
Genet/Petrify	A	Universitat Politècnica de Catalunya (www.lsi.upc.edu)
Interstage BPME	C	Fujitsu (www.fujitsu.com)
OKT Process Mining suite	O	Exeura s.r.l. (www.exeura.com)
Process Discovery Focus	C	Iontas (Verint Systems) (www.iontas.com)
ProcessAnalyzer	C	QPR (www.qpr.com)
ProM	O	process mining group (managed by the AIS group at TU/e) (www.processmining.org)
Rbminer/Dbminer	A	Universitat Politècnica de Catalunya (www.lsi.upc.edu)
Reflect|one	C	Pallas Athena (www.pallas-athena.com)
Reflect	C	Futura Process Intelligence (www.futuratech.nl)
ServiceMosaic	A	University of New South Wales (soc.cse.unsw.edu.au)

jiang University), 비엔나공과대학교(Vienna University of Technology), 울름대학교(Universität Ulm), 오픈대학교(Open University), 지린대학교(Jilin University), 파도바대학교(University of Padua), 낸시대학교(University of Nancy) 등이 있다. 위 기관들을 언급한 이유는 이 기관들이 개발한 주요 ProM 플러그인이 표 10.2에 언급된 일부 완성도가 높지 않은 툴에 비해 더 많은 기능을 제공해 주기 때문이다.

Pallas Athena의 *Reflect|one*과 Futura Process Intelligence의 *Reflect*는 근본적으로 동일한 제품이다. Reflect는 어느 정도 성숙한 제품의 하나로서 독립적으로 사용할 수도 있고, BPM|one 제품군의 컴포넌트로 사용할도 수 있다. 도출된 모델은 Pallas Athena의 BPM 시스템에 업로드될 수 있고, 워크플로우나 시뮬레이션 모델과 같이 사전에 정의된 모델에 프로세스 마이닝 기법을 적용할 수도 있다. 이것이 전체 BPM 라이프사이클을 지원할 수 있는 방법이다.

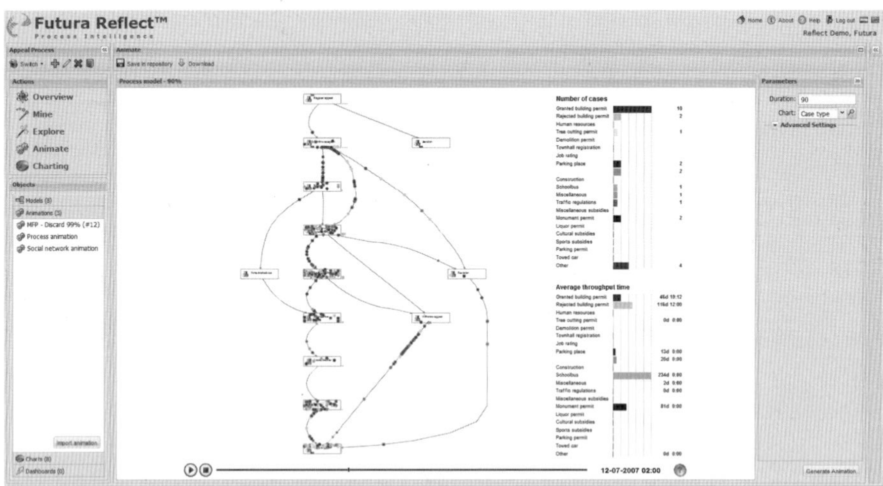

그림 10.7 발견된 프로세스 모델을 애니메이션하는 Reflect의 스크린 화면. 프로세스 모델을 발견하기 위해 사용된 이벤트 로그는 지자체의 병목현상을 분석하기 위해 리플레이된다. 서로 다른 색상으로 구별되는 21 종류의 케이스(건축허가, 벌목허가, 철거허가 등)가 있다. 예를 들면 건축허가를 받은 흐름은 청색 토큰을 사용하여 애니메이션된다. 처리 시간과 같은 통계치도 역시 수집되는데, 건축허가를 받는 평균 처리 시간은 46 일이다

Reflect는 사용자 친화적인 사용 환경과 확장성에 중점을 두고 있다. 두 가지의 다른 프로세스 도출 알고리즘을 사용하는데, 하나는 6.3절에서 설명한 유전자 마이닝에 기반을 두고 있고, 다른 하나는 빈번하게 발생하지 않는 행위에 대해 필터링을 수행하기 위해 XOR 분기와 병합만을 가정하는 순차적 모델이다. 또한 Reflect는 작업의 전달 관계에 기반한 소셜 네트워크를 생성함으로써 조직 마이닝도 지원한다(8.3.1절 참고). 도출된 모델은 what-if 분석을 지원하기 위해 시뮬레이션 모델로 변환될 수 있다. Relect는 적합도 검사와 예측은 지원하지 않는다.

Pallas Athena와 Futura Process Intelligence는 프로세스 마이닝 역량을 바탕으로 2009년 가트너에 의해 "쿨 벤더(Cool Vendor)"로 선정되었다. 두 기관을 제외하고 ProcessGold가 Reflect에 기반한 프로세스 마이닝 서비스를 제공한다. Reflect를 사용하는 기관으로 ING-DiBa(은행), Herold Business Data(미디어), Coney(회계), E.Novation(의료 통합)이 있다. 그림 10.7과 10.8은 Reflect의 일부 기능을 보여주는 화면이다.

Fluxicon의 *Disco*는 프로세스 마이닝 분석을 위한 독립형 도구로서 고성능(대형과 복합 데이터 집합을 처리)과 사용하기 쉬운 환경에 중점을 두고 있다. 이 툴은 프로세스 도출 알고리즘으로 퍼지 마이닝에 기반을 두고 있다[70, 72]. Disco는 9.1.1장에서 언급한 지도제작 기법을 차용하여 매끄러운 추상화와 일반화를 지원하는데, 이를 통해 스파게티와 같은 복잡한 프로세스를 분석할 수 있다(지도 제작법에 대해 보다 자세한 설명은 13.1절에서 한다). 프로세스 성과 같은 다른 측면의 분석은 도출한 프로세스 모델에 시각화하여 분석할 수 있다. Disco는 그림 10.9에 나타난 Nitro에 의해 보완된다. Nitro는 이벤트 로그를 추출하기 위한 ETL 도구이다(`fluxicon.com/nitro`)[2].

[2] 역자주:Nitro는 Disco에 통합되었다

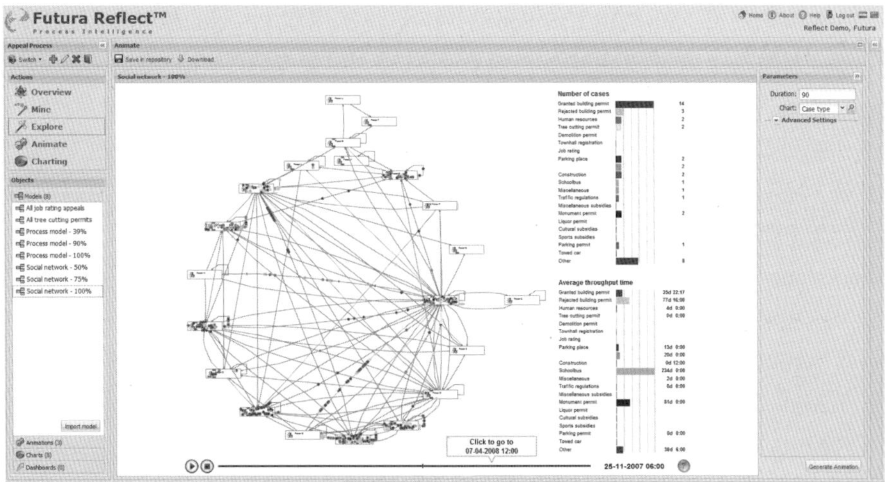

그림 10.8 지자체의 소셜 네트워크를 분석하는 Reflect의 스크린 화면. 그림 10.7의 이벤트 로그에서 소셜 네트워크를 도출하였다. 소셜 네트워크에 대한 이벤트 로그를 리플레이함으로써 기관의 작업 흐름을 파악하고 병목점을 식별할 수 있다

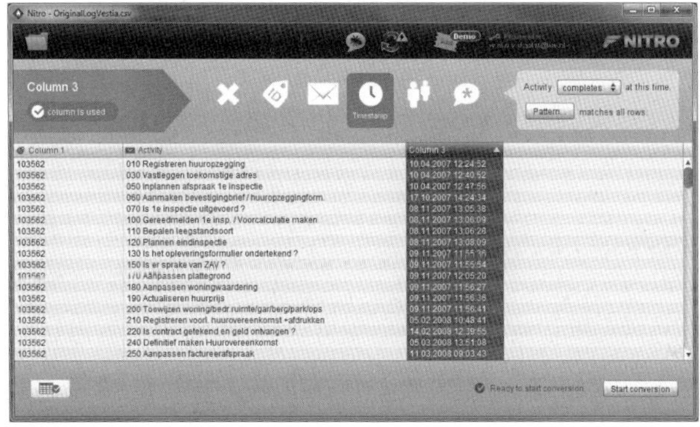

그림 10.9 CSV파일을 XES파일로 변환하는 Nitro의 스크린 화면. 이 도구는 각 열에 적합한 항목(예, 작업, 타임스탬프 등) 매핑을 제안한다. 예를 들어 Nitro는 다른 시간 포맷을 인식할 수 있고, 자동으로 이것들을 적절한 XES나 MXML표기법으로 매핑할 수 있다

Interstage Automated Process Discovery로도 알려진, *Interstage BPME* (Business Process Management through Evidence)는 후지쯔에 의해 서비스로 제공되었다. 즉, 소프트웨어 제품을 설치할 필요가 없다. 도출된 프로세스는 Interstage BPM Studio(또는 XPDL을 지원하는 다른 시스템)에 업로드될 수 있다. 핵심은 프로세스 도출인데, 실제 프로세스에 대한 통찰을 제공한다. 이 도구도 병렬 작업을 도출할 수는 없지만, 발생 빈도가 적은 흐름에 대해서는 매끄러운 추상화를 제공한다. Interstage BPME는 흐름 시간과 같은 시간에 대한 분석은 가능하나, 시간 이외의 다른 관점은 고려하지 않으며, 예측, 추천, 적합도 검사과 같은 고급 기능을 지원하지 않는다.

Software AG (초기 개발사는 IDS Scheer)가 개발한 *ARIS Process Performance Manager* (PPM)는 이 책에서 소개한 프로세스 마이닝 기법의 일부를 지원한다. 이 도구는 주로 성과 분석(인스턴스 레벨까지의 드릴 다운, 벤치마킹, 대시보드)에 초점을 둔다[34]. ([55]와 비슷하게) 인스턴스 모델은 통합되어 프로세스 모델이 될 수 있고, 프로세스 레벨에서 "슬라이스와 다이싱"을 지원한다. ARIS PPM의 최신 버전은 8.3절에 설명한 조직 마이닝도 지원한다([118] 참고). ARIS PPM은 적합도 검사, 예측, 추천은 지원하지 않는다.

Businesscape의 *Enterprise Visualization Suite*는 비즈니스 프로세스를 지원하는 SAP의 분석에 초점을 맞춘다. Iontas의 *Process Discovery Focus*는 프로세스 도출을 지원한다. Iontas는 최근에 Verint Systems에 합병되었는데, 이를 통해 프로세스 마이닝 제품의 미래가 불투명해졌다. Execura의 *OKT Process Mining suite*는 [68]에 소개된 프로세스 도출 접근법을 사용한다. *QPR ProcessAnalyzer*는 α-알고리즘과 휴리스틱 마이닝에 영감을 받은 프로세스 도출 알고리즘을 사용한다. 이 제품은 몇몇 핀란드 병원에 적용되었다.

Genet, *Petrify*, *Rbminer*, *Dbminer*는 모두 상태 기반 영역(state-based regions)을 사용하는 도구이다[46]. 6.4절에서 설명했듯이, 이벤트 로그는 트랜지션 시스템으로 변환될 수 있고, 그 후에 페트리넷으로 변환될 수 있다. 프로세스 도출에 활용하기 위해 기존의 영역 이론(region theory)은 확장되고, 완화될 필요가 있다. 예를 들어 RbMiner는 더 작고 읽기 쉬운 프로세스 모델을 도출하기 위해 기존 이론을 개선하였다[116]. 이 도구들은 단지 프로세스 흐름 발견만 지원하고 적합도 검사는 ProM에 의존한다[100]. *ServiceMosaic*은 서비스 상호작용 로그(예, HP SOA Manager의 로그)의 분석 위해 특화되었다. 이 도구는 트랜지션 시스템을 발견하지만, 병렬 작업은 발견할 수는 없다. 대신 노이즈나 프로토콜 정제 기능에 초점을 두고 있다[98].

프로세스 마이닝을 지원하는 모든 제품을 설명하는 것은 불가능하다. 표 10.2는 프로세스 도출 기능을 제공하는 제품의 리스트를 보여준다. 여기에는 예를 들어 *WebSphere Business Monitor*를 포함한 IBM의 WebSphere 제품군은 포함하지 않았다. IBM은 WebSphere를 이용하여 전체 프로세스 라이프사이클을 지원하는 것을 목표로 한다. 예를 들어, 구현되어야할 프로세스를 설계할 때, 무엇이 모니터링되어야 하는지를 명시하는 것이 가능하고, 실행 시에 KPI가 WebSpere를 구성하는 프로세스 모델에 매핑된다. WebSphere는 프로세스 도출을 지원하지 않는데, 결과적으로 고급 프로세스 마이닝 기법을 지원하는 않는다는 것이다. Global 360, FileNet BPM, Metastorm BPM, Oracle BPM Suite, Pegasystems, Savvion BusinessManager,WebMethods, Tibco iProcess Suite와 같은 대부분의 주요 BPM 제품군은 여전히 프로세스 마이닝을 지원하지 않는다. 하지만, 대부분의 벤더는 현재 프로세스 도출 기능을 따로 제공하며 툴에 통합하고 있는데[63], 즉 Pallas Athena와 비슷한 전략을 따르고 있다.

또한 표 10.2는 다음과 같은 도구들도 포함하지 않는다. (a) 다양한 소스의 데이터를 이벤트 로그로 변환하는 도구 (예, ProMimport (`promimport.sourceforge.net`), Nitro (그림 10.9), XESame (`processmining.org`)), (b) 프로세스 모델을 생성, 관리, 비교하는 도구 (예, PLG[40], Apromore (`apromore.org`), BeehiveZ (`sourceforge.net/projects/`

beehivez/)), (c) 프로세스 검증/합성 도구 (예, LoLa와 Wendy (service-technology.org)).

제 10.4 절 향후 전망

이 장에서 설명한 바와 같이 전통적인 BI 제품은 프로세스 중심이 아니고, "지능"이나 분석을 위한 고급 기능보다는 단순한 대시보드나 보고서에 초점을 두고 있어, 이상적인 BI와는 차이가 있다. 다행히 이미 가용한 몇 가지 프로세스 마이닝 도구가 이를 보완할 수 있다. ProM은 이 책에서 소개한 모든 프로세스 마이닝 기법을 지원한다. 상용 시스템도 있어, 비숙련자를 지원하고 대규모 시스템에 프로세스 마이닝 기능의 내재화를 제공할 수 있다(Pallas Athena의 BPM|one 참고). 대부분의 대형 BPM 벤더들도 그들 제품에 프로세스 도출 기법을 추가하고 있다. 하지만, 적합도 검사를 지원하는 상용 제품은 거의 없다. 또한 제III부에서 논의한 고급 기능들(운영 지원과 단기간 시뮬레이션)은 거의 지원되지 않고 있다. 규정 준수 체크, 기업의 지배구조, 위험 관리, 성과 관리에 대한 중요성 증가로 인해 적합도 검사와 운영 지원은 차세대 BPM 시스템에 추가될 것으로 기대된다.

장 11
"라자냐 프로세스" 분석

요 약 라자냐 프로세스는 비교적 정형화되어 있고, 케이스들은 잘 제어되고 관리된다. 따라서 앞 장에서 소개된 모든 프로세스 마이닝 기법을 적용할 수 있다. 본 장에서는 라자냐 프로세스의 특징을 정의하고 프로세스 마이닝을 위한 유스케이스에 대해 설명한다. 더불어 라자냐 프로세스를 개선하기 위한 프로세스 마이닝 프로젝트의 각 단계에 대해서도 설명한다. 설명하는 프로세스 마이닝 라이프사이클 모델은 사용자에게 ProM과 같은 프로세스 마이닝 툴의 사용 가이드라인을 제공하게 된다. 마지막으로 다양한 적용 시나리오에 대해서도 설명한다.

제 11.1 절 라자냐 프로세스의 특징

스파게티 프로세스와는 달리 라자냐 프로세스는 명확한 구조를 가지고 있고, 대부분의 케이스는 미리 정의된 방식으로 수행된다. 상대적으로 예외사항이 거의 없고, 업무 수행자는 작업의 흐름을 충분히 이해하고 있다. 라자냐 프로세스로 규정짓기 위한 조건을 명확히 정의하는 것은 불가능하다. 경험적으로는 *만약 적은 노력으로 적어도 0.8 이상의 적합도를 갖는 프로세스 모델을 생성할 수 있으면 라자냐 프로세스*라고 할 수 있다. 즉, 80% 이상의 이벤트들이 계획된 대로 발생하고 프로세스 이해 관계자들이 모델의 타당성을 확인할 수 있어야 한다. (적절한 이벤트 로그의 추출이 가능하면) 이 책에서 소개된 모든 프로세스 마이닝 기법이 적용 가능하다는 것을 의미한다.

라자냐 프로세스부터 스파게티 프로세스까지의 스펙트럼은 *연속적*이고, 이에 대해 "정형", "반정형", "비정형" 이라는 용어도 사용한다. *정형 프로세스*(라자냐 프로세스)는 모든 작업의 입력과 출력이 잘 정의되고, 정의에 따라 작업의 수행이 가능하다. 고도로 정형화된 프로세스는 원칙적으로 대부분의 작업이 자동화될 수 있다. *반정형 프로세스*는 작업 수행을 위해 필요한 정보가 알려져 있고, 수행 절차를 모델링할 수 있다. 그러나 어떤 작업은 사람의 판단이 필요하고, 작업자의 선호와 케이스의 특성에 따라서 작업 수행에 차이가 있을 수 있다. *비정형 프로세스*(스파게티 프로세스)에서는 작업의 선행 조건과 후행 조건을 정의하기 어렵고, 주로 경험, 직관, 시행착오, 노하우, 명확하지 않은 정성 정보에 의해 실행된다.

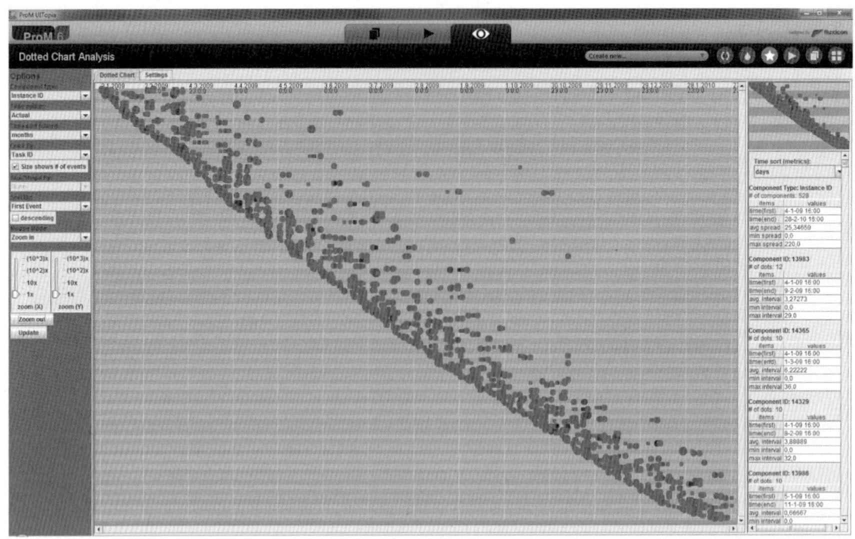

그림 11.1 네덜란드 관공서의 WMO 프로세스에 대한 도티드(dotted) 차트. 각 줄은 2009년 4월 1일부터 2010년 2월 28일 기간에 처리된 528개 케이스를 나타낸다. 전체적으로 5,498개의 이벤트가 점으로 나타나 있다. 케이스를 처리하는 평균 시간은 약 25일이다

라자냐 프로세스의 예를 살펴보자. 그림 11.1은 네덜란드 관공서의 이른바 WMO 프로세스의 도티드 차트이다. WMO (Wet Maatschappelijke Ondersteuning)는 2007년 1월 1일 네덜란드에 발표된 사회보장법을 일컫는데, 이 법의 목적은 장애인을 돕는 것이다. 이 법으로 지방자치단체는 가사 지원, 휠체어/스쿠터 지원, 집수리 등이 필요한 사람을 지원해야 한다. 여기서 지원의 종류에 따라 다른 프로세스가 적용된다. 그림 11.1에 있는 도티드 차트는 가사 지원 요청을 처리하는 프로세스 데이터를 바탕으로 그려졌다. 약 1년 동안, 528건의 가사 지원 요청이 접수되었다. 이 요청들은 그림 11.1에 색깔별로 표시된 5,498건의 이벤트를 생성하였다. 점의 색깔은 각 요청을 처리하기 위한 작업의 종류를 나타낸다. 각 케이스의 첫 이벤트들을 연결하면 직선의 형태를 보이는데, 이는 새로운 요청이 계속적으로 일정하게 있었다는 것을 보여준다. 또한 각 점들은 요청 처리 완료까지 상당히 짧은 시간이 걸린다는 것을 보여준다(약 1달).

그림 11.1은 프로세스 모델은 아니지만, 도티드 차트는 프로세스가 라자냐 프로세스(정기적인 도착 패턴, 대부분의 케이스가 1달 이내에 처리됨, 분명히 인식할 수 있는 반복 패턴)라는 것을 암시한다. 그림 11.2를 통해 이를 확인할 수 있는데, 휴리스틱 마이너에 의해 도출된 프로세스 모델은 이 프로세스가 고도로 정형화되어 있고, 순차적이라는 것을 보여준다. 참고로 그림은 분기(split)와 합류(join) 구조를 보여주지 않는다. 예를 들어, AND/OR/XOR-분기/합류의 차이를 알 수 없다.[1] ProM의 휴리스틱 마이너는 6.2절에서 설명한 결합(binding)

[1] 휴리스틱 마이너는 분기와 합류 구조를 시각화할 수는 있지만, 시각화를 통해 모델의 가독성이 떨어지게 된다. 따라서 뒷 부분에서는 휴리스틱 마이너에 의해 도출된 C-net의 입력과 출력 결합을 보여주지 않도록 한다.

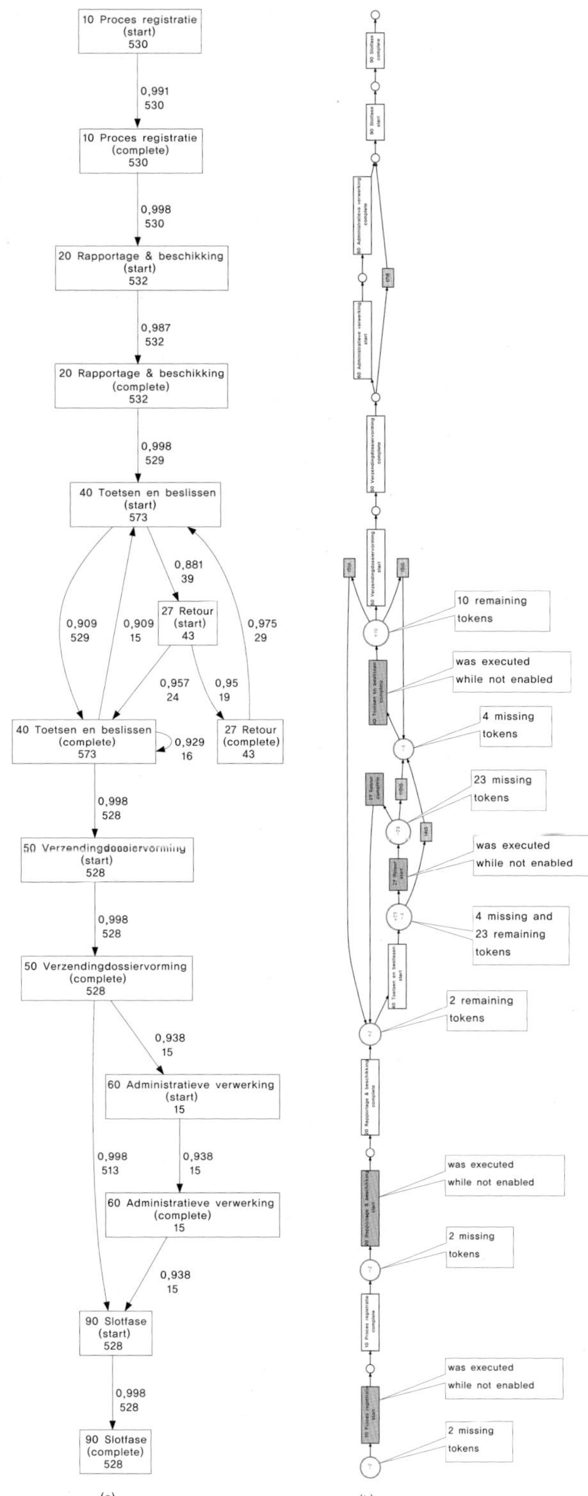

그림 11.2 (a) 휴리스틱 마이너를 이용하여 도출한 C-net, (b) 리플레이 후에 분실 토큰과 잔여 토큰을 가지고 있는 페트리넷. 휴리스틱 마이너에 의해 생성된 숫자는 빈도수를 보여준다. C-net은 암묵 트랜지션이 있는 페트리넷으로 변환된다. 적합도는 ProM의 적합도 검사 플러그인을 통해 분석되었다(7.2절 참조). 도출된 프로세스의 적합도는 0.99521667이다. 528 케이스 중 496 케이스는 완전히 일치하고, 32개 케이스는 누락된 혹은 남겨진 토큰이 존재 한다. 누락과 남겨진 토큰은 모델과 로그가 어디서 차이나는지를 보여준다. 예를 들어 2개의 케이스에서 "40 toetsen en beslissen"(평가 및 결정) 작업을 수행해야 했지만 수행되지 않았다. "20 Rapportage & beschikking"(보고 및 중간 결정) 작업은 모델에 의하면 불가능하지만 두 번 수행되었다

의 시각화를 지원하지 않는다. 그러나 필요하면 ProM에서 분기와 합류 구조를 도출해 시각화할 수 있다. C-net을 페트리넷, EPC, 또는 BPMN 모델로 변환할 때 이 정보를 고려할 수 있다. 그림 11.2(a)에서 도출된 C-net은 빈도가 추가되어 있다. 노드의 빈도는 이벤트 로그에 해당 작업이 얼마나 자주 나타나는지를 의미한다. 예를 들어, "20 Rapportage & beschikking"(보고 및 중간 결정) 작업은 총 532번 발생하였다. 연결선에는 로그를 리플레이하였을 때 얼마나 많은 토큰이 통과했는지를 나타내는 빈도를 표시한다. 그림 11.2(b)는 ProM의 변환 플러그인을 사용하여 얻어진 WF-net를 나타낸다. ProM의 적합도 검사 플러그인은 모델과 로그의 적합도가 0.99521667라는 것을 보여준다. 이것은 모든 528 케이스를 리플레이하였을 때 누락되거나 남겨진 토큰이 거의 없다는 것을 나타낸다. 그림은 또한 자세한 진단 내용도 보여준다. 도출된 프로세스 모델과 높은 적합도 값을 보이는 것은 WMO 프로세스가 라자냐 프로세스임을 보여준다. 이것은 원칙적으로 (충분한 이벤트 데이터가 존재한다고 가정할 때) *이 책에서 기술된 모든 프로세스 마이닝 기법이 적용 가능하다*는 것을 의미한다. 8.4절에서 설명한 것과 같이 타임스탬프를 고려하면 이벤트 로그를 리플레이 하면서 지연 시간을 분석할 수 있다. 그림 11.3은 WMO 프로세스 같은 라자냐 프로세스에서 병목점을 도출할 수 있다는 것을 보여준다. 그림 11.3에서 사용된 플러그인은 이벤트 로그에서 도출된 모델(그림 11.2 참조)에 다시 로그를 커플링해서 분석했음을 참고하기 바란다.

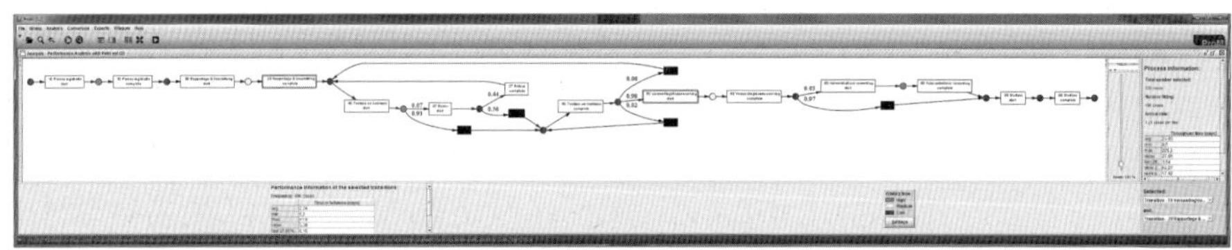

그림 11.3 프로세스의 병목점 분석을 하는 ProM 5.2 화면. 완료된 케이스의 평균 수행 시간은 24.66일이다. 대부분의 시간이 "10 Process registratie", "40 Toetsen en beslissen", "60 Administratieve verwerking" 작업에 소요되었다. "10 Rapportage & beschikking"과 "50 Verzending/dossiervorming"의 완료 시간의 평균은 2.24일이다

11.4절에서는 더 많은 라자냐 프로세스 예를 보여준다. 그 전에 프로세스 마이닝의 대표적인 유스케이스에 대해 설명하고 프로세스 마이닝 프로젝트의 라이프사이클 모델을 설명한다.

제 11.2 절　유스케이스

프로세스 마이닝의 목적은 운영 프로세스를 개선하는 것이다. 프로세스 마이닝의 효과 여부를 판단하기 위해서 핵심 성과 지표(KPI)를 정의할 필요가 있다. 2.3.2장에서 *시간*(예, 리드타임, 서비스 시간, 대기 시간, 동기화 시간), *비용*, *품질*(예, 규정 준수, 고객 만족, 불량 개수 등)의 세 가지 종류의 KPI에 대해 설명했다. 프로세스 마이닝의 결과로 제안된 개선안을

평가하기 위해서 *현행*(as-is) 프로세스와 *개선*(to-be) 프로세스의 효과성과 효율성이 KPI로 정량화되어야 한다.

라자냐 프로세스는 프로세스 마이닝을 통하여 다음과 같은 *개선 활동*을 할 수 있다:

- *재설계(Redesign).* 프로세스 마이닝을 통해 얻어진 통찰력을 바탕으로 프로세스의 변경을 모색할 수 있다. 예를 들어, 고정 주문을 처리하기 위해 순차적인 작업은 더 이상 필요하지 않거나, 단순한 케이스의 경우 검사 작업을 생략하거나, 50개 이상의 케이스가 대기하고 있는 경우 의사 결정을 위임할 수 있다. 프로세스 마이닝을 통해 부정 행위를 찾고, 이를 막기 위한 추가 규정을 만들기도 한다. 예를 들어, 아주 중요한 작업의 경우는 "네 눈의 원칙"과 같은 이중 감시장치를 도입할 필요가 있다.
- *조정(Adjust).* 프로세스 마이닝을 통해 (임시적인) 조정을 할 수도 있다. 예를 들어, 프로세스 마이닝을 통해 얻어진 통찰력을 바탕으로 특정 프로세스에 더 많은 자원을 일시적으로 할당할 수 있고, 의사결정 권한 위임을 위해 기준을 낮출 수도 있다.
- *중재(Intervene).* 프로세스 마이닝은 특정 케이스나 작업자에 관련된 문제점을 찾아낼 수 있다. 이를 통해 *중재* 활동을 할 수 있는데, 예를 들어 3달 이상 대기하고 있는 케이스는 중단시키거나, 반복적으로 규칙을 위반하는 작업자에게 징계조치를 취할 수 있다.
- *지원(Support).* 프로세스 마이닝은 운영 지원을 위해 사용될 수 있다. 예를 들어, 과거 실행 정보를 바탕으로 프로세스 마이닝 도구는 잔여 실행 시간을 예측하거나 최소 예상 비용을 갖는 작업을 추천할 수 있다.

참고로 제1장에 있는 그림 1.3은 *재설계*(소프트웨어나 모델의 수정을 요하는 영구적인 변경)와 *조정*(소프트웨어와 모델의 수성 없는 일시적인 변경)의 차이를 설명한다.

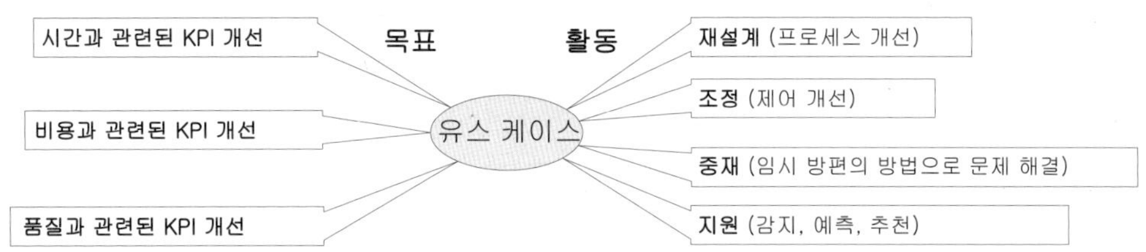

그림 11.4 (KPI로 표현된) 목적과 개선활동을 통합한 프로세스 마이닝 유스케이스. 예를 들어, 프로세스 마이닝은 프로세스 재설계에 대한 통찰력을 제공하여 프로세스 수행 시간을 줄이는 데 활용될 수 있다

그림 11.4와 같이 *프로세스 마이닝의 유스케이스는 KPI와 개선활동의 결합을 의미한다.* 라자냐 프로세스가 주어졌을 때, 프로세스 마이닝의 전형적인 유스케이스는 다음과 같다:

- 프로세스 재설계를 통해 프로세스 수행 시간을 30% 이상 감소시킬 수 있는 병목점 도출
- 적합도 검사를 통한 규정 위반 확인. 임시 방편적인 개입 또는 작업 분배 방법의 조정을 통한 규정 위반 문제 해결
- 실제 프로세스의 수행 결과를 비교하여 두 프로세스를 하나로 통합. 비용 절감 효과 가능
- 고객 서비스를 향상시키기 위해 지연된 케이스의 잔여 시간 예측

- 균형된 작업자 활용을 위한 자원 할당 방법 추천
- 과도한 추가 소요 시간을 발생시키는 예외 케이스 발견. 예외 케이스의 특성을 파악하고, 이를 별도 관리하여 전체 수행 시간 감소
- 잠재 위험을 확인하기 위해 가장 복잡하거나 가장 시간 소요가 긴 10개의 케이스 시각화

이러한 유스케이스는 프로세스 마이닝의 가능성을 보여준다. 앞에서 소개된 WMO 프로세스에 이러한 유스케이스를 적용하는 것은 쉽게 상상해 볼 수 있는데, 예를 들어 그림 11.3에 있는 결과는 병목점 도출이나 흐름 시간 단축을 위한 방안을 찾는 데 사용될 수 있다. 그림 11.2(b)에 있는 적합도 분석 결과는 규정 위반 사항을 확인하는 데 사용될 수 있는데, 예를 들어 누락되거나 남겨진 토큰이 있는 32개의 케이스는 연관된 작업자의 소셜 네트워크를 분석할 수 있다.

제 11.3 절 접근법

제9장에서 그림 11.5에 있는 프레임워크를 사용하는 10가지 프로세스 마이닝 활동을 소개했다. 10개 프로세스 마이닝 활동은 3개의 그룹으로 분류되며, 이는 지도제작(*도출*, *향상*, *진단*), 감사(*탐지*, *검사*, *비교*, *촉진*), 네비게이션(*탐색*, *예측*, *추천*)이다. 이 프레임워크는 다양한 프로세스 마이닝 활동 간의 관계를 이해하는 데 도움을 주지만, 프로세스 마이닝 프로젝트 참여자에게 수행 지침을 제공하지는 않는다. 따라서 이 절에서는 *라자냐 프로세스를 마이닝*하기 위한 L^* *라이프사이클 모델*을 소개한다.

전형적인 데이터 마이닝 혹은 BI 프로젝트의 라이프사이클을 정의한 몇 가지 참조 모델이 학계와 산업계 협의체에 의해 제안되었다. 예를 들어 *CRISP-DM* (CRoss-Industry Standard Process for Data Mining) 방법론은 6단계로 구성된 라이프사이클이다[42]: (a) 업무 파악, (b) 데이터 이해, (c) 데이터 준비, (d) 모델링, (e) 평가, (f) 전개. CRISP-DM은 SPSS가 주도한 협의체에서 90년대 후반에 개발되었다. 비슷한 시기에 SAS도 5단계로 구성된 *SEMMA* 방법론을 제안하였다: (a) 표본, (b) 탐색, (c) 수정, (d) 모델, (e) 평가. 그러나 두 방법론 모두 개념적이고, 프로세스 마이닝 프로젝트에는 적합하지 않다. 따라서 그림 11.6과 같은 L^* 라이프사이클 모델을 제안한다. 5단계로 구성된 이 라이프사이클 모델은 라자냐 프로세스를 개선하기 위한 일반적인 프로세스 마이닝 프로젝트를 위한 것이다.

이 장의 후반부에는 이 모델의 각 단계를 하나씩 설명한다. 그림 11.6에 있듯이 L^* 라이프사이클 모델은 10가지 프로세스 마이닝 관련 활동(탐색, 도출, 검사, 등)과 4개의 개선 활동(재설계, 조정, 중재, 지원)을 포함한다.

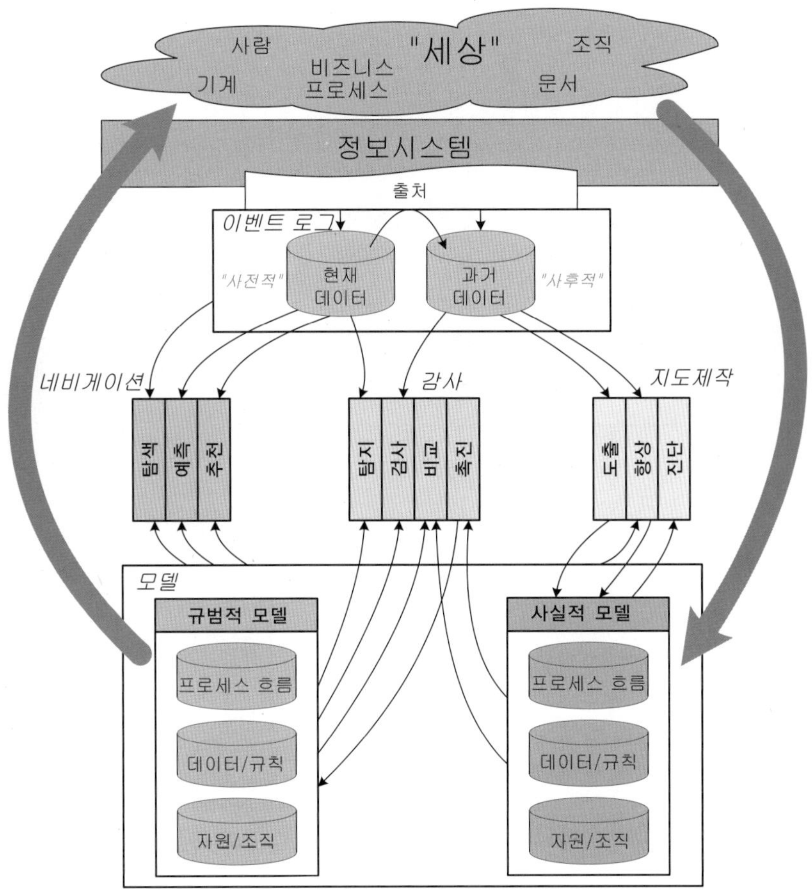

그림 11.5 제9장에 소개된 프로세스 마이닝 프레임워크

*11.3.1 0*단계*:* 계획 및 타당성 평가

모든 프로세스 마이닝 프로젝트는 계획 및 계획의 타당성 평가로 시작한다. 프로세스 마이닝을 시작하기 전에 결과에서 얻을 수 있는 이점을 예상해 보아야 한다. 기본적으로 프로세스 마이닝 프로젝트는 3가지 유형이 있다:

- *데이터 기반*("호기심 기반"이라고도 불림) 프로세스 마이닝 프로젝트는 이벤트 데이터의 가용성에 기반을 두고 있다. 구체적인 질문이나 목적은 없지만, 프로세스 이해 관계자는 이벤트 데이터를 분석함으로써 소중한 통찰력을 얻을 수 있다고 기대한다. 이러한 프로젝트는 탐구적이라는 특성이 있다.
- *질문 기반* 프로세스 마이닝 프로젝트는 구체적인 질문에 답하는 것을 목적으로 한다. 예를 들어, "왜 X팀에 의해 수행된 케이스들은 Y팀에 의해 수행된 케이스들보다 오래 걸리나?" 또는 "왜 주말에는 더 많은 편차가 발생하는가?" 등의 질문이 있을 수 있다.
- *목적 기반* 프로세스 마이닝 프로젝트는 특정 KPI (예, 비용 감소, 향상된 반응 시간 등) 관점에서 프로세스를 개선하는 것을 목적으로 한다.

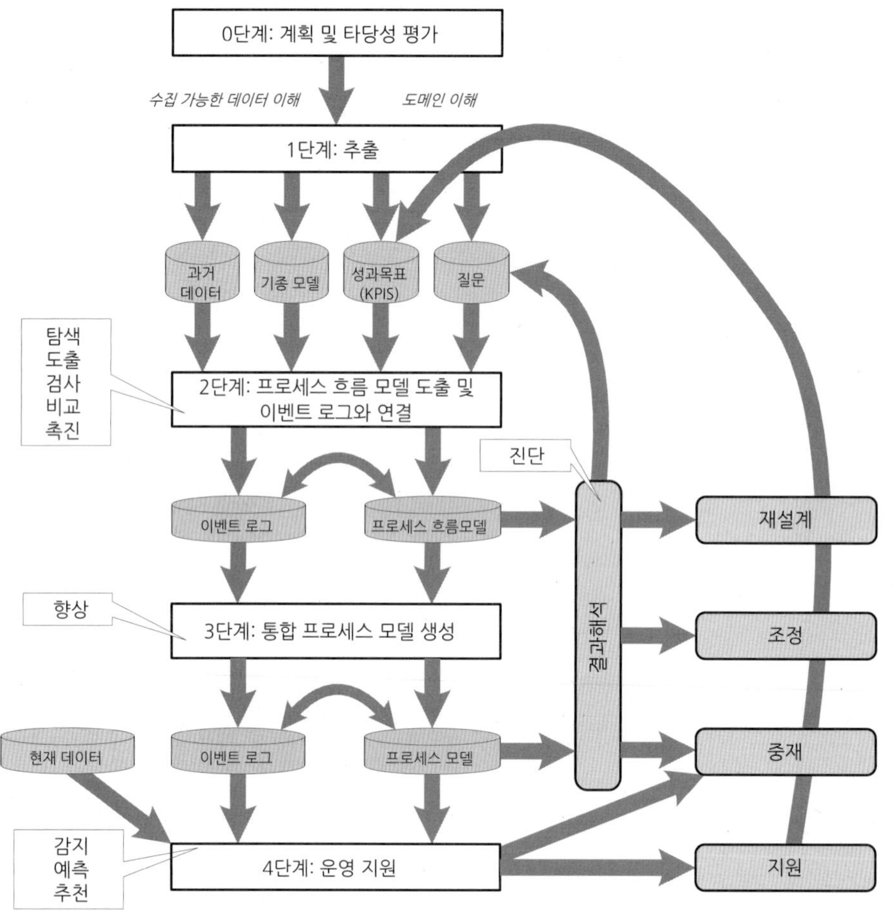

그림 11.6 5단계를 갖는 프로세스 마이닝 프로젝트의 L^* 라이프사이클 모델: *계획 및 타당성 평가* (0단계), *추출* (1단계), *프로세스 구조 생성 및 이벤트 로그 연결* (2단계), *통합 프로세스 모델 생성* (3단계), *운영 지원* (4단계)

프로세스 마이닝 경험이 없는 조직의 경우, 질문 기반 프로젝트를 시작하는 것이 바람직하다. 구체적인 질문을 통해 프로젝트 범위를 결정하거나 데이터 추출 범위를 한정하는 데 도움이 된다.

다른 프로젝트와 유사하게, 프로세스 마이닝 프로젝트는 치밀하게 계획되어야 한다. 예를 들어, 프로젝트를 시작하기 전에 작업 일정, 자원 할당 계획, 중간 점검 일정이 정의되어야 하며, 진행 상황이 지속적으로 모니터링 되어야 한다.

11.3.2 1단계: 추출

프로젝트가 시작되면, 시스템, 현업 전문가, 경영진으로부터 이벤트 데이터, 모델, 목적, 질문이 도출되어야 한다.

제4장에서 데이터 추출에 대해 자세히 설명하였다. 예를 들어, 그림 4.1은 원 데이터로부터 적절한 이벤트 로그를 만드는 과정을 보여준다. 이벤트 로그는 두 가지 주요 요구 사항이 있는데, (a) 모든 이벤트는 시간에 따라 정렬되어야 하고, (b) 모든 이벤트는 연관되어 있어야 한다(즉, 각 이벤트는 특정한 케이스에 연결되어 있어야 한다)는 것이다.

그림 11.6에서 볼 수 있듯이, 수작업으로 만들어진 모델이 이미 존재할 수 있다. 이 모델은 품질이 낮고 현실과 동떨어질 수 있는데, 그럼에도 불구하고, 기존 모델을 수집하고 기존 지식을 최대한 활용하는 것이 좋다. 예를 들어, 이미 존재하는 모델은 프로세스의 범위를 정하거나 이벤트 로그의 완전성을 판단하는 데 도움을 줄 수 있다.

목적 기반 프로세스 마이닝 프로젝트에서 각 목적들은 L^* 라이프사이클의 1단계를 통해 정리된다. 이러한 목적은 KPI 형태로 나타난다. 질문 기반 프로세스 마이닝 프로젝트에서는 각 질문들이 1단계에서 정리된다. 목적과 질문은 관련자들(예, 현업 전문가, 최종 사용자, 고객, 관리자)의 인터뷰를 통해 수집된다.

11.3.3 2단계: 프로세스 흐름 모델 생성 및 이벤트 로그 연결

프로세스 흐름은 프로세스 모델의 근간을 형성한다. 따라서 L^* 라이프사이클의 2단계는 분석하는 프로세스의 흐름을 도출한다. 프로세스 모델은 이 책의 제II부에서 소개된 프로세스 도출 기법을 사용하여 도출할 수 있다(그림 11.6의 *도출* 작업). 그러나 이미 좋은 프로세스 모델이 존재하면, 적합도 검사를 통하여 검증하거나(*검사* 작업) 도출된 모델과 비교할 수 있다(*비교* 활동). 또는 수작업으로 만든 모델과 도출된 모델을 병합할 수도 있다(*촉진* 활동). 2단계를 완료하면 이벤트 로그와 연결된 프로세스 흐름 모델이 만들어 진다. 즉, 이벤트 로그에 있는 이벤트는 모델에 있는 작업을 의미한다. 7.4.3절에서 언급된 것과 같이 이러한 연결은 후속 단계에서 중요한데, 만약 모델과 로그의 적합도가 낮다면(약 0.8 이하), 3단계로 진행하는 것이 어렵다. 그러나 라자냐 프로세스의 정의가 적합도가 높은 프로세스이기 때문에, 이런 문제는 거의 발생하지 않는다.

2단계의 결과는 질문에 답을 주거나, 프로세스 개선 활동을 하거나, 3단계로 넘어 가는데 활용될 수 있다. 그림 11.6에 보듯이 2단계의 결과에 대한 해석이 이루어지고 나서, 질문의 답, 재설계, 조정, 중재의 시작점으로 활용할 수 있다.

11.3.4 3단계: 통합 프로세스 모델 생성

3단계에서는 프로세스 흐름 모델에 다른 관점(예, 조직, 케이스, 시간 관점)을 추가함으로써 모델을 향상한다. 제8장은 이러한 추가 관점들이 어떻게 도출되고 결합되는지 보여주는데, 예를 들어 그림 8.16은 다양한 관점들이 결합하는 과정을 보여준다. 결과는 다양한 목적으로 활용될 수 있는 통합 프로세스 모델이 된다. 이 모델은 현행 프로세스를 더 잘 이해하거나 병목점을 파악하기 위해 면밀히 검토될 수 있다. 더욱이 8.6절에서 설명한 대로 완전한 프로세스 모델은 시뮬레이션에 활용될 수 있다.

3단계의 결과는 특정 질문에 답을 하거나 적절한 조치(재설계, 조정, 중재)를 취하는 데에도 사용될 수 있다. 또한 통합 프로세스 모델은 4단계의 시작점이 된다.

11.3.5 4단계: 운영 지원

L^* 라이프사이클의 4단계는 제9장에서 소개한 3가지 운영 지원 활동(*도출*, *예상*, *추천*)에 관한 것이다. 예를 들어 단기 시뮬레이션(8.6절)과 부연적 트랜지션 시스템(9.4절)을 통하여 실행되고 있는 케이스의 잔여 시간을 예측할 수 있다. 그림 11.6과 같이 4단계는 입력으로 현재 데이터(실행되고 있는 케이스의 "사전 분석" 데이터)를 필요로 한다. 4단계의 결과는 프로세스 마이닝 분석가에 의한 해석이 필요 없고 최종 사용자에게 직접 제공될 수 있는데, 예를 들어 특이 사항이 발생하면 책임있는 관리자에게 이메일을 자동으로 발송할 수 있다. 추천과 예측 정보는 관련 케이스를 수행하는 작업자에게 전달될 수 있다.

운영 지원은 프로세스 마이닝에서 *가장 야심찬* 활동으로, 라자냐 프로세스에서만 가능하다. 또한 발전된 IT 인프라도 운영 지원을 위해 필요한데, 이는 고품질의 이벤트 로그를 확보하고 제9장에서 설명한 것 처럼 프로세스 마이닝이 운영 지원 시스템에 내재화될 수 있기 때문이다.

제 11.4 절 응용 사례

지난 십 년간, 100개 이상의 조직에 프로세스 마이닝을 적용하였다. 예를 들어, 지방자치단체(예, Alkmaar, Heusden, Harderwijk), 중앙정부 산하기관(예, Rijkswaterstaat, Centraal Justitieel Incasso Bureau, Justice department), 보험 관련 기관(예, UWV), 은행(예, ING Bank), 병원(예, AMC hospital, Catharina hospital), 다국적기업(예, DSM, Deloitte), 첨단 시스템 제조사 및 고객사(예, Philips Healthcare, ASML, Ricoh, Thales), 방송사(예, Winkwaves) 등에 적용하였다. 이것은 프로세스 마이닝이 광범위하게 적용될 수 있다는 것을 보여준다. 이 장에서는 다양한 분야와 산업, 기능 영역에서 생길 수 있는 프로세스 마이닝의 기회에 대해 소개한다. 추가적으로 라자냐 프로세스의 2가지 사례 연구를 간단히 소개한다.

11.4.1 조직 기능 영역에 따른 프로세스 마이닝 기회

그림 11.7은 대부분의 조직에서 발견할 수 있는 주요 *기능 영역*을 보여준다:

그림 11.7 전형적인 조직의 다양한 기능 영역. 라자냐 프로세스는 일반적으로 제조, 금융/회계, 조달, 물류, 자원 관리, 영업/CRM에서 볼 수 있다. 스파게티 프로세스는 제품 개발, 서비스, 자원 관리, 영업/CRM에서 볼 수 있다

- *제품 개발*은 제품을 생산하는 데 필요한 준비 및 엔지니어링 작업과 관련 있다. 제품이 꼭 물리적인 객체(예, 자동차, 복사기)일 필요는 없고, 정보나 서비스(예, 새로운 보험)일 수도 있다. 제품 개발 프로세스는 흔하게 발생하지 않으며, 반복, 표준화, 효율을 강조하기보다는 문제 해결 능력, 전문성, 창의력에 의존하기 때문에 전형적인 스파게티 프로세스이다.
- *생산*은 제품이 실제로 생산되는 기능 영역이다. 이 프로세스의 범위는 전통적인 제조(예. 자동차 조립)에서 정보 생성(예, 은행 계좌 생성)까지 포함한다. 대부분의 생산 프로세스는 재연가능하고 효율적이어야 하기 때문에 라자냐 프로세스이다.
- *구매*는 생산에 필요한 원자재를 구하는 모든 활동을 포함한다. 생산 프로세스의 입력은 다른 조직의 정보일 수 있다. 원자재를 구매할 필요가 있고, 재고는 모니터링 되어야 하며, 배송은 점검되어야 한다. 이 기능 영역의 프로세스는 전형적으로 라자냐 프로세스이다.
- *영업/CRM*은 주문에 이르게 하는 활동(lead-to-order)과 주문으로부터 수금에 이르는 활동(order-to-cash)과 관련된 모든 행위를 말한다. 실제 영업 기능뿐만 아니라, 대부분의 조직은 자사 제품을 마케팅할 필요가 있고, 고객과의 장기적인 관계(CRM)를 관리할 필요가 있다. 라자냐 프로세스와 스파게티 프로세스 모두 이 기능 영역에서 발견된다. 마케팅 관련 활동은 비정형적이지만 영업 활동의 처리는 매우 정형적이다.
- *물류*는 제품과 원자재의 움직임과 관련이 있다. 예를 들어 고객에게 제품을 출하하는 것이나 저장 창고를 관리하는 것을 일컫는다. 물류의 프로세스 대부분은 라자냐 프로세스이다.
- *재무/회계*는 조직의 회계 관점(예를 들어, 고객의 대금 청구, 송장 점검, 재무보고, 감사)을 다룬다. 이 기능 영역의 프로세스도 전형적인 라자냐 프로세스이다.
- *자원 관리*는 다른 모든 기능들을 수행하는 데 충분한 자원이 있는지를 관리한다. HRM(인사관리부서)은 인사 자원에 관한 것이고, 장비, 건물 등에 대해서도 비슷한 기능 부서가 있다. 이 기능 영역에는 라자냐 프로세스와 스파게티 프로세스가 동시에 존재한다. 예를 들어 입사 지원서를 처리하는 것은 매우 정형화되어 있는데 반해, 문제 사원의 처리는 비정형화되어 있다.
- *서비스* 기능 영역은 제품이 출하 및 수금 후의 모든 활동을 다룬다. 예를 들어 제품 사용 지원, 유지보수, 불량 제품의 수리, 헬프데스크 운영 등이 있다. 서비스 관련 프로세스는

전형적으로 스파게티 프로세스이다. 고객은 제품을 매우 다양한 방식으로 사용하고 대부분의 경우에 수리 프로세스를 예측하는 것은 불가능하다. 예를 들어, 고객이 반환한 제품의 오류를 찾을 수 없는 경우도 있고, 부품 교체가 잘못되어 오작동이 계속 발생할 수도 있다.

라자냐 프로세스와 스파게티 프로세스의 관점에서 기능 영역을 나눈 것은 단지 참고용으로 두 종류의 프로세스가 모든 기능 영역에서 동시에 발견될 수 있다. 일반적으로는 그림 11.7과 같이, 두 종류의 프로세스에 대한 일반적인 기능 영역을 나눌 수 있다. 예를 들어 대부분의 조직은 제품 개발 프로세스가 생산 프로세스보다는 덜 정형화되어 있다. 이것은 생산 프로세스에 이 책에서 제시된 대부분의 기법들이 적용할 수 있다는 것을 의미하기도 한다. 그러나 제품 개발 프로세스는 스파게티 프로세스로 모든 기법의 적용이 불가능할 수 있는데, 즉 L^* 라이프사이클 모델(그림 11.6)의 모든 단계가 적용되지 않을 수 있다. (단계 3과 4는 스파게티 프로세스에서 불가능하다.)

11.4.2 산업 유형에 따른 프로세스 마이닝 기회

앞 절에서 조직의 기능 영역별로 라자냐 프로세스와 스파게티 프로세스가 존재한다는 것을 살펴보았다(그림 11.7 참고). 이 절에서는 다양한 산업 분류와 산업군에 대해 프로세스 마이닝 기회를 살펴본다.

*1차 산업*은 천연 자원에서 제품을 생산하는 산업이다(예, 농업, 농업관련 사업, 수산업, 임업, 광산 및 채석 사업). 이런 산업에서 정보 기술의 역할은 미미한 경향이 있다. 따라서 프로세스 마이닝의 적용 가능성은 제한적이다. 물론 예외도 있는데, 식재료를 추적하는 경우를 생각해보자. 몇몇 나라에서는 육류와 유류 제품은 생산에서 소비까지 추적 가능해야 하는데, 예를 들어 슈퍼마켓의 육류 제품은 생산 농장과 가축 정보를 확인할 수 있어야 한다. 이를 위해서는 1차 산업 영역에서도 이벤트의 기록이 필요하다.

*2차 산업*은 "유형의 제품"을 제조하는 것을 의미하는데, 자동차 산업, 화학 산업, 항공우주 산업, 소비자 가전 등을 포함한다. 2차 산업의 조직은 전형적으로 그림 11.7에 있는 기능 영역을 포함하는 조직 구조를 가지고 있다. 따라서 라자냐 프로세스와 스파게티 프로세스가 모두 발생할 수 있다. 2차 산업에서 관찰되는 재미있는 점은 대부분의 제조사가 제품이 판매된 후, 판매된 제품을 모니터링 하는데 관심이 있다는 것이다. 예를 들어 필립스 헬스케어(Philips Healthcare)는 현장에서 사용되고 있는 의료 장비를 모니터링 한다. X-ray 장비는 인터넷과 연결되어 있어, 이벤트 로그가 ProM에 의해 분석된다. X-ray 장비의 이벤트 로그는 마케팅(고객이 어떤 기능을 사용하는가?), 유지보수(언제 기계를 보수해야 하는가?), 개발(기계가 왜 고장 나는가?), 테스트(보다 현실적 환경에서는 기계를 어떻게 테스트하는가?) 등을 위한 중요한 정보를 제공한다. 미래에는 점점 더 많은 제품이 원격으로 모니터링될 것이고 제조사에게 소중한 정보를 제공할 것이다.

*3차 산업*은 서비스, 규칙, 정보와 같은 "무형 재화"를 생산하는 것이다. "서비스"라는 것은 교통, 보험, 도매, 소매, 엔터테인먼트 등과 같은 것을 포함하는 광범위한 의미로 해석되어야

한다. 서비스를 제공하는 과정에서 유형 재화가 변환될 수 있다(예, 식당에서 음식 준비). 그러나 핵심은 물리적인 재화를 변환하는 것보다는 고객에게 서비스를 제공하는 것 자체이다. 3차 산업에서는 정보가 핵심적인 역할을 하고 많은 이벤트가 기록되며, 디지털 세계와 물리적 세계가 잘 동기화되어야 한다. 예를 들어 온라인 서점은 정보시스템에서 해당 서적이 존재한다고 확인되어야 판매할 수 있다. 창고에 실제로 존재하는데 정보시스템에서 재고가 없다고 표시되면 온라인 서점에서는 서적을 판매할 수 없다.

프로세스 마이닝은 3차 산업에서 만날 수 있는 다양한 라자냐 프로세스와 스파게티 프로세스를 개선하는데 사용할 수 있다. 프로세스 마이닝 적용에 흥미로운 몇몇 산업군은 아래와 같다.

- *헬스케어* 산업은 병원과 요양 시설을 포함한다. 대부분의 이벤트(혈액 검사, MRI 사진, 진료 예약 등)는 기록되고, 모든 이벤트가 특정 환자와 연결되어 있어 상관 관계도 쉽게 찾을 수 있다. 의료 행위에 가까운 프로세스 일수록 덜 정형화되어 있다. 예를 들어, 대부분의 진찰과 치료 프로세스는 스파게티 유형에 가깝다(그림 12.1 참조). 의료 지침(표준 절차)은 실제 프로세스와 거리가 멀다. 한편에서는 이런 프로세스를 구조화하여 개선할 수 있다고 생각할 수 있고, 또 다른 한편으로는 의료 프로세스의 다양성은 환자, 질병, 예상 못한 합병증과 같은 다양한 특징에 기인하고, 의사는 표준 절차를 벗어나야 환자를 잘 치료할 수 있다고 생각할 수 있다. 그러나 어떤 경우는 절차를 벗어나서 생명을 잃을 수도 있다. 병원 프로세스를 개선하기 위해 먼저 기존 프로세스를 이해하는 것은 꼭 필요하다. 이를 위해 병원의 이벤트 데이터를 바탕으로 프로세스 마이닝을 효과적으로 활용할 수 있다[89].
- *정부*는 작은 관공서부터 국가 레벨의 기관을 다 포함하는데, 예를 들어, 실업, 관세, 세금, 교통 법규 위반 등과 관련된 프로세스를 관리하는 기관이 있다. 지방과 중앙 정부 기관은 규정을 실행하는 "행정 공장(administrative factories)"으로 볼 수 있고, "제품"은 주로 정보나 재무에 관한 것이다. 큰 규모의 정부 기관은 높은 수준의 자동화가 특징이다. 예를 들어 세무 부서는 수백만 장의 세금 고지서를 처리해야 한다. 소규모 정부 기관(소도시)의 프로세스는 자동화 정도가 낮고, BPM 시스템보다 사무 작업자에 의해 프로세스가 관리된다. 그러나 규정에 의거해 주요한 모든 이벤트는 체계적으로 기록되고 있다. 예를 들어 그림 11.2에 있는 WMO 프로세스를 살펴보면, 모든 네덜란드 지자체는 의무적으로 프로세스의 각 단계를 기록해야 한다. 정부 기관에서 프로세스 마이닝의 일반적인 유스케이스는 프로세스 흐름 시간 단축(예, 건축 허가에 걸리는 시간을 단축), 효율성 향상, 규정 준수이다. 사회에 대한 정부 기관의 역할을 보면, 규정 준수는 가장 중요한 요소이다.
- *은행*과 *보험*은 BPM 기술을 가장 효과적으로 적용할 수 있는 산업이다. 프로세스는 자동화되어 있고, 모든 이벤트는 체계적이고 안전한 방법으로 기록된다. 프로세스의 예로 대출, 클레임 관리, 보험 신청서 처리, 신용카드 납부, 융자금 지불 등이 있다. 대부분의 은행과 보험 프로세스는 라자냐 프로세스, 즉 고도로 정형화되어 있다. 따라서 이 책에서 제시된 모든 기법들이 적용될 수 있다. 이러한 조직에서는 프로세스가 잘 정리되어 문서화되어 있기 때문에 프로세스 도출은 관심이 적을 수 있다. 이 산업에서의 대표적인 유스케이스는 적합도 검사, 성과 분석, 운영 지원이다.

- *교육*과 관련된 조직(예, 고등학교, 대학교)은 개인의 학습 활동과 관련된 많은 정보를 기록하고 있다. 예를 들어, 아인트호벤 공대에서는 프로세스 마이닝을 통해 학생들의 학습 활동을 분석하는데, 이를 위해 컴퓨터공학 전공 학생들의 시험 결과에 관한 상세 정보를 담고 있는 데이터베이스를 활용하다. 이 데이터베이스는 고등학교 시험 성적 등 기타 정보도 포함하고 있다. 교육에 관련된 프로세스는 정형 프로세스도 있지만, 비정형 프로세스도 있다. 예를 들어, 대학의 교과 과정은 자주 바뀌고, 학생들은 다양한 공부 패턴을 가진다. 따라서, 대학에서 학생들의 학업 성과를 예측하기란 매우 어렵다. 그럼에도 불구하고 의미 있는 통찰은 가능할 수 있는데, 예를 들어 원래 대학에서 의도한 순서대로 수강한 학생들의 수강 흐름을 시각화 함으로써, 교과 과정을 설계할 때 "이상적인 학생"(재수강 없이 모든 수업을 통과하는 학생)에만 집중하면 안되고, 다양한 학생들에 의해 발생하는 여러가지 문제도 예상해야 한다는 것을 보여줄 수 있다.
- 2차 산업 제품은 다양한 *영업* 조직을 통해 분배된다. 여기서 흥미로운 것은 제품과 고객에 대한 정보가 점점 더 많이 기록되고 있다는 것이다. 고객은 충성도 카드나 온라인 프로파일을 통해 추적된다. 제품은 모두 태그를 가지고 있고, 이를 통해 상점의 재고 상태에 대한 실시간 정보를 확인할 수 있다. RFID 태그가 부착된 제품은 개별 식별자가 있어 동일 종류의 제품도 구별 가능하다. 즉, 각 이벤트의 연결 관계를 알 수 있고(케이스의 식별이 가능하고), 프로세스 마이닝을 적용할 수 있다.
- *수송* 산업도 승객과 화물의 움직임에 대한 정보를 점점 더 많이 기록하고 있다. 추적 기능을 통하여 송신인과 수신인 모두 화물의 행방을 모니터링할 수 있다. 논란의 여지가 있지만, 건물 출입과 교통에 사용하는 스마트카드는 사람들의 움직임을 모니터링할 수 있다. 예를 들어, 네덜란드의 "ov-chipkaart"는 기차, 지하철, 버스를 타고 여행할 때 사용할 수 있고, 여행자는 출발 지점과 도착 지점의 거리를 바탕으로 요금을 정산한다. 이 정보를 활용하여 여행자의 여행 패턴을 분석할 수 있다. 인터넷을 통한 항공 예약도 많은 이벤트 데이터를 발생시킨다. 여행자가 여행사를 통해 여행을 예약하면, 여행사는 후방에서 여러 종류의 조직(항공사, 보험회사, 자동차 렌트 회사 등)과 접촉하게 된다. 이런 과정의 모든 이벤트는 기록되고, 이 기록은 프로세스 마이닝에 활용될 수 있다. 이 산업군에는 라자냐 프로세스부터 스파게티 프로세스까지 모든 유형이 존재한다.
- *클라우드 컴퓨팅*과 *Software-as-a-Service* (SaaS) 같은 기술은 물, 전기 같은 공공재 처럼 컴퓨팅 파워를 제공하는 새로운 산업을 만들었다. 구글 앱, Salesforce.com, 아마존의 AWS 등이 이러한 예이다. 이 아이디어가 새로운 것은 아닌데, 이미 1961년에 John McCarthy는 "내가 주장하는 종류의 컴퓨터가 미래의 컴퓨터가 된다면, 전화 시스템이 공공재가 되었듯이 언젠가 컴퓨팅도 공공재가 될 것이다. 이런 컴퓨팅 인프라는 중요한 신종 사업의 기초가 될 것이다"라고 말했다. SaaS 공급사의 대표적인 사례는 Salesforce.com이다. 이 서비스는 일반 조직에서 확장성과 유지 보수에 대한 걱정 없이 영업과 CRM 관련 표준 활동을 위한 IT 지원을 아웃소싱할 수 있도록 지원한다. 사용자는 소프트웨어 구입 비용을 지불하는 것이 아니라 사용 비용을 지불한다. 다른 예는 가장 널리 사용되고 있는 학회 관리 시스템인 EasyChair로 학회 유치와 논문 심사 관리 등을 지원한다. 이 시스템은 웹 기

반으로 중앙에서 유지 관리되기 때문에 학회를 조직하기 위해 다른 소프트웨어를 설치할 필요가 없다. Salesforce.com, EasyChair는 중요한 이벤트 데이터를 보유하고 있다. 이 데이터는 소프트웨어를 개선하거나 개별 조직에 컨설팅을 제공하는데 사용할 수 있다. SaaS 제공자는 조직별 다양성에 대해 관심을 가져야 한다. *조직 간 프로세스 마이닝*은 조직 간 차이를 분석하는 것으로, 프로세스 마이닝을 활용하여 같은 조직이나 다른 조직의 비슷한 프로세스를 비교할 수 있다.

- *자본재(capital goods) 산업*도 고객이 고가의 장비를 구매하는 것에서 사용에 대한 비용을 지불하는 환경으로 변화되고 있다. 이것은 SaaS 패러다임의 변형으로 볼 수 있는데, 장비 제조사가 장비를 소유하고, 고객은 사용 시간에 따라 사용료를 지불한다. 이러한 가격 모델을 가능하게 하기 위해서는 제품을 원격에서 모니터링할 수 있어야 한다. 서비스 제공자와 고객은 실제 사용(사용시간 혹은 사용 횟수)에 대해 합의해야 하고, 계약 기간 중 장비가 고장 나면 보상을 하는 서비스 수준 계약(SLA)을 할 수 있다. 이벤트 데이터는 SLA에 기반한 과금과 점검의 기초가 된다. 또한 제조사는 장비의 고장 시기, 유지 보수 주기 등 실제 장비 사용 방식에 대한 통찰력을 얻을 수 있다.

앞서 설명한 예는 1차, 2차, 3차 산업의 모든 분야에 프로세스 마이닝을 적용할 기회가 있다는 것을 보여준다.

11.4.3 라자냐 프로세스 분석 사례

마지막으로 두 개의 라자냐 프로세스 분석 사례를 소개하며 이 장을 마무리한다.

11.4.3.1 RWS 프로세스

네덜란드의 정부 기관인 "Rijkswaterstaat" (RWS)는 12개의 사무소가 있고, 이 중 한 사무소의 송장 처리 업무를 분석하였다[19]. 이 사무소는 1,000명의 공무원이 소속되어 있고, 지역의 도로와 수도 인프라의 건설과 유지 보수를 책임지고 있다. 이를 위해 RWS는 도로건설 회사, 청소 회사, 환경 단체와 같은 다양한 단체와 계약을 맺고 있다. 또한 건설, 유지 보수, 행정 업무를 지원하기 위한 재화와 서비스를 구매한다. RWS에서 프로세스 마이닝을 수행한 이유는 두 가지이다. 첫 번째는 RWS가 아인프호벤 공대와 수행 중인 장기 연구 프로젝트와 관련이 있는데[106], RWS는 WFM 기술이 프로세스 흐름 시간, 반응 시간, 서비스 수준, 시각화 등에 어떤 효과를 내는지에 관심이 있었다. 두 번째로 RWS는 송장의 지불 기한 관리에 관심이 있었다. 송장 접수 후 31일 내에 대금이 지불되어야 한다. 지불 기한을 넘기면, 네덜란드 법에 의해 채권자가 미지급금에 대한 이자를 받는다. RWS는 최소 90% 이상의 송장을 기한 내에 처리하는 것을 목표로 한다. 그러나 RWS의 이벤트 로그를 분석해 보면, 초반에는 70%만이 기한 내에 처리되었다.

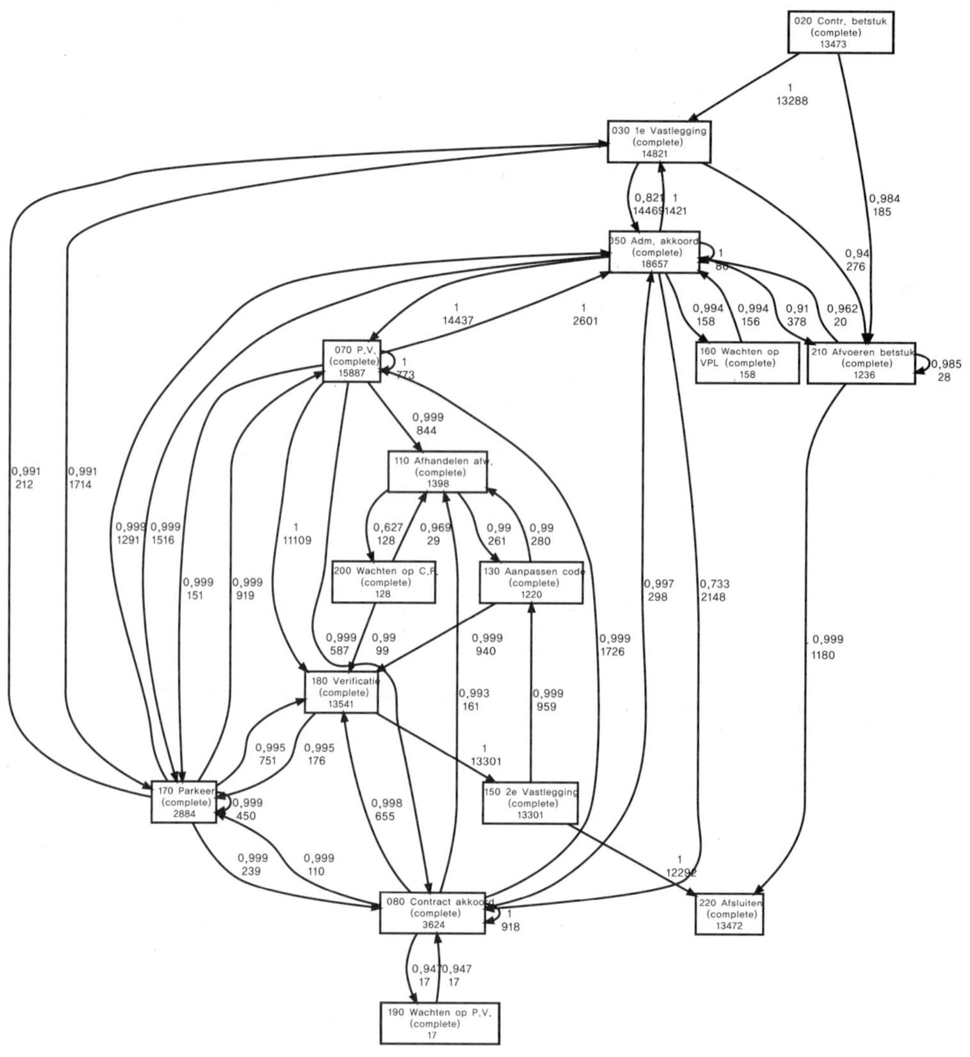

그림 11.8 휴리스틱 마이닝을 이용한 프로세스 모델. 도출된 C-net은 RWS의 12개 지역 사무실 중 한 곳의 송장 처리 프로세스를 보여주고 있다

[19]에 기술된 분석의 시작점은 147,579 이벤트를 생성시킨 14,279 케이스(즉, 송장) 정보를 가진 이벤트 로그였다. 그림 11.8은 휴리스틱 마이너에 의해 생성된 C-net이다. 이 모델은 RWS 프로세스가 비교적 잘 구조화되어 있지만, 그림 11.2(a)에 있는 WMO 프로세스보다는 덜 구조적이라는 것을 보여준다. 로그를 정제하고 마이닝 알고리즘의 파라미터를 조정하면 적합도가 0.9 이상인 모델의 생성이 가능하다. 병목점을 찾기 위해 이 모델에 로그를 리플레이하였고, 이를 통해 (그림 11.8의 길이가 1이거나 2인 순환 구조에서) 몇몇 작업이 재작업되고 있음을 알 수 있다. 즉, 케이스가 작업들 또는 사람들 사이에서 "오락가락하는 것"이 관찰되었고, 이것이 업무 지연의 원인이 되고 있었다.

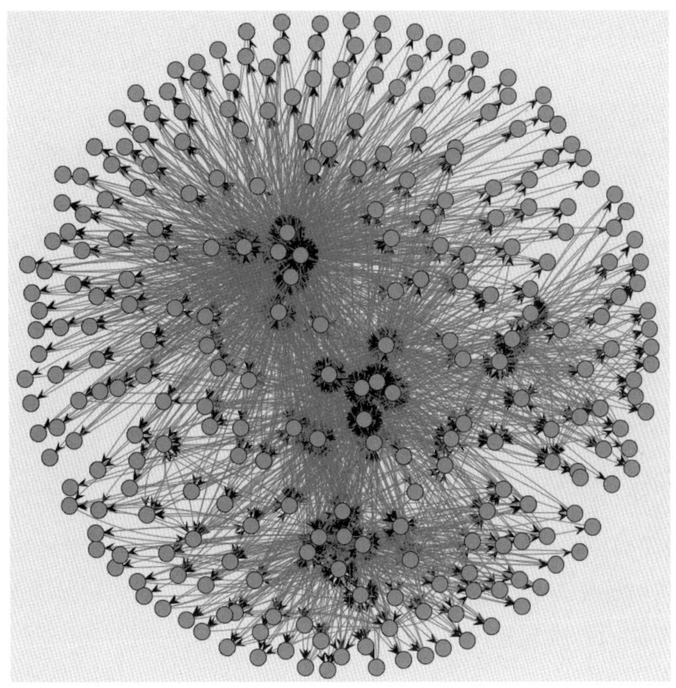

그림 11.9 작업 전달 관계에 기반한 소셜 네트워크. 271개 각 노드는 작업자에 해당된다. 한 작업자가 작업을 수행하고, 다른 작업자에 의해 후속 작업이 수행되면, 두 작업자는 연결된다

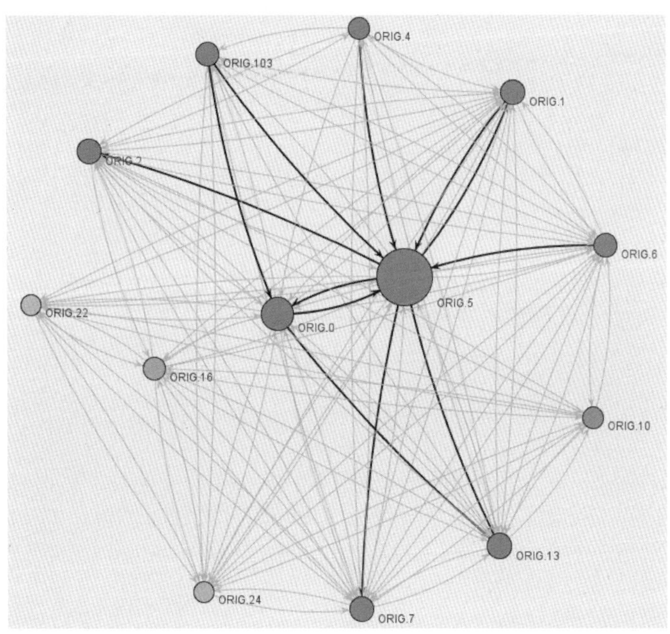

그림 11.10 9개월 동안의 2,000개 이상의 작업을 수행한 작업자의 소셜 네트워크(온라인에서 칼라 제공). 진한 연결선은 더 높은 관계를 의미하고, 같은 집단(clique)에 속한 노드는 같은 색깔을 갖는다. 개인정보 보호를 위해 작업자의 이름은 익명화 되었다

이벤트 로그는 271개의 작업자(예, 송장 처리 공무원)에 대한 정보를 포함하고 있다. 그림 11.9는 업무 전달 관계에 기반한 소셜 네트워크를 보여준다(8.3.1절 참조). 그림 11.10은 동일한 소셜 네트워크를 보여주지만, 다수의 작업을 수행한 13명의 작업자만 보여준다. 조직에서 업무가 어떻게 흐르고 있는지 이해하기 위해, RWS는 이와 같은 소셜 네트워크를 사용하였다. 이 분석은 본인의 늦은 업무 처리 시간 때문에 많은 송장이 31일 이상 걸리는 것을 인식하지 못하고 송장 승인의 우선 순위를 너무 낮게 생각하는 몇몇 프로젝트 관리자가 있다는 것을 보여준다. 프로젝트 관리자는 본인들의 행동에 대한 영향을 인식하지 못하고 있었는데, RWS는 분석 결과를 공유한 후에 송장 승인에 높은 우선순위를 부여하여 프로세스를 빨리 진행하기로 결정하였다. 더 자세한 것은 [19]를 참조하기 바란다.

11.4.3.2 WOZ 프로세스

11.1절에서 관공서의 WMO 프로세스에 대한 분석 결과를 보였다. 현재까지 수십 개의 관공서에 프로세스 마이닝을 적용하였다. 최근에 조직 간 프로세스 마이닝에 관심 있는 9개 지방자치단체와 함께 각 기관에 있는 프로세스의 차이점을 분석하는 새로운 연구 과제(CoSeLoG)를 시작했다[47].

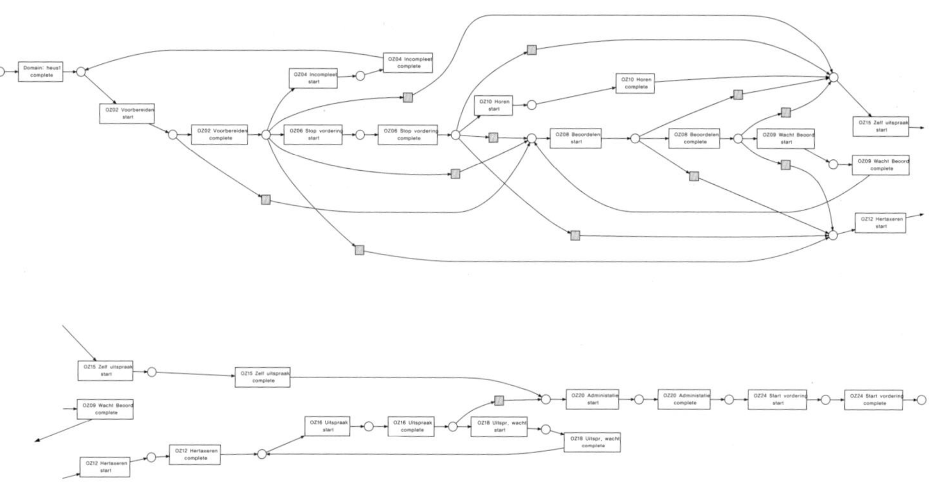

그림 11.11 지자체의 이벤트 로그에 기반하여 도출된 WF-net. WOZ 평가에 대한 745개의 이의(케이스)에 대한 이벤트 로그에서 도출하였다. 745개의 케이스는 9,583개의 이벤트를 포함하고, 프로세스는 13개의 작업으로 구성되어 있다. 이중에 12개의 작업이 시작과 종료 이벤트가 기록이 되었고, 따라서 WF-net에는 25개의 트랜지션이 있다

관공서에 있는 프로세스는 전형적인 라자냐 프로세스이다. 그림 11.11은 "WOZ 프로세스"로, WOZ (Waardering Onroerende Zaken) 평가 결과에 이의를 제기한 745개 케이스로 구성된 이벤트 로그에 휴리스틱 마이너를 적용하였다. 네덜란드 지방자치단체는 주택과 아파트에 대한 가치를 평가한다. WOZ 평가는 부동산의 세금을 결정하는 기준으로 사용된다. WOZ 평가

가치가 높을수록 소유자에게 더 많은 세금이 부과된다. 따라서 지자체는 WOZ 평가 가치가 너무 높다고 불평하는 수많은 주민들의 이의 신청(즉, 항소)을 처리해야 한다. 이런 지자체를 위하여 이의 신청과 허가 취득에 관련된 4개 프로세스를 분석하였다. 본 절에서는 이 중에서 그림 11.11에 있는 WOZ 프로세스만 설명한다.

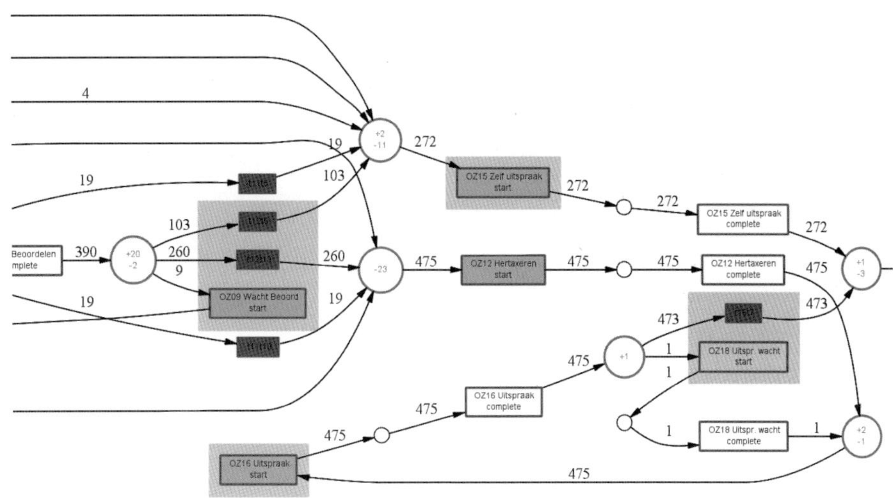

그림 11.12 ProM의 적합도 검사 플러그인의 진단결과를 포함한 WF-net의 일부분. WF-net과 이벤트 로그의 정합도는 0.98876214로 매우 높다. 그럼에도 빈도수가 매우 적은 변이들이 발견되었는데, 모델에 따르면 "OZ12 Hertaxeren"(WOZ 값 재평가)의 경우 실행 가능 상태가 아님에도 23번 수행되었다

도출된 WF-net은 높은 적합도를 갖는다. 745 케이스 중 628개는 아무 문제없이 리플레이 될 수 있었다. 이 모델과 로그의 적합도는 0.98876214이고, 이것은 기록된 이벤트의 대부분은 모델에 의해 설명될 수 있다는 것을 보여준다. 즉, WOZ 프로세스는 분명히 라자냐 프로세스이다. 프로세스가 정형화 되었음에도 불구하고, 대부분의 지자체에서 예외 처리가 발견된 것은 흥미로웠다. 그림 11.12는 적합도 검사 플러그인(7.2절 참조)에서 제공되는 검사 결과의 일부분이다.

그림 11.13은 타임스탬프를 갖는 이벤트 로그를 리플레이하는 동안 계산되는 성과와 관련된 진단 결과로, 평균 흐름 시간은 약 178일이고, 표준편차는 약 53일이다. ProM은 WF-net에서 플레이스 색깔로 병목점을 표시한다. 토큰은 분홍색 플레이스에서 길게 머문다. 예를 들어, "OZ16 Uitspraak start"와 "OZ16 Uitspraak complete" 사이에 있는 플레이스를 436번 방문했다. 이 플레이스에서 머문 평균 시간은 7.84일로, 이것은 "OZ16 Uitspraak" (최종 판결) 작업에 약 일주일 정도 소요되었다는 것을 나타낸다. "OZ16 Uitspraak start" 앞의 플레이스도 활성화 이후 이 작업 시작에 평균 138일이 걸려 분홍색이다. 그림 11.13과 같이 두 개 작업을 선택하여 이 사이를 통과하는 데 걸리는 시간을 측정하는 것이 가능하다. "OZ02 Voorbereiden" (준비) 작업 완료와 "OZ16 Uitspraak" (최종 판결) 작업 완료 사이에 평균 202.73일이 소요는 것을 알 수 있는데, 이것은 전체 흐름 시간 평균보다 길다. 이는 이의 신청 중 416개(약 56%)

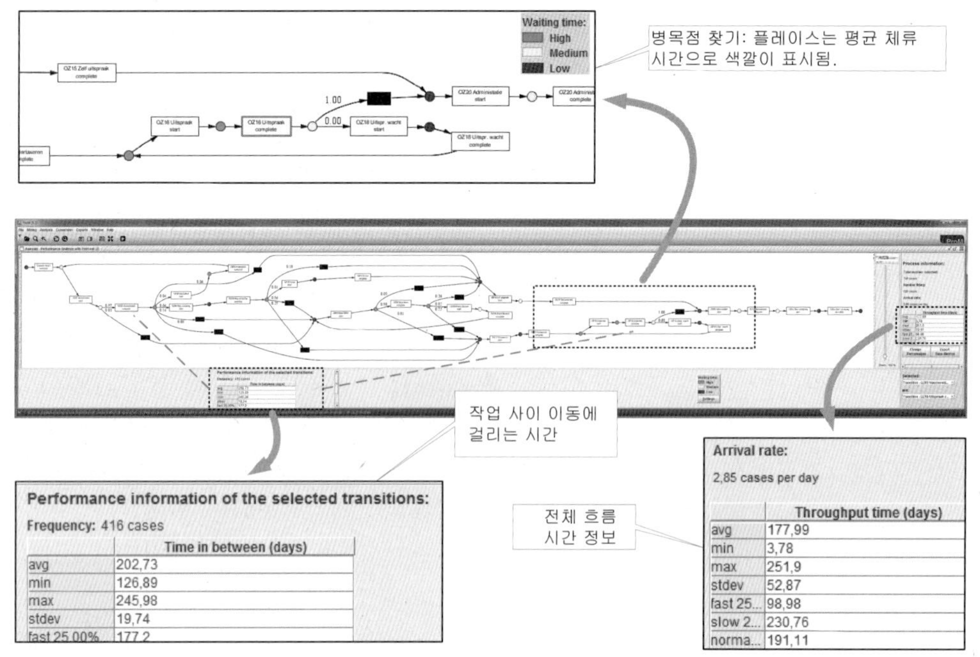

그림 11.13 이벤트 로그를 리플레이하여 얻어진 진단 결과. 이 결과는 이의 신청을 처리하는데 왜 평균적으로 178일이 걸리는지 설명해준다

만이 이 경로를 따르고, 나머지는 평균적으로 짧은 시간이 소요되는 “OZ15 Zelf uitspraak”를 따라 흘렀기 때문이다.

이벤트 로그는 작업자에 관한 정보도 포함한다. 9,583개의 이벤트는 20개의 작업자에 의해 수행되었다. 대부분의 작업 인스턴스는 시작과 종료 이벤트를 갖고 있고, 주로 같은 작업자에 의해 발생한다. 그러나 예외적인 상황에서 한 사람에 의해 시작된 작업이 다른 사람에 의해 종료되는 경우도 있다. 표 11.1은 8.3절에서 소개된 작업자-작업 행렬이다. 이 표에서 일부 작업자는 많은 작업을 실행(예, 사용자8은 2,621개의 이벤트를 발생)하였고, 일부는 몇몇 작업만 실행(예, 사용자13과 14는 단지 하나의 이벤트만 생성)하였다. 그림 11.14는 표 11.1에 있는 사용자 프로파일에 근거한 소셜 네트워크이다. 비슷한 프로파일을 가진 사람들을 서로 연결하였고, 연결 강도는 유사성(여기서는 상관 계수가 사용됨) 정도를 나타내는데, 이 정보는 사람들을 그룹화하는 데 사용 가능하다. 그림 11.14는 ProM의 소셜 네트워크 플러그인에 의해 도출된 4개 집단(clique)을 보여준다. *집단1*은 사용자 1, 2, 3, 8, 12, 13, 14, 16, 17로 구성되고, *집단2*는 사용자 4, 5, 6, 9, 11, 18, 19, *집단3*은 사용자 7, 15, *집단4*는 사용자 10, 20으로 구성된다. 예를 들어 집단4를 보면, 이 집단에 속한 두 사람(사용자 10, 20)은 a4 (“OZ06 Stop vordering”)와 a13 (“OZ24 Start vordering”)만 실행하고, 따라서 두 사람을 하나의 그룹으로 묶는 것은 타당하다. 조직 측면에서 이런 묶음이 기존의 역할에 해당하는지 살펴보는 것도 흥미롭다. 기존 역할과 상이하면 작업의 재분배를 생각해 볼 수도 있다.

WOZ 프로세스를 분석했던 지방자치단체는 건축 허가 처리와 같은 다른 프로세스들의 이벤트 로그도 제공했다. 모든 프로세스는 라자냐 프로세스로 분류될 수 있었고, 원칙적으로

표 11.1 각 작업자가 특정 작업을 몇 번 수행했는지를 보여주는 작업자-작업 행렬: a_1 = “Domain: heus1”, a_2 = “OZ02 Voorbereiden”, a_3 = “OZ04 Incompleet”, a_4 = “OZ06 Stop vordering”, a_5 = “OZ08 Beoordelen”, a_6 = “OZ09 Wacht Beoord”, a_7 = “OZ10 Horen”, a_8 = “OZ12 Hertaxeren”, a_9 = “OZ15 Zelf uitspraak”, a_{10} = “OZ16 Uitspraak”, a_{11} = “OZ18 Uitspr. wacht”, a_{12} = “OZ20 Administatie”, a_{13} = “OZ24 Start vordering”. 사용자 이름은 익명화되었음

user	a_1	a_2	a_3	a_4	a_5	a_6	a_7	a_8	a_9	a_{10}	a_{11}	a_{12}	a_{13}
user 1	0	0	51	0	0	0	0	0	0	0	0	0	0
user 2	1	2	0	0	2	0	0	0	0	38	0	69	0
user 3	0	9	0	0	0	0	0	0	0	0	0	0	0
user 4	2	0	0	0	0	0	0	0	0	0	0	0	0
user 5	117	0	4	0	3	0	0	0	0	1	0	20	6
user 6	172	6	14	0	7	3	0	0	1	2	0	48	53
user 7	1	41	8	14	275	8	8	865	55	180	0	128	5
user 8	2	868	7	6	105	0	0	79	266	441	0	844	3
user 9	90	0	2	0	1	2	0	0	1	2	0	27	28
user 10	0	0	0	899	0	0	0	0	0	0	0	0	1019
user 11	336	1	3	1	4	2	0	0	0	1	0	18	23
user 12	1	645	13	21	419	3	0	3	217	281	1	334	9
user 13	0	1	0	0	0	0	0	0	0	0	0	0	0
user 14	0	0	0	0	0	0	0	0	0	1	0	0	0
user 15	0	0	0	0	0	0	0	2	2	0	0	2	0
user 16	1	3	3	2	1	0	0	1	2	3	1	0	0
user 17	0	4	0	0	0	0	0	0	0	0	0	0	0
user 18	9	0	0	0	0	0	0	0	0	0	0	0	0
user 19	13	1	0	0	1	0	0	0	0	0	0	4	0
user 20	0	0	0	21	0	0	0	0	0	0	0	0	258

앞서 소개된 모든 프로세스 마이닝 기법의 적용이 가능했다. 제공한 프로세스에 적합도 검사를 적용하는 것은 [110]에서 자세히 소개하고 있다. 예를 들어, WFM 시스템이 존재함에도 불구하고, 정상적인 모델과 다르게 실행되는 프로세스가 존재하는 것이 나타났다. 지자체는 eiStream WFM 시스템(예전엔 Eastman Software로 알려졌고, 현재는 Global 360임)을 사용했기 때문에 예외가 발생하지 않을 것으로 예상했었다. 그러나 [110]에서 언급한 것과 같이 프로세스 마이닝을 통해 WFM 시스템의 구성이 잘못되었던 것을 발견하였다. [112]에서 이러한 지자체의 이벤트 로그에 기반하여 여러 관점(프로세스 흐름, 데이터 종속성, 성과 특성, 조직 특성)을 포함하는 시뮬레이션 모델을 도출할 수 있다는 것을 보였다. 8.6절에서 이러한 관점들이 어떻게 하나의 CPN 모델로 합쳐지고 CPN 도구를 이용하여 시뮬레이션 되는지 설명하였다. 비록 이 기관에 대한 단기 시뮬레이션을 하지는 못했지만, [112]에서 설명한 모델 검증 결과는 프로세스에 대한 정확한 시뮬레이션이 가능하다는 것을 보여준다. 비슷하게 [21]에서는 지자체의 WOZ 프로세스에 대한 정확한 시간 예측이 가능하다는 것을 보여준다. [21]에서는 9.4절에서 설명된 방법을 이용하여 부연적 트랜지션 시스템이 구축되는 것을 보여준

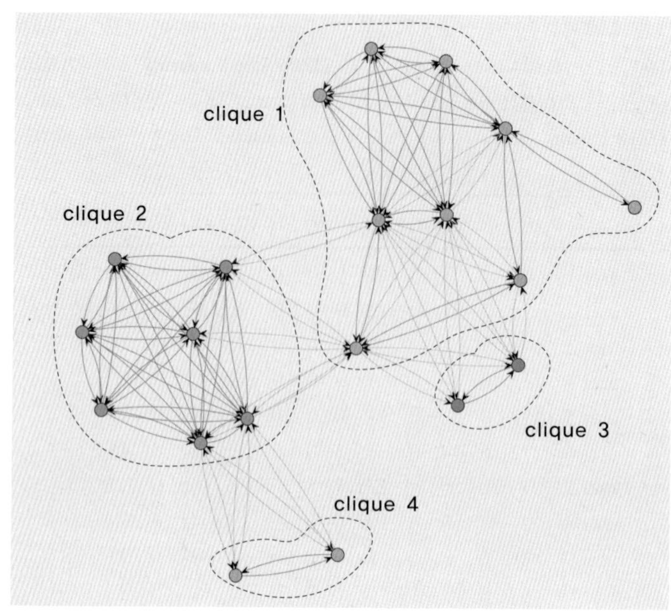

그림 11.14 프로파일의 유사성에 기반한 소셜 네트워크. 비슷한 작업을 수행하는 사람들은 집단으로 묶여진다

다. 이벤트 로그의 절반을 이용하여 트랜지션 시스템을 학습하고, 나머지 절반을 이용하여 평가하였는데, 이를 통해 라자냐 프로세스에 대한 운영 지원이 가능하다는 것을 보여준다.

장 12
"스파게티 프로세스" 분석

요 약 스파게티 프로세스(비정형)는 라자냐 프로세스(정형)와는 정반대의 특징을 갖고 있다. 스파게티 프로세스는 잘 구조화 되어 있지 않기 때문에, 프로세스 마이닝 기법 가운데 일부 기법만 적용 가능하다. 예를 들어 지나치게 가변성이 높은 경우라면 운영 지원 활동은 의미가 없을 수 있다. 그럼에도 불구하고, 프로세스 마이닝을 통해 프로세스의 중요한 문제를 발견하여 극적인 개선이 가능할 수도 있다.

제 12.1 절 스파게티 프로세스 특징

앞 장에서 설명한 바와 같이, 프로세스는 정형화된 라자냐 프로세스로부터 비정형화된 스파게티 프로세스에 이르기까지 다양한 유형이 존재한다. 본 장에서는 스파게티 프로세스에 대해 자세히 다룬다.

그림 12.1 한 네덜란드 병원에서 2,765명의 환자가 진단 및 치료 받은 내역을 나타내는 스파게티 프로세스 모델. 이 프로세스 모델은 114,592건의 이벤트가 포함되어 있는 이벤트 로그를 분석하여 도출되었다. 619가지 작업이 266명의 작업자(의사, 간호사 등)에 의해 수행되었다

그림 12.1은 비정형 프로세스를 왜 스파게티 프로세스라고 하는지 보여주고 있는데, 확대를 통해서만 개별 작업들을 확인할 수 있다. 그림 12.2는 전체 프로세스 가운데 일부를 확대하여 보여주고 있는데, "O_Bloedkweek 1" 작업(특정 유형의 혈액 검사)은 총 412회 수행되었으며, 이 중에 230회는 "O_Bloedkweek 2" 작업(다른 검사 행위) 이전에 수행되었음을 알 수 있다. 이들 작업은 빈번하게 수행되는 작업이다. 그러나 2,765명의 환자 중에 단 한 명의 환자에게서만 실행되는 작업도 일부 존재한다.

그림 12.1에 제시된 프로세스 모델은 휴리스틱 마이닝의 기본 설정을 통해 도출해 낸 프로세스 모델이다. 따라서 빈도가 낮은 흐름이 삭제된 프로세스 모델임에도 불구하고 이 프로세스 모델은 매우 복잡하여 이해하기 어렵다. 이런 현상은 프로세스 도출 알고리즘의 문제로 발생하는 것은 아니다. 이벤트 로그에서 빈번하게 연속으로 발생하는 작업들만 연결되고(6.2절 참조), 따라서 그림 12.1에 나타난 복잡함은 실제로 복잡한 현실 세계를 반영하는 것이지 알고리즘에 기인한 것은 아니다.

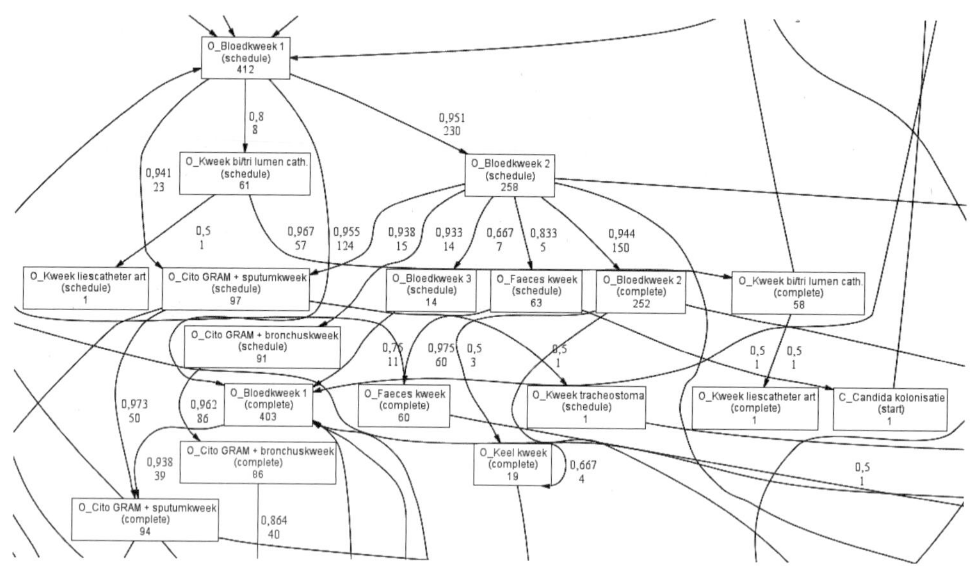

그림 12.2 스파게티 프로세스인 그림 12.1의 일부로 619개의 작업 가운데 18개의 작업(2.9%)이 포함된다

그림 12.1은 스파게티 프로세스의 특징을 잘 보여주는 극단적인 예이다. 주어진 데이터에서 비정형 프로세스가 도출된 것은 놀라운 일이 아니다. 2,765명의 환자가 동질 그룹(homogeneous group)이 아니었으며, 여기에 포함된 개별 환자들은 각기 상이한 질병으로 인해 병원을 방문한 환자이기 때문이다. 이 프로세스 모델은 유사한 질병의 환자 그룹을 선택함으로써 아주 간결하게 만들 수 있다. 그러나 심장 수술을 받은 환자 그룹과 같이, 동질 환자 그룹을 대상으로 프로세스를 도출하여도 복잡한 스파게티 모델이 도출되는 경우가 많다.

조금 덜 극단적인 예를 살펴보면, 그림 12.3은 네덜란드 최대 주택 에이전시 중 한 기관의 프로세스를 도티드 차트로 보여주고 있다(그림 8.3과 그림 8.4참조). 각 케이스는 주거 단위(주택이나 아파트와 같은 거주 시설)에 해당한다. 이 프로세스는 주거지를 임차해서 거주하는

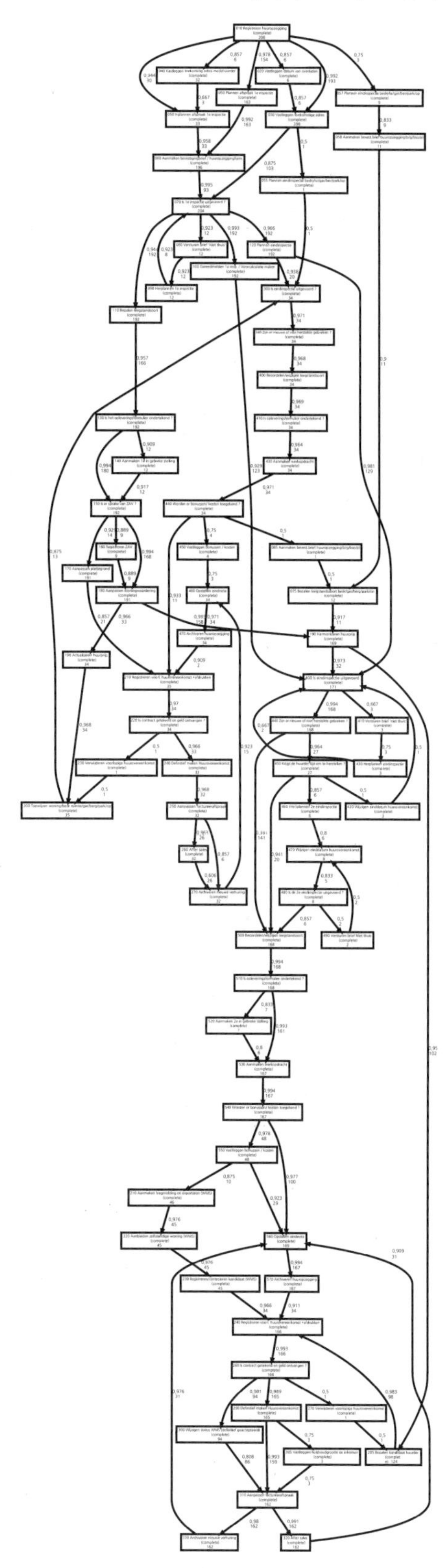

그림 12.4 주택 에이전시의 이벤트 로그에 기초하여 생성된 C-net. 이 프로세스 모델은 휴리스틱 마이너의 기본 설정으로 도출되었다. 5,987건의 이벤트로 구성된 이벤트 로그를 사용하여 프로세스 모델이 도출되었는데, 208건의 케이스 모두 "010 Registreren huuropzegging" 작업(임차 해지 요청 등록)으로 시작된다. 일부 작업은 상대적으로 빈도가 낮은데, 가령 "020 Vastleggen datum van overlijden" 작업(사망 날짜 확인)은 단 6회만 발생하였다(이 작업은 임차인이 사망한 경우에만 실행됨)

매우 흥미로운 주제이다. 왜냐하면 다양한 측면에서 프로세스를 개선할 가능성이 높기 때문이다. 고도화된 정형 프로세스는 이런 점에서 흥미롭지 않은 경우가 많은데, 프로세스 마이닝 기법을 적용하는 것은 용이하나 개선 가능성이 낮은 경우가 많다. 그러므로 프로세스 관리 측면에서 효과가 높은 스파게티 프로세스의 분석을 피할 필요는 없다. *스파게티 프로세스를 라자냐 프로세스로 변환시키는 것은 조직에 큰 도움이 될 수 있기 때문이다.*

제 12.2 절 프로세스 마이닝 접근법

라자냐 프로세스 개선을 목적으로 하는 가상의 프로세스 마이닝 프로젝트를 설명하기 위해 11.3절에서 L^* 라이프사이클 모델을 소개한 바 있다. L^* 라이프사이클 모델의 초기 단계는 스파게티 프로세스에도 적용 가능하다. 그림 12.5는 L^* 라이프사이클 모델 가운데 스파게티 프로세스와 가장 관련성이 높은 부분을 보여준다. 스파게티 프로세스의 경우 운영 지원이 불가능하기 때문에 4단계는 이 그림에 포함되지 않았다는 점을 주목하자. 과거 이력 기반의 예측 및 추천을 가능하게 하려면 스파게티 형태의 프로세스를 라자냐 프로세스 모델로 만드는 것이 필수적이다. 사실 스파게티 프로세스의 경우 3단계 또한 매우 힘든 경우가 대부분이다. 그림 12.1이나 그림 12.4에서 제시된 프로세스 모델을 생성하는 것은 항상 가능하다(2단계). 또한 도티드 차트를 작성하는 것과 소셜 네트워크를 구축하는 것 또한 가능하다. 그러나 이들을 하나의 유의미한 종합적 프로세스 모델로 결합하는 것은 어려운데, 이는 결합의 기초가 되는 도출된 프로세스 모델이 취약하기 때문이다.

5.4절에서 프로세스 마이닝의 도전 과제들에 대해 논의한 바 있다. 이 도전 과제들은 스파게티 프로세스와 매우 관련이 높다. 이벤트 로그는 반례를 포함하지 않고(일어날 수 없는 일을 보여주지 않고), 항상 발생했던 흐름만을 포함한다. 또한 로그에 없다고 해서 이벤트가 발생할 수 없다는 것도 아니다. 예를 들어 그림 12.4는 거의 모든 케이스가 서로 다른 경로를 갖는 이벤트 로그에서 생성되었다(208건의 케이스가 203가지 자취를 생성하고 있다). 이런 특성들을 고려할 때, 프로세스 도출 알고리즘의 일반화가 중요하다. 보다 복잡한 프로세스, 즉 규모가 크고 다양한 흐름이 허용되는 프로세스의 경우 이벤트 로그가 완전하지 못한 경우가 대부분이기 때문이다(5.4.2절 참조). 문제를 더욱 복잡하게 만드는 것은 노이즈 흐름, 즉 관심 없는 낮은 빈도수의 흐름이 존재할 수 있다는 것이다. 이러한 특성들로 인해 프로세스 도출 알고리즘은 앞서 설명한 네 가지 품질 차원(그림 5.22 참조)인 *적합도(fitness)*, *간결성(simplicity)*, *정확도(precision)*, *일반화도(generalization)*를 균형 있게 고려할 필요가 있다. 그림 12.1과 그림 12.4는 이러한 고려 사항들이 적절함을 보여주고 있다. 여러 가지 프로세스 도출 알고리즘의 특징은 이 책의 제II부를 참조하면 된다. 여기서는 로그 데이터로부터 프로세스를 도출하기 전에 수행하는 이벤트 로그 *필터링*의 중요성을 강조하고자 한다.

우선, 절대적 빈도 또는 상대적 빈도와 같은 작업의 특성에 기초해서 필터링하는 방법에 대해 살펴보자. 그림 12.6(a)는 모든 케이스 중 적어도 5% 이상의 케이스에서 발생한 작업을 선택하는 필터링 플러그인을 보여주고 있다. ProM 5.2에 포함되어 있는 이 플러그인은 그

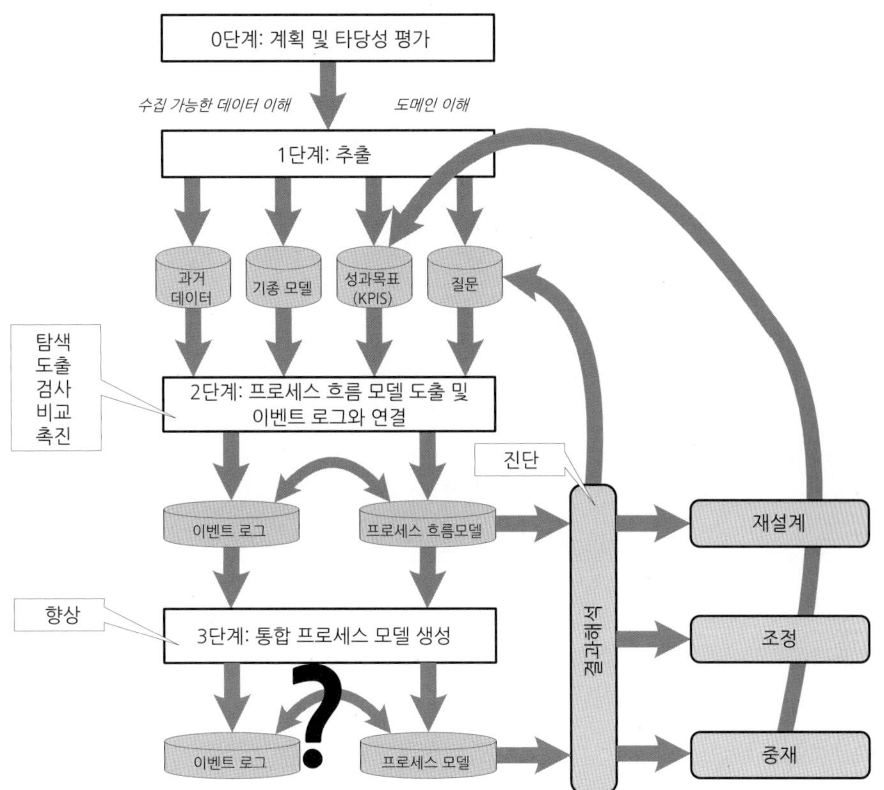

그림 12.5 스파게티 프로세스에 적용 가능한 L^* 라이프사이클 모델 중 일부: 0단계, 1단계, 2단계는 비정형화된 프로세스 모델의 경우에도 적용 가능하다. 그러나 모든 측면을 커버하는 통합 프로세스 모델을 생성하는 단계인 3단계는 적용 가능하지 않은 경우가 종종 있다. 대신 다른 측면에서는 별도의 모델(예, 소셜 네트워크)을 생성한다

림 12.1에 제시한 프로세스 모델을 도출하는데 사용되었다. 즉 필터링을 통해 자주 발생하지 않는 작업은 이벤트 로그에서 제거된다. 적은 수의 작업이 이벤트 로그에 포함되기 때문에 결과적으로 프로세스 모델이 보다 간결해진다. 그림 12.6(b)는 그림 12.4에 제시된 프로세스 모델을 생성하기 위해 적용된 ProM 6의 필터링 플러그인을 보여준다. 이 경우, 상위 80%의 작업이 포함되고, 나머지 작업은 이벤트 로그에서 제거된다. 필터링의 효과가 그림 12.6(c)에 제시되어 있다. 이 그림에 제시된 C-net은 네덜란드 주택 에이전시가 처리하는 모든 케이스 가운데 적어도 50% 이상의 케이스에서 발생하는 작업을 모두 선택하여 도출한 것이다. 원래의 이벤트 로그를 사용하여 도출한 프로세스 모델(그림 12.4 참조)과 필터링한 이벤트 로그를 사용하여 생성한 프로세스 모델을 비교해 보면 필터링의 효과를 잘 볼 수 있다. 필터링을 적용하여 도출된 프로세스 모델을 통해 74가지 작업 가운데 28가지 작업만이 이벤트 로그에 나타남을 알 수 있다.

빈도가 적은 작업을 제거하여 단순화함으로써 원칙적으로 모든 프로세스 모델을 *원하는 만큼 간결하게 만들 수 있다.* 극단적인 경우에는 가장 빈번한 작업만 포함시킨 프로세스 모델을

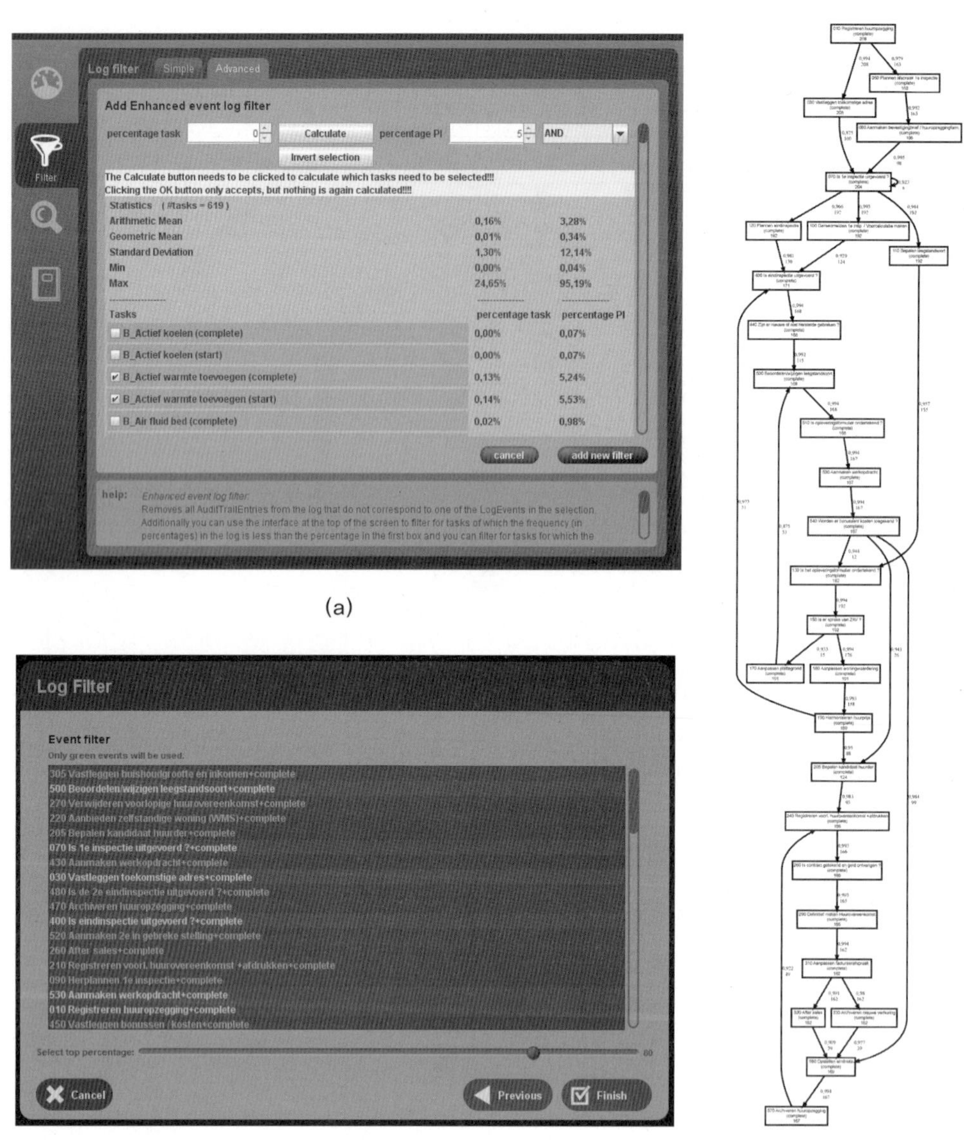

그림 12.6 프로세스 도출 이전에 수행하는 이벤트 로그 필터링: (a) 2,765명의 모든 환자 중 적어도 5% 이상의 환자에게서 발생한 작업만 선택함. (b) 주택 에이전시의 74가지 작업 가운데 상위 80%를 선택함. (c) 필터링된 로그에서 도출된 C-net(50% 미만의 케이스에서 발생하는 작업을 제거한 이벤트 로그 사용)

생성할 수도 있다. 이러한 모델은 그다지 유용하지는 않지만, 필터링을 통해 프로세스 모델을 간결화할 수 있다는 것을 보여준다. 흥미롭게도 다른 작업들과 연결되어 빈번하게 발생하는 작업을 간결화하는 것이 유용할 때가 있다. 빈번하지만 중요하지 않은 작업(예, 모든 갱신 작업 다음에 발생하는 시스템 작업)은 프로세스 모델만 혼란스럽게 만들 수 있다. 이밖에도 작업을 선택하거나 제거하는 기준으로 평균 비용, 수행 시간, 리스크 등 여러 가지가 활용될 수 있다.

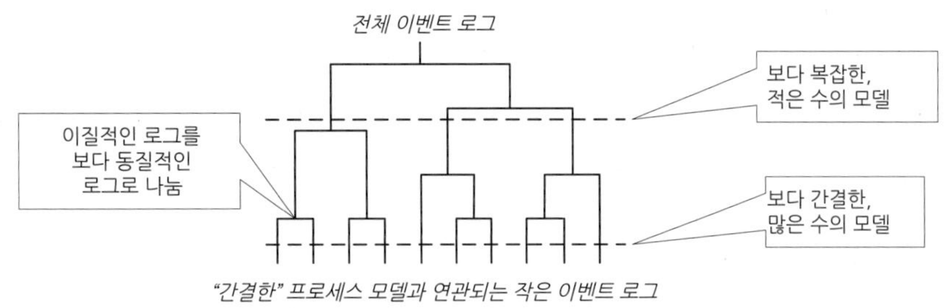

그림 12.7 이질적인 이벤트 로그에 적용된 계층적 클러스터링 기법. 전체 이벤트 로그를 소규모의 동질적인 이벤트 로그들로 분할한다. 각각의 소규모 이벤트 로그별로 “간결한 프로세스 모델”을 생성할 수 있을 때까지 이 과정이 반복된다. 도출된 덴드로그램에서 프로세스 모델의 간결성과 프로세스 모델의 개수 사이의 균형 관계를 고려하여 클러스터의 임계치 설정

그림 12.6에 제시된 것과 같은 작업 기반의 단순한 필터링 기법 외에 낮은 수준의 패턴(low-level patterns)을 작업으로 변환하는 고급 필터링 기법이 있다[35]. 또한 로그에 포함된 케이스를 동질의 그룹으로 분할하여 처리할 수 있다[36, 68, 93]. 기본 아이디어는 *모든 케이스를 포괄하는 복잡한 단일 프로세스를 만들기보다는, 선택된 케이스 그룹을 대상으로 보다 간결한 프로세스 모델을 만드는 것이다.* 이를 위해 3.3절에 설명한 전통적인 클러스터링 기법을 프로세스 마이닝에 적용할 수 있다. 이들 기법을 적용하기 위해서, 케이스의 속성 벡터를 만들기 위한 특성 추출(feature extraction)이 필요하다. 그림 12.7에 제시된 계층적 클러스터링 기법을 사용함으로써 동일한 프로세스를 여러 수준에서 관찰할 수 있다. 그림의 덴드로그램(dendrogram)을 상단에서 절단하면 소수의 다소 복잡한 프로세스 모델을 볼 수 있다. 반대로 덴드로그램의 하단에서 절단하면 다수의 간결한 프로세스 모델을 만들 수 있다.

다음 장에서 프로세스 모델을 간결화하는 다른 방법에 대해서 설명한다. 필터링과 달리 이벤트 로그가 아니라 프로세스 모델에 간결화 및 추상화 기법을 직접 적용할 수 있다. *퍼지 마이닝*이라 불리는 이러한 접근법에서는 프로세스 모델을 지도(예, 도로 지도, 등산 지도 등)로 간주한다. 어떤 지도에서는 중요하지 않은 도로와 도시는 제거할 수 있으며, 도시와 구역이 더 큰 객체로 결합되어 표시될 수도 있다. 그림 12.8은 이러한 접근법이 주택 에이전시의 이벤트 로그(그림 12.4에 사용된 이벤트 로그)에 미치는 영향을 보여주고 있다. 퍼지 마이닝 접근법에서 사용되는 지도제작 은유 기법(cartography metaphor)에 대해서는 13.1.3절에서 보다 자세하게 알아보기로 한다.

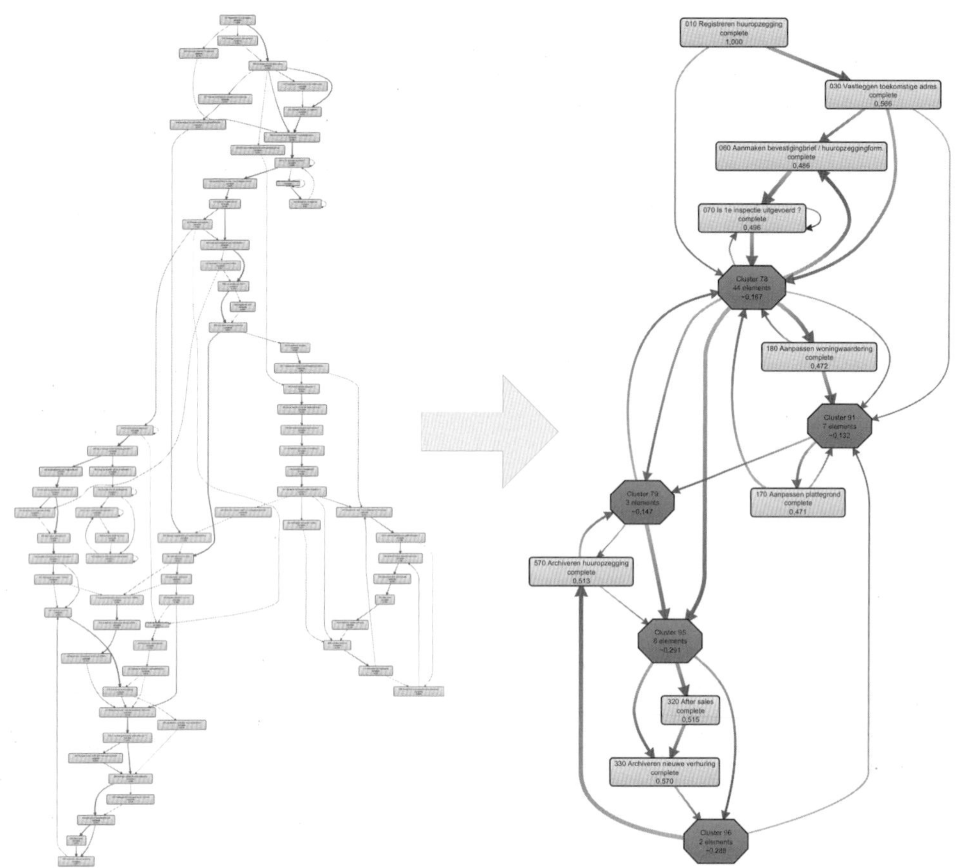

그림 12.8 주택 에이전시의 이벤트 로그에 적용된 퍼지 마이닝 기법. 원활한 추상화 및 일반화를 지원하기 위해 지도제작 은유 기법이 사용된다. 같은 프로세스에 대해 두 가지 뷰를 제공한다. 오른쪽 프로세스 모델에서는 저빈도 작업들이 제거되거나 클러스터 노드로 병합되고, 또한 설정된 임계치 값에 따라 저빈도 흐름도 제거된다

제 12.3 절 응용 사례

앞서 프로세스 마이닝이 적용될 수 있는 기능 영역과 산업 분류에 대해 설명하였다. 본 장에서는 이를 스파게티 프로세스 관점에서 다시 한 번 간략하게 살펴 본다. 또한 비정형 프로세스 분석에 대한 실제 사례 연구를 소개한다.

12.3.1 스파게티 프로세스 마이닝 기회

11.2절에 제시된 분석 사례를 스파게티 프로세스 분석에도 적용할 수 있고, 분석 결과에 따른 보상이 더 클 수 있다. 스파게티 프로세스 분석에 더 많은 노력과 시간이 필요하지만, 그만큼 얻을 수 있는 잠재 이득도 훨씬 더 클 수 있다.

그림 12.9 전형적인 조직의 기능 영역 개요. 스파게티 프로세스는 대개 제품 개발, 서비스, 자원 관리, 영업/CRM 등의 기능 영역에서 발생한다

그림 12.9는 스파게티 프로세스가 자주 발견되는 기능 영역을 강조하여 표시하고 있다. *제품 개발* 영역의 프로세스들은 보통 정형화되지 않는 경향이 있다. 왜냐하면 이 영역의 프로세스는 발생 빈도가 낮고, 창의성 및 문제해결 능력에 의존하는 경향이 높기 때문이다. 예를 들어, 제품 개발에 자주 사용하는 CVS와 Subversion과 같은 소프트웨어 구성 관리(SCM: Software Configuration Management) 시스템의 이벤트 로그를 분석한다고 가정하자. 시스템에는 엔지니어가 생성하는 산출물 뿐 아니라, "어떤 문서를 누가 생성, 접근, 또는 변경하였는가?", "특정 작업은 언제 종료되었는가?" 등과 같은 질문에 답할 수 있는 소프트웨어 개발 프로세스에 대한 정보도 이벤트 로그에 저장되어 있다. 이 이벤트 로그를 입력으로 사용하여 프로세스를 도출하면 이전에 살펴본 것과 같은 스파게티 프로세스가 도출된다.

그림 12.9에 의하면 *서비스* 영역에서도 스파게티 프로세스가 발견됨을 알 수 있다. 흥미롭게도 점점 더 많은 제품들이 고객이 제품을 사용하는 동안에 원격으로 모니터링할 수 있도록 개발되고 있다. 예를 들어 고성능 복사기, 고가 의료 장비, 중요 생산 설비 등은 이벤트 로그를 수집하여 원격에서 모니터링하는 기능을 제공하고 있다. 추후에 ASML과 필립스 헬스케어에서 제조하는 시스템을 원격으로 모니터링하는 사례를 살펴 볼 것이다. 향후에 제조사들은 상대적으로 저렴한 제품 또한 모니터링하게 될 것이다. 예를 들어, 자동차, 가전제품, 난방시스템 등이 다양한 목적으로 인터넷에 연결될 것이다. 제조사는 자사의 제품이 어떻게 사용되는지, 언제 오작동하는지, 이를 어떻게 수리해야하는지 등을 파악하고 싶어할 수 있다.

자원 관리 부서와 *영업/CRM* 부서에서는 스파게티 프로세스와 라자냐 프로세스를 함께 볼 수 있다(11.4.1절 참조).

11.4.2절에서 언급한 모든 영역과 산업 분류에서 스파게티 프로세스를 발견할 수 있는데, 그중에서도 3차 산업 부문의 프로세스들이 1, 2차 산업 부문의 프로세스들보다 덜 정형화되는 경향이 있다. 예를 들어 그림 12.1에서 살펴 본 것과 같이 의료 산업은 이런 점에서 악명이 높다. 일반적으로 사람이 자율적으로 실행하는 프로세스들이 덜 구조화되어 있기 때문이다. 전문성, 직관, 창의성이 중요한 상황에서는 자율 통제 방식이 일반적이다. 병원의 의사, 대규모 건설 프로젝트에 참여하는 엔지니어는 유일한(one-of-a-kind) 문제들을 다루는 경우가 많다. 제품을 사용하는 소비자도 자율적으로 행동한다. 가령 텔레비전이 어떻게 사용되고, 언제 오작동하는지 파악하기 위해서 이 제품을 원격 모니터링하면, 어떤 소비자는 하루 종일

텔레비전을 시청하면서 끊임없이 채널을 변경하는 반면에, 어떤 소비자는 저녁 8시에 뉴스만 시청하고 텔레비전의 전원을 끌 수도 있다. 전문가 및 소비자의 자율 행동 패턴으로 인해 스파게티 프로세스가 생성된다.

이전에 언급한 바와 같이 *스파게티 프로세스는 프로세스 마이닝 관점에서 매우 매력적인 연구 주제이다.* 첫째로, 복잡하고 비정형화된 문제를 처리하는 인간의 놀라운 능력으로부터 학습을 할 수 있다는 것이 흥미롭다. 프로세스의 일부분을 자동화할 때, 생산성과 유연성이 낮은 정보시스템을 구축하지 않으려면 왜 프로세스가 비정형화되어 있는지를 이해하는 것이 중요하다. 둘째, 스파게티 프로세스는 개선 가능성이 매우 크다. 분석은 어렵지만 예산되는 보상은 훨씬 클 수 있다.

12.3.2 스파게티 프로세스 분석 사례

다양한 조직에서 스파게티 프로세스를 볼 수 있다. 이미 제11장에서 여러 조직에서의 프로세스 마이닝 적용 사례에 대해 살펴보았다. 본 절에서는 추가적으로 ASML, 필립스 헬스케어, AMC 병원의 프로세스 마이닝 사례를 설명한다. 본 사례 소개는 이들 조직의 프로세스에 대해 상세히 설명하는 것보다, 프로세스 마이닝을 비정형 프로세스 분석에 어떻게 활용할 수 있는지에 대한 단서를 제공하는 것을 목적으로 한다.

12.3.2.1 ASML

네덜란드의 ASML은 반도체 제조 장비 분야의 글로벌 선도 제조 업체이자 핵심 공급 업체이다. ASML은 반도체 생산을 위한 첨단 시스템을 설계, 개발, 통합하고, 연관 서비스를 제공한다. 프로세스 마이닝 기법을 적용하여 ASML의 웨이퍼 스캐너(wafer scanner)의 테스트 프로세스를 분석하였다[111].

웨이퍼 스캐너는 여러 파트로 구성된 복잡한 장비이다. 이 장비는 실리콘 웨이퍼에 나노미터 크기의 회로 패턴을 인쇄하기 위한 포토그래픽 공정에 사용된다. 치열한 경쟁과 빠른 혁신 속도로 인해 제품 출시 시간이 매우 중요하며, 차세대 웨이퍼 스캐너 제품은 이제 막 등장한 모든 가능한 기술을 바탕으로 개발된다. 결과적으로 제조된 웨이퍼 스캐너의 테스트 작업은 매우 중요하고, 또한 많은 시간이 소요되는 프로세스이다. ASML은 제조 과정에서 모든 웨이퍼 스캐너를 테스트한다. 테스트를 통과하면, 웨이퍼 스캐너를 분해하여 고객사에 배송한다. 고객사는 분해된 웨이퍼 스캐너를 재조립하여 테스트 후에 사용한다. 고객사에서 웨이퍼 스캐너를 다시 테스트하는 시간도 많이 걸려, ASML과 고객사에서 테스트하는 시간이 각각 몇 주일 정도 소요된다. 제품 출하 시간이 매우 중요하기 때문에 ASML은 웨이퍼 스캐너를 테스트하는 데 걸리는 시간을 단축하기 위한 방안을 지속적으로 모색하고 있다.

그림 12.10은 웨이퍼 스캐너 테스트 작업이 진정한 스파게티 프로세스라는 사실을 잘 보여준다[111]. 154,966건의 이벤트로 구성된 로그에서 프로세스 모델이 도출되었다. 이벤트

로그에는 신중하게 선택된 24대의 장비에 대한 이벤트 정보가 포함되어 있다. 모든 스캐너는 동일한 유형으로 동일한 환경에서 사용되며, 완전한 로그를 저장하고 있다. 이 이벤트 로그에서 케이스당 이벤트 수, 즉 실행된 테스트 작업의 이벤트 개수는 2,820에서 16,250에 이른다. 360 종류의 작업이 있으며, 이들은 모두 네 자리의 테스트 코드로 식별된다. 이들 360개 작업의 인스턴스는 시작 이벤트와 완료 이벤트가 기록된다. 그림 12.10은 이 중에 완료 이벤트를 활용하여 도출된 것이다.

ASML은 웨이퍼 스캐너 테스트 프로세스에 대한 참조 모델이 있다. 이 참조 모델은 테스트 코드 수준이 아니라 상위 작업 수준으로 기술되어 있고, 하위 수준 테스트 코드는 상위 수준 작업과 매핑되어 있다. 참조 모델과 도출된 프로세스 모델(작업 단계 수준 및 테스트 코드 수준)을 비교해 보면 흥미로운 차이점을 발견할 수 있다. ProM의 적합도 검사를 통해 평균 적합도를 구하면, $fitness(L,N) = 0.375$ 밖에 되지 않는다. 다시 말해 절반 이하의 이벤트 만이 프로세스 모델에 의해 설명될 수 있다(7.2절 참조). 참조 모델에 리플레이 하면서, 수행되지 않아야 할 작업이 다수 수행되었으며, 수행해야 할 여러 작업들을 수행하지 않았다는 것을 발견하였다.

도출된 프로세스 모델과 적합도 검사 결과를 통해, 프로세스 마이닝이 복잡한 스파게티 프로세스를 보다 잘 관리하는데 필요한 새로운 통찰력을 제공한다는 것을 알 수 있다. 분석에 대한 보다 상세한 내용은 [111]을 참고하기 바란다.

12.3.2.2 필립스 헬스케어

세계적인 의료장비 제조업체인 필립스 헬스케어는 진단 영상 장비, 의료정보기술 솔루션, 환자 모니터링 시스템, 심장 관련 기기 등을 생산하고 있다. ASML과 마찬가지로 필립스 헬스케어에서도 방대한 용량의 이벤트를 기록하는 복잡한 하이테크 기기를 개발하고 있다. 2007년 이후 프로세스 마이닝 기법을 적용하여 이들 기기의 이벤트 로그를 분석하는 노력이 계속되고 있다.

필립스 원격 서비스(PRS: Philips Remote Services)는 인터넷을 통해 능동적으로 기기를 모니터링하는 시스템을 말한다. PRS는 원격 기술 지원, 모니터링, 진단, 애플리케이션 지원 및 부가가치 서비스 제공을 목적으로 개발되었다. 하위 수준의 이벤트(예, 버튼 누르기, 투약 용량 변경 등)가 기기에 기록되고, PRS를 통해 필립스 헬스케어 본사로 전송된다. 이벤트 로그는 원격 분석, 진단 및 보고(RADAR: Remote Analysis, Diagnostics And Reporting) 시스템에 의해 XML 포맷으로 변환된 다음, RADAR 시스템의 내부 데이터베이스에 저장된다. 결과적으로 수집된 이벤트 데이터는 프로세스 마이닝을 위해 MXML 파일로 변환된다. 필립스 헬스케어에서 출시한 의료기기인 Allura Xper 시스템에 의해 생성된 이벤트 로그를 사용하여 프로세스 마이닝 작업을 광범위하게 수행하였다. Allura Xper 시스템은 심장병, 폐질환 등 모든 종류의 질병의 진단 및 진료 지원 기능을 갖고 있는 X-ray 장비로, 신체 내부 영상 이미지를 활용하는데 활용된다. 이 장비의 이벤트 로그에는 다음 세 가지 종류의 이벤트가 기록된다.

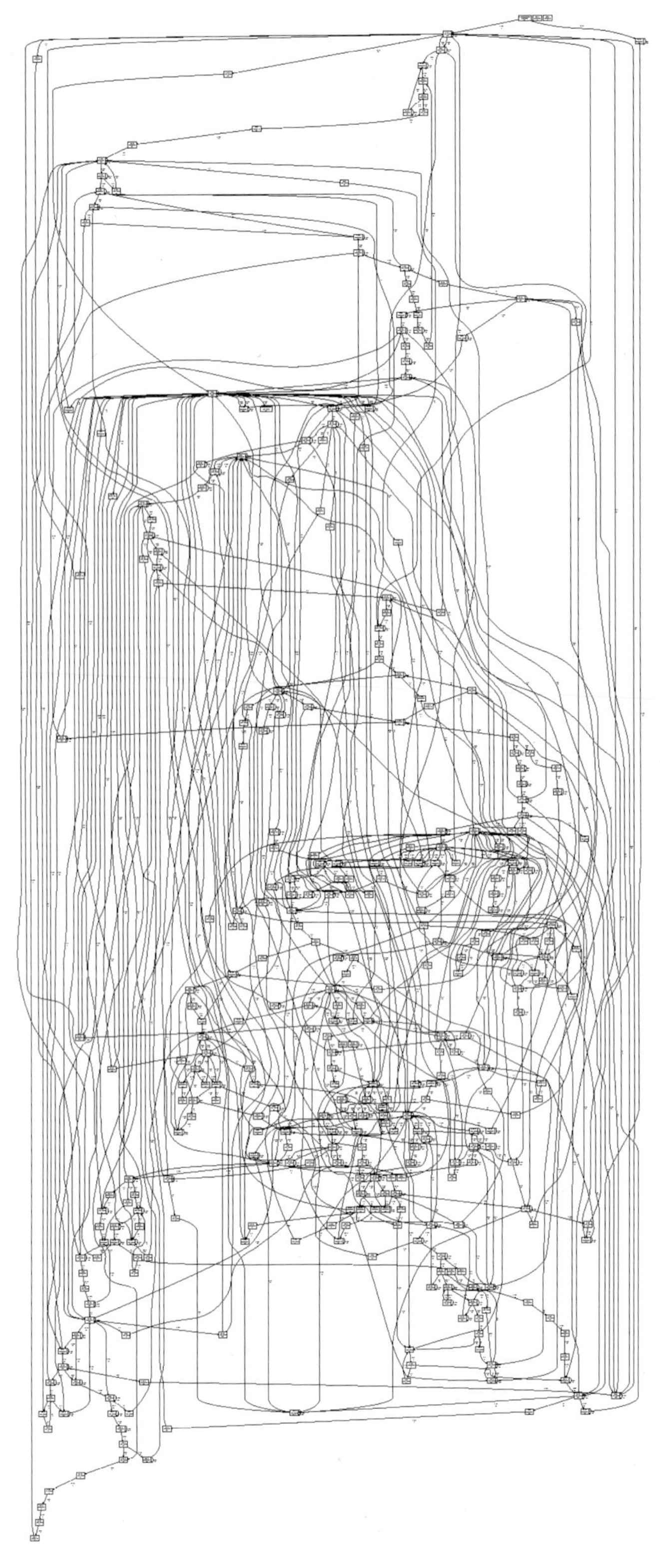

그림 12.10 ASML의 테스트 작업을 대상으로 도출한 프로세스 모델

- *사용자 메시지*: 사용자에게 메시지가 보여지면(예, "Geometry restarting"), 이를 이벤트 로그에 기록한다.
- *명령어*: 사용자 및 시스템 구성 요소에 의해 명령어가 호출될 수 있는데, 이들 명령어가 모두 기록된다. 명령어에는 보통 다양한 파라미터(예, 전압 수치 등)가 포함된다.
- *경고 및 오류*: 문제가 발생하거나 예상되는 경우, 이벤트가 기록된다.

각 이벤트에는 타임스탬프와 이벤트를 발생시킨 주체에 대한 정보가 포함된다.

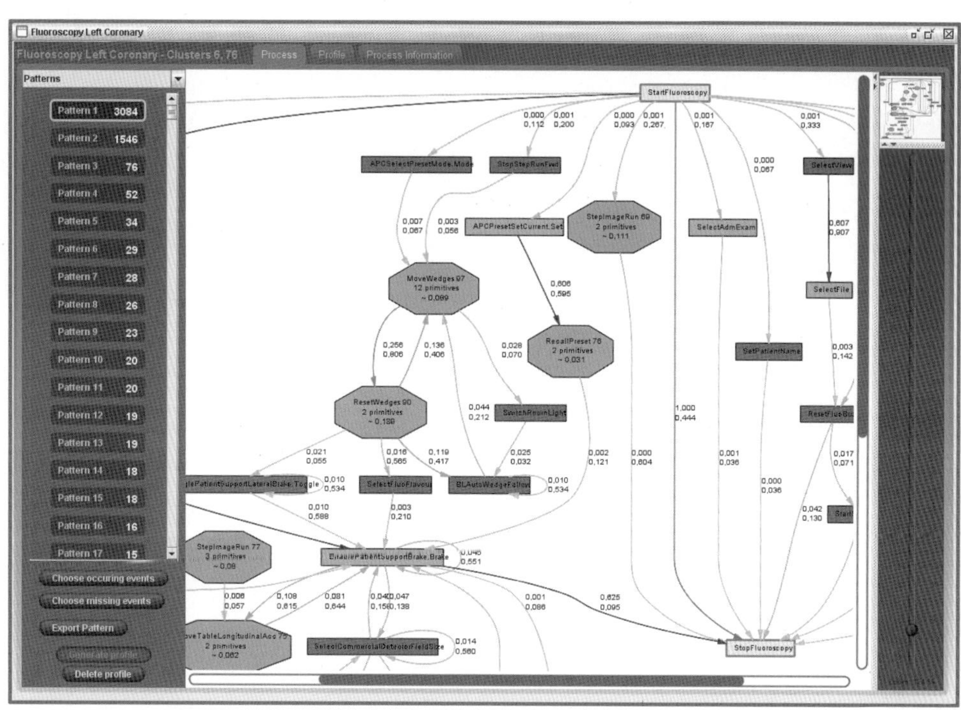

그림 12.11 전세계에 공급되는 Allura Xper 시스템 내에서의 '왼쪽 관상동맥 처치'를 위한 형광투시법 검사 과정을 도출한 프로세스 모델

다양한 각도에서 Allura Xper 시스템의 프로세스를 분석할 수 있다. 기기 구매 후 전체 사용 기록, 하루 동안 기기가 사용된 기록, 특정 시술의 실행, 의료 기기 수리 등이 케이스가 될 수 있다. 그림 12.11은 [73]에 수록된 예로, 기기에서 도출된 스파게티 프로세스를 보여준다. 진단 작업을 단순화하기 위해 [35, 36, 37]에서 설명한 바와 같이 이벤트 로그의 전처리 작업을 수행하는 경우가 있고, 프로세스 모델을 더욱 간결하게 만들기 위해 그림 12.8에 제시된 것과 같이 퍼지 마이닝 기법을 사용할 수 있다[73].

Allura Xper 시스템에 의해 생성된 이벤트 로그로부터 프로세스 마이닝을 수행하는 것은 매우 도전적인 과제이다. 이 의료기기는 많은 부품들로 구성되어 있으며, 의료 현장에서 다양한 방식으로 사용될 수 있다. 다소 낮은 수준의 이벤트 로그가 기록되며, 새 버전의 기기가 출시될 때마다 로그 기록 방식도 변경된다. 이런 어려움에도 불구하고 다음과 같이 프로세스 마이닝 기법을 활용한 프로세스 및 시스템의 다양한 개선 기회가 존재한다. 여기에 열거된 개선 기회는 원격으로 모니터링하는 다른 종류의 장비에서도 비슷하게 적용될 수 있다.

- 프로세스 마이닝을 통해 의료기기가 실제로 어떻게 사용되는지에 대한 *통찰*을 얻을 수 있다. 이 정보는 *마케팅* 관점에서 볼 때 매우 흥미로운 것이다. 예를 들어 어떤 기능이 거의 사용되지 않는다면, 추가적인 기능 소개의 시간이 필요할 수도 있다. 또한 프로세스 마이닝 결과에 기초해서, 향후 출시되는 의료기기에서 해당 기능을 제거하거나 변형할 수도 있다.
- 실제 의료기기 사용 패턴에 기초하여 테스트 시나리오를 구성함으로써 *테스트* 작업이 개선될 수 있다. 의료기기의 경우 실제 환경 하에서 장비를 테스트하였음을 입증하는 것이 매우 중요하기도 한다.
- 차세대 의료기기의 *신뢰성*을 향상하는데 프로세스 마이닝 기법이 활용될 수 있다. 어떤 이유로 인해서, 언제 의료기기가 오작동되었는지를 이해함으로써 더 나은 시스템을 설계할 수 있다.
- *장애 진단*을 위해서도 프로세스 마이닝 기법이 사용될 수 있다. 이전에 발생한 문제를 분석하여 근본 원인을 파악할 수 있다. 예를 들어 필립스 헬스케어에서는 프로세스 마이닝을 통해 어떤 환경에서 특정 부품이 교체되는지를 분석하였다. 그 결과 *관련 징후*의 패턴이 도출되었으며, 오작동하는 X-ray 장비가 이런 패턴을 보이면, 서비스 엔지니어는 교체해야할 부품을 알 수 있다.
- 과거의 이력 정보를 활용하여 미래의 문제를 *예측*할 수도 있다. 가령 X-ray 튜브가 곧 고장 날 것이라는 것을 예측할 수 있고, 이를 통해 의료기기가 오작동하기 이전에 X-ray 튜브를 교체할 수 있다.

이와 같은 예는 프로세스 마이닝 기법에 기초한 원격 고장 진단의 기회를 보여준다.

12.3.2.3 AMC 병원

프로세스 마이닝 관점에서 의료기관은 매우 흥미로운 응용 대상이다. 병원은 법률에 의거하여 점점 더 많은 데이터를 체계적으로 기록하고 있다. 모든 이벤트 데이터는 환자와 연결되어 이벤트들을 상호 연계하는 것이 상대적으로 간단하다. 예를 들어 네덜란드 법률에 의하면 모든 병원은 진료비 징수를 위해서 개별 환자에 대한 진단 및 치료 과정을 전부 기록해야 한다. 즉 네덜란드에서는 “DBC(Diagnose Behandeling Combinatie: 진단 치료 결합)”법에 따라 의료기관에서는 모든 종류의 이벤트를 기록해야만 한다. 또한 병원 프로세스는 개선의 가능성이 크다는 공감대가 있다. 다른 영역과 달리 진료 프로세스는 경영진의 엄격한 통제를 받지 않고, 또한 진료 프로세스의 근본적인 다양성에 기인하여 스파게티 프로세스가 만들어지게 된다.

혹자는 생산관리 기법 또는 워크플로우 기술의 도입을 통해 병원의 진료 프로세스를 개선할 수 있다고 생각한다. 그러나 그림 12.12의 복잡한 스파게티 프로세스 모델을 개선하는 것이 그렇게 간단한 문제가 아니라는 것을 알 수 있다. 개선 방법을 제시하기 전에 진료 프로세스의 다양성에 대해 보다 잘 이해해야 한다.

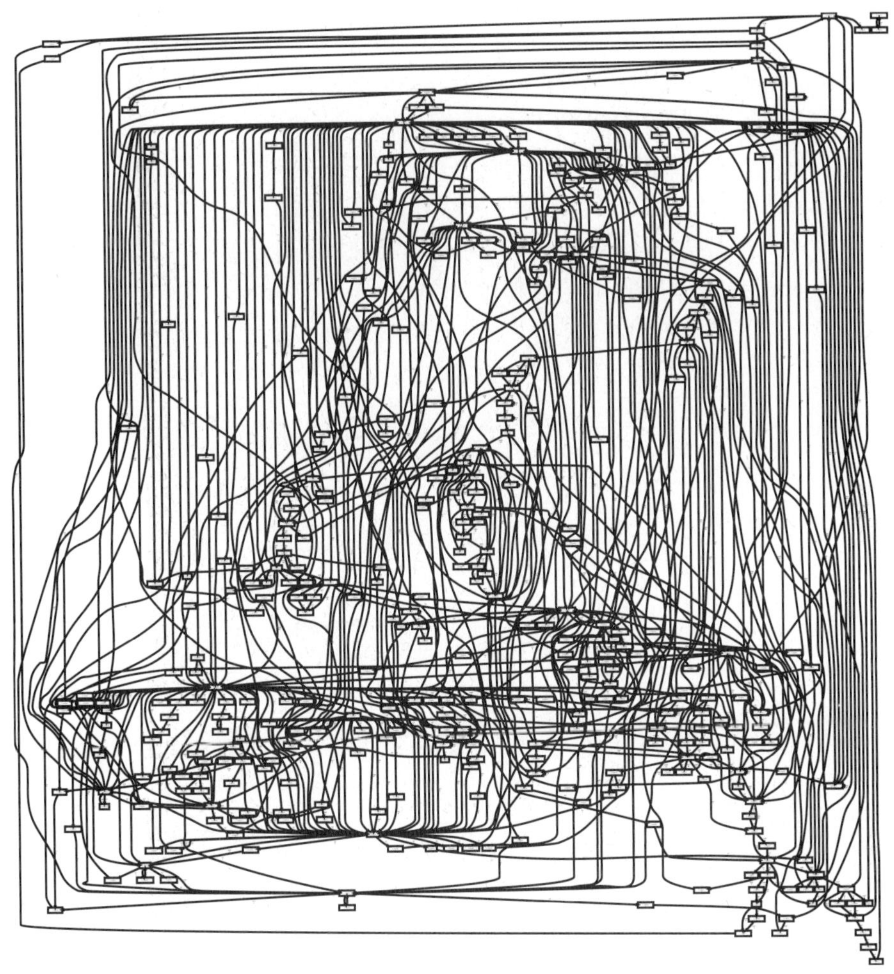

그림 12.12 스파게티 프로세스 예제. 이 프로세스 모델은 627명의 부인과 종양 환자에서 도출되었다. 이벤트 로그에는 376개의 단위 작업을 수행하며 발생한 24,331건의 이벤트가 포함되어 있다

암스테르담에 있는 AMC 병원의 이벤트 데이터에 대해 수차례 프로세스 마이닝 분석을 실시하였다[89]. AMC 병원의 연구진과 공동으로 대학병원에 워크플로우 기술 도입을 모색했다. 진료 프로세스에 기존의 WFM/BPM 시스템을 적용함에 있어 여러 가지 문제점이 발생하였다. 다른 분야의 프로세스 비해 진료 프로세스는 가변성이 매우 크다. 게다가 진료 프로세스는 순차적으로 수행되는 작업과 스케줄에 따라 수행되는 작업으로 구성되어 있다[88]. 결과적으로 전통적인 워크플로우 기술을 진료 프로세스에 바로 적용하는 것은 불가능하며, 진료 프로세스에 대한 더 자세한 이해가 선행되어야 한다.

그림 12.12는 AMC 병원의 프로세스 모델을 보여준다. 이 프로세스 모델은 2005년과 2006년에 치료를 받은 627명의 산부인과 종양 환자의 이벤트 데이터에서 도출된 것으로, 진단 및 치료 작업이 모두 기록되었다. 이 프로세스 모델이 스파게티 프로세스라는 것을 분명히 알 수 있다. 그러나 [89]에 제시된 것처럼 계층적 클러스터링 기법(그림 12.7 참조)을 사용하여 동질 환자 그룹을 대상으로 간결한 프로세스 모델을 생성할 수 있다. 이 이벤트 로그에는 작업자에 대한 정보도 포함되어 있다. 그림 12.13은 작업자 정보에 기반한 소셜 네트워크를 보여준다. 이 소셜 네트워크는 업무 이양 관계를 바탕으로 도출된 것으로, 작업자 개인이 아니라 병원의 부서 레벨의 네트워크이다. 그림 12.13에 제시된 소셜 네트워크를 통해 AMC 병원의 여러 부서 사이의 업무 흐름을 분석할 수 있는데, 예를 들면 대부분의 업무 이양이 산부인과와 일반 임상실험실(general clinical lab) 사이에서 발생한다는 것을 그림에서 관찰할 수 있다.

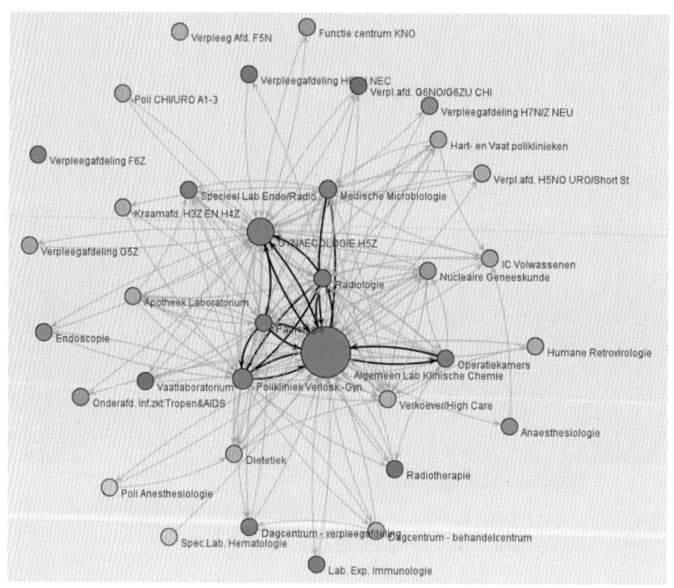

그림 12.13 AMC 병원의 여러 부서들 사이의 업무 이양을 보여주는 소셜 네트워크

여러 병원에서 프로세스 마이닝 기법을 적용한 경험을 통해 프로세스 마이닝 기법을 적용하는데 있어서의 중요한 도전 과제를 파악할 수 있었다. 병원의 데이터베이스에는 대용량의 이벤트 데이터가 저장되어 있다. 이런 이벤트 정보는 특정 환자와 연결되어 이를 상호 연계하는 작업은 용이하다. 그러나 타임스탬프에 정확한 시간(예, 2010-12-31:11.52.00) 대신에 날짜 정보(예, 2010-12-31)만 기록되어 있는 경우가 많다. 따라서 이벤트가 발생한 순서를 유추하는 것이 불가능한 경우가 있다. 또 다른 문제는 그림 12.7의 덴드로그램에서 임계치 설정과 관련이 있다. 대규모 환자 그룹을 대상으로 하는 프로세스 모델은 대개 그림 12.12에 제시된 것과 같은 스파게티 프로세스이다. 환자 그룹을 작은 동질 그룹으로 분할함으로써 보다 간결한 프로세스 모델을 생성할 수 있으나, 그룹당 케이스 수가 너무 작을 수도 있다는 문제점이

있다. 만일 어떤 동질 그룹에 포함된 케이스 수가 매우 작은 경우에는 결과를 신뢰할 수가 없고, 보다 많은 케이스가 있는 동질 그룹에 대해서만 신뢰할 수 있는 결과를 얻을 수 있다.

이러한 도전 과제에도 불구하고 프로세스 마이닝 기법은 병원의 경영진, 의사, IT 전문가들이 프로세스를 들여다볼 수 있는 좋은 “거울”이 될 수 있다. 진료 흐름을 개선하고 보다 나은 IT 지원을 제공하기 위해 스파게티 프로세스의 본질적인 복잡성을 직시하는 것은 매우 중요하다.

제 V 편

결론

1장 서론

I부: 준비

2장 프로세스 모델링과 분석

3장 데이터 마이닝

II부: 이벤트 로그에서 프로세스 모델까지

4장 데이터 수집

5장 프로세스 도출 서론

6장 고등 프로세스 도출 기법

III부: 프로세스 도출을 넘어

7장 적합도 검사

8장 다양한 측면에서의 프로세스 마이닝

9장 운영 지원

IV부: 프로세스 마이닝 실제

10장 지원 툴

11장 "라자냐 프로세스" 분석

12장 "스파게티 프로세스" 분석

V부: 결론

13장 지도제작과 항해

14장 에필로그

이 책의 마지막 파트에서는 프로세스 마이닝의 타당성과 위치에 대해서 생각해 본다. 제13장은 프로세스 마이닝을 지도제작과 항해와 비교해 본다. 지도의 특징을 고찰하면서 전통적인 프로세스 모델의 한계를 돌아본다. 대부분의 한계는 프로세스 마이닝을 통해 극복할 수 있다. 네비게이션 시스템과 구글의 매시업(mashup)을 통해 프로세스 맵이 런타임에 어떻게 동적으로 사용될 수 있는지 생각해 본다. 제14장에선 프로세스 마이닝의 장점을 요약하고, 프로세스 마이닝의 적용성을 더 높이기 위한 도전 과제에 대해 정리한다.

장 13
지도제작과 항해

요 약 프로세스 모델은 조직의 운영 프로세스를 기술하는 "지도"로 볼 수 있고, 정보시스템은 조직의 작업 흐름을 안내하는 "항해 시스템"으로 볼 수 있다. 불행하게도 많은 조직에서 정확한 비즈니스 프로세스 지도를 제작하여 유지하지 못하고, 프로세스 모델이 현실과 동떨어진 경우가 많다. 또한 대부분의 정보시스템은 오늘날 항해 시스템이 제공하는 기능을 제공하지 못한다. 예를 들어, 작업자는 정보시스템에 의해 적절한 안내를 받지 못하고, 단지 정보시스템 뒤에서 주어진 업무만 수행하고 있다. 또한 현재 실행 중인 케이스의 "도착 추정 시간" 같은 유용한 정보도 제공받지 못하고 있다. 프로세스 마이닝은 이러한 문제를 극복하는 데 도움을 줄 수 있다.

제 13.1 절 비즈니스 프로세스 지도

지도는 BC 7세기경에 나타났다. 지도 제작자들은 지도를 만들기 위한 지도제작 기술을 발전시켜, 도로를 명확하게 표현하고, 불필요한 세밀함을 제거하고, 복잡도를 줄이고, 이해도를 높이는 문제를 해결하고 있다. 오늘날 지도는 품질이 매우 좋고 디지털화 되어 있다. 이를 통해 자동차 네비게이션 시스템(예, TomTom, Garmin, Navigon), 구글 맵, 지리-태그를 이용한 매시업 등으로 대변되는 혁신적인 응용 사례가 나오고 있다. 예를 들어, 구글 맵을 이용하는 수천 개의 매시업을 보면, 교통량, 부동산, 패스트푸드 식당, 영화 상영시간 등과 같은 정보를 지도에 보여주는 다양한 어플리케이션이 있다. 사람들은 이러한 지도를 줌인, 줌아웃하며 상호 작용할 수 있는데, 예를 들어 교통 정체가 지도에 표시되고, 사용자는 상황 파악을 위해 특정한 구역을 선택할 수 있다.

프로세스 모델은 조직의 운영 프로세스를 기술하는 "*비즈니스 프로세스 지도*"로 볼 수 있지만[3], 불행하게도 정확한 비즈니스 프로세스 지도가 있는 경우는 드물다. 프로세스 모델이 업데이트가 되지 않아 현실과 동떨어진 경우가 많고, 지도와 달리 최종 사용자가 프로세스 모델을 잘 이해하지 못하기도 한다.

9.1.1장에서 언급하였듯이, *지도제작의 아이디어를 활용할 수 있다.* 이 장에서는 지도제작 기술에서 얻은 영감을 바탕으로 프로세스 모델을 향상시키는 방법을 소개한다. 아이디어의 일부분은 이미 기존의 프로세스 마이닝 기법에 제공되고 있으며, 향후 더 많은 아이디어가 프로세스 마이닝에 활용될 것으로 예상한다.

13.1.1 지도 품질

지리적 지도는 비즈니스 프로세스 지도보다 품질이 높다. 예를 들어 네비게이션 시스템에 사용되는 지도는 아주 정확하다. 암스테르담에서 로마까지 운전하면서 실제 도로와 지도를 비교하면 거의 차이가 없다는 것을 알 수 있다. 하지만, 프로세스 모델은 실제 비즈니스 프로세스의 이상적인 모습을 담는 경향이 있다. 예를 들어, 고속도로를 장밋빛 안경을 통해 바라보는 지도를 상상해서, 실제 도로가 아닌 이상적인 도로망을 보여주는 지도를 만든다고 할 수 있다. 실제로 이와 같은 이상적인 모습을 담은 비즈니스 프로세스 지도가 많은 조직에서 사용되고 있고, 이런 "파워포인트 현실"이 프로세스 모델의 사용과 신뢰를 저해하고 있다.

제7장에서 비즈니스 프로세스 지도의 "현실성 검증"을 위하여 다양한 적합도 검사 기법이 사용될 수 있음을 보였다. 예를 들어, 리플레이를 통해 프로세스 모델과 이벤트 로그의 적합도를 계산할 수 있다. 많은 경우에 모델과 로그의 적합도가 0.4보다 작은 프로세스를 발견할 수 있는데, 이것은 현실에서 발견되는 흐름의 40% 이하만 모델과 일치한다는 것을 의미한다.

비즈니스 프로세스보다 도로 시스템이 훨씬 느린 속도로 발전하기 때문에 혹자는 도로 지도가 프로세스 모델보다 관리하기 쉽다고 주장할 수 있다. 이것은 대부분 옳은 주장이다. 하지만 프로세스가 빨리 변하기 때문에 관리가 어렵다는 것은, 정확한 최신의 비즈니스 프로세스 지도를 갖는 것이 매우 중요하다는 것을 의미하기도 한다.

지리적 지도와 프로세스 지도는 품질의 차이뿐만 아니라 이해도에 있어서도 상당한 차이가 있다. 대부분의 사람들이 프로세스 모델을 이해하는 데는 어려움이 있지만, 지도는 직관적으로 쉽게 이해한다. 프로세스의 동적인 특성은 문제를 더 복잡하게 만든다(워크플로우 패턴[14, 131] 참조). 어느 정도의 프로세스 모델 복잡도는 피할 수 없지만, 그럼에도 불구하고 지도제작에서 얻는 아이디어는 프로세스 모델의 이해도를 향상시키는 데 도움을 줄 수 있다.

13.1.2 집단화와 추상화

그림 13.1은 네덜란드의 지도이다. 지도에서 중요하지 않은 도로와 도시는 *추상화*(abstraction)한다. 중요도가 낮은 도로는 표시되지 않는데, 탈락 기준은 도로를 운행하는 자동차의 일일 평균 대수가 될 수 있다. 비슷하게 도시의 탈락 기준은 인구수가 될 수 있다. 예를 들어 그림 13.1에서 인구가 50,000명 미만인 도시는 생략되었다. 지방 도로와 구역(이웃, 교외, 도심 등)은 더 큰 객체로 *합쳐지게 된다.* 예를 들어 그림 13.1에서 아인트호벤(Eindhoven)에는 복잡

한 도로와 다양한 구역(Strijp, Gestel,Woensel, Gestel 등), 벨트호벤(Veldhoven)과 같은 위성 도시가 있지만 하나의 점으로 표시된다. 아인트호벤에 더 관심 있는 사람은 아인트호벤이 자세하게 나온 도시지도를 보면 된다.

그림 13.1 네덜란드 도로지도. 작은 도시와 덜 중요한 도로는 추상화되고, 큰 도시와 고속도로, 중요한 도로만 보여진다. 또한 도시는 지역 도로와 구역을 포함한다

프로세스 모델도 중요도에 따라 추상화할 필요가 있다. 만약 작업이 빈번하게 일어나지 않는다면 삭제될 수 있다. 예를 들어, 완료된 케이스에서 20%보다 적게 발생한 작업을 추상화할 수 있다. 시간과 비용을 함께 고려할 수도 있다. 예를 들어, 전체 서비스 시간의 8%보다 작게 걸리는 작업 중 비용이 € 50,000 보다 높지 않은 작업을 제거할 수 있다.

대부분의 이벤트 로그는 더 중요한 작업으로 통합할 수 있는 하위 수준의 이벤트를 포함하고 있어, 프로세스 마이닝에서 집단화(aggregation)는 매우 중요하다. [35]에서 하위 수준의 패턴이 얼마나 자주 확인되어 집단화되는지 알 수 있다. 예를 들어, $x = \{\langle a,b,c\rangle, \langle a,b,b,c\rangle\}$, $y = \{\langle a,d,e,c\rangle, \langle a,e,d,c\rangle\}$, $z = \{\langle d,d,d,a\rangle\}$를 의미 있는 작업을 나타내는 빈번한 하위 수준의 패턴이라고 가정하자. 하위 수준의 순서 a,b,c와 a,b,b,c는 작업 x의 가능한 표현일 수 있다. 하위 수준 자취 $\sigma = \langle d,d,d,a,a,b,b,c,a,d,e,c,a,b,c\rangle$가 있다면 집단화를 통해(그림 13.2 참조) $\sigma' = \langle z,x,y,x\rangle$로 재정의할 수 있다. 이런 방식으로 이벤트 로그를 전처리 함으로써 단순한 프로세스 모델을 도출할 수 있다. 12.2절에 설명된 필터링도 전처리의 일종이다. 그래프 구조에 집단화를 직접 적용하는 것도 가능하다(퍼지 마이닝[72], 12.2절, 13.1.3절 참조).

d	d	d	a	a	b	b	c	a	d	e	c	a	b	c
z				x				y				x		

그림 13.2 하위 수준 자취는 상위 수준의 자취로 사상된다. 예를 들어, 부분 순서 $\langle d,d,d,a\rangle$는 z로 재정의된다

집단화는 여러 단계로 이루어질 수 있어, 집단화된 노드에 대해 하위 수준의 작업들을 표시하고, 하위 수준 작업들 중에 하나의 작업에 대해 다시 하위 수준 작업들을 정의할 수 있다. 예를 들어, 집단화된 노드에 대해 자세한 하위 수준의 작업을 표시할 수 있는 일종의 "도시지도"를 구축할 수 있다. 원칙적으로 국가지도, 주립지도, 도시지도, 구역지도 등과 같이, 수준 개수의 제한은 없다.

13.1.3 줌

동일한 지역에 대해 다양한 척도의 지리적 지도가 존재할 수 있다. 게다가 전자 지도를 이용하여 줌인(zoom in)과 줌아웃(zoom out)을 할 수 있다. 줌아웃을 할 때, 중요하지 않은 것은 없어지거나 동적으로 하나의 클러스터(예, 도로와 주변지역이 도시로 통합)에 합쳐질 수 있다. 구글 맵과 같은 네비게이션 시스템과 애플리케이션은 매끄러운 줌을 제공한다. 전통적으로 프로세스 모델은 성적이다. 즉, 프로세스의 특정 부분을 자세히 보기 위한 줌인이 불가능하다. 복잡한 프로세스를 보기 위해, 일반적으로 프로세스를 *정적으로 계층 분해*(static hierarchical decomposition)하여 표시하게 된다. 이러한 계층 구조에서 프로세스는 하위 프로세스로 구성되고, 또한 하위 프로세스는 더 작은 하위 프로세스로 구성될 수 있다.

예를 들어, 그림 13.3에 있는 WF-net를 살펴보자. 이 WF-net은 단위 작업($a,b,\ldots,l$)으로 구성되는데, 이 작업들은 세 개의 하위 프로세스 x, y, z로 구분되어 있다. 즉, 전체 프로세스는 이 세 개의 하위 프로세스로 구성된다고 할 수 있다. 그림 13.4는 이러한 구성의 최상위 관점을 보여준다. 위와 같은 계층 분해는 "평면" 모델을 바탕으로 한다. 즉 상위 수준의 하위 프로세스는 반복적으로 더 작은 하위 프로세스로 대치되어 결국 하나의 커다란 평면 모델만 남게 된다.

그림 13.3과 13.4에서 계층 분해 기법의 한계를 볼 수 있는데, 최상위 수준에서 하위 수준의 모든 상호작용에 대해 알고 있어야 한다는 것이다. 이는 계층 분해에 상위 수준과 하위 수준 사이에 일관성이 필요하기 때문이다. 예를 들어 하위 수준에서 작업 l과 b가 연결되면 상위 수준의 z와 x도 연결되어야 한다. 이것은 WF-net 뿐 아니라 BPMN, YAWL, EPC와 같은 프로세스 모델링 언어의 계층 구조에도 동일하게 적용된다. 설계 관점에서 계층 분해는 합당한 방법으로, 시스템을 설계할 때 다양한 수준에서 모두 일관성을 유지하는 것과 실행에 대한 의미를 명확하게 제공하기 위해 "평면"화 할 수 있는 것은 매우 중요하다.

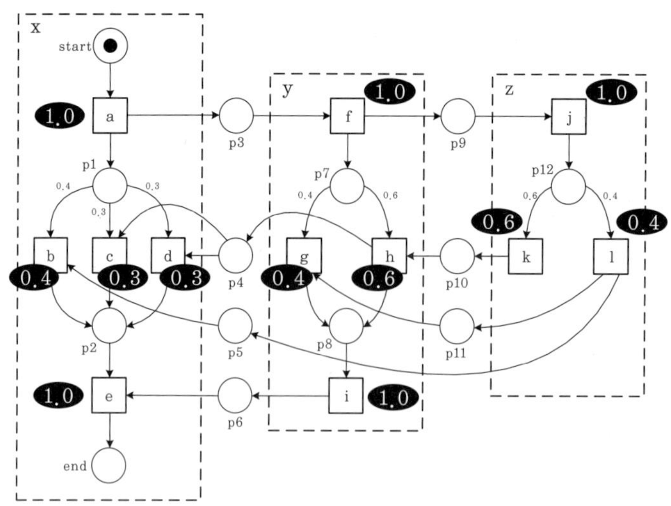

그림 13.3 세 개의 하위 프로세스 *x*, *y*, *z*로 나눌 수 있는 12개의 단위 작업이 있는 WF-net. 각 작업의 평균 빈도가 표시되어 있다. 예를 들어 작업 *h*는 전체 케이스의 60%에서 실행되었다

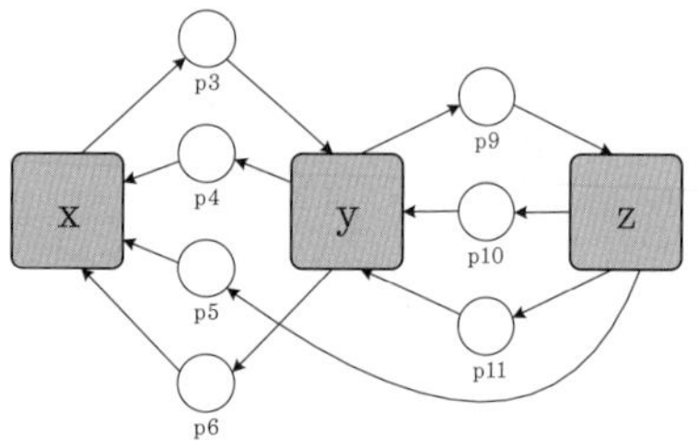

그림 13.4 그림 13.3에 있는 계층적 WF-net의 최상위 수준

프로세스 모델에서 자세하지 않은 부분은 줌아웃할 수 있고, 자세히 보고자 할 때는 줌인 할 수 있는 것이 중요하다. 이것은 정적이 아니라는 것을 의미하는데, 프로세스를 디자인할 때 작업이 특정 수준에 정적으로 묶여서는 안된다. 게다가 하위 수준에서 빈번하지 않은 흐름이 추상화 되면, 상위 수준도 해당 연결이 추상화 되어야 한다. 예를 들어 작업 *l*은 수행 빈도가 낮아 하위 수준에서 삭제할 수 있는데, 이 경우 *z*와 *x*의 연결(플레이스 *p*5)도 삭제해야 한다.

그림 13.5는 작업의 빈도를 고려할 때 어떻게 프로세스가 보여지는지에 대한 예제이다. 그림 13.3과 같이, 작업 *a*, *e*, *f*, *i*, *j*는 1이라는 빈도를 가지고 있어서 각 케이스에서 한 번 실행된다. 작업 *h*와 *k*는 케이스의 60%에서 실행되고, 작업 *b*, *g*, *l*은 케이스의 40%에서 실행된다. 작업 *c*와 *d*는 최소 빈도를 가지고 있고 케이스의 30%만 실행된다. 만약 빈도에 기반해서 작업들을 삭제하여 모델을 단순화시키면, 그림 13.5와 같은 4개의 모델을 볼 수 있다.

그림에서 상세 프로세스 로직을 추상화하여 작업과 작업 사이의 연결만 보여주고, 연결의 정도에 따라서 화살표를 굵게 표시한다. 만약 임계치가 0.3으로 설정되면, 모든 작업이 포함된다. 임계치가 0.4로 증가하면, 작업 *c*, *d*와 관련된 연결이 사라진다. 임계치가 0.6으로 증가하면, 작업 *b*, *g*, *l*과 관련 연결이 삭제된다. 만약 임계치가 1로 설정되면, 가장 빈번한

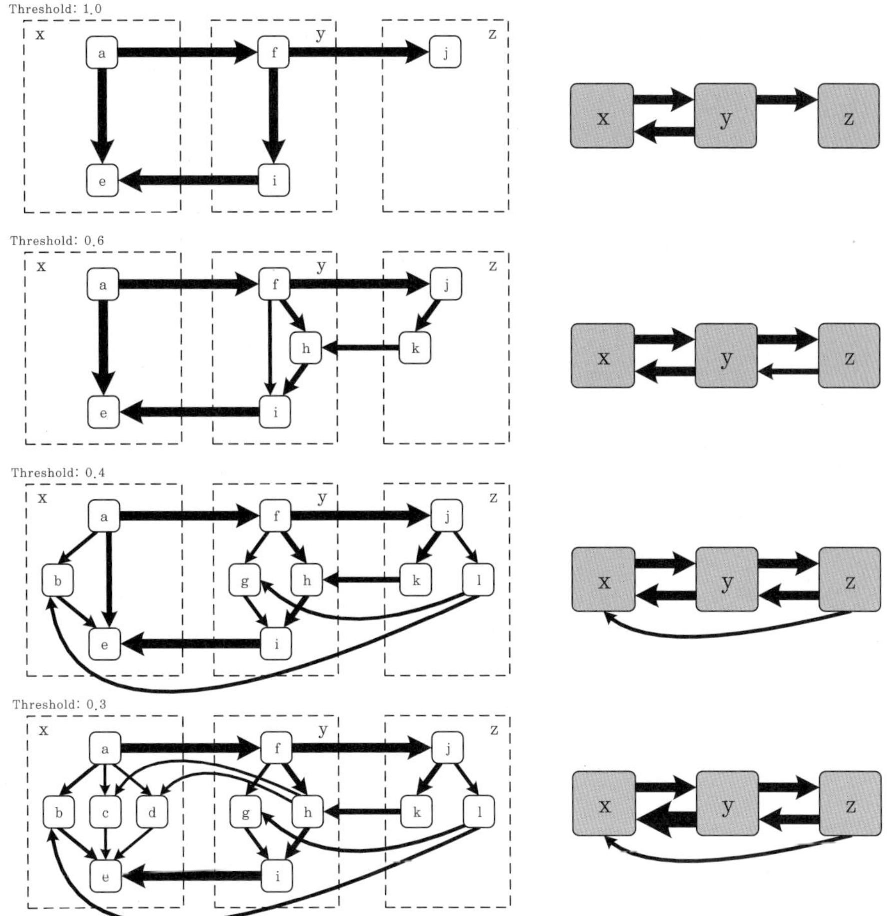

그림 13.5 그림 13.3에서 WF-net으로 정의된 프로세스의 다양한 추상화 수준에서 바라본 모습. 작업 관련 연결은 작업의 빈도가 임계치보다 작으면 제거된다. 4개의 임계치(0.3, 0.4, 0.6, 1.0)별로 단위 작업 관점(왼쪽), 집단화 관점(오른쪽)이 있다

작업만 포함된다. 그림 13.5의 왼쪽은 단위 작업과 작업 사이의 관계가 표시되고, 그림의 오른쪽은 집단화된 모델을 보여준다. 임계치가 0.4 이상일 때 z와 x의 연결이 사라진다는 것을 확인할 수 있고, 수행 빈도가 낮은 작업 b와 l이 추상화 되면, 이들의 연결도 삭제된다. 같은 이유로 임계치가 1로 설정되면 z와 y의 연결도 삭제된다.

그림 13.5는 상세 정도에 따라 어떻게 매끄럽게 줌인과 줌아웃을 할 수 있는지 보여준다. 이것은 BPM 시스템, WFM 시스템, 시뮬레이션 도구, 비즈니스 프로세스 모델링 도구 등에서 제공하는 그래픽 편집기에서 제공하는 정적인 계층 분해와 계층상의 특정 수준만 보여주는 것과는 다르다.

앞서 세 개의 하위 프로세스로 나누어지는 단위 작업의 정적인 분해에 대해 설명하였는데, 원하는 관점에 따라 이러한 분해는 바뀔 수 있다. 이를 설명하기 위해, 100개의 케이스와 3,730개의 이벤트를 갖는 저널 논문 심사 프로세스의 이벤트 로그를 가정한다. 각 논문은 세

명의 심사자에게 보내지고, 심사자는 심사 결과 보고서를 써야 한다. 그러나 가끔 심사자가 응답하지 않는 경우가 있는데, 이 경우 결과 판정이 어려울 수 있다. 만약 충분한 심사 결과 보고서가 없으면 추가적인 심사자를 초대하고 이 과정이 최종 판정(*accept* 또는 *reject*)이 내려지기 전까지 반복된다. 그림 13.6은 α-알고리즘에 의해 도출된 프로세스 모델이다.

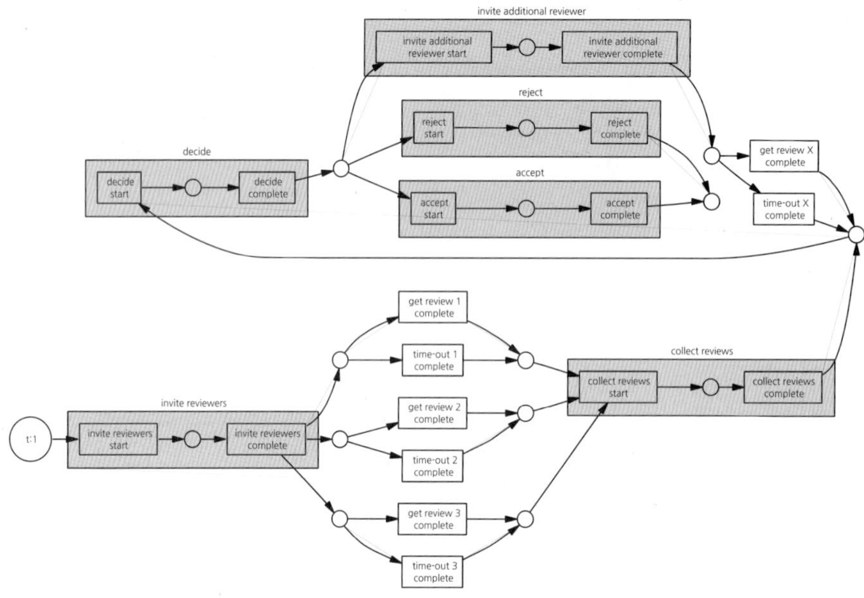

그림 13.6 ProM에 포함된 α-알고리즘을 이용하여 도출된 WF-net. 100개 케이스와 3,730개 이벤트가 있는 이벤트 로그를 이용하여 모델을 생성하였고, 도출된 모델에서 모든 단위 작업을 볼 수 있다

α-알고리즘은 줌인이나 줌아웃을 지원하지 않는다. 이런 효과를 위해서 로그에서 빈도수가 높지 않은 단위 작업을 걸러낸 후에 α-알고리즘을 적용해야 한다. ProM의 *퍼지 마이너*는 그림 13.7에 있는 것과 같이 매끄러운 줌인과 줌아웃을 제공한다[70, 72]. 그림 13.7에 있는 세 개의 퍼지 모델은 앞서 α-알고리즘 적용에 사용한 이벤트 로그에서 도출한 것이다. 그림 13.7 (a)는 가장 자세한 수준으로 모든 단위 작업이 포함된다. 그림 13.5와 비슷하게 연결의 색과 폭은 중요도를 나타낸다. 그림 13.7 (b)는 가장 추상화된 관점이다. *decision* 작업은 한편의 논문에 대해 여러 번 실행되어서 빈도가 가장 높다. 다른 18개의 작업은 소위 4개의 클러스터 노드(팔각형)로 나눠진다. 각 클러스터 노드는 여러 개의 단위 작업을 포함한다. 그림 13.5에서 활용한 임계치의 개념을 이용하여 퍼지 마이너는 다양한 수준의 모델을 보여준다. 그림 13.7 (c)는 중간 임계치를 사용해 얻은 모델로, 6개의 빈도가 높은 작업(사각형)과 나머지 작업을 포함하고 있는 세 개의 클러스터 노드를 보여준다. 그림 13.7 (d)는 첫 클러스터 노드가 10개의 단위 작업으로 구성된 것을 보여준다. 또한 상위 수준에 있는 노드와 연결(예, 그림 13.7 (d)의 *collect reviews*와 *decide*의 연결)도 함께 보여준다.

구글 맵에서 줌아웃할 때, 덜 중요한 요소들은 삭제되거나 동적으로 결합된다. 예를 들어 도로나 교외 지역은 도시로 합쳐질 수 있다. 이것은 그림 13.7에 예시된 ProM의 퍼지 마이너에서

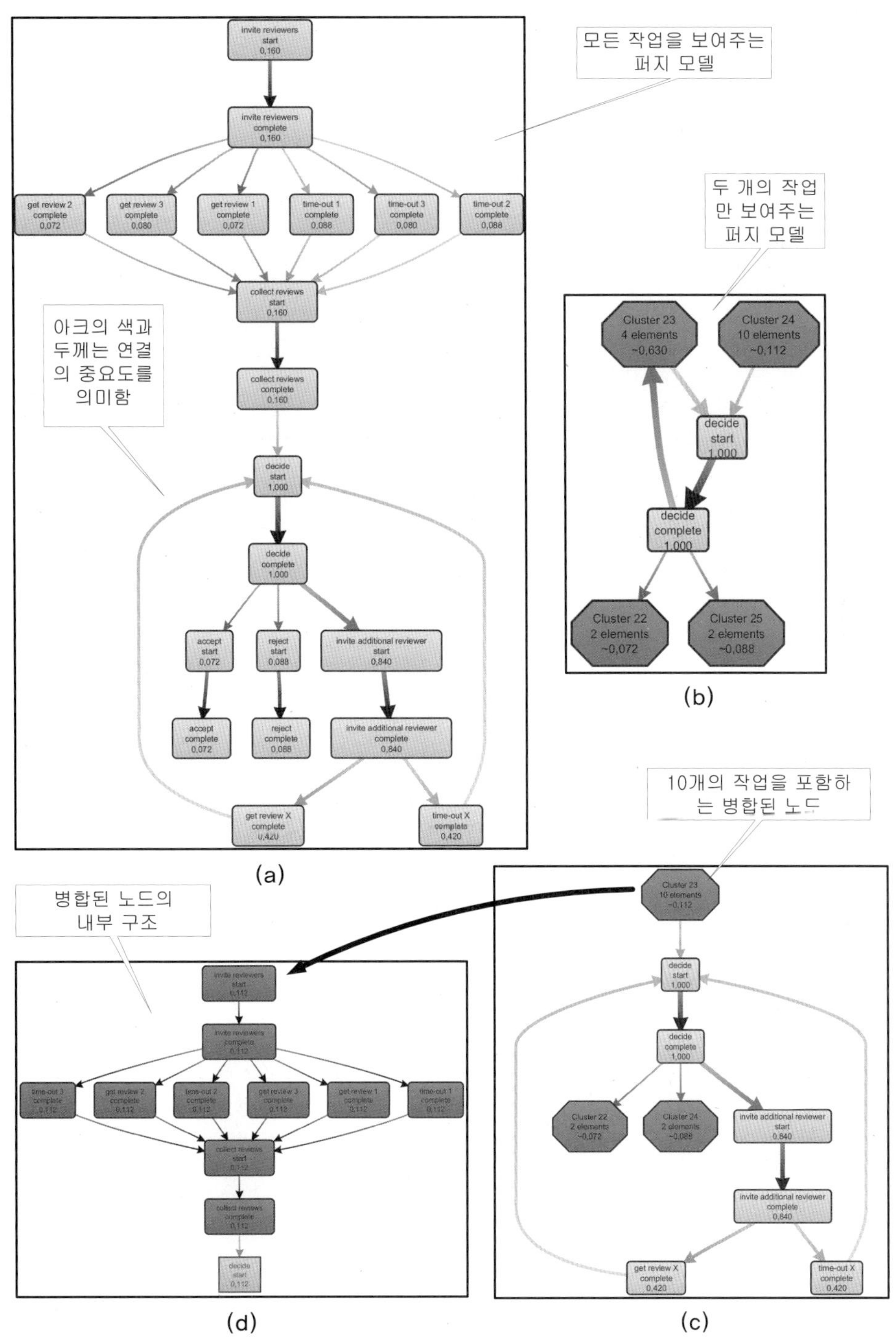

그림 13.7 ProM의 퍼지 마이너를 이용하여 얻어진 3개 비즈니스 프로세스 지도. 가장 상세한 퍼지 모델 (a)는 모든 작업을 보여준다. 가장 덜 상세한 퍼지 모델 (b)는 두 개의 작업만 보여준다. 다른 모든 작업은 소위 "클러스터 노드"로 묶여진다. 세 번째 퍼지 모델 (c)는 6개의 작업을 보여준다. 하나의 클러스터 노드 내부 구조는 (d)에 보여준다

제공되는 줌 기능과 유사하다. 앞의 예제에서, 유의할 점은 작업을 결합하였지만, 삭제하지는 않았다는 것이다. 퍼지 마이너는 사용자가 결과 모델을 조정할 수 있도록 많은 파라미터를 제공한다. 파라미터의 다양한 설정을 통해 작업을 결합하고 추상화(삭제)하는 것이 가능하다. 물론 도출 알고리즘을 적용하기 전에 이벤트 로그에 필터링을 적용해 작업을 제거할 수도 있다(12.2절 참조).

13.1.4 크기, 색, 배치

지도제작에서 중요한 특성을 강조하기 위해 색을 사용한다. 예를 들어 그림 13.1에서 고속도로는 눈에 띄는 색을 사용하여 강조하였다. 또한 크기를 이용하여 중요성을 강조하는데, 예를 들어 선과 점의 크기는 다양할 수 있다. 그림 13.1을 보면 도시명의 크기는 도시의 인구수와 비례한다. 예를 들어 잔스타트(Zaanstad)는 암스테르담(Amsterdam)보다 작다. 또한 지도는 x-축과 y-축이 분명한 의미를 가지고 있고, 이를 바탕으로 각 요소를 배치한다.

프로세스 모델에서 x-축과 y-축은 의미가 없다. 예를 들어 그림 13.6에 있는 WF-net에서 작업이 배치된 위치는 특별한 의미가 없다. 모델링 도구에서 색을 활용하는 경우가 있으나, 일반적으로 색에 특별한 의미를 부여하지 않는다. 모델의 각 구성 요소(예, 단위 작업, 게이트웨이, 이벤트, 커넥터, 플레이스)는 일반적으로 하나의 색과 동일한 크기를 갖는다.

비즈니스 프로세스는 크기, 색, 배치를 고려하지 않기 때문에, 지도에 비해 직관성이 떨어지고 제공되는 정보도 부족하다. 하지만 비즈니스 프로세스를 보여줄 때 이를 고려할 수 있다. 예를 들면 아래와 같은 응용이 가능하다.

- *작업의 크기*는 빈도나 중요도를 반영할 수 있다(예, 비용, 자원 사용).
- *작업의 색*은 작업의 평균 서비스 시간을 나타낸다(예, 평균보다 긴 시간의 작업은 빨간색으로 표시, 짧은 시간의 작업은 초록색으로 표시).
- *화살표의 폭*은 흐름의 중요성을 반영한다.
- *화살표의 색*은 병목점을 강조하기 위해 사용된다.
- *작업의 위치*는 의미를 가질 수 있다(예, 스윔레인(swimlane)을 통해 y축은 각 작업을 수행하는데 필요한 역할을 표현, 간트 차트와 유사하게 x축 시간을 표시).

위와 같은 규칙이 적용되면, 모든 프로세스에 대해 동일 기준이 적용되어 일관성이 유지되어야 하는 것을 잊지 말아야 한다.

13.1.5 맞춤화 기능

자전거 지도, 하이킹 지도, 도로 지도 등과 같이 사용 목적에 따라 동일 지역에 대해 다양한 종류 지도를 만들 수 있다. 각 지도는 서로 다른 척도를 사용하며, 서로 다른 정보를 제공한다. 예를 들어 자전거 지도는 자동차 지도에 없는 자전거 도로를 표시한다.

그림 13.7은 이벤트 로그에서 도출한 한 개의 현실이 다양한 관점으로 보여질 수 있다는 것을 보여준다. 이미 이전 장에서 동일한 프로세스를 표현하는 모델이 *하나*만 존재하지 않다는 것을 설명했다. 서로 다른 질문에 대한 답을 찾기 위해, 서로 다른 맞춤화된 프로세스 모델이 생성되어야 한다. 5.4.4절에서 이러한 것을 "3-D 현실의 2-D 조각"을 얻는 것이라고 했다. 동일한 프로세스를 다양한 각도와 상세화 수준에서 바라볼 수 있다. 노이즈가 많은 이벤트 로그에 대해 주요 패턴에만 집중할 수도 있고, 드물게 발생하는 패턴을 함께 포함할 수도 있다. 예를 들어 감사의 관점에서는 드물게 발생하는 패턴이 중요하다.

제 13.2 절 프로세스 마이닝: 비즈니스 프로세스를 위한 네비게이션 시스템

앞서 지도를 비즈니스 프로세스 모델과 비교하였는데, 본 장에서는 네비게이션 시스템과 정보 시스템을 살펴본다. 9.1.3절에 정리된 프로세스 마이닝 프레임워크 중에 네비게이션을 이미 언급했다(그림 9.1 참조). 비즈니스 프로세스와 이벤트 로그에 기록된 실제 행위의 연관성을 바탕으로 네비게이션 시스템에서 제공하는 기능을 구현하는 것이 가능하다. 일반 네비게이션 장비와 유사하게, 프로세스 마이닝 툴은 최종 사용자가 (a) 프로세스를 둘러보고, (b) 프로세스 지도에 동적인 정보(예, 비즈니스 프로세스의 "교통 정체")를 투영하고 (c) 실행되고 있는 케이스에 대한 예측(예, 지연되는 케이스의 "도착 시간" 예측) 정보를 확인하는 기능을 제공할 수 있다[3].

13.2.1 비즈니스 프로세스 지도에 동적인 정보 투영

네비게이션 시스템은 소위 "실시간 서비스"(`www.tomtom.com` 참고)를 제공하는데, 교통 정체, 이동식 속도 감시 카메라, 날씨 정보 등을 보여줄 수 있다. 이런 실시간 정보는 현재 위치 데이터를 바탕으로 지도에 투영된다. 제8장에서 보여준 것과 같이, 이벤트 로그와 프로세스 모델이 강하게 결합되면 프로세스 모델을 추가적인 관점으로 확장할 수 있다. 예를 들어 병목 지점을 강조하거나, 의사결정 규칙을 보여주거나 프로세스 모델을 조직 체계와 연관시킬 수 있다. 또한 "사전" 이벤트 데이터를 보여줄 수도 있고, 현재 실행되고 있는 케이스의 상태 정보를 프로세스 모델에 투영할 수 있다.

이러한 아이디어는 지리-태그(예, Panoramio, HousingMaps, Funda, Flickr 등)를 활용하는 매시업과 유사하다. 예를 들어 그림 13.8을 보면, 고객은 본인이 정한 기준을 만족하는 집을 찾기 위해 Funda[1] 사이트를 방문할 수 있다. 매물로 나온 주택에 대한 정보가 지도에 투영되는데, 그림 13.8은 하퍼트(Hapert)에 매물로 나온 주택을 보여준다. 그림 13.9는 다른 예로 교통 정체 지점을 보여준다. 두 지도 모두 투영된 정보가 동적으로 변할 수 있다.

[1] 네덜란드 부동산 사이트

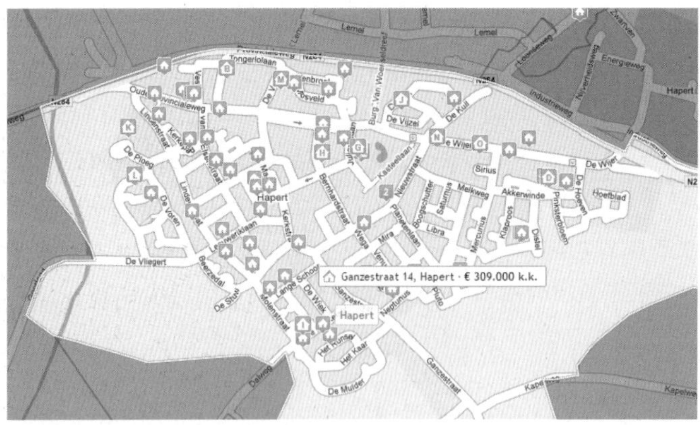

그림 13.8 Funda는 크기, 용적, 가격과 같은 특정 기준을 만족하는 매물 주택을 지도에 표시해준다. 지도는 네덜란드 하퍼트(Hapert)의 53개 주택 매물을 보여준다

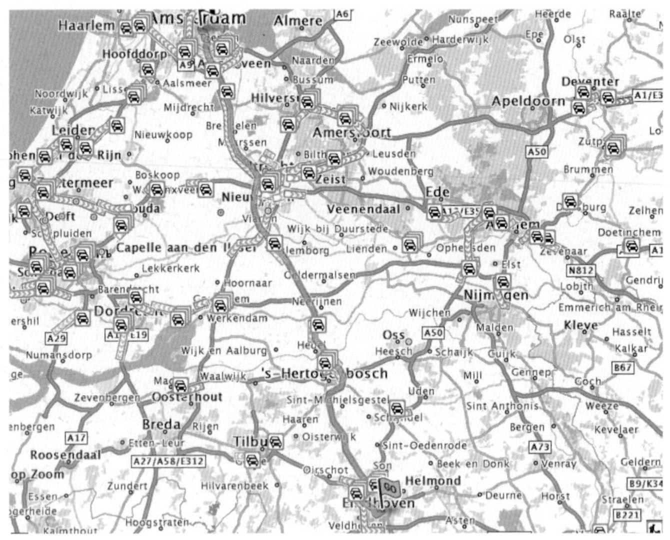

그림 13.9 교통 정체를 나타내는 도로 지도. 자동차 아이콘은 문제 지점을 나타내고 정체된 도로는 강조되었다. 네비게이션 시스템은 실시간 교통 정보에 기반한 지도를 보여주고 병목 지점을 피하기 위해 대체 도로를 제시해준다

과거와 현재의 이벤트 데이터는 정적인 비즈니스 프로세스 지도에 "생명을 불어넣는데" 사용할 수 있다. 그림 13.9에서 교통 정체를 시각화하는 것과 유사하게 비즈니스 프로세스의 "교통량"도 시각화할 수 있다. 프로세스 모델 외에 정보를 투영할 수 있는 다른 모델도 생각해 볼 수 있는데, 그림 8.6과 8.7의 소셜 네트워크에 수행이 필요한 작업 아이템을 투영할 수 있다. 예를 들어, 관리자의 결정을 기다리는 케이스가 관리자에 해당하는 노드에 투영될 수 있다. 지리적인 요소를 표현할 수도 있는데, 예를 들어 현장 서비스 기사는 그림 13.8과 같은 지도에 유지보수가 필요한 제품의 위치 정보를 제공받을 수 있다. 또한 작업 항목을 시간 차원을 가진 모델(간트 차트, 일정표 등)에 투영할 수 있는데, 예를 들어 외과의사의 일정표에 수술 일정을

제공할 수 있다. 즉, 여러 관점을 제공하는 다양한 모델에 이벤트와 관련 데이터를 시각화할 수 있다.

YAWL 시스템[13, 84]은 대기하고 있는 작업 항목과 자원을 다양한 지도(지리적 지도, 프로세스 지도, 조직 지도)에 표현하는 시각화 프레임워크를 제공한다. 또한 지도에 다양한 거리 개념을 정의할 수 있는데, 예를 들어 현장 서비스 기사는 가장 가깝거나 가장 급한 작업 항목을 볼 수 있다.

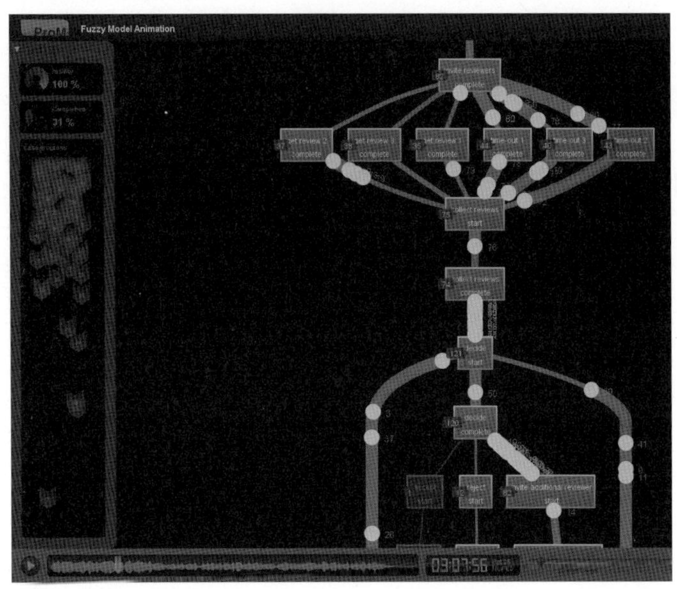

그림 13.10 이전에 도출된 퍼지 모델(그림 13.7(a) 참조)이 이벤트 로그를 리플레이하는데 사용된다. 애니메이션은 많은 논문 심사자가 제시간에 결과 보고서를 제출하지 않는 문제를 보여주고 있다. 결과적으로 저널의 편집장은 최종 결정을 내릴 수 없고 추가적인 심사위원을 초빙해야 한다. 최종 결정과 심사위원 초빙을 기다리는 다수의 작업 항목이 있음을 알 수 있다

비즈니스 프로세스 지도에서 비즈니스 프로세스 영화

로그에 있는 이벤트가 프로세스 모델의 작업에 연관되면, 기존 케이스를 하나씩 리플레이할 수 있다. 이것은 적합도 검사나 모델 확장을 위해 이용된다. 이제 한 단계 더 나아가 개별 케이스를 고려하는게 아니라, 동일 시간에 연관된 모든 케이스를 동시에 고려한다. 만약 이벤트에 타임스탬프가 있으면, 로그에 있는 모든 이벤트를 전체적으로 정렬할 수 있다. 즉, 서로 다른 케이스에 속한 이벤트들도 시간 순서로 정렬할 수 있다. 각 이벤트가 발생한 후에, 프로세스는 관련된 특정 전역 상태에 있게 되는데, 이 상태를 그 시간에서의 프로세스의 상태를 나타내는 *사진*이라고 생각할 수 있다. 이 상태는 비즈니스 프로세스 지도, 지리적 지도, 조직 지도에 투영될 수 있다. 각 이벤트 후 나타나는 이러한 사진을 단순하게 연속적으로 계속 보여줌으로써 *영화*("비즈니스 프로세스

영화")를 만들 수 있다. 그림 13.10은 ProM의 퍼지 마이너를 사용한 예제이다[70, 72]. 이벤트 로그와 퍼지 모델은 동영상으로 변환할 수 있다. 그림에 있는 점들은 실제 케이스를 의미하는데, 화살표를 따라서 움직이게 된다. 이러한 비즈니스 프로세스 영화는 AS-IS 프로세스의 문제를 보여주는 효과적인 방법이다. 시뮬레이션과는 다르게, 애니메이션은 현실을 그대로 보여주고 있기 때문에, 시뮬레이션 모델에 의문을 제기하며 결과를 폄하하는 것에서 자유롭다. 즉, 비즈니스 프로세스 영화는 조직의 실제 문제를 노출시킬 수 있도록 도와준다.

13.2.2 도착 시간 예측

네비게이션 시스템은 *예상 도착 시간*을 계속해서 보여주는데 반해, 현재의 정보시스템은 수행하고 있는 케이스의 예상 성과에 대한 타당한 근거를 제공하지 못한다. 이것은 정보시스템이 수많은 과거 정보를 수집하여, 다양한 항목(예상 완료 시간, 바람직하지 못한 결과의 가능성, 예상 비용 등)에 대한 우수한 예측 정보를 제공하고 있는 것을 고려하면 매우 놀라운 일이다. 다행히도 9.4절에서 설명한 바와 같이, 이벤트 로그는 예측 모델 구축에 사용될 수 있다.

9.4절에서 소개한 부연적 트랜지션 시스템[17, 21]이 실행 중인 케이스의 잔여 시간 예측에 활용될 수 있다. 트랜지션 시스템은 이벤트 로그 L과 상태 표시 함수 $l^{state}()$를 이용하여 구축되거나 또는 (도출된) 프로세스 모델에서 상태 공간을 계산하여 얻을 수 있다. 그 후에 이벤트 로그를 체계적으로 리플레이하여, 각 상태에 과거 측정값이 주석으로 달리게 된다. 과거 측정값의 평균 혹은 중간값은 실행되는 케이스의 특정 상태에 대한 예측값을 계산하는 데 활용되어, 케이스의 상태가 변경될 때마다 남은 잔여 시간에 대한 예측이 이루어진다. 이런 기능은 분명히 네비게이션 시스템의 예측 기능과 유사하다. 게다가 다른 종류의 주석 정보를 활용하여, 다른 예측 모델도 만들 수 있다. 예를 들어 비용 정보를 주석으로 표시하여 총 또는 잔여 비용을 예측할 수도 있고, 프로세스의 결과나 작업의 발생 유무에 대한 예측도 가능한다.

회귀분석, 단기 시뮬레이션, 의사결정나무 등 다른 접근법도 케이스의 잔여 시간과 같은 성과 예측에 활용할 수 있다. 즉, 프로세스 마이닝을 통해 정보시스템을 예측 분석 기능을 가진 시스템으로 확장할 수 있다.

13.2.3 통제가 아닌 안내

자동차 네비게이션 시스템은 운전자를 *통제*하지 않고 *방향*을 안내한다. 운전자는 자동차를 통제하며, 목표(예, A에서 B로 가장 빨리 가려고 함)가 정해지면 네비게이션 시스템은 다음에 어떤 행동을 해야할지 추천한다. 이미 9.5절에서 예측이 추천으로 바뀔 수 있다는 것을 설명하였다. 추천은 목표(예, 비용 최소화, 잔여 시간 최소화, 성공 가능성 최대화)에 따라서 정해진다. 목표에 맞춰 최소화 또는 최대화 해야 할 성과 지표(performance indicator)를 정의하게 되고, 실행 가능한 모든 대안에 대해 성과 지표값을 예측하고, 이 정보를 바탕으로 대안의 우선 순위를 파악하여 다음 단계를 추천한다(그림 9.12 참조).

프로세스 마이닝에 기반한 추천은 시스템에 유연성과 의사결정지원 기능을 동시에 제공한다. 오늘날의 정보시스템은 유연성과 의사결정지원 사이에 적절한 균형을 찾지 못해, 사용자의 행동을 제약하거나 적당한 가이드 라인을 제공하지 못한다. BPM 시스템은 더 많은 유연성(예, BPM|one과 같은 케이스 처리 시스템 또는 Declare같은 선언적 워크플로우 시스템)을 제공하며, 프로세스 마이닝 기법에 기반한 추천 서비스를 제공하도록 확장할 수 있다[17].

네비게이션 시스템과 비교를 통해 많은 정보시스템이 네비게이션 시스템이 지원하는 기능을 제공하지 못하는 것을 알았다[3]. 그러나 이벤트 로그와 결합된 고품질의 프로세스 모델은 케이스의 "도착 시간" 예측, 다음에 수행해야 할 작업 추천, 비즈니스 프로세스의 "교통 정체" 시각화 등과 같은 네비게이션 시스템과 유사한 기능을 제공할 수 있다.

장 14
에필로그

요 약 본 에필로그에서 프로세스 마이닝을 사용하는 주요 이유에 대해 다시 한 번 정리한다. 프로세스 마이닝은 데이터 마이닝과 전통적 모델 기반 BPM 사이의 "잃어버린 링크"를 연결해줄 수 있다. 진보한 프로세스 마이닝 기법과 툴이 있지만, 이전 장들에서 소개한 기법의 적용성을 높이기 위해서 아직도 여러 도전 과제가 남아있다. 어떠한 중요한 도전 과제가 있는지 설명한다. 마지막으로 독자들이 당장 프로세스 마이닝을 시작할 수 있기를 기원한다. 이벤트 데이터를 저장하면, 프로세스 마이닝을 시작하기 위한 진입 장벽은 매우 낮다.

제 14.1 절 데이터 마이닝과 BPM을 연결하는 프로세스 마이닝

프로세스 마이닝은 복잡한 운영 프로세스를 관리하는 조직을 위한 중요한 도구이다. 이벤트 데이터의 용량이 엄청나게 증가하고 있으며, 규정 준수, 효율성, 고객 서비스와 관련된 요구사항을 충족시키기 위해서 프로세스와 정보가 완벽하게 통합될 필요성이 있다. 디지털 세상과 물리적 세상은 하나의 세상으로 통합되고 있고, 발생한 이벤트는 기록되고, 기록된 이벤트 데이터를 바탕으로 프로세스가 관리되어야 한다.

*제I부*에서 프로세스 마이닝과 관련된 두 개의 분야인 BPM과 데이터 마이닝을 설명했다. 제2장에서 몇 가지 프로세스 모델링 기법을 소개했고, BPM 내에서 프로세스 모델의 역할에 대해 논했다. 제3장에서는 기본적인 데이터 마이닝 기법에 대해서 소개하였다.

전통적인 BPM 접근법은 프로세스 모델을 정적으로 표현하거나 BPM/WFM 시스템을 수행하는 데 사용하였다. 프로세스 모델을 단순히 프로세스의 정적인 기술(문서화)을 위해 사용하면, 프로세스를 조직 내에서 공식화하기 어렵고, 기술된 프로세스는 점점 현실과 동떨어지는 경향을 보이게 된다. 즉, 현실을 잘 반영하지 못하게 된다. 만약 모델을 BPM/WFM 시스템의 설정 목적으로 사용하면, 모델은 특정한 방법으로 일을 하도록 작업자들을 강제하는 경향이 있다. 한편, 데이터 마이닝 기법은 과거 데이터를 바탕으로 현실을 표현하고 이해하는 것을 목적으로 한다. 그러나, 대부분의 데이터 마이닝 기법들은 *프로세스 중심적이지 않다.* 다행히도 프로세스 마이닝은 이 두 분야를 연결하고 있다. BPM과 같이, 프로세스 마이닝은 프로세스 중심적이지만, 대부분의 BPM 접근 방법과 달리, 수작업을 통한 것이 아니라 실제 이벤트 데이터에 기반하여 프로세스를 도출한다. 즉, 프로세스 마이닝은 제2장과 제3장에서 소개한 프로세스 모델과 데이터를 연결해주는 다리 역할을 하다.

*제II부*에서 *프로세스 도출*이라는 프로세스 마이닝의 가장 도전적인 문제에 대해서 살펴보았다. 제4장에서 프로세스 마이닝을 위한 입력 데이터에서 대해서 논하였고, 제5장에서 가장 기본적인 프로세스 마이닝 알고리즘을 설명하고, 제6장에서는 좀 더 진보한 프로세스 도출 기법들에 대해 다루었다. 의사결정나무나 연관관계 분석과 같은 기본적인 데이터 마이닝 기법과 달리, 프로세스 도출 문제는 많은 수의 워크플로우 패턴으로 이루어진 복잡한 검색공간을 갖는 특성이 있다. 데이터 마이닝의 목적이 많은 레코드 또는 변수들을 처리할 수 있게 한다는 것에 반에, 프로세스 도출의 주된 목적은 적절한 프로세스 흐름을 찾는 것이다.

프로세스 마이닝이 프로세스 도출에만 국한된 것은 아니다. 프로세스 도출은 프로세스 마이닝의 많은 분야 중에 하나일 뿐이다. *제III부*에서는 프로세스 마이닝의 범위를 여러 방향으로 확장하였다. 이러한 확장에는 이벤트 로그와 프로세스 모델이 서로 밀접하게 묶여 있다는 공통점이 있고, 이를 통해 새로운 형태의 분석을 지원할 수 있었다. 제7장에서는 다양한 적합도 검사 기법을 설명하였다. 제8장에서는 조직, 케이스, 시간 관점이 프로세스 모델과 다른 보완 모델을 도출하는데 고려될 수 있음을 설명하였다. 제9장에서는 과거 이벤트 데이터와 수행 중인 케이스의 일부 데이터를 기반으로 추천과 예측을 통해 운영을 지원할 수 있는 예를 보여주었다. 즉, 제7장, 제8장, 제9장을 통해 프로세스 마이닝의 다양한 스펙트럼을 설명하였다.

*제IV부*에서는 실제 프로세스 마이닝을 적용할 때 유용한 팁을 제공하고자 하였다. 제10장에서는 프로세스 마이닝을 위한 분석 툴에 대해 설명하였다. 제11장, 제12장에서는 프로세스의 두 가지 종류인 정형 프로세스(라자냐 프로세스)와 비정형 프로세스(스파게티 프로세스)에 대한 프로세스 마이닝 적용 방법에 대해서 설명하였다.

*제V부*에서는 결론과 함께 프로세스 마이닝의 향후 방향에 대해 고찰하고 있다. 제13장에서는 지도와 네비게이션 시스템의 관점에서 비즈니스 프로세스 모델, 분석, 운영 지원을 생각해 보았다. 이를 통해 현재 BPM의 한계점을 살펴 보고, 프로세스 모델에 생명을 불어넣어줄 수 있는 프로세스 마이닝의 발전 가능성을 확인했다.

프로세스 마이닝은 데이터 마이닝과 BPM의 연결 고리 역할 뿐만 아니라, 전통적인 "비즈니스"와 "IT"의 단절 문제를 다루는 데에도 도움이 된다. IT 분야 종사자들은 실제 비즈니스 프로세스에 대한 심각한 고민 없이 기술 지향적인 경향이 있다. BPM의 "비즈니스 측면"에 초점을 맞추는 사람들은 일반적으로 기술의 발전이나 정보시스템의 세부적인 기능에는 관심을 갖지 않는다. 실증적인 성향을 가진 프로세스 마이닝은 양쪽을 연결할 수 있다. 프로세스 마이닝에 기반한 실증적 BPM은 비즈니스 프로세스 개선과 정보시스템 개발을 위한 공통 토대를 마련하는 데 도움을 준다.

제 14.2 절 도전 과제

기존 프로세스 마이닝 기법과 이를 지원하는 ProM과 같은 툴은 이미 어느 정도 성숙되어 정형, 비정형 프로세스 분석에 모두 활용될 수 있다. 시청, 병원 등의 공공 기관으로부터, 금융 기관, 하이테크 제조업체까지 100개 이상의 다양한 기관에서 ProM을 활용하였다. 하지만, 이런 높은 성숙성과 적용성에도 불구하고, 프로세스 마이닝은 아직까지 새로운 분야로, 많은 흥미로운 도전 과제들이 있다.

프로세스 도출은 아마도 프로세스 마이닝의 가장 중요하고 또한 가장 눈에 띄는 도전 과제이다. 앞서 살펴 보았듯이, *불완전하고 노이즈가 있는 이벤트 로그*에서 프로세스 모델을 도출하는 것은 쉽지 않다. 불행하게도, 많은 연구자와 툴 벤더는 로그가 완전하고 노이즈가 없다고 가정하고 있다. 물론 제6장에서 설명한 휴리스틱 마이닝, 유전자 프로세스 마이닝, 퍼지 마이닝이 노이즈를 다루고 있지만, 공통적인 패턴을 설명할 수 있는 더 단순하고 더 직관적인 *80/20 모델*을 만들기 위한 개선의 여지가 있다.

새로운 프로세스 마이닝 접근법은 모델링 기법의 *표현 편향*을 고려해야 한다. 표현 편향은 "병렬 작업을 표현할 수 없다", "중복 작업을 모델링할 수 없다"와 같은 모델 표현법 자체의 한계에 기인한다. 거의 모든 프로세스 마이닝 방법이 그래프 기반 표기법을 사용하는데, 이 표기법을 통해 상식적이지 않은 모델이 표현될 수도 있다. WF-nets, BPMN, EPC 등은 교착 상태나 실행할 수 없는 작업이 포함된 모델과 같은 비정상적인 프로세스가 표현될 수 있다. 예를 들어, α-알고리즘은 올바르지 않은 WF-net을 도출할 수 있고, 휴리스틱 마이닝과 유전자 프로세스 마이닝은 교착상태에 빠진 C-net을 도출할 수도 있다. 올바른 모델을 찾기 위해 도출 기법의 표현 편향이 고려되어야 하고, 이는 새로운 접근과 표현 측면에서 중요한 도전 과제이다.

다른 도전 과제는 지도처럼 이해하기 쉬운 프로세스 모델을 만드는 것이다. 제13장에서 보았듯이, 지도 제작법으로부터 여러 아이디어를 얻을 수 있었다. 또 다른 도전 과제는 프로세스가 변하는 *개념 변화*(concept drift)를 찾아내는 것이다. 기존 프로세스 도출 방법은 이러한 변화를 고려하지 않는다. 중간에 프로세스 변하면, 이를 감지하고 시각화 시키는 것은 매우 흥미로운 일이다.

프로세스 마이닝을 위해서는 적합한 이벤트 로그를 확보하는 것이 매우 중요하다. 이벤트 로그의 범위와 상세화 정도는 답해야 할 질문과 반드시 매칭되어야 한다. 불행히도, 이벤트 레코딩은 단지 디버깅을 위한 부산물이고, 이벤트 데이터는 여러 테이블에 산재되어 있는 정보시스템이 많다. 어떤 시스템에서는 새로운 데이터로 과거의 데이터를 덮어 써서 기존 이벤트 기록을 잃어버리는 경우도 있다. 앞서 과거 데이터가 정확히 기록되며, 저장된 데이터가 변경되지 않는 이벤트 레코딩의 중요성을 강조하였다. 즉 이벤트 로그는 부산물이 아닌 "우선적 대상(first-class citizens)"이 되어야 한다. 또한 이벤트에 있는 데이터 요소는 명백한 *의미*를 가져야 한다. 따라서, 개발자는 공통적으로 사용하는 승인된 *온톨로지*에 대한 확인 없이, 기록 명령을 넣어서는 안된다. 예를 들어, 시스템의 언어 셋팅에 따라 데이터가 기록되는 경우가 있다. 시스템의 언어 셋팅에 따라서, 하나의 이벤트 속성 값이 영어로 "off", 네덜란드어로

“uit”, 독일어로 “aus”라고 씌여질 수 있다. 이 단어들의 의미는 같지만, 같은 의미가 세개의 다른 값으로 기록되면 분석은 매우 복잡해진다. 이벤트와 케이스의 속성들은 의미와 가능한 속성값을 명확하게 정의한 하나 또는 그 이상의 온톨로지와 연결되어야 한다. 제4장에서 다루었던, XEX와 SA-MXML과 같은 로깅 포맷은 이벤트 데이터를 온톨로지와 연결시킬 수 있다. 하지만, 조직에서 실제로 주석이 달린 이벤트 로그를 사용하게 하는 것은 매우 어렵다.

프로세스 마이닝은 오프라인과 온라인에 모두 사용할 수 있다. 오프라인 프로세스 마이닝은 과거(사후 처리가 된) 데이터가 필요하고, 프로세스 마이닝 소프트웨어와 기존 정보시스템 간의 통합은 고려할 필요가 없다. 예측과 추천이 주를 이루는 온라인 프로세스 마이닝은 프로세스 마이닝의 운영 지원 기능이 기업 정보시스템에 내재될 필요가 있다. 이는 기술적으로 도전적일 수 있는데, 기존 정보시스템에 이런 진보한 기능을 포함하는 것은 쉽지 않다. 또한 온라인 프로세스 마이닝은 일반적으로 더 높은 수준의 컴퓨팅 파워를 필요로 한다. 제9장에서 보았듯이, 프로세스 마이닝 기반 운영 지원은 가치가 있다. 현재 데이터를 보여주지 않는 정적인 프로세스 모델보다 수행중인 케이스의 현재 상태를 보여주는 프로세스 모델이 훨씬 더 흥미로울 것이고, 이를 위해서 앞서 언급한 도전 과제들을 해결하는 것이 매우 중요하다.

제 14.3 절 지금 당장 시작하자!

이 책을 통해 독자들이 지금 *당장* 프로세스 마이닝을 시작하기 바란다. 프로세스 마이닝은 다양한 목적으로 활용할 수 있다. 프로세스 마이닝은 실제 프로세스를 진단하는데 사용할 수 있다. 주요 운영 프로세스에 대한 정확하고, 객관적이며, 올바른 정보가 부족하기 때문에 프로세스 마이닝은 가치가 있다. 진단 후에 프로세스 마이닝은 프로세스를 개선하는 데 활용할 수 있다. 적합도 검사는 감사와 규정 준수 확인에 사용할 수 있다. 이벤트 로그를 프로세스에 리플레이하며, 차이가 나는 케이스에 대해 수치화하고 시각화할 수 있다. 또한 유사한 방법으로 병목을 찾고 예측 모델을 만들 수 있다.

오프라인 프로세스 마이닝 프로젝트를 시작하기 위한 진입 장벽은 매우 낮다. 대부분의 조직은 시스템에 숨겨져 있는 이벤트 데이터가 있다. 데이터가 있다면, 데이터 변환은 매우 쉽다. 예를 들어, ProMimport, XESame, OpenXES와 같은 툴이 다양한 형태의 데이터를 프로세스 마이닝 표준 데이터 포맷인 MXML이나 XES로 변환하는 것을 지원한다. 무료로 다운로드 받을 수 있는 오픈 소스 툴인 ProM은 `www.processmining.org`에서 받을 수 있다. ProM은 MXML이나 XES 포맷의 파일을 지원하며, 앞서 언급한 모든 프로세스 마이닝 기법을 제공한다. 이 책을 읽고, 소프트웨어를 설치하고, 이벤트 로그를 추출하면, 여러분은 가상이 아닌 사실에 기반하여 프로세스를 찾고 개선하는 프로세스 마이닝의 마법을 경험할 수 있을 것이다.

참고 문헌

1. W.M.P. van der Aalst. The Application of Petri Nets to Workflow Management. *The Journal of Circuits, Systems and Computers*, 8(1):21–66, 1998.
2. W.M.P. van der Aalst. Business Process Management Demystified: A Tutorial on Models, Systems and Standards for Workflow Management. In J. Desel, W. Reisig, and G. Rozenberg, editors, *Lectures on Concurrency and Petri Nets*, volume 3098 of *Lecture Notes in Computer Science*, pages 1–65. Springer-Verlag, Berlin, 2004.
3. W.M.P. van der Aalst. Using Process Mining to Generate Accurate and Interactive Business Process Maps. In A. Abramowicz and D. Flejter, editors, *Business Information Systems (BIS 2009) Workshops*, volume 37 of *Lecture Notes in Business Information Processing*, pages 1–14. Springer-Verlag, Berlin, 2009.
4. W.M.P. van der Aalst. Business Process Simulation Revisited. In J. Barjis, editor, *Enterprise and Organizational Modeling and Simulation*, volume 63 of *Lecture Notes in Business Information Processing*, pages 1–14. Springer-Verlag, Berlin, 2010.
5. W.M.P. van der Aalst, P. Barthelmess, C.A. Ellis, and J. Wainer. Proclets: A Framework for Lightweight Interacting Workflow Processes. *International Journal of Cooperative Information Systems*, 10(4):443–482, 2001.
6. W.M.P. van der Aalst, H.T. de Beer, and B.F. van Dongen. Process Mining and Verification of Properties: An Approach based on Temporal Logic. In R. Meersman and Z. Tari et al., editors, *On the Move to Meaningful Internet Systems 2005: CoopIS, DOA, and ODBASE: OTM Confederated International Conferences, CoopIS, DOA, and ODBASE 2005*, volume 3760 of *Lecture Notes in Computer Science*, pages 130–147. Springer-Verlag, Berlin, 2005.
7. W.M.P. van der Aalst, J. Desel, and E. Kindler. On the Semantics of EPCs: A Vicious Circle. In M. Nüttgens and F.J. Rump, editors, *Proceedings of the EPK 2002: Business Process Management using EPCs*, pages 71–80, Trier, Germany, November 2002. Gesellschaft für Informatik, Bonn.
8. W.M.P. van der Aalst, B.F. van Dongen, J. Herbst, L. Maruster, G. Schimm, and A.J.M.M. Weijters. Workflow Mining: A Survey of Issues and Approaches. *Data and Knowledge Engineering*, 47(2):237–267, 2003.
9. W.M.P. van der Aalst, M. Dumas, C. Ouyang, A. Rozinat, and H.M.W. Verbeek. Conformance Checking of Service Behavior. *ACM Transactions on Internet Technology*, 8(3):29–59, 2008.
10. W.M.P. van der Aalst and K.M. van Hee. *Workflow Management: Models, Methods, and Systems*. MIT press, Cambridge, MA, 2004.

11. W.M.P. van der Aalst, K.M. van Hee, A.H.M. ter Hofstede, N. Sidorova, H.M.W. Verbeek, M. Voorhoeve, and M.T. Wynn. Soundness of Workflow Nets: Classification, Decidability, and Analysis. *Formal Aspects of Computing*, 2011. dx.doi.org/10.1007/s00165-010-0161-4.
12. W.M.P. van der Aalst, K.M. van Hee, J.M. van der Werf, and M. Verdonk. Auditing 2.0: Using Process Mining to Support Tomorrow's Auditor. *IEEE Computer*, 43(3):90–93, 2010.
13. W.M.P. van der Aalst and A.H.M. ter Hofstede. YAWL: Yet Another Workflow Language. *Information Systems*, 30(4):245–275, 2005.
14. W.M.P. van der Aalst, A.H.M. ter Hofstede, B. Kiepuszewski, and A.P. Barros. Workflow Patterns. *Distributed and Parallel Databases*, 14(1):5–51, 2003.
15. W.M.P. van der Aalst, J. Nakatumba, A. Rozinat, and N. Russell. Business Process Simulation. In J. vom Brocke and M. Rosemann, editors, *Handbook on Business Process Management*, International Handbooks on Information Systems, pages 313–338. Springer-Verlag, Berlin, 2010.
16. W.M.P. van der Aalst, M. Pesic, and H. Schonenberg. Declarative Workflows: Balancing Between Flexibility and Support. *Computer Science - Research and Development*, 23(2):99–113, 2009.
17. W.M.P. van der Aalst, M. Pesic, and M. Song. Beyond Process Mining: From the Past to Present and Future. In B. Pernici, editor, *Advanced Information Systems Engineering, Proceedings of the 22nd International Conference on Advanced Information Systems Engineering (CAiSE'10)*, volume 6051 of *Lecture Notes in Computer Science*, pages 38–52. Springer-Verlag, Berlin, 2010.
18. W.M.P. van der Aalst, H.A. Reijers, and M. Song. Discovering Social Networks from Event Logs. *Computer Supported Cooperative work*, 14(6):549–593, 2005.
19. W.M.P. van der Aalst, H.A. Reijers, A.J.M.M. Weijters, B.F. van Dongen, A.K. Alves de Medeiros, M. Song, and H.M.W. Verbeek. Business Process Mining: An Industrial Application. *Information Systems*, 32(5):713–732, 2007.
20. W.M.P. van der Aalst, V. Rubin, H.M.W. Verbeek, B.F. van Dongen, E. Kindler, and C.W. Günther. Process Mining: A Two-Step Approach to Balance Between Underfitting and Overfitting. *Software and Systems Modeling*, 9(1):87–111, 2010.
21. W.M.P. van der Aalst, M.H. Schonenberg, and M. Song. Time Prediction Based on Process Mining. *Information Systems*, 36(2):450–475, 2011.
22. W.M.P. van der Aalst and C. Stahl. *Modeling Business Processes: A Petri Net Oriented Approach*. MIT press, Cambridge, MA, 2011.
23. W.M.P. van der Aalst, A.J.M.M. Weijters, and L. Maruster. Workflow Mining: Discovering Process Models from Event Logs. *IEEE Transactions on Knowledge and Data Engineering*, 16(9):1128–1142, 2004.
24. ACSI. Artifact-Centric Service Interoperation (ACSI) Project Home Page. www.acsi-project.eu.
25. A. Adriansyah, B.F. van Dongen, and W.M.P. van der Aalst. Towards Robust Conformance Checking. In J. Su and M. zur Muehlen, editors, *BPM 2010 Workshops, Proceedings of the Sixth Workshop on Business Process Intelligence (BPI2010)*, Lecture Notes in Business Information Processing. Springer-Verlag, Berlin, 2011.
26. R. Agrawal, D. Gunopulos, and F. Leymann. Mining Process Models from Workflow Logs. In *Sixth International Conference on Extending Database Technology*, volume 1377 of *Lecture Notes in Computer Science*, pages 469–483. Springer-Verlag, Berlin, 1998.
27. R. Agrawal and R. Srikant. Fast Algorithms for Mining Association Rules in Large Databases. In *Proceedings of the 20th International Conference on Very Large Data Bases (VLDB)*, pages 487–499, Santiago de Chile, Chile, 1994. Morgan Kaufmann Publishers Inc.
28. E. Alpaydin. *Introduction to Machine Learning*. MIT press, Cambridge, MA, 2010.
29. D. Angluin and C.H. Smith. Inductive Inference: Theory and Methods. *Computing Surveys*, 15(3):237–269, 1983.

30. E. Badouel and P. Darondeau. Theory of Regions. In W. Reisig and G. Rozenberg, editors, *Lectures on Petri Nets I: Basic Models*, volume 1491 of *Lecture Notes in Computer Science*, pages 529–586. Springer-Verlag, Berlin, 1998.
31. R. Bergenthum, J. Desel, R. Lorenz, and S. Mauser. Process Mining Based on Regions of Languages. In G. Alonso, P. Dadam, and M. Rosemann, editors, *International Conference on Business Process Management (BPM 2007)*, volume 4714 of *Lecture Notes in Computer Science*, pages 375–383. Springer-Verlag, Berlin, 2007.
32. A.W. Biermann. On the Inference of Turing Machines from Sample Computations. *Artificial Intelligence*, 3:181–198, 1972.
33. A.W. Biermann and J.A. Feldman. On the Synthesis of Finite-State Machines from Samples of their Behavior. *IEEE Transaction on Computers*, 21:592–597, 1972.
34. T. Blickle, H. Hess, J. Klueckmann, M. Lees, and B. Williams. *Process Intelligence for Dummies*. Wiley Publishing, 2010.
35. R.P. Jagadeesh Chandra Bose and W.M.P. van der Aalst. Abstractions in Process Mining: A Taxonomy of Patterns. In U. Dayal, J. Eder, J. Koehler, and H. Reijers, editors, *Business Process Management (BPM 2009)*, volume 5701 of *Lecture Notes in Computer Science*, pages 159–175. Springer-Verlag, Berlin, 2009.
36. R.P. Jagadeesh Chandra Bose and W.M.P. van der Aalst. Context Aware Trace Clustering: Towards Improving Process Mining Results. In H. Liu and Z. Obradovic, editors, *Proceedings of the SIAM International Conference on Data Mining (SDM 2009)*, pages 401–412. Society for Industrial and Applied Mathematics, 2009.
37. R.P. Jagadeesh Chandra Bose and W.M.P. van der Aalst. Trace Alignment in Process Mining: Opportunities for Process Diagnostics. In R. Hull, J. Mendling, and S. Tai, editors, *Business Process Management (BPM 2010)*, volume 6336 of *Lecture Notes in Computer Science*, pages 227–242. Springer-Verlag, Berlin, 2010.
38. M. Bramer. *Principles of Data Mining*. Springer-Verlag, Berlin, 2007.
39. C. Bratosin, N. Sidorova, and W.M.P. van der Aalst. Distributed Genetic Process Mining. In H. Ishibuchi, editor, *IEEE World Congress on Computational Intelligence (WCCI 2010)*, pages 1951–1958, Barcelona, Spain, July 2010. IEEE.
40. A. Burattin and A. Sperduti. PLG: A Framework for the Generation of Business Process Models and their Execution Logs. In J. Su and M. zur Muehlen, editors, *BPM 2010 Workshops, Proceedings of the Sixth Workshop on Business Process Intelligence (BPI2010)*, Lecture Notes in Business Information Processing. Springer-Verlag, Berlin, 2011.
41. J. Carmona and J. Cortadella. Process Mining Meets Abstract Interpretation. In J.L. Balcazar, editor, *ECML/PKDD 210*, volume 6321 of *Lecture Notes in Artificial Intelligence*, pages 184–199. Springer-Verlag, Berlin, 2010.
42. P. Chapman, J. Clinton, R. Kerber, T. Khabaza, T. Reinartz, C. Shearer, and R. Wirth. CRISP-DM 1.0: Step-by-step data mining guide. `www.crisp-dm.org`, 2000.
43. E.M. Clarke, O. Grumberg, and D.A. Peled. *Model Checking*. The MIT Press, Cambridge, Massachusetts and London, UK, 1999.
44. B.D. Clinton and A. van der Merwe. Management Accounting: Approaches, Techniques, and Management Processes. *Cost Management*, 20(3):14–22, 2006.
45. J.E. Cook and A.L. Wolf. Discovering Models of Software Processes from Event-Based Data. *ACM Transactions on Software Engineering and Methodology*, 7(3):215–249, 1998.
46. J. Cortadella, M. Kishinevsky, L. Lavagno, and A. Yakovlev. Deriving Petri Nets from Finite Transition Systems. *IEEE Transactions on Computers*, 47(8):859–882, August 1998.
47. CoSeLoG. Configurable Services for Local Governments (CoSeLoG) Project Home Page. `www.win.tue.nl/coselog`.

48. T. Curran and G. Keller. *SAP R/3 Business Blueprint: Understanding the Business Process Reference Model*. Upper Saddle River, 1997.
49. A. Datta. Automating the Discovery of As-Is Business Process Models: Probabilistic and Algorithmic Approaches. *Information Systems Research*, 9(3):275–301, 1998.
50. S. Davidson, S. Cohen-Boulakia, A. Eyal, B. Ludaescher, T. McPhillips, S. Bowers, M. Anand, and J. Freire. Provenance in Scientific Workflow Systems. *Data Engineering Bulletin*, 30(4):44–50, 2007.
51. J. Desel and J. Esparza. *Free Choice Petri Nets*, volume 40 of *Cambridge Tracts in Theoretical Computer Science*. Cambridge University Press, Cambridge, UK, 1995.
52. J. Desel, W. Reisig, and G. Rozenberg, editors. *Lectures on Concurrency and Petri Nets*, volume 3098 of *Lecture Notes in Computer Science*. Springer-Verlag, Berlin, 2004.
53. P.C. Diniz and D.R. Ferreira. Automatic Extraction of Process Control Flow from I/O Operations. In M. Dumas, M. Reichert, and M.C. Shan, editors, *Business Process Management (BPM 2008)*, volume 5240 of *Lecture Notes in Computer Science*, pages 342–357. Springer-Verlag, Berlin, 2008.
54. B.F. van Dongen. *Process Mining and Verification*. Phd thesis, Eindhoven University of Technology, 2007.
55. B.F. van Dongen and W.M.P. van der Aalst. Multi-Phase Process Mining: Building Instance Graphs. In P. Atzeni, W. Chu, H. Lu, S. Zhou, and T.W. Ling, editors, *International Conference on Conceptual Modeling (ER 2004)*, volume 3288 of *Lecture Notes in Computer Science*, pages 362–376. Springer-Verlag, Berlin, 2004.
56. B.F. van Dongen, N. Busi, G.M. Pinna, and W.M.P. van der Aalst. An Iterative Algorithm for Applying the Theory of Regions in Process Mining. In W. Reisig, K. van Hee, and K. Wolf, editors, *Proceedings of the Workshop on Formal Approaches to Business Processes and Web Services (FABPWS'07)*, pages 36–55. Publishing House of University of Podlasie, Siedlce, Poland, 2007.
57. B.F. van Dongen, A.K. Alves de Medeiros, and L. Wenn. Process Mining: Overview and Outlook of Petri Net Discovery Algorithms. In K. Jensen and W.M.P. van der Aalst, editors, *Transactions on Petri Nets and Other Models of Concurrency II*, volume 5460 of *Lecture Notes in Computer Science*, pages 225–242. Springer-Verlag, Berlin, 2009.
58. M. Dumas, W.M.P. van der Aalst, and A.H.M. ter Hofstede. *Process-Aware Information Systems: Bridging People and Software through Process Technology*. Wiley & Sons, 2005.
59. A. Ehrenfeucht and G. Rozenberg. Partial (Set) 2-Structures - Part 1 and Part 2. *Acta Informatica*, 27(4):315–368, 1989.
60. D.R. Ferreira and D. Gillblad. Discovering Process Models from Unlabelled Event Logs. In U. Dayal, J. Eder, J. Koehler, and H. Reijers, editors, *Business Process Management (BPM 2009)*, volume 5701 of *Lecture Notes in Computer Science*, pages 143–158. Springer-Verlag, Berlin, 2009.
61. Forrester. The Forrester Wave: Enterprise Business Intelligence Platforms (Q4 2010). `www.forrester.com`, 2010.
62. Gartner. Magic Quadrant for Business Intelligence Platforms. `www.gartner.com`, 2010.
63. Gartner. Magic Quadrant for Business Process Management Suites. `www.gartner.com`, 2010.
64. R.J. van Glabbeek and W.P. Weijland. Branching Time and Abstraction in Bisimulation Semantics. *Journal of the ACM*, 43(3):555–600, 1996.
65. S. Goedertier, D. Martens, B. Baesens, R. Haesen, and J. Vanthienen. Process Mining as First-Order Classification Learning on Logs with Negative Events. In A. ter Hofstede, B. Benatallah, and H.Y. Paik, editors, *BPM 2007 International Workshops (BPI, BPD, CBP, ProHealth, RefMod, Semantics4ws)*, volume 4928 of *Lecture Notes in Computer Science*, pages 42–53. Springer-Verlag, Berlin, 2008.
66. S. Goedertier, D. Martens, J. Vanthienen, and B. Baesens. Robust Process Discovery with Artificial Negative Events. *Journal of Machine Learning Research*, 10:1305–1340, 2009.

67. E.M. Gold. Language Identification in the Limit. *Information and Control*, 10(5):447–474, 1967.
68. G. Greco, A. Guzzo, L. Pontieri, and D. Saccà. Discovering Expressive Process Models by Clustering Log Traces. *IEEE Transaction on Knowledge and Data Engineering*, 18(8):1010–1027, 2006.
69. P.D. Grünwald. *Minimum Description Length Principle*. MIT press, Cambridge, MA, 2007.
70. C.W. Günther. *Process Mining in Flexible Environments*. Phd thesis, Eindhoven University of Technology, September 2009.
71. C.W. Günther. XES Standard Definition. www.xes-standard.org, 2009.
72. C.W. Günther and W.M.P. van der Aalst. Fuzzy Mining: Adaptive Process Simplification Based on Multi-perspective Metrics. In G. Alonso, P. Dadam, and M. Rosemann, editors, *International Conference on Business Process Management (BPM 2007)*, volume 4714 of *Lecture Notes in Computer Science*, pages 328–343. Springer-Verlag, Berlin, 2007.
73. C.W. Günther, A. Rozinat, W.M.P. van der Aalst, and K. van Uden. Monitoring Deployed Application Usage with Process Mining. BPM Center Report BPM-08-11, BPMcenter.org, 2008.
74. D. Hand, H. Mannila, and P. Smyth. *Principles of Data Mining*. MIT press, Cambridge, MA, 2001.
75. D. Harel and R. Marelly. *Come, Let's Play: Scenario-Based Programming Using LSCs and the Play-Engine*. Springer-Verlag, Berlin, 2003.
76. J. Herbst. A Machine Learning Approach to Workflow Management. In *Proceedings 11th European Conference on Machine Learning*, volume 1810 of *Lecture Notes in Computer Science*, pages 183–194. Springer-Verlag, Berlin, 2000.
77. J. Herbst. *Ein induktiver Ansatz zur Akquisition und Adaption von Workflow-Modellen*. PhD thesis, Universität Ulm, November 2001.
78. A.H.M. ter Hofstede, W.M.P. van der Aalst, M. Adams, and N. Russell. *Modern Business Process Automation: YAWL and its Support Environment*. Springer-Verlag, Berlin, 2010.
79. IDC iView. *The Digital Universe Decade - Are You Ready?* International Data Corporation, Framingham, MA, USA, 2010. `http://www.emc.com/digital_universe`.
80. S. Jablonski and C. Bussler. *Workflow Management: Modeling Concepts, Architecture, and Implementation*. International Thomson Computer Press, London, UK, 1996.
81. K. Jensen and L.M. Kristensen. *Coloured Petri Nets*. Springer-Verlag, Berlin, 2009.
82. S.C. Kleene. Representation of Events in Nerve Nets and Finite Automata. In C.E. Shannon and J. McCarthy, editors, *Automata Studies*, pages 3–41. Princeton University Press, 1956.
83. E. Lamma, P. Mello, M. Montali, F. Riguzzi, and S. Storari. Inducing Declarative Logic-Based Models from Labeled Traces. In G. Alonso, P. Dadam, and M. Rosemann, editors, *International Conference on Business Process Management (BPM 2007)*, volume 4714 of *Lecture Notes in Computer Science*, pages 344–359. Springer-Verlag, Berlin, 2007.
84. M. de Leoni, W.M.P. van der Aalst, and A.H.M. ter Hofstede. Visual Support for Work Assignment in Process-Aware Information Systems. In M. Dumas, M. Reichert, and M.C. Shan, editors, *International Conference on Business Process Management (BPM 2008)*, volume 5240 of *Lecture Notes in Computer Science*, pages 67–83. Springer-Verlag, Berlin, 2008.
85. F. Leymann and D. Roller. *Production Workflow: Concepts and Techniques*. Prentice-Hall PTR, Upper Saddle River, New Jersey, USA, 1999.
86. Z. Manna and A. Pnueli. *The Temporal Logic of Reactive and Concurrent Systems: Specification*. Springer-Verlag, New York, 1991.
87. H. Mannila, H. Toivonen, and A.I. Verkamo. Discovery of Frequent Episodes in Event Sequences. *Data Mining and Knowledge Discovery*, 1(3):259–289, 1997.

88. R.S. Mans, N.C. Russell, W.M.P. van der Aalst, A.J. Moleman, and P.J.M. Bakker. Schedule-Aware Workflow Management Systems. In K. Jensen, S. Donatelli, and M. Koutny, editors, *Transactions on Petri Nets and Other Models of Concurrency IV*, volume 6550 of *Lecture Notes in Computer Science*, pages 121–143. Springer-Verlag, Berlin, 2010.
89. R.S. Mans, M.H. Schonenberg, M. Song, W.M.P. van der Aalst, and P.J.M. Bakker. Application of Process Mining in Healthcare: A Case Study in a Dutch Hospital. In *Biomedical Engineering Systems and Technologies*, volume 25 of *Communications in Computer and Information Science*, pages 425–438. Springer-Verlag, Berlin, 2009.
90. A.K. Alves de Medeiros. *Genetic Process Mining*. Phd thesis, Eindhoven University of Technology, 2006.
91. A.K. Alves de Medeiros, W.M.P. van der Aalst, and A.J.M.M. Weijters. Workflow Mining: Current Status and Future Directions. In R. Meersman, Z. Tari, and D.C. Schmidt, editors, *On The Move to Meaningful Internet Systems 2003: CoopIS, DOA, and ODBASE*, volume 2888 of *Lecture Notes in Computer Science*, pages 389–406. Springer-Verlag, Berlin, 2003.
92. A.K. Alves de Medeiros, W.M.P. van der Aalst, and A.J.M.M. Weijters. Quantifying Process Equivalence Based on Observed Behavior. *Data and Knowledge Engineering*, 64(1):55–74, 2008.
93. A.K. Alves de Medeiros, A. Guzzo, G. Greco, W.M.P. van der Aalst, A.J.M.M. Weijters, B. van Dongen, and D. Sacca. Process Mining Based on Clustering: A Quest for Precision. In A. ter Hofstede, B. Benatallah, and H.Y. Paik, editors, *BPM 2007 International Workshops (BPI, BPD, CBP, ProHealth, RefMod, Semantics4ws)*, volume 4928 of *Lecture Notes in Computer Science*, pages 17–29. Springer-Verlag, Berlin, 2008.
94. A.K. Alves de Medeiros, A.J.M.M. Weijters, and W.M.P. van der Aalst. Genetic Process Mining: An Experimental Evaluation. *Data Mining and Knowledge Discovery*, 14(2):245–304, 2007.
95. J. Mendling, G. Neumann, and W.M.P. van der Aalst. Understanding the Occurrence of Errors in Process Models Based on Metrics. In F. Curbera, F. Leymann, and M. Weske, editors, *Proceedings of the OTM Conference on Cooperative information Systems (CoopIS 2007)*, volume 4803 of *Lecture Notes in Computer Science*, pages 113–130. Springer-Verlag, Berlin, 2007.
96. T.M. Mitchell. *Machine Learning*. McGraw-Hill, New York, 1997.
97. M. Montali, M. Pesic, W.M.P. van der Aalst, F. Chesani, P. Mello, and S. Storari. Declarative Specification and Verification of Service Choreographies. *ACM Transactions on the Web*, 4(1):1–62, 2010.
98. H.R. Motahari-Nezhad, R. Saint-Paul, B. Benatallah, and F. Casati. Deriving Protocol Models from Imperfect Service Conversation Logs. *IEEE Transactions on Knowledge and Data Engineering*, 20(12):1683–1698, 2008.
99. M. Zur Muehlen and J. Recker. How Much Language Is Enough? Theoretical and Practical Use of the Business Process Modeling Notation. In Z. Bellahsene and M. Léonard, editors, *Proceedings of the 20th International Conference on Advanced Information Systems Engineering (CAiSE'08)*, volume 5074 of *Lecture Notes in Computer Science*, pages 465–479. Springer-Verlag, Berlin, 2008.
100. J. Munoz-Gama and J. Carmona. A Fresh Look at Precision in Process Conformance. In R. Hull, J. Mendling, and S. Tai, editors, *Business Process Management (BPM 2010)*, volume 6336 of *Lecture Notes in Computer Science*, pages 211–226. Springer-Verlag, Berlin, 2010.
101. A. Nerode. Linear Automaton Transformations. *Proceedings of the American Mathematical Society*, 9(4):541–544, 1958.
102. OMG. Business Process Model and Notation (BPMN). Object Management Group, dtc/2010-06-05, 2010.
103. C.A. Petri. *Kommunikation mit Automaten*. PhD thesis, Institut für instrumentelle Mathematik, Bonn, 1962.
104. PoSecCo. Policy and Security Configuration Management (PoSecCo) Project Home Page. `www.posecco.eu`.

105. T. Pyzdek. *The Six Sigma Handbook: A Complete Guide for Green Belts, Black Belts, and Managers at All Levels*. McGraw Hill, New York, 2003.
106. H.A. Reijers and W.M.P. van der Aalst. The Effectiveness of Workflow Management Systems: Predictions and Lessons Learned. *International Journal of Information Management*, 25(5):458–472, 2005.
107. W. Reisig and G. Rozenberg, editors. *Lectures on Petri Nets I: Basic Models*, volume 1491 of *Lecture Notes in Computer Science*. Springer-Verlag, Berlin, 1998.
108. A. Rozinat. *Process Mining: Conformance and Extension*. Phd thesis, Eindhoven University of Technology, November 2010.
109. A. Rozinat and W.M.P. van der Aalst. Decision Mining in ProM. In S. Dustdar, J.L. Fiadeiro, and A. Sheth, editors, *International Conference on Business Process Management (BPM 2006)*, volume 4102 of *Lecture Notes in Computer Science*, pages 420–425. Springer-Verlag, Berlin, 2006.
110. A. Rozinat and W.M.P. van der Aalst. Conformance Checking of Processes Based on Monitoring Real Behavior. *Information Systems*, 33(1):64–95, 2008.
111. A. Rozinat, I.S.M. de Jong, C.W. Günther, and W.M.P. van der Aalst. Process Mining Applied to the Test Process of Wafer Scanners in ASML. *IEEE Transactions on Systems, Man and Cybernetics, Part C*, 39(4):474–479, 2009.
112. A. Rozinat, R.S. Mans, M. Song, and W.M.P. van der Aalst. Discovering Simulation Models. *Information Systems*, 34(3):305–327, 2009.
113. A. Rozinat, A.K. Alves de Medeiros, C.W. Günther, A.J.M.M. Weijters, and W.M.P. van der Aalst. The Need for a Process Mining Evaluation Framework in Research and Practice. In A. ter Hofstede, B. Benatallah, and H.Y. Paik, editors, *BPM 2007 International Workshops (BPI, BPD, CBP, ProHealth, RefMod, Semantics4ws)*, volume 4928 of *Lecture Notes in Computer Science*, pages 84–89. Springer-Verlag, Berlin, 2008.
114. A. Rozinat, M. Wynn, W.M.P. van der Aalst, A.H.M. ter Hofstede, and C. Fidge. Workflow Simulation for Operational Decision Support. *Data and Knowledge Engineering*, 68(9):834–850, 2009.
115. A.W. Scheer. *Business Process Engineering, Reference Models for Industrial Enterprises*. Springer-Verlag, Berlin, 1994.
116. M. Sole and J. Carmona. Process Mining from a Basis of Regions. In J. Lilius and W. Penczek, editors, *Applications and Theory of Petri Nets 2010*, volume 6128 of *Lecture Notes in Computer Science*, pages 226–245. Springer-Verlag, Berlin, 2010.
117. M. Song and W.M.P. van der Aalst. Supporting Process Mining by Showing Events at a Glance. In K. Chari and A. Kumar, editors, *Proceedings of 17th Annual Workshop on Information Technologies and Systems (WITS 2007)*, pages 139–145, Montreal, Canada, December 2007.
118. M. Song and W.M.P. van der Aalst. Towards Comprehensive Support for Organizational Mining. *Decision Support Systems*, 46(1):300–317, 2008.
119. R. Srikant and R. Agrawal. Mining Sequential Patterns: Generalization and Performance Improvements. In *Proceedings of the 5th International Conference on Extending Database Technology (EDBT 96)*, pages 3–17, 1996.
120. A. Valmari. The State Explosion Problem. In W. Reisig and G. Rozenberg, editors, *Lectures on Petri Nets I: Basic Models*, volume 1491 of *Lecture Notes in Computer Science*, pages 429–528. Springer-Verlag, Berlin, 1998.
121. H.M.W. Verbeek, T. Basten, and W.M.P. van der Aalst. Diagnosing Workflow Processes using Woflan. *The Computer Journal*, 44(4):246–279, 2001.
122. S. Wasserman and K. Faust. *Social Network Analysis: Methods and Applications*. Cambridge University Press, Cambridge, 1994.

123. A.J.M.M. Weijters and W.M.P. van der Aalst. Rediscovering Workflow Models from Event-Based Data using Little Thumb. *Integrated Computer-Aided Engineering*, 10(2):151–162, 2003.

124. A.J.M.M. Weijters and J.T.S. Ribeiro. Flexible Heuristics Miner (FHM). BETA Working Paper Series, WP 334, Eindhoven University of Technology, Eindhoven, 2010.

125. L. Wen, W.M.P. van der Aalst, J. Wang, and J. Sun. Mining Process Models with Non-Free-Choice Constructs. *Data Mining and Knowledge Discovery*, 15(2):145–180, 2007.

126. L. Wen, J. Wang, W.M.P. van der Aalst, B. Huang, and J. Sun. A Novel Approach for Process Mining Based on Event Types. *Journal of Intelligent Information Systems*, 32(2):163–190, 2009.

127. J.M.E.M. van der Werf, B.F. van Dongen, C.A.J. Hurkens, and A. Serebrenik. Process Discovery using Integer Linear Programming. *Fundamenta Informaticae*, 94:387–412, 2010.

128. M. Weske. *Business Process Management: Concepts, Languages, Architectures*. Springer-Verlag, Berlin, 2007.

129. Wikipedia. Observable Universe. `http://en.wikipedia.org/wiki/Observable_universe`, 2011.

130. I.H. Witten and E. Frank. *Data Mining: Practical Machine Learning Tools and Techniques (Second Edition)*. Morgan Kaufmann, 2005.

131. Workflow Patterns Home Page. http://www.workflowpatterns.com.

찾아보기

역자 소개

송민석(포항공과대학교)

정재윤(경희대학교)

배혜림(부산대학교)

배준수(전북대학교)

배성문(경상대학교)

김동수(숭실대학교)

조남욱(서울과학기술대학교)

최상현(충북대학교)

Process Mining; Discovery, Conformance and Enhancement of Business Processes

프로세스 마이닝 비즈니스 프로세스 도출, 적합도 검사 및 향상

2020년 3월 1일 1판 1쇄 펴냄
지은이 Wil van der Aalst
옮긴이 송민석 · 정재윤 · 배혜림 · 배준수 · 배성문 · 김동수 · 조남욱 · 최상현
펴낸이 류원식 | **펴낸곳 (주)교문사(청문각)**

편집부장 김경수 | **책임진행** 신가영 | **표지디자인** 유선영
제작 김선형 | **홍보** 김은주 | **영업** 함승형 · 박현수 · 이훈섭

주소 (10881) 경기도 파주시 문발로 116(문발동 536-2)
전화 1644-0965(대표) | **팩스** 070-8650-0965
등록 1968. 10. 28. 제406-2006-000035호
홈페이지 www.cheongmoon.com | E-mail genie@cheongmoon.com
ISBN 978-89-363-1872-7 (93320) | **값** 28,000원

* 잘못된 책은 바꿔 드립니다. * 역자와의 협의 하에 인지를 생략합니다.

청문각은 ㈜교문사의 출판 브랜드입니다.